北京法院
优秀裁判文书精选

（2023年卷）

BEIJING FAYUAN
YOUXIU CAIPAN WENSHU JINGXUAN

主　编/孙玲玲

执行编辑/张农荣　王　姝　阚道祥　许　婧　白　琳

——北京——

图书在版编目（CIP）数据

北京法院优秀裁判文书精选. 2023年卷／孙玲玲主编. -- 北京：法律出版社，2025. -- ISBN 978-7-5244-0019-6

Ⅰ. D926.22

中国国家版本馆CIP数据核字第2025F5W796号

北京法院优秀裁判文书精选（2023年卷） 孙玲玲 主编 责任编辑 朱轶佳 周恩惠
BEIJING FAYUAN YOUXIU CAIPAN   装帧设计 李 瞻
WENSHU JINGXUAN(2023 NIAN JUAN)

出版发行	法律出版社	开本	710毫米×1000毫米 1/16
编辑统筹	司法实务出版分社	印张	38.5　　字数 710千
责任校对	张翼羽　晁明慧	版本	2025年7月第1版
责任印制	胡晓雅	印次	2025年7月第1次印刷
经　　销	新华书店	印刷	天津嘉恒印务有限公司

地址：北京市丰台区莲花池西里7号（100073）
网址：www.lawpress.com.cn　　　　　　　　销售电话：010-83938349
投稿邮箱：info@lawpress.com.cn　　　　　　客服电话：010-83938350
举报盗版邮箱：jbwq@lawpress.com.cn　　　　咨询电话：010-63939796
版权所有·侵权必究

书号：ISBN 978-7-5244-0019-6　　　　　　　定价：178.00元

凡购买本社图书，如有印装错误，我社负责退换。电话：010-83938349

编辑说明

为全面落实司法责任制，加强和规范裁判文书释法说理，促进法律适用统一，以高质量裁判文书助推北京法院审判工作高质量发展，北京市高级人民法院在全市法院继续开展了2023年优秀裁判文书评选活动。评选活动邀请了北京法院审判业务专家、知名学者、人大代表、政协委员、新闻媒体代表等71名专家学者组成评审委员会，经过初评、复评、总评三个阶段的评审，最终评选出优秀裁判文书100篇，其中一等奖10篇、二等奖20篇、三等奖30篇、优秀奖40篇。为了更好地发挥优秀裁判文书的引领示范作用，对获得一等奖、二等奖的优秀裁判文书结集出版。

目录 CONTENTS

一等奖

北京市丰台区人民法院民事判决书（2021）京 0106 民初 20280 号
………………………… 北京市丰台区人民法院　苏　洁（6）
北京市海淀区人民法院民事判决书（2021）京 0108 民初 9148 号
………………………… 北京市海淀区人民法院　王栖鸾（22）
北京市第一中级人民法院民事判决书（2021）京 01 民初 730 号
………………………… 北京市第一中级人民法院　刘海云（64）
北京市第一中级人民法院行政判决书（2022）京 01 行初 119 号
………………………… 北京市第一中级人民法院　徐钟佳（80）
北京市高级人民法院执行裁定书（2022）京执复 104 号
………………………… 北京市高级人民法院　公　涛（98）
北京市第二中级人民法院刑事判决书（2022）京 02 刑初 60 号
………………………… 北京市第二中级人民法院　常　燕（108）
北京市顺义区人民法院行政判决书（2021）京 0113 行初 551 号
………………………… 北京市顺义区人民法院　宋　颖（124）
北京市第三中级人民法院民事判决书（2022）京 03 民终 4248 号
………………………… 北京市第三中级人民法院　陈晓东（144）
北京市高级人民法院民事判决书（2022）京民再 94 号
………………………… 北京市高级人民法院　周　波（164）

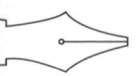

二等奖

北京金融法院行政判决书（2021）京 74 行初 2 号
………………………………… 北京金融法院　杨晓琼（178）
北京市第一中级人民法院民事判决书（2022）京 01 民终 7249 号
………………………………… 北京市第一中级人民法院　何　锐（200）
北京金融法院民事判决书（2022）京 74 民终 1154 号
………………………………… 北京金融法院　丁宇翔（208）
北京市第四中级人民法院民事判决书（2021）京 04 民初 1226 号
………………………………… 北京市第四中级人民法院　梅　宇（220）
北京互联网法院民事判决书（2021）京 0491 民初 5094 号
………………………………… 北京互联网法院　颜　君（254）
北京市高级人民法院行政判决书（2022）京行再 1 号
………………………………… 北京市高级人民法院　陶　钧（280）
北京市高级人民法院民事判决书（2021）京民终 210 号
………………………………… 北京市高级人民法院　夏林林（294）
北京市西城区人民法院民事判决书（2022）京 0102 民初 8480 号
………………………………… 北京市西城区人民法院　刘茵倩（332）
北京市第一中级人民法院刑事判决书（2022）京 01 刑终 282 号
………………………………… 北京市第一中级人民法院　周维平（362）
北京市海淀区人民法院刑事判决书（2020）京 0108 刑初 1919 号
………………………………… 北京市海淀区人民法院　徐　进（378）
北京市海淀区人民法院执行裁定书（2022）京 0108 执异 780 号
………………………………… 北京市海淀区人民法院　朱卉灵（392）
北京市门头沟区人民法院行政判决书（2022）京 0109 行初 1 号
………………………………… 北京市门头沟区人民法院　马冬梅（406）
北京市房山区人民法院民事判决书（2020）京 0111 民初 2877 号
………………………………… 北京市房山区人民法院　蒲延红（422）
北京市东城区人民法院民事判决书（2021）京 0101 民初 10969 号
………………………………… 北京市东城区人民法院　李晓彤（436）
北京市石景山区人民法院民事判决书（2021）京 0107 民初 15302 号
………………………………… 北京市石景山区人民法院　宋　颖（442）

北京市高级人民法院行政判决书（2022）京行终 3215 号
………………………………… 北京市高级人民法院　赵世奎（452）
北京市高级人民法院执行裁定书（2022）京执复 194 号
………………………………… 北京市高级人民法院　杨　林（464）
北京市第三中级人民法院民事判决书（2022）京 03 民终 8448 号
………………………………… 北京市第三中级人民法院　尚晓茜（478）
北京市石景山区人民法院民事判决书（2021）京 0107 民初 15397 号
………………………… 北京市石景山区人民法院　姚　媛（540）
北京市第二中级人民法院民事判决书（2021）京 02 民初 101 号
………………………………… 北京市第二中级人民法院　孙　盈（552）

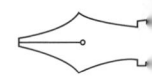

附录　2023 年北京法院优秀裁判文书网上互评活动获奖名单 …………（606）

北京法院优秀裁判文书精选（2023年卷）

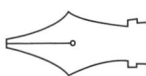

一等奖

苏洁
北京市丰台区人民法院

　　北京市丰台区人民法院民事审判三庭副庭长，北京科技大学民商法学硕士。曾在丰台区人民法院民三庭（原民二庭）、立案庭担任法官助理、审判员。2016年成为首批员额法官以来，共办理各类民事、行政案件3000余件，无一被评为差错案件。曾三次荣立个人三等功、连续八年考核为优秀，并获嘉奖四次，荣获北京市法院立案工作先进个人，丰台区人民法院优秀共产党员、优秀基层党组织书记、金法槌奖、优胜团队等多项荣誉称号。撰写的学术论文曾荣获全国法院学术讨论会二等奖，北京市法院学术讨论会一等奖、三等奖，撰写的案例分析多次入选《中国法院年度案例》。

点评辞

本案是一起公司股东在受让生效法律文书中其他债权人对公司的债权后，要求公司其他股东对公司债务承担补充赔偿责任的案件。《公司法》相关司法解释和《全国法院民商事审判工作会议纪要》均明确规定了普通债权人基于公司股东出资加速到期而诉请公司股东对公司债务承担补充赔偿责任。此类案件目前已基本形成比较成熟的裁判思路，但对于公司股东作为公司债权人提起的此类诉讼尚无明确裁判意见。

该判决准确归纳了双方的争议焦点，在穿透认定公司股东所受让的其他债权人对公司的债权在性质上仍属于股东债权的基础上，对于该股东债权的实现能否适用其他股东出资加速到期的规定，以及各股东出资额和出资期限究竟以工商登记为准还是股东间出资人协议约定为准等问题进行了充分的分析说理，既考量了股东对公司的债权与普通债权在性质上的相同之处，又权衡了其与普通债权之间的公平保护。

该判决逻辑严密，论证完整，展示了法官在处置疑难复杂案件时的智慧与技巧，是一篇高质量的裁判文书。

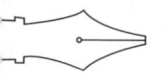

北京市丰台区人民法院
民事判决书

(2021)京 0106 民初 20280 号

原告：黎某，男，汉族，住广西博白县。
委托诉讼代理人：许某甲，北京某律师事务所律师。
委托诉讼代理人：张某，北京某律师事务所律师。
被告：甄某，男，汉族，住北京市丰台区。
被告：韦某，男，汉族，住江苏省苏州市吴江区。
委托诉讼代理人：贾某，河北某律师事务所律师。
委托诉讼代理人：寇某，河北某律师事务所律师。
被告：许某，男，汉族，住河北省黄骅市。
委托诉讼代理人：贾某，河北某律师事务所律师。
委托诉讼代理人：寇某，河北某律师事务所律师。
第三人：某环保公司，住所地河北省沧州市。
法定代表人：黎某某，执行董事。

原告黎某与被告甄某、韦某、许某、第三人某环保公司股东出资纠纷一案，本院立案后，依法适用普通程序，公开开庭进行了审理。原告黎某的委托诉讼代理人许某甲、张某，被告许某及被告韦某、许某共同委托诉讼代理人寇某、贾某到庭参加诉讼，被告甄某、第三人某环保公司经本院合法传唤，未到庭参加诉讼。本案现已审理终结。

原告黎某向本院提出诉讼请求：(1) 请求判令三被告对(2020)冀09民终1493号民事判决书中判定第三人某环保公司所承担的付款义务，即第三人于本判决生效之日起五日内偿还某经营部借款本金 2 552 237.1 元，以及以本金 2 552 237.1 元为基数，按照年利率10%计算自2019年2月3日起至本金全部偿还之日止的利息、一审案件受理费 27 824 元，在未缴出资范围内承担补充赔偿责任；(2) 请求判令三被告对(2019)冀0983民初3667号民事判决书中判定第三人某环保公司所承担的付款义务，即第三人给付某塑料厂2018年度厂房使用费 400 000 元及 2019 年 1 月 1 日之后占用厂房使用费（按照租赁合同约定的租金标准，每年租赁费400 000元计算，自2019年1月1日至判决书确定的履行之日止、案件受理费11 133元），在未缴出资范围内承担补充赔偿责任；（3）请求判令三被告承担本案诉讼费。事实和理由：第三人某环保公司因经营需要向案外人某经营部累计借款4 257 099.3元，并于2017年12月6日出具《借款协议书》，但某环保公司未依约按期还款，某经营部向法院提起诉讼。法院经审理作出（2019）冀0983民初3668号民事判决书，某经营部不服提上诉，法院于2020年6月5日作出（2020）冀09民终1493号民事判决书，判令某环保公司偿还某经营部借款本金2 552 237.1元及以本金2 552 237.1元为基数，按照年利率10%计算自2019年2月3日起至本金全部偿还之日止的利息；一审案件受理费27 824元由某环保公司承担。上述判决生效后，某环保公司并未按照上述判决履行义务，某经营部向法院申请强制执行，但某环保公司没有可供执行的财产。2018年1月1日，某环保公司与某塑料厂签订《租赁合同》，某塑料厂将厂房交付给某环保公司使用，但某环保公司未依约支付租金。2019年9月11日，法院作出（2019）冀0983民初3667号民事判决书，判令某环保公司给付某塑料厂2018年度厂房使用费400 000元及2019年1月1日之后占用厂房使用费（按照租赁合同约定的租金标准，每年租赁费400 000元计算，自2019年1月1日至判决书确定的履行之日止）；案件受理费11 133元由某环保公司承担。上述判决生效后，某环保公司并未按照上述判决履行义务，某塑料厂向法院申请强制执行，但某环保公司没有可供执行的财产。2021年3月29日，某经营部、某塑料厂分别与原告签订《债权转让协议》，将上述债权全部转让给原告，并及时通知某环保公司。经查询，某环保公司成立于2016年12月23日，原始注册资金10 000万元，三被告为某环保公司股东，其中被告韦某持有某环保公司35%的股权，被告甄某持有某环保公司55%的股权，被告许某持有某环保公司10%的股权。2018年4月8日，注册资金变更为1000万元，三被告持股比例不变，其中被告韦某认缴出资350万元，被告甄某认缴出资550万元，被告许某认缴出资100万元，认缴出资日期为2028年12月31日。根据《最高人民法院关于适用〈中华人民共和国公司法〉若干问题的规定（二）》第二十二条第二款规定，公司财产不足以清偿债务时，债权人主张未缴出资股东，以及公司设立时的其他股东或者发起人在未缴出资范围内对公司债务承担连带清偿责任的，人民法院应依法予以支持。三被告至今尚未缴纳出资，应当在未缴出资范围内对前述债务承担连带责任。综上，第三人某环保公司至今不能履行前述判决书确定的还款义务，三被告也未对某环保公司所欠债务承担补充赔偿责任，故原告诉至法院。

被告甄某未参加本院庭审，在本院组织的庭前会议中辩称，同意原告诉讼

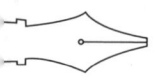

请求，公司没有钱还，股东应当按照股权比例进行责任承担。在向本院提交的书面意见中辩称，甄某与韦某通过业务合作认识，与许某是老乡关系。公司成立时，许某称其有快速成立公司以及管理公司的资源，于是甄某和韦某均同意许某占股10%。于是，许某派其表弟刘某出面全权代表三股东办理公司注册事宜，公司正式注册成立时间为2016年12月23日，注册资金1亿元，股权比例为甄某占55%、韦某占35%、许某占10%，后减资至1000万元。截至目前各股东实际出资金额为，甄某出资270万元、韦某出资210万元、许某未出资。某环保公司成立后，三人决定成立某科技公司。某科技公司的成立，仍然是许某派其表弟刘某出面全权代表三股东办理公司注册事宜，公司正式注册成立时间为2017年3月15日，注册资金400万元，股权比例仍为甄某占55%、韦某占35%、许某占10%。为了扩大经营，2017年4月13日某科技公司增资至1000万元，股权比例为甄某占82%、韦某占14%、许某占4%。两个公司实际上是一套人马两套班子，两个公司对外经营以某科技公司为主，某环保公司作为备选。在公司成立之初，各股东共同商定：根据公司经营过程中的实际需要，各股东按照股权比例向公司逐步出资。但在后续的经营过程中，某科技公司对外签订了若干份经济合同并需要大量垫资投产，而韦某不想再经营并拒绝出资，导致公司已签合同面临违约并支付巨额违约金的局面，在此情况下，甄某筹措资金以借款方式向公司垫资以解燃眉之急。所垫付资金，即为本案涉案的公司债务。自此公司各股东之间产生矛盾。在公司经营过程中，韦某转让给甄某名下的款项是其向某环保公司的出资，转账至某科技公司的款项与某环保公司及本案无关。

被告韦某、许某辩称：第一，第三人为案涉债务的债务人，现第三人仍正常存在，没有被解散、清算或注销，故原告诉请要求第三人所有股东承担责任没有事实和法律依据；第二，案涉基础债权以及所谓转让都不是真实的，均是虚假的，均是被告甄某作为第三人原法定代表人和实际控制人、大股东，一手做局，自己起诉自己，属于典型的主体混同；第三，原告诉状中自称案涉的两项债权均已经在法院申请强制执行，但现在执行进展及现状如何没有书面证据证明，如果本案成立，很有可能造成同一债权重复行使或多主体行使权利；第四，第三人所有工商登记与变更均为被告甄某自己所为，被告韦某、许某根本不知情，且本案涉及的两个基础诉讼，韦某、许某作为股东根本不知情，在接到本案诉状后才得知相关事实，对此韦某、许某已经向法院递交了第三人撤销之诉起诉书；第五，被告韦某按照股东之间的发起协议向被告甄某转账210万元，已经全部出资到位。即使按照工商登记的出资额，上述金额加上韦某向某环保公司转账58万元，向某科技公司转账100万元（因甄某于2018年4月8

日将韦某、许某持有某科技公司的股权擅自转让，故其向其某科技公司的转账应转为向三人同为股东的某环保公司的出资），共计转账368万元，实际出资远远超过了工商登记的出资额。被告许某系持干股，均不存在出资不到位的情况，且许某在2017年已与其他股东协议退出第三人公司，故原告起诉许某属于主体错误。综上，第三人法定代表人黎某某系甄某的岳父，原告亦与甄某系亲属关系，本案系甄某自己做局，属于虚假诉讼，故请求法院驳回原告的全部诉讼请求。

第三人某环保公司未到庭参加诉讼，向本院提交书面述称意见称，本案中原告所述情况属实，第三人已收到某经营部、某塑料厂将案涉全部债权转让给原告的通知，但第三人没有可供执行的财产，无法履行判决内容，同意由三被告在未缴出资范围内对案涉债务承担连带责任。

当事人围绕诉讼请求依法提交了证据，本院组织当事人进行了证据交换和质证。对当事人对真实性无异议的以下证据予以确认并在卷佐证：黎某提交的某环保公司工商信息网页、民事判决书、某环保公司工商档案资料、公司解散案起诉状、第三人撤销之诉案起诉状、证据目录及证据材料等，韦某、许某提交的韦某银行卡交易明细、录音、判决书、第三人撤销之诉起诉书等。对当事人有争议且与本案争议焦点有关的证据，本院认证如下：

1. 黎某提交了以下证据：（1）债权转让协议、债权转让通知，证明某经营部、某塑料厂已将对某环保公司的债权转让给原告，且已通知某环保公司；（2）（2021）冀0983执441号执行裁定书，证明某环保公司无履行能力，应由股东在认缴范围内承担补充责任。甄某、某环保公司对上述证据无异议。韦某、许某对证据1的真实性不认可，认为黎某系甄某亲属，系虚假转让，对证据2的真实性申请由法院核实。本院经审查认为，上述证据的来源形式符合法律规定，故对证据的真实性予以确认，对证据的证明效力将结合本院查明的事实综合认定。

2. 韦某、许某提交了以下证据：（1）协议书，证明三被告与另一隐名股东就公司设立及经营签订协议，认可注册资金变更为600万元；（2）证人证言，证明许某已于2017年退出某环保公司，某环保公司设立和变更均由刘某受甄某指派办理，本案涉及的基础诉讼中，所谓借款系甄某向自己经营企业的投资，系其认缴的投资款的一部分，两个基础债权均为虚假债权。黎某对上述证据的真实性及证明目的均不认可。甄某、某环保公司对证据1的真实性认可，证明目的不认可，对证据2未予质证。本院经审查认为，上述证据的来源形式符合法律规定，故对证据的真实性予以确认，对证据的证明效力将结合本院查明的事实综合认定。

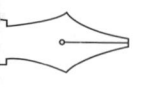

根据当事人陈述和经审查确认的证据，本院认定事实如下：

一、某环保公司、某科技公司基本情况

（一）某环保公司基本情况

2016年12月28日，甄某、韦某、许某、黄某就共同出资设立公司签订《公司设立发起人协议书》，约定："一、订立协议各方当事人：甄某、韦某、许某、黄某；二、投资及经营内容：1.公司注册资金投资总额人民币600万元（大写人民币陆佰万元整），不包含设备。2.投资情况：（1）甄某出资人民币270万元整，持有公司45%股份；（2）韦某出资人民币210万元整，持有公司35%股份；（3）许某出资人民币60万元整，持有公司10%股份；（4）黄某出资人民币60万元整，持有公司10%股份。3.甄某、韦某的投资资金在2016年12月25日前，到账总投资额资金的25%，2017年1月25日前到账25%，2017年2月25日前到账25%，2017年3月25日前到账25%。不能缴纳投资资金时，则按实际出资情况减持股份，所减持的股份比例由其他股东按出资比例认缴。4.许某和黄某的投资资金在2019年12月31日前到账，在此期间每年用个人管理提成和业务提成的70%来补交出资资金，如在2019年12月31日前个人管理提成或业务提成的70%累计不够60万元时，个人必须一次性补交余额，否则按实际出资情况减持股份，所减持的股份比例由其他股东按出资比例认缴（在工商登记中黄某的10%股份暂时放在甄某的名下，根据黄某的要求再做工商变更）。5.许某和黄某在未缴清60万出资资金前的公司分红只能享受占股的70%分红，另外的30%部分由其他股东按股份比例分配。6.当经营过程中需要再投资时采取：（1）向股东内部融资月息按1%；（2）出让部分股份向社会融资，同时稀释目前的股份；（3）向银行融资。7.经营内容：生产和经营中央集成净水系统（管道和前置净水器）、塑料保鲜盒及其他塑料制品，资金不得作为它用。8.经营初期的设备使用甄某和韦某现有设备，设备按现值估算后，分5年折旧分摊，由公司分别按10%、20%、20%、25%、25%返还给甄某和韦某。三、采用董事会决策，投资和经营分权：1.股东享有充分的知情权、监督权和检查权。2.公司的盈亏共同按照比例分担责任。3.股东即为董事会成员，企业由各股东共同组成董事会，由甄某担任董事长；董事长为企业负责人（任法定代表人），负责组织人员实施董事会的决定，由董事长聘任许某常务副总经理、黄某营销总监，其余职位向社会招聘。4.公司不设监事会，由韦某担任公司监事，履行监事会职责。5.原则上除董事长之外，其余股东不参与公司的日常管理。对经营提出意见时需通过股东会议表决。四、股东的权利与义务：……（二）义务：1.足额缴纳出资的义务。2.三年内不得抽回出资的义务。3.遵守公司章程和义务。4.以其

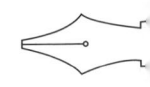

所交纳的出资为限承担公司责任的义务。十、退股要求：1.声明退股。即自愿退股，要求是投资人在入股三年后如出现退股事由，应当提前30天通知其他股东，在客观上不会给公司经营事务执行造成不利影响，经得全体股东同意后可以退股，退股后公司可作减资或由其他股东按比例认购……"

2016年12月23日，某环保公司经核准成立，注册资本为10 000万元，法定代表人及执行董事为甄某，股东及出资比例为：甄某认缴出资额5500万元，持股比例55%，韦某认缴出资额3500万元，持股比例35%，许某认缴出资额1000万元，持股比例10%，认缴出资时间均为2026年12月31日前。庭审中，经办人许某、刘某陈述其系按照甄某指派前往工商行政管理部门办理工商手续，手续中签字均为其代签。

在公司经营过程中，韦某分别于2016年12月19日、2017年2月4日、2017年2月28日、2017年4月5日向甄某转账50万元、50万元、50万元、35万元、25万元，共计210万元；于2017年5月24日、2017年7月5日、2017年7月21日分别向某环保公司转账20万元、18万元、20万元，共计58万元。

2018年4月8日，某环保公司工商备案的注册资本变更为1000万元，股东及出资比例变更为：甄某认缴出资额550万元，持股比例55%，韦某认缴出资额350万元，持股比例35%，许某认缴出资额100万元，持股比例10%，认缴出资时间均为2028年12月31日前。庭审中，经办人刘某陈述其系按照甄某指派前往工商行政管理部门办理工商变更手续，变更手续中签字均为其代签。

2018年4月27日，某环保公司的法定代表人由甄某变更为黎某某。庭审中，经办人刘某陈述其系按照甄某指派前往工商行政管理部门办理工商变更手续，变更手续中签字均为其代签。

（二）某科技公司基本情况

某科技公司成立于2017年3月，法定代表人为甄某，公司注册资本1000万元，甄某出资820万元、韦某出资140万元、许某出资40万元。2018年4月8日，公司注册资本变更为100万元，股东甄某出资99万元、黎某1出资1万元。

在公司经营过程中，韦某分别于2017年5月8日、2017年6月13日向某科技公司转账50万元、50万元，共计100万元。韦某主张上述款项系其对某科技公司的出资款，因甄某未经其同意将某科技公司股东由甄某、韦某、许某变更为甄某、黎某1，故上述100万元应作为其对某环保公司的出资。

二、某经营部与某环保公司基础债权及债权转让情况

2019年，某经营部（经营者甄某）以民间借贷纠纷为由将某环保公司、

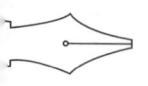

某科技公司（法定代表人甄某）诉至法院，请求判令某环保公司偿还某经营部借款本金 2 552 237.1 元及利息（以 2 552 237.1 元为基数，按照年利率 10% 标准计算自 2019 年 2 月 3 日起至全部偿还之日止的利息），某科技公司对上述债务承担连带保证责任。某环保公司、某科技公司辩称：对于某经营部的起诉认可，但是因为经营不善，现在无法偿还债务，期间陆续也还过钱，总借款是 4 257 099.3 元，现在还余下 2 552 237.1 元。法院经审理认为，某经营部提供银行汇款及收条等证据证明其已按照借款协议约定的借款数额交付某环保公司，故该借款协议已生效，对借款数额、还款数额双方无异议，该院确认。双方约定的借款利率不违反法律规定，该院予以确认。某经营部没有提供证据证明其在保证期间内向某科技公司主张权利，故某科技公司不承担担保责任。后法院作出（2019）冀 0983 民初 3668 号民事判决，判决：（1）某环保公司偿还某经营部借款本息 2 628 095.3 元（包括本金 2 552 237.1 元及以年利率 10% 计算，自 2019 年 2 月 3 日至 2019 年 5 月 21 日期间利息 75 858.16 元）；（2）驳回某经营部其他诉讼请求。判决后，某经营部不服提起上诉，法院经审理认为，某经营部经营类型为个体，经营者为甄某个人，某经营部作为民事主体在民事活动中系通过甄某对外作出意思表示实施民事法律行为，相应法律后果最终归属于甄某个人。甄某作为某经营部的经营者参加本案诉讼或者委托诉讼代理人参加诉讼，诉讼行为的相应法律后果亦最终由甄某承担。甄某同时又是被上诉人某科技公司的法定代表人。甄某既以债权人身份作为原审原告提起诉讼，又以原审被告即保证人某科技公司法定代表人身份应诉和委托诉讼代理人参加诉讼，亦不主张抗辩理由，只是完全认可某经营部的诉讼请求，应认定已构成原、被告实质上的混同。2020 年 6 月 5 日，法院作出（2020）冀 09 民终 1493 号民事判决，判决：（1）撤销法院（2019）冀 0983 民初 3668 号民事判决第二项；（2）变更（2019）冀 0983 民初 3668 号民事判决第一项为：某环保公司于本判决生效之日起五日内偿还某经营部借款本金 2 552 237.1 元，以及以本金 2 552 237.1 元为基数，按照年利率 10% 计算自 2019 年 2 月 3 日起至本金全部偿还之日止的利息；（3）驳回某经营部的其他诉讼请求。一审案件受理费 27 824 元，由某环保公司承担。

上述判决生效后，某环保公司未按照判决履行义务。2021 年 1 月 15 日，某经营部向法院申请强制执行。法院经审查认为，"经本院穷尽财产调查措施之后，暂未发现被执行人名下有可供执行财产，申请执行人亦书面认可本院的调查结果，并表示不能提供被执行人的其他财产线索。" 2021 年 3 月 19 日，法院作出（2021）冀 0983 执 441 号执行裁定，裁定终结本次执行程序。

2021 年 3 月 29 日，某经营部与黎某签订《债权转让协议》，将上述其基

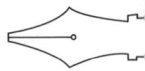

于（2020）冀09民终1493号民事判决对某环保公司享有的债权全部转让给黎某，并于2021年3月30日将债权转让事宜通知某环保公司。审理中，黎某、甄某均认可双方与某环保公司法定代表人黎某某系亲属关系，债权系无偿转让，未支付对价。

三、某塑料厂与某环保公司基础债权及债权转让情况

2019年，某塑料厂（经营者甄某）以租赁合同纠纷为由将某环保公司、某科技公司（法定代表人甄某）诉至法院，请求判令某环保公司偿还某塑料厂租金80万元及违约金、支付律师费34 000元，某科技公司对上述债务承担连带保证责任。某环保公司、某科技公司辩称：对于某塑料厂诉求的相关事实无异议，但是由于经营不善，现在没有能力偿还。2019年9月11日，法院作出（2019）冀0983民初3667号民事判决，判决：（1）某环保公司给付某塑料厂2018年度厂房使用费40万元及2019年1月1日之后占用厂房使用费（按照租赁合同约定的租金标准，每年租赁费40万元计算，自2019年1月1日至判决书确定的履行之日止）；（2）驳回某塑料厂的其他诉讼请求。案件受理费11 133元，由某环保公司承担（限判决生效之日交纳）。

庭审中，黎某称上述判决生效后，某环保公司未按照判决履行义务，某塑料厂向法院申请强制执行，因无财产可执行，某塑料厂撤回申请，但对此未向本院提供相关证据材料。

2021年3月29日，某塑料厂与黎某签订《债权转让协议》，将上述其基于（2019）冀0983民初3667号民事判决对某环保公司享有的债权全部转让给黎某，并于2021年将债权转让事宜通知某环保公司。审理中，黎某、甄某均认可双方与某环保公司法定代表人黎某某系亲属关系，债权系无偿转让，未支付对价。

四、其他情况

2021年3月26日，甄某与许某进行通话，双方在通话中有以下内容：甄某："他也告我，我也告他嘛是吧，其实我不想跟你有冲突，但是我会把你拉进来，你看看这事，我是不想怎么着的，就是判了我也不可能找你要钱，我就这个意思，我通知你一下，你看看这个事"……许某："这个你们中间的事呢我也不想去牵扯的，我也不想那个嘛，这个因为你不管起诉谁，那是你个人的那个嘛，因为第一个吧来说，当时在没有嘛之前吧，我已经退出来了，是吧，这是说事实"；甄某："我知道是事实，所以不是，我是这样想，我呢，我要打官司我肯定在北京打，我不可能上苏州打去，知道吧，我肯定在北京告我嘛，对不对，我也担着责任呢嘛是不是，但是，告你不管你不出庭，就是说判我也不可能朝你要钱去就完事了，我就提前告诉你，我们哥俩就是没什么关

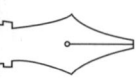

系，因为我也承认你属于干股份，赔了没你的事，对不对，就完事了，但是我不把你拉进来我就跑到苏州去打官司去，懂不懂，就这么个情况"……

2021年6月24日，甄某委托北京某律师事务所律师许某甲以某环保公司为被告、韦某、许某为第三人向法院提起诉讼，请求判令解散某环保公司。某环保公司书面答辩称，甄某所述情况属实，同意解散。法院经审理认为，某环保公司因经营过程中产生经济纠纷涉及诉讼案件，公司解散后会影响其他债权人对某环保公司主张权利，解散公司可能会影响到其他债权人的利益，故驳回甄某的诉讼请求。各方均陈述，判决后甄某不服提起上诉，目前该案二审尚未审结。

黎某主张某环保公司至今未履行判决书确定的还款义务，甄某、韦某、许某作为股东应在其未缴出资范围内向其承担补充赔偿责任，故来院起诉。

在本案审理过程中，韦某、许某于2021年10月26日向法院提起第三人撤销之诉，请求撤销（2019）冀0983民初3667号民事判决书，目前该案尚未审结。

本院认为，根据庭审查明的事实，本案的争议焦点有三，一是黎某是否为某环保公司债权人；二是股东出资是否可以加速到期；三是甄某、韦某、许某是否应在未缴出资范围内对某环保公司的债务承担补充赔偿责任。对此本院分析如下：

一、关于黎某是否是某环保公司债权人

根据法院生效判决确认，某经营部、某塑料厂分别对某环保公司享有债权，后某经营部、某塑料厂将上述基于生效判决确认的债权转让给黎某，该债权转让系双方真实意思表示，未违反法律、行政法规的强制性规定，应属有效。虽然黎某与某经营部、某塑料厂的经营者甄某均认可双方系亲属关系，且债权转让未支付对价，但上述情况不足以否认双方之间债权转让的效力，故黎某可以视为某环保公司的债权人，有权提起本案诉讼。韦某、许某虽主张某经营部、某塑料厂对某环保公司的债权系虚假债权且债权转让亦为虚假转让，但对此并未提供充分证据予以证明，故对其该项辩称意见本院不予采纳。

二、关于股东出资是否可以加速到期

本案的争议焦点之一为，在注册资本认缴制下，债权人能否要求股东出资加速到期。《中华人民共和国企业破产法》第三十五条规定："人民法院受理破产申请后，债务人的出资人尚未完全履行出资义务的，管理人应当要求该出资人缴纳所认缴的出资，而不受出资期限的限制。"《最高人民法院关于适用〈中华人民共和国公司法〉若干问题的规定（二）》第二十二条规定："公司解散时，股东尚未缴纳的出资均应作为清算财产。股东尚未缴纳的出资，包括到

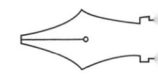

期应缴未缴的出资，以及依照公司法第二十六条和第八十条的规定分期缴纳尚未届满缴纳期限的出资。公司财产不足以清偿债务时，债权人主张未缴出资股东，以及公司设立时的其他股东或者发起人在未缴出资范围内对公司债务承担连带清偿责任的，人民法院应依法予以支持。"《最高人民法院关于适用〈中华人民共和国公司法〉若干问题的规定（三）》第十三条规定："公司债权人请求未履行或者未全面履行出资义务的股东在未出资本息范围内对公司债务不能清偿的部分承担补充赔偿责任的，人民法院应予支持；未履行或者未全面履行出资义务的股东已经承担上述责任，其他债权人提出相同请求的，人民法院不予支持。"根据上述规定，本案各方的争议实质上针对的是公司在非破产与解散情形下股东出资是否加速到期。对此本院认为，在注册资本认缴制下，股东依法享有期限利益。债权人以公司不能清偿到期债务为由，请求未届出资期限的股东在未出资范围内对公司不能清偿的债务承担补充赔偿责任的，不予支持，但是公司作为被执行人的案件，人民法院穷尽执行措施无财产可供执行，已具备破产原因，但不申请破产的情况除外。由上，在有生效判决，经公司债权人申请执行的情况下，如果穷尽执行措施公司还无财产可供执行，已具备破产原因，但不申请破产的，其结果与《中华人民共和国企业破产法》第二条规定的公司资产不足以清偿全部债务或者明显缺乏清偿能力完全相同，故，这种情况下比照《中华人民共和国企业破产法》第三十五条的规定，股东未届期限的认缴出资加速到期，但其对公司债务承担的责任应是以未缴出资额为限对公司债务不能清偿部分承担补充赔偿责任。

本案中，对于黎某受让的某经营部基于（2020）冀09民终1493号民事判决享有的债权，某经营部作为债权人，在某环保公司未按照（2020）冀09民终1493号民事判决履行义务后向法院申请强制执行，经法院穷尽财产调查措施后未发现有可供执行财产，已具备破产原因，但不申请破产，符合上述股东出资加速到期的情形，至于甄某、韦某、许某是否应对某环保公司的该笔债务承担补充赔偿责任，本院将在下一部分进行分析。而对于黎某受让的某塑料厂基于（2019）冀0983民初3667号民事判决享有的债权，黎某未能提供证据证明在该案中经法院穷尽财产调查措施未发现有可供执行财产，故对于该笔债权，不符合上述股东出资加速到期的情形，黎某据此要求请求判令甄某、韦某、许某对（2019）冀0983民初3667号民事判决确认的某环保公司所承担的付款义务在未缴出资范围内承担补充赔偿责任的请求依据不足，本院不予支持。

三、关于甄某、韦某、许某是否应在未缴出资范围内对某环保公司的债务承担补充赔偿责任

首先，黎某并非某环保公司普通债权人，案涉债权实质上系股东对公司的

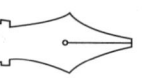

内部债权。黎某受让某经营部对某环保公司的债权，一方面，黎某与甄某系亲属关系，双方之间转让股权未支付对价；另一方面，甄某同时为债权转让人某经营部的经营者与债务人某环保公司的股东之一，鉴于各方上述特殊关系，结合本案查明的事实，本院有理由相信，黎某受让某经营部对某环保公司的债权后，其虽然形式上取得了债权人的地位，但实际上对该债权享有权利及最终受益的应为甄某，故该笔债权不同于普通债权人对某环保公司的外部债权，实质上应当属于公司股东对于公司的内部债权。

其次，在债权人实质上为公司股东的情况下，全体股东是否应对公司债务承担补充赔偿责任应结合实际情况综合判断。

一方面，由上分析，在黎某对某环保公司的债权实质上应属股东甄某对某环保公司内部债权的情况下，甄某作为某环保公司股东，尤其是控股股东，对某环保公司实际出资等情况应充分了解，其与某环保公司之间发生债权债务关系并非系基于对某环保公司工商注册资本的信赖，故此时某环保公司各股东是否履行出资义务不应仅依据工商登记情况来判断，而应按照股东之间真实意思及履行情况综合认定，并在此基础上对各股东是否应对某环保公司的债务承担责任作出判断。其一，关于韦某是否应对某环保公司债务承担责任。根据各方在公司成立时签订的《公司设立发起人协议书》约定，公司投资总额600万元，其中韦某出资210万元、许某出资60万元，股东以其交纳的出资额为限承担公司责任。现甄某认可韦某向其转账的210万元系对某环保公司的出资，故应视为其认可在股东内部而言，韦某已实际足额履行出资义务。虽然根据公司章程约定，韦某、许某认缴出资额分别为350万元、100万元，但结合庭审查明的事实，该公司章程系由某环保公司员工代签后提交工商行政管理部门，在无其他证明该公司章程各股东一致同意的意思表示的情况下，对于股东内部而言，出资额以各方均认可签订的《公司设立发起人协议书》中约定为宜。其二，关于许某是否应对某环保公司债务承担责任。根据庭审查明的事实，甄某、韦某作为公司股东，均认可许某无须实际出资，且已于2017年退出公司，甄某更在双方通话中明确表明不要求许某对公司债务承担责任，故应视为甄某作为该笔债权实际受益人，以自己的行为明确表示放弃要求许某对某环保公司债务承担责任的权利。其三，关于甄某是否应对某环保公司债务承担责任。根据上述分析，甄某既是案涉债权的实际最终受益人，又作为被告在本案中不主张抗辩理由，应认定已构成原、被告实质上的混同，现甄某认可黎某的诉讼请求，双方可自行履行，不存在诉的利益，故对于黎某要求甄某对某环保公司案涉债务承担补充赔偿责任的请求，本院亦不予支持。

另一方面，即使认定甄某、韦某、许某应按照工商登记的认缴出资数额对

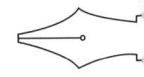

黎某基于（2020）冀09民终1493号民事判决享有的债权承担补充赔偿责任，在各方均未按照注册资本缴纳流程完成出资的情况下，甄某作为大股东，亦应负有在其出资额550万元范围内对某环保公司债务承担补充赔偿责任的义务。鉴于各股东承担责任的方式均为补充赔偿责任，故对债权人而言，所有股东应连带承担全部责任，而非按照出资比例承担责任，在甄某对某环保公司负有出资义务，且出资额足以清偿某环保公司对其实质债务的情况下，已构成债权债务以及权利义务的混同，为平等保护公司其他普通债权人的利益，该混同债务不应再由其他股东承担。

综上所述，黎某要求甄某、韦某、许某对某环保公司债务承担责任的请求依据不足，本院不予支持。依照《中华人民共和国公司法》第三条、第二十六条、第二十八条，《中华人民共和国民事诉讼法》第六十七条第一款、第一百四十七条之规定，判决如下：

驳回黎某的全部诉讼请求。

案件受理费30 729.55元，由黎某负担（已交纳）。

如不服本判决，可以在判决书送达之日起十五日内，向本院递交上诉状，并按照对方当事人或者代表人的人数提出副本，上诉于北京市第二中级人民法院。

审 判 员 苏 洁

二〇二二年四月七日

法 官 助 理 陈碧玉
书 记 员 杜明婕

王栖鸾
北京市海淀区人民法院

北京市海淀区人民法院民事审判五庭（知识产权审判庭）副庭长。从事知识产权审判工作逾11年，承办各类知识产权案件3800余件，审理了包括"生成虚假社交软件截图案""抓取使用'贝某网'房源数据案""《五环之歌》广告词改编权纠纷案"等多件新类型、疑难复杂案件，多个案例荣获"中国法院十大知识产权案件"等奖项，主持的庭审获评全国法院"百场优秀庭审"，撰写的多篇裁判文书在北京法院优秀裁判文书评比中获奖，作为执笔人之一撰写的多篇调研报告获得北京市优秀调研成果一等奖等奖项，撰写的学术论文、案例分析多次获得全国奖励。曾获得人民法院知识产权审判工作先进个人、2022年度全国知识产权保护工作成绩突出个人等荣誉称号。

点评辞

本案是利用工具软件抓取和使用网络平台公开数据的典型案例。本案厘清了《反不正当竞争法》与《著作权法》的适用边界，认定网络平台投入大量资源进行收集、管理、传播等经营活动而形成的平台公开数据集合，应当受到《反不正当竞争法》的保护，并对判断抓取和使用公开数据行为是否构成不正当竞争所需要考虑的各方面因素进行了明确和充分论述，对于类案裁判具有借鉴意义。

本案亦是涉数据竞争行为直接损害社会公共利益的典型案件。"虚假房源"问题是房产经纪行业的顽疾和典型违规行为。本案首次对平台房源数据集合这一极具公益价值的新型数据形式进行司法保护，从根本上阻断了房产经纪行业中利用涉案工具软件炮制和发布"虚假房源"的行为，维护了消费者权益和社会公共利益，对规范房产经纪行业的竞争秩序起到了极强的正向引导作用，极大鼓舞和激励了相关行业从业者以诚信经营创新研发数据产品和服务的信心，充分体现了司法裁判的示范效应，为服务保障数字经济健康发展贡献了司法力量。

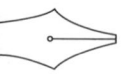

北京市海淀区人民法院
民事判决书

（2021）京 0108 民初 9148 号

原告：某房产经纪公司，住所地北京市朝阳区。

法定代表人：彭某。

委托诉讼代理人：赵某。

委托诉讼代理人：张某。

原告：天津某公司，住所地天津开发区。

法定代表人：彭某。

委托诉讼代理人：董某。

委托诉讼代理人：张某。

被告：北京神某公司，住所地北京市海淀区。

法定代表人：丁某。

委托诉讼代理人：商某。

委托诉讼代理人：袁某。

被告：成都神某公司。

法定代表人：黄某。

委托诉讼代理人：商某。

委托诉讼代理人：袁某。

原告某房产经纪公司、原告天津某公司与被告北京神某公司、被告成都神某公司不正当竞争纠纷一案，本院受理后，依法适用普通程序，公开开庭进行了审理。原告某房产经纪公司的委托诉讼代理人赵某、张某，原告天津某公司的委托诉讼代理人董某、张某，二被告的共同委托诉讼代理人商某、袁某到庭参加了诉讼。本案现已审理终结。

二原告向本院提出诉讼请求：（1）二被告在其官方网站首页（网址为 www.bjsycx.com）、推某 99 网（网址为 www.tuitui99.com）首页及其站内公告置顶位置、蜂某 App 首页以及《中国房地产报》的显著位置，连续三十日刊登声明（声明内容经二原告确认），消除涉案不正当竞争行为对二原告造成

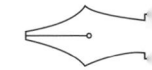

的影响；（2）二被告连带赔偿二原告因被诉不正当竞争行为所遭受的经济损失1000万元及合理开支50万元（包括律师费20万元、公证费及电子存证费20万元、诉讼保全保险费10万元）。事实与理由：自2008年起，某房产经纪公司在经营"链某"房产经纪业务的过程中投入巨大人力、物力、财力，收集、制作、积累了海量真实房源数据，建立了"楼盘字典"真房源数据库（以下简称"楼盘字典"），其中包含上亿套房源的基本信息、交易信息、特色信息、实勘图、VR图（即全景图）、户型图，形成了房源大数据集合。2018年，贝某网（网址为www.ke.com）作为房地产交易信息平台（以下简称房产信息平台），在某房产经纪公司的"链某"房产经纪业务基础和"楼盘字典"的数据基础上成立，由天津某公司经营。经某房产经纪公司授权，天津某公司在贝某网上使用"楼盘字典"中的房源数据。贝某网基于其平台运行规则，吸引大量房产经纪人在贝某网中发布房源信息，不断扩大"楼盘字典"的数据规模。故贝某网中的房源数据是二原告的重要经营资源，二原告由此获得商业利益和竞争优势，应当受到《中华人民共和国反不正当竞争法》（以下简称反不正当竞争法）的保护。二被告是推某99网、推某微店App、"推某99经纪人端"微信公众号、蜂某App（上述各平台以下简称为推某99产品）的运营者。二被告通过其运营的推某99产品，利用技术手段抓取、存储涉案数据，并将上述抓取、存储的涉案数据通过信息网络向其用户或公众传播。上述行为损害了二原告凭借涉案数据所享有的竞争性权益，同时还严重违背了房产经纪行业的法律法规和商业道德，必然造成大量"虚假房源"滋生，严重威胁并侵害消费者合法权益，扰乱房产经纪行业秩序，依据反不正当竞争法第二条，构成不正当竞争行为，二被告依法应当承担相应侵权责任。故诉至法院。

二被告共同辩称：（1）涉案数据中的房源实勘图、户型图、VR图（上述三类图片以下统称为房源图片）均是《中华人民共和国著作权法》（以下简称著作权法）的保护范围，应当适用著作权法寻求保护，故有关房源图片的被诉行为不应在本案审理范围之内，仅应对二原告是否就除此之外的房源信息本身是否享有竞争利益进行判断。（2）推某99产品的核心定位是多平台账户管理工具，二原告主张的抓取、存储及传播涉案数据的行为，均是服务于房产经纪人多平台传播房源信息，目的是增加相关房源的曝光量从而寻找买家，最终实现帮助二原告的房源更快成交，而非争夺二原告房源。（3）推某99产品并非以侵权为主要功能，未损害或扰乱竞争秩序，未损害消费者的自主选择权、知情权、隐私权等权利，反而有利于房屋交易双方的利益，增加交易机会，降低交易周期。（4）"无损害即无救济"是民事诉讼的基本救济理念，本案二原

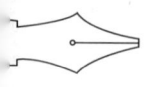

告并无任何实际损失。二原告的主要营业收入来自房产交易佣金，但由于房产经纪人指令所抓取、存储及传播的特定房源并不包含该房源的具体信息（包括门牌号、业主信息），从而无法脱离二原告进行自主交易，只能依靠上述房源信息寻找到买家后，再回归二原告处联系贝某网推荐的经纪人进行交易，因此不会对二原告的营业收入造成任何实际损失。（5）二被告的营业收入中并无房产经纪业务收入（即佣金），故二被告与二原告之间不存在直接竞争关系。二原告主张的损害赔偿与二被告获利之间不存在因果关系，如二原告认为有损害，应直接起诉使用推某99产品的竞争对手。（6）推某99产品净利润低，二原告主张的损害赔偿金额过高，以诉讼获利的意图明显。综上，不同意二原告的全部诉讼请求。

当事人围绕诉讼请求依法提交了证据，本院组织当事人进行了证据交换和质证。结合举证质证情况、当事人陈述，本院认定事实如下：

一、与双方主体资格及经营业务相关的事实

（一）关于二原告及贝某网

ICP/IP地址/域名信息备案管理系统显示，首页网址为www.ke.com的贝某网主办单位为天津某公司。在小米应用商店和苹果App Store中，贝某找房App所载明的运营主体均为天津某公司。历史备案号备案信息查询显示，链某网（网址为www.lianjia.com）自2015年8月6日至2018年7月3日，备案主体为某房产经纪公司。

2019年4月22日，某房产经纪公司出具《授权许可声明》，其中载明：某房产经纪公司是发布于链某网、贝某找房网二手房和租房频道的全部房源VR图片、房源实勘图片和户型图、房源文字介绍、网页界面设计等所有房源数据的著作权、竞争法、民法以及其他法律项下的一切权利、权益的所有者，天津某公司有权在贝某找房网电脑端（ke.com）、贝某找房移动端App、贝某找房手机WAP端（m.ke.com）以及其他某房产经纪公司认可的方式使用上述房源数据，天津某公司有权与某房产经纪公司作为共同原告或者单独作为原告，针对第三方的侵权和/或不正当竞争行为提起民事诉讼、行政诉讼及刑事诉讼。

（二）关于二被告及推某99产品

推某99产品包括推某99网（网址为www.tuitui99.com）、推某微店App安卓手机版和苹果手机版、"推某99经纪人端"微信公众号（微信号为tui-tui99-）、蜂某App安卓手机版和苹果手机版。二被告认可推某99产品由二被告共同运营。

推某99网中包括专门发布房源信息的平台，本案中为了与推某99网进行

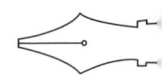

区别，经双方确认，将该平台简称为推某99房产网。推某99产品并不涉及房产经纪业务。

ICP/IP地址/域名信息备案管理系统显示，网址为www.tuitui99.com、www.tuituifang.com、www.bjsycx.com、www.juhaof.com的备案主体均为北京神某公司。与推某99产品相关的系列计算机软件登记证书显示著作权人均为北京神某公司。

二、与二原告权益基础相关的事实

二原告明确，其本案主张应受反不正当竞争法保护的房源数据包括：贝某网中出售房源和出租房源的房源基础信息、房源交易信息、房源特色信息、房源实勘图、房源户型图、房源VR图（上述房源数据以下简称涉案数据），涉案数据为贝某网中的公开数据，即二原告未设置访问权限、任何用户都可以在未登录贝某网的情况下进行浏览的信息。二原告认为其对涉案数据享有竞争性权益；同时，二原告亦明确，其对涉案数据中的房源实勘图、户型图、VR图可能享有的著作权，在本案中不予主张。

（一）关于涉案数据的具体内容

（2020）京长安内经证字第12985号公证书（以下简称12985号公证书）载明，2020年3月6日，贝某网中的贝某二手房版块，展示了该网站在售的部分二手房房源信息。以标题为"南湖边 婚房装修 独栋小公寓 随时看"的房源信息为例，房源信息包括如下内容：一是房源基本信息，包括房屋户型、建筑面积、套内面积、房屋朝向、装修情况、配备电梯、所在楼层、户型结构、建筑类型、建筑结构、梯户比例、产权年限；二是房源交易信息，包括挂牌时间、上次交易、房屋年限、抵押信息、房管局核验码、交易权属、房屋用途、产权所属、房本备件；三是房屋特色信息，包括核心卖点、装修情况、周边配套、适宜人群等；四是房源实勘图（见附图1），每张实勘图均带有"贝某找房"的水印；五是房源VR图（见附图2），其中带有"如视"水印；六是房源户型图（见附图3），其中带有"贝某找房"的水印。贝某网手机网页端（WAP端）上所展示的房源信息亦包含相同类型的信息。

（二）关于"楼盘字典"的经营情况

二原告表示，"链某"是某房产经纪公司所经营的房产经纪业务品牌，自从事房产经纪业务以来，某房产经纪公司积累了海量的房源数据，并在其公司网站"链某网"上发布，这些房源数据的集合被某房产经纪公司称为"楼盘字典"，存储在某房产经纪公司运营的网址为ljcdn.com的网站中。2018年，作为房产信息平台的贝某网创立，经某房产经纪公司授权，在贝某网中使用、发布"楼盘字典"中的房源数据开展经营，吸引其他房产经纪公司入驻贝某

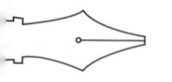

网发布房源信息。同时，某房产经纪公司亦作为贝某网内的房产经纪公司之一，入驻并发布房源信息。经过贝某网的经营，贝某网中发布的房源信息被持续积累至"楼盘字典"中，使"楼盘字典"中的房源数据不断扩充，涉案数据是"楼盘字典"中的核心部分。

二原告的上述意见，在多家媒体发布的介绍"楼盘字典"的文章中有所体现。如：钛媒体网于2014年6月5日发布了题为《【案例】数据驱动的链某：用数据卖房》的文章，其中载明"2009年，链某统一建立并使用'楼盘字典'，所有房源的数据都纳入'楼盘字典'中，每一个房源只有一个编码，一旦有一个经纪人录入了这一套房子，其他经纪人就无法重复录入，这就保证了唯一性。"人民网房产版块于2014年4月7日发布题为《链某"楼盘字典"里的大数据：数完了全国5900万套房子》的文章，其中载明"链某为了掌握到已经进入的30个城市所有房源的基础数据，链某花了数年编制了'楼盘字典'，为了保证100%真房源，数完5900万套房子，链某雇佣了400个人专门在各个小区数房子，然后汇总录入到'楼盘字典'数据库""链某会进入到小区楼栋里测量这些房子卧室、阳台、卫生间等区域空间面积，进一步把这些数据经过二次加工录入到'楼盘字典'，形成标准化的户型图"。新京报于2018年4月23日发布的题为《链某上线全新APP"贝某找房"》的文章，其中载明"贝某找房将继承和升级链某网的产品技术、品质控制和数据挖掘等优势能力，继承和持续迭代'楼盘字典'"。新华网于2018年5月22日发布的题为《解密"楼盘字典"的数据逻辑贝某找房如何架构下一个房屋交易生态圈？》的文章，其中载明"用房间门牌号、标准户型图、配套设施信息等多维信息定义一套房屋——这项简单却并不容易的数据工程，从房屋底层数据架构起来并持续建设，时至今日已成为国内覆盖面最广、颗粒度最细的房屋信息数据库，不仅成为购房者的决策参考依据，未来还将为房产开发、银行、物流等多个领域提供数据服务，发挥其更大的社会价值"。"国产研究中心"公众号于2020年9月9日发布的题为《【国君产研丨产业观察】贝某找房：从房源到客源 从二手到新房》的文章，其中载明"截止到2020年6月底，'楼盘字典'收录了全国33个省级行政区约332个城市中超过54.9万个小区2.26亿套房屋信息，450万张景观图，480万栋建筑，1020万个建筑单位"。上述文章记载于可信时间戳认证证书及视频中。

二原告为证明"楼盘字典"存储在某房产经纪公司运营的网址为www.ljcdn.com的网站服务器中，2021年8月31日，以贝某网二手房版块中的五套房源信息为例，查看该五套房源信息中每张房源图片的网址。查看结果显示无论是实勘图、户型图还是VR图，每张图片网址的域名都是ljcdn.com。

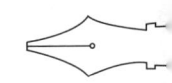

ICP/IP 地址/域名信息备案管理系统显示网址为 www.ljcdn.com 的网站主办单位为某房产经纪公司。

此外，某房产经纪公司于 2011 年 9 月 2 日注册、运营用户名为"链某地产楼盘字典"的新浪微博，并于 2014 年至 2017 年间，申请、注册了 7 枚"楼盘字典"系列商标。贝某研究院作为贝某平台开展、发布市场研究的机构，依托"楼盘字典"中的房源数据，发布了大量房产市场研究报告，并被腾讯网等多家网站引用。

（三）关于房源图片的经营情况

二原告主张，涉案数据中的房源图片，不论是由某房产经纪公司还是其他房产经纪企业发布，均是由二原告管理、委派的摄影师进行拍摄和制作，并由二原告审核后发布，为此提交了内部资料《如视——摄影师篇》。其中载明：经纪人需要摄影师拍摄房源图片时，在二原告的 link 系统中下单预约；摄影师接单后，按预约时间前往房源现场拍摄图片；摄影师在房源现场手动绘制户型图草图完成后，会上传到如视相关系统，在如视相关系统中依据草图绘制户型图，供平台审核；摄影师在房源现场拍摄实勘图、VR 图片后，亦会上传到如视相关系统中；审核通过的实勘图、户型图、VR 图会存储在某房产经纪公司的"楼盘字典"中，在房源信息对外发布时，与其他信息一起在贝某网中向用户展示。二原告提交的（2019）京国信内经证字第 05482 号公证书，对上述拍摄、制作房源图片的现场过程进行了公证，相关操作步骤与过程与上述介绍一致。ICP/IP 地址/域名信息备案管理系统显示，如视网（网址为 www.realsee.com）的主办单位为天津某公司。

某房产经纪公司为提高房源户型图质量，于 2015 年 9 月，与正邦创意（北京）品牌科技股份有限公司订立《链某户型图道具设计品牌建设服务合同》，为某房产经纪公司设计用于房源户型图的绘图元素。某房产经纪公司将上述设计的，包括洗手池、西厨等 67 件绘图元素进行了作品登记，并供摄影师绘制正式户型图使用。

二原告为提供 VR 看房服务，其关联公司天津晨鑫公司与 VR 技术企业上海小桁公司签订相关收购合同，引入 VR 技术。此外，二原告的关联公司还与上海丞邺公司等 21 家公司订立合同，采购拍摄 VR 图片的专业设备。2020 年 3 月，中央电视台财经频道《经济信息联播》节目、北京卫视《北京您早》节目、深圳卫视都市频道《第 1 现场》节目、湖南都市频道《都市晚间》节目、深圳卫视经济生活频道《帮女郎帮你忙》节目，均报道了疫情防控环境下贝某网中 VR 看房兴起的相关情况，并对某房产经纪公司的房产经纪人等从业者进行了采访。

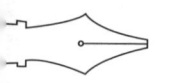

某房产经纪公司针对其摄影师的管理制定了《链某摄影师红黄线管理制度》，并对摄影师进行相关绩效考核。此外，某房产经纪公司及其关联公司还对拍摄房源图片的摄影师支付了工资等人力成本。

（四）关于二原告为保护涉案数据所采取的相关措施

二原告表示，贝某网针对恶意爬取其房源数据的行为设置了反爬取措施，贝某网会综合其服务器接收访问请求的参数内容、行为特征和单位时间内的访问总量和频次等因素，综合分析访问请求是否高度疑似恶意爬取。对于高度疑似恶意爬取的，会采取封禁 IP 地址、弹出验证码等方式阻止其继续恶意爬取。为此，二原告提交了 2022 年 5 月 8 日 0 点 0 分至 0 点 1 分 59 秒的封禁记录。其中显示，在 2 分钟之内，贝某网封禁了 1073 个不正当访问的 IP 地址，总封禁的不正常访问次数达 48 204 次。二原告还提交了其管理后台中与反爬取措施相关的记录，显示 2022 年 5 月 10 日，登录二原告运营的"实时计算平台"，显示自 2021 年 8 月 19 日至 2022 年 5 月 9 日，贝某网持续更新"爬虫计算分析"的相关技术措施；登录二原告运营的安全和风险中心平台，在"封禁记录"中记录了封禁相关 IP 地址的情况。上述内容均记载于可信时间戳取证视频及认证证书中。

除了上述技术措施外，贝某网还对未输入任何筛选条件下的房源展示数量进行了限制。2022 年 5 月 8 日，登录贝某网"北京站"的二手房页面，显示在北京共有 88 492 套在售二手房；在未输入任何筛选条件情况下，贝某网只展示了 100 页二手房房源列表，每页 30 套房源，共计 3000 套房源，其余房源信息需要通过筛选、搜索等方式进行查看；租房房源与二手房房源的展示方式相同。继续查看贝某网广州站、成都站、合肥站、重庆站的房源展示情况，亦显示存在相同限制。2022 年 5 月 11 日，查看房天下、安居客、乐居二手房，显示上述网站亦存在类似情形。上述内容均记载于可信时间戳取证视频及认证证书中。

此外，自 2019 年起，相关网络用户在互联网技术分享平台发布的多篇文章亦介绍了贝某网上述两种保护措施。

（五）关于涉案数据的权益归属情况

1. 与入驻贝某网的房产经纪公司的约定

在二原告为其他入驻贝某网的房产经纪公司使用贝某网相关资源所提供的 A＋App 软件中，该软件在登录界面公示了《系统用户隐私协议》《合规告知》。《合规告知》第 4 条提及，贝某运营方对入驻贝某的房产经纪公司在服务的开发和运营等过程中产生的所有数据和信息等享有全部权利；第 5 条、第 6 条同时提及，入驻贝某平台的经纪人和经纪公司，不得自行或者协助他人复

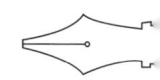

制、抓取、下载包括涉案数据在内的平台系统上的任何内容，不得将系统数据内容提供给任何第三方。在上述软件登录界面，经纪人只有勾选"我已阅读并自愿遵守《系统用户隐私协议》《合规告知》"后方能继续使用该软件。上述内容记载于可信时间戳取证视频及认证证书中。二原告主张，上述证据表明所有使用 A + App 的经纪人都以明示同意的方式认可了《合规告知》中的内容。

二原告表示，入驻贝某网的房产经纪公司亦会与贝某网订立《服务合作协议》，并提交了 2018 年、2019 年、2021 年、2022 年与相关房产经纪公司签订的标准化协议文本。上述文本约定贝某网的相关运营者对开发和运营贝某网过程中产生的所有数据和信息等，享有法律法规允许范围内的全部权利和权益。

此外，二原告还提交了三个房产经纪公司分别出具的三份《关于房源数据相关法律权益的声明》，其中均载明：我司在使用贝某平台服务时上传的房源信息（包括但不限于房源描述、房源介绍、房源评价、房源图片、楼盘名称、小区名称等反映房源情况的数据信息），已融合到贝某平台的"楼盘字典"真房源数据库中，供我司以及其他入驻贝某平台的房产企业在贝某平台开展房地产业务时使用，并由贝某平台的相关运营者在贝某找房网、链某网等位置向消费者展示；针对任何主体侵犯房源数据民事权利和权益的行为（包括但不限于抓取、盗用房源数据的行为），我司同意贝某平台运营方在维权过程中，就房源数据的整体和任何部分主张包括著作权、竞争法、民法等法律法规授予或允许范围内的全部权利和权益，以及在开发、运营、使用房源数据过程中所产生的衍生性权利和权益。

2. 与贝某网用户的约定

2018 年 9 月 18 日生效的《贝某找房网用户协议》第八条第二款载明：贝某平台所刊登的资料信息（包括但不限于编码、文字、图表、标识、按钮图标、图像、声音文件片段、数字下载、数据编辑和软件），均是贝某或其内容提供者的财产，受中国和国际版权法的保护。2022 年 5 月 11 日，查看贝某网的《贝某平台服务使用协议》，显示该协议于 2022 年 3 月 30 日更新。其中第六条约定，"除非法律另有规定，贝某平台运营方是贝某平台上呈现的所有信息内容的所有权及知识产权权利人，贝某平台运营方对其及其关联方、合作方在本服务（即贝某平台服务）的开发和运营等过程中产生的所有数据和信息享有其上包括但不限于所有权、知识产权在内的全部权利。"第九条对贝某网的"真房源服务承诺"作出约定，其中载明"真房源是指同时满足真实存在、真实图片、真实在租、真实价格四项标准，……，用户可提供证据对平台房源

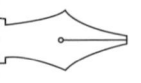

进行举报，经核实不满足真房源承诺内容及居住面积不合规，贝某向举报人赔付100元人民币"。上述内容均记载于可信时间戳取证视频及认证证书中。

3. 某房产经纪公司及其关联公司与其摄影师的约定

二原告提交了某房产经纪公司及其关联公司共计196名摄影师，针对涉案数据出具的《权利确认声明》，其中均载明"摄影师本人过去、现在及将来，在与某房产经纪公司签订的劳动合同有效期或实际劳动关系存续期间，为完成某房产经纪公司工作任务所创作、采集，包括但不限于房源图片、房源数据和户型图在内的工作成果的著作权（署名权除外）、所有权和其他民事权利或权益，均归属于某房产经纪公司。除署名权外，摄影师不就工作成果享有任何权利"。

4. 与涉案数据相关的计算机软件著作权

计算机软件登记证书显示，某房产经纪公司及其关联公司分别为"链某网官网平台""链某Link房源管理系统""Link如视房源实勘平台""贝某楼盘字典飓风系统"等21件软件的著作权人。上述内容记载于（2021）京国信内经证字第12533、12973号公证书中。

（六）关于二被告的抗辩意见

二被告对于上述证据的真实性没有异议，对于关联性、证明目的不予认可。理由如下：第一，与房源图片拍摄、制作相关的证据，仅能证明二原告可能享有房源图片的著作权，但无法证明二原告享有应受反不正当竞争法保护的、包括"交易机会"和"竞争优势"在内的竞争利益；第二，二原告对涉案数据并未设置任何访问限制，属于完全公开的信息；二被告并不清楚二原告为保护涉案数据所采取的技术保护措施；二原告从未对二被告服务器采取任何封禁措施，亦没有采取成本低廉的阻止网页复制的技术措施保护涉案数据，二原告本身亦存在过错。

三、与被诉不正当竞争行为相关的事实

二原告主张，二被告通过其运营的推某99产品实施了如下行为：一是利用技术手段抓取、存储涉案数据，在上述过程中自动去除贝某网房源图片的水印；二是将抓取、存储的涉案数据向其用户和公众传播，包括在推某99产品内向其用户本身展示、供用户编辑和下载，将涉案数据发布至推某99房产网、第三方房产信息平台以及微信等社交媒体向公众传播。二原告认为上述行为依据反不正当竞争法第二条，构成不正当竞争。

（一）关于被诉行为的具体体现

1. 推某99网和蜂某App中的行为体现

（1）关于推某99网抓取、存储、传播涉案数据的操作过程

12985号公证书对于推某99网抓取、存储涉案数据（在上述过程中自动

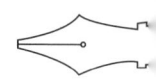

去除贝某网房源图片水印),并将抓取、存储的涉案数据向其用户和公众传播(包括在推某99产品内向其用户本身展示、将涉案数据发布至推某99房产网供不特定用户浏览)的行为进行了公证。该公证书载明,2020年3月6日,进入推某99网,使用131××××3756的账号登录后,进入该用户的相关页面。点击左侧"录入出售",进入录入出售房源信息的页面,页面上方提示信息包括:批量复制房源,并有"房源搬家"选项;复制互联网房源,并有"复制"选项。在页面"基本信息"部分包括与房屋情况相关的多个空白选项可以填入。点击上述页面上方的"复制"选项,出现浮窗(见附图4),浮窗上方载明"本功能支持复制安居客、新浪、搜房、58同城、吉家网、贝某网、第一时间网的房源;复制成功房源后请注意修改相关信息"等;浮窗中间为可以填入房源链接的空白框(以下简称复制框)及"复制选项";浮窗下方提供了包括贝某网在内的上述网站的图文标识链接。

  点击贝某网的标识,进入贝某网贝某二手房的相关页面,在搜索框中输入"卡地亚公馆",搜索结果包括8套房源信息;点击进入标题为"南湖边 婚房装修 独栋小公寓 随时看"的房源信息页面,选定该页面的网址,鼠标右键选择"复制标题与网址"选项,将上述复制的贝某网网址粘贴到复制框中,点击"复制",显示"正在获取房源中,请稍等";随后涉案数据被自动填充在推某99网的房屋基本信息录入框中(见附图5),除"使用面积"数据是在建筑面积数据减去1计算所得之外,附图5中推某99网中的红色框内信息与贝某网中该房源的房源基本信息、房源交易信息、房源特色信息完全相同。

  在房屋图片编辑部分,贝某网中的房源实勘图被去除"贝某找房"水印后,自动录入"室内照片"部分中;贝某网中的户型图被去除"贝某找房"水印后,自动录入到"房型图"部分中。在"三网全景"部分中,可以上传房源全景图,并提供了"复制该房源的全景"选项,且该选项默认勾选;点击"保存"选项后,上述已复制的房源信息被成功保存在用户账号内,同时,亦开始自动抓取、存储贝某网中对应房源的VR图。随后,点击"出售管理",在房源列表中出现上述复制自贝某网的新增房源,点击房源标题下方的"全景",可以查看上述已复制的VR图,该VR图与贝某网中该房源的VR图完全相同,但被去除了"如视"的水印,并在向下视角的VR图中添加了虚假相机底座图像。

  上述复制成功的房源信息被保存在用户账号内时,还会被自动发布到推某99房产网,供不特定用户进行浏览;且在房源实勘图中均添加了"tui-tui99.com及其图形标识"的水印以及经纪人姓名和联系方式,该经纪人为推某99网的用户,与贝某网中所载的经纪人信息不同。

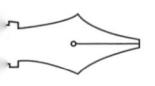

（2020）京长安内经证字第 12990、13160 号公证书对推某 99 网的客户端和服务器端之间的网络通信情况进行了公证，二原告据此证明从贝某网抓取的房源实勘图、户型图、VR 图均已经被保存在北京神某公司的服务器中，并由北京神某公司提供给其用户浏览和使用。二被告对此不持异议。

二原告与二被告共同确认，本案中所称的"复制"一词即指抓取并存储之义。

（2）关于蜂某 App 抓取、存储、传播房源 VR 图的操作过程

12985 号公证书还对蜂某 App 抓取、存储贝某网房源 VR 图、在蜂某 App 内向其用户展示房源 VR 图、将房源 VR 图分享至微信等社交媒体、将房源 VR 图与推某 99 网中的已有房源进行对接并一同发布至推某 99 房产网中的行为进行公证。该公证书载明，在推某 99 网内的"个人全景"栏目可以下载蜂某 App。下载蜂某 App 安卓手机版，使用上述登录推某 99 网的同一个 131×××3756 的账号登录，首页显示有"复制"等六个版块；点击"复制"，进入的页面中提供了安居客、贝某网、房天下、58 同城·房产网的选项，点击贝某网后进入贝某网手机网页端的相关页面。搜索并进入上述在推某 99 网中复制的同一房源链接，即标题为"南湖边 婚房装修 独栋小公寓 随时看"的房源信息页面，点击右上角的"复制"选项，即可成功复制该房源的 VR 图。随后，在"我的全景"版块中，上述复制的房源出现在房源列表中，并生成相应 ID。点击房源标题右侧的"操作"选项，出现"对接房源、编辑全景、预览全景、分享给好友"等选项。点击"预览全景"，可以查看全景图，其中所展示的全景图与贝某网中的 VR 图完全相同，但被去除了"如视"的水印，并在向下视角的 VR 图中添加了虚假相机底座图像。点击"分享给好友"，出现"分享至微信朋友圈、分享至微信、分享至 QQ、分享至 QQ 空间"的选项。点击"对接房源"，将全景图与上述在推某 99 网中复制自贝某网的同一房源进行对接；对接完成后，在推某 99 网的"个人全景"版块列表中出现包含全景图的该房源信息，同时，推某 99 房产网已经发布的该同一房源页面上，新增了从贝某网复制的房源 VR 图，与该页面上原有的复制自贝某网的房源信息一起对外展示。"对接房源"功能可以将复制的房源 VR 图与推某 99 网中已有的任一房源进行对接，并对外发布。

返回推某 99 网的"个人全景"版块列表，点击该房源信息下方的"同步"选项，出现"全景推送信息设置"的浮窗，其中包括"安居客"和"搜房帮"两个选项。选择"搜房帮"并录入相应房屋信息后点击确认，在"全景功能"项下的"同步记录"中显示该房源的全景信息已同步。通过推某 99 网左侧的"端口管理"，进入房天下网（即搜房帮）的房源管理平台"经纪云

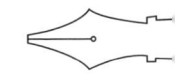

工作台"（网址为 vr.fang.com/……），查看"VR 图库"的房源列表，其中已经包含了上述同步的包括房源 VR 图的房源信息；查看该房源的全景图，与贝某网中该房源的 VR 图完全相同。上述被推送成功的房源 VR 图可以与房天下网管理平台中的任一房源进行绑定，一同被展示在房天下网中被不特定用户浏览。

（3）关于推某 99 网中被诉行为体现的变化与补充

2020 年 9 月 18 日、2020 年 11 月 19 日、2020 年 12 月 7 日，二原告均按照与 12985 号公证书相同的取证步骤再次进行取证，取证内容记载于（2020）京国信内经证字第 07887、08447、08952 号公证书中。上述公证书除载明推某 99 网存在被诉行为、蜂某 App 苹果手机版与安卓手机版功能相同外，还存在如下变化与补充：第一，附图 4 中原本载明的"贝某网"图文标识修改为"北客网"；复制框下方新增"添加"选项，即可添加多个贝某网的房源网址，进而同时复制多个贝某网的房源信息，并展示在推某 99 网的用户账号中，供其用户实施进一步操作。第二，推某 99 网"房源录入"页面中的"生成长图"选项，可以将复制自贝某网的房源实勘图、户型图合并为一张长图，保存在用户计算机本地文件中；还可将复制自贝某网的房源实勘图、户型图和 VR 点位图合成为视频，合成后的视频被自动填充到推某 99 网该房源的"视频信息"中。第三，在推某 99 网中，复制自贝某网的房源信息可以被分享到新浪微博、微信、豆瓣、QQ 空间等社交媒体中。

（4）关于推某 99 网的批量推送功能

（2020）京国信内经证字第 03414 号公证书对推某 99 网将抓取、存储的涉案数据同时推送到多个第三方房产信息平台予以发布的过程进行公证。该公证书载明，2020 年 6 月 10 日，在推某 99 网的"出售房源"列表中，选中复制自贝某网的房源后，会出现"立即推送、预约推送"的浮窗，点击"立即推送"，进入的页面中显示提供了房天下、搜房、楼司令、挑房网、第 1 时间房源网等多个平台，并载明了用户预先录入的上述平台相应账号；选择其中的房天下、挑房网、城市房产、百姓网、列表网、第 1 时间房源网，推某 99 网则将已复制的房源信息同时推送到该五个房产信息平台，并记载了上述推送内容和推送时间。随后进入挑房网、第 1 时间房源网、房天下网查看，显示上述推送的房源信息均已发布，供不特定用户浏览，相应房源信息与贝某网上该房源的房源信息完全一致，房源实勘图和户型图上的"贝某找房"水印均已去除，且都被添加了挑房网、第 1 时间房源网、房天下网的水印。由于房天下网中支持 VR 看房，故从贝某网上复制的房源 VR 图，也被推送到房天下网中予以公开展示。

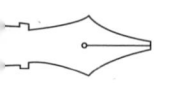

（5）关于推某99网的只复制图片功能

（2020）京国信内经证字第08952号公证书（以下简称08952号公证书）对推某99网仅抓取、存储贝某网房源实勘图、户型图，并将上述房源实勘图、户型图供其用户下载的行为进行公证。该公证书载明，2020年5月13日，使用171×××7757的账号登录推某99网，在"录入房源"界面，点击"复制"，弹出"获取房源"浮窗（见附图6），链接复制框上方有"只复制图片（可以下载到桌面，不支持采集房源信息，如需发布房源，需要您手动编辑信息）"的选项，该选项在上述12985号公证书取证过程中并未提供。选择该选项并点击"贝某"的图文标识，跳转进入贝某网的二手房页面。将贝某网的某一套房源网址复制到复制框并完成复制后，贝某网中的房源基本信息、房源特色信息等文字部分并未被填充在房源信息录入框中；在房源图片部分，去除了"贝某找房"水印的房源实勘图、户型图均被自动填充在房源录入框中，可以被保存在用户的账号中。同时，点击"图片下载"选项，还可以将去除了"贝某找房"水印的房源实勘图、户型图下载至用户的计算机本地文件中。

2."推某99经纪人端"微信公众号中的行为体现

（2020）京长安内经证字第12989、13157号公证书分别对2020年3月18日、2020年4月6日使用"推某99经纪人端"微信公众号的相关情况进行了公证，该两份公证书均载明"推某99经纪人端"微信公众号存在抓取、存储并传播涉案数据的行为，相关行为体现与推某99网中的行为一致。

此外，（2020）京长安内经证字第12989号公证书还载明，"推某99经纪人端"微信公众号还具有"房源搬家"功能，该功能可以集中复制某一小区的相关房源，并省略复制、粘贴贝某网房源网址的步骤直接复制相关房源信息。具体操作过程为：使用与12985号公证书相同的131×××3756的账号登录后，进入"房源搬家"版块，页面中提供的互联网房源包括58同城、安居客、房天下、搜狐二手房、新浪乐居、贝某的选项；选择贝某网后，在搜索框内输入某一小区名称，在"出租"项下的房源列表中（见附图7）出现多个与该小区相关的出租房源信息，每个房源信息后均有"一键复制"选项，点击"一键复制"，贝某网中包括房源基本信息、交易信息、特色信息、实勘图、户型图即被抓取、存储至推某99网。

3.推某微店App中的行为体现

（2020）京长安内经证字第02319号公证书对2020年5月13日使用推某微店App安卓手机版的相关情况进行了公证，该份公证书载明推某微店App安卓手机版存在抓取、存储并传播涉案数据的行为，相关行为体现与推某99网中的行为一致。

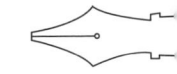

（2020）京国信内经证字第 08410 号公证书对 2020 年 11 月 19 日使用推某微店 App 苹果手机版的相关情况进行了公证，该公证书除了显示推某微店 App 苹果手机版与安卓手机版具有相同功能外，还显示推某微店 App 苹果手机版具有"扫码录房"功能，该功能可以省略复制、粘贴贝某网房源网址的步骤，直接使用手机扫描贝某网电脑端中的房源二维码复制涉案数据。具体操作过程为：在推某微店 App 苹果手机版首页选择"扫码录房"后，点击"立即扫码录入"，手机进入二维码扫描界面，扫描电脑浏览器上的贝某某一房源的二维码，手机即跳转进入贝某网手机网页端对应房源页面，点击右上角"复制链接"，页面出现"扫码录入成功"，即贝某网中包括房源基本信息、交易信息、特色信息、实勘图、户型图、VR 图已被抓取、存储至推某 99 网。

4. 二被告的相关抗辩意见

二被告对于共同实施了上述被诉行为不持异议，亦认可涉案被诉功能均可以使用，但提出如下抗辩意见：推某 99 产品是服务于房产经纪人对多个房产信息平台账号进行集中管理的工具，目的是满足房产经纪人将其持有的房源信息进行多平台发布的需求，从而增加房源曝光量、提高房源成交率；推某 99 产品帮助房产经纪人将多次录入简化为一次录入，成倍减少房产经纪人的工作量。

为此，二被告提交了北京神某公司与二原告关联公司签订的五份《推某 99 网络服务合同》以及相关企业公示信息，显示北京神某公司为二原告关联公司提供将其自有平台中的房源进行多平台发布的服务。二被告据此证明被诉行为亦为二原告所认可。二原告对于上述事实不持异议，但认为二原告的关联公司是将其自有平台中的房源进行多平台发布，不涉及其他任何平台，与本案被诉行为无关。

二被告还提交了二原告关联公司贝某控股有限公司在香港上市的招股书以及"棱镜"公众号发布的相关文章。招股书中载明"我们构筑了经纪人合作网络（ACN 网络）……ACN 网络将房产交易划分成多个步骤，使多名经纪人能够合作完成一单交易，并根据各自的角色和贡献按照预先设定好的分配机制分配佣金，实现频率更高的跨门店和跨品牌合作。"二被告据此主张贝某网中的房源是由其平台上众多经纪人共同维护，参与维护的经纪人都可因房源成交而抽取佣金，因此具有将房源进行多平台发布的需求。二原告对于该事实不持异议，但认为上述平台运行规则与经纪人将贝某网中的房源信息发布至其他平台并无关联，经纪人亦无权将贝某网中的信息发布至其他平台。

推某 99 网的网页介绍中也对推某 99 网的上述功能进行了介绍，其他类似软件的网页截图亦显示存在与被诉功能类似的功能。此外，推某 99 服务声明

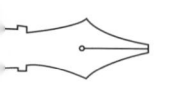

及用户协议要求并提醒用户对其房源信息的真实性和合法性负责，同时针对其用户可能存在的侵权行为，为权利人提供了沟通、解决途径。推某99网复制房源网址界面中提示"在外网挑选房源中，请您复制本公司的房源""请将本功能用于合法用途，如因侵权或违规，属于您的个人行为，本站不承担任何责任"。二被告据此主张，用户发布房源的整个过程需要用户主动操作，推某99网已经尽到了提示义务。

（二）关于被诉行为的技术实现方式及规模

二被告表示，本案被诉抓取、存储涉案数据行为的技术实现方式为：当用户发出复制房源的指令后，推某99产品使用计算机程序，模拟真实用户向贝某网的服务器目标位置发出访问请求，在贝某网返回的数据中提取出涉案数据，存储在北京神某公司的服务器中；上述已存储的涉案数据在被进行后续传播时，均是从北京神某公司的服务器中提供。二原告对于二被告的上述意见不持异议。

二原告为证明二被告抓取涉案数据的事实及规模，提交了某房产经纪公司服务器相关访问记录。显示IP地址为123.59.183.151和123.59.105.101的两个网站在2018年9月至2019年1月、2019年12月至2020年9月、2020年9月至2021年1月三个时间段内，向贝某网发出访问请求共计223 189次，月均11 160次，日均4 340次。二原告提交的（2020）京国信内经证字第12980号公证书显示，IP地址为123.59.183.151的网站对应北京神某公司运营的域名为tuitui99.com的网站，IP地址为123.59.105.101的网站对应北京神某公司运营的域名为bjsycx.com的网站。二原告主张上述访问记录反映出二被告运营的两个网站抓取涉案数据的次数。

二被告对于上述两个IP地址对应其所运营的相关网站不持异议，但认为二原告提交的访问记录无法证明是为抓取涉案数据而访问贝某网，推某99产品中还存在其他功能会向贝某网发出访问请求，但二被告未提交其掌握的与被诉行为相关的抓取记录，亦未证明推某99产品中哪些功能还会向贝某网发出访问请求。

二原告进一步解释，本案被诉行为之所以未被贝某网的反爬取措施所阻拦，主要原因在于：一是二被告采用技术手段模拟真人用户访问贝某网服务器，服务器会认为该种访问是正常的用户访问；二是反爬取措施只有在存在高度恶意爬取嫌疑时才会采取封禁等措施，本案二被告是针对用户提供的链接进行抓取，还使用了多个IP地址抓取，故单个IP地址在短时间内的访问数量尚未达到明显异常的程度。

二被告明确，其用户所持有的账号可以在推某99网、推某微店App安卓

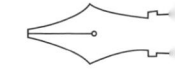

手机版和苹果手机版、"推某99经纪人端"微信公众号、蜂某App安卓手机版和苹果手机版中共用,本案被诉行为均指向推某99网的服务器。二原告对此不持异议。

(三) 关于被诉行为的持续情况

二原告于2020年11月4日起诉时,同时提出了行为保全申请,要求二被告停止被诉行为,并禁止二被告以任何形式向其他任何主体提供涉案数据。二被告收到上述申请后,在2020年12月21日出具的《推某99产品功能下架情况说明》以及2020年12月28日提交的答辩状中,均表示其已关闭、下架本案中与贝某网相关的功能;2021年8月,二被告向本院表示,已删除其存储的全部涉案数据。

针对二被告的上述意见,二原告表示,其认可蜂某App提供复制贝某网VR图的功能、推某微店App安卓手机版和苹果手机版的"扫码录房"功能,以及推某99网、推某微店App安卓手机版和苹果手机版、"推某99经纪人端"微信公众号中的"房源搬家"功能,均无法使用,但其他的被诉行为均未停止,并为此提交了相关公证书等证据。

1. 关于推某99网中被诉行为的持续情况

(1) 与继续传播涉案数据相关的事实

(2020)京国信内经证字第10107号公证书(以下简称10107号公证书)载明,2020年12月31日,使用12985号公证书取证所用的131×××3756的账号,再次登录推某99网,查看"出售房源"列表中的房源,其中房源标题中仍然存在带有蓝色"【北】"字字样的房源,即复制自贝某网的房源;查看上述每一条房源信息,其中的房源图片均被去除"贝某找房"水印,房源图片均可下载至计算机本地文件和生成长图,生成的长图亦可下载至计算机本地文件中;房源实勘图和VR点位平面图均可以合成视频;点击上述复制自贝某网的房源,均可进入推某99房产网的相应房源页面,该页面上的房源信息仍被正常展示。如使用推送功能推送复制自贝某网的房源,出现提示"为规避用户使用过程可能带来的法律风险,贝某网复制房源禁止推送";但是在该房源的房源录入信息页面,仅修改个别房源信息后即可保存为一条新的房源信息,该信息已无"【北】"字样,并可以被成功一键推送至多个第三方房产信息平台。此外,该公证书还载明,对于"全景库"中通过蜂某App复制自贝某网、并被保存在推某99网同一用户账号中的VR图,用户仍然可以使用推某99网将VR图推送至第三方房产信息平台;推送完成后,贝某网的房源VR图即出现并保存在该用户在第三方房产信息平台的账号后台中,并被展示在第三方房产信息平台中供不特定用户进行浏览。2021年2月2日,二原告按照与

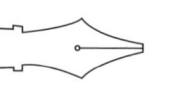

10107号公证书相同的取证步骤，再次登录同一取证账号，所取证内容与10107号公证书取证内容基本一致，并被记载于（2021）京国信内经证字第00093号公证书中。

（2021）京国信内经证字第08168号公证书载明，2021年8月5日，在推某99网中登录12985号公证书取证所用的131×××3756的账号，先前在房源列表中保存的贝某网房源信息已经不存在。但是，登录二原告08952号公证书取证所用的171×××7757的账号，显示该账号中标注了"【北】"字样的贝某网房源数据仍然可以浏览。二原告据此证明二被告并未全部删除存储在其服务器中的涉案数据，二被告的相关陈述显然是虚假陈述。该公证书还载明，该账号中仍然可以浏览复制自贝某网的五套房源信息，且与贝某网上的对应房源页面进行对比，显示该5套房源信息在贝某网中为"已下架""房源已成交"状态。此外，该公证书还载明，截至2021年8月5日，保存在推某99网中的去除水印的贝某网房源图片，仍可一键下载至计算机本地文件或生成长图，供二被告的用户进一步使用；保存在推某99网中的、复制自贝某网的房源信息，在经过简单修改后，仍可保存为新房源并一键推送至其他房产信息平台。

（2）与被诉行为出现的新形式相关的事实

二原告主张，当将贝某网某一房源的网址粘贴到复制框中进行复制时，会显示"失败""不支持这个网站"，即无法通过原有途径复制贝某网的房源网址，但二被告实际通过其运营的IP地址为121.5.138.89：8081以及49.235.115.116：8081的无域名网站，配合推某99网继续实施抓取、存储、传播涉案数据的行为。

①关于IP地址为121.5.138.89：8081的网站使用情况

二原告表示，其通过二被告在保定地区的销售人员获得IP地址为121.5.138.89：8081的网站，为此提交了二原告委托代理人张某与相关销售人员的微信聊天记录予以证明。张某与用户"保定推某99尹某芳"的聊天记录显示，2021年12月22日，双方成为微信好友，并开始沟通。当日，张某询问"能复制贝某或链某吗"，对方回复"可以复制贝某网，就是略微麻烦一点"，并发送了视频教程；还发送了121.5.138.89：8081的IP地址，称"这一系列操作，只是为了复制这个网址""然后才开始真正的操作，打开推某99、复制、粘贴刚才复制的网址""复制到了推某99，就会去掉水印，保存完就可以推送了"；张某询问"以前可以一步完成，现在需要两步？"，对方回复"因为这属于侵权行为，链某不让我们这么操作，强制把功能下架了，我们改版了一下"。上述聊天记录记载于（2021）京国信内经证字第12536号公证书中。

(2021) 京国信内经证字第 12995 号公证书 (以下简称 12995 号公证书) 对 IP 地址为 121.5.138.89：8081 的网站的使用情况进行了公证。该公证书载明，2021 年 12 月 23 日，使用 167×××x4190 的账号登录推某 99 网，其中显示尹某芳为营销顾问，并载有其手机号。当将贝某网某一房源的网址粘贴到"复制互联网房源"界面的复制框中并点击复制时，会显示"失败""不支持这个网站"。但通过 IP 地址为 121.5.138.89：8081 的无域名网站，可以将贝某网的房源网址转化为该无域名网站的网址，进而继续实施抓取、存储涉案数据的行为。具体操作步骤如下：第一步：在浏览器地址栏输入 121.5.138.89：8081 的 IP 地址，进入一个无域名网站，网站上方载明"本站可帮您生成个人房源库，房源信息可从多家网站采集"，使用 167×××x4190 的账号进行登录。第二步：进入该网站，页面中显示"单套采集""批量采集"的选项；点击页面上的"单套采集"，出现"单套采集"界面（见附图 8），其中有"贝某"和"链某"的图文标识，房源类型包括出售房源、出租房源，在输入房源网址复制框上方提示"请将需要采集的房源 URL 地址粘入下面的输入框内，最多一次可粘入 10 条"。第三步：点击"单套复制"界面上的"贝某"标识，进入贝某网的二手房页面，选择并进入某一房源页面，复制该房源网址，粘贴到"单套复制"界面的房源链接输入框中，点击"开始采集"，出现"采集任务已开始，请稍后刷新查看"。第四步：在等待系统启动复制时，房源列表上的"状态"栏会显示"排队中"。在复制完成后，房源列表中显示了被复制房源的"小区名""居室""房屋类型""房源名称""价格""面积""采集时间"等数据，在"状态栏"中有"复制地址"和"编辑图片"两个选项。第五步：点击"复制地址"，获取了相应网址（网址为 121.5.138.89：8081/……）；将该网址粘贴到推某 99 网"复制互联网房源"界面中的复制框内，此时推某 99 网并未显示"失败"和"不支持这个网站"。点击"复制"后正常进行复制，并显示复制成功。对于复制完成后的房源信息进行的后续使用和传播，与被诉行为原有行为体现一致。此外，在上述第二步的操作页面，选择"批量采集"，可以针对贝某网中某一小区的多个房源信息进行批量复制。

2021 年 12 月 24 日，二原告按照与上述 12995 号公证书相同的取证步骤，对通过 IP 地址为 121.5.138.89：8081 的网站和推某 99 网，对贝某网出租房源进行相关操作的过程进行了取证，取证内容显示通过该网站及推某 99 网可以完成对贝某网出租房源的抓取、存储和传播，并载明营销顾问为李某，相关内容记载于 (2021) 京国信内经证字第 12536 号公证书中。二原告委托代理人与二被告南京地区营销顾问李某的微信聊天记录显示，2021 年 12 月 22 日，李某称"可以复制链某网的房源、可以去贝某水印"，且亦提供了 121.5.138.89：

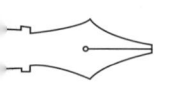

8081 的 IP 地址以及视频教程，查看该视频教程，其中显示该视频的录制时间为 2021 年 2 月 24 日；且李某的朋友圈显示在 2021 年 10 月至 12 月所发布的内容中，多次提到"可发布贝某全景到房天下""推某 99 可去贝某水印"等内容。

在针对行为保全申请组织的听证中，本院对于上述通过 IP 地址为 121.5.138.89：8081 的网站以及推某 99 网抓取、存储、传播涉案数据的情况进行了现场勘验，勘验结果与上述证据所取证内容一致。

②关于 IP 地址为 49.235.115.116：8081 的网站使用情况

（2022）京国信内经证字第 02243 号公证书载明，二原告于 2022 年 3 月 21 日通过与二被告在上海地区的销售顾问获得了 49.235.115.116：8081 的 IP 地址以及复制、发布房源的视频教程，该视频教程与南京地区营销顾问李某所发的视频教程相同。

（2022）京国信内经证字第 02242 号公证书载明，2022 年 3 月 22 日，按照与上述 12995 号公证书相同的取证步骤，对使用 IP 地址为 49.235.115.116：8081 的网站，对贝某网出售房源进行相关操作的过程进行了取证，取证过程及内容与第 12995 号公证书基本一致，亦显示通过 IP 地址为 49.235.115.116：8081 的网站及推某 99 网，可以完成对贝某网出售房源的抓取、存储和传播，且 IP 地址为 49.235.115.116：8081 的网站页面与 IP 地址为 121.5.138.89：8081 的网站页面内容一致。

③关于被诉行为持续期间的行为规模

根据某房产经纪公司服务器访问记录，IP 地址为 121.5.138.89：8001 的网站在 2021 年 7 月 16 日至 2022 年 1 月 13 日间，向贝某网发出访问请求共计 789 505 次，月均为 131 584 次，日均为 5049 次。IP 地址为 49.235.115.116：8081 的网站自 2022 年 2 月 24 日至 2022 年 3 月 24 日间，向贝某网发出访问请求共计 364 865 次，日均为 12 581 次。二原告主张，上述访问记录可以证明二被告在向法院承诺停止被诉行为后仍然抓取涉案数据，且抓取规模继续扩大，主观恶意极为明显。二被告认可在上述两个 IP 地址所对应的网站中，除了复制房源功能外，并无其他功能。

此外，二原告还表示，上述访问记录亦体现出二被告抓取涉案数据的技术手段。在访问记录中包括 uuid 和 user_agent 两个参数。uuid 是贝某网服务器为每个访问者赋予的、唯一不重复的代码，正常情况下，同一访问者在一段时间内多次访问贝某网服务器，uuid 值应保持一致；但二被告使用同一个 IP 地址短时间内大量抓取涉案数据时 uuid 却不相同，证明二被告伪造了 uuid 参数值。user_agent 是与浏览器相关的标识，代表用户访问贝某网服务器时所使用的用

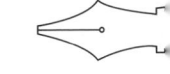

户终端名称，从抓取记录上看，二被告亦伪造了真实用户才使用的浏览器标识。

2. 关于推某微店 App 中被诉行为的持续情况

（2021）京国信内经证字第 00094 号公证书载明，2021 年 2 月 2 日，二原告再次对推某微店 App 安卓手机版和苹果手机版的使用情况进行取证。该公证书载明，使用与 12985 号公证书取证所用相同的 131××××3756 的账号登录推某微店 App，可以浏览保存在该用户账号中的、从贝某网复制的房源信息，并可以将所复制房源信息中的个别数值进行修改后保存为"新房源"。复制自贝某网的房源信息仍可以被下载至用户手机、被发布至微信等社交媒体以及第三方房产信息平台。

（2021）京国信内经证字第 00992 号公证书载明，推某 99 网的公告列表显示，2019 年 3 月 15 日，推某 99 网公告"为配合 315 对于知识产权原创的检查，……，针对全景进行删除"；2020 年 7 月 14 日，再次公告"为了您的端口安全，即将对这批房源进行删除处理"。二原告主张，该份证据证明二被告大规模删除其用户存储的房源数据轻而易举，而二被告拒不删除其存储的涉案数据具有明显恶意。

3. 二被告对于被诉行为持续情况的意见

二被告对于上述证据所反映的事实不持异议，但认为两个 IP 地址所对应的无域名网站并非二被告设立，是各地区销售人员所实施的个人行为；且相关行为明显是绕开二被告限制措施的规避行为，不应归责于二被告。

（四）关于二被告对被诉行为的宣传

二原告主张，二被告在其对外宣传中重点宣传与被诉行为相关的"复制互联网房源"功能，主观恶意明显。

1. 推某 99 网视频教程中的宣传

（2020）京国信内经证字第 01183 号公证书载明，2020 年 3 月 19 日，登录推某 99 网并查看网站首页底部的"推某 99 教程"视频。该教程中专门介绍了推某 99 网"互联网复制房源功能"的操作过程，并在解说词中特意声明"其中房源图片和视频，可以去除对方网站水印"，但在视频字幕中，并无该句话的字幕。该教程视频还专门介绍了"推某 99 经纪人端"微信公众号的"复制互联网房源功能"以及"房源搬家"功能，所针对房源包括贝某网。

2. 百度贴吧与"推某 99 经纪人端"微信公众号中的宣传

（2020）京国信内经证字第 01149 号公证书载明，2020 年 3 月 19 日，登录百度贴吧，该网站中有北京神某公司运营的"推某 99 吧"。在"推某 99 吧"宣传推某 99 网功能的帖子中，专门在图片中用红色字体和箭头示意"复制房

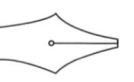

源"功能的位置；在评论区的回复中介绍"房源复制，复制互联网上的房源帖子进行修改使用"的内容；介绍推某99网的主要功能包括"复制房源：推某99支持您将特定网站上的房源通过链接直接复制到本网站"。该公证书还载明，在"百度知道""搜狗问问"问答平台上，有多名用户提到了推某99网复制房源以及去除房源图片水印的功能。

（2020）京长安内经证字第13593号公证书载明，2020年3月26日，查看"推某99经纪人端"微信公众号，显示自2018年8月10日起发布的多篇文章，对蜂某App复制贝某网VR图的功能、推某99网复制房源和去水印功能进行突出宣传。

3. 其他宣传方式

二原告主张，除了上述宣传方式外，二被告在线下销售和官方客服电话中都对被诉行为进行重点宣传。（2019）京长安内经证字第50751号公证书载明，2019年4月17日，二原告的代理人与成都神某公司销售人员进行现场洽谈，该销售人员介绍了推某99网复制房源功能的使用方法，其中多次提到"链某"，并以复制贝某网的房源数据进行举例操作；还称"全景看房与推某99是单独的一个产品，是单独收费的……，我们这边现在不是特别稳定，弄过去容易违规"。

二原告还曾拨打北京神某公司的客服电话400-688-1996，并对通话过程进行录音，录音显示客服人员为来电者详细介绍推某99网的复制房源功能及操作方式，并明确提到了贝某网。

（五）关于被诉行为所造成的损害

1. 与二原告主张的"虚假房源"相关的事实

二原告主张，被诉行为造成"虚假房源"大量滋生并传播，不仅损害了二原告的合法权益，亦损害了消费者权益和房产经纪行业的竞争秩序。为此，二原告提交了2018年至2020年间，多家媒体对房产经纪行业中"虚假房源"问题的报道。上述报道显示，"虚假房源"是指房产经纪行业从业人员在互联网上发布的，其无权或无法居间撮合的房源信息，或者房源数据信息与房屋实际情况不符的房源信息。经纪人发布"虚假房源"的目的在于，通过在房产信息平台上以本人名义发布大量"虚假房源"，从而增加其个人联系方式的曝光度，吸引消费者与其联系，再借机推荐其实际掌握的房源。"虚假房源"是房产经纪行业和互联网房产信息平台中的"顽疾"，经纪人发布"虚假房源"涉嫌违反《广告法》《消费者权益保护法》《房地产经纪管理办法》等法律法规和规章，北京、上海等城市的监管机关均对此予以重点打击，部分房产信息平台已因"虚假房源"问题受到相关行业主管部门的约谈或处罚。

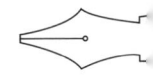

上述新闻报道中涉及的规章、文件包括：住房和城乡建设部（以下简称住建部）、国家发展和改革委员会、人力资源和社会保障部联合颁布的《房地产经纪管理办法》第二十二条规定，房地产经纪机构与委托人签订房屋出售、出租经纪服务合同，应当查看委托出售、出租的房屋及房屋权属证书，委托人的身份证明等有关资料，并应当编制房屋状况说明书。经委托人书面同意后，方可以对外发布相应的房源信息。北京市住房和城乡建设委员会等五部门联合发布的《关于规范互联网发布本市住房租赁信息的通知》第五条规定："互联网交易平台应当按照下列要求审核、管理住房租赁信息：（一）房屋照片与实际相符；（二）租金、佣金等明码标价……"在住建部、公安部等多部委发布的《关于在部分城市先行开展打击侵害群众利益违法违规行为治理房地产市场乱象专项行动的通知》中，将"发布虚假房源和价格信息，欺骗、误导购房人"，作为房地产市场乱象的整治重点。

2. 与二被告抗辩意见相关的事实

二被告主张在贝某网中，不论是新房还是二手房都存在"独家"房源的情况，因此入驻贝某网的房产经纪人将这部分"独家"房源抓取、传播到多个第三方房产信息平台中，将不会导致二原告对该房源成交取得的佣金收入；对于不掌握该部分"独家"房源的房产经纪人，即便出于不良意图抓取该房源并传播到其他平台，也因其并无相关委托而无法成交该房源，进而更不可能侵夺二原告对该房源享有的未来佣金。为此，二被告提交了贝某网及其相关微信公众号发布的关于独家新房房源的宣传报道以及其他媒体的相关报道。二原告对此不予认可，认为本案被诉行为的性质与贝某网有无"独家"房源毫无关系，被诉行为使消费者的注意力被不正当地争夺，导致贝某网流量降低，进而使二被告的用户不正当地获得交易机会，导致贝某网内经纪交易机会的降低，损害了贝某网及其平台内经纪人的经济利益。

二被告还提交了（2019）京73民初191号、358号民事裁定书，上述裁定书中载明案外主体因贝某网、链某网中盗用安居客网中的图片起诉二原告及其关联公司，后因双方和解撤回起诉。二被告据此证明二原告自身也存在从其他房产信息平台复制房源信息、图片的行为，故房源信息在房产信息平台中的流向是双向的，并未对房源信息流出一方造成损害。

此外，贝某网的robots协议显示，贝某网并未对被诉抓取涉案数据的行为作出限制。二被告还提交了中房网、雪球网的相关文章、百度指数网网页截图以及贝某控股有限公司招股书，证明贝某网的收入并未减少。

二被告还主张其仅提供工具类软件，与二原告的商业模式存在较大区别，不存在竞争关系。为此提交了腾讯网于2020年8月20日发布的题为《贝某找

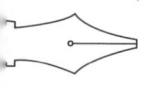

房商业模式分析》的文章，其中介绍贝某网的盈利来源主要为三部分：即二手房版块、新房版块以及房子或家庭相关的增值服务；其中，二手房版块主要来自佣金、撮合交易分润、佣金手续费、加盟管理费、增值服务。

庭审中，二被告表示其并不清楚其用户有无经过业主的授权发布相关房源信息，二被告亦未经过二原告的授权抓取、存储并传播涉案数据。

四、与行为保全程序相关的处理情况

二原告在本案诉讼中提出了行为保全申请，要求二被告立即停止被诉行为，并禁止二被告以任何形式向其他任何主体提供涉案数据。二被告收到上述申请后，在其提交的《推某99产品功能下架情况说明》以及答辩状中，均表示其已关闭、下架本案中与贝某网相关的功能。在此之后，二原告再次取证到二被告仍然持续实施被诉行为，故本院在对二原告的行为保全申请组织听证后，于2022年6月17日作出裁定，裁定二被告立即停止抓取、存储涉案数据；立即停止向其用户或公众传播涉案数据；禁止二被告以任何形式向其他任何主体提供涉案数据。

行为保全裁定作出后，二被告未提出复议，并履行了该裁定，为此提交了《关于公司合规培训、相关惩罚措施的说明文件》等说明；还表示，北京神某公司已集中删除了其服务器中存储的涉案数据，目前尚未因删除数据而收到其用户的投诉。二原告对此亦予以认可，并撤回了与要求二被告停止被诉行为相关的诉讼请求。

五、与损害赔偿数额相关的事实

（一）关于二被告因被诉行为所获得的利益

二原告主张，本案被诉行为持续期间为2018年8月12日至2022年6月17日，本案赔偿数额应按照二被告因被诉行为所获得的利益确定，并明确按照如下公式计算：被告获利＝被告因推某99产品获得的营业收入×被告的营业利润率×被诉行为对推某99产品收入的贡献度×贝某网在房产信息平台行业中的市场占有率。二被告对于被诉行为持续期间不持异议，但认为，在上述公式中，第四项参数应当替换为"贝某网房源数量占房产信息平台房源总量的占比"，对于公式其余内容不持异议。

1.关于推某99产品的营业收入

（1）推某99产品交易记录反映的相关收入

诉讼过程中，本院依二原告申请，责令二被告提交2018年8月12日至2022年6月17日间因被诉行为获利的相关证据及抓取涉案数据的相关记录。随后二被告提交了2016年1月至2022年7月与推某99产品相关的开通记录表，以及涉案数据抓取记录已删除的说明。该开通记录表共计有606 822条记

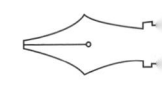

录，交易金额共计129 369 314.4元，每一条交易记录包括城市、用户姓名、套餐名称、套餐价格、支付时间等信息。经统计，2016年至2022年7月交易金额分别为28 438 339.4元、25 242 551.92元、19 336 927元、19 043 300.15元、16 018 284.6元、14 578 920.8元、6 710 990.5元。二被告主张，首先，上述开通记录表反映出推某99产品的交易金额逐年下降，特别是在贝某网于2018年开始经营后，并未对推某99产品的收入产生影响。其次，上述开通记录表中反映的如下两部分交易金额与被诉行为无关，应当予以剔除：一是与"麦田VIP"套餐相关的交易金额共计4 793 638元，为此，二被告提交了北京神某公司与麦田公司签订的6份《推某99网络服务合同》，约定的服务期间涵盖被诉行为持续期间，涉及的服务内容包括为麦田公司提供外网端口的API接口对接实现数据取回与更新升级服务以及蜂某产品等。二是七个地区或城市的代理商所获得的销售分成金额共计3 651 226元，二被告主张，该七个地区或城市的销售业务是由代理商运营，故应扣除支付给代理商的分成部分。为此提交了辽宁省、湛江市、佛山市、成都市、重庆市、济南市、武汉市共计9份《推某99网区域加盟代理协议书》以及相关银行电子回单、发票和微信支付记录。综上，二被告认为，其因推某99产品获得的营业收入应以4774万元计算。

庭审中，本院组织双方对于上述开通记录进行了现场勘验，二原告对于上述开通记录来自二被告的后台管理系统不持异议，但认为该开通记录存在付费金额明显偏低、实际收入与年报披露的营业收入明显不符、缺失用户名和套餐信息、存在第三方主体收款等问题，故无法真实、完整反映北京神某公司的获利情况。为此，二原告提交了显示有第三方公司进行收款的可信时间戳认证证书及视频。二原告认可与"麦田VIP"套餐及代理商分成相关证据的真实性，但认为该部分证据并不能证明相关交易金额与被诉行为无关，故不应当予以扣除。

（2）其他计算方法

二原告提交了北京神某公司2017年至2019年的年度报告，其中载明，2018年、2019年推某99产品的营业收入分别为18 020 051.4元、20 519 962.99元。二原告基于其提交的二被告抓取涉案数据的抓取记录，计算出2020年至2022年抓取规模的增长比例，并据此推断二被告的营业收入亦应有相同比例的增长。在此基础上，推算出二被告在被诉行为期间内的营业收入总额为2.09亿元。

二被告提交了2016年至2019年年度报告中的部分财务数据以及2020年年度报告，其中显示推某99产品2020年的营业收入为15 305 822.48元。二

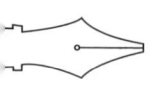

被告还提交了其2021年度企业所得税年度纳税申报，显示其营业总收入为12 731 078.61元，利润总额为-4 743 642.76元。

2. 关于营业利润率

北京神某公司2018年、2019年的年报显示，该公司两年内销售费用和管理研发费用占总营业收入的比例在30%-50%。二原告认为上述两部分费用比例过高，据此计算出的营业利润率偏低，根据其提交的五家同行业企业的公司年报、相关学术论文、北京神某公司的《公开转让说明书》《挂牌反馈意见》以及2016年年报，计算出被诉行为持续期间的营业利润率应按照50%计算。二被告认为其营业利润率应当按照公司年报中的相关数字计算，约为10%。

3. 关于被诉行为对推某99产品的贡献度

二原告主张，根据现有证据，推某99产品的功能除了与被诉行为相关的功能外，还包括其他功能；此外，推某99产品支持"手动录入"和"复制房源"两种录入方式，与被诉行为相关的仅涉及"复制房源"功能。结合二被告对被诉功能的宣传，二原告认为被诉行为对推某99产品全部功能的贡献度约为50%。二被告对此不予认可，认为该比例约为10%，并提交了与推某99产品功能相关的网页截图。

4. 关于贝某网在房产信息平台行业中的市场占有率

二原告主张，由于贝某网只是推某99产品支持抓取的房产信息平台之一，故根据其提交的第三方机构发布的相关互联网行业分析报告，参考报告中介绍的贝某网活跃用户规模与房产服务行业应用活跃用户规模的比例，以及贝某网的渗透率（即App使用人数占智能手机用户人数的比例）与买房租房App行业渗透率的比例，认为贝某网在房产信息平台行业中的市场占有率约为30%。二被告认为，其对贝某网房源数量占房产信息平台行业总房源量进行估算，得出该比例约为20%。

综上，二原告计算得出二被告因被诉行为直接获利约为1567.5万元，远超诉讼请求数额；二被告的计算结果约为10万元。

（二）其他考虑因素

二原告主张，本案在确定赔偿数额时，除考虑二被告因被诉行为获得的直接收益外，还应当考虑如下因素：第一，二被告在书面承诺停止被诉行为后拒不停止，变相持续实施被诉行为，违背诉讼诚信原则，毫无减少损害程度的主观意愿，侵权恶意明显；第二，被诉行为会造成"虚假房源"大量滋生，严重损害消费者合法权益，扰乱房产平台和房产经纪行业的经营秩序，损害社会公共利益；第三，二被告抓取涉案数据的规模巨大，持续时间长；第四，二原

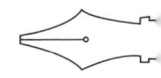

告为涉案数据的开发、积累、运营投入了巨大人力、物力、财力和时间成本，承担了巨大的经营风险，亦持续承担了法律责任和义务。

（三）关于二原告为本案支付的相关费用

二原告提交的律师费发票、法律服务合同和债权债务概括转让协议，显示二原告为本案支付律师费20万元。

二原告提交了金额共计210 794元的公证费发票16张，金额共计4289.93元的电子存证费发票2张。二原告明确在本案诉讼请求中，其仅主张公证费及电子存证费共计20万元。

二原告为本案行为保全和财产保全申请分别提供了担保，为此支付了财产保全保险费12 500元、行为保全保险费105 000元，并提交了相应发票及认定诉讼保全保险费属于维权合理开支的在先判决。二原告明确在本案诉讼请求中，其仅主张诉讼保全费保险费10万元。

此外，二原告还提交了为本案取证所支付的调查费发票、账单以及打印费发票，但并未对该部分费用提出诉讼请求。

以上事实，有二原告提交的公证书、许可证、网页截图、后台记录、声明、录音、证明、考核表、合同、发票、电子存证视频及证书、判决书，二被告提交的网页截图、合同、开通记录、账单、发票、裁定书、专利证书、作品登记证书等予以证明，本院的听证笔录、庭前会议笔录以及开庭笔录等亦在案佐证。

本院认为，结合双方证据及庭审陈述，本案争议焦点包括以下三个方面：第一，二原告就涉案数据所主张的权益是否应受反不正当竞争法的保护；第二，被诉行为是否因违反反不正当竞争法第二条构成不正当竞争；第三，如被诉行为构成不正当竞争，二被告应承担何种法律责任。本院针对以上内容逐项进行评述。

一、二原告就涉案数据所主张的权益是否应受反不正当竞争法的保护

根据二原告提交的在案证据，本院考虑到：首先，某房产经纪公司在经营"链某"房产经纪业务的过程中，长期、大量地投入人力、物力、财力等经营成本，收集、制作、积累了海量真实房源信息，由此建立了"楼盘字典"房源数据库；在作为房产信息平台的贝某网成立后，二原告将"楼盘字典"中的涉案数据在贝某网中公开并使用，吸引房产经纪公司在贝某网中发布房源信息，并通过与房产经纪公司订立相关服务协议，合法地对贝某网中的涉案数据进行利用和传播，以此获得房产交易佣金等商业收益。其次，二原告不仅为贝某网中的房产经纪公司发布房源信息提供了网络服务，还对所发布的房源信息进行加工和审核，依托"楼盘字典"保障房源信息的真实性。最后，经过二

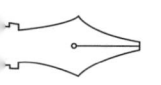

原告的收集、存储、制作、管理、传播等经营活动，使一条条分散的、原始的房源信息汇集到贝某网及"楼盘字典"中，通过贝某网标准化地、整体地向其用户和社会公众进行传播，并由此产生了巨大的商业价值，帮助二原告建立起了市场竞争优势。

综上，涉案数据是在二原告长期、大量的资金、技术、服务等经营成本的投入下，建立、维护和不断扩充的具有相当数据规模的房源数据集合。涉案数据满足了社会公众对房源信息的相关需求，提升了消费者福祉，具有良好的市场声誉，是二原告的核心经营资源。二原告据此为自身建立起市场竞争优势，并获得商业利益。该种商业利益本质上是一种竞争性权益，尽管该权益并未在相关知识产权专门法或反不正当竞争法第二章中被具体列明，但应属反不正当竞争法第二条所保护的合法权益。故二原告有权在本案中就其所享有的合法权益依法提出相应主张。

二被告辩称涉案数据中可能涉及著作权的房源图片不应适用反不正当竞争法予以保护，对此，本院考虑到：首先，二原告明确在本案中并不主张与房源图片相关的著作权，是就涉案数据整体主张享有竞争性权益。其次，涉案数据本质上是客观反映房屋情况的事实类信息，而涉案数据的价值即体现在其所承载的信息本身。二原告通过对涉案数据的整体经营获得竞争性权益，该种权益并非著作权法的保护对象。最后，被诉行为是对涉案数据这一整体成果实施抓取、使用和传播行为，因此从被诉行为的行为方式和所造成的损害后果层面考虑，被诉行为亦无法被著作权法所涵盖。综上，本院认为，无论二原告对房源图片是否享有著作权，均不影响本案对被诉行为是否构成不正当竞争的认定。二被告的该项辩称缺乏法律依据，本院不予采信。

二、被诉行为是否构成不正当竞争

本院确认二被告通过其运营的推某99产品实施了如下被诉行为：一是利用技术手段抓取、存储涉案数据，在上述过程中自动去除贝某网房源图片（包括房源实勘图、户型图、VR图）的水印；二是将抓取、存储的涉案数据通过信息网络向其用户和公众传播，包括在推某99产品内向其用户本身展示、供用户编辑和下载，将涉案数据发布至推某99房产网、第三方房产信息平台以及微信等社交媒体向公众传播。二原告主张上述被诉行为依据反不正当竞争法第二条构成不正当竞争。

反不正当竞争法第二条规定，经营者在生产经营活动中，应当遵循自愿、平等、公平、诚信的原则，遵守法律和商业道德。本法所称的不正当竞争行为，是指经营者在生产经营活动中，违反本法规定，扰乱市场竞争秩序，损害其他经营者或者消费者的合法权益的行为。本案中，二原告明确涉案数据是向

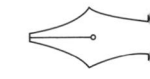

公众无差别地予以提供和展示的公开数据。享有公开数据的平台经营者对于他人合法收集或利用其平台中的公开数据负有一定程度的容忍义务，以避免出现信息垄断风险，阻碍互联网中的互联互通以及社会福祉的提升。但是，这并不意味着其他经营者可以不受任何限制地获取和使用该类公开数据。认定获取和使用公开数据的行为是否构成不正当竞争，需结合获取、使用数据的具体方式，综合考虑该行为是否违反了相关行业的商业道德、对其他经营者的合法权益、消费者利益以及市场竞争秩序所产生的影响等方面进行分析判断。本院将结合上述考虑因素，对被诉行为展开分析。

（一）被诉行为是否违反了相关行业的商业道德

《最高人民法院关于适用〈中华人民共和国反不正当竞争法〉若干问题的解释》（以下简称反不正当竞争法司法解释）第三条第一款规定，特定商业领域普遍遵循和认可的行为规范，人民法院可以认定为反不正当竞争法第二条规定的"商业道德"。结合如下三个方面，本院认为被诉行为违反了房产经纪行业的商业道德：

第一，抓取、存储和传播涉案数据的行为本身具有可责性。首先，关于抓取涉案数据的行为。二被告作为房产经纪行业内专门提供软件服务的经营者，应当知晓二原告为保护涉案数据所采取的相关保护措施。在此情况下，二被告使用计算机程序伪装成真实用户访问贝某网，特别是通过不同IP地址、变换用户识别信息和载有浏览器信息等方式欺骗贝某网，导致贝某网误认为是真实用户在访问。同时，二原告提交的服务器访问记录显示二被告在部分行为期间内抓取涉案数据的次数已超过百万次，二被告虽不认可该访问记录均为抓取涉案数据所产生，但对此未提交相反证据。故上述以规避或绕开贝某网技术保护措施的方式大规模抓取涉案数据的行为本身难谓正当，亦不可能被房产经纪行业所接受。其次，关于存储涉案数据的行为。二被告将抓取的涉案数据自动存储在自有服务器中，使涉案数据完全脱离了贝某网的控制，现有证据已经表明在贝某网中已经下架或交易结束的房源，仍然在推某99产品中传播。故该存储行为不当减损了二原告管理和控制涉案数据的权利，破坏了贝某网对其平台中房产经纪公司相关义务的履行，亦使涉案数据随时处于被不当使用的风险当中。最后，关于传播涉案数据的行为。二被告自动去除了所抓取、存储房源图片中的贝某网相关水印、在房源VR图中加入虚假相机底座图像，同时在对外传播涉案数据时又自动加入了推某99产品或第三方房产信息平台的相关水印及其用户的姓名、联系方式，上述行为完全割裂了涉案数据与贝某网之间的联系，掩盖了涉案数据的真实来源。同时，二被告将涉案数据供其用户下载至计算机或手机等设备、发布至社交媒体、推某99房产网以及与贝某网存在直接

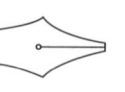

竞争关系的其他房产信息平台，使涉案数据的传播范围大大超出了房屋业主知悉或授权的范围以及贝某网及其房产经纪公司的控制范围，该种"搬运"式的使用方式，对于社会福利没有任何增益，明显违背了房屋业主、房产经纪公司以及平台经营者各方主体的主观意愿。综上，被诉抓取、存储和传播涉案数据的行为本身具有可责性和不正当性。

第二，被诉行为客观上造成了"虚假房源"的大量产生和传播。根据二原告提交的相关媒体报道，"虚假房源"是指房产经纪行业从业人员在互联网上发布的其无权或无法居间撮合的房源信息，或者房源数据信息与房屋实际情况不符的房源信息；发布"虚假房源"的房产经纪人目的在于增加其个人联系方式的曝光度以吸引消费者与其联系，再借机推荐其实际掌握的房源。根据房产经纪行业内相关规章、文件的要求，发布房源必须获得业主等委托人的书面同意，发布的房源信息应与实际情况相符，故发布"虚假房源"是房产经纪行业内典型的违规行为。二被告本身虽非制造"虚假房源"的房产经纪公司或经纪人，但是其通过推某99产品所提供的相关服务，包括自动去除房源图片水印、仅复制房源图片、批量复制特定小区内多个房源、将房源图片与任意房源对接并传播、自动在传播的房源图片中加入其用户联系方式、将房源信息批量发布至第三方房产信息平台等，实为房产经纪公司或经纪人发布"虚假房源"提供了重要工具和便利条件，使"虚假房源"的产生、发布和扩散速度大大提升，客观上助长了"虚假房源"的蔓延。且推某99网曾经发布的"为配合315对于知识产权原创的检查删除全景图片"的公告表明，二被告已经充分认识到推某99产品被用于发布"虚假房源"。故二被告提供此等制造和传播"虚假房源"的工具，明显违背了房产经纪行业的诚信原则和商业道德。

第三，二被告实施被诉行为的主观恶意极为明显。首先，二被告在线上线下多种渠道的宣传中，长期、突出宣传被诉功能，并通过设置贝某网链接等方式诱导用户抓取、使用涉案数据。且推某99视频教程中宣传"去除对方网站水印"，但在视频字幕中唯独缺失该句介绍的字幕；以及在诉讼过程中将复制房源页面中的"贝某找房"链接修改为"北客"等情形，均表明二被告是在明知被诉行为存在不正当性的情况下仍然实施被诉行为。其次，二被告在收到二原告的行为保全申请后，在答辩状以及书面说明中均表示已停止被诉行为，还向本院表示已删除其存储的全部涉案数据。但是，二被告在作出上述表示和承诺后，仍在继续传播已存储的涉案数据；同时，虽在表面上不支持对贝某网房源网址的复制，但却通过 IP 地址为 121.5.138.89：8081、49.235.115.116：8081 的网站，将贝某网房源网址进行转化进而继续实施被诉行为，且二被告

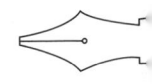

销售人员明确表示因被诉行为"属于侵权"而作出上述变化;直至行为保全裁定作出之后才停止被诉行为。上述情形表明,二被告在完全有能力停止被诉行为的情况下,一方面明确承诺立即停止被诉行为,另一方面又以更隐蔽的方式变相、持续实施被诉行为,拒不停止被诉行为的主观恶意极为明显。

(二)二原告的合法权益是否因被诉行为受到损害

结合如下三个方面,本院认为被诉行为损害了二原告的合法权益:

第一,二原告凭借涉案数据获得的竞争优势和交易机会被不当剥夺。了解房源信息是开展房产交易的前提和基础,而房产交易由于其标的物价值高、交易频次低等特点,使房产信息平台在用户注意力和流量争夺方面较之其他类型平台更加激烈。贝某网作为房产信息平台,依托其质量高、数量大、真实性有保障的涉案数据,获得了大量用户的持续关注和使用,并通过贝某网开展房产交易,这为二原告直接带来了竞争优势和经济利益。二被告实施的被诉行为,使涉案数据在其他具有竞争关系的房产信息平台以及社交媒体中大量传播,抢夺了本属于二原告的用户流量,使房产交易市场中消费者相对有限的交易机会从贝某网不当地流向其他平台,明显损害了二原告所享有的合法权益。二被告辩称被诉行为不会影响到二原告因贝某网中特定房源的交易而获得的佣金收入,该意见并不能否认被诉行为确给二原告交易机会和竞争优势所带来的损害,故对于该项辩称不予采信。

第二,被诉行为易使用户对涉案数据的安全性和真实性产生负面评价,损害了二原告所经营产品和服务的良好商誉。涉案数据被大规模盗用的事实,容易使贝某网的用户质疑贝某网保护数据安全和用户权益的能力。同时,在其他房产信息平台和社交媒体中传播的涉案数据,由于已经完全割裂了与贝某网的关联,亦使用户因无法判断房源信息的来源,反而质疑贝某网中信息的真实性和准确性。上述后果均影响到用户对贝某网的使用黏性以及通过贝某网达成交易的信赖度,损害了二原告通过长期经营积累起来的良好商誉。

第三,被诉行为增加了二原告的运营成本,阻碍了二原告服务质量的提升。二被告大规模抓取涉案数据的行为不仅给贝某网服务器的正常运行造成额外负担,加大了二原告的相关运营成本,亦使二原告被迫投入额外的经营资源以提高自我防御和自我保护的技术能力。这使本应投入技术研发迭代、提升用户体验、增进社会福利的资源,浪费在抵御被诉行为的私力救济中,不利于二原告的长远发展。

(三)被诉行为对消费者利益的影响

上文已述,被诉行为助长了"虚假房源"的大量滋生和传播,具有房产交易需求的消费者,在"虚假房源"的欺骗、误导下对房源情况完全陷入了

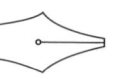

错误认知，损害了消费者在房产交易中极为关键的知情权、选择权和交易安全。对房源信息真伪缺乏辨别能力的消费者，不得不花费更多的时间和精力去房源现场进行实地查看，无法享受如贝某网这类房产信息平台提供的在线看房服务所带来的福利，无法实现便捷的信息沟通和房产交易，造成消费者交易成本不降反升，损害了消费者的合法权益。

（四）被诉行为对市场竞争秩序的影响

被诉行为全方位地为盗用涉案数据的行为提供便利，为房产经纪行业的"不劳而获"之行为而服务。诱使更多的房产经纪公司或经纪人不再通过诚信经营争取真实房源、提高房源信息质量，反而通过盗用其他经营者通过投入高昂成本、长期积累起来的房源数据资源以获取交易机会，必将损害到诚实守信的房产经纪人的经济利益以及整个依赖房源信息开展交易的房产经纪行业和相关市场。如果允许被诉行为在市场中普遍存在，会间接鼓励房产经纪公司或经纪人肆意攫取他人竞争资源以牟利，造成"虚假房源"在房产交易市场中的泛滥，无疑将导致通过诚信经营、提升自身产品或服务水平的方式获取竞争优势的房产经纪公司和房产信息平台，因交易机会和生存空间被抢占而无法从市场竞争中获得相应的回报和有效的激励，极大地打击其继续投入资源积累数据的动力，从而使其降低对相应产品和服务的研发与投入，甚至退出市场，造成"劣币驱逐良币"的后果。长此以往，将严重扰乱竞争秩序，引发市场激励机制失灵，破坏房产经纪行业的竞争生态，导致符合社会需求的产品和服务供应不足，最终阻碍社会总体福利的提升。

（五）二被告的其他抗辩意见是否成立

第一，关于二被告辩称推某99产品目的是服务于房产经纪人多平台发布房源信息的需求，本院认为：首先，经纪人多平台发布房源信息应是将合法持有的房源信息进行发布，而本案中二被告并未提交证据证明存在该种情形。且经询，在二被告履行行为保全裁定后，其并未因删除涉案数据而接到其用户投诉，也进一步印证了被诉行为被主要用于了发布"虚假房源"。其次，即便是经过业主合法授权的经纪人，由于其并非涉案数据的权益主体，在未经二原告授权的情况下，亦无权对涉案数据进行独立使用和处分。此外，贝某网中的经纪人依托"经纪人合作机制"共同促成房源交易，并不意味着相关经纪人有权将涉案数据发布至其他房产信息平台，亦无证据证明存在该种情形。最后，即便房产经纪人存在多平台发布房源信息的需求，也不能成为被诉行为具有正当性的理由。综上，二被告的该项辩称缺乏事实基础和法律依据，本院不予采信。

第二，关于二被告辩称其与二原告不存在竞争关系，本院认为，反不正当竞争法司法解释第二条规定，与经营者在生产经营活动中存在可能的争夺交易机会、损害竞争优势等关系的市场主体，人民法院可以认定为反不正当竞争法第二条规定的"其他经营者"。故对于是否存在竞争关系的判断应结合上述条款予以理解。本案中，虽二被告通过推某99产品所提供的服务与二原告经营房产信息平台所提供的服务有所不同，但正如上文所述，二被告实施的被诉行为使二原告的交易机会和竞争优势被不当剥夺，损害了二原告基于涉案数据所享有的合法权益，故二被告属于反不正当竞争法所规制的经营者，与二原告存在竞争关系。

第三，关于二被告辩称二原告未主动采取禁止房源复制技术，对损害后果扩大亦有过错，本院认为，二原告是否采取该类自我保护措施与判断被诉行为是否构成不正当竞争并无关联，且将抵御被诉行为的成本强加于二原告亦不符合市场竞争规则。

综上，本院认为，二被告在未经二原告许可的情况下实施被诉行为，违背了诚信原则和商业道德，损害了二原告的合法权益及消费者利益，破坏了房产经纪行业的竞争秩序，依据反不正当竞争法第二条，构成不正当竞争。

三、二被告应当承担的法律责任

二被告应就本案不正当竞争行为承担相应法律责任。关于二原告提出的消除影响的诉讼请求，考虑到二被告的主观恶意明显，被诉行为持续时间长，且对二原告的商誉亦有影响，故本院对二原告的该项诉讼请求予以支持。对于刊登消除影响声明的位置及期间，本院将综合考虑涉案不正当竞争行为实施的范围及造成的影响等因素酌情予以确定。

二原告要求二被告连带赔偿经济损失的诉讼请求，本院予以支持。关于经济损失的具体数额，二原告主张依据二被告因涉案不正当竞争行为所获得的利益并参考相关因素予以确定。二原告对于二被告的侵权获利提出了如下计算方法，即被告因推某99产品获得的营业收入×被告的营业利润率×被诉行为对推某99产品收入的贡献度×贝某网在房产信息平台行业中的市场占有率，并就公式中的各项参数提交了证据予以证明。二被告除对于上述第四项参数有异议外，对其余公式内容不持异议，但对于各参数的具体数字提出了不同意见。对于双方的上述意见，本院认为，二原告所提出的计算公式具有一定合理性，但是二原告对于第一项参数的估算缺乏事实依据，亦与北京神某公司年报等证据中所体现的情况不符；对于公式中的第三项和第四项参数，双方均为估算，尚缺乏充分证据予以证明。故对双方计算出的赔偿数额，本院均不予采信。

鉴于二原告因涉案不正当竞争行为所受到的实际损失和二被告因侵权所获得的利益难以确定，故本院综合考虑如下因素予以确定：第一，被诉行为的持

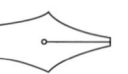

续期间为 2018 年 8 月 12 日至 2022 年 6 月 17 日，持续时间近四年；第二，北京神某公司 2018 年至 2020 年的年报载明推某 99 产品的营业收入分别为 18 020 051.4 元、20 519 962.99 元、15 305 822.48 元，北京神某公司 2021 年企业纳税申报表载明营业总收入为 12 731 078.61 元；二被告提交的推某 99 产品开通记录表所记载的交易金额与上述各年度的收入情况一定程度上能够对应，具有一定参考性；开通记录表显示 2022 年前 7 月交易金额共计 6 710 990.5 元；第三，二被告提交了相应证据证明"麦田 VIP"套餐的交易金额与被诉行为无关，以及存在与代理商分成的情形，故相应交易金额应予以剔除；第四，推某 99 产品除了与被诉行为相关的功能外，还包括其他功能，二被告将被诉功能突出进行宣传；第五，除贝某网之外，二被告还抓取、存储其他房产信息平台的房源数据，贝某网在房产信息平台行业中占有一定市场份额；第六，根据二原告提交的服务器访问记录，二被告在部分行为期间内抓取涉案数据的次数已超过百万次，被诉行为的侵权规模极大；第七，二被告在承诺停止被诉行为后，仍变相、持续实施被诉行为，二被告在有能力停止被诉行为的情况下拒不停止，并向本院作虚假陈述，主观恶意十分明显；第八，二原告为收集、积累涉案数据长期投入了大量经营成本，被诉行为给二原告的交易机会和竞争优势造成明显损害。综上，本院酌情确定二被告连带赔偿二原告经济损失 500 万元。

关于二原告主张的合理开支，二原告提交了法律服务合同、律师费发票、公证费及电子存证费发票，鉴于本案专业性强、证据数量大、案情复杂，且二原告所主张的律师费、公证费及存证费数额并未超出合理范围，故本院对该部分费用予以支持。对于诉讼保全保险费，该部分费用是二原告为及时制止侵权行为避免损害进一步扩大以及生效裁判最终得以执行所支出的合理费用，且均有相应发票予以证明，故二被告应对此一并予以负担。

综上，本院依照《中华人民共和国反不正当竞争法》第二条、第十七条，《最高人民法院关于适用〈中华人民共和国反不正当竞争法〉若干问题的解释》第一条、第二条、第三条、第二十三条，《中华人民共和国民事诉讼法》第六十七条第一款之规定，判决如下：

一、本判决生效之日起十日内，被告北京神某公司、被告成都神某公司在被告北京神某公司官方网站（网址为 www.bjsycx.com）、推某 99 网（网址为 www.tuitui99.com）的首页连续七日刊登声明，就涉案不正当竞争行为为原告某房产经纪公司、原告天津某公司消除影响（声明内容须经本院审核，逾期不履行，本院将根据原告某房产经纪公司、原告天津某公司的申请，在相关媒体公布判决主要内容，费用由被告北京神某公司、被告成都神某公司承担）；

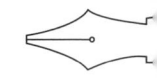

二、本判决生效之日起十日内，被告北京神某公司、被告成都神某公司连带赔偿原告某房产经纪公司、原告天津某公司经济损失500万元及合理开支50万元；

三、驳回原告某房产经纪公司、原告天津某公司的其他诉讼请求。

如果未按本判决指定的期间履行给付金钱义务的，应当依照《中华人民共和国民事诉讼法》第二百六十条之规定，加倍支付迟延履行期间的债务利息。

案件受理费84 800元、财产保全申请费5000元、行为保全申请费30元（原告某房产经纪公司、原告天津某公司均已预交），由原告某房产经纪公司、原告天津某公司负担9830元（已交纳），由被告北京神某公司、被告成都神某公司负担80 000元（于本判决生效之日起七日内交纳）。

如不服本判决，可在判决书送达之日起十五日内向本院递交上诉状及副本，按照不服一审判决部分的上诉请求数额交纳上诉案件受理费，上诉于北京知识产权法院。如在上诉期满后七日内未交纳上诉费的，按自动撤回上诉处理。

审 判 长　王栖鸾

审 判 员　陆　燕

人民陪审员　梁铭全

二〇二二年七月二十九日

书 记 员　张筠曼

书 记 员　鲁子君

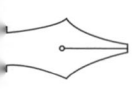

附图 1

附图 2

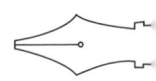

附图 3

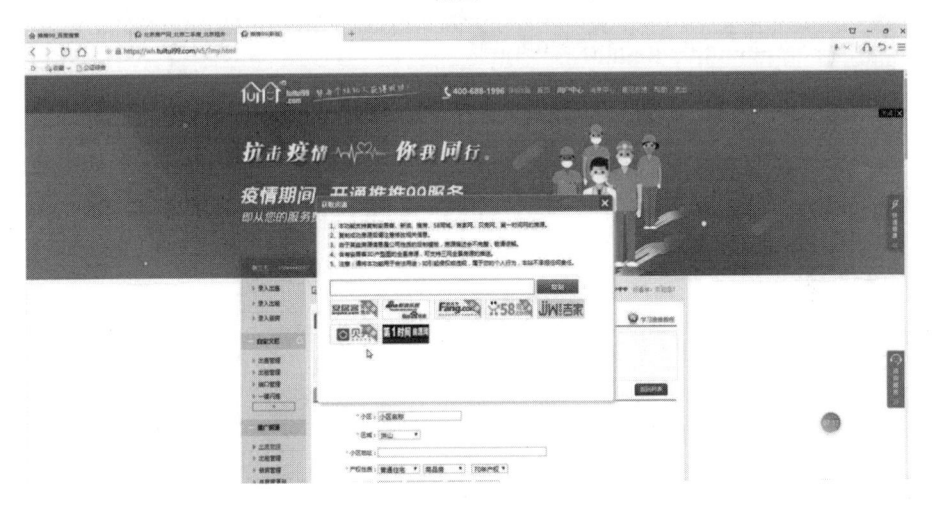

附图 4

推某99　　　　　　　　　　　贝某找房

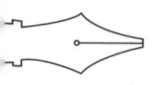

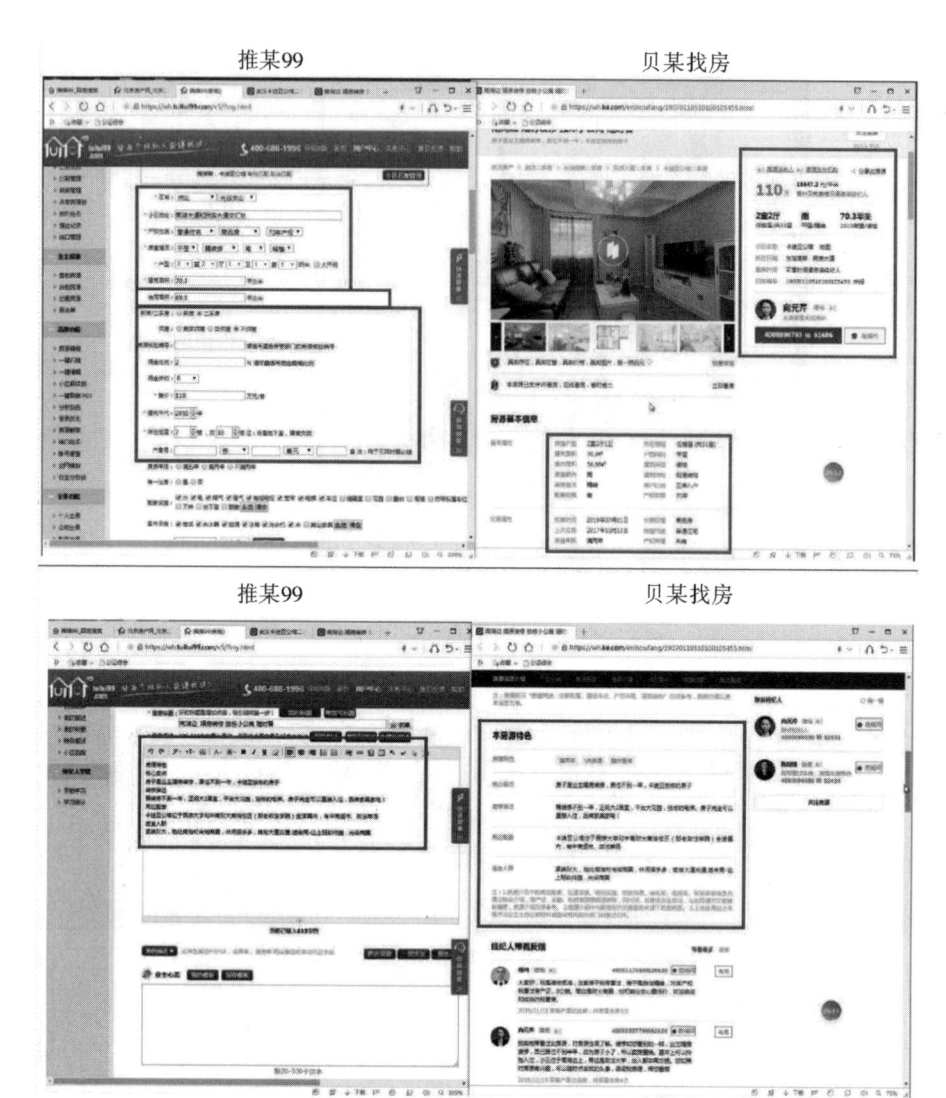

推某99　　　　　　　　　　　贝某找房

附图 5

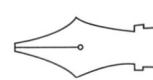

附图 6

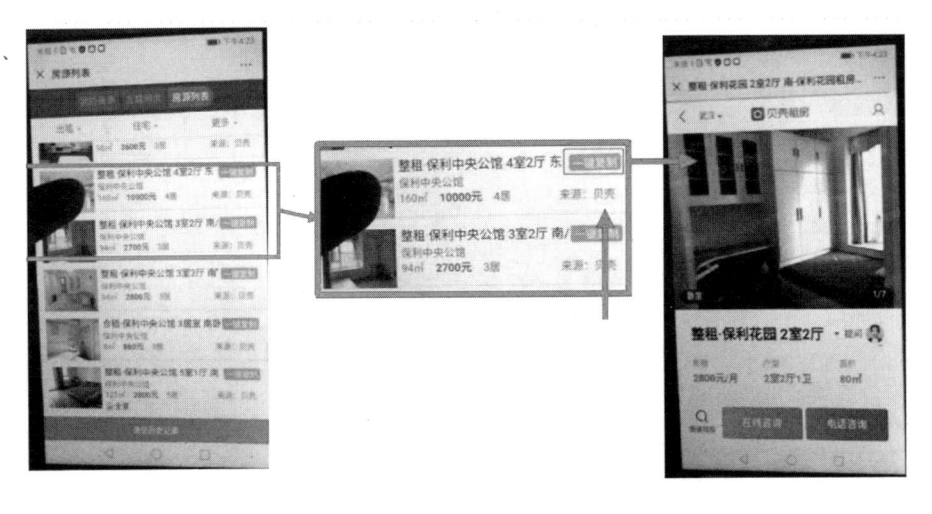

附图 7

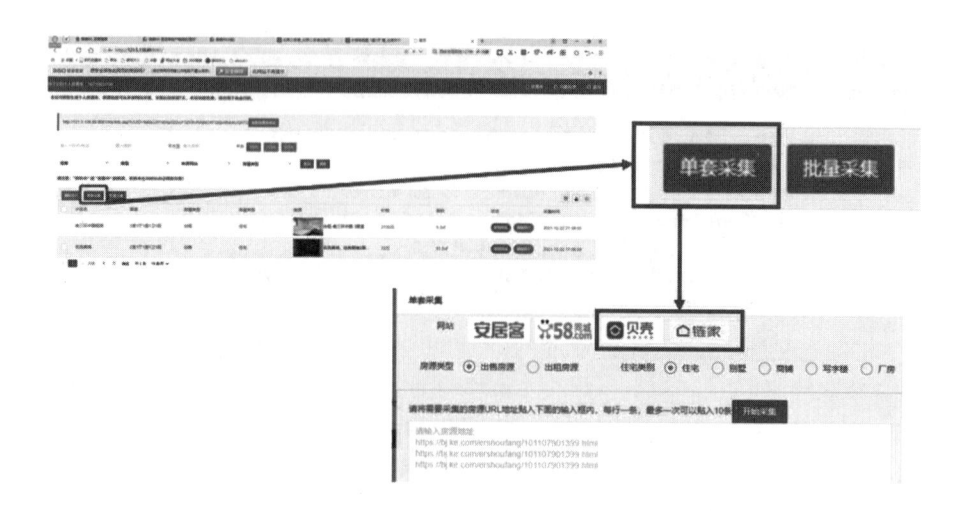

附图 8

刘海云
北京市第一中级人民法院

　　北京市第一中级人民法院民事审判第三庭三级高级法官,北方工业大学法学硕士。从事商事审判工作逾16年,审理了大量合同纠纷、公司纠纷、民间借贷纠纷、破产清算等案件,积累了丰富的审判实践经验。撰写的法律文书多次获评北京市法院系统百篇文书一等奖、二等奖、三等奖,撰写的案例分析获评最高人民法院优秀案例分析三等奖。

点评辞

本案是涉股权回购交易诉讼，此类诉讼中又以涉"明股实债"问题为重点和难点。该判决在全面、客观审查证据的基础上，就"明股实债"交易所反映的异于真实股权交易的特征进行分析和论述，从股东是否参与公司经营管理、是否分享利润，回购价格是否与企业经营业绩和盈利情况挂钩，每年是否收取固定服务费用等方面，论证本案交易不符合股权投资的法律特征，而具有固定本息回报的特点，进而认定本案系民间借贷行为。裁判逻辑严谨、有理有据、适用法律正确。在将案涉交易定性为民间借贷关系的基础上，该案进一步就民间借贷合同效力认定，以及借款人还款义务、违约责任、担保人责任等问题进行了分析和论证，同时，就合同项下股权进行定性，为嗣后双方处理股权奠定基础。判决结构清晰，重点突出，将案件事实、法理分析、法律适用有机结合，彰显了裁判文书的公正性、说服力、公信力。

"明股实债"涉及定性和法律后果处置两个难题，该判决将交易股权定性为双方为履行借贷协议而由借款人提供的具有担保功能的财产，参照股权让与担保相关法理予以处理，不仅解决了交易定性问题，而且较为妥善地解决了"股权"处置问题，且与当前《民法典》及担保制度相关解释的规定精神相契合，对类似案件的处理起到了很好的示范作用。

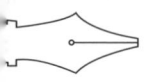

北京市第一中级人民法院
民事判决书

（2021）京01民初730号

原告：某资本管理公司，住所地北京市。

法定代表人：宋某，董事长。

委托诉讼代理人：牟法远，北京恒都（天津）律师事务所律师。

委托诉讼代理人：孙小杰，北京恒都律师事务所实习律师。

被告：某控股公司，住所地浙江省。

法定代表人：夏某，执行董事兼总经理。

被告：夏某。

第三人：深圳某公司，住所地广东省。

法定代表人：李某，总经理、执行董事。

原告某资本管理公司与被告某控股公司、杭州某公司、夏某、洪某、余某，第三人深圳某公司合同纠纷一案，本院于2021年8月3日立案后，依法组成合议庭。杭州某公司在答辩期内提出管辖权异议，本院于2022年1月19日作出有管辖权民事裁定。某资本管理公司分别于2021年11月26日、2022年4月19日向本院提出撤回对洪某、余某和杭州某公司起诉的申请，本院于2022年4月27日作出民事裁定书，准许某资本管理公司撤回对洪某、余某、杭州某公司的起诉。本院于2022年4月27日、2022年10月27日就本案公开开庭进行了审理，原告某资本管理公司的委托诉讼代理人牟法远，到庭参加诉讼。被告某控股公司、夏某及第三人深圳某公司经本院公告送达开庭传票，未到庭参加诉讼。本案现已审理终结。

原告某资本管理公司向本院提出诉讼请求：（1）某控股公司向某资本管理公司返还投资款5000万元；（2）某控股公司向某资本管理公司支付财务顾问费用37.5万元；（3）某控股公司向某资本管理公司支付违约金1000万元；（4）某控股公司承担某资本管理公司律师费9万元、财产保全担保费48 372元；（5）夏某对第1、2、3、4项诉讼请求承担连带保证责任；（6）深圳某公司将其对某控股公司应付股权转让款中的5000万元直接支付给某资本管理公

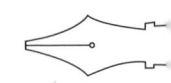

司；(7) 案件受理费、申请财产保全费5000元由某控股公司、夏某负担。事实和理由：2017年11月23日，某资本管理公司与某控股公司签订《投资合作协议》，约定某资本管理公司与某控股公司指定的杭州某公司拟共同申请设立浙江某公司，浙江某公司拟注册资本1亿元，某资本管理公司、杭州某公司各出资5000万元，应于2017年12月15日前将出资额存入双方共同指定的银行账户。《投资合作协议》第4.1条约定某控股公司或其指定方应按照某资本管理公司投资额的年化10%支付基础财务顾问费用；第4.2条约定某控股公司或其指定方应按照某资本管理公司投资额的年化1%向某资本管理公司支付额外财务顾问费用。《投资合作协议》第4.3条约定，自浙江某公司取得营业执照之日起至2019年9月16日，某资本管理公司有权要求某控股公司或其指定方受让某资本管理公司持有的浙江某公司的股权，受让金额为某资本管理公司的出资额，某控股公司须在收到某资本管理公司发出的受让通知之日起15个工作日内无条件开始（包括指令指定方）履行国有股权受让义务。若某控股公司违反上述义务，拖延、阻挠或者事实上拒绝履行受让义务的，属某控股公司违约，某控股公司应承担违约金1000万元。若违约金不足以弥补某控股公司的违约行为给某资本管理公司造成的损失的，某控股公司应赔偿包括利息在内的全部损失。若因此产生纠纷，某控股公司还应承担律师费、取证费等合理费用。《投资合作协议》第4.6条约定，夏某对第4.1条的财务顾问费用支付及第4.3条的股权转让行为承担个人无限连带责任保证。2017年12月15日，某资本管理公司将5000万元出资额存入浙江某公司银行账户。2019年7月16日，某资本管理公司、某控股公司、浙江某公司、夏某签订《投资合作协议之补充协议》（以下简称《补充协议》），该协议第3条约定，某控股公司将其持有的杭州某体育文化有限公司100%股权转让给深圳某公司，深圳某公司欠付某控股公司股权转让价款未付，某控股公司将该应收款作为回购某资本管理公司5000万元股权的补充担保。2019年7月至9月，因投资款将届清偿期，某资本管理公司多次致函某控股公司，要求其依约及时返还投资款及财务顾问费用，但某控股公司及杭州某公司仍未返还投资款，尚欠37.5万元财务顾问费用未付。综上，某控股公司未按照《投资合作协议》约定，向某资本管理公司履行返还投资款及支付财务顾问费用的义务，已构成违约，除应履行上述合同义务外，还应依约支付违约金并承担某资本管理公司律师费。夏某作为连带责任保证人应就某控股公司的上述义务承担连带担保责任。某控股公司已将其对深圳某公司应收账款作为回购某资本管理公司出资款的补充担保，故某资本管理公司亦有权直接要求深圳某公司支付5000万元款项。

被告某控股公司、夏某未作答辩。

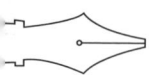

第三人深圳某公司未作陈述。

当事人围绕诉讼请求依法提交了证据，本院组织当事人进行了证据交换和质证。某资本管理公司向本院提交如下证据材料：证据（1）2017年11月23日某资本管理公司、某控股公司签署的《投资合作协议》，证明某控股公司应当依照《投资合作协议》约定向某资本管理公司返还投资款、支付财务顾问费用，若违约还应支付违约金并赔偿某资本管理公司追索债权的费用；夏某作为连带保证人应就某控股公司的上述义务承担连带责任。证据（2）中国建设银行单位客户专用回单，证明2017年12月15日，某资本管理公司依照《投资合作协议》约定履行完毕5000万元出资义务。证据（3）《财务顾问协议》及支付凭证，证明某控股公司尚欠某资本管理公司财务顾问费37.5万元。证据（4）2019年7月16日某资本管理公司、某控股公司、浙江某公司、夏某签署的《补充协议》，证明某控股公司已将其对深圳某公司应收账款作为回购某资本管理公司出资款的补充担保，故某资本管理公司有权直接要求深圳某公司支付应收账款中的5000万元。证据（5）2019年7月18日《还款提醒通知函》及邮件底单、签收底单。证据（6）2019年8月12日《还款提醒通知函》及邮件底单、签收底单。证据（7）2019年9月6日《还款提醒通知函》及邮件底单、签收底单。证据（8）2020年9月21日《关于要求某控股集团有限公司回购股权的函》及电子邮件截图、邮件底单，以上证据共同证明经某资本管理公司多次催告，某控股公司、夏某未按照《投资合作协议》约定履行向某资本管理公司回购股权及支付财务顾问费用的义务，构成违约。证据（9）某资本管理公司与北京恒都律师事务所签订的《法律服务代理合同》。证据（10）中国建设银行网上银行电子回执，证明因某控股公司的违约行为，某资本管理公司提起本案诉讼，支出律师代理费9万元。证据（11）本案诉讼财产保全保费发票，证明因某控股公司的违约行为，某资本管理公司提起本案诉讼，支出财产保全担保费48 372元。证据（12）浙江某公司企业信用信息档案资料，证明浙江某公司于2022年6月28日变更名称为某投资有限公司，现注册资本1亿元，股东为某资本管理公司持股50%，某咨询服务有限责任公司（原名称为某咨询有限公司，2022年7月27日变更为现名称）持股50%。经审查，某资本管理公司提供了上述证据原件，本院对证据真实性予以确认。

根据当事人陈述和经审查确认的证据，本院认定事实如下：2017年11月23日，某资本管理公司（甲方）与某控股公司（乙方）签署《投资合作协议》约定，第1条公司名称和注册地址，甲方与乙方指定公司杭州某公司拟共同申请设立浙江某公司。第2条公司设立目的，通过双方共同出资设立浙江某

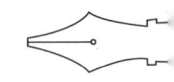

公司，由其作为智慧城市 PPP 项目的投资平台，或作为智慧城市 PPP 项目基金的有限合伙人，参与智慧城市 PPP 项目的投资、运营。第 3 条注册资本、出资额和投资方式，浙江某公司的注册资本为 1 亿元，其中甲方出资 5000 万元，乙方指定杭州某公司出资 5000 万元，双方出资各占注册资本的 50%。第 4 条双方的权利、义务，4.1 双方同意乙方或乙方的指定方应按照甲方出资额的年化 10% 向甲方或甲方的指定方支付基础财务顾问费用。当双方指定的银行账户收到甲方支付的出资额后的 5 个工作日内，乙方或乙方的指定方应预先支付第一年的基础财务顾问费用，其后甲方出资每满一年，在该周年日后的 5 个工作日内，乙方或乙方的指定方应预先支付下一年度的基础财务顾问费用，相关财务顾问协议由各方另行签署。如浙江某公司运营过程中甲方对其增资、减资或转让股权（合称为"股权变化"）的，该年度股权变化前的基础财务顾问费用按照甲方原出资额×10%×（该年度变更前实际经过天数/365）计算；该年度股权变化后的基础财务顾问费用按照甲方变更后的出资额×10%×（该年度变更后经过的天数/365）计算。股权变化变更时间以甲方实际支出或收到相应款项的时间为准。根据上述标准计算出相应金额后，在下一个年度开始前由双方调整，甲方或甲方指定方多退少补。如甲方不再持有浙江某公司增资股权的，在甲方不再持股后的 10 个工作日内按照上述计算方法计算，向乙方或乙方指定方退还多支付的基础财务顾问费用。4.2 双方同意，除上述基础财务顾问费用外，当甲方或甲方指定方协助浙江某公司进行 PPP 项目的拓展等增值服务，乙方或乙方指定方应支付额外财务顾问费。额外财务顾问费用具体的支付方式由各方另行签订财务顾问协议进行约定。自甲方将出资额存入双方共同指定的银行账户之日起，若每年乙方或乙方指定方向甲方或甲方指定方支付的额外财务顾问费用的金额不足出资额的 1% 时，乙方或乙方指定方应在甲方出资每满一年的周年日后 5 个工作日内向甲方或甲方指定方支付一定的金额，使得该年度额外财务顾问费的金额等于甲方出资额的 1%。若发生股权变化的，额外财务顾问费的计算方法参照 4.1 条的约定。4.3 自浙江某公司取得营业执照之日起至 2019 年 9 月 16 日期间，甲方有权要求乙方（或乙方指定方）受让甲方持有的浙江某公司的股权，受让金额等于甲方的出资额，股权交易须按照国有产权交易法律法规进行。受让时间经双方协商一致可延长。乙方须在收到甲方发出的受让通知之日起 15 个工作日内无条件开始（包括指令指定方）履行国有股权受让的义务，履行受让方义务并配合甲方完成国有股权转让所需的审批、备案、审计、资产评估、公开挂牌、公告、信息披露等工作，以完成国有股权转让所需的全部内部手续，包括但不限于与甲方签订股权转让协议、取得各自上级机关的批准、召开临时股东会作出有效决议等，在北京产权交易所

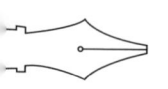

规定的时间内参与竞买,签订正式转让合同,并按照各方签订的资产转让合同进行相应的履行等,最终完成乙方(或乙方指定方)受让上述股权的产权交易。若乙方违反上述义务,拖延、阻挠或者事实上拒绝履行受让义务的,属乙方违约,乙方应承担违约金,数额为甲方5000万元股权出资的20%即1000万元。若违约金不足以弥补乙方的违约行为给甲方造成的损失的,乙方应赔偿包括利息在内的全部损失。若因此产生纠纷,则乙方还应承担律师费、取证费用等合理费用。4.6乙方法定代表人夏某先生对本协议第4.1条的财务顾问费用支付及第4.3条的股权受让行为承担个人无限连带责任保证。第5条利润分配,双方同意浙江某公司的损益不按双方的出资额占出资总额的比例分配,而由乙方指定公司杭州某公司100%享有及承受。第7条浙江某公司的组织机构,7.2公司设立董事会,董事会每届任期三年,连选可以连任。董事会成员为3人,其中甲方推荐1名董事、乙方推荐2名董事,董事长由乙方推荐的董事担任。董事会对重大事项决策需全体董事一致通过。第10条其他,10.2本协议未尽事宜由双方协商一致后,另行签订补充协议。10.3补充协议与本协议具有同等法律效力。该协议落款处加盖某资本管理公司、某控股公司印章,宋某、夏某作为法定代表人签字。

2017年12月15日,某资本管理公司通过中国建设银行账户向浙江某公司支付5000万元,用途载明为投资款。

经询问,某资本管理公司陈述向浙江某公司派遣过一名董事,但对于浙江某公司是资金合伙人还是投资平台等均无法说明,并表示其没有具体参与公司经营,不清楚具体情况。

2017年12月12日、2018年12月7日,喀什某股权投资有限公司(以下简称喀什某控股公司)(甲方)与某资本管理公司(乙方)签署《财务顾问协议》,约定甲方聘请乙方为财务顾问,乙方为甲方提供财务顾问服务,并就服务内容、服务方式、双方权利和义务、费用及支付、违约责任、争议解决等进行了约定。喀什某控股公司分别于2017年12月15日、2019年2月1日按照上述《财务顾问协议》约定价格,向某资本管理公司支付500万元、425万元,摘要载明款项用途为"服务费"。某资本管理公司称,喀什某控股公司是夏某实际控股的公司,受某控股公司的指示与某资本管理公司签署《财务顾问协议》,受某控股公司指定履行《投资合作协议》项下付款义务;本案某资本管理公司支付5000万元投资款的时间是2017年12月15日,按照《投资合作协议》约定,计算到协议约定的截止日2019年9月16日,一共21个月,某控股公司应按照年利率10%支付基础财务顾问费、年利率1%支付额外财务顾问费,合计962.5万元(即5000万元×11%×21/12),某控股公司通过喀

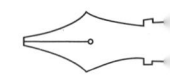

什某控股公司支付了925万元，剩余37.5万元未付。经询问，某资本管理公司称，其依据《财务顾问协议》口头提供咨询和建议，没有出具过书面的咨询文件。

2019年7月16日，某资本管理公司（甲方）、某控股公司（乙方）、浙江某公司（丙方）、夏某（丁方）签署《补充协议》，约定四方经友好协商，就《投资合作协议》未尽事宜达成补充协议以兹共同遵守。（1）就《投资合作协议》第2条关于"公司设立目的"的相关内容，甲、乙双方在此作进一步补充解释说明：通过双方共同出资设立浙江某公司，设立目的包括但不限于作为智慧城市PPP项目的投资平台，或作为智慧城市PPP项目基金的有限合伙人，参与智慧城市PPP项目的投资和运营。还可根据实际业务需求，开展其他投融资业务，包括但不限于供应链管理及融资业务。（2）就《投资合作协议》第3条关于"注册资本、出资额和投资方式"的相关内容，甲、乙双方在此作进一步补充解释说明：为优化股权结构，乙方指定方可受让杭州某公司所持丙方股权并根据实际资金需求对丙方进行增资。（3）就《投资合作协议》第4条和《借款合同》第6条关于"保证条款"的相关内容，甲、乙、丙、丁四方在此作进一步补充解释说明：乙方与深圳市某投资集团有限公司（现更名为深圳某公司）签署了《关于杭州某体育文化有限公司之股权转让协议》。乙方将其持有的杭州某体育文化有限公司（现更名为杭州某甲体育文化有限公司）100%股权转让给深圳某公司，截至目前，乙方收到深圳某公司支付的部分股权转让款共计2.05亿元，剩余未支付款项为12.41亿元。乙方同意将此笔主债权项下的剩余尚未结清部分债权作为向丙方1亿元拆借的相关权益的补充担保，同时作为对回购甲方5000万元出资款持有的丙方股权的相关权益的补充担保。（4）如本协议与《投资合作协议》《借款合同》有不一致之处，以本协议为准；本协议未约定的内容，以《投资合作协议》为准。该协议落款处加盖某资本管理公司、某控股公司、浙江某公司印章，王某、夏某、洪某分别作为法定代表人或授权代表人签字，夏某在丁方处签字。

2019年7月18日，某资本管理公司向某控股公司发出《还款提醒通知函》，称出于资金统筹安排的考虑，根据《投资合作协议》有关约定，商洽某控股公司于2019年9月16日前支付某资本管理公司合计5037.5万元，届时按照约定付款。根据某资本管理公司提供的邮件底单显示，该邮件邮寄至"北京市朝阳区望京街道宏泰东街绿地中心中国锦2层232房间潘某"，并于2019年7月23日被潘某签收。此后，某资本管理公司分别于2019年8月12日、2019年9月6日向上述地址邮寄《还款提醒通知函》，均显示被签收。经询问，某资本管理公司称上述地址是某控股公司曾使用过的办公场所，但约

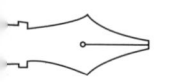

2020年6月后搬离，潘某是某控股公司委派与某资本管理公司进行对接的工作人员。

2020年9月21日，某资本管理公司向某控股公司发出《关于要求某控股集团有限公司回购股权的函》，2020年9月22日，某资本管理公司通过电子邮件向赵东平发送上述函件，函件称按照《投资合作协议》第4.3条约定，某资本管理公司有权要求某控股公司受让其持有的浙江某公司的股权，受让金额等于某资本管理公司出资额。现已满足约定的股权回购条件，要求某控股公司按照《投资合作协议》约定回购某资本管理公司持有的浙江某公司全部股权回购，价款为5000万元。根据某资本管理公司提供的邮件底单显示，上述函件邮寄至某控股公司法定住所地、北京市朝阳区华贸商务楼4号楼801，以及夏某户籍地，某资本管理公司称未保留签收记录。某资本管理公司称赵某是某控股公司全资子公司北京某基金管理有限公司总经理，代表某控股公司与某资本管理公司接洽具体合作事宜，北京市朝阳区华贸商务楼4号楼801曾为某控股公司短暂使用的办公场所，但2020年10月后已无人留守。

另查一，浙江某公司于2017年11月29日注册成立，注册资金1亿元，原股东为某资本管理公司持股50%、杭州某公司持股50%。2022年6月28日，浙江某公司变更名称为某投资有限公司。目前，浙江某公司登记股东情况为，某资本管理公司持股50%，某咨询服务有限责任公司（原名称为某咨询有限公司，2022年7月27日变更为现名称）持股50%。

另查二，2021年7月14日，某资本管理公司（甲方）与北京恒都律师事务所（乙方）签署《法律服务代理合同》，约定甲方因与某控股公司关于投资纠纷诉讼案件，以及关联方浙江某公司作为原告与某控股公司关于借款纠纷诉讼案件，决定聘请乙方作为代理方；服务内容包括指导调查取证，提供法律建议，起草法律文书，参加庭审及其他诉讼程序，代为签署、转递、接收本案所有相关法律文书和文件，代为处理涉及本案相关法律事务；代理权限为特别授权。诉讼案件基础律师费9万元，甲方自本合同签订之日起10个工作日内支付至乙方指定账户。若因甲方撤诉、调解和解、拖延支付费用、无正当理由终止合同或其他等自身原因造成的本合同无效或不能继续履行，均应视为乙方已全面履行本合同约定义务，甲方应全额支付本合同项下的全部律师费。2021年7月26日，某资本管理公司向北京恒都律师事务所支付9万元代理费用。经询问，某资本管理公司陈述，浙江某公司与某控股公司借款纠纷一案并没有进入诉讼程序，已经通过浙江某公司引入新的投资人的方式解决，不再委托律师代理诉讼，并确认9万元是本案律师费。

另查三，某资本管理公司在本案审理阶段向本院提出财产保全申请，对某

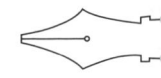

控股公司、夏某名下财产采取保全措施，保全限额为 60 465 000 元，并提供阳光财产保险股份有限公司出具的担保书作为担保，支出财产保全担保费 48 372 元、保全费 5000 元。

本案审理期间，本院询问某资本管理公司，若本院经审理认定《投资合作协议》《补充协议》虽名为股权投资但本质是借款，是否调整诉讼请求。某资本管理公司称，以法院认定的为准，即便按照借贷关系，某控股公司也应当依据《投资合作协议》《补充协议》约定履行返还款项并支付利息、违约金的义务。另，经本院询问，某资本管理公司主张其要求深圳某公司直接向其支付 5000 万元的依据是《补充协议》第 3 条，该条款性质为债权转让。

本院认为，关于本案的法律适用问题。《最高人民法院关于适用〈中华人民共和国民法典〉时间效力的若干规定》第一条第二款规定："民法典施行前的法律事实引起的民事纠纷案件，适用当时的法律、司法解释的规定，但是法律、司法解释另有规定的除外。"本案某资本管理公司依据《投资合作协议》《补充协议》提起本案诉讼，要求某控股公司按照上述协议约定支付财务顾问费用、返还投资款，并承担违约责任，夏某作为连带保证人就某控股公司的债务承担连带责任，上述两份协议签署时间分别为 2017 年和 2019 年，属于民法典施行前的法律事实，故本案应适用当时的法律、司法解释的规定。

《中华人民共和国民法总则》第一百四十六条规定："行为人与相对人以虚假的意思表示实施的民事法律行为无效。以虚假的意思表示隐藏的民事法律行为的效力，依照有关法律规定处理。"就本案而言，根据《投资合作协议》《补充协议》约定的各方权利义务内容以及某资本管理公司陈述协议履行情况，本院认为，虽然上述协议名义上为股权投资协议，但实为借贷法律关系，相关股权本质上是为借贷提供的具有担保性质的财产，具体理由如下：

第一，《中华人民共和国公司法》第四条规定："公司股东依法享有资产收益、参与重大决策和选择管理者等权利。"股东投资设立公司属于经营行为，意在通过投资获得股东资格以及与股权相关的财产性权益；公司作为营利法人，以取得利润并分配给股东等出资人为目的。本案中，《投资合作协议》第 5 条"利润分配"约定，浙江某公司损益不按照双方出资占出资总额的比例分配，而是由某控股公司指定公司 100% 享有和承受。该约定表明，某资本管理公司虽然为浙江某公司的股东，但不参与目标公司利润分配亦不承担亏损和经营失败的风险，不符合股权投资的法律特征。

第二，《投资合作协议》第 4.1 条、第 4.2 条约定，某控股公司或其指定方按照某资本管理公司出资额的年化 10% 和 1% 向某资本管理公司或者其指定

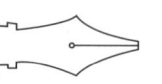

方支付基础财务顾问费用和额外财务顾问费用，上述费用支付以某资本管理公司出资额为计算基数，按天数收取，费用调整标准亦以出资额变化情况为依据，不考虑某资本管理公司实际提供服务内容和质量，具有明显的固定资金回报属性。在实际履行过程中，某资本管理公司亦未能提供证据证明其依据《投资合作协议》《财务顾问协议》为某控股公司或者喀什某控股公司具体提供了哪些咨询、建议或者服务。上述情形表明，财务顾问费用实际系某资本管理公司向某控股公司收取的固定收益。

第三，《投资合作协议》第4.3条约定，某资本管理公司有权自浙江某公司取得营业执照之日起至2019年9月16日，要求某控股公司或其指定的主体受让某资本管理公司持有的浙江某公司全部股权，受让金额为某资本管理公司的出资额。根据该约定，某资本管理公司系到期收回投资本金，作为受让人的某控股公司及其指定方回购股权价格不以浙江某公司实际股权价值为依据，与浙江某公司经营业绩和实际盈利情况不挂钩，而是按照某资本管理公司投资金额予以返还，上述到期还本的内容亦符合民间借贷的法律特征。

第四，经本院询问，某资本管理公司对于浙江某公司是资金合伙人还是投资平台等均无法说明，并表示其没有具体参与公司经营，不清楚具体情况，本案亦无证据显示某资本管理公司实际参与了浙江某公司《投资合作协议》《补充协议》所涉PPP项目及其他经营项目并从事管理等情况，上述事实反映出某资本管理公司未实际参与浙江某公司经营管理。

此外，虽然《投资合作协议》第4.3条约定某资本管理公司需完成国有股权转让程序和手续，但该条款亦明确约定某控股公司及其指定方需无条件配合某资本管理公司，包括在北京产权交易所参与竞买，最终受让协议约定的股权交易等，且股权转让价款本身不因产权交易情况而发生实质性变化，该约定进一步佐证案涉股权投资和交易行为不具备股权投资的法律特征，实为各方之间借贷行为。

综上，本院按照民间借贷法律关系的相关规定就案涉争议作出处理。

经释明，某资本管理公司对于本院上述认定不持异议，并表示按照民间借贷法律关系，其诉讼请求具体内容亦不发生变化，某控股公司、夏某仍负有返还投资款、按期支付财务顾问费用，承担违约责任等法律责任。对此本院认为，如前所述，某资本管理公司与某控股公司实为借贷关系，某控股公司负有向某资本管理公司返还5000万元并以财务顾问费形式支付固定收益的义务，本院对某资本管理公司上述诉讼请求予以支持。

关于违约金问题。《投资合作协议》第4.3条约定，某控股公司违反配合某资本管理公司履行国有股权受让义务，拖延、阻挠或者事实上拒绝履行受让

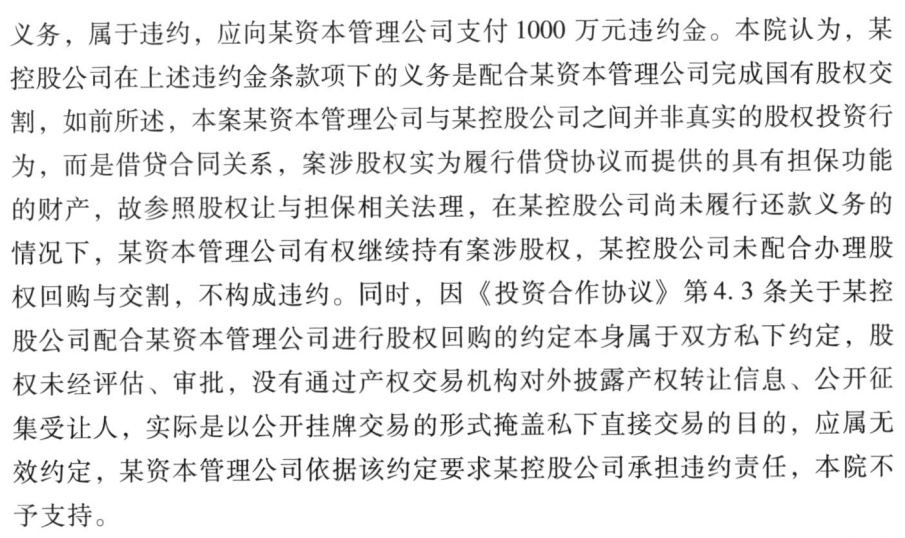

义务，属于违约，应向某资本管理公司支付1000万元违约金。本院认为，某控股公司在上述违约金条款项下的义务是配合某资本管理公司完成国有股权交割，如前所述，本案某资本管理公司与某控股公司之间并非真实的股权投资行为，而是借贷合同关系，案涉股权实为履行借贷协议而提供的具有担保功能的财产，故参照股权让与担保相关法理，在某控股公司尚未履行还款义务的情况下，某资本管理公司有权继续持有案涉股权，某控股公司未配合办理股权回购与交割，不构成违约。同时，因《投资合作协议》第4.3条关于某控股公司配合某资本管理公司进行股权回购的约定本身属于双方私下约定，股权未经评估、审批，没有通过产权交易机构对外披露产权转让信息、公开征集受让人，实际是以公开挂牌交易的形式掩盖私下直接交易的目的，应属无效约定，某资本管理公司依据该约定要求某控股公司承担违约责任，本院不予支持。

关于律师费、保全担保费、保全费等问题。《投资合作协议》第4.3条约定，因某控股公司未履行协议约定的义务导致产生纠纷，应承担某资本管理公司律师费、取证费等合理费用。《补充协议》第4条约定，违约方违反协议约定损害守约方利益的，应赔偿由此给守约方造成的损失。因某控股公司未履行还款义务，某资本管理公司提起本案诉讼并申请财产保全，实际支出律师费9万元、财产保全担保费48 372元、保全费5000元，某资本管理公司据此主张某控股公司承担违约责任，赔偿上述费用支出损失，具有事实和法律依据，本院予以支持。

关于夏某责任认定问题。依据《投资合作协议》《补充协议》关于连带责任保证的约定，夏某对某资本管理公司案涉还款义务承担连带保证责任。根据《投资合作协议》约定，夏某对某控股公司第4.1条财务顾问费用、第4.3条股权受让行为承担连带责任保证，第4.2条额外财务顾问费用不在夏某提供担保范围之内，故本院仅就某资本管理公司诉讼主张中返还5000万元、按照年利率10%支付财务顾问费用部分支持其向夏某主张担保责任，对于超出担保范围部分的内容不予支持。

关于某资本管理公司根据《补充协议》要求深圳某公司向其支付5000万元的问题。某资本管理公司主张《补充协议》第3条系某控股公司将对深圳某公司的债权转让给某资本管理公司。本院认为，首先，《补充协议》约定某控股公司同意将其对深圳某公司的债权作为向某资本管理公司回购5000万元出资款的补充担保，该笔债权为12.41亿元，远超过诉争债权金额，应是某控股公司向某资本管理公司提供以证明自身偿债能力和资信状况，具有增信功能，但并未明确约定将该笔债权转让给某资本管理公司，亦未约定某资本管理公司可以依据该条款直接向深圳某公司主张权利。其次，从约定内容及上下文意思来看，某控股公司系付款义务人，"补充担保"的相关约定是某控股公司无法依约履行付款义务时才触发适用的条款，该条款适用具有不确定性，显然不符合债权转让的法律特征。最后，法律对于担保的种类和内容有明确的界定，"补充担保"并不属于法律规定的担保类型，《补充协议》对于担保范围、期限、责任方式等均未予约定，双方亦未履行登记、交付等法律规定的担保公示程序，本院无法依据《补充协议》上述"补充担保"的约定确认某资本管理公司享有直接向深圳某公司主张支付股权转让款的权利。综上，本院对某资本管理公司该项诉讼请求不予支持。

另，某控股公司、夏某经本院公告送达开庭传票，未到庭参加诉讼，视为放弃答辩和质证的权利，本院依法缺席审理并作出判决。

综上，依据《中华人民共和国民法总则》第一百四十六条，《中华人民共和国合同法》第六十条、第一百零七条、第一百九十六条、第二百零一条，《中华人民共和国担保法》第十八条、第二十一条、第三十一条，《最高人民法院关于适用〈中华人民共和国民法典〉时间效力的若干规定》第一条第二款，《中华人民共和国民事诉讼法》第六十七条第一款、第一百四十七条规定，判决如下：

一、被告某控股公司于本判决生效之日起10日内向原告某资本管理公司返还5000万元；

二、被告某控股公司于本判决生效之日起10日内向原告某本管理公司支付财务顾问费37.5万元；

三、被告某控股公司于本判决生效之日起10日内向原告某资本管理公司赔偿律师费9万元；

四、被告某控股公司于本判决生效之日起10日内向原告某资本管理公司赔偿本案财产保全担保费48 372元、保全费5000元；

五、被告夏某对被告某控股公司上述第一、三、四项，以及第二项中34.09万元债务承担连带还款责任，并在承担担保责任的范围内，有权向被告某控股公司追偿；

六、驳回原告某资本管理公司其他诉讼请求。

如果某控股公司、夏某未按本判决指定的期间履行给付金钱义务，应当依照《中华人民共和国民事诉讼法》第二百六十条之规定，加倍支付迟延履行期间的债务利息。

案件受理费344 125元，由原告某资本管理公司负担56 913元，由被告某控股公司、夏某共同负担287 212元。

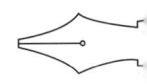

如不服本判决，可在判决书送达之日起十五日内，向本院递交上诉状，并按对方当事人的人数提交副本，上诉于北京市高级人民法院。

审　判　长　陈　实
审　判　员　刘海云
人民陪审员　李永海

二〇二二年十一月十八日

法官助理　王　焓
书　记　员　王　晋

徐钟佳
北京市第一中级人民法院

　　北京市第一中级人民法院四级高级法官，民事诉讼法学硕士。先后在北京市第一中级人民法院民事诉讼、知识产权诉讼、行政诉讼相关庭室工作，多次获评单位三等功、审判质量奖，2019年、2021年、2022年多篇文书获评北京市行政审判裁判文书二等奖、三等奖，两篇案例入选2021年中国法院年度案例。近年来，多篇文章及案例在《人民法院报》《工人日报》《法庭内外》等报刊上发表。其中，《民事再审之诉研究》获得第一届陈光中诉讼法学优秀研究生学位论文奖；《过劳死为何难算工伤》被评为《北京日报》"法官讲法"专栏好新闻特等奖；《疫情防控期间及时褒奖义务人员的法律保障》一文由法制网提交至中央全面依法治国委员会办公室，并被该办公室内参《法治舆情》采用。

点评辞

政府采购是我国财政支出的重要组成部分,并日益成为我国宏观调控的重要手段,《政府采购法》赋予供应商对政府采购活动的投诉权,供应商对投诉处理决定不服的,可以提起行政诉讼。投诉处理决定的案件成为目前涉及政府采购行政案件中类型最多的一类,本案即属于这一类型案件。

现阶段,我国《政府采购法》与《招标投标法》两部法律并行,分属不同体系,在监管部门、采购方式、采购程序、投诉质疑等程序上存在诸多差异。该判决结合争议焦点,明晰了政府采购质疑投诉的法律程序构架中存在的模糊地带,明确《政府采购法》与《招标投标法》的规范领域,进一步厘清政府采购中对于与工程建设无关的货物和服务招投标所应适用的法律规范。

该判决逻辑严密清晰,说理深入浅出,是一篇高质量的裁判文书。

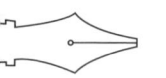

北京市第一中级人民法院
行政判决书

(2022)京01行初119号

原告：北京某某公司甲，住所地北京市。
法定代表人：吕某，董事长。
委托代理人：周某，北京市某甲律师事务所律师。
被告：中华人民共和国财政部，住所地北京市西城区三里河南三巷3号。
法定代表人：刘某，部长。
委托代理人：王某，中华人民共和国财政部工作人员。
委托代理人：朱某，北京市某乙律师事务所律师。
第三人：北京某某公司乙，住所地北京市。
法定代表人：郭某甲，总经理。
委托代理人：张某，北京某某公司乙工作人员。
委托代理人：段某，北京某某公司乙工作人员。
第三人：某某中心，住所地北京市。
法定代表人：高某，主任。
委托代理人：谢某，北京某律师事务所律师。
委托代理人：丁某，北京某律师事务所律师。
第三人：某某公司，住所地北京市。
法定代表人：毛某，总经理。
委托代理人：赵某，某某公司工作人员。
委托代理人：曹某，某某公司工作人员。

原告北京某某公司甲诉被告中华人民共和国财政部（以下简称财政部）投诉处理决定及行政复议一案，本院立案后，依法组成合议庭，因北京某某公司乙、某某公司、某某中心与本案被诉行政行为有利害关系，根据《中华人民共和国行政诉讼法》（以下简称行政诉讼法）第二十九条第一款的规定，本院依法通知北京某某公司乙、某某公司、某某中心作为第三人参加诉讼。本院于2022年6月17日通过线上庭审的方式公开开庭审理了本案，原告北京某某公司甲的法定代表人吕某、委托代理人周某，被告财政部的委托代理人王某、朱某，第三人某某中心的委托代理人谢某、丁某，第三人北京某某公司乙的委托代理人张某、段某，第三人某某公司的委托代理人赵某、曹某到庭参加了诉讼。本案现已审理终结。

2021年10月20日，被告财政部作出被诉处理决定，主要内容如下：关于投诉事项1，北京某某公司甲认为北京某某公司乙董事长、股东郭某乙作为专家参与本项目整体设计、规范编制等工作，因此，北京某某公司乙不具备投标资格，中标无效的问题。经审查，《中华人民共和国政府采购法实施条例》（以下简称政府采购法实施条例）第十五条第二款规定，采购人、代理机构在必要时应当就确定采购需求征求相关供应商、专家的意见。经调取会议相关材料，郭某乙参加本项目技术交流会不属于政府采购法实施条例第十八条第二款禁止的供应商为采购项目提供整体设计、规范编制等服务的情形。同时，从评审结果来看，在技术交流会上形成的12项技术指标，4家投标人均获得了满分。现有证据不足以证明北京某某公司乙不具备投标资格，投诉事项1缺乏事实依据。

关于投诉事项2，北京某某公司甲认为北京某某公司乙红外热像仪的报价不包含无人机，未实质性响应招标文件，中标无效的问题。经审查，北京某某公司乙在投标文件中对红外热像仪及其包含的无人机已作出无偏离响应，评标委员会认为其满足招标文件要求。同时，北京某某公司乙提供的说明显示，红外热像仪的报价包含无人机系统，无需采购人额外付费。现有证据不足以证明北京某某公司乙上述中标产品未实质性响应招标文件。投诉事项2缺乏事实依据。

关于投诉事项3，北京某某公司甲认为北京某某公司乙中标产品G系列高光谱成像仪不具备POS系统（高精度GNSS、惯导系统），不满足招标文件要求的问题。经审查，北京某某公司乙在投标文件中对其所投高光谱成像仪具备POS系统已作出无偏离响应，评标委员会认为其满足招标文件要求。同时，北京某某公司乙提供的制造商出具的说明显示，G高光谱成像仪具备POS系统。现有证据不足以证明北京某某公司乙上述中标产品不满足招标文件要求。投诉事项3缺乏事实依据。综上，被告作出处理决定如下：根据《政府采购质疑和投诉办法》（中华人民共和国财政部令第94号，以下简称第94号令）第二十九条第二项的规定，投诉事项1、2、3缺乏事实依据，驳回投诉。根据第94号令第二十七条的规定，被告在本项目处理过程中，启动了向相关单位调查取证和专家评审程序，总计51个工作日。

2022年1月28日，被告财政部作出被诉复议决定，主要内容如下：

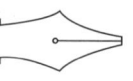

一、关于投诉事项1，即北京某某公司甲认为北京某某公司乙董事长、股东郭某乙作为专家参与本项目整体设计、规范编制等工作，因此，北京某某公司乙不具备招标资格，中标无效的问题。根据政府采购法实施条例第十五条第二款规定，采购人、采购代理机构必要时应当就确定采购需求征求相关供应商、专家的意见。根据政府采购法实施条例第十八条第二款规定，除单一来源采购项目外，为采购项目提供整体设计、规范编制或者项目管理、监理、监测等服务的供应商，不得再参加该采购项目的其他采购活动。本案中，北京某某公司乙董事长、股东以专家身份参加涉案项目技术交流会，不属于政府采购法实施条例第十八条第二款规定的供应商为采购项目提供整体设计、规范编制等服务的情形。现有证据不足以证明北京某某公司乙不具备投标资格，投诉事项1缺乏事实依据。

二、关于投诉事项2，即北京某某公司甲认为北京某某公司乙红外热像仪的报价不包含无人机，未实质性响应招标文件，中标无效的问题。根据《政府采购货物和服务招标投标管理办法》（中华人民共和国财政部令第87号，以下简称第87号令）第三十二条规定，投标人应当按照招标文件的要求编制投标文件。投标文件应当对招标文件提出的要求和条件作出明确响应。经审查，北京某某公司乙在投标文件中对红外热像仪及其包含的无人机已作出无偏离响应，评标委员会认为其满足招标文件要求。同时，北京某某公司乙提供的说明显示，红外热像仪的报价包含无人机系统，无需采购人额外付费。现有证据不足以证明北京某某公司乙提供的红外热像仪未实质性响应招标文件，投诉事项2缺乏事实依据。

三、关于投诉事项3，即北京某某公司乙中标产品G系列高光谱成像仪不具备POS系统（高精度GNSS、惯导系统），不满足招标文件要求的问题。根据第87号令第三十二条规定，投标人应当按照招标文件的要求编制投标文件。投标文件应当对招标文件提出的要求和条件作出明确响应。经审查，北京某某公司乙在投标文件中对其所投高光谱成像仪具备POS系统已作出无偏离响应，评标委员会认为其满足招标文件要求。同时，北京某某公司乙提供的制造商出具的说明显示，G高光谱成像仪具备POS系统。现有证据不足以证明北京某某公司乙上述中标产品不满足招标文件要求，投诉事项3缺乏事实依据。

综上，被诉处理决定根据第94号令第二十九条第二项的规定认定投诉事项1、2、3缺乏事实依据，驳回投诉，认定事实清楚，证据确凿，适用依据正确。

四、被告受理投诉后，依法向与投诉事项有关的当事人发送投诉答复通知

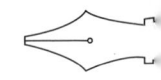

书及投诉书副本。收到相关回复后，经依法审查，被告在法定期限内作出被诉处理决定。以上符合《中华人民共和国政府采购法》（以下简称政府采购法）、政府采购法实施条例和第94号令的相关规定，程序合法。

五、根据《中华人民共和国行政复议法》（以下简称行政复议法）第二条和第六条的规定，公民、法人或其他组织认为具体行政行为侵犯其合法权益的可以向行政机关提出行政复议申请。北京某某公司甲提出的第二项行政复议请求不属于行政复议法规定的行政复议范围，不符合《中华人民共和国行政复议法实施条例》（以下简称复议法实施条例）第二十八条第五项规定的行政复议受理条件。根据行政复议法第二十八条第一款第一项的规定，被告决定维持被告于2021年10月20日作出的被诉处理决定。根据复议法实施条例第四十八条第一款第二项的规定，被告决定驳回北京某某公司甲的第二项行政复议请求。

原告北京某某公司甲诉称，原告不服被诉处理决定及被诉复议决定，向法院提起诉讼。具体事实和理由如下：（1）《中华人民共和国招标投标法实施条例》（以下简称招投标条例）第三十四条规定："与招标人存在利害关系可能影响招标公正性的法人、其他组织或者个人，不得参加投标。"招投标条例第五十一条规定"有下列情形之一的，评标委员会应当否决其投标：（三）投标人不符合国家或者招标文件规定的资格条件。"《招标文件》第二章规定："投标人须知前附表和投标人须知第4条投标人资格要求'为本项目提供整体设计、规范编制或者项目管理、监理、检测等服务的投标人，不得再参加本次采购项目'。"北京某某公司乙股东、董事郭某乙作为专家参加了招标单位于2021年3月11日举办的技术交流会，参与本项目整体设计、规范编制等工作，与招标人存在利害关系。被告虽然调取郭某乙参与会议的纪要，但没有出示、比对该会议纪要，也没有评价郭某乙在会议上的发言对后来招标文件的影响，没有排除招标文件为中标单位量身定做的情形，也不能排除郭某乙与招标人存在利害关系。因此，依据招投标条例和《招标文件》，北京某某公司乙不具备投标资格。被告对此认定适用法律错误。（2）招标文件明确要求机载高光谱成像仪和红外热像仪均包含无人机。而北京某某公司乙的《投标分项报价表》中只有机载高光谱成像仪报价含有无人机，红外成像仪报价未包含无人机。《投标分项报价表》作为最郑重的投标文件明显没有响应招标文件。被诉复议决定对此视而不见，事实认定错误，适用法律有误，处理明显不当。（3）被诉复议决定仅以招标代理机构认为其满足招标文件要求，加上北京某某公司乙事后补充说明"红外热像仪"报价中包含"无人机系统"，认为《投标分项报价表》符合招标文件要求，投标响应了招标。这属于认可中标单位开标后用

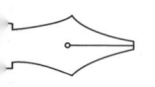

补充说明的形式变更投标文件，违反了《中华人民共和国招标投标法》（以下简称招标投标法）的规定，严重侵害了其他投标人的利益，事实认定错误。（4）即便按照被告引用北京某某公司乙的事后说明，该声明不是明确包含"无人机（含有主机及电池）"。红外热像仪配置"无人机系统"和"无人机（含有主机及电池）"这是完全不同的概念，招标文件要求配备可适用的"无人机"和"电池"而不是"无人机系统"，北京某某公司乙的说明含混不清，被告审查不严。且该项说明仅来自北京某某公司乙，而北京某某公司乙在其《投标分项报价表》中红外热像仪的制造商深圳某某公司并不认可其红外热像仪包括无人机。故此，被告认可北京某某公司乙的说明明显违背事实，依法应当予以纠正。（5）北京某某公司乙《投标分项报价表》中深圳某某公司生产的"红外热像仪"实际成本价远超过其投标报价，属于不正当竞争行为，不应获得法律认可。综上，无论从实质还是形式方面，北京某某公司乙的投标没有完全响应招标文件要求，其中标无效。北京某某公司乙高光谱成像仪不具备POS功能，且属于联合投标，北京某某公司乙违背投标规定投标无效。被诉复议决定事实认定错误，法律适用错误。综上，原告请求：（1）判决撤销被诉处理决定。（2）判决撤销被诉复议决定。（3）责令被告重新对原告提出的投诉作出处理。

在法定举证期限内，原告向本院提交了以下证据：（1）被诉复议决定及邮寄凭证；（2）被诉处理决定及邮寄凭证；（3）工商登记信息，证明北京某某公司乙投标无效，应当依法取消其中标资格；（4）关于召开地面遥感观测设备技术交流会的通知，证明北京某某公司乙投标无效，应当依法取消其中标资格；（5）招标文件，证明北京某某公司乙投标无效，应当依法取消其中标资格，北京某某公司乙投标存在重大漏项，没有完全响应招标文件需求；（6）北京某某公司乙《投标分项报价表》，证明北京某某公司乙投标存在重大漏项，没有完全响应招标文件需求；（7）深圳某某公司网站截屏，证明北京某某公司乙投标存在重大漏项，没有完全响应招标文件需求；（8）网站咨询截屏，证明北京某某公司乙投标存在重大漏项，没有完全响应招标文件需求；（9）电话录音及文字稿，证明型号为Z红外热像仪仅为红外热像仪传感器，并不包含无人机部分；（10）深圳某某公司网站截屏，证明北京某某公司乙事后变更投标内容，导致其成本远高于投标报价，属于不正当竞争。

被告财政部辩称：（1）被诉处理决定认定事实清楚，证据确凿，适用依据正确，程序合法，内容适当。关于投诉事项1，根据政府采购法实施条例第十五条第二款规定，第十八条第二款规定北京某某公司乙董事长、股东以专家身份参加涉案项目技术交流会，不属于政府采购法实施条例第十八条第二款规定的供应商为采购项目提供整体设计、规范编制等服务的情形。现有证据不足以证明北京某某公司乙不具备投标资格，投诉事项1缺乏事实依据，不能成立。被告根据第94号令第二十九条第二项的规定驳回投诉，认定事实清楚，证据确凿，适用依据正确。关于投诉事项2，根据第87号令第三十二条规定，北京某某公司乙在投标文件中对红外热像仪及其包含的无人机已作出无偏离响应，评标委员会认为其满足招标文件要求。同时，北京某某公司乙提供的说明显示，红外热像仪的报价包含无人机系统，无需采购人额外付费。现有证据不足以证明北京某某公司乙提供的红外热像仪未实质性响应招标文件，投诉事项2缺乏事实依据，不能成立。被告根据第94号令第二十九条第二项的规定驳回投诉，认定事实清楚，证据确凿，适用依据正确。关于投诉事项3，根据第87号令第三十二条规定，北京某某公司乙在投标文件中对其所投高光谱成像仪具备POS系统已作出无偏离响应，评标委员会认为其满足招标文件要求。同时，北京某某公司乙提供的制造商出具的说明显示，G高光谱成像仪具备POS系统。现有证据不足以证明北京某某公司乙上述中标产品不满足招标文件要求，投诉事项3缺乏事实依据，不能成立。被告根据第94号令第二十九条第二项的规定驳回投诉，认定事实清楚，证据确凿，适用依据正确。2021年7月19日，被告负责政府采购监督管理的机构收到并受理了原告的投诉。2021年7月23日，被告负责政府采购监督管理的机构依法向采购人、采购代理机构和北京某某公司乙等当事人作出投诉答复通知书及投诉书副本，截至2021年9月27日，被告收齐各方答复资料。投诉处理过程中，被告依法对相关事实进行调查并组织专家评审。2021年10月20日，被告作出被诉处理决定，并向各方当事人邮寄，符合政府采购法和第94号令的相关规定，程序合法。

（2）被诉复议决定证据确凿，适用法律、法规正确，符合法定程序。2021年12月3日，被告负责法制工作的机构收到并受理了原告的行政复议申请，符合行政复议法第十七条关于受理的规定。2021年12月7日，被告负责法制工作的机构向被告负责政府采购监督管理的机构印发了《行政复议答复通知书》，并于2021年12月17日收到《被申请人答复书》及相关证据材料。以上符合行政复议法第二十三条关于答复期限的规定。经审理，被告认为被诉处理决定认定事实清楚，证据确凿，适用依据正确，程序合法，内容适当。原告关于依法要求采购人另行确定中标供应商的复议请求不属于行政复议法规定的行政复议范围，不符合复议法实施条例第二十八条第五项规定的行政复议受理条件。据此，被告依据行政复议法第二十八条第一款第一项和第四十八款第二项的规定，作出被诉复议决定并送达，以上符合行政复议法第三十一条关于审理期限的规定。综上，被诉处理决定和被诉复议决定证据确凿，适用法律、法规

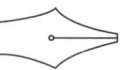

正确，符合法定程序，原告的诉讼理由不能成立，请求人民法院依法驳回原告的全部诉讼请求。

在法定举证期限内，被告向本院提交了如下证据：（1）采购项目招标文件（节选），（2）北京某某公司乙投标文件（节选）（依法不予公开的信息），（3）评标报告（涉密），（4）原告提交的投诉书及接收凭证，（5）《提出答复通知书》及邮寄凭证，（6）采购人的书面答复，（7）采购代理机构的书面答复，（8）北京某某公司乙的书面答复（涉密），（9）北京某某公司乙的补充答复（涉密），（10）组织专家评审相关材料（答辩人内部程序，仅向法院提交），（11）被诉处理决定的邮寄凭证，（12）原告提交的行政复议申请材料及邮寄凭证，（13）《行政复议答复通知书》，（14）《行政复议答复通知书》及邮寄凭证，（15）《行政复议答复通知书》及邮寄凭证，（16）《被申请人答复书》，（17）采购人提交的复议答复材料，（18）采购代理机构提交的复议答复，（19）北京某某公司乙提交的复议答复（涉及投标文件的内容涉密），（20）被诉复议决定的邮寄凭证，以上证据均用以证明被诉投诉处理决定和被诉复议决定证据确凿，适用法律、法规正确，符合法定程序。

第三人北京某某公司乙述称，针对涉案项目，我公司投标行为完全公正公平参与，所有资质均符合招标方要求，核心产品参数均由招标方公开公示，我公司人员并未参与本项目技术指标的整体设计、规范编制等工作，不存在干扰招评标过程的问题。我方供货红外热像仪产品包含无人机系统，标书文件当中对所供无人机系统详细介绍，我方投标产品的参数响应均以招标参数要求为准，完全符合招标文件需求。我方供货的机载高光谱产品"产品型号G"为真实存在产品，产品具有POS系统，并且产品具备某M系列无人机搭载能力。原告的投诉事项均不能成立，要求法院驳回原告的诉讼请求。

第三人某某中心述称，被诉处理决定及被诉复议决定合法，请求法院驳回原告诉讼请求。某某中心与北京某某公司乙已经签订合同，对产品的交付已经进行了验收，实际上红外热像仪已经包括无人机在内，高光谱成像仪系统G搭载了满足招标文件要求的POS系统，交付的产品符合招标文件的要求。

第三人某某公司述称，涉案项目全部招投标流程合法合规，被诉处理决定及被诉复议决定符合法律规定，程序符合法律规定，请求法院驳回原告的诉讼请求。

在法定举证期限内，第三人北京某某公司乙、某某公司、某某中心均未向本院提交证据。

行政诉讼法第四十三条第一款规定，证据应当在法庭上出示，并由当事人

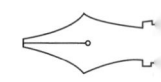

互相质证。对涉及国家秘密、商业秘密和个人隐私的证据，不得在公开开庭时出示。《最高人民法院关于行政诉讼证据若干问题的规定》第三十七条规定，涉及国家秘密、商业秘密和个人隐私或者法律规定的其他应当保密的证据，不得在开庭时公开质证。经本院审查，被告提交的证据2、3、8、9、19可能涉及第三人的商业秘密；证据10涉及政府采购过程中评标委员会专家个人隐私以及专家个人评审意见等内容；故本院根据上述规定对该部分证据未进行证据交换，亦未在开庭时公开质证，由本院对该部分证据进行审查认定。

经庭审质证，原告对被告证据全部证据的证明目的不予认可，对全部证据的合法性、关联性均不予认可。某某中心、某某公司、北京某某公司乙对被告证据的关联性、真实性、合法性及证明目的均予以认可。

被告、某某中心、某某公司、北京某某公司乙对原告证据3真实性、合法性和关联性不认可；对证据4真实性认可，不认可合法性、关联性和证明目的；对证据5、6真实性、合法性认可，对关联性及证明目的不认可，对证据7-10真实性、合法性和关联性及证明目的均不认可；对证据1、2中的被诉处理决定及被诉复议决定真实性、合法性和关联性无异议。

本院经审查认为，原告提交的证据1、证据2中的被诉处理决定和被诉复议决定是本案的审查对象，不作为证据予以审查。被告提交的所有证据及原告提交的证据1、2中的邮寄凭证，证据4-6均与本案审查原告所诉被诉行政行为的合法性具有关联，符合《最高人民法院关于行政诉讼证据若干问题的规定》中关于证据形式的要求，且符合证据的真实性、合法性要求，能够证明涉案采购项目的基本情况，招标文件的相关内容、投标情况、原告投诉针对的事项、被告投诉处理过程及被诉行政行为作出的行政程序等，本院对上述证据予以采信。原告提交的其他证据与本案审查被诉行政行为合法性无关联，本院均不予采信。对于原告所有证据的证明目的，本院不予认可。

经审理查明：涉案采购项目为国家生态保护红线监管平台项目信息系统建设第某包，项目编号：X。采购人为某某中心，采购代理机构为某某公司。

原告北京某某公司甲以及第三人北京某某公司乙均是涉案采购项目的投标人。2021年6月24日，某某公司发布中标公告，中标供应商为北京某某公司乙。原告于同年7月1日向某某公司提出疑问，质疑事项为：（1）北京某某公司乙负责人郭某乙提前参与了本项目技术指标的指导和编制工作，该公司不具备投标资格。（2）北京某某公司乙分项报价表中的第5项红外热像仪存在重大缺项，未对招标文件分项报价表进行实质性响应。（3）北京某某公司乙投标核心产品G无法完整地完成核心产品的关于POS方面的主要功能，应当否决其投标。某某公司于同年7月10日给予书面回复。北京某某公司甲对回复

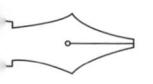

不满，向被告邮寄投诉书，被投诉人为某某公司，投诉事项为：（1）中标供应商北京某某公司乙董事长、股东郭某乙作为专家参加了本项目前期的设备技术交流会议，参与项目整体设计、规范编制等工作。因此，北京某某公司乙不具备投标资格，中标无效。（2）北京某某公司乙对红外热像仪的报价只包含红外热像仪传感器，不包含无人机，未响应招标文件实质性要求，中标无效。（3）北京某某公司乙中标产品为四川某某公司生产的G系列高光谱成像仪，不具备POS系统（高精度GNSS、惯导系统），不满足招标文件要求。投诉请求：（1）认定北京某某公司乙中标无效；（2）要求某某公司另行确定中标供应商。被告于2021年7月19日收到原告上述投诉书，同年7月21日，被告向某某中心、某某公司、北京某某公司乙作出财库便函〔2021〕某号、某某号《提出答复通知书》，某某中心于2021年7月29日作出书面答复，说明采购项目的书面说明、相关证据和法律依据。某某中心就针对采购项目设备技术需求组织的3次专家咨询会的主要情况进行说明。某某公司于2021年7月30日作出书面答复，对采购项目基本情况进行了说明，并就投诉事项逐一作出答复。北京某某公司乙于2021年7月28日作出书面答复，对投诉事项逐一作出答复。关于投诉事项3，北京某某公司乙称机载高光谱成像仪系统G搭载了满足招标文件要求的POS系统，并且搭载的无人机为某M300。且提供了该产品厂商四川某某公司的说明，机载高光谱成像仪G属于四川某某公司与北京某某公司乙的合作定制产品，专注于环境监测方向应用，成像方式是无人机匀速飞行推扫成像，且搭载高精度POS系统获取无人机的姿态信息进行后续的几何校正。北京某某公司乙于2021年9月15日作出补充《答复函》，《答复函》显示，北京某某公司乙的红外热像仪的报价包含无人机，无需采购人额外付费。2021年8月27日被告组织专家评审，同年10月20日，被告作出被诉处理决定，后于同年10月27日向原告邮寄上述被诉处理决定，原告于10月28日签收。原告不服向被告提出行政复议，被告负责法制工作的机构于2021年12月3日收到原告提交的行政复议申请，复议请求：（1）依法撤销被诉处理决定。（2）依法要求采购人另行确定中标供应商。2021年12月7日，被告向其国库司作出《行政复议答复通知书》，向某某中心和某某公司作出《第三人参加行政复议通知书》，向北京某某公司乙作出《第三人参加行政复议通知书》，并于2021年12月17日收到《被申请人答复书》。2022年1月28日，被告作出被诉复议决定，并于同年2月10日向原告邮寄送达，原告于同年2月11日签收被诉复议决定，原告不服，于同年2月22日起诉至本院。

另查，郭某乙以专家身份参与了某某中心于2021年3月11日召开的技术交流会，该技术交流会参会专家对部分设备的技术指标进行了讨论和咨询，形

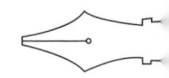

成了相关建议。招标文件"第二章投标人须知前附表和投标人须知"中的"4. 投标人资格要求"显示，"3、（2）单位负责人为同一人或者存在直接控股、管理关系的不同投标人，不得参加同一合同项下的政府采购活动；为本项目提供整体设计、规范编制或者项目管理、监理、检测等服务的投标人，不得再参加本次采购项目"。

再查，根据招标文件，"（二）采购产品一览表序号 4 载明货物名称为机载高光谱成像仪（含无人机）"，序号 5 载明货物名称为"红外热像仪"，"（三）产品及指标要求"中对红外热像仪（含无人机）作出了具体的指标要求。对机载高光谱成像仪（含无人机）中"#POS 系统"作出了具体指标要求，并要求提供证明材料。根据北京某某公司乙投标文件，《投标分项报价表》序号 5 名称为"红外热像仪"。《技术服务要求偏离表》"红外热像仪（含无人机）"项下的"无人机"对招标文件要求的具体技术参数和性能响应为"满足"；提供产品彩页对无人机平台参数和性能进行了详细说明。《投标分项报价表》显示机载高光谱成像仪（含无人机）型号为 G，制造商为四川某某公司；《技术服务要求偏离表》"机载高光谱成像仪（含无人机）"项下的"#POS 系统"指标相应内容与招标文件要求一致，对招标文件要求的具体技术参数和性能响应为"满足"，并提供了产品彩页。

本院认为，根据政府采购法第十三条第一款，并参照第 94 号令第六条第一款的规定，涉案政府采购项目为中央预算单位政府采购项目，财政部具有对该项目供应商所提投诉进行处理的法定职责。

本案审查范围涉及两个部分：一是被诉处理决定及被诉复议决定中维持该处理决定部分的合法性；二是被诉复议决定中程序性驳回原告复议请求部分的合法性。

一、被诉处理决定及被诉复议决定中维持该处理决定部分的合法性

根据原告、被告的诉辩主张及第三人的意见陈述，能够确定该部分争议焦点为：被告针对原告提出的投诉事项所作处理决定的事实依据是否充分。通过对在案证据的综合审查，围绕原告所提的投诉事项，本院分述如下：

关于原告投诉事项1，即北京某某公司乙董事长、股东郭某乙作为专家参加了本项目前期的设备技术交流会议，参与项目整体设计、规范编制等工作。北京某某公司乙不具备投标资格，中标无效的问题。本院注意到，招投标法律规范与政府采购法律规范中，对投标人（或供应商）资格的规定并不完全一致。其中，招投标条例第三十四条规定与招标人存在利害关系可能影响招标公正性的法人、其他组织或者个人，不得参加投标。政府采购法实施条例第十八条则规定除单一来源采购项目外，为采购项目提供整体设计、规范编制或者项

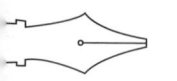

目管理、监理、检测等服务的供应商，不得再参加该采购项目的其他采购活动。原告主张应当依据招投标条例第三十四条之规定，认定北京某某公司乙不具备投标资格。但本院认为，本案应适用政府采购法律规范判断北京某某公司乙的供应商资格。根据政府采购法第二条，政府采购的对象包括工程、货物、服务三类。政府采购法第四条规定，政府采购工程进行招标投标的，适用招标投标法。政府采购法实施条例第七条规定政府采购工程以及工程建设有关的货物、服务，采用招标方式采购的，适用招标投标法及其实施条例；采用其他方式采购的，适用政府采购法及本条例。招投标条例第八十三条规定，政府采购的法律、行政法规对政府采购货物、服务的招标投标另有规定的，从其规定。根据上述规定，政府采购中对工程以及工程建设相关的货物、服务进行招投标的，才适用招投标法律规范，而对于与工程建设无关的货物和服务招投标的，适用政府采购法律规范。涉案政府采购项目为地面定位观测场设备采购项目，并非政府采购法中所称"工程"，亦不是与工程建设有关的货物或服务，依据涉案项目性质并结合上述规定，北京某某公司乙是否具有投标资格应适用政府采购法及其实施条例、第87号令等法律、法规之规定予以判定。

鉴于此，政府采购法实施条例第十五条第二款规定，采购人、采购代理机构必要时应当就确定采购需求征求相关供应商、专家的意见。政府采购法实施条例第十八条规定，除单一来源采购项目外，为采购项目提供整体设计、规范编制或者项目管理、监理、检测等服务的供应商，不得再参加该采购项目的其他采购活动。在案证据证明，郭某乙以专家身份参与了某某中心于2021年3月11日召开的技术交流会，其参会行为符合政府采购法实施条例第十五条第二款之规定，且不属于该条例第十八条规定的供应商为采购项目提供整体设计、规范编制等服务之情形。故原告关于北京某某公司乙董事长、股东郭某乙作为专家参加了本项目前期的设备技术交流会议，参与项目整体设计、规范编制等工作，北京某某公司乙不具备投标资格，中标无效的主张缺乏事实根据及法律依据。

关于原告投诉事项2，即北京某某公司乙对红外热像仪的报价只包含红外热像仪传感器，不包含无人机，未响应招标文件实质性要求，中标无效的问题。根据第87号令第二十条第一款的规定，采购人或者采购代理机构应当根据采购项目的特点和采购需求编制招标文件。第87号令第三十二条规定，投标人应当按照招标文件的要求编制投标文件。投标文件应当对招标文件提出的要求和条件作出明确响应。评标委员会应当根据招标文件中采购人对供应商应达到的技术标准和质量要求进行评审。在案证据能够证明，北京某某公司乙投

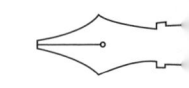

标文件《技术服务要求偏离表》"红外热像仪（含无人机）"项下的"无人机"对招标文件要求的具体技术参数和性能响应为"满足"；并提供产品彩页对无人机平台参数和性能进行了详细说明。因此，北京某某公司乙在投标文件中对红外热像仪及其包含的无人机已经作出了无偏离响应，该公司投标产品的参数响应均以招标参数要求为准，评标委员会亦认为北京某某公司乙符合招标文件需求。另外，北京某某公司乙提供的说明显示红外热像仪报价中已经包含了无人机系统，无需采购人额外付费。庭审中，某某中心认可北京某某公司乙已就该政府采购项目实际供货，并完成初验，未额外支付费用。现有证据不能证明北京某某公司乙上述中标产品未实质性响应投标文件，故原告所提上述投诉理由缺乏事实依据。原告主张北京某某公司乙《投标分项报价表》中的深圳某某公司生产的"红外热像仪"成本价格高出投标价格，属于不正当竞争行为。依据第94号令第十条规定，供应商认为采购文件、采购过程、中标或者成交结果使自己的权益受到损害的，可以在知道或者应知其权益受到损害之日起7个工作日内，以书面形式向采购人、采购代理机构提出疑问。第94号令第二十条规定，供应商投诉的事项不得超出已质疑事项的范围。诉讼中，原告关于北京某某公司乙投标产品成本价格高出投标价格，属于不正当竞争的主张，未在质疑事项及投诉事项中提出，不属于本案审理范围，本院不予审查。

  关于原告投诉事项3，即北京某某公司乙中标产品为四川某某公司生产的G系列高光谱成像仪，不具备POS系统（高精度GNSS、惯导系统），不满足招标文件要求的问题。根据第87号令第二十条第一款规定，采购人或者采购代理机构应当根据采购项目的特点和采购需求编制招标文件。第87号令第三十二条规定，投标人应当按照招标文件的要求编制投标文件。投标文件应当对招标文件提出的要求和条件作出明确响应。在案证据能够证明，北京某某公司乙提供的机载高光谱成像仪系统G搭载了满足招标文件技术要求的POS系统，并且搭载无人机，北京某某公司乙在投标文件中对高光谱成像仪具备POS功能作出了无偏离响应，评标委员会认为北京某某公司乙符合招标文件需求。庭审中，某某中心亦认可北京某某公司乙已就该政府采购项目实际供货，并完成初验。因此，原告的该项投诉主张无证据支持，不能成立。原告主张北京某某公司乙该中标产品属于和四川某某公司联合投标，违反投标规定，如前所述，原告该项主张亦未在质疑事项及投诉事项中提出，不属于本案受理范围，本院不予审查。

  综合以上审查，本院认为被告针对原告提出的投诉事项所作被诉处理决定的事实依据充分，对被诉复议决定认定的相关事实本院一并予以确认。被诉复

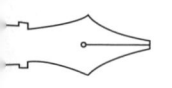

议决定依据行政复议法第二十八条第一款第一项的规定维持被诉处理决定，认定事实清楚，符合相关法律规定。

二、被诉复议决定中程序性驳回原告复议请求部分的合法性

行政复议法第二条规定，公民、法人或者其他组织认为具体行政行为侵犯其合法权益，向行政机关提出行政复议申请，行政机关受理行政复议申请、作出行政复议决定，适用本法。《最高人民法院关于适用〈中华人民共和国行政诉讼法〉的解释》第六十九条第一款第十项的规定，提起行政诉讼，应当符合法定起诉条件。本案中，原告直接要求复议机关责令采购人另行确定中标供应商显然不属于上述法条规定的行政复议范围，亦明显不属于行政诉讼受理范围，故原告针对被诉复议决定中该部分提起的本案诉讼，不符合法定起诉条件，本院依法予以驳回。

关于被告作出被诉处理决定的行政程序的合法性。政府采购法第五十六条规定，政府采购监督管理部门应当在收到投诉后三十个工作日内，对投诉事项作出处理决定，并以书面形式通知投诉人和与投诉事项有关的当事人。政府采购法实施条例第五十八条第一款规定，财政部门处理投诉事项，需要检验、检测、鉴定、专家评审以及需要投诉人补正材料的，所需时间不计算在投诉处理期限内。第94号令第二十七条规定，财政部门处理投诉事项，需要检验、检测、鉴定、专家评审以及需要投诉人补正材料的，所需时间不计算在投诉处理期限内。前款所称所需时间，是指财政部门向相关单位、第三方、投诉人发出相关文书、补正通知之日至收到相关反馈文书或材料之日。财政部门向相关单位、第三方开展检验、检测、鉴定、专家评审的，应当将所需时间告知投诉人。本案中，本院经审查认为，被告作出被诉处理决定的行政程序并未违反上述规定，其作出、送达被诉处理决定亦未超过法定投诉处理期限。

关于被诉复议决定的行政程序的合法性。被告在复议审理过程中履行了相应法定程序，在法定的行政复议审理期限内作出被诉复议决定，并向原告送达，符合相关法律规定，本院对行政复议程序的合法性予以确认。

综上，被诉处理决定及被诉复议决定认定事实清楚，适用法律正确，程序合法。原告的诉讼理由均缺乏事实与法律依据，对其诉讼请求，本院不予支持。依照《中华人民共和国行政诉讼法》第六十九条之规定，判决如下：

驳回原告北京某某公司甲的诉讼请求。

案件受理费50元，由原告北京某某公司甲负担（已交纳）。

如不服本判决，各方当事人可在本判决书送达之日起十五日内，向本院递交上诉状，并按对方当事人的人数提出副本，预交上诉案件受理费50元，上诉于北京市高级人民法院。

审 判 长　徐钟佳
审 判 员　梁　菲
审 判 员　李　茜

二〇二二年八月十九日

法官助理　李晓林
书 记 员　郝昊嵩

公涛
北京市高级人民法院

  北京市高级人民法院申诉审查庭副庭长、三级高级法官，北京市法官兼职教师。主要从事全市法院执行工作督导、调研，执行异议、复议案件审查以及全市法院执行工作专项巡查等工作。先后荣获个人三等功、北京市法院优秀共产党员、北京市法院先进工作者、北京市政法委"十百千"千层次人才等荣誉称号。多次担任全市法院重点调研课题的执笔人，撰写的多篇调研报告获奖。负责起草多项规范性文件，统一全市法院执法尺度，推动全市法院不断提升执行工作规范化水平。

点评辞

刑民交叉是当前执行实践中面临的热点与难点问题之一，受"先刑后民"固有思维的影响，当执行中涉及民事案件与刑事案件交叉时，一些法院在处理上往往简单化，即民事案件一律停止执行，要求当事人就其民事权利通过刑事追赃、退赔的方式寻求救济。本案则在厘清刑事案件与民事案件法律关系的基础上，确立了本案所涉情形之下民事案件与刑事案件应当分别执行，同时避免债权人重复受偿的执行规则。本案裁定规范严谨、层次分明、论证深入，努力做到事理、法理、情理的有机统一，既使裁判结论极具说服力，又生动诠释了"为人民司法"的裁判理念。难能可贵的是，在以效率优先为基本遵循的执行裁判类案件中，本案裁定释法有力，积极回应了人民群众对高质量司法产品的需求，也对涉刑民交叉执行案件的办理具有较强指导性，以能动司法充分展现了人民法院的担当作为。

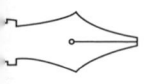

北京市高级人民法院
执行裁定书

(2022) 京执复 104 号

复议申请人（申请执行人）：李某甲。
被执行人：北京某投资公司。
被执行人：北京某担保公司。
被执行人：轩某某。

复议申请人李某甲不服北京市第三中级人民法院（以下简称北京三中院）(2019) 京 03 执恢 74 号之三执行裁定，向本院申请复议。本院受理后，依法组成合议庭进行审查，现已审查终结。

北京三中院对李某甲申请执行北京某投资公司、北京某担保公司一案［执行依据：北京仲裁委员会（2018）京仲裁字第 0781 号裁决书（以下简称第 0781 号裁决书）］裁定终结执行后，李某甲向北京三中院提交书面申请，请求恢复对第 0781 号裁决书的执行。

北京三中院查明，李某甲依据北京仲裁委员会作出的第 0781 号裁决书向北京三中院申请强制执行，北京三中院先后以（2018）京 03 执 509 号、(2019) 京 03 执恢 74 号立案执行。

在（2019）京 03 执恢 74 号案执行过程中，因被执行人轩某某涉嫌非法吸收公众存款罪被北京市朝阳区人民检察院（以下简称朝阳检察院）提起公诉，北京三中院于 2019 年 5 月 16 日作出（2019）京 03 执恢 74 号之一执行裁定，中止北京仲裁委员会第 0781 号裁决书的执行。后申请执行人李某甲向该院提交撤销执行申请，该院于 2019 年 12 月 4 日作出（2019）京 03 执恢 74 号之二执行裁定，终结第 0781 号裁决书的执行。

2020 年 11 月 20 日，北京市朝阳区人民法院（以下简称朝阳法院）作出（2019）京 0105 刑初 1079 号刑事判决，该判决认定轩某某犯非法吸收公众存款罪。该刑事案件已在朝阳法院进入执行程序，李某甲作为被害人已进入该刑事案件执行程序中参与分配。

北京三中院经审查认为，综合第 0781 号裁决书、(2019) 京 0105 刑初

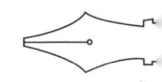

1079号刑事判决、李某甲报案材料可知，仲裁裁决和刑事判决涉及的是同一事实，即包括轩某某在内的刑事案件被告人以北京某投资公司名义签订借款合同，并由北京某担保公司提供担保的形式，向社会不特定人员吸收资金，其中包括本案申请执行人李某甲。鉴于仲裁裁决确定的借款事实与刑事判决确定的非法吸收公众存款事实系同一事实，应以刑事判决作为执行依据，受害人的民事权利保护应当通过刑事追赃、退赔的方式解决。现李某甲已作为被害人参与到刑事案件的执行程序中，其民事权利保护存在救济途径。故李某甲的恢复执行申请应予驳回。2022年3月18日，北京三中院作出（2019）京03执恢74号之三执行裁定，驳回李某甲对第0781号裁决书的恢复执行申请。

李某甲向本院申请复议，请求：（1）撤销北京三中院（2019）京03执恢74号之三执行裁定；（2）恢复执行第0781号裁决书的内容。主要理由是：（1）不能仅因合同当事人一方实施了涉嫌犯罪的行为，而当然认定行为对应的合同无效。《最高人民法院关于审理民间借贷案件适用法律若干问题的规定》第十二条明确规定："借款人或者出借人的借贷行为涉嫌犯罪，或者已经生效的裁判认定构成犯罪，当事人提起民事诉讼的，民间借贷合同并不当然无效。人民法院应当依据民法典第一百四十四条、第一百四十六条、第一百五十三条、第一百五十四条以及本规定第十三条之规定，认定民间借贷合同的效力。"此时仍应根据民法典等法律、行政法规规定对合同效力进行审查判断，以保护合同中无过错一方当事人合法权益，维护交易安全和交易秩序。在合同约定本身不属于无效事由情况下，合同中一方当事人实施涉嫌犯罪行为并不影响合同有效性。本案中，轩某某因非法吸收公众存款罪被追究刑事责任，但案涉合同效力不受轩某某犯罪行为影响。本案合同系双方当事人真实意思表示，不违反法律、行政法规强制性规定，合法有效。（2）《最高人民法院关于刑事附带民事诉讼范围问题的规定》第五条规定："犯罪分子非法占有、处置被害人财产而使其遭受物质损失的，人民法院应当依法予以追缴或者责令退赔。被追缴、退赔的情况，人民法院可以作为量刑情节予以考虑。经过追缴或者退赔仍不能弥补损失，被害人向人民法院民事审判庭另行提起民事诉讼的，人民法院可以受理。"刑事判决涉及追缴或退赔的执行率一般都不高，故在刑事判决虽然涉及追赃但受害人未获全部退赔的情况下，应当允许受害人另行提起民事诉讼。本案中，刑事案件审理过程追缴到案的涉案金额不多，参与分配的受害人员众多，法院采用平均分配的方式可以预见每位受害人所分到的退赔金额少之又少。在这种情况下，受害人有权通过民事诉讼方式依法予以继续追缴，弥补自身损失。

本院经审查，对北京三中院查明的事实予以确认。

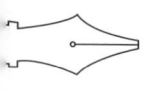

本院另查明，2017年12月4日，李某甲依据其与北京某投资公司签订的六份《借款合同》向公安机关报案，认为北京某投资公司以高额利息进行非法集资，涉嫌诈骗罪、非法吸收公众存款罪、集资诈骗罪等犯罪，要求公安机关查处。报案材料显示，李某甲于2017年7月18日、9月9日、10月18日、10月27日、10月29日、11月28日与北京某投资公司签订六份《借款合同》（以下分别称合同一、合同二、合同三、合同四、合同五、合同六），六份合同约定的借款本金总额为1 300 000元，借款期限均为6个月，其中，合同一约定借款金额为500 000元，每月支付利息10 000元、分红10 000元；合同二约定借款金额为100 000元，每月支付利息2000元、分红2000元；合同三约定借款金额为150 000元，每月支付利息3000元、分红3000元；合同四约定借款金额为100 000元，每月支付利息2000元、分红2000元；合同五约定借款金额为350 000元，每月支付利息7000元、分红7000元；合同六约定借款金额为100 000元，每月支付利息2000元、分红2000元。李某甲在报案材料中称，其六份合同共计投资本金1 300 000元，北京某投资公司支付利息94 000元。

2017年12月27日，李某甲依据上述合同一、合同二、合同三、合同四向北京仲裁委员会申请仲裁，请求北京某投资公司、北京某担保公司返还借款本金850 000元，支付利息分红110 000元、违约金11 000元。仲裁庭经审查认定，北京某投资公司尚欠李某甲借款本金850 000元，已支付李某甲利息94 000元，尚欠利息31 500元；北京某担保公司对北京某投资公司尚欠李某甲的借款本金850 000元及利息31 500元承担连带保证责任。2018年4月27日，北京仲裁委员会作出第0781号裁决书：（1）北京某投资公司、北京某担保公司向李某甲归还借款本金850 000元；（2）北京某投资公司、北京某担保公司向李某甲支付利息31 500元；（3）北京某投资公司、北京某担保公司向李某甲支付李某甲代其垫付的仲裁费33 970元。

2019年5月9日，朝阳检察院对柳某、王某某、从某、轩某某提起公诉，指控4人犯非法吸收公众存款罪。2019年8月5日，朝阳检察院对李某乙、赵某某提起公诉，指控李某乙犯集资诈骗罪，赵某某犯非法吸收公众存款罪。2020年7月23日，朝阳检察院对禹某提起公诉，指控禹某犯非法吸收公众存款罪。朝阳法院经审理于2020年11月5日对禹某犯非法吸收公众存款罪一案，作出（2020）京0105刑初1500号刑事判决；于2020年11月20日对柳某、王某某、从某、轩某某犯非法吸收公众存款罪一案，作出（2019）京0105刑初1079号刑事判决；于2020年12月25日对李某乙犯集资诈骗罪、赵某某犯非法吸收公众存款罪一案，作出（2019）京0105刑初1889号刑事判

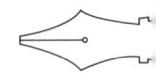

决。上述三份刑事判决查明，李某乙、赵某某、禹某、柳某、王某某、从某、轩某某伙同他人，以北京某投资公司名义，通过随机拨打电话、召开宣传讲座以及口口相传等方式向社会公开宣传投资银行承兑汇票项目，并承诺月息4%的高额年化收益和保本，与集资参与人签订《借款合同》，并以北京某担保公司名义承诺担保，向集资参与人吸收资金以及支付返利。上述三份刑事判决认定，李某乙构成集资诈骗罪，赵某某、禹某、柳某、王某某、从某、轩某某构成非法吸收公众存款罪；判处李某乙、赵某某、禹某、柳某、王某某、从某、轩某某有期徒刑及罚金，责令李某乙退赔集资参与人的经济损失，继续追缴赵某某、禹某、柳某、王某某的违法所得发还集资参与人。上述三份刑事判决所附的退赔清单显示，三案共涉及包括李某甲在内的234名集资参与人，总损失金额为59 370 061.02元。刑事案件审理过程中，经鉴定认定李某甲的投资金额为1 300 000元、已返还金额为528 000元、损失金额为772 000元。2021年10月，朝阳法院刑事审判部门将上述三份刑事判决移送执行。经向朝阳法院执行部门核实，三案目前尚未启动发还程序，未向李某甲发还款项。

再查明，2018年11月，李某甲以被执行人北京某投资公司为一人有限责任公司、轩某某系该公司股东且不能证明公司财产独立于自己的财为由，向北京三中院申请追加轩某某为被执行人。北京三中院经审查于2018年11月30日作出（2018）京03执异372号执行裁定，追加轩某某为被执行人，在北京某投资公司未清偿债务范围内承担连带责任。

2019年4月8日，北京三中院根据李某甲的申请，以（2019）京03执恢74号恢复执行。执行过程中，北京三中院扣划了轩某某名下银行存款480元；查封轩某某名下房产一套。北京三中院经调查，北京某投资公司、北京某担保公司无可供执行财产，且已不在住所地实际经营。

2021年3月24日，李某甲向北京三中院提交恢复执行申请书，请求恢复对北京仲裁委员会第0781号裁决书的执行。

本院认为，本案的争议焦点为李某甲向北京三中院提出的恢复对第0781号裁决书执行的申请应否予以支持。对此本院认为应当支持李某甲提出的恢复执行申请，具体理由分析如下：

第一，本案中，刑事案件与仲裁案件的当事人不同，法律关系不同；相关刑事判决系认定李某乙、赵某某、禹某、柳某、王某某、从某、轩某某以北京某投资公司名义订立《借款合同》、非法募集资金的行为构成犯罪，判令李某乙退赔集资参与人的经济损失，继续追缴赵某某、禹某、柳某、王某某的违法所得发还集资参与人；而在仲裁案件中，李某甲是请求北京某投资公司和北京某担保公司，依据《借款合同》和《承诺担保函》分别承担合同责任及担保

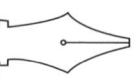

责任，仲裁裁决确定的是北京某投资公司和北京某担保公司向李某甲返还借款并支付利息。参照最高人民法院 2019 年 11 月 8 日印发的《全国法院民商事审判工作会议纪要》第 128 条、第 129 条的规定精神，刑事裁判认定行为人以法人、非法人组织或者他人名义订立合同的行为构成犯罪，如果合同相对方作为受害人以行为人为被告提起民事诉讼的，人民法院应当裁定不予受理或驳回起诉，合同相对方对行为人主张权利应当通过刑事追赃、退赔的方式解决；如果合同相对方以法人、非法人组织或者他人为被告提起民事诉讼，请求该法人、非法人组织或者他人依据合同承担民事责任的，人民法院应当依法审理。即刑事裁判认定行为人以法人、非法人组织或者他人名义订立合同的行为构成犯罪，并不能当然排除该法人、非法人组织或者他人依据合同应承担的民事责任。既然民商事案件与刑事案件应当分别审理，相关裁判结果也应分别执行。故李某甲有权依据仲裁裁决向法院申请执行，要求北京某投资公司和北京某担保公司承担相应的民事责任。

第二，作为本案执行依据的第 0781 号裁决书仍然具有法律效力，李某甲在撤销执行申请后提出的恢复执行申请符合司法解释规定的条件，北京三中院应当依法受理其恢复执行申请。根据《最高人民法院关于审理民间借贷案件适用法律若干问题的规定》第十二条的规定，借款人或者出借人的借贷行为涉嫌犯罪，或者已经生效的裁判认定构成犯罪，当事人提起民事诉讼的，民间借贷合同并不当然无效。本案中，第 0781 号裁决书所依据的《借款合同》和《承诺担保函》不存在无效事由，该仲裁裁决也未经任何法定程序被撤销或裁定不予执行，仍然具有法律效力。根据《最高人民法院关于适用〈中华人民共和国民事诉讼法〉的解释》第五百一十八条的规定，因撤销申请而终结执行后，当事人在《民事诉讼法》第二百四十六条规定的申请执行时效期间内再次申请执行的，人民法院应当受理。北京三中院因李某甲撤销执行申请于 2019 年 12 月 4 日裁定终结执行，李某甲于 2021 年 3 月 24 日申请恢复执行，李某甲的恢复执行申请未超过《民事诉讼法》第二百四十六条规定的申请执行时效期间，北京三中院应当依法受理。

第三，刑事案件与仲裁案件确定的责任范围不同，虽然刑事案件包含了李某甲申请仲裁的四份《借款合同》，但刑事案件在认定李某甲的损失金额时依据的仅是四份《借款合同》约定的借款本金，而仲裁裁决确定返还李某甲的款项不仅包括本金，还包括利息，仲裁裁决确定的内容无法全部并入刑事案件执行。

第四，从法理上讲，各个债务人基于不同的发生原因而对于同一债权人负有以同一给付为标的的数个债务，构成不真正连带责任。在此情形下，每一债务人均负有全部履行的义务，并因任一债务人的履行而使全体债务人的债务归

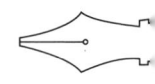

于消灭。本案中，就借款本金而言，李某乙、赵某某、禹某、柳某、王某某基于犯罪行为而对李某甲负有退赔返还义务，北京某投资公司、北京某担保公司则基于合同关系对李某甲负有给付义务，各债务人构成不真正连带关系。如果李某甲从刑事案件获得清偿，则应在仲裁裁决执行案件中作相应的扣减，以免其重复受偿；如果李某甲从仲裁裁决执行案件中获得清偿，则其对李某乙等人享有的权利在同等金额范围内转归向其清偿的北京某投资公司或北京某担保公司。从目前查明的情况看，李某甲并未从刑事案件中受偿（最终的受偿比例也会很低），其有权依据仲裁裁决向北京某投资公司、北京某担保公司主张权利。

第五，从实际效果来看，如果认定李某甲只能向相关刑事判决确定的退赔责任人主张权利，在相关刑事判决没有判令北京某投资公司、北京某担保公司承担退赔责任的情况下，为犯罪分子提供便利的北京某投资公司、北京某担保公司名下即使有财产可供执行，也因刑事判决的存在而被免除了对李某甲负有的合同义务，这明显违背基本的公平原则。虽然对北京某投资公司、北京某担保公司恢复执行也可能无法实际执行到位，但这并不是拒绝恢复执行的正当理由。

综上，李某甲的复议理由成立，对其复议请求本院予以支持。北京三中院（2019）京03执恢74号之三执行裁定认定事实错误，结果应予纠正。需要指出的是，北京三中院在执行过程中应当与朝阳法院进行沟通协调，避免发生李某甲双重受偿的情况。

依照《最高人民法院关于适用〈中华人民共和国民事诉讼法〉的解释》第五百一十八条，参照《最高人民法院关于人民法院办理执行异议和复议案件若干问题的规定》第二十三条第一款第二项的规定，裁定如下：

一、撤销北京市第三中级人民法院（2019）京03执恢74号之三执行裁定；

二、北京市第三中级人民法院根据李某甲的申请依法恢复对北京仲裁委员会（2018）京仲裁字第0781号裁决书的执行。

本裁定为终审裁定。

审　判　长　史德海
审　判　员　杨　林
审　判　员　公　涛

二〇二二年七月十一日

法官助理　王　赫
书　记　员　王　冉

常燕

北京市第二中级人民法院

  北京市第二中级人民法院刑二庭副庭长，三级高级法官，北京师范大学法学院刑法学硕士；国家法官学院北京分院兼职教师、北京大学法学院2023年秋季学期《刑事控辩审实务课程》校外授课教师。从事刑事审判工作16年，多次荣立三等功，曾获2023年度北京市第二中级人民法院"十大榜样"荣誉称号。多年深耕经济犯罪案件和职务犯罪案件，撰写的裁判文书曾获评全国百篇优秀裁判文书，北京市优秀裁判文书一等奖、三等奖、优秀奖；学术论文曾获第三十五届全国学术论文讨论会二等奖；承办的高登桥等人诈骗案入评北京市参阅案例、张某职务侵占等四件案件入选人民法院案例库；所撰多篇案例在《人民司法》《北京审判》上刊载。

点评辞

　　本案是全国打击整治养老诈骗专项行动以来，北京法院提级管辖的第一案，其判决结果具有广泛的社会影响。我们很欣喜地看到，该判决述理深入浅出，有理有据，具有充分的说服力，展现了法官深厚的理论功底和正义价值观，获评北京法院优秀文书也是实至名归。

　　该判决对案件细节查证清晰，对主从犯的认定及各被告人在共同犯罪中所起作用大小的问题分析定性准确，亦充分重视涉案财产的甄别、审查、认定。在此基础之上，通过对相关证据的详细展示和释明，对于《最高人民法院关于适用〈中华人民共和国刑事诉讼法〉的解释》中新增的"案外人异议制度"进行了创新尝试，作出了直接对案外人进行追缴的判项，具有以个案带动类案处理的示范效应。

　　该判决充分融入社会主义核心价值观，对弘扬中华民族传统精神，引导全社会建立正确的价值观，巩固全社会对于司法的认同感和尊崇感具有重要意义。该案涉及人员多、案情繁杂，法官能准确、细致厘清案情，也展现了法官的敬业精神，是他们自身践行社会主义核心价值观的直接体现。

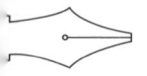

北京市第二中级人民法院
刑事判决书

（2022）京02刑初60号

公诉机关：北京市人民检察院第二分院。

被告人：高某，男。

辩护人：庄严，北京济和律师事务所律师。

辩护人：杨帆，北京济和律师事务所律师。

被告人：王某，男。

辩护人：周志杰，北京识广律师事务所律师。

被告人：张某，男。

辩护人：王秀全，北京济和律师事务所律师。

被告人：慕某，男。

辩护人：陈国正，安徽协利律师事务所律师。

辩护人：田如鹏，安徽协利律师事务所律师。

被告人：曹某，女。

辩护人：张晓丽，北京天驰君泰（太原）律师事务所律师。

被告人：刘某，女。

辩护人：石亚柱，黑龙江龙鹏律师事务所律师。

被告人：张某甲，男。

指定辩护人：关长军，北京市雄志律师事务所律师。

被告人：丁某，女。

指定辩护人：赵晓娜，北京嘉善律师事务所律师。

被告人：张某乙，男。

指定辩护人：焦岭，北京晋熙律师事务所律师。

北京市人民检察院第二分院以京二分检刑诉〔2022〕Z13号起诉书指控被告人高某、王某、张某、慕某、曹某、刘某、张某甲、丁某、张某乙犯诈骗罪一案，于2022年7月15日向本院提起公诉。本院立案受理后，依法组成合议庭，向各被告人送达了起诉书副本。在辩护人在场的情况下，9名被告人均签

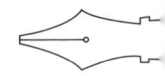

署了认罪认罚具结书，公诉机关将各被告人的具结书提交给本院，建议本案适用认罪认罚制度。本院于 2022 年 8 月 25 日公开开庭审理了本案，北京市人民检察院第二分院指派检察官宁春晖、检察官助理汪珮琳、蔡东彬、沈杉杉、邱波出庭支持公诉，被告人高某及其辩护人庄严、被告人王某及其辩护人周志杰、被告人张某及其辩护人王秀全、被告人慕某及其辩护人田如鹏、被告人曹某及其辩护人张晓丽、被告人刘某及其辩护人石亚柱、被告人张某甲及其辩护人关长军、被告人丁某及其辩护人赵晓娜、被告人张某乙及其辩护人焦岭到庭参加诉讼。现已审理终结。

北京市人民检察院第二分院指控：

2018 年 7 月至 2019 年 12 月间，被告人高某、张某、慕某、张某甲等人在北京某 1 拍卖有限公司内，给被害人陈某 1（时年 81 岁）、李某 1（时年 81 岁）等人拨打电话，要求被害人将收藏物品带至公司，后虚构能帮助被害人将收藏品高价拍卖的事实，骗取陈某 1、李某 1 等 120 余名被害人人民币 450 余万元。

2018 年 11 月至 2019 年 12 月间，被告人高某伙同杨某（另案处理）等人在北京某 2 拍卖有限公司内，给被害人陈某 1（时年 81 岁）、王某 1（时年 89 岁）等人拨打电话，要求被害人将收藏物品带至公司，后虚构能帮助被害人将收藏品高价拍卖的事实，骗取陈某 1、王某 1 等 120 余名被害人人民币 490 余万元。

2019 年 4 月至 10 月间，被告人高某、王某、慕某、刘某、张某甲、张某乙等人在北京某 3 拍卖有限公司内，给被害人陈某 1（时年 81 岁）、路某 1（时年 78 岁）等人拨打电话，要求被害人将收藏物品带至公司，后虚构能帮助被害人将收藏品高价拍卖的事实，骗取陈某 1、路某 1 等 130 余名被害人人民币 390 余万元。

2020 年 7 月 4 日至 7 月 25 日间，被告人王某、曹某、丁某等人在北京某 4 国际贸易有限公司内，给被害人张某甲（时年 89 岁）、王某 2（时年 74 岁）等人拨打电话，要求被害人将收藏物品带至公司，后虚构能帮助被害人将收藏品高价卖出的事实，骗取张某甲、王某 2 等 20 余名被害人人民币 120 余万元。

其中，被告人高某诈骗金额为人民币 1300 余万元，被告人王某诈骗金额为人民币 270 余万元，被告人张某诈骗金额为人民币 240 余万元，被告人慕某诈骗金额为人民币 82 万余元，被告人曹某诈骗金额为人民币 59 万余元，被告人刘某诈骗金额为人民币 51 万余元，被告人张某甲诈骗金额为人民币 42 万余元，被告人丁某诈骗金额为人民币 20 万元，被告人张某乙诈骗金额为人民币 13 万余元。

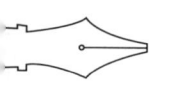

被告人王某、曹某、张某甲、丁某于2020年7月25日被民警抓获；被告人高某、张某、慕某、刘某于2020年7月26日被民警抓获；被告人张某乙于2020年7月28日被民警抓获。涉案赃款已部分退赔并扣押在案。

针对指控的事实，公诉机关当庭宣读、出示了物证、书证、被害人陈述、证人证言、被告人供述、搜查笔录、鉴定意见、到案经过等证据，认为被告人高某、王某、张某、慕某、曹某、刘某以非法占有为目的，虚构事实，骗取他人财物，数额特别巨大，被告人张某甲、丁某、张某乙以非法占有为目的，虚构事实，骗取他人财物，数额巨大，应当以诈骗罪追究上述被告人的刑事责任。被告人慕某、曹某、刘某、张某甲、丁某、张某乙在共同犯罪中起次要、辅助作用，系从犯，应当从轻或者减轻处罚。高某等9名被告人均自愿认罪认罚，建议判处高某有期徒刑十五年，剥夺政治权利，并处罚金；建议判处王某有期徒刑十二年，剥夺政治权利，并处罚金；建议判处张某有期徒刑十一年，剥夺政治权利，并处罚金；建议判处慕某有期徒刑八年，剥夺政治权利，并处罚金；建议判处曹某有期徒刑五年，并处罚金；建议判处刘某有期徒刑四年，并处罚金；建议判处张某甲有期徒刑四年，并处罚金；建议判处丁某有期徒刑二年六个月，并处罚金；建议判处张某乙有期徒刑二年六个月，并处罚金。提请本院依法判处。

各被告人对公诉机关指控的事实和罪名均不持异议，均表示认罪认罚。各辩护人对公诉机关指控的事实和罪名亦不持异议，唯曹某的辩护人提出公诉机关指控曹某诈骗被害人王某2人民币488 000元、被害人韩某1人民币56 000元、被害人李某2人民币55 300元的证据不足。上述三名被害人的陈述证明韩某1、李某2系被雷某联系前往北京某4国际贸易有限公司，曹某仅起到协助作用；王某2的陈述证明其虽被曹某带领向公司财务缴款，但公司其他业务员也参与了诈骗行为。被告人王某等人的供述证明曹某的业绩仅为人民币5万元。综上，公诉机关指控曹某诈骗金额为人民币59万余元证据不足，建议法庭在量刑时予以考量。

针对各被告人在犯罪中的地位及量刑问题，辩护人提出以下辩护意见：

一、关于主从犯的认定及各被告人在共同犯罪中所起作用大小的问题

被告人高某的辩护人提出，高某虽系涉案三家公司的实际控制人之一，但并非诈骗行为的发起者，不掌控公司的经营权和决策权，所获赃款较少，在共同犯罪中所起的作用与魏某1、付某1等人相比相对较小。被告人王某的辩护人提出，王某系应高某的安排参与犯罪，并未在共同犯罪中起主导作用，系从犯。被告人张某的辩护人提出，张某并非北京某1拍卖有限公司股东或实际控制人，与其他主犯相比，既无经营权，亦无决策权，所起作用相对较小。

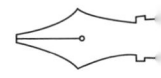

二、关于量刑情节

辩护人均提出，各被告人系初犯、偶犯，到案后能够如实供述所犯罪行，自愿认罪悔罪，建议法庭在量刑时充分予以考虑。

被告人高某、慕某、曹某、刘某、丁某的辩护人提出，上述五名被告人家属主动代为退赔部分违法所得，建议法庭对被告人予以从轻处罚。

经审理查明：

2018年7月至2019年12月间，被告人高某、张某、慕某、张某甲伙同他人在北京市，以北京某1拍卖有限公司（以下简称某1公司）名义给被害人陈某1（时年81岁）、李某1（时年81岁）等人拨打电话，虚构能够帮助被害人将收藏品高价拍卖等事实，邀约被害人前往公司，后以收取委托拍卖合同佣金、拍卖服务费、拍卖保证金等名义，骗取陈某1、李某1等120余名被害人钱款共计人民币450余万元（以下币种均为人民币）。

2018年11月至2019年12月间，被告人高某伙同杨某（另案处理）等人在北京市，以北京某2拍卖有限公司（以下简称某2公司）名义给被害人陈某1（时年81岁）、王某1（时年89岁）等人拨打电话，虚构能够帮助被害人将收藏品高价拍卖等事实，邀约被害人前往公司，后以收取委托拍卖合同佣金、拍卖服务费、拍卖保证金等名义，骗取陈某1、王某1等120余名被害人钱款共计490余万元。

2019年4月至10月间，被告人高某、王某、慕某、刘某、张某甲、张某乙伙同他人在北京市，以北京某3拍卖有限公司（以下简称某3公司）名义，给被害人陈某1（时年81岁）、路某1（时年78岁）等人拨打电话，虚构能够帮助被害人将收藏品高价拍卖等事实，邀约被害人前往公司，后以收取委托拍卖合同佣金、拍卖服务费、拍卖保证金等名义，骗取陈某1、路某1等130余名被害人钱款共计390余万元。

2020年7月4日至7月25日间，被告人王某、曹某、丁某伙同他人在北京市，以北京某4国际贸易有限公司（以下简称某4国际）名义，给被害人张某甲（时年89岁）、王某2（时年74岁）等人拨打电话，虚构能够帮助被害人将收藏品高价拍卖等事实，邀约被害人前往公司，后以收取拍卖保证金、流通证明费等名义，骗取张某甲、王某2等20余名被害人钱款共计120余万元。

被告人高某作为某1公司、某3公司、某2公司实际控制人，参与诈骗数额1300余万元，案发后，高某亲属代为退赔10万元，现扣押在案。

被告人王某作为某3公司总经理、某4国际实际控制人，参与诈骗数额270余万元。

被告人张某作为某1公司总经理，参与诈骗数额240余万元。

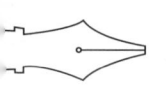

被告人慕某作为某1公司、某3公司业务员，参与诈骗数额82万余元，案发后，慕某亲属代为退赔16万元，现扣押在案。

被告人曹某作为某4国际业务员，参与诈骗数额59万余元，案发后，曹某亲属代为退赔25万元，现扣押在案。

被告人刘某作为某3公司业务员，参与诈骗数额51万余元，案发后，刘某亲属代为退赔14万元，现扣押在案。

被告人张某甲作为某1公司、某3公司业务员，参与诈骗数额42万余元。

被告人丁某作为某4国际业务员，参与诈骗数额20万元，案发后，丁某亲属代为退赔3万元，现扣押在案。

被告人张某乙作为某3公司业务员，参与诈骗数额13万余元。

2020年7月25日，被告人王某、曹某、张某甲、丁某被抓获归案；次日，被告人高某、张某、慕某、刘某被抓获归案；7月28日，被告人张某乙被抓获归案。

上述事实，有经庭审举证、质证，本院确认的下列证据证明：

1. 被害人李某3（时年70岁）的陈述及辨认笔录证明：2019年3月，某1公司业务员慕某1来电称公司可以为其收藏的邮票进行拍卖。4月10日，其带着三张邮票前往某1公司，慕某1找拍卖公司的员工对邮票进行拍照和估值后表示邮票估值1000万元，4月29日某1公司会举行拍卖会，如果参加需要交纳费用。其当天签了委托拍卖合同，刷卡支付了10万元。5月8日，慕某1说第一次拍卖没成功，收回了第一次委托拍卖合同，和其签订了另外一份委托拍卖合同。后慕某1说邮票已经在第二次拍卖会上拍卖出去了。其没参加过拍卖会。

辨认笔录证明被害人李某3从10张不同男性免冠照片中辨认出慕某系自称慕某1的男子。

2. 陈某1、李某1等123名被害人分别陈述被某1公司业务员诈骗的经过与被害人李某3的陈述基本一致。

3. 被害人杨某1（时年77岁）的陈述：2019年8月，某2公司业务员打电话问其有没有收藏品要拍卖，他们公司在征集藏品。其便带着藏品去了公司，温某接待了其，他们照了几张藏品照片后让其回家等消息。后温某说其的藏品价值几百万元，让其交了2万元押金，承诺如果拍卖成功，押金如数退还。其签了合同，但藏品一直没有被拍出。其打电话问温某，她以各种理由推脱。春节后，其就联系不上温某了。2020年4月，其发现公司人去楼空。

4. 王某1等120名被害人分别陈述被某2公司业务员诈骗的经过与被害人杨某1的陈述基本一致。

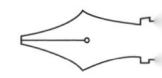

5. 被害人邢某1（时年65岁）的陈述及辨认笔录证明：2019年8月，业务员张某3打电话称可以帮其拍卖藏品。8月中旬，其带着三样藏品：美元连体钞一套、南北极钞一套、朝鲜纪念连体钞一套，去了某3公司。公司称三样藏品能拍68万元，拍卖时间为2019年10月15日至11月15日间，需要交纳精品拍卖会押金8万元，拍卖成功后按拍卖价格的10%收取拍卖费用。8月21日和25日，张某3用POS机分别收了其1万元和8万元押金。十一后，其发现公司已经关门了。

辨认笔录证明：被害人邢某1从10张不同男性正面免冠照片中辨认出张某乙系自称张某3的男子。

6. 路某1等138名被害人分别陈述被某3公司业务员诈骗的经过与被害人邢某1的陈述基本一致。

7. 被害人王某2（时年74岁）的陈述及辨认笔录证明：2020年7月11日，某4公司国际员工李某打电话说她公司能帮其高价拍卖藏品。次日，其带着粮票前往某4国际，李某接待了其。她清点了所有粮票，从中选中82张，说可以卖302.3万元，让其交6.6万元押金。其表示没有那么多钱，她便说帮其垫付1.6万元。7月14日，其交给对方5万元押金。7月19日，李某又让其带袁大头去公司，称33枚袁大头可卖846万元，其便应她的要求又交了25.4万元押金。7月21日，李某说袁大头的买主是新加坡人，要办一张可以快速转换外币的外币直通卡，其便又给了她18.4万元办卡费。其一共向某4国际支付了48.8万元。

辨认笔录证明：被害人王某2从10张不同女性免冠照片中辨认出曹某系自称李某的女子。

8. 张某甲等25名被害人分别陈述被某4国际业务员诈骗的经过与被害人王某2的陈述基本一致。

9. 证人李某4的证言：2019年12月，其得知高某在北京开了一家骗子公司，使用的是其的银行卡，就挂失了该卡。后高某联系了其，其对高某说他还欠其儿子的钱，高某遂表示就当还钱了，把卡邮寄给其。其将银行卡里的钱分多次取走，共计27万余元。高某欠其儿子郭某1100余万元，没有欠条，没有银行流水，是现金借款。这张银行卡内的钱不是其的，但高某欠其钱，其认为卡内的钱是高某开骗子公司赚的，所以其就将卡内的钱用了。

10. 证人郭某1的证言：2018年6月，高某借用其母亲李某4的身份证及银行卡注册开办公司，其将母亲李某4的身份证、新注册的工商银行卡和联通手机卡邮寄给了高某。后高某说用其母亲的名义注册了某1。2019年8月，其听说高某在北京有3个拍卖公司，都是诈骗公司，便向高某询问此事。高某说

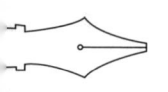

某 1 马上就要停办，让其放心。11 月，因高某欠其钱，就将还款 27.3 万元转到这张工商银行卡里，邮寄给了李某 4。

11. 各被害人提供的《委托拍卖合同》《免费加拍协议》《展柜协议》《加拍协议》等书证载明各被害人与涉案四家公司签订委托拍卖合同的情况。

12. 各被害人提供的收据、银行账户交易明细等书证证明各被害人向涉案四家公司交纳"拍卖合同佣金""拍卖服务费""拍卖保证金""流通证明费"等费用的情况。

13. 中检集团北京价格评估有限公司出具的价格评估报告、鉴定意见书证明：被害人委托涉案四家公司拍卖的粮票、外汇券、书法作品等藏品，实际价值 8 元至 2000 元不等。

14. POS 机开户信息、银行账户交易明细等书证证明涉案四家公司 POS 机关联银行账户内钱款被多名被告人取现的情况。

15. 银行账户交易明细证明：某 1 公司 POS 机关联账户为李某 4 名下账户。2018 年 8 月 6 日至 2019 年 12 月 9 日，王某 3、付某 1、赵某 1、赵某 2 等人多次从该账户支取钱款。该账户于 2019 年 12 月 12 日挂失。12 月 13 日至 14 日，该账户通过 ATM 机和柜面取现共计 273 082 元。

16. 北京信诺司法鉴定所出具的鉴定意见书证明：经对各被告人手机进行鉴定，从中提取到了与被害人短信、微信联系沟通拍卖藏品等情况。其中，提取到了被告人高某为某 1 公司、某 3 公司、某 2 公司租赁场地，联系缴纳房租、提供营业执照照片等事宜的相关信息；提取到了张某指挥业务员接待客户及为业务员发放工资的相关信息。

经对被告人王某持有的电脑进行鉴定，从中提取到诈骗话术等内容。

经对安装在某 4 国际的摄像头进行鉴定，从中提取到王某、曹某、丁某等人与被害人洽谈藏品拍卖，后骗取被害人钱款等内容。

17. 工商登记资料、房屋租赁合同证明涉案四家公司的工商登记及租赁公司住所地的相关情况。

18. 侦查机关出具的到案经过证明各被告人被抓获归案的情况。

19. 搜查证、搜查笔录、扣押决定书、扣押物品清单等书证证明侦查机关扣押各被告人手机、电脑、POS 机、公章、房屋租赁合同、话术单等物品的情况。

20. 公安机关出具的受案登记表、立案决定书、拘留证、逮捕证等书证证明各被害人报案后公安机关予以刑事立案及各被告人被采取强制措施的情况。

21. 同案犯杨某、钱某、夏某、温某、林某、李某 5、张某、迟某等 17 人的刑事判决书证明另案处理的同案犯被以诈骗罪定罪处罚的情况。

22. 户籍材料证明各被告人的身份情况。

23. 北京市第二中级人民法院案款收据证明：被告人高某的亲属代为退赔 10 万元；被告人慕某的亲属代为退赔 16 万元；被告人曹某的亲属代为退赔 25 万元；被告人刘某的亲属代为退赔 14 万元；被告人丁某的亲属代为退赔 3 万元，上述 68 万元现扣押在案。

24. 被告人高某的供述及辨认笔录证明：2018 年 5 月，魏某 1 说准备在北京开拍卖公司骗人，找其和付某 1 一起筹备，其负责租赁公司场所。魏某 1 想让其做法人，其没同意，和老乡郭某 1 提起此事。郭某 1 说给 1 万元可以让他母亲李某 4 当法人，其几人同意了。郭某 1 提供了李某 4 的身份证和一张银行卡，公司把该银行卡账户作为了收款账户。魏某 1 和付某 1 是老板，其是经理，负责后勤和盯店。慕某和夏某是业务经理，底下就是业务员了。公司有十几个业务员，负责打电话询问客户是否有古董、艺术品等物品，公司可以拍卖。客户到公司后，业务员给客户的藏品拍照定价，并向客户收取费用。公司没有开过拍卖会，其也没见过有意向的买家。某 1 公司营业了七八个月，2019 年 11 月左右搬到顺义，后来因为疫情就关门了。2019 年 12 月，其给郭某 1 打电话说公司可能不干了，郭某 1 将银行卡挂失，把卡里的 27 万余元取走了，付某 1 和魏某 1 找郭某 1 要钱，郭某 1 不给，他认为其欠他钱。其曾和郭某 1 在老家合伙做生意，有一些纠纷，但其不认为欠他钱，且其和郭某 1 的事与某 1 无关。某 2 公司是 2018 年底魏某 1 和付某 1 一起开的，其是行政经理，业务总监是杨某，下设两个业务团队。运营模式也是向客户宣传高价拍卖藏品，收取拍卖费用。

辨认笔录证明高某分别辨认出慕某、王某、张某。

25. 被告人王某的供述及辨认笔录证明：某 3 公司于 2019 年 4 月成立，老板是高某、付某 1，其是公司的实际负责人。某 4 国际于 2020 年 7 月初开始营业，老板是付某 1，其是公司经理兼财务。两家公司都是采取虚抬客户收藏品价格后签订拍卖协议等方式，以收取客户保证金、标的费、海关税等名义诈骗。客户基本都是 60 岁以上老人，他们年龄大，容易上当。

辨认笔录证明：王某分别辨认出曹某、刘某、丁某系某 4 国际业务员，高某系某 3 公司老板。

26. 被告人张某甲的供述及辨认笔录证明：某 3 公司于 2019 年 4 月左右成立，业务员按照团队经理发放的客户名单打电话，询问客户是否有藏品，是否愿意拍卖，如果客户愿意，就约来公司详谈。客户到公司后，业务员按照话术跟客户交谈，内容大概是藏品很值钱，可以拍出很高价格。客户同意拍卖后，业务员自行给藏品估价，然后签订委托拍卖合同，以保证金、展出费、进场

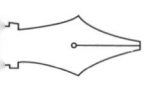

费、海关费等名义收取费用。估价从几十万元到上千万元不等，实际上藏品价值很低，最多值几百几千元。客户基本上都是60岁以上的老年人，因为这个年龄段的客户有藏品、有时间、有钱，而且他们年龄大，更容易上当。其谈业务时都用化名。公司没开过拍卖会。如果有顾客问，其就按话术告诉顾客拍卖会是有时间限制的，每年就几次，需要等待。

辨认笔录证明：张某甲分别辨认出边某、刘某系某3公司业务员；王某系某3公司经理；张某系某1公司老板；高某系某3公司和某1公司老板。

27. 其他6名被告人所供述的犯罪方式、过程、各被告人的地位作用等内容与上述3名被告人的供述基本一致。

针对控辩双方的争议焦点，根据本案的事实和证据，本院综合评判如下：

一、关于被告人曹某诈骗数额的认定问题

首先，在案证据证明公诉机关指控曹某所犯三起诈骗犯罪事实中，曹某均实施了使用虚假姓名，向被害人谎称藏品价值，虚构公司具有拍卖能力，需要交纳各种费用的诈骗实行行为，对犯罪结果的发生起到了重要作用，系三起诈骗犯罪中不可或缺的环节。曹某辩护人所提在诈骗韩某1、李某2时曹某仅起到协助作用之辩护意见与在案证据相矛盾，不能成立。其次，依照共同犯罪责任共同承担之原则，曹某对伙同他人共同诈骗被害人的数额，应当一并承担刑事责任。辩护人以曹某诈骗王某2时有其他业务员共同参与为由否认曹某应对该起诈骗数额承担刑事责任的辩护意见于法无据，不能成立。综上，公诉机关指控曹某诈骗数额的相关证据确实、充分，应予认定。

二、关于主从犯的认定及各被告人在共同犯罪中所起作用大小的问题

本院认为，认定被告人在共同犯罪中所起作用大小主次，应当主要考虑各被告人在共同犯罪中对共同犯罪的形成、实施与完成是否起决定或重要作用。本案中，被告人高某系涉案三家公司的实际控制人，负责犯意提出、组织谋划、手段设计、场地租赁、人员招募、团伙管理、提供挂名法定代表人、收取赃款资金账户、组织赃款转移等主要犯罪行为，对共同犯罪的形成、实施与完成均起到了重要作用，应当认定为主犯。高某辩护人所提高某并非诈骗行为的发起者，没有经营权和决策权，获利较少的辩护意见，与在案证据相矛盾，不能成立，本院不予采纳。王某作为某3公司总经理、某4国际实际控制人，负责组织策划、设计话术、管理团队、规避监管等犯罪行为；张某作为某1公司总经理，负责组织策划、团队管理、话术设计、指导业务人员实施诈骗等犯罪行为，二人在共同犯罪中均起到了重要作用，应当认定为主犯。王某辩护人所提王某系从犯的辩护意见与在案事实相悖，不能成立，本院不予采纳。本院亦注意到王某作为某3公司总经理、张某作为某1公司总经理，在共同犯罪中所

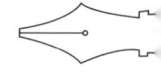

起的作用小于高某，在量刑时会酌予考虑。

三、关于其他量刑情节的问题

各被告人均能如实供述所犯罪行，认罪悔罪，高某、慕某、曹某、刘某、丁某五名被告人的亲属代为退赔被害人损失，量刑时本院将根据各被告人的认罪态度及退赔情况，分别予以从轻处罚。各辩护人所提相关辩护意见成立，本院予以采纳。

四、关于责令案外人李某4退赔钱款的问题

法庭审理过程中，公诉机关出示了证人李某4、郭某1的证言，被告人高某的供述及李某4银行账户交易明细，证明李某4占有涉案赃款27.3082万元，建议法庭责令李某4退赔涉案赃款。各被告人及辩护人均未对公诉机关提出的上述意见提出异议。本院认为，证人李某4、郭某1的证言，被告人高某的供述及银行账户交易明细证明，李某4将涉案银行卡挂失后，将卡内钱款27万余元支取占有，上述27万余元系各被告人以某1公司名义诈骗被害人的赃款。证人李某4、郭某1的证言和被告人高某的供述关于郭某1与高某之间是否存在债权债务关系存在矛盾，李某4、郭某1虽证称郭某1对高某具有债权，但既无法提供借条、银行转账记录等书证，亦无法提供其他证人予以佐证；且无论郭某1与高某是否存在债权债务关系，均不能成为李某4合法占有、善意取得各被告人以某1公司名义诈骗被害人之赃款的依据。综上，本院认为公诉机关所提对案外人李某4追缴涉案赃款的建议成立，本院予以采纳。

本院认为：被告人高某、王某、张某、慕某、曹某、刘某、张某甲、丁某、张某乙伙同他人，以非法占有为目的，虚构事实、隐瞒真相，骗取他人钱款，其行为均已构成诈骗罪，且系共同犯罪，依法均应予惩处。北京市人民检察院第二分院指控高某等九名被告人犯罪的事实清楚，证据确实、充分，指控的罪名成立，建议的量刑适当。

被告人高某、王某、张某、慕某、曹某、刘某诈骗数额特别巨大，依法应当在"十年以上有期徒刑或者无期徒刑，并处罚金"幅度内量刑。被告人张某甲、丁某、张某乙诈骗数额巨大，依法应当在"三年以上十年以下有期徒刑，并处罚金"幅度内量刑。被告人慕某、曹某、刘某、张某甲、丁某、张某乙在共同犯罪中起次要、辅助作用，系从犯，依法对慕某、曹某、刘某、丁某、张某乙减轻处罚，对张某甲从轻处罚。

本院认为，尊老敬老是中华民族的传统美德，爱老助老是全社会的共同责任。老年人是社会财富的创造者、时代进步的推动者，理应得到社会的尊重和关爱。老有所养、老有所依、老有所乐、老有所安亦是社会平稳发展的基础，老年人的积蓄则是老年人安度晚年、幸福生活的重要保障。因此针对老年人实

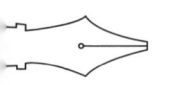

施的诈骗犯罪性质更为恶劣，社会危害性更为显著。《最高人民法院、最高人民检察院〈关于办理诈骗刑事案件具体应用法律若干问题的解释〉》明确规定通过发送短信、拨打电话或者利用互联网、广播电视、报刊杂志等发布虚假信息，对不特定多数人实施诈骗的；诈骗残疾人、老年人或者丧失劳动能力人的财物的，酌情从严惩处。本案中，高某等九名被告人在实施诈骗之初，便将犯罪对象指向老年人，针对老年人特点制定了专门的话术套路和诈骗手段，给三百余名不特定老年被害人造成了特别巨大的经济损失，显见其主观恶性大，犯罪性质恶劣，酌予从严处罚。在本院审理期间，各被告人均如实供述所犯罪行，自愿认罪认罚；高某、慕某、曹某、刘某、丁某五名被告人亲属主动代为退赔部分赃款，挽回了被害人部分经济损失，本院在量刑时将综合予以考量。

综上，根据高某等九名被告人犯罪的事实、犯罪的性质、情节、对于社会的危害程度及在共同犯罪中所起的作用，依照《中华人民共和国刑法》第二百六十六条、第二十五条第一款、第五十二条、第五十三条第一款、第五十五条第一款、第五十六条第一款、第六十七条第三款、第六十一条、第六十四条及《最高人民法院、最高人民检察院〈关于办理诈骗刑事案件具体应用法律若干问题的解释〉》第一条、第二条第一款第（一）项、第（四）项及《最高人民法院〈关于适用财产刑若干问题的规定〉》第二条第一款、第五条之规定，判决如下：

一、被告人高某犯诈骗罪，判处有期徒刑十五年，剥夺政治权利三年，并处罚金人民币十五万元。

二、被告人王某犯诈骗罪，判处有期徒刑十二年，剥夺政治权利二年，并处罚金人民币十二万元。

三、被告人张某犯诈骗罪，判处有期徒刑十一年，剥夺政治权利二年，并处罚金人民币十一万元。

四、被告人慕某犯诈骗罪，判处有期徒刑八年，剥夺政治权利一年，并处罚金人民币八万元。

五、被告人曹某犯诈骗罪，判处有期徒刑五年，并处罚金人民币五万元。

六、被告人刘某犯诈骗罪，判处有期徒刑四年，并处罚金人民币四万元。

七、被告人张某甲犯诈骗罪，判处有期徒刑四年，并处罚金人民币四万元。

八、被告人丁某犯诈骗罪，判处有期徒刑二年六个月，并处罚金人民币三万元。

九、被告人张某乙犯诈骗罪，判处有期徒刑二年六个月，并处罚金人民币三万元。

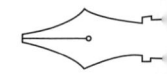

十、责令各被告人依法退赔被害人损失。

十一、责令李某4退赔人民币二十七万三千零八十二元，并入退赔某1公司诈骗事实部分被害人项执行。

十二、在案扣押的钱款并入退赔项执行。

十三、未随案移送的扣押物品由扣押机关依法处理。

如不服本判决，可在接到判决书的第二日起十日内，通过本院或者直接向北京市高级人民法院提出上诉。书面上诉的，应当提交上诉状正本一份，副本一份。

审　判　长　陈胜涛
审　判　员　常　燕
审　判　员　王志东
人民陪审员　刘崇杰
人民陪审员　彭　勃
人民陪审员　孙剑颖
人民陪审员　马　健

二〇二二年八月二十五日

法官助理　何　朕
书　记　员　陈　珊

宋颖

北京市顺义区人民法院

北京市顺义区人民法院行政审判庭四级高级法官。从事行政审判工作26年来，已累计审结各类行政案件2200余件。曾荣立个人三等功、顺义区人民法院第一届和第七届审判业务特别贡献奖，曾获先进工作者、优秀公务员、调研骨干、优秀共产党员、廉政人物等荣誉。撰写的案例曾获评第四届全国法院行政审判优秀调研成果（案例类）二等奖等，且多次入选《中国法院年度案例》《中国审判案例要览》《北京审判》《领导干部依法行政案例教程》等刊物；撰写的裁判文书曾获北京法院优秀裁判文书百佳奖；撰写的司法建议曾在北京市高级人民法院组织的评比中获奖。

点评辞

本案为要求民政部门履行征地超转人员补偿安置职责的典型性案件,此类案件专业性强。征地超转人员应当依法享受征地补偿安置及各项待遇。在无相关法律、法规规定时,应当参照规章和规范性文件。本案纠纷因当事人对规范性文件存在理解偏差而产生。该判决结合规范性文件的规定,对当事人的诉求进行细致审查,充分释法说理,并作出公正裁判。案件涉及对规章以及多部规范性文件条文的理解和适用,该判决进行了详细、准确的解读和适用,裁判文书说理透彻,逻辑严密,结果正确,体现了法官出色的裁判能力和文书撰写能力。该裁判有助于引导行政机关加强政策解读、宣讲力度,将政策的理解偏差杜绝在源头,及时化解矛盾纠纷,为解决同类型争议提供了有益参考。

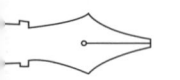

北京市顺义区人民法院
行政判决书

（2021）京 0113 行初 551 号

原告：张某，女，汉族，北京市顺义区居民，住北京市顺义区。

委托代理人：付某（原告张某之子），汉族，北京市顺义区居民，住北京市顺义区。

委托代理人：刘某，男，汉族，北京市顺义区居民，住北京市顺义区。

被告：北京市顺义区民政局，住所地北京市顺义区复兴东街 3 号院，统一社会信用代码 11110110000092785Y。

法定代表人：李宝东，局长。

委托代理人：付瑜，北京市顺义区民政局养老服务管理科科长。

委托代理人：李春芳，北京朗泰律师事务所律师。

被告：北京市顺义区人民政府，住所地北京市顺义区复兴东街 1 号。

法定代表人：龚宗元，区长。

委托代理人：安循，北京市顺义区司法局行政复议科科员。

委托代理人：孙建，北京观韬中茂律师事务所律师。

原告张某诉被告北京市顺义区民政局、被告北京市顺义区人民政府不履行补发生活补助费法定职责及行政复议一案，本院于 2021 年 10 月 26 日立案后，在法定期限内向被告北京市顺义区民政局和北京市顺义区人民政府送达了起诉状副本及应诉通知书。本院依法组成合议庭，于 2021 年 12 月 14 日公开开庭审理了本案。原告张某的委托代理人刘某，被告北京市顺义区民政局（以下简称顺义区民政局）的委托代理人付瑜、李春芳，北京市顺义区人民政府（以下简称顺义区政府）的委托代理人安循、孙建到庭参加诉讼。本案现已审理终结。

2021 年 6 月 15 日，顺义区民政局对张某作出《行政答复告知书》，主要内容是：（1）张某生活补贴发放情况。经核实，2019 年超转人员月接收安置标准为 3104 元（其中征地超转人员生活补助费用的接收标准为 1714 元/人；征地超转人员医疗费用的接收标准为 1390 元/人）。顺义区民政局为张某办理

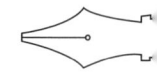

接收手续完毕时间为2019年8月。自2019年9月开始张某开始享受超转人员待遇，其生活补助费用发放情况如下：2019年11月发放5142元；2019年12月至2020年7月，每月发放1714元；2020年8月发放3514元；2020年9月至2021年2月，每月发放1939元；合计34 002元。（2）文件依据。①北京市人民政府办公厅印发《关于完善征地超转人员生活和医疗保障工作的办法的通知》（京政办发〔2015〕11号）第三条，征地超转人员生活补助费用的接收标准应不低于本市当年最低基本养老金标准，具体标准每年由区县政府确定；第五条，征地超转人员生活补助费用金额，由征地单位在征地时，以区县政府确定的征地超转人员生活补助费用的接收标准为基数，按照10%的比例环比递增核算（从转居时实际年龄计算至82周岁，病残人员最高不超过22年）。征地超转人员医疗费用金额，由征地单位在征地时，以市民政、人力社保、财政等部门确定的征地超转人员医疗费用的接收标准为基数，按照10%的比例环比递增核算（从转居时实际年龄计算至82周岁，病残人员最高不超过22年）；第七条，新接收的征地超转人员，按照其生活补助费用的接收标准，为其支付接收第一年的生活补助费用；第八条，自2015年起，参照本市关于企业退休人员中缴费不满15年的建设征地农转工退休人员的养老金调整政策，确定征地超转人员生活补助费用支付标准的调整幅度。②《北京市人力资源和社会保障局〈关于北京市2016年调整企业退休人员基本养老金〉的通知》（京人社养发〔2016〕142号）第十二条规定，自2016年1月1日起月基本养老金最低标准为1714元/人。③根据《北京市民政局、北京市医疗保障局、北京市财政局〈关于确定2019年本市征地超转人员医疗费用接收标准〉的函》（京民征函〔2019〕71号）文件确定，2019年超转人员月医疗费用金额为1390元/人。④《北京市人力资源和社会保障局、北京市财政局关于2020年调整本市退休人员基本养老金的通知》（京人社养字〔2020〕80号）文件规定，确定月上调生活补贴标准为225元/人，从2020年1月执行。综上所述，顺义区民政局对张某的申请答复如下：张某要求补发2019年7月至2020年6月的生活补助费用差额20 108元的申请没有法律依据，我局不予以补发。如对本答复有异议，可以在收到本答复之日起60日内向顺义区政府申请行政复议，或者在6个月内向顺义区人民法院提起行政诉讼。

张某不服该《行政答复告知书》，向顺义区政府申请行政复议，顺义区政府于2021年9月30日作出顺政复字〔2021〕187号《行政复议决定书》，维持了顺义区民政局作出的上述答复告知书。

原告张某诉称：

北京市人民政府办公厅印发《关于完善征地超转人员生活和医疗保障工

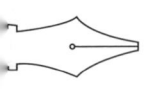

作的办法的通知》（京政办发〔2015〕11号）中第七条规定，对新接收的征地超转人员，按照其生活补助费用的接收标准，为其支付接收第一年的生活补助费用。根据此条规定，顺义区民政局在2019年6月接收张某的月生活补助费用标准为3104元，而顺义区民政局在2019年7月发放张某的生活补助费用却是1714元，发放的生活补助费用与接收生活补助费用严重不符，违反了上述文件规定。因此，张某于2020年11月11日向顺义区民政局邮寄《履职申请》，要求顺义区民政局依法履行法定职责，补发张某2019年7月至2020年6月的生活补助费用差额20 108元。顺义区民政局于2020年11月19日作出《行政答复告知书》，于2020年12月22日邮寄给张某。然而，顺义区民政局作出的该告知书并未按照上述文件规定依法履行法定职责，其行政行为严重违法。因此，张某于2021年1月26日依法向顺义区政府申请行政复议，请求顺义区政府依法撤销上述《行政答复告知书》，并责令顺义区民政局按照张某的《履职申请》依法履行法定职责。顺义区政府受理了张某的行政复议申请，并依法作出《行政复议决定书》，认为："本案中，被申请人虽依据《北京市人力资源和社会保障局关于北京市2016年调整企业退休人员基本养老金的通知》等文件规定标准向申请人发放生活补助费用，但被申请人提交的证据不足以证明其向申请人支付生活补助费用起始时间符合上述规定。故被申请人向申请人发放征地超转人员生活补助费用的行为事实不清，证据不足。"故顺义区政府依法撤销了顺义区民政局作出的上述《行政答复告知书》，并责令顺义区民政局依法履行相应职责。

顺义区民政局收到顺义区政府作出的《行政复议决定书》后，又按照第一次作出的《行政答复告知书》，在2021年6月15日重复作出《行政答复告知书》，该告知书中的文件依据包括：（1）北京市人民政府办公厅印发《关于完善征地超转人员生活和医疗保障工作的办法的通知》（京政办发〔2015〕11号）第三条规定，征地超转人员生活补助费用的接收标准应不低于本市当年最低基本养老金标准。顺义区民政局在2019年6月接收费用（月补助金额）3104元，也就证实3104元是2019年最低基本养老金标准。同时，该文件第七条规定：新接收的征地超转人员，按照其生活补助费用的接收标准，为其支付接收第一年的生活补助费用。顺义区民政局在2019年6月接收费用（月补助金额）3104元，但未按照该文规定发放张某接收第一年的生活补助费用。（2）《北京市人力资源和社会保障局关于2016年调整企业退休人员基本养老金的通知》（京人社养发〔2016〕142号）第十二条：自2016年1月1日起，按月领取基本养老金的退休人员，月基本养老金最低标准调整为1714元。《建设征地后农转居超转人员接收安置名册》显示，顺义区民政局在2019年6月

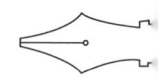

接收费用（月补助金额）3104元，为什么顺义区民政局发放张某的月生活补助费用按照2016年的最低标准发放，前后相差三年。顺义区民政局作出的《行政答复告知书》足以证明其在2021年6月15日作出的《行政答复告知书》未依法履行相应职责，其还是按照第一次作出的《行政答复告知书》再次重复作出答复。张某不服，依法再次向顺义区政府申请行政复议，请求顺义区政府依法撤销顺义区民政局在2021年6月15日作出《行政答复告知书》，并责令顺义区民政局按照张某的《履职申请》依法履行法定职责。顺义区政府未依法严格审理张某的行政复议申请，且在2021年9月7日作出顺政复字〔2021〕187号《行政复议延期通知书》，违反了《中华人民共和国行政复议法》第三十一条第一款之规定，属于程序违法，应予以撤销。同时，顺义区政府再次作出的《行政复议决定书》中认为"本案中，被申请人根据《北京市人力资源和社会保障局关于北京市2016年调整企业退休人员基本养老金的通知》（京人社养发〔2016〕142号）中第十二条的规定，确定2019年9月至12月申请人的月生活补助费发放标准为1714元"，顺义区政府在2021年4月21日作出的《行政复议决定》中认为"被申请人提交的证据不足以证明其向申请人支付生活补助费用起始时间符合上述规定"，但为什么顺义区政府在2021年9月30日作出的《行政复议决定》中，又认为"符合《北京市人力资源和社会保障局关于北京市2016年调整企业退休人员基本养老金的通知》（京人社养发〔2016〕142号）中第十二条的规定"？顺义区政府作出的两次《行政复议决定书》前后矛盾。但是，第一次的《行政复议决定书》已发生法律效力，且顺义区政府根据京人社养字〔2020〕80号文件第二条第（一）（二）（三）（六）项的规定，确定2020年张某1月至6月的月生活补助费发放标准为1939元，顺义区民政局从2019年9月起发放生活补助费，符合规定，并无不当。通过张某精心核算后，无法与顺义区政府所依据的京人社养字〔2020〕80号文件中的规定相吻合，该文件中的规定与本案不具有任何关联性。顺义区政府违反了《中华人民共和国行政复议法》的相关规定。顺义区民政局作出的《行政答复告知书》，没有依法履行相应的法定职责。

综上，张某提起行政诉讼，请求：（1）判决撤销顺义区政府于2021年9月30日作出的顺政复字〔2021〕187号《行政复议决定书》；（2）判决撤销顺义区民政局于2021年6月15日作出的《行政答复告知书》；（3）本案诉讼费由顺义区民政局和顺义区政府承担。

原告张某在举证期限内向本院提交的证据是：

1.《履职申请》，证明根据法规规定张某要求顺义区民政局依法履职并向顺义区民政局邮寄。

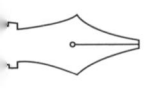

2. 2020年11月19日的第一次《行政答复告知书》，证明顺义区民政局未依法履行法定职责。

3. 行政复议申请，证明张某不服答复向顺义区政府申请复议。

4. 顺政复字〔2021〕16号《行政复议决定书》，证明顺义区政府作出行政复议决定，并且已发生法律效力。

5. 2021年6月15日的第二次《行政答复告知书》，证明顺义区民政局重复作出答复，但并未按照张某的申请依法履行法定职责。

6. 行政复议申请，证明张某不服答复再次向顺义区政府申请复议。

7. 顺政复字〔2021〕187号《行政复议决定书》，证明顺义区政府违法作出行政复议决定。

8. 建设征地后农转居超转人员接收安置名册，证明顺义区民政局接收张某的每月生活补助费用是3104元，但未显示有医疗费用。

9. 2019年生活补助发放表，证明顺义区民政局未按照每月3104元的标准发放接收张某的生活补助费，其发放张某每月生活补助费的行政行为违法。

10. 签收回执，证明张某在2021年10月9日签收顺义区政府于2021年9月30日作出的《行政复议决定书》。

11. 京政办发〔2015〕11号文件，证明顺义区民政局未按照该文件中的规定发放张某月生活补助费，其行政行为违法。

12.《行政复议延期通知书》，证明顺义区政府作出延期行为违反行政复议法。

被告顺义区民政局辩称：（1）顺义区民政局具有管理征地超转人员的法定职责。依据《北京市建设征地补偿安置办法》（北京市人民政府令第148号）第三条，顺义区民政局是征地超转人员的管理部门，具有管理征地超转人员的法定职责。（2）顺义区民政局针对张某《履职申请》作出的《行政答复告知书》符合法定程序。顺义区民政局于2020年11月12日收到张某的《履职申请》后，经过调查核实，于2020年11月19日向张某作出书面答复，并于2020年12月22日邮寄给张某。后张某对该答复不服，提出复议，复议机构于2021年4月21日作出复议决定，撤销了第一次答复。后顺义区民政局又经过调查，于2021年6月15日作出第二次答复，并于2021年6月15日邮寄给张某。（3）顺义区民政局作出的第二次《行政答复告知书》结论合法。顺义区民政局于2020年11月12日收到张某要求"补发2019年7月至2020年6月份超转人员生活补助差额"的《履职申请》，申请中描述，张某从2019年7月开始享受超转人员生活补贴，享受额度为1714元/月。办理接收手续时月接收标准为3104元，违反了北京市人民政府办公厅印发《关于完善征地超转

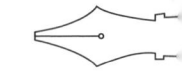

人员生活和医疗保障工作的办法的通知》（京政办发〔2015〕11号）中第七条规定，要求为其补发2019年7月至2020年6月的生活补助费用差额20 108元。经核实，张某的生活补贴享受情况是：顺义区民政局于2019年6月开始办理接收张某超转人员手续，2019年8月接收完毕。张某于2019年9月开始享受超转人员待遇，当年11月首次发放生活补贴1714元，并补发2019年9月、10月的生活补贴计3428元。2019年9月至12月，张某享受的月生活补贴额度是1714元/人。2020年1月至6月，发放给张某的月生活补贴额度是1714元/人；当年8月顺义区民政局根据市级政策，对生活补贴给予上调和补发，月上调额度225元/人，从2020年1月份开始执行，即2020年1月至6月张某实际享受月生活补贴是1939元/人。张某生活补助没有漏发少发情况。（4）张某要求按照接收费用3104的标准发放其生活补助没有法律及文件依据。张某2019年9月正式转为超转人员的接收安置费用3104元，该接收安置费用不是生活补助费用的接收标准，其包括了生活补助费用和医疗费用。根据北京市人民政府办公厅印发《关于完善征地超转人员生活和医疗保障工作的办法的通知》（京政办发〔2015〕11号）第五条规定，征地超转人员接收经费＝生活补助费用＋医疗费用。根据北京市人力资源和社会保障局《关于北京市2016年调整企业退休人员基本养老金的通知》（京人社养发〔2016〕142号）文件规定，超转人员月生活补助费用为1714元/人。根据北京市民政局、北京市医疗保障局、北京市财政局《关于确定2019年本市征地超转人员医疗费用接收标准的函》（京民征函〔2019〕71号）文件确定，2019年超转人员月医疗费用金额为1390元/人。2019年超转人员月接收标准为3104元/人＝1714元/人＋1390元/人。根据北京市人民政府办公厅印发《关于完善征地超转人员生活和医疗保障工作的办法的通知》（京政办发〔2015〕11号）第七条、第八条；根据北京市人力资源和社会保障局《关于北京市2016年调整企业退休人员基本养老金的通知》（京人社养发〔2016〕142号）规定：确定2019年新接收超转人员月生活补贴为1714元/人。张某在2019年7月至12月，每月足额发放其生活补贴1714元。2020年，根据《北京市人力资源和社会保障局、北京市财政局关于2020年调整本市退休人员基本养老金的通知》（京人社养字〔2020〕80号）文件规定，确定月上调生活补贴标准为225元/人，从2020年1月执行。张某在2020年1月至6月，每月足额发放其生活补贴1939元。综上所述，张某要求补发2019年7月至2020年6月的生活补助费用差额20 108元申请没有法律依据，顺义区民政局答复不予以补发符合相关规定。顺义区政府作出的复议决定事实清楚、适用法律正确、程序合法，请求法院驳回张某诉讼请求。

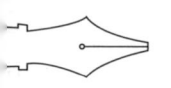

被告顺义区民政局在举证期限内向本院提供了证明原行政行为合法性的以下证据：

1. 《履职申请》、邮件封皮及邮寄查询截屏，证明顺义区民政局收到张某《履职申请》时间。

2. 2021年6月15日的第二次《行政答复告知书》及邮寄查询截屏，证明该《行政答复告知书》邮寄时间。

3. 超转人员接收安置名册，证明顺义区民政局办理接收张某作为征地超转人员的时间。

4. 说明，证明顺义区民政局接收张某作为超转人员过程。

5. 张某生活补助发放明细，证明为张某发放生活补助情况。

6. 超转人员管理系统截屏。

7. 接收安置协议。

8. 缴款单。

9. 顺义区医保局医疗待遇办理完毕时间截屏。

证据6-9证明张某接收完毕时间及发放生活补助时间。

10. 张某生活补贴计算方法及依据、情况说明，证明张某接收费用及发放费用计算方法及依据。

被告顺义区政府辩称：（1）根据《中华人民共和国行政复议法》第三条、第十二条的规定，顺义区政府具有作出行政复议决定的法定职权。（2）根据《中华人民共和国行政复议法》第十七条、第二十三条、第三十一条和第四十条的规定，顺义区政府针对张某的行政复议案件履行了下列程序：2021年7月12日，顺义区政府收到张某提交的行政复议申请。2021年7月15日，顺义区政府向顺义区民政局送达《行政复议答复通知书》。2021年7月22日，顺义区民政局向顺义区政府提交了《行政复议答复书》及相关材料。2021年9月7日，顺义区政府作出《行政复议延期通知书》，决定延长案件审理期限30日，并于同日直接送达顺义区民政局，于9月8日直接送达张某。2021年9月30日，顺义区政府作出《行政复议决定书》，决定维持顺义区民政局作出的《行政答复告知书》，并于同日直接送达顺义区民政局，于10月8日邮寄给张某，9日寄达。以上程序符合《中华人民共和国行政复议法》《中华人民共和国行政复议法实施条例》中规定的受理、审查、期限、送达等法定程序。（3）顺义区政府作出行政复议决定的证据确凿、适用法律依据正确。顺义区政府经审查认为，顺义区民政局根据北京市人力资源和社会保障局《关于北京市2016年调整企业退休人员基本养老金的通知》（京人社养发〔2016〕142号）第十二条的规定，确定2019年9月至12月张某的月生活补助费发放标准

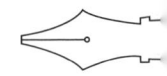

为1714元；根据《北京市人力资源和社会保障局、北京市财政局关于2020年调整本市退休人员基本养老金的通知》（京人社养字〔2020〕80号）第二条第（一）（二）（三）（六）项的规定，确定2020年1月至6月张某的月生活补助费发放标准为1939元，顺义区民政局从2019年9月起发放生活补助费，符合规定，并无不当。因此，顺义区政府根据《中华人民共和国行政复议法》第二十八条第一款第（一）项及《中华人民共和国行政复议法实施条例》第四十三条之规定，决定维持顺义区民政局作出的《行政答复告知书》。综上，顺义区政府作出的复议决定符合法律规定，并无不当。请求法院驳回张某的诉讼请求。

被告顺义区政府在举证期限内向本院提交了证明复议决定合法性的以下证据及依据，其中证据是：

1. 行政复议申请书及相关材料。
2. 行政复议申请处理审批表。

证据1-2证明2021年7月12日，顺义区政府收到张某提交的行政复议申请。

3. 《行政复议答复通知书》、送达回证，证明2021年7月15日，顺义区政府向顺义区民政局送达《行政复议答复通知书》。

4. 《行政复议答复书》、证据目录、统一社会信用代码证书、法定代表人身份证明、授权委托书，证明2021年7月22日，顺义区民政局向顺义区政府提交《行政复议答复书》及相关证据材料。

5. 行政复议案件延期审理呈报表、《行政复议延期通知书》、送达回证，证明2021年9月7日，顺义区政府作出《行政复议延期通知书》，于同日直接送达顺义区民政局，9月8日直接送达张某。

6. 行政复议询问笔录，证明复议程序中，顺义区政府就案件相关事项向张某进行了调查、核实。

7. 《行政复议决定书》（顺政复字〔2021〕16号）、送达回证、邮件投递查询结果，证明2021年4月21日，顺义区政府作出行政复议决定，撤销顺义区民政局的答复，责令其依法履责及送达情况。

8. 行政复议案件审理意见呈报表、《行政复议决定书》、送达凭证和邮件投递查询结果，证明2021年9月30日，顺义区政府作出被诉《行政复议决定书》，并于10月8日邮寄给张某，10月9日寄达，9月30日直接送达顺义区民政局。

依据是：

1. 《中华人民共和国行政复议法》。

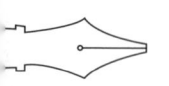

2. 《中华人民共和国行政复议法实施条例》。

3. 《北京市建设征地补偿安置办法》。

4. 《北京市征地超转人员服务管理办法》。

5. 《关于完善征地超转人员生活和医疗保障工作的办法》（京政办发〔2015〕11号）。

6. 北京市人力资源和社会保障局《关于北京市2016年调整企业退休人员基本养老金的通知》（京人社养发〔2016〕142号）。

7. 北京市人力资源和社会保障局、北京市财政局《关于2020年调整本市退休人员基本养老金的通知》（京人社养字〔2020〕80号）。

经庭审质证，本院对上述证据认证如下：第一，张某、顺义区民政局和顺义区政府提交的证据中的2021年6月15日的《行政答复告知书》及顺政复字〔2021〕187号《行政复议决定书》均系本案被诉行政行为，本院在此不予评价。第二，张某提交的证据1、2、3、4、6、8、9、10、12和顺义区民政局提交的证据1、证据2中的邮寄查询截屏、证据3－9及顺义区政府提交的其他证据均客观、真实，来源合法，与本案具有关联性，能够证明张某向顺义区民政局提出涉案履责申请、顺义区民政局两次向张某作出答复及张某两次向顺义区政府申请行政复议的过程等，可以作为本案认定事实的依据，本院均予以采纳，但张某提交的证据8不能证明顺义区民政局接收张某的月生活补助费为3104元，证据9不能证明顺义区民政局为张某发放月生活补助费的行政行为违法，证据12不能证明顺义区政府延期行为违法，对上述证明意见本院不予采纳。第三，张某提交的证据11以及顺义区民政局提交的证据10，系相关规范性文件及说明材料，不属于证据范畴，本院亦不予评价。

经审理查明：

2020年11月11日，张某通过邮寄方式向顺义区民政局提交《履职申请》，要求顺义区民政局根据北京市人民政府办公厅印发《关于完善征地超转人员生活和医疗保障工作的办法的通知》（京政办发〔2015〕11号）第七条规定，为其补发2019年7月至2020年6月的生活补助费用差额20 108元。

顺义区民政局于2020年11月12日收到上述申请，并于2020年11月19日作出《行政答复告知书》，主要内容为：张某的生活补贴享受情况是：张某于2019年7月开始享受超转人员待遇，同年9月首次发放生活补贴1714元，并补发2019年7月、8月的生活补贴3428元，即：2019年7月至12月，张某享受的月生活补贴额度是1714元/人。2020年1月至6月，张某享受的月生活补贴额度是1714元/人；同年8月顺义区民政局根据市级政策，对生活补贴给予上调和补发，月上调额度225元/人，从2020年1月份开始执行，即2020年

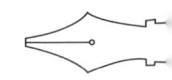

1月至6月张某实际享受月生活补贴是1939元/人。根据京政办发〔2015〕11号通知第五条规定,征地超转人员接收经费=生活补助费用+医疗费用。京人社养发〔2016〕142号通知规定,超转人员月生活补助费用为1714元/人。根据北京市民政局、北京市医疗保障局、北京市财政局《关于确定2019年本市征地超转人员医疗费用接收标准的函》(京民征函〔2019〕71号)文件确定,2019年超转人员月医疗费用金额为1390元/人。即2019年超转人员月接收标准为3104元/人=1714元/人+1390元/人。根据京政办发〔2015〕11号通知第七条、第八条及京人社养发〔2016〕142号通知规定,确定2019年新接收超转人员月生活补贴为1714元/人。张某在2019年7月至12月,每月足额发放其生活补贴1714元。根据京人社养字〔2020〕80号通知规定,确定月上调生活补贴标准为225元/人,从2020年1月执行。张某在2020年1月至6月,每月足额发放其生活补贴1939元。综上所述,张某要求补发2019年7月至2020年6月的生活补助费用差额20108元申请无法律依据,顺义区民政局不予以补发。2021年3月12日,顺义区民政局作出上述《行政答复告知书》的更正说明,将第1页第10-14行内容更正为"经核实,张某的生活补贴享受情况是:张某于2019年9月开始享受超转人员待遇,当年11月首次发放生活补贴1714元,并补发2019年9月、10月的生活补贴3428元,即:2019年9月至12月,张某享受的月生活补贴额度是1714元/人",将第2页第12行内容更正为"2019年9月至12月,每月足额发放其生活补贴1714元"。

张某不服上述答复,向顺义区政府提出行政复议申请,请求撤销上述《行政答复告知书》,责令顺义区民政局按照张某的《履职申请》依法履行其法定职责。2021年4月21日,顺义区政府作出顺政复字〔2021〕16号《行政复议决定书》,以顺义区民政局提交的证据不足以证明其向张某支付生活补贴费用起始时间符合《北京市征地超转人员服务管理办法》的相关规定,故顺义区民政局向张某发放征地超转人员生活补助费的行为事实不清、证据不足为由,依法撤销了上述《行政答复告知书》。

2021年6月15日,顺义区民政局根据张某的《履职申请》和顺义区政府的顺政复字〔2021〕16号《行政复议决定书》,向张某作出本案被诉的《行政答复告知书》,认为张某要求补发2019年7月至2020年6月的生活补助费差额20108元的申请没有法律依据,顺义区民政局不予以补发。同日,顺义区民政局将该《行政答复告知书》向张某邮寄送达。张某于2021年7月1日签收。

张某不服上述《行政答复告知书》,于2021年7月11日再次向顺义区政府提出行政复议申请,要求确认上述《行政答复告知书》违法,并责令顺义

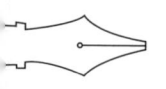

区民政局按照张某的《履职申请》依法履行其法定职责。

2021年7月12日，顺义区政府收到张某的行政复议申请及相关证据材料，并于2021年7月14日正式立案，且作出《行政复议答复通知书》，于次日送达给顺义区民政局。2021年7月22日，顺义区民政局向顺义区政府提交了《行政复议答复书》及相关证据材料及依据。2021年9月7日，经复议机关负责人同意，顺义区政府作出《行政复议延期通知书》，于同日送达给顺义区民政局，于次日送达给张某。2021年9月8日，顺义区政府针对张某的《履职申请》向张某的委托代理人刘某进行了询问，并制作了询问笔录。刘某认可2019年11月至2021年6月张某共收到征地超转人员生活补助费18490元。2021年9月30日，经复议机关负责人同意，顺义区政府作出顺政复字〔2021〕187号《行政复议决定书》，维持了顺义区民政局作出的被诉《行政答复告知书》，并于同日向顺义区民政局直接送达、于2021年10月8日向张某邮寄送达该《行政复议决定书》，张某于2021年10月9日签收。

因不服复议结果，张某在法定期限内向本院提起涉案之诉。

另：

1. 2019年7月29日，顺义区某地区办事处某村村民委员会与拆迁人北京市土地整理储备中心顺义区分中心及北京市顺义区某镇人民政府、顺义区民政局签订《征地超转人员接收安置协议书》，该协议第三条约定："安置费用划拨到指定银行账户后，民政局将基本医疗保险登记手续办理完毕的次月，开始发放超转人员生活补助费。待安置期（自北京市人民政府京政地字〔2012〕60号文件批复日期至民政局开始实际发放生活补助费止）费用由某村村民委员会自筹并负责发放。"

2. 张某的医疗保险登记手续办理完毕时间为2019年8月27日。

3. 自2019年9月至2020年6月，张某实际收到的生活补助费数额为18 490元。本案审理过程中，张某表示，其向顺义区民政局提交《履职申请》时，要求顺义区民政局自2019年7月至2020年6月为张某补发月生活补助费20 108元，存在错误，其实际要求顺义区民政局自2019年6月至2020年12月为其补发月生活补助费共计28 124元。

本院认为：

《北京市建设征地补偿安置办法》（北京市人民政府令第148号）第三条规定：市土地行政主管部门负责征地补偿管理工作；市劳动保障行政主管部门负责转非劳动力就业和社会保险管理工作；市民政部门负责超转人员管理工作。区、县土地、劳动保障、民政部门按照分工负责本行政区域内征地补偿安置具体管理工作。公安、农村工作等部门应当按照各自的职责对征地补偿安置

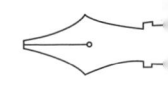

工作实施管理。区、县人民政府应当对本行政区域内的征地补偿安置工作实施监督管理。乡镇人民政府应当协助做好征地补偿安置工作。北京市民政局、北京市人力资源和社会保障局、北京市财政局《关于印发北京市征地超转人员服务管理办法的通知》（京民征发〔2014〕406号）第九条规定：超转人员生活补助费采取按月支付的方式，区（县）民政部门和街道（乡镇）超转人员服务管理工作经办机构应在每月相对固定的时间足额支付超转人员的生活补助费。参照上述规章及规范性文件规定，顺义区民政局具有支付本辖区内征地超转人员生活补助费的职责。《中华人民共和国行政复议法》第十二条第一款规定：对县级以上地方各级人民政府工作部门的具体行政行为不服的，由申请人选择，可以向该部门的本级人民政府申请行政复议，也可以向上一级主管部门申请行政复议。根据上述法律规定，顺义区政府作为顺义区民政局的本级人民政府，具有对顺义区民政局的行政行为作出行政复议决定的法定职权。

本案的争议焦点是：第一，顺义区民政局向张某支付超转人员月生活补助费的起始期限是否正确；第二，顺义区民政局是否存在未向张某足额支付月生活补助费的情形；第三，张某提交的"建设征地后农转居超转人员接收安置名册"中"月补助金额3104元"是否全部为月生活补助费。

第一，关于顺义区民政局向张某支付超转人员月生活补助费的起始期限问题。

《北京市征地超转人员服务管理办法》第五条规定：超转人员身份的认定应以政府征地批文的时间为节点。超转人员接收完成以签订移交协议的时间为节点。第八条规定：超转人员享受待遇起始时间为移交协议约定的日期。征地单位应按规定将接收资金及时足额上缴区（县）财政专户。因特殊原因造成超转人员享受待遇延迟的，应从移交协议约定的日期起给予补发，具体事宜由区（县）民政局牵头商相关部门落实。本案中，张某所在的顺义区某地区办事处某村村民委员会与拆迁人北京市土地整理储备中心顺义区分中心及北京市顺义区某镇人民政府、顺义区民政局签订《征地超转人员接收安置协议书》的时间为2019年7月29日，即顺义区民政局对超转人员张某的接收完成时间为2019年7月29日。根据该协议第三条的约定，顺义区民政局应在将基本医疗保险登记手续办理完毕的次月为张某发放生活补助费。张某基本医疗保险登记手续办理完毕的时间为2019年8月27日，故顺义区民政局应自2019年9月开始为张某发放生活补助费。因此，张某要求顺义区民政局为其补发2019年9月之前的超转人员月生活补助费，缺乏法律依据。

第二，关于顺义区民政局是否存在未向张某足额支付月生活补助费的情形。

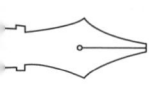

1. 关于征地超转人员月生活补助费的发放标准。

北京市人民政府办公厅印发《关于完善征地超转人员生活和医疗保障工作的办法的通知》（京政办发〔2015〕11号）第三条第一款规定：征地超转人员生活补助费用的接收标准应不低于本市当年最低基本养老金标准，具体标准每年由区县政府确定。第五条规定：征地超转人员生活补助费用金额，由征地单位在征地时，以区县政府确定的征地超转人员生活补助费用的接收标准为基数，按照10%的比例环比递增核算（从转居时实际年龄计算至82周岁，病残人员最高不超过22年）。征地超转人员医疗费用金额，由征地单位在征地时，以市民政、人力社保、财政等部门确定的征地超转人员医疗费用的接收标准为基数，按照10%的比例环比递增核算（从转居时实际年龄计算至82周岁，病残人员最高不超过22年）。核算金额的公式为：每位征地超转人员生活补助费用和医疗费用的总金额＝月生活补助费用接收标准×12×（1.10n－1）/10%＋月医疗费用接收标准×12×（1.10n－1）/10%。其中，n指征费用的年限；10%指生活补助费用和医疗费用的环比递增系数；12指12个月。第七条规定：对新接收的征地超转人员，按照其生活补助费用的接收标准，为其支付接收第一年的生活补助费用。第八条规定：自2015年起，参照本市关于企业退休人员中缴费不满15年的建设征地农转工退休人员的养老金调整政策，确定征地超转人员生活补助费用支付标准的调整幅度。

因顺义区未单独制定征地超转人员生活补助费用的具体标准，故参照北京市人民政府相关部门下发的文件执行。

2019年9月顺义区民政局开始为张某发放超转人员生活补助费时有效的北京市人力资源和社会保障局《关于北京市2016年调整企业退休人员基本养老金的通知》（京人社养发〔2016〕142号）第十二条规定，自2016年1月1日起，按月领取基本养老金的退休人员，月基本养老金的最低标准调整为1714元。北京市人力资源和社会保障局、北京市财政局《关于2020年调整本市退休人员基本养老金的通知》（京人社养字〔2020〕80号）规定："本市职工基本养老保险（含企业职工基本养老保险和机关事业单位基本养老保险）参保范围内，2019年12月31日前经批准已办理退休（含退职、退养人员，下同）手续的人员，自2020年1月1日起调整基本养老金。调整办法：（一）每人每月增加50元。（二）退休人员按缴费年限（含视同缴费年限，不含折算工龄，下同）调整基本养老金。缴费年限满10年及其以上的退休人员，缴费年限每满1年，每月增加3元，对于不足整年的月数，每月增加0.25元；缴费年限不满10年的退休人员（不含建设征地农转工退休人员），每人每月增加30元；缴费年限不满15年的建设征地农转工退休人员，每人每月增加45元。

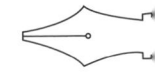

（三）退休人员按下列绝对额调整基本养老金：按本通知规定调整基本养老金前，月养老金低于5646元的，每人每月增加65元；月养老金在5646元及以上的，每人每月增加30元。其中，调整前月养老金在5646元及以上的，按绝对额增加养老金后（不含按本条第（一）款、第（二）款增加的调整金额），低于5711（5646+65）元的，补足到5711元……（六）在按照上述规定增加基本养老金的基础上，2019年12月31日（含）前年满65周岁及其以上的退休人员，再按照下列标准增加基本养老金：1.年满65周岁不满70周岁的，每人每月增加45元；年满70周岁不满75周岁的，每人每月增加55元；年满75周岁不满80周岁的，每人每月增加65元；年满80周岁及其以上的，每人每月增加75元……"

2. 关于张某的月生活补助费发放标准。

（1）从上述文件可知，自2019年9月至2019年12月，张某的月生活补助费发放标准为：每月1714元。

（2）从2020年1月开始，张某因符合以下条件而每月增加的生活补助费包括：①每月增加50元；②因张某缴费年限不满15年，每月增加45元；③因调整基本养老金之前，张某享有的月养老金数额低于5646元，每月增加65元；④因2020年1月时，张某属于年满75周岁不满80周岁的超转人员，每月增加65元。上述4项合计225元，即自2020年1月开始，张某的生活补助费每月增加225元，其每月的生活补助费发放标准为1714+225=1939元。

3. 张某向顺义区民政局提交的《履职申请》中要求补发的生活补助费期间，即2019年7月至2020年6月，张某应当发放的生活补助费及实际发放的生活补助费数额。

根据上述发放标准可以计算出：自2019年9月至2019年12月，顺义区民政局应当为张某发放生活补助费6856元；自2020年1月至2020年6月，顺义区民政局应当为张某发放生活补助费11 634元。上述费用合计18 490元。通过查明的事实可知，在上述期间内，张某实际收到的生活补助费数额与此相同。

因此，顺义区民政局给张某发放生活补助费的标准符合相关文件规定，并无不当。

第三，关于张某提交的2019年6月接收张某时的"建设征地后农转居超转人员接收安置名册"中"月补助金额3104元"是否全部为月生活补助费的问题。

北京市民政局、北京市人力资源和社会保障局、北京市财政局《关于印发北京市征地超转人员服务管理办法的通知》（京民征发〔2014〕406号）第

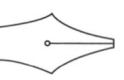

九条规定：超转人员生活补助费采取按月支付的方式，区（县）民政部门和街道（乡镇）超转人员服务管理工作经办机构应在每月相对固定的时间足额支付超转人员的生活补助费。第十条规定：超转人员的医疗待遇和管理，按照北京市民政局、北京市人力资源和社会保障局、北京市财政局《关于完善征地超转人员医疗待遇和管理有关问题的意见》（京民征发〔2012〕503号）文件规定，享受北京市城镇退休职工基本医疗保险待遇，实行持卡就医。北京市人民政府办公厅印发《关于完善征地超转人员生活和医疗保障工作的办法的通知》（京政办发〔2015〕11号）第四条的规定：征地超转人员医疗费用的接收标准，每年由市民政、人力社保、财政等部门根据本市上一年度征地超转人员月人均医疗费用支出额等确定。第六条规定：征地单位在按照标准核算金额后，应将征地超转人员生活补助费用和医疗费用一次性交付接收管理部门。该资金纳入区县财政专户，实行收支两条线管理。根据上述规定可以看出，征地超转人员既享受生活补助费，也享受北京市城镇退休职工基本医疗保险待遇。

根据北京市民政局、北京市医疗保障局、北京市财政局《关于确定2019年本市征地超转人员医疗费用接收标准的函》（京民征函〔2019〕71号）文件规定，2019年本市征地超转人员医疗费用的接收标准为每人每月1390元。如前所述，张某自2019年9月开始享受征地超转人员的各项待遇，当时其每月享受的生活补助费标准为1714元，如加上2019年的医疗费用接收标准1390元，所得结果便是3104元，与张某提交的2019年6月接收张某时的"建设征地后农转居超转人员接收安置名册"中"月补助金额3104元"相同。据此可知，"月补助金额3104元"并非仅仅是张某享受的月生活补助费，还包括了其应享受的医疗费用。

因此，顺义区民政局为张某发放生活补助费符合相关规定，不存在发放的费用与接收的费用严重不符的情形。顺义区民政局针对张某的《履职申请》作出的被诉《行政答复告知书》认定事实清楚，适用法律正确。

本案中，张某对顺义区民政局作出被诉《行政答复告知书》的执法程序没有异议。经审查，本院对顺义区民政局执法程序的合法性予以确认。

顺义区政府收到张某的行政复议申请后，依法履行了立案、询问、作出《行政复议答复通知书》、《行政复议延期通知书》和《行政复议决定书》以及送达等程序，其复议程序符合法律规定，适用法律及复议结果正确。

综上所述，顺义区民政局作出的被诉《行政答复告知书》及顺义区政府作出的顺政复字〔2021〕187号《行政复议决定书》，均事实清楚，适用法律正确，程序合法。张某的诉讼请求和理由，缺乏事实和法律依据，本院不予支

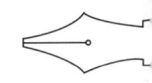

持。依照《中华人民共和国行政诉讼法》第六十九条之规定，判决如下：

驳回原告张某的全部诉讼请求。

案件受理费五十元，由原告张某负担（已交纳）。

如不服本判决，可以在判决书送达之日起十五日内，向本院递交上诉状，并按对方当事人的人数提出副本，上诉于北京市第三中级人民法院。

审 判 长 宋 颖
人民陪审员 任 伟
人民陪审员 郑素荣

二〇二二年三月二十三日

法官助理 黄 荣
书 记 员 高建洵

陈晓东
北京市第三中级人民法院

　　北京市第三中级人民法院审判委员会委员、民事审判第一庭庭长，二级高级法官。长期从事民事审判工作，2006年以来，先后担任北京市朝阳区人民法院民一庭副庭长、庭长及执行局局长。获评北京市审判业务专家。曾参与编写《诉讼调解实例与研究》《法律思维与审判实务》《人民法庭民事审判实务问答》等书籍，出版个人专著《医疗纠纷案件证据指引》。

点评辞

司法审判除了定分止争，很重要的一项功能是要对社会提供规范和指引。尤其是对一些模棱两可、存在弹性的领域，通过法院的调查、审理和裁判，一锤定音，明晰权利的边界。本案系因擅自加建别墅二层而产生的排除妨害纠纷。排除妨害纠纷是最常见、最基础的民事案件类型之一，办好这类案件，写好这类裁判文书，能够体现法官的民事业务基本功。本案审理过程中，法院通过启动日照权鉴定及拆除安全性鉴定查明构成妨害的事实及排除妨害的可行方案，根据鉴定结论及相关法律规定，依法对原告徐某、王某的合法权益予以保护。被告高某、田某为维护其违法加建部分的不当利益提起上诉，并针对鉴定机构资质、鉴定依据等提出了诸多不合理的疑问，二审判决逐一进行查明并予以驳斥。在充分查明事实、透彻分析论理的基础上，二审法院将社会主义核心价值观融入裁判文书进行释法说理，提倡不动产相邻权利人应当在合法合理的范围内行使自己的权利，不得对他人的合法权益造成不利影响，回应了社会对规范、和睦、宜居的生活环境的美好期待。

北京市第三中级人民法院
民事判决书

（2022）京03民终4248号

上诉人（原审被告）：高某，男，汉族，住北京市。
委托诉讼代理人：苗某，男，汉族，住北京市。
上诉人（原审被告）：田某（高某之妻），女，汉族，住北京市。
委托诉讼代理人：周某，男，汉族，住北京市。
被上诉人（原审原告）：徐某，男，汉族，住北京市。
被上诉人（原审原告）：王某（徐某之妻），女，汉族，住北京市。
委托诉讼代理人：徐某，男，汉族，住北京市。

上诉人高某、田某因与被上诉人徐某、王某排除妨害纠纷，不服北京市通州区人民法院（2021）京0112民初××××号民事判决，向本院提起上诉。本院于2022年3月15日立案后，依法组成合议庭，公开开庭进行了审理。上诉人高某的委托诉讼代理人苗某，上诉人田某的委托诉讼代理人周某，被上诉人徐某、王某到庭参加诉讼。本案现已审理终结。

高某、田某上诉请求：请求依法撤销（2021）京0112民初××××号民事判决书，将本案发回重审，或依法改判：高某、田某仅对徐某、王某构成侵权的加建部分予以拆除，高某、田某不承担一审法院确认的日照鉴定费80 000元以及对房屋主体结构安全性及具体拆除实施方案的鉴定费30 000元。

事实和理由：（1）一审判决超出了合理合法的诉讼请求，违反法定程序。①徐某、王某要求高某、田某立即拆除12号房屋北侧加建二层部分，因高某、田某在当年购买房屋时由东到西已是现状，况且东侧配楼没有给徐某、王某造成实质性的妨碍，不符合排除妨碍的法律上的构成要件，徐某、王某的诉讼请求已超出了合理合法的诉讼请求范围。通俗地说，小区加建情况比比皆是，都是历史原因造成的，肯定只会考虑对自己造成遮挡采光部分或与徐某、王某日照权有因果关系才能主张日照权益。不妨碍徐某、王某的部分加建房屋定义"违法建筑"归属于行政机关，不属于民事诉讼范畴，所以东配楼对徐某、王某没有直接侵权关系，徐某、王某不得主张民事权利，故超出了民事诉讼范围。②（2021）京 0112 民初××××号判决书第 1 条写明：本判决生效之日起六十日内将 12 号房屋北侧加建二层部分予以拆除。此判决书中拆除部分不明确，如将所有加建二层全部拆除，那本判决就超出了排除妨碍的诉讼请求，应予驳回诉讼；如将加建二层的部分拆除，鉴定公司又超出了鉴定范围，也超出了排除妨碍的诉讼范围，因为东配楼没有对徐某、王某造成妨碍，也没有法律上因果关系，此判决有失公平公正原则。同时，2021 年 3 月 31 日一审法院承办法官和 2021 年 11 月 11 日一审法院承办法官分别现场勘查时都提出哪里妨碍日照就鉴定哪里，其余加建可另行决定。况且，徐某、王某是在中国建筑标准设计研究院有限公司鉴定结果出来之后才进行了变更诉讼请求，属本末倒置。③高某、田某 2021 年 12 月 15 日通过邮寄方式邮寄给一审法院的答辩状中第 2 条指出，徐某、王某违章加建导致日照影响。一审法院对于高某、田某所提交的此材料和证据没有进行举证质证，也属程序违法。④一审诉讼请求中没有日照权纠纷，而一审法院却将日照权鉴定费判定由我方承担，于法无据。（2）鉴定程序违法和认定事实不清，一审法院违反了《中华人民共和国民事诉讼法》第六十七条。①一审法院在（2021）京 0112 民初××××号案件审理中存在程序违法。高某、田某在 2021 年 12 月 24 日通过邮局向一审法院邮寄了《调取证据申请书》，有调取证据申请书、邮件交寄单、邮政系统支付凭证及邮局的系统单在案佐证，一审法院应当调取证据。《中华人民共和国民事诉讼法》第六十七条规定："当事人对自己提出的主张，有责任提供证据。当事人及其诉讼代理人因客观原因不能自行收集的证据，或者人民法院认为审理案件需要的证据，人民法院应当调查收集。人民法院应当按照法定程序，全面地、客观地审查核实证据。"②中国建筑标准设计研究院有限公司〔2021〕建鉴字第 75 号司法鉴定意见书中的鉴定人不具有民事诉讼证据规定的鉴定资格，同时也违反了鉴定程序，属程序严重违法。《司法鉴定机构登记管理办法》第三条第二款规定："司法鉴定机构是司法鉴定人的执业机构，应当具备本办法规定的条件，经省级司法行政机关审核登记，取得《司法鉴定许可证》，在登记的司法鉴定业务范围内，开展司法鉴定活动。"中国建筑标准设计研究院有限公司提交《司法鉴定许可证》的业务范围：其他环境损害鉴定（限于噪声、震动、光）。对于本次房屋安全鉴定，并不属于该公司司法鉴定业务范围，所以本鉴定书属于无效鉴定。本案中两次的鉴定是同一人，虽然鉴定报告是不同公司作出的，但是鉴定人员是相同的人员，而且鉴定人员明确说明司法部已明确取消了鉴定人员鉴定资质和备案。根据《最高人民法院关于民事诉讼证据的若干规定》（法释〔2001〕33 号）第二十七条，可以确认鉴定人员作了虚假和不真实陈述，而且一审法院在收到申请人调取证据的申请

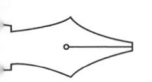

书后，也没有依职权调取鉴定单位和人员在北京高院和北京司法局等相关网站报备案的相关资质证明材料。③在北京市建筑工程研究院建设工程质量司法鉴定中心〔2020〕建鉴字第114号司法鉴定意见书和中国建筑标准设计研究院有限公司〔2021〕建鉴字第75号司法鉴定意见书的两份鉴定书的真实性、合法性、关联性都存在不具有科学性的情况下，一审法院对高某、田某提供的答辩意见未依职权调取，也没下达裁定书，在民事判决书中也没依法明示或告知，就采信了相关证据，属程序违法，认定事实不清。（3）一审法院认定的事实不清、证据不足。高某、田某认为：根据《全国民事审判工作座谈会纪要》中对于违章建筑引起的纠纷规定："因违章建筑妨碍他人通风采光或因违章建筑的买卖、租赁、抵押等引起的民事纠纷，人民法院可以受理。违章建筑的认定、拆除不属民事纠纷，依法应由有关行政部门处理"。（2021）京0112民初××××号判决中第一款要求高某、田某拆除北侧加建二层，显然不符合实际情况。12号房屋东配楼与排除妨碍没有直接的法律关系，且拆除后对高某、田某的生活会造成严重影响，拆除过程中的安全问题也没有保障。（4）80 000元日照鉴定费全部由高某、田某承担显然依据不足，超出合理合法鉴定范围，属于徐某、王某超出了排除妨碍诉讼请求合理范围，超出部分费用应由徐某、王某自行承担80%（64 000元），属于主观上扩大了损失。在这份鉴定书出具时，所有鉴定人员和鉴定单位都应该在北京市高级人民法院或规定的相关网站登记、备案和注册，这是法律强制性规定，但本案鉴定违反了《人民法院司法鉴定人名册制度实施办法》第七条："以个人名义自愿申请进入人民法院鉴定人名册的专业技术人员，应当填写《人民法院司法鉴定专家名册入册申请书》，并提交以下材料：（一）专业资格证书及复印件。"该鉴定书应视同无效，也是程序违法之一。在庭审笔录中，徐某、王某也明确确认过二层的房屋没有遮光事实存在，况且根据住建部有关规定和最高人民法院相关司法解释中已明确说明日照标准为冬至日不少于2小时，一审法院没有依据有关规定依法认定事实，80 000元的鉴定包括了购买时就已存在的东配楼，该房屋并没有给徐某、王某造成任何实质性的损失，显然属于缺乏公平公正的认定，请求二审法院予以纠正。徐某、王某二层东、西两侧的房屋属于加建，高某、田某有证据证实东西两侧的房屋原来为露台，致使日照发生了根本性的变化，其加建部分造成的损失应该由徐某、王某承担，属于徐某、王某超出了合理的鉴定范围，超出部分应由徐某、王某自行承担，徐某、王某也应将自身加建部分拆除以扩大采光量。故一审法院对证据的性质和适用范围显属不当，请二审法院予以纠正。（5）30 000元的拆除安全鉴定费应该由徐某、王某自行承担。徐某、王某于2021年7月16日提交鉴定申请书，高某、田某不同意鉴定，是本案一

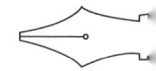

审的承办法官通过微信好友直接联系鉴定机构的有关人员。在鉴定勘查现场时高某、田某看到的人员与第一次出具日照鉴定意见书人员是同一人，而且鉴定人员也没有向高某、田某出具相关的资质证书及合法有效的身份证明。北京市建筑工程研究院建设工程质量司法鉴定中心〔2020〕建鉴字第114号司法鉴定意见书中也不符合最高人民法院关于司法鉴定人员在鉴定意见书中应注明鉴定人员的职称的规定，违反了强制性的法律法规，属程序严重违法。(6)（2021）京0112民初××××号判决书中，一审法院认为本案鉴定费用应由高某、田某承担，显属适用法律错误。理由如下：2021年7月16日徐某、王某提交的鉴定申请书的鉴定范围中明确超出本案排除妨害中日照权的房屋范围，包括了北侧房屋中的东配楼。此房屋对徐某、王某1号房屋没有妨碍，不影响1号房屋的日照。高某、田某由东向西的房屋并没有全部给徐某、王某造成实质性的日照权影响，通俗地讲高某、田某东侧的房屋与本案日照权纠纷不具有法律上的因果关系，也就不能在排除妨碍中申请权利。况且中国建筑标准设计研究院有限公司〔2021〕建鉴字第75号司法鉴定书中也未对拆除范围进行明细标注、没有实际的拆除施工和恢复方案、也未对安全问题提供方案。(7)《中华人民共和国民法典》第二百八十九条指出："法律、法规对处理相邻关系有规定的，依照其规定，法律、法规没有规定的，可以按照当地习惯。"本案中徐某、王某不能仅仅因为日照权而忽视了物权，徐某、王某主张的阳光权利不能大于物权，同时也应遵循同案同判原则。2020年7月31日起试行的《最高人民法院关于统一法律适用加强类案检索的指导意见（试行）》也对同案同判原则提出了意见。目前同小区同排邻居都是设计格局相同的房子，同样高度，成了近十年来该小区业主之间处理邻里关系的一种普遍认可方式，按照方便生活的相邻关系处理原则，徐某、王某请求排除妨害保障其日照权的请求不能成立。一审时，我方也愿意以真诚友好的态度与对方进行协商，给对方进行合理适度的补偿，但未能达成一致。我方希望对方依法维权，不要过度维权滥用民事诉讼权，给国家司法机关造成不必要的困扰。本小区最近几年对于日照权纠纷的判决案例有多起，均以历史遗留原因和恢复难等理由以资金进行补偿，避免对高某、田某生活造成更大的影响，法院也应考虑同案同判原则。

徐某、王某辩称：不同意高某、田某的上诉请求。第一，一审判决认定事实清楚。高某、田某的上诉意见和证据在一审中已经主张并举证过，一审经充分审理后未予支持，故二审应驳回上诉。12号房屋整体加建本身应当全部拆除，高某、田某称东侧配楼没有影响日照，没有任何证据。高某、田某二审中提交的证据均不是新证据，一审中已经举证质证，不存在程序违法的问题。第二，本案鉴定人资质、鉴定程序均符合法律规定。根据相关规定，目前只有法

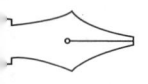

医类、物证类等四类鉴定由司法行政部门统一登记管理，因此鉴定工程类不属于该范围。本案鉴定机构是列入法院鉴定名册的鉴定机构，高某、田某称鉴定程序违法不应采信。第三，高某、田某第三点上诉意见一审均已审理过，最终均未支持。第四，我方认为鉴定费是我方为维护自身合法权益支出的费用，由高某、田某负担具有法律依据。第五，中国并非判例法国家，判决书不是定案依据，且本案与这些案件情形也不同。高某、田某以提交判决书的方式意图影响法院判决审理，对于没有提交判决的徐某、王某是不公平的，二审法院审理本案不应该受另案判决影响。第六，关于12号房屋是否对1号房屋日照造成影响，以及是否1号房屋的改动影响鉴定结论，我方认为这一专门问题已经经过了司法鉴定机构的鉴定，且在本案审理过程中，高某、田某对该司法鉴定的结论并没有提出法律意义上的异议。而且鉴定机构鉴定是建立在1号房屋原设计的基础上进行的，不受1号房屋目前状况的影响。所以本案关于这个专门问题，应当尊重鉴定机构的鉴定结论，不存在高某、田某所说的鉴定存在错误的问题。第七，日照权的鉴定意见中，挡光后1号房屋的日照已经接近0，无论以什么标准评判，都已经严重侵害了我方的权益。

徐某、王某向一审法院起诉请求：请求判令高某、田某立即排除对某小区一区1号房屋采光、通风、日照的妨害，拆除某小区一区12号房屋原规划设计以外的加建部分，恢复一区12号房屋原状，并消除危险。

一审法院认定事实：王某与徐某系夫妻关系，二人于2003年6月11日登记结婚，2014年，徐某、王某购买位于北京市某小区一区1号1至2层房屋全部（以下简称1号房屋）一处，房屋建筑面积178.2平方米，徐某、王某在购买上述房屋后一直居住使用该房屋至今。高某与田某系夫妻关系，二人于20世纪80年代登记结婚，2007年，高某、田某购买位于北京市某小区一区12号1至2层房屋全部一处，房屋建筑面积176.29平方米，高某、田某在购买上述房屋后一直居住使用该房屋至今。后本案徐某、王某与高某、田某因相邻问题发生纠纷。

一审法院依法调取相关房产材料，调取的房产平面图及剖面图显示，两处涉案房产均为上下两层复式结构，分若干房间，配有屋顶、门、窗、楼梯等基础设施。同时一审法院调取测绘图三张，第一张为2010年9月摄影，2011年11月修测，该图表明，涉案1号房屋与12号房屋均位于同一小区，1号房屋位于12号房屋北侧，两幢房屋各自为独立结构，相邻但不相连；第二张为2011年9月摄影，2012年7月修测，该图表明，涉案1号房屋与12号房屋均位于同一小区，1号房屋位于12号房屋北侧，两幢房屋各自为独立结构，相邻但不相连，其中12号房屋北端东侧有部分加建痕迹，但未与1号房屋相连；

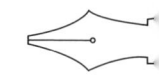

第三张为2013年9月摄影，2014年12月修测，该图表明，涉案1号房屋与12号房屋均位于同一小区，1号房屋位于12号房屋北侧，两幢房屋各自为独立结构，相邻但不相连，其中12号房屋除北端靠东有部分加建痕迹外，该加建部分相对于第二张图有所扩大，已与12号房屋北端相连，相连部分向北有部分延伸，但未与1号房屋相连。

徐某、王某向一审法院提交申请，请求对12号房屋的加建部分对于1号房屋的采光权、日照权、通风权是否造成妨碍以及造成妨碍的部分进行鉴定，一审法院指定由北京市建筑工程研究院建设工程质量司法鉴定中心开展本次鉴定工作。2020年7月7日，该鉴定中心派工程技术人员到现场勘验，现场徐某、王某确认本次鉴定仅对12号房屋加建的部分对1号房屋日照权是否造成妨碍以及造成妨碍的部分事项进行鉴定，不再对采光权、通风权事项进行鉴定。2020年7月20日，该中心出具《司法鉴定意见书》，鉴定意见为北京市某小区一区12号房屋加建后，对北京市某小区一区1号房屋南墙窗1-1、窗1-2、窗2-1、窗2-2的日照时数有影响。具体影响为，关于窗1-1，从左至右，12号房屋加建前，日照时数分别为左7.7小时、中7.4小时、右7.1小时，12号房屋加建后，日照时数分别为左0小时、中0小时、右0小时，差值为左7.7小时、中7.4小时、右7.1小时；关于窗1-2，从左至右，12号房屋加建前，日照时数分别为左5.6小时、中5.4小时、右5.4小时，12号房屋加建后，日照时数分别为左0.1小时、中0.2小时、右0.4小时，差值为左5.5小时、中5.2小时、右5.0小时；关于窗2-1，从左至右，12号房屋加建前，日照时数分别为左5.5小时、中4.7小时、右3.7小时，12号房屋加建后，日照时数分别为左5.5小时、中4.5小时、右3.1小时，差值为左0小时、中0.2小时、右0.6小时；关于窗2-2，从左至右，12号房屋加建前，日照时数分别为左5.5小时、中8.0小时、右8.0小时，12号房屋加建后，日照时数分别为左3.1小时、中3.0小时、右5.1小时，差值为左2.4小时、中5.0小时、右2.9小时。鉴定机构现场勘查照片显示，12号房屋北端（往东侧延伸）建有砖混结构的地上二层房屋，加建已完成，房屋已封顶。高某、田某至今未拆除上述房屋。

一审庭审中，高某、田某称对于12号房屋二层加建部分的建设时间已经记不清了，徐某、王某称其2013年在入住1号房屋时，便看到高某、田某正在建设；高某、田某出具了12号房屋不动产权证书；关于12号房屋加建部分是否有合法规划手续，经询问，高某、田某称手续应当是不完善，只是在买房以后一直居住使用，徐某、王某则称12号房屋的加建部分没有相关规划手续，高某、田某未向一审法院出示二层加建部分房屋的规划审批手续；徐某、王某

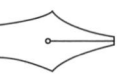

认为此系相邻权问题,并未向行政执法部门进行过反映。

在本案一审审理过程中,徐某、王某向一审法院申请对拆除一区12号房屋加建的二层部分是否会损害原有一区12号房屋的主体结构安全及具体拆除设计施工方案进行司法鉴定。一审法院受理了徐某、王某的申请,并依法委托中国建筑标准设计研究院有限公司进行本次鉴定。2021年11月11日一审法院组织双方配合鉴定机构到现场进行了勘验调查,明确本次鉴定的范围为北京市某小区一区12号房屋北侧房屋加建二层部分,一审法院也到现场进行了查勘,并做了相应调解工作。经鉴定,该鉴定机构于2021年11月17日出具了司法鉴定意见书,载明的鉴定意见为:依据鉴定委托的要求、现场勘验情况、委托方提供的资料对北京市某小区一区12号房屋北侧房屋加建二层部分拆除是否会影响原房屋的主体部分结构安全以及具体拆除施工方案的鉴定意见如下:(1)北京市某小区一区12号楼加建二层部分拆除不会影响原房屋的主体部分结构安全。(2)北京市某小区一区12号楼加建二层部分拆除的具体方案详见正文第七项内容。鉴定机构出具司法鉴定意见书后,徐某、王某据此变更了第一项诉讼请求,请求高某、田某立即拆除某小区一区12号房屋北侧房屋加建二层部分。高某、田某对此提交了书面答辩意见。

一审法院认为:物权,是指权利人依法对特定的物享有直接支配和排他的权利,包括所有权、用益物权和担保物权。所有权人对自己的不动产或者动产,依法享有占有、使用、收益和处分的权利。妨害物权或者可能妨害物权的,权利人可以请求排除妨害或者消除危险。侵害物权,造成权利人损害的,权利人可以请求损害赔偿,也可以请求承担其他民事责任。建造建筑物,不得违反国家有关工程建设标准,不得妨碍相邻建筑物的通风、采光和日照。徐某、王某作为夫妻,在婚姻存续期间购买1号房屋,在无其他证据反证的情况下,应当认定对1号房屋共同享有所有权,其对房屋的占有、使用受法律保护。高某、田某作为夫妻,在婚姻存续期间购买12号房屋,在无其他证据反证的情况下,应当认定对12号房屋享有所有权,并共同对房屋进行了加建。对于徐某、王某要求高某、田某拆除的12号房屋北端至东部分建设的砖混结构的地上二层房屋,因该二层房屋建设未取得建设工程规划许可证等规划文件,同时明显超出了房地平面图的标识范围,且该加建的房屋的二层部分系高某、田某未经相关部门批准,私自进行建设的行为结果确已对徐某、王某房屋的日照时数产生影响,即影响采光,根据北京市建筑工程研究院建设工程质量司法鉴定中心出具的鉴定意见,可以看到12号房屋加建前与加建后对1号房屋南侧四个窗户的光照影响较大,有的窗户每天光照时间相比加建前减少了超过5个小时,对徐某、王某采光日照权构成侵害。故徐某、王某要求高某、田

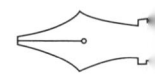

某排除妨害，理由正当，对于徐某、王某主张要求高某、田某拆除12号房屋加建二层部分予以拆除，一审法院予以支持，但需要指出的是12号房屋加建部分虽均未取得规划建设手续，但本案徐某、王某系从排除妨害角度主张对于日照权的侵害，根据现场情况看属于12号楼北侧加建二层部分（即房屋的第二层）对徐某、王某所居住的1号房屋的日照权影响较大，构成明显侵害，也就是中国建筑标准设计研究院有限公司出具的司法鉴定意见书中第7页照片6－1涉案12号房屋鉴定范围立面实况的加建二层部分（红色方框范围内部分）应予以拆除，应拆除的该部分本身也属于未取得规划建设审批手续的违法建设。而且根据鉴定结论，拆除该部分不会对12号房屋整体结构造成影响，并出具了拆除施工方案，故一审法院对此予以说明，以进一步明确拆除范围。关于因日照鉴定所支出的鉴定费用，因鉴定结果确认高某、田某加建房屋对徐某、王某造成日照权的影响，侵权事实成立，故应由高某、田某承担；关于拆除加建二层部分是否会对主体结构造成影响及拆除方案，属于高某、田某应当对其行为承担后果而应对其12号房屋合法部分进行的必要保护，应由高某、田某承担。本案鉴定费用应由高某、田某承担。综上，依照《中华人民共和国民法典》第二百六十三条、第二百三十八条、第二百九十三条，《中华人民共和国民事诉讼法》第六十七条第一款规定，一审判决：（1）田某、高某于判决生效之日六十日内将坐落于北京市某小区一区12号（房本坐落为某小区一区12号1至2层全部）房屋北侧加建二层部分予以拆除；（2）驳回王某、徐某的其他诉讼请求。

本院二审期间，高某、田某提交证据：（1）《调取证据申请书》及相关材料复印件4页，用以证明高某、田某曾向一审法院申请调取鉴定机构和鉴定人员相关资质未获批准，对鉴定结论不予认可。（2）中国建筑标准设计研究院有限公司执业信息复印件1页，用以证明中国建筑标准设计研究院有限公司的业务范围仅为噪音、震动、光，同时证明本案鉴定不属于该公司司法鉴定业务范围，属无效鉴定。（3）房屋安全鉴定机构查询复印件1页，用以证明本案的鉴定机构未在北京市住建委或北京司法局网站备案，同时违反北京市政府229号文件第十三条。（4）徐某、王某1号房屋与现有未加建6号房屋的对比照片复印件1页，用以证明徐某、王某对购买的1号房屋进行三处违法加建事实，此加建事实也同时证实了加建导致采光不足。（5）谈话笔录复印件1份，用以证明2021年9月1日在宋庄法庭谈话时，法官当庭确认了由中国建筑标准设计研究院有限公司担任房屋安全鉴定机构对本案的安全拆除进行鉴定。（6）京司审〔2021〕1036号行政许可打印件，用以证明中国建筑标准设计研究院有限公司的司法鉴定许可有效起始日期为2021年9月8日，2021年9月1

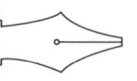

日谈话时法官就已经确认该公司为本案鉴定公司，涉程序违法。（7）委托司法鉴定函打印件，用以证明中国建筑标准设计研究院有限公司没有安全鉴定业务范围，一审法官依然委托该鉴定公司进行鉴定，涉程序违法。（8）房屋安全鉴定机构查询打印件，用以证明未经备案的机构不得在市场上从事房屋安全评估、鉴定业务，出具的鉴定结论无效。（9）一审法院某民事判决书一份，该判决书第七页说明"鉴于加建行为已经完成，房屋已经封顶，故原告的诉讼请求没有事实根据，法院不予支持"，用以证明徐某、王某没有提供任何证据证明高某、田某存在加建行为，也没有证据证明高某、田某后续存在任何加建情况。

徐某、王某发表质证意见如下：证据1的调查取证申请书不是证据，关于本案鉴定机构的资质，一审法院庭审中已向双方当事人全部出示过，且双方已质证，高某、田某该调查取证申请没有异议，且建设工程类司法鉴定不属于司法行政部门统一登记管理的范围，本案鉴定机构已经列入法院鉴定机构名册，具有相应的鉴定资质，高某、田某的调查取证申请不应予以准许。证据2及证据3不是新证据，建设工程类司法鉴定不属于司法行政部门统一登记管理的范围，本案鉴定机构已经列入法院鉴定机构名册，高某、田某查询的互联网信息不能证明本案鉴定机构无鉴定资质或鉴定结论无效。证据4不是新证据，就此专门问题已经有鉴定机构的鉴定意见，所以该证据不能证明高某、田某的证明目的。证据5的真实性认可，证明目的不认可，该份证据能够证明一审法院系合法确定鉴定机构。证据6行政许可的真实性认可，但是许可内容是四类内鉴定，本案不属于四类内鉴定，所以与本案无关，不认可证明目的。证据7委托司法鉴定函的真实性无异议，证明目的不认可，不能证明鉴定程序违法。证据8的真实性、证明目的均不认可。证据9判决书不属于证据，且一审中高某、田某已经提交，该判决与本案的基本事实及法律关系不是一回事，该案二审中双方和解了，因此该一审判决没有生效。

二审中，高某、田某申请中国建筑标准设计研究院有限公司鉴定人刘某、郝某出庭接受质询，并支付了5000元鉴定人出庭费用。关于鉴定人资格问题，鉴定人答复：四类外司法鉴定人资格已经取消，因此鉴定人刘某、郝某没有工程类司法鉴定人资格，但是郝某具有四类内（法医类鉴定、物证类鉴定、声像资料鉴定、环境损害鉴定）的司法鉴定人资格；根据北京市高级人民法院2021年1月11日发布的文件，四类外鉴定不对鉴定人资格进行备案。关于中国建筑标准设计研究院有限公司的鉴定范围及备案问题，鉴定人答复：司法鉴定范围为环境损害类，包括噪声、室内环境、日照采光、空气质量等，因为四类外司法鉴定已经取消，所以没有其他司法鉴定类别；四类内司法鉴定有司

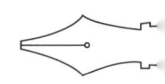

鉴定许可证，但是四类外的工程类鉴定国家不颁发任何司法鉴定许可证，因此工程类的司法鉴定在司法局没有备案，但有北京市住房和城乡建设委员会颁发的相关检测资质；当庭提交中国建筑标准设计研究院的营业执照、检验检测资质认定证书、建设工程质量检测机构资质证书彩色复印件，鉴定人郝某的一级建造师证书、一级注册结构工程师证书、高级工程师资格证书的彩色复印件，以及鉴定人刘某的中级工程师职称证书的彩色复印件。关于北京市建筑工程研究院建设工程质量司法鉴定中心的鉴定资质，鉴定人答复：本案所做的日照鉴定具有相应司法鉴定许可；直到2021年1月该司法鉴定资质取消，该司法鉴定中心不再存在。

对于鉴定人的上述答复及提供的资质证书，高某、田某发表如下质证意见：对于鉴定人出庭陈述的内容予以认可。第一，鉴定人没有司法局和住建委注册备案的信息和鉴定资质，根据北京高院的规定和指导意见，中国建筑标准设计研究院有限公司的鉴定报告是无效的。第二，中国建筑标准设计研究院有限公司司法鉴定范围只限于环损，没有建筑类的司法鉴定资质，所以鉴定报告也是无效的。第三，认可中国建筑标准设计研究院有限公司资质证书形式的真实性，但对于内容的真实性无法确认。对于鉴定人的资质证书本身认可，但鉴定人虽然出具了相关资质，并不代表鉴定人在北京市司法局和北京市住建委进行过相关备案，在北京市高级人民法院的鉴定名录中也没有，没有经过备案一律是无效的，不能从事相关的司法鉴定。徐某、王某发表如下质证意见：认可鉴定人的答复，认可鉴定人提交的上述资质证书，能够证明鉴定人具备鉴定资质，且鉴定程序合法，鉴定结论真实有效。

二审中，高某、田某申请日照鉴定的鉴定人马某出庭接受现场质询，经本院查阅一审卷宗，根据2020年10月12日上午的谈话笔录记载，北京市建筑工程研究院建设工程质量司法鉴定中心鉴定人马某、张某已通过线上方式出庭接受质询，对高某、田某提出的相关问题进行了答复。故本院对于高某、田某二审中提交的鉴定人出庭申请不予准许。就高某、田某对于北京市建筑工程研究院建设工程质量司法鉴定中心日照鉴定提出的疑问，本院向北京市建筑工程研究院建设工程质量司法鉴定中心发函进行询问。北京市建设工程质量第一检测所有限责任公司于2022年8月16日出具《说明函》及北京市建筑工程研究院有限责任公司《关于北京市建筑工程研究院建设工程质量司法鉴定中心后期以北京市建设工程质量第一检测所有限责任公司承接鉴定工作的告知函》（以下简称《告知函》）。

《告知函》主要内容如下："2020年9月25日北京市第十五届人民代表大会常务委员会第二十四次会议通过的《北京市司法鉴定管理条例》的相关规

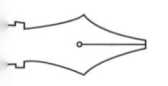

定，司法局将不再管理四类外司法鉴定机构。从 2020 年 12 月 1 日起'北京市建筑工程研究院建设工程质量司法鉴定中心'将以'北京市建设工程质量第一检测所有限责任公司'承揽新的鉴定业务。"

《说明函》主要内容如下：一审法院在受理（2019）京 0112 民初××××号王某、徐某与田某、高某排除妨害纠纷一案中，委托北京市建筑工程研究院建设工程质量司法鉴定中心（以下简称建研院司法鉴定中心）"对北京市某小区一区 12 号房屋加建的部分对北京市某小区一区 1 号房屋日照权是否造成妨碍以及造成妨碍的部分进行鉴定"。建研院司法鉴定中心已出具北京建研院司鉴中心〔2020〕建鉴字第 114 号司法鉴定意见书。后北京市第三中级人民法院审判过程中存在的问题需与我单位沟通〔注：从 2020 年 12 月 1 日起"建研院司法鉴定中心"与"北京市建设工程质量第一检测所有限责任公司"（以下简称第一检测所）合并，原"建研院司法鉴定中心"将依托"第一检测所"资质开展相关业务工作〕。就北京市第三中级人民法院出具的函件予以回复：

1. 关于"鉴定意见书第 18 页表 5.1.7－1 12 号房屋加建前及加建后 1 号房屋大寒日的日照计算结果对比表中，每扇窗户的'左、中、右'的含义是什么？窗 1－1 在 12 号房屋加建后，'左、中、右'日照时数为'0'，是否表示窗 1－1 完全没有日照？"的回复：每扇窗户的"左、中、右"分别指各窗户的最下部对应的左、中、右的日照时数值。

2. 关于"12 号房屋对 1 号房屋日照时数造成影响的加建部分范围有多大，是否包括 12 号楼北侧房屋加建的所有二层部分？"的回复：12 号房屋的加建部分对 1 号房屋的日照时数均有影响，具体分析：（1）拆除 12 号房屋东侧加建部分后，对 1 号房屋南墙窗 1－1、窗 1－2、窗 2－1、窗 2－2 的日照时数有影响；（2）拆除 12 号房屋西侧加建部分后，对 1 号房屋南墙窗 1－1、窗 1－2、窗 2－2 的日照时数有影响；（3）将 12 号房屋加建部分降低 3m 后，对 1 号房屋南墙窗 1－1、窗 1－2 的日照时数有影响。

3. 关于"12 号房屋与 1 号房屋之间的南北距离为多少，是否作为影响日照的因素予以考虑？"的回复：我单位实际情况建立模型，计算日照时数时已经考虑距离的影响。

4. 关于"本案鉴定是否依据房屋原设计图纸建立模型进行测算？鉴定意见是否考虑房屋现状？1 号房屋模型中窗 1－2、窗 2－1 经改造后的现状是否影响鉴定结果？"的回复：本次鉴定内容为对 12 号房屋加建前后对 1 号房屋原有建筑日照情况进行鉴定，即 1 号房屋模型按照原设计图纸进行建模。1 号房屋的现状及改造后窗 1－2、窗 2－1 的情况本次鉴定内容未涉及。

后北京市建设工程质量第一检测所有限责任公司于 2023 年 2 月 23 日出具

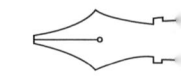

《说明函》一份，主要内容如下：（1）建研院司法鉴定中心出具的《北京建研院司鉴中心〔2020〕建鉴字第114号司法鉴定意见书》中第18页："综上所述，北京市某小区一区12号房屋加建后，对北京市通州区某小区二区1号房屋南墙窗1-1、窗1-2、窗2-1、窗2-2的日照时数有影响。分析数据见表5.1.7-1。"需更正为："综上所述，北京市某小区一区12号房屋加建后，对北京市某小区一区1号房屋南墙窗1-1、窗1-2、窗2-1、窗2-2的日照时数有影响。分析数据见表5.1.7-1。"（2）我单位寄到北京市第三中级人民法院的《北京市建设工程质量第一检测所有限责任公司说明函》（2022年8月16日）中所有"对北京市某小区二区1号房屋"均更正为"对北京市某小区一区1号房屋"。上述情况由于我中心相关技术人员的笔误及排版错误造成，由此对贵院及当事人造成的不便，烦请各方谅解。

高某、田某不认可上述《说明函》及《回复函》的真实性、合法性及关联性，徐某、王某认可上述《说明函》及《回复函》。

经本院审理查明，2019年徐某、王某以排除妨害纠纷将高某、田某诉至一审法院，请求判令高某、田某立即排除对某小区一区1号房屋采光、通风、日照的妨害，拆除某小区一区12号房屋原规划设计以外的加建部分，恢复一区12号房屋原状，并消除危险。该案审理过程中，徐某、王某申请对12号房屋的加建部分对于1号房屋的采光权、日照权、通风权是否造成妨碍以及造成妨碍的部分进行鉴定，一审法院指定由北京市建筑工程研究院建设工程质量司法鉴定中心（以下简称建研院司法鉴定中心）开展本次鉴定工作。鉴定过程中，徐某、王某明确不再对采光权、通风权事项进行鉴定。建研院司法鉴定中心于2020年7月20日出具北京建研院司鉴中心〔2020〕建鉴字第114号鉴定意见书（以下简称114号鉴定意见书），鉴定意见为北京市某小区一区12号房屋加建后，对北京市某小区一区1号房屋南墙窗1-1、窗1-2、窗2-1、窗2-2的日照时数有影响。一审法院经审理后于2020年10月19日作出（2019）京0112民初××××号民事判决书，判决：（1）自2013年9月起至北京市某小区一区12号房屋北端朝东地上二层房屋全部拆除之日止，高某、田某按每年12 000元的标准向徐某、王某支付赔偿款（其中自2013年9月起至2020年9月的赔偿款共计84 000元，于判决生效之日起七日内给付；自2020年10月起至北京市某小区一区12号房屋北端朝东地上二层房屋全部拆除之日止的赔偿款，于每年9月30日前给付）；（2）驳回徐某、王某的其他诉讼请求。徐某、王某不服一审判决，上诉至本院。本院经审理后认为，一审判决超出当事人诉讼请求进行了裁判，违反了法定程序，其实体处理也缺乏法律依据，属于适用法律错误，故于2021年4月20日作出（2021）京03民终××××号民

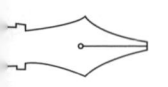

事裁定书，裁定撤销一审法院（2019）京0112民初××××号民事判决，将该案发回一审法院重审。故此形成本案一审诉讼。

另查一，（2019）京0112民初××××号案件中建研院司法鉴定中心于2020年7月20日出具的114号鉴定意见书后附有建研院司法鉴定中心的司法鉴定许可证，有效期为2016年12月30日至2021年12月29日。

另查二，本案一审诉讼中中国建筑标准设计研究院有限公司（以下简称中标院）于2021年11月22日出具中标院〔2021〕建鉴字第75号鉴定意见书（以下简称75号鉴定意见书），并提供了检验检测机构资质认定证书（有效期至2026年12月13日）、建设工程质量检测机构资质证书（有效期至2024年9月13日），其中建设工程质量检测机构资质证书载明的检测范围及项目包括主体结构工程检测。

另查三，中标院出具的75号鉴定意见书第7页拆除施工方案为："（1）拆除施工范围：北京市某小区一区12号楼北侧房屋加建二层部分。（2）拆除施工方式：人工拆除为主，机械拆除为辅。（3）拆除施工方案：1）建议按设计要求先恢复原房屋结构体系，然后再进行拆除施工；2）拆除施工应先切断房屋内电源、水源和气源；3）再拆除房屋设备管线设施及主体结构，主体结构拆除宜先拆除非承重结构及附属设施，再拆除承重结构；4）拆除施工时应从上至下逐层拆除，并应分段进行，不得垂直交叉作业，应按屋面、梁、墙柱、地面的顺序依次进行。拆除与原房屋连接部位时应使用人工拆除，并尽量减少扰动和多人同时工作震动影响。（4）拆除施工注意事项：1）人工拆除作业时，水平构件上严禁人员聚集或集中堆放物料，作业人员应在稳定的结构或脚手架上操作；2）拆除施工中，应对拟拆除物的稳定状态进行监测，当发生事故隐患时，必须停止作业；3）对局部拆除影响结构安全时，应先加固后再拆除；4）拆卸的各种构件及物料应及时清理、分类存放，并应处于安全稳定状态；5）该房屋加建二层部分拆除后，建议对遗留建筑进行安全鉴定后再进行使用。注：1. 上述方案为根据本工程现场勘验情况所出具的建议性方案，方案的实施应当由有资质的专业队伍进行施工，施工前应出具详细的施工方案，施工过程必须严格按照施工相关技术规程操作。2. 我公司所提出的方案为从工程技术角度出发，解决相应的问题。3. 拆除过程中注意对其它成品进行保护。4. 拆除过程中涉及其它的拆除或安装项目，应在修复后予以恢复原状。5. 我公司所提出的方案为建议性方案之一，因此方案不局限于本方案，但应综合考虑各方案的经济效益，采用安全可行与经济适用的方案。"

经本院询问，对于1号房屋加建是否导致1号房屋日照时间短于或者等于不加建的情况，高某、田某表示1号房屋加建必然导致日照时间缩短；徐某、

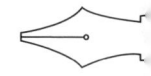

王某表示对此不好进行判断,但是对日照的影响是12号房屋加建造成的。

对一审法院查明的事实,本院予以确认。

本院认为,根据当事人的诉辩意见,本案二审的争议焦点有三:一是本案鉴定机构及鉴定人是否具备相应资质;二是1号房屋加建部分是否影响本案的鉴定结论及判决结果;三是一审判决确定的拆除范围是否合理。

关于争议焦点一,高某、田某上诉主张一审判决所依据的75号鉴定意见书及114号鉴定意见书均不是具有司法鉴定资质的鉴定机构作出,鉴定人员亦不具备相应资质,故两份鉴定意见书不应予以采信。对此本院认为,根据《全国人民代表大会常务委员会关于司法鉴定管理问题的决定》(2015年修正)第二条的规定:"国家对从事下列司法鉴定业务的鉴定人和鉴定机构实行登记管理制度:(一)法医类鉴定;(二)物证类鉴定;(三)声像资料鉴定;(四)根据诉讼需要由国务院司法行政部门商最高人民法院、最高人民检察院确定的其他应当对鉴定人和鉴定机构实行登记管理的鉴定事项。"2017年11月22日司法部发布《关于严格准入 严格监管 提高司法鉴定质量和公信力的意见》,要求严格登记范围,明确"司法行政机关审核登记管理范围为从事法医类、物证类、声像资料,以及根据诉讼需要由国务院司法行政部门商最高人民法院、最高人民检察院确定的其他应当实行登记管理的鉴定事项(环境损害司法鉴定)的鉴定机构和鉴定人。对没有法律、法规依据的,一律不予准入登记。"2020年11月2日司法部发布《关于进一步深化改革 强化监管 提高司法鉴定质量和公信力的意见》,要求"严格准入登记。依法严格做好法医类、物证类、声像资料和环境损害司法鉴定'四大类'登记管理工作,开展'四大类'外机构清理工作,没有法律依据的,一律不得准入登记"。自此,仅有法医类、物证类、声像资料和环境损害司法鉴定四大类鉴定业务由司法行政部门进行登记管理,四大类鉴定之外的其他鉴定不属于司法鉴定范畴。2021年1月1日起实施的《北京市司法鉴定管理条例》第二条亦明确本条例适用范围为从事法医类鉴定、物证类鉴定、声像资料鉴定、环境损害鉴定,以及根据诉讼需要由国务院司法行政部门商最高人民法院、最高人民检察院确定的其他类司法鉴定的活动。本案原一审程序中,建研院司法鉴定中心于2020年7月20日出具114号司法鉴定意见书时,其司法鉴定许可证仍然有效,具备司法鉴定资质;后根据前述文件规定,"四大类"外机构不再进行司法鉴定登记,故建研院司法鉴定中心亦不再具备司法鉴定资质,而是以北京市建设工程质量第一检测所有限责任公司继续承揽相关鉴定业务。本案一审中,中标院于2021年11月针对12号房屋加建二层部分拆除是否会影响原房屋的主体部分结构安全以及具体拆除施工方案的鉴定,亦不属于前述"四大类"司法鉴定范畴,故没有相

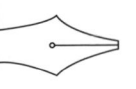

应的司法鉴定许可登记，但其具备建设工程质量检测资质，可以开展包括主体结构工程检测在内的检测项目。对此，二审中相关鉴定人亦当庭进行了解释说明并提供了相关资质证件；北京市建设工程质量第一检测所有限责任公司亦出具《说明函》及《回复函》进行了答复说明。高某、田某虽不认可鉴定人及鉴定机构关于鉴定资质的答复说明，但未提供充分证据予以推翻，故本院对于高某、田某的这一上诉主张不予支持；一审法院采信建研院司法鉴定中心出具的114号鉴定意见书及中标院出具的75号司法鉴定意见书作为裁判依据，并无不当。

关于争议焦点二，高某、田某主张徐某、王某对1号房屋进行过加建，因此建研院司法鉴定中心在进行日照鉴定时，应当根据1号房屋加建后的现状进行测算，而不应以1号房屋原模型为基础进行测算。对此本院认为，首先，根据鉴定机构出具的《说明函》，114号鉴定意见书系针对1号房屋原有建筑日照情况进行鉴定，即1号房屋模型按照原设计图纸进行建模，1号房屋的现状及改造后窗1-2、窗2-1的情况本次鉴定内容未涉及。因此，114号鉴定意见书作出的鉴定结论并未受到1号房屋现状影响。其次，排除妨害纠纷系物权人要求排除对其物权构成的现实或者可能的妨害而产生的纠纷，实质是以合法权利排除不法侵害，法律所保护的对象是当事人的合法民事权利。本案中，徐某、王某系1号房屋的所有权人，其对1号房屋享有的合法权益应限于1号房屋原始设计规划所形成的范围；而徐某、王某对1号房屋自行进行改造加建而形成的部分不属于其依法取得的所有权范围，故徐某、王某对1号房屋加建部分享有的日照权益不属于本案排除妨害纠纷予以审查的范围。因此，建研院司法鉴定中心以1号房屋原设计图纸建模并进行日照情况测算，并无不当。最后，经本院询问，高某、田某亦表示1号房屋加建必然导致日照时间缩短，亦即1号房屋的日照将受到更加严重的影响。因此，根据1号房屋原有模型进行测算得出的鉴定结论尚且构成日照权的妨害，退一步而言，若根据1号房屋加建后的实际情况进行建模测算，得出的鉴定结论亦无法改变12号房屋对1号房屋构成日照妨害的事实。因此，1号房屋的加建部分不影响本案的判决结果，一审法院根据1号房屋原模型测算结果认定徐某、王某的日照权受到妨害并判决高某、田某拆除12号房屋构成妨害的部分，并无不当。

关于争议焦点三，根据114号鉴定意见书的鉴定结论，高某、田某的12号房屋加建后，对徐某、王某的1号房屋南墙窗1-1、窗1-2，窗2-1，窗2-2的日照时数有影响。因此，徐某、王某有权排除妨害，要求高某、田某拆除12号房屋的加建部分。一审中，徐某、王某最初的诉讼请求为：请求高某、田某立即排除对1号房屋采光、通风、日照的妨害，拆除12号房屋原规

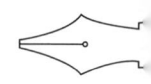

划设计以外的加建部分，恢复 12 号房屋原状，并消除危险。经一审法院委托鉴定，中标院出具 75 号司法鉴定意见书，鉴定结论为 12 号房屋加建二层部分拆除不会影响原房屋的主体部分结构安全，并于鉴定意见书第七页写明了 12 号楼加建二层部分拆除的具体方案。徐某、王某据此变更其诉讼请求为：高某、田某立即拆除某小区一区 12 号房屋北侧房屋加建二层部分。高某、田某主张不妨碍徐某、王某的部分加建房屋，定义"违法建筑"，归属于行政机关而不属于民事诉讼范畴。诚然，违章建筑的认定、拆除不属民事纠纷，依法应由有关行政部门处理。但因违章建筑妨碍他人通风采光或因违章建筑的买卖、租赁、抵押等引起的民事纠纷，人民法院可以受理。因此，加建部分对民事主体的日照权构成妨害的，权利人有权针对构成妨碍的加建部分提起民事诉讼要求排除妨害。经本院函询鉴定机构，鉴定机构答复 12 号房屋的加建部分对 1 号房屋的日照时数均有影响，现徐某、王某仅要求拆除 12 号房屋北侧房屋加建二层部分，并未超出排除妨害的合理请求范围；且经鉴定，加建部分拆除不影响 12 号房屋原主体部分结构安全，具备拆除条件。一审法院对于徐某、王某的诉讼请求予以支持，并结合 75 号鉴定意见书第 7 页照片 6-1 进一步明确了拆除范围，并无不当，本院予以维持。拆除时可参照鉴定机构于 75 号鉴定意见书中提供的拆除方案。

关于本案的鉴定费用，因建研院司法鉴定中心作出的日照鉴定结论为高某、田某加建房屋对徐某、王某的日照权构成妨害，中标院作出的拆除鉴定系基于徐某、王某排除日照权妨害而必要支出的费用，故两笔鉴定费用均应由构成妨害方即高某、田某负担。

应当指出的是，高某、田某与徐某、王某互为邻里，作为不动产的相邻权利人，应当按照有利生产、方便生活、团结互助、公平合理的原则，正确处理相邻关系。同时，应当秉持社会主义核心价值观法治与和谐的精神，在合法合理的范围内行使自己的权利，不得对他人的合法权益造成不利影响。由此，方能避免类似纠纷再度发生，营造规范、和睦、宜居的良好生活环境。

综上，高某、田某的上诉请求不能成立，应予驳回；一审判决认定事实清楚，适用法律正确，应予维持。依照《中华人民共和国民事诉讼法》（2021 年修正）第一百七十七条第一款第一项之规定，判决如下：

驳回上诉，维持原判。

鉴定费（日照鉴定）80 000 元（徐某、王某已预交），由田某、高某负担，于本判决生效之日起七日内给付徐某、王某。

鉴定费（主体结构影响及拆除实施方案鉴定）30 000 元（徐某、王某已预交），由田某、高某负担，于本判决生效之日起七日内给付徐某、王某。

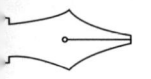

鉴定人出庭费5000元,由高某、田某负担(已交纳)。

二审案件受理费70元,由高某、田某负担(已交纳)。

本判决为终审判决。

审　判　长　陈晓东

审　判　员　石　煜

审　判　员　徐　晨

二〇二三年二月二十三日

法官助理　樊思迪

法官助理　雷　悦

周波

北京市高级人民法院

　　北京市高级人民法院立案庭副庭长、三级高级法官，先后就读于山东大学、中国政法大学、北京航空航天大学。曾在山东省济南市市中区人民法院、北京市第一中级人民法院任职；2019年4月至2022年4月借调最高人民法院，任最高人民法院审判员。曾荣立个人三等功4次，并获最高人民法院嘉奖；2017年，经最高人民法院推荐，被世界知识产权组织和原国家工商行政管理总局授予"中国商标金奖·保护奖"；2019年，作为中国法官代表团成员赴瑞士日内瓦参加世界知识产权组织举办的第二届世界知识产权法官论坛；2021年，被国家版权局评为"2020年度查处重大侵权盗版案件有功个人"。承办的1件知识产权案件被确定为最高人民法院指导性案例，多件案例入选中国法院知识产权年度十大案件、50件典型案件。

点评辞

本案是一起发生在家庭内部、与另案继承纠纷纠缠在一起的赠与合同纠纷再审案件，同时还涉及赠与人的继承人能否撤销赠与合同这一颇具争议的法律问题，撰写这样的裁判文书是对法官处理复杂民事纠纷司法能力的考验。

就事实认定而言，本案再审判决不仅在一审、二审判决的基础上补充查明了与本案赠与合同有关的继承案件相关情况，而且进一步查明了原告自身婚姻、房产情况，使后续裁判说理言之有据、水到渠成，做足了"考证"功夫。

就文书说理而言，本判决不仅立足于合同、继承等方面的具体法律规定，而且结合公序良俗等民法基本原则加以充分阐释，使判决结果的合法性、合理性得到充分的论证。尤为可贵的是，本判决在说理过程中，将社会主义核心价值观的核心理念融入其中，强调了传统家庭美德和中华孝道，在解决案件具体纠纷的过程中，起到了行为指引的作用，可谓"义理"备矣。同时，再审判决直面继承人是否享有赠与合同撤销权这一争议问题，严格遵循审判委员会已经就此确立的处理规则，既统一了类似案件的裁判标准，又回应了检察机关的抗诉理由，使裁判结果具有规则意义上的说服力。

就文书表达而言，本案再审判决既严格遵循了民事裁判文书样式的规范要求，又充分体现出承办法官的深厚的文学功底。在引经据典的同时，对相关内容作出浅显易懂的解释，读起来既信服又明白，使整篇判决文采斐然。

裁判文书不仅是人民法院对个案纠纷处理结果的体现，而且是执笔的承办法官司法能力和综合素养的体现。总体而言，本案再审判决是一篇十分优秀的民事判决，值得好好研究。

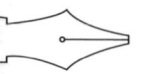

北京市高级人民法院
民事判决书

（2022）京民再94号

抗诉机关：北京市人民检察院。

申诉人（一审原告、二审上诉人）：冯某甲，女，住址北京市。

委托诉讼代理人：张胜利，北京策略律师事务所律师。

委托诉讼代理人：刘卉，北京策略律师事务所律师。

被申诉人（一审被告、二审上诉人）：王某，女，住北京市。

委托诉讼代理人：鲁博鹏，北京市北斗鼎铭律师事务所律师。

委托诉讼代理人：罗浩，北京市北斗鼎铭律师事务所实习律师。

被申诉人（一审被告、二审被上诉人）：贾某，女，住北京市。

委托诉讼代理人：冯某乙（贾某之女），住北京市。

申诉人冯某甲因与被申诉人王某、贾某赠与合同纠纷一案，不服北京市第二中级人民法院（以下简称二审法院）（2021）京02民终13287号民事判决（以下简称二审判决），向北京市人民检察院申诉。北京市人民检察院作出京检民监〔2022〕11000000077号民事抗诉书向本院提出抗诉。本院作出（2022）京民抗61号民事裁定，提审本案。本院依法组成合议庭审理本案，并依照《中华人民共和国民事诉讼法》第二百一十四条第一款、第一百七十六条第一款及《最高人民法院关于适用〈中华人民共和国民事诉讼法〉的解释》第四百零一条第一款之规定，在分别询问各方当事人并征得当事人书面同意后，以不开庭的方式审理了本案。本案现已审理终结。

北京市人民检察院抗诉认为，二审判决认定贾某作为赠与人的法定继承人，在赠与财产的权利转移之前有权要求撤销涉案赠与合同，适用法律错误。理由如下：《中华人民共和国民法典》（以下简称民法典）第六百五十八条第一款规定："赠与人在赠与财产的权利转移之前可以撤销赠与。"第六百六十三条规定："受赠人有下列情形之一的，赠与人可以撤销赠与……"该两条是关于赠与人任意撤销权和法定撤销权的规定。关于赠与人的继承人能否行使赠与撤销权，民法典第六百六十四条第一款规定："因受赠人的违法行为致使赠与人死亡或者丧失民事行为能力的,赠与人的继承人或者法定代理人可以撤销赠与。"该条是关于赠与人的继承人法定撤销权的规定。根据上述规定,赠与合同任意撤销权的权利人应为赠与人本人,赠与人的继承人或法定代理人并非任意撤销权的主体。一方面,赠与人任意撤销权是赠与人根据自己单方面的意思表示即可终止赠与合同的权利,属于形成权,而非请求权,不属于可以继承的财产性权利。另一方面,赠与合同是赠与人基于特定关系或情感因素而订立的合同,赠与合同任意撤销权的行使与赠与人的意思表示密切相关,将任意撤销权的权利人限定为赠与人本人,也是为了将赠与合同的履行与否交由赠与人本人决定,让赠与更加符合赠与人的本意。因赠与合同极有可能与赠与人的继承人或法定代理人存在利害关系,如赋予赠与人的继承人或者法定代理人任意撤销权,赠与人生前作出的意思表示将难以得到遵行。如本案中,冯某丙、王某系冯某甲的父母,签订赠与合同的本意是父母将房屋留给自己的孩子冯某甲,该赠与体现了赠与人对权利进行自由处分的意思自治,应当予以肯定。贾某作为冯某丙的法定继承人,若认定其享有任意撤销权,将导致赠与合同被撤销后按照法定继承处置北京市西城区×楼×单元×号房屋(以下简称涉案房屋),该情形明显与赠与人冯某丙、王某的本意不符,亦与赠与合同任意撤销权的属性、法律规定及立法本意不符。另需说明的是,北京市第二中级人民法院(2021)京02民终6593号民事判决书本院认为部分关于贾某作为冯某丙的法定继承人,在涉案房屋未完成过户的情况下有权要求撤销该房屋的赠与的表述,是告知贾某有权起诉主张撤销赠与,而非判定贾某有权撤销赠与,故不应作为本案判决的依据。

综上所述,在贾某不享有赠与合同任意撤销权、亦不符合行使法定撤销权条件的情况下,二审判决认定其有权要求撤销涉案赠与合同,适用法律错误。根据《中华人民共和国民事诉讼法》第二百一十六条第一款、第二百一十五条第一款、第二百零七条第六项之规定,提出抗诉,请依法再审。

冯某甲称,(1)冯某甲有新证据足以推翻原审判决。本案二审后,冯某甲收到(2021)京民申5618号民事裁定书,该裁定书确认贾某作为继承人撤销冯某丙夫妻的赠与不符合法律规定,据此足以推翻原审判决。(2)原审判决适用法律确有错误。①《中华人民共和国合同法》(以下简称合同法)第一百九十三条规定,因受赠人的违法行为致赠与人死亡的,赠与人的继承人可撤销赠与。冯某丙、王某夫妻将共有房屋赠与冯某甲,后冯某丙遇车祸身亡,但车祸并非冯某甲实施的侵权行为,贾某仅系冯某丙继承人之一,依法不能撤销赠与。②本案赠与合同具有道德义务性质,依法不能撤销。冯某丙夫妻对其女冯某甲负有抚养的义务,冯某甲对冯某丙夫妻负有赡养的义务,父母自愿为子

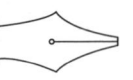

女准备婚房纯属其道德义务。冯某丙夫妻将房屋作为嫁妆赠与独生女系具有道德义务性质的行为，依法不能撤销。③涉案房屋的财产权利实际已经转移，依法不能撤销。涉案房屋自冯某甲2013年结婚居住至今已近十年，其占有、使用、收益、处分等财产权利早已转移给了冯某甲，据此该赠与依法不能撤销。(3) 原审承办法官审理本案时有徇私舞弊、枉法裁判行为。本案属于最高人民法院规定的"四类案件"中"与本院及上级法院的类案判决明显发生冲突"的案件，但一审、二审承办法官都没有按照规定主动标注、向院庭长报告，由院庭长担任审判长组成合议庭审理。其故意隐瞒不报、避开院庭长监督，在不经专业法官会议和审判委员会讨论的前提下径行作出判决，明显属于徇私舞弊、枉法裁判的行为，其违法审理作出的判决依法应当撤销。

在本院再审询问过程中，冯某甲对本院未由院庭长担任审判长并组成合议庭审理本案无异议。

王某辩称，(1)《房产赠与声明》是王某和冯某丙的真实意思表示，贾某无权撤销且应当履行。涉案房屋属于北京市西城区学区房，系冯某丙和王某作为对女儿冯某甲的嫁妆陪嫁给冯某甲的，也是王某和冯某丙向亲家母的承诺。冯某甲怀孕后亲家母考虑孩子落户学区房上学的问题，让冯某甲询问房子什么时候能过户。冯某丙和王某表示可以随时过户，为了打消亲家母的疑虑，冯某丙打印了《房产赠与声明》，王某和冯某丙、冯某甲签字按手印，亲家母表示同意。冯某甲是王某和冯某丙的独生女，需要其给王某夫妻养老送终，按照公序良俗、道德和法律，王某夫妻都有义务把所有的财产都给冯某甲，从来没有也永远不会反悔。(2) 原审认定贾某享有并可以任意行使撤销权没有法律依据。撤销权是法律给予赠与人的专属权利。撤销权不是遗产，贾某无法通过继承取得。《房产赠与声明》是王某、冯某丙和冯某甲的真实意思表示，合法有效，只有王某和冯某丙才能撤销。贾某欲撤销赠与必须有冯某丙的授权或举证证明冯某丙有撤销赠与的意思表示。原审法院在贾某不能证明存在上述情况时支持贾某代替王某和冯某丙二人撤销赠与的主张，没有任何法律依据，属于适用法律错误。

贾某辩称，不同意冯某甲的诉讼请求。(1) 涉案房屋是回迁房，冯某丙、贾某、冯某甲、王某四人每人各分得15平方米的面积，登记在冯某丙名下，冯某丙未经贾某许可即将房屋赠与冯某甲，贾某对此不予认可。(2) 贾某系冯某丙法定继承人，有权撤销冯某丙对涉案房屋的赠与。(3)《房产赠与声明》中冯某丙签名的真实性存疑，贾某曾在另案中申请笔迹鉴定，因冯某甲、王某未能提供足够的比对样本，导致鉴定无法进行。

冯某甲向北京市西城区人民法院（以下简称一审法院）提出诉讼请求：

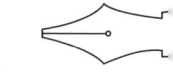

（1）判决王某、贾某继续履行合同、协助冯某甲办理涉案房屋不动产权变更登记手续；（2）诉讼费用由王某、贾某承担。

一审法院认定事实：王某与冯某丙系夫妻关系，二人育有一女冯某甲。贾某系冯某丙之母。冯某丙于2018年6月9日死亡。

涉案房屋登记在冯某丙名下，系冯某丙与王某的夫妻共同财产。

2019年1月2日，北京市西城区人民法院受理冯某甲与王某、万某甲（当时与冯某甲系夫妻关系）赠与合同纠纷一案，案号为（2019）京0102民初343号。冯某甲在该案中的诉讼请求为：确认2016年12月4日冯某丙、王某与冯某甲签订的《房产赠与声明》有效。该《房产赠与声明》内容显示：赠与方（冯某丙、王某）自愿将其所拥有的位于北京市西城区×号楼×单元×号房产无偿赠与受赠方（冯某甲）。因冯某甲家庭名下房产已超过两套，受北京市政策限制，暂不具备房屋过户条件，待将来政策调整或冯某甲名下具备过户条件时，随时办理过户手续。赠与方（冯某丙、王某）将该房产仅赠与女儿冯某甲一人，其他冯某甲相关亲属（如配偶）无权享受该房产任何权利。过户后该房产不属于冯某甲婚内共同财产，仅属于冯某甲一人。该案审理中，王某同意冯某甲的诉讼请求。北京市西城区人民法院于2019年2月28日作出（2019）京0102民初343号民事判决，判决确认2016年12月4日冯某丙、王某与冯某甲签署的《房产赠与声明》有效。该案当事人均未上诉。

2020年2月19日，一审法院受理贾某与冯某甲、王某、万某甲第三人撤销之诉纠纷一案，案号为（2020）京0102民撤7号。贾某在该案中的诉讼请求为：撤销一审法院作出的（2019）京0102民初343号民事判决。一审法院于2020年7月20日作出（2020）京0102民撤7号民事裁定，裁定驳回贾某的起诉。贾某不服提起上诉，二审法院于2020年9月9日作出（2020）京02民终8220号民事裁定，指令该案由一审法院审理。该院重新受理后案号为（2020）京0102民撤15号。一审法院于2021年2月25日作出（2020）京0102民撤15号民事判决，判决驳回贾某的诉讼请求。贾某、冯某甲均不服提起上诉，二审法院于2021年5月28日作出（2021）京02民终6593号民事判决，判决驳回上诉、维持原判。该判决"本院认为"部分载明："……涉案343号民事判决书中的《房产赠与声明》系冯某丙生前与王某、冯某甲签订的，该判决已确认该《房产赠与声明》符合我国有关法律规定，是有效的。贾某不是该《房产赠与声明》的签订方，涉案343号民事判决现系生效民事判决且已确定该《房产赠与声明》有效，因此，贾某本案关于涉案343号民事判决应予撤销的诉讼主张及请求，不符合我国法律规定，本院不予支持。需要说明的是，根据我国法律规定，有效的合同可以依法撤销。贾某作为冯某丙

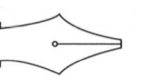

的母亲，系冯某丙遗产的第一顺位法定继承人，在前述《房产赠与声明》指向的房屋未完成过户的情况下，根据我国法律规定其有权要求撤销该房屋的赠与。因此，贾某应依法另寻其他途径对其此民事权利予以救济。……"

本案一审审理过程中，冯某甲提交了2021年7月16日的购房资格核验信息表，核验结果为初步核验通过。

一审法院认为，赠与合同是赠与人将自己的财产无偿给予受赠人，受赠人表示接受赠与的合同。赠与人在赠与财产的权利转移之前可以撤销赠与。经过公证的赠与合同，或者依法不得撤销的具有救灾、扶贫、助残等公益、道德义务性质的赠与合同，不适用前款规定。

本案中，生效判决确认冯某丙、王某与冯某甲签订的《房产赠与声明》有效。贾某作为冯某丙的继承人提起第三人撤销之诉，要求撤销上述生效判决。虽然贾某的诉讼请求被生效判决驳回，但生效判决亦明确指出贾某作为冯某丙的继承人在房屋未完成过户的情况下有权要求撤销赠与。现冯某甲要求继续履行《房产赠与声明》，贾某则要求撤销赠与，不同意履行《房产赠与声明》。对此，一审法院认为，涉案《房产赠与声明》并非法律规定的不得任意撤销的赠与合同，因此，在赠与房屋办理过户手续前，赠与财产的权利并未转移，按照法律规定，赠与人有权撤销赠与。冯某丙去世后，《房产赠与声明》中赠与人冯某丙的权利义务都应由继承人王某、冯某甲、贾某继承，由于赠与人的任意撤销权并无法律规定系专属于人身的权利，因此也应由继承人王某、冯某甲、贾某继承，贾某有权要求撤销赠与。冯某丙去世后，诉争房屋属于王某、冯某甲、贾某共同共有的财产，虽然王某、冯某甲均表示同意继续履行赠与合同，但贾某要求撤销赠与，而且贾某作为赠与人的继承人亦有权要求撤销赠与。由于对于共同共有财产的处分需要全体共有人同意，现贾某撤销赠与后，共同共有人对继续履行赠与合同已无法达成一致意见，赠与合同已无法继续履行，故对冯某甲要求王某、贾某继续履行赠与合同并协助办理房屋不动产权变更登记手续的诉讼请求，法院不予支持。

据此，一审法院于2021年8月17日作出（2021）京0102民初17348号民事判决，判决：驳回冯某甲的诉讼请求。

冯某甲不服一审判决，上诉请求：（1）撤销一审判决，改判支持其一审诉讼请求；（2）诉讼费用由王某、贾某承担。

王某不服一审判决，上诉请求：（1）撤销一审判决，改判贾某、王某将涉案房屋过户至冯某甲名下；（2）诉讼费用由贾某承担。

二审中，冯某甲当庭出示如下证据：（1）冯某甲与万某甲的结婚证、冯某甲与孩子万某乙的户口本、采暖费发票，欲以此证明冯某丙与王某已将涉案

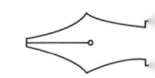

房屋赠与冯某甲,冯某甲也已接受赠与,在该房屋落户并实际居住,故该房屋权属已经转移;(2)冯某甲与冯某丙的微信聊天记录截图,欲以此证明赠与声明是冯某丙的真实意思表示;(3)(2017)京02民终4708号、(2020)京02民终7364号、(2020)京民再13号、(2018)京02民终7204号四份民事判决书,欲以此证明赠与人的继承人可以撤销赠与的情形仅限于受赠人的违法行为致使赠与人死亡。王某认可冯某甲提交的上述证据。贾某认可上述结婚证、户口本、采暖费发票的真实性,但不认可证明目的,且不认可上述微信聊天记录的真实性及证明目的。在双方此前的案件中,冯某甲也提交了上述证据,不认可是二审新证据。

王某提交刘俊如出具的情况说明,欲以此证明冯某丙与王某将涉案房屋赠与冯某甲的原因及过程。冯某甲认可上述情况说明的真实性,冯某甲结婚时贾某也在场,也知道赠与的事实。贾某不认可上述情况说明,并提出冯某甲与万某甲已经离婚。

二审法院经审理查明的其他事实与一审法院查明的事实无异。

二审法院认为,本案上诉主要争议焦点为贾某是否对冯某丙、王某与冯某甲之间的赠与合同享有任意撤销权。

赠与合同是赠与人将自己的财产无偿给予受赠人,受赠人表示接受赠与的合同。赠与人在赠与财产的权利转移之前可以撤销赠与。经过公证的赠与合同,或者依法不得撤销的具有救灾、扶贫、助残等公益、道德义务性质的赠与合同,不适用前款规定。被继承人生前签订赠与合同约定将财产赠与受赠人,死亡时尚未履行的,受赠人有权请求继承人履行赠与合同;继承人在赠与财产的权利转移之前有权撤销该赠与合同。

具体到本案而言,2016年12月4日,冯某丙、王某与冯某甲签订的《房产赠与声明》,后经生效判决确认该《房产赠与声明》有效,但该《房产赠与声明》所涉房屋未过户至冯某甲名下。2018年6月9日冯某丙死亡,其法定继承人为其母贾某、其妻王某、其女冯某甲。现冯某甲、王某上诉主张按照《房产赠与声明》将涉案房屋过户至冯某甲名下,对此贾某辩称该房屋未办理过户手续并要求撤销赠与。二审法院认为,贾某作为冯某丙的法定继承人,在《房产赠与声明》所涉房屋未过户至冯某甲名下,即赠与财产的权利转移之前,有权要求撤销《房产赠与声明》并拒绝将该房屋过户至冯某甲名下。冯某甲上诉主张在其结婚时冯某丙、王某已向其交付房产证并由其在该房屋实际居住多年,故赠与财产已完成转移。虽冯某甲就其该项主张提交了相应证据,但根据我国法律规定,不动产的权属变更以登记为准。因此,在交付房屋后、权利登记变更之前,仍属于赠与财产转移之前,故二审法院对冯某甲的该项主

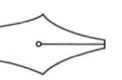

张不予采信。此外，冯某甲、王某上诉主张冯某甲要对冯某丙、王某承担生养死葬的义务，故《房产赠与声明》具备道德义务性质，属于不可撤销的赠与。二审法院认为，父母与子女之间的扶养义务虽属于道德要求，但现无证据证明本案中的《房产赠与声明》与冯某丙、王某及冯某甲之间履行扶养义务存在实质关联，故二审法院对其二人该项上诉主张亦不予采信。综上，二审法院对冯某甲、王某要求将涉案房屋过户至冯某甲名下的上诉请求不予支持。

综上，二审法院于2021年10月28日作出（2021）京02民终13287号民事判决，判决：驳回上诉，维持原判。

冯某甲、王某均不服二审判决，分别向本院申请再审。本院经审查，分别于2021年12月27日和2022年7月15日作出（2021）京民申7448号民事裁定和（2022）京民申2251号民事裁定，驳回冯某甲、王某的再审申请。

冯某甲遂向北京市人民检察院第二分院申请监督。北京市人民检察院第二分院经审查，提请北京市人民检察院抗诉。北京市人民检察院经审查，向本院提出抗诉。本院裁定提审本案。

经审查，原审法院查明的事实准确，本院予以确认。

再审期间，冯某甲向本院提交了六组共16份书面材料，均为其他案件的裁判文书、案例报道或专业法律书籍相关内容节选。经审查，冯某甲提交的上述材料均非与本案案件事实有关的证据材料，本院不作为证据予以采纳。冯某甲亦明确表示仅作为案件审理的参考资料，不再坚持作为证据提交。

本院另查明，冯某丙之父冯某丁于1993年12月26日因死亡注销户口。冯某丙于1953年9月30日出生，于2018年6月9日死亡。

冯某甲与万某甲于2013年1月28日登记结婚。2016年12月4日，冯某丙、王某与冯某甲签订本案《房产赠与声明》。2017年7月31日，冯某甲之子万某乙出生。

一审法院于2021年5月31日受理本案并适用简易程序审理本案。一审期间，冯某甲提交了涉案房屋的房屋所有权证。该房屋所有权证显示，涉案房屋登记在冯某丙名下，登记时间为2009年10月29日，所有权证书编号"×京房权证西字第×××号"，房屋性质一栏载明"按经济适用住房管理"，涉案房屋建筑面积96.74平方米。冯某甲另提交了申请时间为2021年7月16日、申请编号为××××的购房资格核验信息表打印件。该信息表显示，申请核验人为冯某甲，婚姻状况"离异"，家庭名下拥有住房"0套"，"家庭成员信息"一栏载明家庭成员仅为其子万某乙一人，核验结果为"初步核验通过"。

冯某甲不服（2021）京02民终6593号民事判决向本院申请再审，本院于2021年9月30日作出（2021）京民申5618号民事裁定，驳回冯某甲的再审申请。

2021年1月11日，贾某因继承纠纷，将王某、冯某甲诉至一审法院。一审法院经审理，于2022年4月28日作出（2021）京0102民初3706号民事判决。王某、冯某甲不服该判决，提起上诉。2022年8月25日，二审法院就该继承纠纷案作出（2022）京02民终7553号民事判决，该判决在作出其他裁判的同时，判决维持了一审法院（2021）京0102民初3706号民事判决的第二项，即"被继承人冯某丙名下坐落于北京市西城区×楼×层×单元×号房屋归冯某甲所有；判决生效后30日内，冯某甲支付王某房屋折价款6 843 320元，支付贾某房屋折价款1 710 830元；判决生效后30日内王某、贾某协助冯某甲办理房屋产权变更登记手续"。（2022）京02民终7553号民事判决已发生法律效力。

以上事实，有原审诉讼卷宗、（2021）京民申5618号民事裁定、（2021）京0102民初3706号民事判决、（2022）京02民终7553号民事判决和当事人陈述等在案佐证。

本院再审认为，民法典已于2021年1月1日起施行，但《最高人民法院关于适用〈中华人民共和国民法典〉时间效力的若干规定》第一条第二款规定："民法典施行前的法律事实引起的民事纠纷案件，适用当时的法律、司法解释的规定，但是法律、司法解释另有规定的除外。"本案中，《房产赠与声明》由冯某丙、王某与冯某甲于2016年12月4日签订且经法院生效判决确认有效，冯某甲据此请求王某、贾某履行该赠与合同，因此，本案应适用该赠与合同订立时的法律即合同法的相关规定。

合同法第一百八十六条规定："赠与人在赠与财产的权利转移之前可以撤销赠与。具有救灾、扶贫等社会公益、道德义务性质的赠与合同或者经过公证的赠与合同，不适用前款规定。"

本案中，冯某丙、王某通过《房产赠与声明》向冯某甲赠与的涉案房屋经生效裁判确认，系冯某丙、王某的夫妻共同财产。冯某丙作为共有人，有权依据上述法律规定行使撤销权。但是，在涉案房屋所有权转移前，冯某丙已于2018年6月9日死亡，客观上无法行使该权利。贾某系冯某丙之母，王某系冯某丙之妻，冯某甲系冯某丙之女，三人均为冯某丙的法定继承人。在此情形下，冯某甲要求王某、贾某履行赠与合同，而贾某则主张作为冯某丙的继承人撤销赠与合同。因此，本案再审期间的争议焦点为赠与人的继承人是否享有撤销被继承人赠与的权利。

对于上述争议焦点，理论与实践中确实存在争议。冯某甲在本案再审期间提交了法院多份在先裁判，用以支持其除合同法第一百九十三条规定的情形

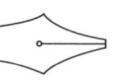

外，赠与人的继承人无权撤销赠与的诉讼主张。检察机关在抗诉书中亦认为，赠与合同任意撤销权的权利人应为赠与人本人，赠与人的继承人或法定代理人并非任意撤销权的主体。但是，针对上述争议问题，法律、司法解释均未作出明确规定。本院审判委员会也早已注意到该问题，并在2018年6月11日〔2018〕第9次会议通过的《北京市高级人民法院关于审理继承纠纷案件若干疑难问题的解答》中作出明确规定。该解答第27条规定："被继承人生前签订赠与合同约定将财产赠与受赠人，死亡时尚未履行的，受赠人有权请求继承人履行赠与合同；继承人有权按照《中华人民共和国合同法》第一百八十六条撤销该赠与合同。"相较于"撤销赠与是专属于赠与人的权利，在其生前没有行使该权利情况下，继承人不能代行该权利"的观点，前述解答采纳的是"继承人享有撤销赠与的权利"的观点，其主要考虑在于："合同法规定的合同类型原则上其权利义务都是可以继承的，专属于人身的合同类型和权利不受合同法规范。原则上权利义务是一并继承的，撤销赠与的权利并没有法律规定是专属于人身的权利，因此也应由继承人继承。因此继承人应当可以享有撤销赠与的权利。""继承实际是权利义务一并继承，在没有明确规定赠与撤销权专属人身的情况下，撤销权应当一并由继承人继承。"

《最高人民法院关于健全完善人民法院审判委员会工作机制的意见》（法发〔2019〕20号）第22条规定："审判委员会讨论案件或者事项的决定，合议庭、独任法官或者相关部门应当执行。审判委员会工作部门发现案件处理结果与审判委员会决定不符的，应当及时向院长报告。"在本院审判委员会已就上述争议问题作出明确规定的情况下，即使存在理论与实践中的争议，本案亦应当遵循上述裁判规则：赠与人的继承人有权行使合同法第一百八十六条第一款规定的赠与人撤销赠与的权利。原审判决遵循了本院审判委员会所确立的裁判规则，其裁判结果并无不当。本案不属于"与本院及上级法院的类案判决明显发生冲突"的案件，冯某甲据此主张原审承办法官徇私舞弊、枉法裁判的再审理由亦不能成立，本院不予支持。

本案中，冯某甲亦主张本案赠与合同是具有道德义务性质的赠与合同，因此，不应适用合同法第一百八十六条第一款的规定。对此，本院认为，父母自愿为子女准备婚房或将房产作为嫁妆予以赠与虽属常见，体现了父母对子女的关爱，但其难谓义务。冯某甲、王某的相关诉讼主张不能成立，本院不予支持。

结合冯某甲的这一诉讼主张，本院认为有必要作出特别说明。中共中央、国务院2019年10月印发实施的《新时代公民道德建设实施纲要》强调，要弘扬中华民族传统家庭美德，倡导现代家庭文明观念，推动形成爱国爱家、相亲

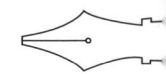

相爱、向上向善、共建共享的社会主义家庭文明新风尚,让美德在家庭中生根、在亲情中升华;要自觉传承中华孝道,感念父母养育之恩,感念长辈关爱之情,养成孝敬父母、尊敬长辈的良好品质。民法典第八条规定:"民事主体从事民事活动,不得违反法律,不得违背公序良俗。"第一千零四十三条第一款规定:"家庭应当树立优良家风,弘扬家庭美德,重视家庭文明建设。"民法典虽然施行于本案法律事实形成之后,但其精神足可以作为理解和适用合同法相关条款的指引。因此,继承和发扬中华优秀传统文化和传统美德,将社会主义核心价值观融入日常生活和行为之中,讲道德、尊道德、守道德,追求高尚的道德理想,不仅是新时代公民道德本身的要求,而且也是相关法律规范的应有之义,成为人民法院在处理相关民事案件时必须充分考虑的重要因素之一。

《礼记·曲礼》有云:"百年曰期,颐。"意思是说,人至百岁,饮食、居住等各个方面都需要子孙晚辈照养,故"百岁"又有"期颐"之称。本案中,贾某生于1927年7月22日,今年已96岁高龄,再过几年就是百岁老人了,能有如此高寿,原本是一件幸福的事情。但是,这位寡居三十年的耄耋老人,不仅遭受晚来丧子之痛,而且还要与儿媳、孙女为财产归属而反复对簿于公堂之上,人生至此,晚景何凄!冯某丙若知老母因其一纸未曾实际履行的声明而至此境地,能不心痛也乎?本案之原告冯某甲,作为冯某丙之女、贾某之孙女,即使不能代父尽孝,但又何忍为一房产与其祖母缠讼至今?冯某甲确实持有《房产赠与声明》且已为法院判决确认有效,若依赠与合同履行,则其不必按照(2022)京02民终7553号民事判决就涉案房屋向其祖母支付一百七十余万元的折价款,但在法律对赠与人的继承人是否享有任意撤销权规定并不明确而一、二审法院已就本案作出一致裁判,且相关继承纠纷案件也已得到审理、涉案房屋最终也将过户到其名下的情况下,冯某甲仍坚持诉讼,其虽是依法行使法律赋予的诉讼权利,但又置亲情于何处?置孝道于何处?置中华传统道德于何处?《管子·戒》曰:"道德当身,故不以物惑。"本案各方当事人生活条件并不窘迫,如果各方均能念及故去亲人,怀旧情而弃前嫌,顾大义而舍小利,则桑榆非晚、颐养有期。

本案于情而言,如前所述,祖孙三代聚讼不止,于伦常不合、于道德相悖、于善良风俗无益;于理而言,赠与合同订立时,冯某甲家庭名下已有超过两套房产,若其接受房屋赠与并实际履行,则违反国家房地产市场调控政策,故从2016年12月4日该赠与合同订立至2018年6月9日冯某丙去世前的约一年半时间里,该赠与合同始终未实际履行,直至2021年1月11日贾某以王某、冯某甲为被告向一审法院提起继承纠纷之诉且一审法院于2021年4月28

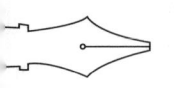

日就该继承纠纷案件作出一审判决后，冯某甲于 2021 年 5 月 31 日以王某、贾某为被告提起本案赠与合同之诉，并在案件审理过程中提交 2021 年 7 月 16 日的购房资格核验信息表，此时冯某甲家庭名下已无任何房产，这一时间上的巧合结合冯某甲离婚而其子却随其生活的事实，若无视继承案件的处理结果而判决履行赠与合同，实难谓妥当；于法而言，也如前述，在法律规定尚不明晰而本院审判委员会已立有明文的情况下，本案应当遵循既有规则而维持原审之裁判。

综上，从情理法各方面考虑，冯某甲的诉讼请求均不应予以支持，王某的诉讼主张亦不成立。原审判决并无不当，本院再审予以维持。依照《最高人民法院关于适用〈中华人民共和国民法典〉时间效力的若干规定》第一条第二款，《中华人民共和国合同法》第一百八十六条，《中华人民共和国民事诉讼法》第二百一十四条第一款、第一百七十六条第一款、第一百七十七条第一款第一项，《最高人民法院关于适用〈中华人民共和国民事诉讼法〉的解释》第四百零一条第一款之规定，判决如下：

维持北京市第二中级人民法院（2021）京 02 民终 13287 号民事判决。

本判决为终审判决。

审　判　长　周　波

审　判　员　许雪梅

审　判　员　王　肃

二〇二三年二月二十八日

法官助理　张　翼

书　记　员　陈　瑶

北京法院优秀裁判文书精选(2023年卷)

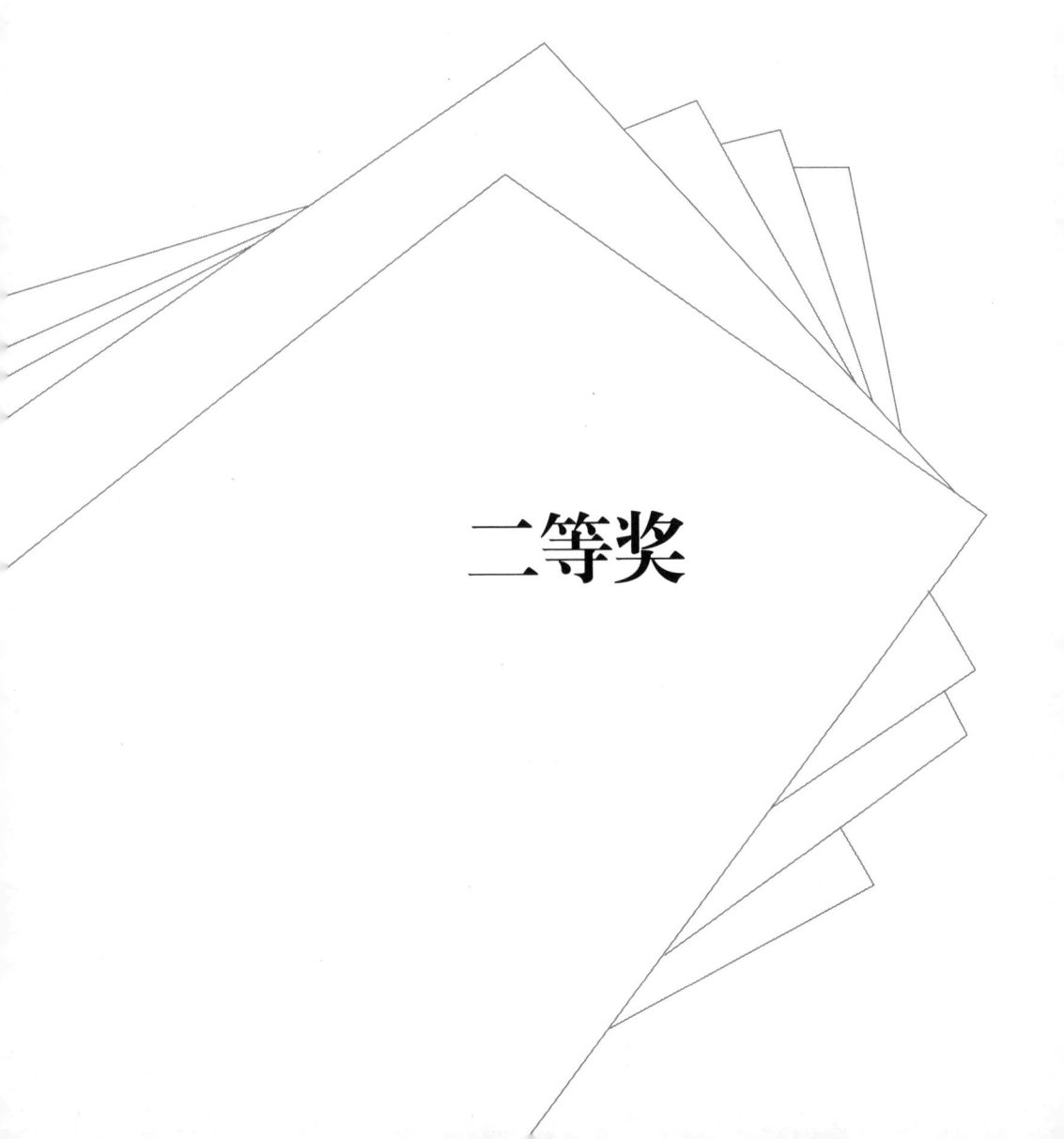

二等奖

杨晓琼

北京金融法院

　　北京金融法院审判第三庭三级高级法官。曾获评北京法院行政审判工作先进个人、第三届北京法院司法实务研究专家等荣誉。北京金融法院成立以来,共审理金融行政案件500余件,无一被认定为差错案件。审理的北京金融法院行政案件首案杨某某诉中国证监会行政处罚案系两周年的十大典型案例,该案裁判文书获评北京法院优秀裁判文书二等奖。承办的涉獐子岛信息披露违法案件是中国证监会第一次使用卫星定位方法测算上市公司的真实财务数据的案例,通过该案件的审理确立了在金融监管机关提供了初步证据的前提下,行政相对人对行政机关的结论不认可的,举证责任适当向行政相对人转移的规则。

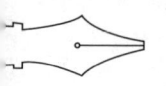

北京金融法院
行政判决书

（2021）京74行初2号

原告：杨某兴，住天津市红桥区。
委托代理人：巩某乐。
委托代理人：李某。
被告：中国证券监督管理委员会，住所地北京市西城区金融大街19号。
法定代表人：易会满，主席。
委托代理人：焦某程。
委托代理人：张某勇。

原告杨某兴诉被告中国证券监督管理委员会（以下简称中国证监会）限制从业及行政复议案，向本院提起行政诉讼。本院依法组成合议庭，于2021年7月29日、2021年11月19日公开开庭审理了本案。原告杨某兴及其委托代理人李某、巩某乐，被告中国证监会的委托代理人焦某程、张某勇到庭参加诉讼。本案现已审理终结。

被告中国证监会于2020年11月2日作出〔2020〕18号《市场禁入决定书》（以下简称被诉禁入决定），主要内容为：

经查明，孟某山、杨某兴存在以下违法事实：

1. 孟某山、杨某兴操纵"某生物公司"股价的背景

2013年某生物科技公司（以下简称某生物公司）非公开发行股票，由于每股定价高于"某生物公司"股价，为确保非公开发行成功、不亏钱，2012年底至2013年初，某生物公司实际控制人孟某山、时任董事会秘书杨某兴与某投资管理公司（以下简称某投资公司，实际控制人韩某）以及某国际信托公司（以下简称某信托公司）商定，由某信托公司成立结构化集合信托计划参与某生物公司的股票非公开发行，并由孟某山为信托计划本金和收益提供担保。

2013年3月25日，某信托公司成立某信托公司-慧智投资8号信托计划（以下简称慧智8号信托），孟某山借用某建筑工程公司（以下简称某建筑公

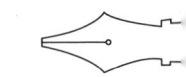

司）名义认购慧智8号信托B类劣后级份额5378万元。同时孟某山与某信托公司签订《股票质押合同》，以11 200万股"某生物公司"为慧智8号信托提供收益保底承诺，保证本金和12.5%的年化收益。

慧智8号信托作为单一委托人，委托某基金管理公司（以下简称某基金公司）设立某基金公司－慧智投资8号资产管理计划（以下简称某基金公司—慧智8号）作为参与某生物公司非公开发行股票的主体，认购11 164万股，认购资金69 998.28万元。慧智8号信托和某基金公司－慧智8号的实际下单交易由韩某控制的某投资公司负责。

2014年12月，慧智8号信托即将到期，"某生物公司"股价无法满足信托约定收益，孟某山为避免信托亏损以及承担担保责任，由杨某兴联络韩某和某经济贸易信托公司（以下简称某贸信托）发起设立某贸信托－九智9号集合资金信托计划（以下简称九智9号信托），以83 000万元受让慧智8号信托的受益权，从而九智9号信托间接持有"某生物公司"11 164万股。韩某控制的某投资公司具有九智9号信托的投资建议权，下达交易指令。孟某山以某建筑公司名义认购九智9号信托劣后级份额11 000万元，并对九智9号信托本金和收益进行担保，同时享有11%的固定收益和20%的超额收益，变相延长信托计划到期期限。

2. 孟某山、杨某兴操纵"某生物公司"股价的实施

孟某山作为某生物公司实际控制人、杨某兴作为时任某生物公司董事会秘书，为避免信托亏损以及承担担保责任，利用信息发布的优势地位，通过操控信息发布节奏，以及控制某生物公司二股东胡某军为增持"某生物公司"而设立的"广发增稳2号定向资产管理计划"（以下简称增稳2号）的股票交易，操纵"某生物公司"股价。具体情况如下：

（1）操控信息发布节奏，推动设立增稳2号

孟某山作为某生物公司实际控制人、时任董事长，具有公司重大事项的决策权；杨某兴时任某生物公司董事会秘书，参与公司涉及资本市场的重大事项，为孟某山提供建议，负责某生物公司与中介机构的协调沟通，以及各类重大信息的准备和发布，两人均具有信息优势地位。

2014年11月5日，某生物公司发布公告称公司拟通过发行股份并支付现金方式收购某生物科技股份公司（以下简称某科技公司）股权，并向不超过10名特定投资者非公开发行股份募集配套资金。后来，收购标的某科技公司发生了大股东股权质押导致相关审计报告需要重做、产生诉讼纠纷等影响收购的情况。在某生物公司采取重做审计报告、督促某科技公司协商解决诉讼等行动后，2015年7月初，杨某兴要求中某证券的金某宁准备某生物公司与某科

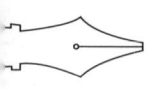

技公司终止重组的材料。某科技公司董事长、总裁闫某平称，2015年7月9日，时任某生物公司总经理王某军电话通知其某生物公司拟终止与某科技公司的重组。综上，"拟终止重组某科技公司"的信息在2015年7月9日即具备公告条件。但是，某生物公司方面并未及时公告前述信息，直到2015年8月12日，某生物公司收到商务部同意某生物公司收购某科技公司的批文并必须及时披露，杨某兴向孟某山汇报后，某生物公司在2015年8月12日收市后，同时披露了商务部的审批信息和前述拟终止重组信息，并公告公司股票自次一交易日起停牌。此后，在履行公司内部审议程序后，某生物公司于2015年9月1日公告终止本次重组，公司股票也于下一交易日复牌。

2015年7月8日，中国证监会发布《关于上市公司大股东及董事、监事、高级管理人员增持本公司股票相关事项的通知》（以下简称《增持通知》），在此背景下，孟某山电话联系在2015年4月至6月减持过"某生物公司"的二股东胡某军，说服胡某军出资增持公司股票，具体增持安排由孟某山、杨某兴负责，胡某军只负责在相关文件签字。此后，杨某兴经某证券股份公司某路营业部介绍，联络某证券资产管理公司设立增稳2号，增稳2号由胡某军作为单一委托人并以自有资金出资设立，相关交易指令由杨某兴通过其下属刘某芳下达，实际交易决策人为杨某兴。

2015年7月9日，某生物公司召开董事会、监事会和职工代表大会，审议通过了关于《某生物科技公司员工持股计划（草案）》的议案。

2015年7月初，某生物公司半年业绩数据形成，公司上半年实现归属于上市公司股东的净利润约3.3亿元，较上年同期增长150%左右。

在孟某山、杨某兴推动下，某生物公司陆续在2015年7月9日、7月10日向市场公告前述3项信息。

2015年7月18日，在增稳2号的增持数量未达到强制披露标准的情况下，杨某兴推动某生物公司自愿性披露了胡某军增持进展情况的公告。

2015年7月30日，在增稳2号的增持数量同样未达到强制披露标准的情况下，杨某兴推动某生物公司第二次自愿性披露了胡某军的增持进展。

此外，在某生物公司已计划终止重组某科技公司的情况下，杨某兴仍于2015年8月5日向前来调研的长某证券股份有限公司（以下简称长某证券）研究员传达了重组项目仍在进行中并且完成后将对行业格局和产品价格产生重大影响的正面信息，长某证券随后发布了推荐买入"某生物公司"的研究报告。

综上，孟某山、杨某兴操控信息发布节奏，拖延公告拟终止重组的利空信息，在九智9号信托大幅减持"某生物公司"情况下，仍然推动某生物公司

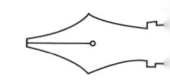

积极主动自愿性披露相关股东的增持信息。

(2) 孟某山、杨某兴操控减持"某生物公司"时点

2015年6月至7月初,"某生物公司"股价基本维持在孟某山信托计划退出成本之上,杨某兴多次催促韩某卖出九智9号信托持有的"某生物公司",以便解除孟某山的补偿和担保责任。2015年7月上旬股市异常波动期间,"某生物公司"股价最低降至6元/股左右,九智9号信托产生大额浮亏,杨某兴再次电话联系韩某,对韩某在2015年6月的股价高点没有卖出表达不满,并表示要解除担保。韩某回复说某投资公司卖出"某生物公司"的目标价格调整到了10元/股。经沟通,杨某兴和韩某共同将卖出目标价确定为10元/股,即在"某生物公司"股价达到10元/股时,九智9号信托就将"某生物公司"卖出。

随着前述业绩预增、二股东胡某军增持以及设立员工持股计划三项利好信息的发布,"某生物公司"股价连续4个交易日涨停,截至2015年7月14日,"某生物公司"收盘价逼近9元(8.82元/股)。但2015年7月15日"某生物公司"跌停,收盘价跌破8元(7.94元/股)。自2015年7月16日开始,杨某兴操控增稳2号连续3个交易日在二级市场增持"某生物公司",合计买入13 073 560股,并推动某生物公司于2015年7月18日自愿性披露了胡某军增持进展情况的公告。截至2015年7月22日,"某生物公司"收于9.99元/股,逼近10元/股目标价格。2015年7月23日,九智9号通过连续竞价交易和大宗交易分别减持2000万股和1000万股"某生物公司",其中,连续竞价卖出均价为10元/股,大宗交易卖出均价为9.76元/股。

自2015年7月24日起,"某生物公司"股价再次下挫,截至2015年7月27日收于8.79元/股。杨某兴操控增稳2号自2015年7月27日起连续3个交易日增持"某生物公司",买入股数合计15 289 230股,杨某兴推动某生物公司于2015年7月30日第二次自愿性披露了胡某军的增持进展。2015年7月31日"某生物公司"最高股价超过10元/股目标价格,九智9号于2015年7月31日通过连续竞价减持11 146 500股"某生物公司",卖出均价10元/股。

2015年8月3日,"某生物公司"股价大幅下跌,杨某兴操控增稳2号分别于2015年8月3日和2015年8月5日在二级市场增持"某生物公司"共计12 019 400股,某生物公司于2015年8月6日发布了股东胡某军增持完成的公告。

自2015年8月6日至2015年8月13日停牌前,"某生物公司"股价企稳回升并且大部分时间稳定在10元/股目标价格附近,九智9号信托于2015年8月7日、8月11日和8月12日分别减持100万股、3001万股和27 122 838股,

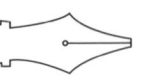

其中除 8 月 7 日通过连续竞价减持的 100 万股和 8 月 11 日通过大宗交易减持的 2000 万股均价略低于 10 元/股外，减持均价均超过 10 元/股。

截至 2015 年 8 月 12 日，九智 9 号信托将间接持有的 11 164 万股"某生物公司"全部清空。其中，2015 年 7 月至 8 月的减持均价为 10.10 元/股（包含 3000 万股大宗减持的折扣价格），与杨某兴和韩某在 2015 年 7 月初的约定价格基本一致。

3. 孟某山、杨某兴的操纵行为对股价的影响

受某生物公司发布的利好消息以及胡某军增持的影响，2015 年 7 月 8 日至 2015 年 8 月 12 日，"某生物公司"收盘价从 6.03 元上涨至 10.34 元，增幅 71.48%；同期，上证指数（000001.SH）从 3507.19 点涨至 3886.32 点，增幅 10.81%，"某生物公司"股价增幅偏离上证指数 60.67%；同期，中信一级食品饮料行业指数（CI005019.WI）从 7416.51 点涨至 8854.06 点，增幅 19.38%，"某生物公司"股价增幅偏离行业指数 52.10%；申万一级食品饮料行业指数（801120.SI）从 6221.70 点涨至 7097.26 点，增幅 14.07%，"某生物公司"股价增幅偏离行业指数 57.41%。

2015 年 8 月 13 日拟终止重组利空消息发布后某生物公司停牌至 2015 年 9 月 1 日，自 2015 年 9 月 2 日复牌时起，"某生物公司"股票在 2015 年 9 月 2 日、9 月 7 日和 9 月 8 日连续 3 个交易日收盘价格跌停，9 月 9 日打开跌停板收于 7.98 元/股，跌幅达 22.82%，期间上证指数上涨 2.41%，"某生物公司"股价与大盘偏离超过 25%；同期，中信一级食品饮料行业指数（CI005019.WI）上涨 1.03%，"某生物公司"股价偏离行业指数 23.85%；申万一级食品饮料行业指数（801120.SI）上涨 1.11%，"某生物公司"股价偏离行业指数 23.93%。

4. 孟某山、杨某兴操纵"某生物公司"的违法所得

在违法所得方面，以 2015 年 7 月 8 日（操纵行为开始日的前一日）为基准日，以该日"某生物公司"二级市场收盘价格为基准价格计算孟某山、杨某兴二人违法所得。对九智 9 号信托，以某建筑公司（实际出资人为孟某山）从九智 9 号信托实际获得的收益与某建筑公司可从九智 9 号信托获得收益之间的差额为孟某山、杨某兴的违法所得额，共计 196 107 712.83 元。经核实，增稳 2 号（胡某军）证券账户已于 2020 年 3 月 20 日将此前买入的"某生物公司"全部卖出，实际亏损 139 518 937.99 元。孟某山、杨某兴的违法所得为 56 588 774.84 元，其中杨某兴分得违法收益 2599 万元。

以上事实，有相关人员邮件、询问笔录、银行转账凭证、相关项目资料、相关账户交易记录、某基金公司的计算说明、上海证券交易所出具的盈利计算

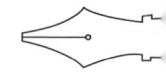

表、关于违法所得计算方法和过程的说明等证据,足以认定。

中国证监会认为,孟某山与杨某兴合谋,一边利用信息发布的优势地位,操控上市公司信息发布节奏,选择性地披露利好信息,拖延对某生物公司不利信息的发布;一边借拥有增稳2号交易决策权之便,控制增稳2号的股票交易。孟某山、杨某兴的行为影响投资者预期,推高股价,成功将"某生物公司"股价维持在孟某山信托退出成本之上。

与此同时,孟某山、杨某兴利用拖延发布拟终止重组利空信息、自愿性发布相关股东增持利好信息以及增稳2号不断增持"某生物公司"的"时间窗口",精准、集中、高位减持"某生物公司",从而实现对相关信托计划的顺利退出。孟某山、杨某兴具有共同主观故意,共同操纵"某生物公司"价格。孟某山、杨某兴的上述行为违反2005年修订的《中华人民共和国证券法》(以下简称原证券法)第七十七条第一款第四项的规定,构成第二百零三条所述操纵证券市场的行为。

杨某兴及其代理人提出如下申辩意见:第一,杨某兴未实施操纵证券市场的行为。一是杨某兴作为某生物公司时任董秘,没有权利决定是否终止、何时终止重组,仅能依据实际情况履行信息披露职责。二是2015年7月9日、10日发布的三项利好信息系某生物公司根据西藏证监局发布的《关于维护公司股价稳定有关事项的通知》明文要求,响应救市号召,结合自身情况,完成稳定股价的任务而实施。杨某兴作为某生物公司时任董秘,系按照证券监管部门要求,根据公司领导层制定的具体股价维稳方案开展信息披露工作。杨某兴对相关公告的发布时点、内容没有任何控制力。三是就拟终止与某科技公司重组一项,《事先告知书》仅依据闫某平个人回忆,无其他书面证据印证就认定某生物公司2015年7月9日决定终止重组,证据不足。事实上,某生物公司在2015年7月9日未拟定终止本次重组,杨某兴提交了大量当时形成的书面证据证明在2015年7月底至8月中旬,某生物公司仍一直在积极推进本次重组,杨某兴也未得到终止重组的指示。最终由于交易对手方短期内无法解决涉诉事项,且上交所不同意继续停牌,某生物公司才于2015年8月20日左右被迫终止本次重组。四是根据证券监管机构的明文要求,某生物公司大股东胡某军符合应当增持公司股票的条件,胡某军必须增持。杨某兴仅请孟某山联系胡某军,劝说其按照证券监管机构的要求增持。杨某兴仅系按照证券监管机构的明文要求开展相关工作,并不存在为了操纵股价,推动设立增稳2号的情形。且某生物公司就此的自愿披露是为了响应救市号召,更好地维护股价。同时间段,该类自愿性披露情况普遍,某生物公司并非个例。第二,杨某兴对九智9号并无决策权,九智9号减持价格、减持行为系韩某独立决策,韩某从未听取

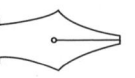

或者同意杨某兴的意见。杨某兴不存在控制该信托计划减持时点的能力。第三，杨某兴不具有操纵"某生物公司"的主观故意。一是延长案涉信托计划系中介机构主动提出，杨某兴转达，孟某山被动同意，杨某兴并不因此具有操纵"某生物公司"的背景或主观故意。二是在案证据无法证明杨某兴与孟某山之间存在操纵市场的共同故意。第四，判断案涉行为对股价影响时，应当采用行业指数，且应考虑某生物公司停牌后复牌的补跌因素影响。经计算，案涉时期某生物公司个股与行业指数波动情况一致，杨某兴案涉行为未对某生物公司股价造成影响，不存在操纵市场的结果。第五，杨某兴获取的2599万元为奖金，即便中国证监会对该奖金予以追缴，也不应对杨某兴再予以处罚。案涉各公告均在盘后发布，即使以2015年7月9日作为行为起点，也应以该日收盘价为基准价计算违法所得。杨某兴仅履行董秘职责，主观恶性低，积极配合调查，恳请降低处罚幅度。

中国证监会经复核认为：

第一，关于孟某山、杨某兴是否实施操纵证券市场行为的问题。一是孟某山作为某生物公司实际控制人、时任董事长，杨某兴作为时任某生物公司董事会秘书，为了保证由孟某山承担担保责任的九智9号信托顺利减持"某生物公司"且不亏钱，二人利用监管部门发布维护市场稳定的相关监管要求之时机和信息发布的优势地位，操控信息发布节奏，在相关信息均具备发布条件的情况下，择"业绩预增""胡某军增持""设立员工持股计划"三项利好优先发布，延迟发布"拟终止重组"的利空信息，并由杨某兴实际控制胡某军为增持"某生物公司"而设立的增稳2号进行了增持股票的交易。但与此同时，孟某山、杨某兴二人却通过九智9号信托反向操作，精准、集中、高位减持"某生物公司"。以上事实足以证明孟某山、杨某兴具有操纵"某生物公司"股价的行为。二是认定"拟终止重组"的信息应不晚于7月9日发布有充分的证据支持，从客观证据上，有杨某兴安排中某证券金某宁起草的某生物公司与某科技公司终止重组的邮件；从主观证据上，有某科技公司董事长、总裁闫某平的询问笔录称在7月9日某生物公司总经理王某军电话通知其拟终止重组，再结合当时某生物公司消极对待延期审计的情况，足以认定"拟终止重组"的信息于7月9日即具备公告条件。三是关于胡某军增持情况，经孟某山说服，胡某军同意增持，此后，杨某兴操控增稳2号连续大量买入"某生物公司"，在此期间，某生物公司先后两次自愿性披露胡某军增持进展情况，而且增持买入和自愿性信息披露时点基本都在"某生物公司"股价下跌之后，九智9号信托卖出"某生物公司"之前，交易时点和披露时间足以印证杨某兴通过操控增稳2号的增持行为来配合减持的目的。

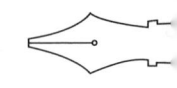

第二,关于九智9号信托交易决策权归属的问题。虽然九智9号信托由韩某负责下单交易,但是,根据询问笔录,某生物公司2013年非公开发行以及后续信托计划的参与,均为孟某山决策、杨某兴具体执行,二人的共同目标是确保信托计划不亏钱,且孟某山对杨某兴就此作出奖励承诺,2015年7月上旬股市异常波动期间,在前期多次催促韩某尽快减持"某生物公司"基础上,杨某兴又电话联系韩某,表达了对前期卖出缓慢的不满并再次催促韩某尽快卖出股票,韩某回复说已将卖出"某生物公司"的目标价格调整到了10元/股,杨某兴对此未提异议,据此,两人共同将卖出目标价确定为10元/股。根据相关询问笔录,杨某兴要求韩某说话算话,并明确威胁如果不减持就退出担保。在催促韩某尽快减持九智9号信托间接持有的"某生物公司"的同时,杨某兴操控增稳2号连续大量买入"某生物公司",推动某生物公司自愿性披露胡某军增持进展情况,拖延拟终止重组某科技公司这一重大信息的发布,在2015年7月9日至8月12日期间,"某生物公司"股价基本稳定在10元/股的目标价格附近。截至2015年8月12日,九智9号信托将间接持有的11 164万股"某生物公司"全部清空,且卖出价格与杨某兴的要求基本一致。

第三,关于孟某山和杨某兴共同操纵"某生物公司"股价的主观故意问题。从主体身份和作用看,孟某山作为某生物公司实际控制人、时任董事长和九智9号信托产品的收益担保人,是整个操纵行为的决策者,杨某兴作为时任董事会秘书,负责具体执行。根据询问笔录,孟某山曾经允诺,如果九智9号信托没有亏损,会给杨某兴奖励,事后孟某山也实际给予了杨某兴资金奖励。同时,杨某兴和韩某在接受被告询问时均表示,操作九智9号信托的股票交易要确保孟某山不赔钱。此外,杨某兴多次电话联系韩某,两人共同将股票卖出目标价确定为10元/股,即在"某生物公司"股价达到10元/股时,九智9号信托就将"某生物公司"卖出。从客观上看,杨某兴操控增稳2号连续大量买入"某生物公司",同时杨某兴还推动某生物公司自愿性披露胡某军增持进展情况的公告,将"某生物公司"股价稳定于10元/股的目标价格附近。在此期间,九智9号信托连续、集中、高位减持"某生物公司",减持均价为10.10元/股,与杨某兴和韩某在2015年7月初的约定价格一致。综上,结合孟某山与杨某兴操纵"某生物公司"股价的客观行为和两者信息优势地位,以及二人具有共同确保孟某山不因九智9号信托亏损承担担保责任的目的,同时事后孟某山给予杨某兴资金奖励的事实,足以证明孟某山与杨某兴具有操纵"某生物公司"股价的共同故意。

第四,关于操纵行为对"某生物公司"股价的影响。2015年7月8日至2015年8月12日期间,"某生物公司"收盘价从6.03元上涨至10.34元,增幅

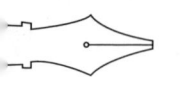

71.48%；同期，上证指数（000001.SH）增幅10.81%，"某生物公司"股价增幅偏离上证指数60.67%；同期，中信一级食品饮料行业指数（CI005019.WI）增幅19.38%，"某生物公司"股价增幅偏离行业指数52.10%；申万一级食品饮料行业指数（801120.SI）增幅14.07%，"某生物公司"股价增幅偏离行业指数57.41%。杨某兴认为应该采用中信三级行业调味品指数（CI005330）计算，被告认为该指数成分股较少，受个股影响较大，而上证指数、中信一级食品饮料行业指数、申万一级食品饮料行业指数更具合理性。另外，当事人提出在考虑偏离度时应考虑补跌因素影响的申辩意见不具有合理性。

第五，关于违法所得和处罚幅度问题。在违法所得计算方面，对九智9号信托，孟某山、杨某兴是基于避损的目的实施的操纵行为，以某建筑公司（实际出资人为孟某山）实际从九智9号信托获得的收益与某建筑公司（以7月8日收盘价为基准）可从九智9号信托获得收益之间的差额为孟某山、杨某兴的违法所得额，共计196 107 712.83元，能够充分匹配孟某山、杨某兴违法行为的社会危害性，且被告已将相关计算方法、过程和数据向当事人予以了充分告知。此外，经核实，增稳2号（胡某军）证券账户已于2020年3月20日将此前买入的"某生物公司"全部卖出，实际亏损139 518 937.99元。孟某山、杨某兴的违法所得为56 588 774.84元，其中杨某兴分得违法收益2599万元。综上，对违法所得的计算无误。在处罚幅度方面，孟某山作为上市公司实际控制人，在股市异常波动期间，不顾市场状况和监管层相关号召，利用所具有的信息优势地位，操控上市公司信息发布节奏，并将监管层关于维护市场稳定的相关要求作为推动其他股东增持以方便自己减持股票的工具，操纵"某生物公司"股价，连续、集中、高位减持股票，违法行为恶劣，情节较为严重；杨某兴作为时任上市公司董事会秘书，具体负责违法行为的实施，情节严重。被告对孟某山、杨某兴没收违法所得并处以三倍罚款，并对二人分别处以十年市场禁入措施、三年市场禁入措施符合"过罚相当"原则。综上，被告对当事人请求从轻、减轻处罚的陈述申辩意见不予采纳。

综上，根据当事人违法行为的事实、性质、情节与社会危害程度，中国证监会依据原证券法第二百三十三条和《证券市场禁入规定》（证监会令第115号）第五条的规定，决定：对孟某山采取十年证券市场禁入措施，对杨某兴采取三年证券市场禁入措施，自中国证监会宣布决定之日起，在禁入期间内，除不得继续在原机构从事证券业务或者担任原上市公司、非上市公众公司董事、监事、高级管理人员职务外，也不得在其他任何机构中从事证券业务或者担任其他上市公司、非上市公众公司董事、监事、高级管理人员职务。

杨某兴不服被诉禁入决定中对其作出的行政处罚，向中国证监会申请行政

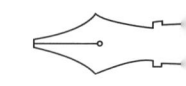

复议。2021年3月31日，中国证监会作出〔2021〕44号《行政复议决定书》（以下简称被诉复议决定），决定维持被诉禁入决定中对杨某兴作出的市场禁入决定。

原告杨某兴仍不服，诉至本院，请求撤销被诉禁入决定中对其作出的行政处罚和被诉复议决定。杨某兴提出的主要理由为：

1. 杨某兴未实施操纵证券市场的行为。第一，杨某兴未控制信息发布节奏，不存在推迟发布利空消息的情形。被诉禁入决定认定2015年7月9日具备公告终止重组条件证据不足。中国证监会认定王某军电话告知闫某平重组终止，但该认定仅依据某科技公司闫某平、王某的单方面个人询问笔录，与王某军笔录内容相矛盾。且认定时点违反《上市公司信息披露管理办法》的规定，2015年7月9日后某生物公司仍继续推动重组进程。第二，胡某军依据监管部门之要求进行增持，与杨某兴无关。胡某军增持"某生物公司"股票，是基于救市的及时性和迫切性、个人资金充盈情况以及合理的商业判断，不存在故意选择增持时点配合九智9号减持"某生物公司"的情形，不构成操纵证券市场。第三，某生物公司根据监管部门要求发布利好消息，披露时点并非由某生物公司自行选择、控制，目的是响应救市号召、完成稳定股价的政治任务。因此杨某兴不存在利用信息发布优势地位，控制信息发布节奏操纵"某生物公司"股价之情形。第四，杨某兴未实施证券交易行为，无法构成操纵证券市场违法行为。杨某兴无法控制九智9号涉案证券账户减持"某生物公司"时点，该涉案账户实际由韩某控制使用并作出交易决策，杨某兴的联系、催促行为不能等同于控制证券账户、下达交易指令行为。

2. 杨某兴依法履行董秘职责，没有操纵证券市场的故意。第一，杨某兴按照证券监管部门的要求，根据公司领导层制定的具体股价维稳方案履行董秘信息披露职责，如实披露重组进展情况，提示风险，不存在任何违法违规行为，且杨某兴没有权限决策信息披露。第二，杨某兴与孟某山不存在合谋操纵证券市场的故意，没有证据证明杨某兴与孟某山就利用信息优势操纵证券市场存在意思联络，杨某兴也没有向孟某山提出过建议或收到其指示。

3. 违法所得金额认定错误。第一，基准日认定错误导致违法所得金额计算错误。中国证监会在计算违法所得时，是将2015年7月8日作为基准日计算违法所得，但终止重组的公告要在7月9日当天才能报送交易所系统，7月9日"某生物公司"的收盘价不受当天利空消息的影响，故应以2015年7月9日作为基准日。第二，未扣除信托计划成本导致违法所得金额计算错误。截至清算日，孟某山共向某贸信托实际支付两笔B类增强信托资金。中国证监会在计算本案违法所得金额时，仅扣除了第二笔B类增强信托资金，遗漏未扣

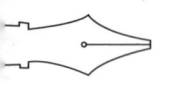

除第一笔 B 类增强信托资金，导致违法所得计算错误。第三，被诉禁入决定中认定杨某兴自孟某山处分得操纵证券市场违法所得金额 2599 万元，但该笔资金系孟某山对杨某兴多年履职的补偿和奖励，并非操纵证券市场违法所得。

杨某兴在法定举证期限内向本院提交如下证据：

1. 某生物公司工作人员与中伦律师事务所反垄断律师往来邮件；
2. 某生物公司收购某科技公司股权反垄断审查补充材料；
3. 某生物公司收购某科技公司股权案反垄断《审查决定通知》；

以证据 1-3 证明 2015 年 7 月 9 日以后某生物公司配合律师准备重组项目反垄断审查事项，继续推动重组进程；

4. 2015 年 8 月 13 日王某军、杨某兴飞往银川的机票行程单；
5. 财务顾问中植资本客户拜访记录；

以证据 4、5 证明 2015 年 7 月 9 日以后某生物公司继续与重组方某科技公司、财务顾问中植资本沟通协商，推动重组进程；

6. 2015 年 8 月 18 日杨某兴飞往上海的机票行程单；
7. 上交所《关于督促某生物科技公司确定重大资产重组事项的监管工作函》；

以证据 6、7 证明监管部门施压要求某生物公司尽快对重大资产重组方案是否终止予以明确；

8. 某生物公司 2015 年第一次战略委员会会议纪要；
9. 某生物公司第七届董事会第二十次会议决议公告；
10. 某生物公司《关于终止本次发行股份及支付现金购买资产并配套募集资金事项的公告》；

以证据 8-10 证明 2015 年 8 月 22 日某生物公司拟终止涉案重大资产重组事项，并于 9 月 1 日正式作出终止决定；

11. 西藏证监局《关于维护公司股价稳定有关事项的通知》；
12. 中国证监会 2015 年 7 月 10 日新闻发布会；
13. 中国证监会《关于上市公司大股东及董事、监事、高级管理人员增持本公司股票相关事项的通知》；

以证据 11-13 证明某生物公司根据监管部门要求发布利好信息，大股东胡某军依据监管部门要求进行增持；

14. 2015 年 8 月 6 日方正证券调研纪要，以证明杨某兴向研究员说明某科技公司诉讼不和解，导致重组具有很大不确定性，并未传递不实、误导信息；

15. 某生物公司董事会秘书工作制度，以证明杨某兴作为董事会秘书，没有权限决策信息披露；

16. 孟某山的中国银行交易流水明细清单，以证明 2015 年 6 月 12 日孟某山向某贸信托支付第一笔 B 类增强信托资金 30 257 500.00 元；

17.《关于某味精公司解散与某生物科技公司历史沿革的专项核查意见》，以证明 2009 年某生物公司借壳上市前孟某山向 15 位自然人股东转让大量股份作为答谢；

18. 某生物公司《人事部关于集团归级薪资调整的通知》；

19.《某生物公司前高管人员 2011 – 2016 年薪明细》。

以证据 18、19 证明杨某兴薪酬待遇涨幅缓慢，与某生物公司其他高管拉开很大距离。

中国证监会辩称，被诉禁入决定和被诉复议决定认定事实清楚，证据充分，法律适用正确，执法程序合法，请求判决驳回杨某兴的诉讼请求。中国证监会提出的主要理由为：

1. 孟某山、杨某兴共同实施操纵证券市场行为。第一，孟某山作为某生物公司实际控制人、时任董事长，杨某兴作为时任某生物公司董事会秘书，为了保证由孟某山承担担保责任的九智 9 号信托顺利减持"某生物公司"且不亏钱，二人利用监管部门发布维护市场稳定的相关监管要求之时机和信息发布的优势地位，操控信息发布节奏，在相关信息均具备发布条件的情况下，择"业绩预增""胡某军增持""设立员工持股计划"三项利好优先发布，延迟发布"拟终止重组"的利空信息，并由杨某兴实际控制胡某军为增持"某生物公司"而设立的增稳 2 号进行了增持股票的交易。但与此同时，孟某山、杨某兴二人却通过九智 9 号信托反向操作，精准、集中、高位减持"某生物公司"。以上事实足以证明孟某山、杨某兴具有操纵"某生物公司"股价的行为。第二，关于胡某军增持情况，经孟某山说服，胡某军同意增持，此后，杨某兴操控增稳 2 号连续大量买入"某生物公司"，在此期间，某生物公司先后两次自愿性披露胡某军增持进展情况，而且增持买入和自愿性信息披露时点基本都在"某生物公司"股价下跌之后，九智 9 号信托卖出"某生物公司"之前，交易时点和披露时间足以印证杨某兴通过操控增稳 2 号的增持行为来配合减持的目的。第三，中国证监会认定"拟终止重组"的信息应不晚于 7 月 9 日发布有充分的证据支持。从客观证据上，有杨某兴安排中某证券金某宁起草的某生物公司与某科技公司终止重组的邮件；从主观证据上，有某科技公司董事长、总裁闫某平的询问笔录称在 7 月 9 日某生物公司总经理王某军电话通知其拟终止重组，再结合当时某生物公司消极对待延期审计的情况，足以认定"拟终止重组"的信息于 7 月 9 日即具备公告条件。

2. 杨某兴实施了九智 9 号信托交易决策权。虽然九智 9 号信托由韩某负责

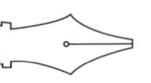

下单交易，但是，根据询问笔录，某生物公司 2013 年非公开发行以及后续信托计划的参与，均为孟某山决策、杨某兴具体执行，二人的共同目标是确保信托计划不亏钱，且孟某山对杨某兴就此作出奖励承诺，2015 年 7 月上旬股市异常波动期间，在前期多次催促韩某尽快减持"某生物公司"基础上，杨某兴又电话联系韩某，表达了对前期卖出缓慢的不满并再次催促韩某尽快卖出股票，韩某回复说已将卖出"某生物公司"的目标价格调整到了 10 元/股，杨某兴对此未提异议，据此，两人共同将卖出目标价确定为 10 元/股。根据相关询问笔录，杨某兴要求韩某说话算话，并明确威胁如果不减持就退出担保。在催促韩某尽快减持九智 9 号信托间接持有的"某生物公司"的同时，杨某兴操控增稳 2 号连续大量买入"某生物公司"，推动某生物公司自愿性披露胡某军增持进展情况，拖延拟终止重组某科技公司这一重大信息的发布，在 2015 年 7 月 9 日至 8 月 12 日期间，"某生物公司"股价基本稳定在 10 元/股的目标价格附近。截至 2015 年 8 月 12 日，九智 9 号信托将间接持有的 11 164 万股"某生物公司"全部清空，且卖出价格与杨某兴的要求基本一致。

3. 孟某山和杨某兴具有共同操纵"某生物公司"股价的主观故意。从主体身份和作用看，孟某山作为某生物公司实际控制人、时任董事长和九智 9 号信托产品的收益担保人，是整个操纵行为的决策者，杨某兴作为某生物公司时任董事会秘书，负责具体执行。根据询问笔录，孟某山曾经允诺，如果九智 9 号信托没有亏损，会给杨某兴奖励，事后孟某山也实际给予了杨某兴资金奖励。同时，杨某兴和韩某在接受中国证监会询问时均表示，操作九智 9 号信托的股票交易要确保孟某山不赔钱。此外，杨某兴多次电话联系韩某，两人共同将股票卖出目标价确定为 10 元/股，即在"某生物公司"股价达到 10 元/股时，九智 9 号信托就将"某生物公司"卖出。从客观上看，杨某兴操控增稳 2 号连续大量买入"某生物公司"，同时杨某兴还推动某生物公司自愿性披露胡某军增持进展情况的公告，将"某生物公司"股价稳定于 10 元/股的目标价格附近。在此期间，九智 9 号信托连续、集中、高位减持"某生物公司"，减持均价为 10.10 元/股，与杨某兴和韩某在 2015 年 7 月初约定的价格一致。综上，结合孟某山与杨某兴操纵"某生物公司"股价的客观行为和两者信息优势地位，以及二人具有共同确保孟某山不因九智 9 号信托亏损承担担保责任的目的，同时事后孟某山给予杨某兴资金奖励的事实，足以证明孟某山与杨某兴具有操纵"某生物公司"股价的共同故意。

4. 对违法所得的计算正确。在违法所得计算方面，对九智 9 号信托，孟某山、杨某兴是基于避损的目的实施操纵行为的，以某建筑公司（实际出资人为孟某山）实际从九智 9 号信托获得的收益与某建筑公司（以 7 月 8 日收盘价为基准）可从九智 9 号信托获得收益之间的差额为孟某山、杨某兴的违法所得额，共计 196 107 712.83 元，能够充分匹配孟某山、杨某兴违法行为的社会危害性，且中国证监会已将相关计算方法、过程和数据向当事人予以了充分告知。此外，经核实，增稳 2 号（胡某军）证券账户已于 2020 年 3 月 20 日将此前买入的"某生物公司"全部卖出，实际亏损 139 518 937.99 元。孟某山、杨某兴的违法所得为 56 588 774.84 元，其中杨某兴分得违法收益 2599 万元。综上，中国证监会对违法所得的计算无误。

5. 中国证监会的调查程序、听证程序、复议程序均依法进行，符合法定程序。中国证监会依法对杨某兴进行了立案调查、审理，并依法向杨某兴告知了作出行政处罚的事实、理由、依据及其依法享有的权利。中国证监会依申请举行了听证，听取杨某兴的陈述、申辩意见。中国证监会的调查取证和听证程序合法有效，所取得证据符合法定程序和法定形式。中国证监会在听证后对杨某兴提交的申辩材料进行了全面复核，相关复核意见记载于被诉禁入决定。中国证监会作出被诉禁入决定后，依法履行了送达程序。中国证监会作出被诉禁入决定程序合法。中国证监会负责法制工作的机构收到杨某兴不服被诉禁入决定的行政复议申请后，按照法定程序进行了复议，在法定期限内作出被诉复议决定并邮寄送达杨某兴，程序合法。

为证明被诉禁入决定和被诉复议决定的合法性，中国证监会在法定举证期限内向本院提交下列证据：

第一组证据是关于孟某山、杨某兴操纵"某生物公司"股价背景的证据，包括：（1）对孟某山、杨某兴、隋某军、王某娣、宋某、孙某强、韩某、程某、韩某福、尚某伟、穆某军、陈某强、李某、宋某宇、陈某、陈某洲、张某涛、马某的询问笔录；（2）王某娣情况说明；（3）某建筑公司中国银行（7837）、孟某山兴业银行（9516）、宋某兴业银行（2410）、金收粮储建设银行（5649）、丰盛粮储建设银行（5632）、亿兴粮储建设银行（6213）、春秋工贸工商银行（0942）、远成粮销工商银行（9184）、宋某沧州银行（0871）、贾某久农业银行（0175）、恒辉投资中国银行（3130）、孙某强工商银行（8376）、新开融资交通银行（4493）、某贸信托中国银行（3291）、邵某中国银行（1617）、李某骏浦发银行（7958）资料；（4）某信托公司法律文书、某信托公司与孟某山先生之合作协议、还款协议、股票质押合同、慧智 8 号信托资金信托合同、认购风险申明书、计划说明书、慧智 8 号信托收益分配明细表、某基金公司法律文书、某基金公司－慧智 8 号资管合同、某信托公司与某基金公司合作备忘录；（5）某投资公司法律文书、九智 9 号信托投资顾问合同、某贸信托法律文书、差额付款协议、股票质押合同、受益权转让合同、九

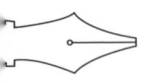

智9号信托认购风险申明书、资金信托合同、计划说明书、三方操作协议、清算报告、收益分配表；（6）某生物公司相关公告；以上述证据证明孟某山、杨某兴操纵"某生物公司"股价的背景，具体包括某生物公司非公开发行的相关情况、慧智8号信托计划成立情况、九智9号信托计划成立情况、杨某兴在上述事项中的角色和作用。

第二组证据是关于孟某山、杨某兴实施对"某生物公司"股价进行操纵的证据，包括：（1）对孟某山、杨某兴、隋某军、王某军、闫某平、王某、张某、孙某、韩某、程某、韩某（2017年11月3日）、金某宁、彭某涛、杨某、黄某、张某义、薛某、谷某、董某远、陈某2、蒲某、郭某、胡某军、刘某芳、杨某雄、陈某3的询问笔录；（2）某生物公司法律文书；（3）某生物公司关于终止重组的说明；（4）某生物公司董监高履历表等；（5）某生物公司与某科技公司重组会议文件；（6）金某宁邮件资料；（7）彭某涛电脑资料；（8）某科技公司情况说明；（9）某杰公司起诉状；（10）某生物公司与某科技公司函件；（11）王某军、杨某兴、闫某平、王某机票信息；（12）某科技公司审计报告；（13）胡某军账户（增稳2号）相关资料；（14）某江证券相关研报审批流程、长某证券相关研报及审批流程；（15）某投资公司情况说明、九智9号信托投资顾问合同、投资建议书；（16）"某基金公司－慧智8号"情况说明、交易流水；（17）市场公开交易数据；（18）某生物公司相关公告；以上述证据证明杨某兴等人操纵信息发布节奏，推动设立增稳2号，杨某兴向相关券商研究员传达误导性信息，杨某兴等人控制增稳2号增持节奏和自愿披露节奏，杨某兴等人操控减持时点以及杨某兴在上述事项中的角色和作用。

第三组证据是关于孟某山、杨某兴的操纵行为对股价影响的证据，为市场公开交易数据，以证明操纵行为对股价的影响。

第四组证据是关于孟某山、杨某兴操纵"某生物公司"的违法所得的证据，包括：（1）违法所得的计算方法和过程；（2）九智9号违法所得计算表；（3）胡某军账户（增稳2号）盈亏计算（第三次申辩意见）；（4）对孟某山、杨某兴、王某娣、宋某、孙某强的询问笔录；（5）宋某兴业银行（2410）、孙某强工商银行（8376）、邵某中国银行（1617）、杨某兴建设银行（8590）、程某芝建设银行（4983）资料；以上述证据证明操纵行为有违法所得以及杨某兴应承担的没收金额份额。

第五组证据是关于中国证监会作出具体行政行为程序的证据，包括：（1）第一次《行政处罚事先告知书》、送达回证、授权委托书、当事人身份证复印件；（2）第一次《听证通知书》及送达回证、听证参加人确认书、授权委托书等；（3）第一次听证笔录；（4）第二次《行政处罚事先告知书》、送达

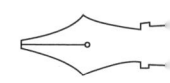

回证、授权委托书、当事人身份证复印件；（5）第二次《听证通知书》及送达回证、听证参加人确认书、授权委托书等；（6）第二次听证笔录；（7）第三次《行政处罚事先告知书》、送达回证；（8）当事人提交的陈述申辩材料及证据（2018年8月、2019年4月、2020年6月3日提交的申辩材料及证据共6本）；以上述证据证明中国证监会依法履行了行政处罚法规定的事先告知程序；（9）被诉处罚决定和《市场禁入决定书》送达回证、代理人身份证明材料，以证明中国证监会依法履行了行政处罚法规定的送达程序，向杨某兴送达了被诉处罚决定和《市场禁入决定书》。

第六组证据是关于中国证监会作出具体行政行为的相关法律依据，包括：原证券法第七十七条第一款、第二百零三条、第二百三十三条和《证券市场禁入规定》（证监会令第115号）第五条，以证明中国证监会作出的行政处罚决定依据合法，适用法律正确。

第七组证据是关于中国证监会履行复议程序的证据，包括：（1）行政复议申请书；（2）《行政复议答复通知书》；（3）行政复议答复书；（4）《行政复议延期审理通知书》及EMS单据复印件；（5）被诉复议决定及EMS单据复印件；以上述证据证明中国证监会作出的行政复议决定符合法定程序。

经庭审质证，杨某兴表示对中国证监会提交的第一组证据和第二组证据的真实性、合法性无异议，不认可关联性和证明目的；对中国证监会提交的第三组证据的真实性、合法性、关联性无异议，不认可证明目的；对中国证监会提交的第四组证据的真实性、合法性无异议，对部分证据的关联性有异议，不认可证明目的；对中国证监会提交的第五组证据的真实性、合法性、关联性无异议，认可证明目的；认为中国证监会提交的第六组证据系原证券法及其相关规定，不属于证据范畴；对中国证监会提交的第七组证据的真实性、合法性、关联性无异议，认可证明目的。中国证监会对杨某兴提交的证据的真实性、合法性、关联性没有异议，对证明目的有异议。

对于上述证据，本院经审查认为，中国证监会提交的第六组证据系相关法律依据，并非证据，不作为证据使用。中国证监会提交的证据中的被诉禁入决定和被诉复议决定系本案被诉行政行为的书面载体，其本身不能证明被诉行政行为的合法性，但能够证明中国证监会作出被诉禁入决定和被诉复议决定的事实及具体内容，本院对该证据依法予以采信。中国证监会提交的其他证据和杨某兴提交的证据均与本案有关，且符合证据形式上的合法性、真实性要求，能够证明本案相关事实，本院均予以采纳。至于杨某兴和中国证监会提交的证据的证明目的是否成立，本院在裁判理由部分作为被诉禁入决定及被诉复议决定合法性问题予以论述。

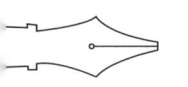

依杨某兴申请，本院通知证人韩某出庭作证。证人韩某出庭陈述：某投资公司作为某贸信托九智 9 号集合资金信托计划的投资顾问，与某贸信托签署了《投资顾问合同》。其作为某投资公司的实际控制人，在 2015 年 1 月至 8 月期间减持"某生物公司"股票的过程是独立进行决策，并按照协议要求发送投资建议书的。杨某兴虽然多次打电话，但只具有情绪上的影响，并不影响其独立决策。经庭审质证，中国证监会对韩某证人证言的真实性有异议。对证人证言是否采信，本院在裁判理由部分作为被诉禁入决定及被诉复议决定的合法性问题予以论述。

本院根据上述合法有效的证据以及当事人的有关陈述，对被诉禁入决定中认定的事实予以确认。

本院另查明，2018 年 5 月 29 日，中国证监会针对杨某兴作出处罚字〔2018〕65 号行政处罚及市场禁入事先告知书，告知其拟作出行政处罚的事实、理由、法律依据以及具体内容。同月 31 日，杨某兴签收该告知书，并要求陈述、申辩及举行听证会。同年 6 月 14 日，杨某兴的委托代理人查阅了卷宗材料。同月 26 日，中国证监会向杨某兴作出第一次听证通知书，并于同年 7 月 31 日举行第一次听证会。同年 12 月 29 日，中国证监会针对杨某兴作出处罚字〔2019〕1 号行政处罚及市场禁入事先告知书，告知其拟作出行政处罚的事实、理由、法律依据以及具体内容。2019 年 1 月 2 日，杨某兴的委托代理人签收该告知书，并要求陈述、申辩及举行听证会。同月 7 日，杨某兴的委托代理人查阅了卷宗材料。同年 3 月 6 日，中国证监会向杨某兴作出第二次听证通知书，并于同年 4 月 12 日举行第二次听证会。2020 年 6 月 2 日，中国证监会针对杨某兴作出处罚字〔2020〕42 号行政处罚及市场禁入事先告知书，告知其拟作出行政处罚的事实、理由、法律依据以及具体内容。同年 6 月 5 日，杨某兴的委托代理人签收该告知书，并表示不再要求举行听证会。中国证监会于 2020 年 11 月 2 日作出被诉禁入决定。杨某兴的委托代理人于同月 6 日签收。后杨某兴不服，向中国证监会申请行政复议。2021 年 1 月 4 日，中国证监会收到杨某兴提交的行政复议申请书，并于同年 1 月 12 日作出证监复答字〔2021〕6 号《行政复议答复通知书》，要求中国证监会行政处罚委员会（以下简称处罚委）提出书面答复，同时将作出具体行政行为的全部证据、依据和其他材料一并提交。同月 18 日，处罚委作出处罚委函〔2021〕75 号《行政复议答复意见书》，建议维持被诉处罚决定和市场禁入决定。同年 3 月 5 日，中国证监会作出证监复延字〔2021〕21 号《行政复议延期审理通知书》，决定延期至 2021 年 4 月 5 日前作出行政复议决定，并于同月 6 日送达该延期审理通知书。同月 31 日，中国证监会作出被诉复议决定，决定维持被诉禁入决定中对杨某兴的行政处罚。

本院又查明：某投资公司总经理韩某与杨某兴2015年7月前后达成"某生物公司股票的目标价格调整为10元/股"的合意。

本院再查明，2015年7月8日，某生物公司盘后发布《2015年半年度业绩预增的公告》，主要内容为：预计2015年上半年实现归属于上市公司股东的净利润约3.3亿元，与上年同期相比增加150%左右。当天，某生物公司又发布《关于股东拟增持公司股票的公告》，主要内容为：为维护公司股价稳定，胡某军先生计划未来六个月之内（自2015年7月9日起）通过证券公司、基金管理公司定向资产管理计划等方式增持人民币3.6亿元的某生物公司普通股股票。

本院认为，根据《中华人民共和国行政诉讼法》第六条的规定，人民法院审理行政案件，对行政行为是否合法进行审查。本案中，中国证监会于2020年11月2日对杨某兴作出市场禁入决定，认定杨某兴于2015年7月8日至2015年8月12日期间实施了操纵市场行为。中国证监会对杨某兴作出行政处罚时，经全国人民代表大会常务委员会于2019年12月28日修订的《中华人民共和国证券法》（以下简称2019年证券法）虽已自2020年3月1日起施行，但该行政处罚所针对的违法行为发生于2015年，该违法行为发生时生效的是全国人民代表大会常务委员会于2014年8月31日修正的原证券法。同时，针对操纵市场违法行为，原证券法第二百零三条设定的行政处罚比2019年证券法第一百九十二条设定的行政处罚更轻。据此，对本案被诉禁入决定合法性的审查应当依原证券法，而不是2019年证券法。

根据原证券法第七条、第一百七十九条第一款第七项的规定，中国证监会具有作出被诉禁入决定的法定职权。在本案诉讼中，杨某兴对中国证监会具有作出行政处罚的法定职权不持异议，对被诉禁入决定的程序合法性亦不持异议。根据《中华人民共和国行政复议法》第十四条的规定，中国证监会具有作出被诉复议决定的法定职权。在本案中，杨某兴对中国证监会具有作出行政复议的法定职权不持异议，对被诉复议决定的程序合法性亦不持异议。

原证券法第七十七条规定："禁止任何人以下列手段操纵证券市场：（一）单独或者通过合谋，集中资金优势、持股优势或者利用信息优势联合或者连续买卖，操纵证券交易价格或者证券交易量；（二）与他人串通，以事先约定的时间、价格和方式相互进行证券交易，影响证券交易价格或者证券交易量；（三）在自己实际控制的账户之间进行证券交易，影响证券交易价格或者证券交易量；（四）以其他手段操纵证券市场。"

根据前述法律规定，结合双方当事人的诉辩主张，本案的争议焦点为：

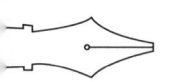

（1）杨某兴是否具有操纵涉案股票的故意；（2）杨某兴是否存在操纵信息发布时点及控制相关账户交易的行为；（3）违法所得计算是否正确。本院重点围绕争议焦点问题进行论述：

一、关于杨某兴是否故意操纵涉案股票的问题

首先，本案证据可以证明，孟某山和杨某兴共同具有确保孟某山不因九智9号信托产品亏损承担担保责任的目的。孟某山在事前曾向杨某兴承诺，只要九智9号信托产品不亏损，就会给杨某兴奖励。孟某山在事后也履行了承诺，实际向杨某兴支付了2599万元作为奖励。其次，杨某兴与韩某达成了在"某生物公司"股价为10元/股时就卖出的目标价格，九智9号在该价位卖出"某生物公司"可以实现孟某山不因九智9号信托产品亏损承担担保责任的目的。最后，杨某兴通过控制信息发布节奏、操控增稳2号连续大量买入"某生物公司"等行为，配合九智9号连续、集中、高位减持"某生物公司"。综上，结合杨某兴的行为，可以认定杨某兴具有操纵"某生物公司"股价的故意。

二、关于杨某兴是否存在操纵信息发布时点及控制相关账户交易行为的问题

本争议焦点的实质是认定杨某兴是否通过控制利好和利空信息的发布节奏实现操纵"某生物公司"股价的问题。杨某兴具体实施了如下行为：

第一，杨某兴延迟发布"拟终止重组某科技公司"的利空信息。中某证券并购重组部董事金某宁的询问笔录及其邮箱显示、某科技公司董事长、总裁闫某平的询问笔录足以认定"拟终止重组某科技公司"的信息在2015年7月9日已具备公告条件，但某生物公司未及时公告上述信息，至2015年8月12日收市后才予以公告。杨某兴作为某生物公司董事会秘书，实际控制了信息发布的节奏，拖延了利空信息的发布。第二，在杨某兴的推动下，某生物公司积极披露"业绩预增""二股东胡某军增持""员工持股计划"等利好信息。2015年7月8日，某生物公司发布了《2015年半年度业绩预增的公告》和《关于股东拟增持公司股票的公告》两项利好信息。同月10日某生物公司发布了《某生物公司员工持股计划（草案）》的议案。上述三项利好信息的发布，导致"某生物公司"股价连续4个交易日涨停，推高了"某生物公司"的股价。同时，2015年7月18日和7月30日，在增稳2号持股数量未达到强制披露标准的情况下，某生物公司自愿性披露胡某军增持进展情况的公告拉抬股价。

对比前述利空信息和利好信息的发布节奏，可以明显看出，杨某兴对于利好信息采取的是"当天发布""未达到披露标准即自愿性披露"等方式，而对于利空信息则采取推迟发布的方式，对于两类信息选择了截然不同的方式。与

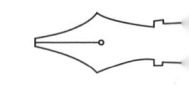

此同时，杨某兴的信息披露行为还与如下行为相配合：

首先，杨某兴控制了二股东胡某军增稳2号的股票增持。增稳2号计划增持的事情是由杨某兴具体安排价格区间和执行区间，实际交易决策人为杨某兴。杨某兴通过实际控制增稳2号的增持行为来配合九智9号信托的减持。其次，杨某兴通过与韩某达成协议，控制九智9号信托卖出"某生物公司"。杨某兴主张其对九智9号的卖出不具有决策权，但在案证据可以证明韩某与杨某兴2015年7月前后达成"某生物公司股票的目标价格调整为10元/股"的合意。所谓控制是指，使其按控制者的意愿活动。本案中，九智9号账户的交易指令虽由韩某下达，但其在10元/股卖出"某生物公司"的决策是按照杨某兴的意愿进行的，故可以认定在该事项上，韩某受到了杨某兴的控制。

三、关于涉案违法所得金额的计算问题

原证券法第二百零三条规定，违反本法规定，操纵证券市场的，责令依法处理非法持有的证券，没收违法所得，并处以违法所得一倍以上五倍以下的罚款；没有违法所得或者违法所得不足三十万元的，处以三十万元以上三百万元以下的罚款。单位操纵证券市场的，还应当对直接负责的主管人员和其他直接责任人员给予警告，并处以十万元以上六十万元以下的罚款。本案中，中国证监会以2015年7月8日为基准日，以该日"某生物公司"二级市场收盘价格为基准价格计算杨某兴的违法所得。杨某兴则认为，即使某生物公司于2015年7月9日确定终止重组，该终止公告最早也只能在7月9日当天收市后报送交易所系统，因此2015年7月9日"某生物公司"收盘价并不受当天才确定的利空公告的影响，中国证监会在计算违法所得时应以2015年7月9日作为基准日。

但根据前述认定可知，杨某兴操纵市场的违法行为，不仅包括迟延发布利空信息，发布相关利好信息亦属于整个操纵行为的组成部分。根据本案查明的事实，2015年7月8日盘后，某生物公司即发布了《2015年半年度业绩预增的公告》和《关于股东拟增持公司股票的公告》两项利好信息。两项利好信息作为杨某兴操纵证券市场行为的一部分，应当作为违法所得计算时考量的因素。该两项利好信息的发布对2015年7月9日"某生物公司"的股票价格产生了影响。故中国证监会以2015年7月8日作为违法所得计算的基准日并无不当。

综上，中国证监会在被诉禁入决定中对杨某兴作出的行政处罚认定事实清楚，适用法律正确，程序合法，处罚幅度适当，本院依法应予支持。被诉复议决定认定事实清楚，适用法律正确，程序合法，亦依法应予支持。杨某兴要求撤销被诉禁入决定中对其作出的行政处罚和被诉复议决定的诉讼请求缺乏事实

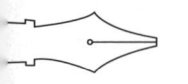

根据和法律依据，本院依法应予驳回。经本院审判委员会讨论决定，依照《中华人民共和国行政诉讼法》第六十九条、第七十九条的规定，判决如下：

驳回原告杨某兴的诉讼请求。

案件受理费 50 元，由原告杨某兴负担（已交纳）。

如不服本判决，双方当事人可于收到判决书之日起十五日内向本院递交上诉状，并按对方当事人的人数提出副本，上诉于北京市高级人民法院。

审　判　长　薛　峰

审　判　员　陈良刚

审　判　员　杨晓琼

二〇二二年一月二十四日

法官助理　张　艳

书　记　员　马　玉

何锐
北京市第一中级人民法院

　　北京市第一中级人民法院法官，中国人民大学民商法学硕士。曾担任国家法官学院北京分院兼职教师、中国人民大学法律硕士实务导师、中国劳动关系学院实践导师。多次获得嘉奖、两次荣立个人三等功，曾被评为北京市法院民事审判业务标兵、北京市法院先进法官、北京法院办案标兵。在《人民司法》《北京审判》《中国社会保障》等期刊发表文章和案例十余篇。

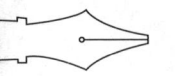

北京市第一中级人民法院
民事判决书

（2022）京 01 民终 7249 号

上诉人（原审原告）：孙某，女，汉族，住北京市昌平区××小区 1001 室。

委托诉讼代理人：刘某（孙某之夫），住北京市昌平区××小区 1001 室。

被上诉人（原审被告）：荆某，男，汉族，住北京市昌平区××小区 1002 室。

上诉人孙某因与被上诉人荆某隐私权纠纷一案，不服北京市昌平区人民法院（2021）京 0114 民初 29114 号民事判决，向本院提起上诉。本院于 2022 年 8 月 1 日立案后，依法组成合议庭进行了审理。本案现已审理终结。

孙某上诉请求：（1）撤销一审判决第三项；（2）支持孙某要求拆除智能门锁的请求；（3）支持孙某关于删除摄像设备内所存储的涉及孙某影像信息的请求；（4）支持孙某要求道歉的请求。事实和理由：第一，两家房屋为一梯两户，大门正对，两门相距（楼道宽度）2.29 米。荆某在自家大门安装智能门锁，该智能门锁装有摄像头，具有自动感应启动、人脸扫描识别、抓拍监控存储功能，安装方向正对孙某住宅大门，孙某及家人出入行踪及开门时部分室内位置均在其拍摄范围内，孙某及家人个人隐私受到侵害，居住安宁受到侵扰。该智能门锁由荆某所有，其产品性能的相关证据应由荆某提供，孙某对此没有举证责任。一审调解方案就是拆除智能门锁的监控摄像拍照和存储功能，法官在庭前调解时也提出拆除智能门锁。一审判决中认定"该智能门锁虽存在摄像及存储功能，但该功能非监控功能，且其抓拍存储功能仅在密码输入错误时启动"与事实不符，也与智能门锁使用手册描述不符。第二，电子猫眼和智能门锁摄像设备具有自动存储功能，孙某无法获取其存储的影像信息，案件审理中法官应进行调查核实，举证责任不在孙某，不应以孙某未举证为由驳回其请求。第三，一审判决判令荆某拆除电子猫眼和拉帘，认定其行为侵权，对孙某日常出行、出入电梯、使用防火楼梯造成不便，荆某应向孙某道歉。

荆某辩称，同意一审判决，不同意孙某的上诉请求。虽然摄像头对着对方大门，但摄像头捕捉的是有实施行为的人，而且做了加帘处理，不构成侵权。

孙某向一审法院起诉请求：（1）判令荆某拆除安装在自家大门上正对孙某家大门的监控摄像设备，删除监控摄像设备内存储的涉及孙某的影像信息，停止侵权；（2）判令荆某拆除在两户之间楼道公共区域安装的拉帘，排除妨害，恢复原状；（3）判令荆某就侵权行为向孙某道歉；（4）判令荆某承担本案的诉讼费用。

一审法院认定事实：孙某与荆某均居住于昌平区××小区10层，该层为一梯两户，孙某居东侧的为1001室，荆某居西侧为1002室，两家入户门东西相对，相距约2.29米，中间为楼道，楼道南端为电梯，北端为楼梯，该楼道有荆某安装的南北向的可拉动的帘子，该帘子长约2.7米、高约2.06米，帘子下端距离地面约0.57米。荆某在其房屋入户门的猫眼处安装电子猫眼摄像头，该电子猫眼内侧（屋内）有长约5厘米、宽约3.5厘米的显示屏一块，此外，该门的门锁已更换为智能门锁，门锁上亦有显示屏。经现场勘验，自荆某家门内的猫眼显示屏，可以看到孙某家的大门处，智能门锁内置有摄像头，现场激活后可以看到孙某家大门的上半部分。现孙某因上述电子猫眼及门锁涉及侵犯隐私，双方发生纠纷。

庭审中，孙某认为猫眼摄像头的拍摄功能可以随时开启，且荆某安装的帘子既侵犯其活动空间又影响消防安全，电子门锁是感应的，其在出门时显示屏就会亮起进行抓拍和存储。荆某表示，自己将原有猫眼拆除后安装了智能猫眼，但并未存储孙某的影像资料，同时自己的电子门锁也没有监控功能，上面的摄像头也是为了用于人脸识别开锁的，而且只有在门锁密码输入错误超过一定次数后才会启动抓拍功能，平时不会主动拍摄。

此外，根据孙某提交的E9人脸识别智能锁说明书（以下简称门锁说明书），该锁的开锁方式有五种，分别为：面部识别（有效距离40厘米至80厘米、比对验证距离40厘米至100厘米）、掌脉识别、指纹识别、密码和IC卡，关于该智能门锁的抓拍功能，在门锁说明书第七项系统设置中记述："7.5抓拍设置，1、系统默认有抓拍功能，不需要进入系统机器设置内选择抓拍设置，'是'或'否'。2、按照第四点方法进入操作系统，选择高级设置'机器设置'，选择'抓拍'，并按'#'确认选择，按'2'和'8'可以选择打开或者关闭该功能。3、开机状态下：连续比对10次人脸或手掌，系统提示启动监控；刷卡4次或密码输入4次，系统提示启动监控；指纹验证6次，系统提示启动监控。"荆某认可该门锁说明书，但表示平时仅从其门前经过门锁不会启动抓拍功能。

一审法院认为，隐私权系指自然人享有的私人生活安宁与私人信息秘密依

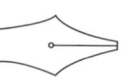

法受到保护，不被他人非法侵扰、知悉、收集、利用和公开的一种人格权。公民进出住宅的信息，与家庭和财产安全、私人生活习惯等高度关联，应视为具有隐私性质的人格权益，受法律保护。本案中，根据查明的事实，荆某家的门口系孙某出入家门的必经之地，荆某安装在门外的智能猫眼带有摄像功能，可对孙某出入住宅的信息，包括出行人员、出行规律、访客来往等活动信息进行拍摄，上述信息与私人的生活习惯以及家庭、财产的安全等直接关联，具有一定的私密性，应属于法律规定的隐私权的范畴，故应受法律保护。对于孙某的各项主张，一审法院分述如下：第一，孙某主张的拆除智能猫眼设备、停止侵权的请求，于法有据，一审法院予以支持，荆某关于该智能猫眼未启动自动拍摄功能故不侵害孙某隐私权的辩解，一审法院认为该智能猫眼所拍摄的属于公共区域，且其存在自动拍摄功能，对孙某的私人生活及心理构成不安定因素，影响其生活安宁，故该辩解一审法院不予采纳；第二，关于孙某主张的拆除智能门锁一节，根据双方认可的门锁说明书，该智能门锁虽存在摄像及存储功能，但该功能非监控功能，且其抓拍存储功能仅在密码输入错误时启动，故该主张与事实不符，一审法院不予支持；第三，关于孙某主张的删除所存储的信息一项，未举证证明，一审法院不予支持；第四，关于孙某主张的拆除拉帘一节，为减少当事人诉累，一审法院在本案中一并处理，荆某虽辩称此举系为解决孙某所担心的智能猫眼拍摄问题所实施，但一审法院认为该拉帘设置于公共区域，且对孙某的日常出行、出入电梯造成不便，同时对于双方使用防火楼梯也造成不便，故该拉帘应予以拆除，荆某此举措施不当，对其辩解不予采纳；第五，孙某主张的赔礼道歉等请求，不符合法律规定，一审法院不予支持。

综上，一审法院依照《中华人民共和国民法典》第一千零三十二条、《中华人民共和国民事诉讼法》第六十七条之规定，判决：（1）荆某拆除其安装的位于北京市昌平区××小区1002室入户门上的智能猫眼设备，于判决生效后七日内执行；（2）荆某拆除安装的位于北京市昌平区××小区1002室与北京市昌平区××小区1001室之间的楼道内的拉帘，于判决生效后七日内执行；（3）驳回孙某的其他诉讼请求。

本院二审期间，双方均未向本院提交新的证据。

经审查，一审法院查明的事实正确，本院予以确认。

本院补充查明，双方均认可的门锁说明书第5页载明："2.2 前面板（从上至下依次）第一排：红外线灯、彩色摄像头、黑白摄像头；第二排：显示屏幕；第三排：密码区；第四排：刷卡区；第五排：上锁键；第六排：钥匙孔；第七排：应急电源。2.3 后面板功能键（从上至下依次）第一排：锂电池；第二排：开门把手；第三排：应急机械开门旋钮；第四排：关锁键；第五排：开

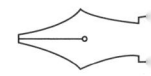

锁键。"第6页载明："三、识别使用方法 3.1 面部识别正确使用方法 1、脸部应该处于屏幕正中；2、有效距离 40cm－80cm，比对验证距离 40cm－100cm；3、注册人脸，采集时需要进行8次扫描面部，采集期间请保持正确的姿势，扫描白框出现在面部正中，开始采集面部数据，采集时可以前后移动采集（使用更灵敏），同时显示屏幕下方会出现绿色进度条。第8页载明：四、进入操作系统 1、触摸密码区面部，唤醒系统开机（用人体感应也能唤醒系统）。重要提示：开锁方式：人脸、手掌（掌静脉）、指纹、IC卡、密码、手机远程密钥、钥匙、一键开锁。存储容量：100张人脸、100个手掌、100个IC卡、100个指纹、100个密码。开锁记录：10 000。第14页载明：7.5 抓拍设置 注：抓拍的照片可存储120张（存满后，每拍一张新的照片进来，会自动清除掉最前面的第一张照片）。"第15页载明："八、信息查询 8.3 全部容量 1、按照第四点方法进入操作系统，选择'高级设置'，选择'机器设置'，选择'全部容量'（该功能可查询用户录入信息以及开锁记录等全部容量）。第16页载明：8.5 抓拍查看 1、按照第四点方法进入操作系统，选择'高级设置'，选择'抓拍查看'（该功能可查看非法开门被抓拍图像）；8.7 清除照片 1、按照第四点方法进入操作系统，选择'高级设置'，选择'清除照片'（该功能可将被抓拍图像全部删除）；8.8 感应启动 1、按照第四点方法进入操作系统，选择'感应启动'，并按'#'确认；2、感应开启是通过红外探测身体唤醒机器，感应距离50cm左右；3、系统默认感应开启为'是'，不需要此功能，设置为'否'。"

本院认为，根据当事人的上诉请求、理由及答辩意见，本案二审争议焦点为：（1）荆某家智能门锁抓拍图像是否侵犯孙某隐私权；（2）荆某家智能门锁人体感应是否侵犯孙某隐私权；（3）荆某是否需要拆除智能门锁、删除摄像设备内所存储的涉及孙某影像信息、赔礼道歉。本院分别予以评析。

一、荆某家智能门锁抓拍图像是否侵犯孙某隐私权

对于智能门锁抓拍图像是否侵犯孙某隐私权的问题，本院主要从智能门锁抓拍图像的方式、内容、目的三个角度进行分析。

首先，智能门锁抓拍图像的方式是被动的，而非主动的。抓拍功能正常运转需要两个前提条件：一是系统开启抓拍功能；二是人脸、手掌、刷卡、密码、指纹多次验证错误。在人体感应功能关闭的情况下，只有触碰智能门锁尝试开锁才能引发抓拍。孙某家人进出家门、坐电梯、走楼梯等在10层公共区域活动不会被摄像头抓拍。

其次，智能门锁抓拍图像的内容主要是开锁人的头像，而非孙某家图像。触碰智能门锁才会引发摄像头抓拍，一般情况下，开锁人在智能门锁摄像头和

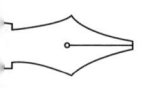

孙某家入户门之间，开锁人会起到一定的遮挡作用，摄像头抓拍形成的图像不会过多涉及孙某家。从方向上看，智能门锁激活后可以看到孙某家大门的上半部分，即便拍照时碰巧遇到孙某家开门，这种抓拍的概率较低，尚不足以认定构成对孙某隐私权的侵犯。

最后，智能门锁抓拍图像的目的主要是安全防御，而非图像采集。抓拍功能主要是防止有人恶意开启或破坏门锁，抓拍前会有监控提示，明确告知恶意人员有监控，警示、劝阻恶意人员停止企图进入室内或破坏门锁的活动。抓拍功能留存的图片主要是留存开锁人信息，为后续的维护个人权益提供线索。虽然抓拍的图像内容可能涉及公共区域信息，但是，抓拍图像不是为了采集信息、恶意收集他人隐私。

因此，荆某家智能门锁抓拍功能系被动启动，抓拍内容主要是开锁人图像，目的主要是安全防护，该功能不侵犯孙某隐私权。

二、荆某家智能门锁人体感应是否侵犯孙某隐私权

《中华人民共和国民法典》第一千零三十二条规定："自然人享有隐私权。任何组织或者个人不得以刺探、侵扰、泄露、公开等方式侵害他人的隐私权。隐私是自然人的私人生活安宁和不愿为他人知晓的私密空间、私密活动、私密信息。"第一千零三十三条规定："除法律另有规定或者权利人明确同意外，任何组织或者个人不得实施下列行为：（一）以电话、短信、即时通讯工具、电子邮件、传单等方式侵扰他人的私人生活安宁；（二）进入、拍摄、窥视他人的住宅、宾馆房间等私密空间；（三）拍摄、窥视、窃听、公开他人的私密活动；（四）拍摄、窥视他人身体的私密部位；（五）处理他人的私密信息；（六）以其他方式侵害他人的隐私权。"本案中，荆某家智能门锁感应系统可以开启或关闭，在关闭状态下，智能门锁无法感应门外人体信息，此时不侵犯孙某隐私权。但是，在开启状态下，智能门锁是否侵犯孙某的隐私权，关键是判定感应系统是否侵害孙某的私人生活安宁、是否侵扰孙某的私密空间。

人是群居的社会性动物，有时需要社会交往，有时希望个人独处。在个人独处时，大部分人都希望安静恬淡、不被打扰，享受属于个人的时光。绝大部分人都不愿意自己的行动轨迹被记录、自己的生活被监控、自己的房屋被监视。哪怕仅仅是存在被监控的可能，也会引发人们内心的不安、精神的紧张和心理的恐惧。

首先，智能门锁可能记录孙某家人出入家门信息。根据一审法院现场勘查情况可知，电梯位于楼道公共区域中间部位，电梯按钮在电梯西侧、偏向荆某家入户门。楼梯上下行通道在电梯对面。智能门锁感应的有效距离是 0.5 米左右。在感应功能开启的情况下，孙某家人无论是坐电梯还是走楼梯，都有可能

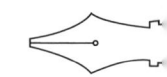

会触发荆某家智能门锁感应功能，引起智能门锁进入开锁比对程序，智能门锁会记录开锁时间。对于孙某家人来说，出入家门信息属于不愿被他人了解的个人隐私。

其次，智能门锁感应功能可能导致孙某家人不安。智能门锁自动感知人体信息，自行启动摄像头拍摄程序，智能门锁屏幕会显示楼道及孙某家入户门上半部分图像。孙某家人无论是进出家门还是进出电梯，都可能碰到门口的摄像头启动，同时伴随着摄像头灯光亮起、智能门锁屏幕显示孙某家人图像。从常情常理看，无论是谁，家门口频繁启动的摄像头都会让人处于不安之中。

因此，在感应功能开启的情况下，荆某家智能门锁感应系统可能会记录孙某家人出入信息，让孙某家人处于一种被监控的状态，侵害孙某家人正常生活的安宁，侵害孙某隐私权。而在智能门锁感应系统关闭的状态下，智能门锁不主动开始摄像头拍照功能，不自动开始人脸识别功能，不侵害孙某隐私权。本院已向双方释明，荆某应关闭智能门锁感应功能，不得擅自开启感应功能，否则构成对孙某隐私权的侵害。

三、荆某是否需要拆除智能门锁、删除摄像设备内所存储的涉及孙某影像信息、赔礼道歉

关于拆除智能门锁，前已述及，荆某家智能门锁抓拍功能系被动启动，抓拍内容主要是开锁人图像，目的主要是安全防护，该功能不侵犯孙某隐私权。本案中，荆某家智能门锁感应启动功能侵害孙某隐私权，应予关闭。在智能门锁感应功能关闭的情况下，不侵害孙某隐私权，既无拆除之必要，还可保留智能门锁的其他功能，故本院对孙某拆除智能门锁的上诉请求不予支持。

关于删除摄像设备内所存储的涉及孙某影像信息，根据门锁说明书记载，智能门锁人体感应和人脸识别不会存储图像资料，仅在多次开锁失败后智能门锁才会留存图像资料，如前文所述，智能门锁抓拍监控一般不会侵害孙某隐私权。孙某未提供充分有效证据证明摄像设备内存储的涉及其影像信息侵害其隐私权，故本院对孙某的该项上诉请求不予支持。

关于赔礼道歉一节，荆某并非故意侵害孙某隐私权，并且采取了一定的方式降低损害，虽然拉帘的方式不妥，但可以反映出荆某的主观意图，荆某意在减少对孙某隐私权的干扰和影响，故对孙某的该项上诉请求，本院不予支持。

最后，本院需要指出的是，"远亲不如近邻，近邻不如对门"，善待邻居一直是中华民族的传统美德。现在双方同住一层，而且一层只有两家，实属难得的缘分，双方本应倍加珍惜，努力呵护，邻居之间和睦相处，互帮互助。现因智能猫眼和智能门锁一事闹出别扭，日日如芒在背、如鲠在喉，实不可取。希望双方在法院释明道理后，能找机会重归和平，友好相处。

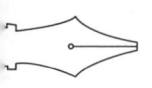

综上所述，孙某的上诉请求部分成立。一审判决事实认定不全，处理结果不当，本院予以纠正。依照《中华人民共和国民法典》第一千零三十二条、第一千零三十三条、第一千一百六十七条，《中华人民共和国民事诉讼法》第一百七十七条第一款第二项规定，判决如下：

一、维持北京市昌平区人民法院（2021）京0114民初29114号民事判决第一项、第二项；

二、撤销北京市昌平区人民法院（2021）京0114民初29114号民事判决第三项；

三、荆某关闭其安装的位于北京市昌平区××小区1002室入户门上智能门锁的感应启动功能，于本判决生效后七日内执行；

四、驳回孙某的其他诉讼请求。

一审案件受理费150元，由孙某负担75元（已交纳），荆某负担75元（本判决生效后七日内交纳）。二审案件受理费150元，由孙某负担75元（已交纳），荆某负担75元（本判决生效后七日内交纳）。

本判决为终审判决。

审　判　长　何　锐

审　判　员　刘　婷

审　判　员　姚志伟

二〇二二年十月三十一日

法官助理　胡保峰

书　记　员　范慧娟

丁宇翔
北京金融法院

  北京金融法院审判委员会委员、审判第二庭庭长，二级高级法官，法学博士。曾办理国内首例"被遗忘权"案、全国首例银行间债券虚假陈述案、乐视网证券虚假陈述案等多起重大有影响的案件。执笔参加最高人民法院、国家社科基金、中国法学会等重大课题6项、独著民商法著作2部、合著民商法著作8部，在《清华法学》《环球法律评论》《法律适用》《人民日报》《人民法院报》等刊物、报纸发表法学论文、评论70余篇。

北京金融法院
民事判决书

（2022）京 74 民终 1154 号

上诉人（原审原告）：某财产保险股份有限公司北京分公司。
负责人：武某，总经理。
委托诉讼代理人：韩某某。
被上诉人（原审被告）：刘某某。
被上诉人（原审被告）：胡某某。
被上诉人（原审被告）：某出行科技有限公司。
法定代表人：朱某某，总经理。
委托诉讼代理人：张某。
委托诉讼代理人：袁某。
被上诉人（原审被告）：某科技有限公司。
法定代表人：程某，经理。
委托诉讼代理人：张某。
委托诉讼代理人：袁某。

上诉人某财产保险股份有限公司北京分公司（以下简称某北分）因与被上诉人刘某某、胡某某、某出行科技有限公司（以下简称某出行）、某科技有限公司（以下简称某公司）保险人代位求偿权纠纷一案，不服北京市朝阳区人民法院（2020）京 0105 民初 71329 号民事判决，向本院提起上诉。本院于 2022 年 3 月 30 日立案后，依法组成合议庭公开开庭进行了审理。上诉人某北分之委托诉讼代理人韩某某、被上诉人胡某某、被上诉人某出行公司和某公司之委托诉讼代理人张某到庭参加诉讼。被上诉人刘某某经本院合法传唤，无正当理由未到庭参加诉讼。本案现已审理终结。

某北分上诉请求：撤销北京市朝阳区人民法院（2020）京 0105 民初 71329 号民事判决书第一项，改判某出行公司、刘某某赔偿某北分 109 488.87 元。事实和理由：

1. "类案检索、类案同判"，最高人民法院一再明确规定要在全国范围内

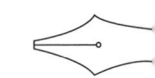

实行同案同判决,并制定《最高人民法院统一法律适用工作实施办法》,但一审判决却没有遵照此规定,裁量过度,作出与其他法院甚至朝阳法院不同的某出行公司不担责错误判决。2021年,某北分收到北京各法院多起交通事故引起的涉某出行公司案判决,绝大多数判决某出行公司承担责任。特别是2021年10月至12月,同一律师事务所代理的包括本案在内的由北京市朝阳区人民法院作出的两份判决、北京市西城区人民法院作出的三份判决,与本案属同类案,但有截然不同的判决。北京市西城人民法院适用《网络预约出租汽车经营服务管理暂行办法》第16条,认为某出行公司应当承担承运人责任,本案同样是司机刘某某在事故发生当时及前后均有订单,一审法院则认为案件不适用第16条,某出行公司不承担责任。即使在朝阳法院一审法院,同一律师代理的人伤交通事故责任纠纷案,起诉某北分及某出行公司等,也是认定某出行公司明知肇事车辆系非运营车辆,仍注册网约车,存在过错,由某出行公司承担商业险责任,而本判决认为某出行公司不存在过错,不承担责任。通过案件检索,公开信息均可以检索到滴滴案的同类判决,可查到某出行公司承担责任的判例,代理人向法庭提交了相关判例,但一审判决某出行公司不承担责任,原审明显系同案不同判。某北分认为,同案不同判决,损害了司法公信力,极大浪费了司法及社会资源,针对本案,一审法院没有统一法律适用标准、规范裁量使用权导致错误判决,某出行公司应当承担责任。

2. 《网络预约出租汽车经营服务管理暂行办法》第16条确定网约车营运中,承运人是网约车公司而不是司机,司机在交通事故中有过错应由承运人承担责任,一审曲解且没有适用第16条,显属错误。《网络预约出租汽车经营服务管理暂行办法》第16条规定:"网约车平台公司承担承运人责任,应当保证运营安全,保障乘客合法权益。"一审法院认为第16条规定的承运人责任系相对于公共安全及乘客安全而言,与某北分主张某出行公司不承担责任分属不同法律关系等,系对此条款的曲解,且任意扩大了解释。某北分认为,第16条真实意思是法律明确规定了网约车营运中,承运人是网约车公司而不是司机,根据侵权责任法基本原理,交通事故认定司机在交通事故中过错,承运车辆在承运过程中发生的事故,应当由承运人即某出行公司承担相应责任。某出行公司在赔偿后可依照与司机约定、过错向司机追偿或要求司机分摊支付赔偿。

3. 某出行公司存在明显过错,车主对注册网约车不知情且不认识司机刘某某,明知非营运车辆而仍注册网约车等明显错误,一审认为某出行公司没有过错,显属不当。(1)本案的行驶证车主并不认识司机,也从未同意将车辆注册网约车,某出行公司未尽审核义务。(2)肇事车辆系非运营车辆,某出

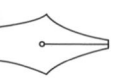

行公司知道并应当知道不应作为运营车辆使用，仍将该车辆注册网约车，且并没有证据显示，某出行公司提示或协助变更车辆使用性质、购买营运保险或向保险公司告知等。（3）北京网约车政策，本案司机刘某某不符合从事滴滴运营的条件。某出行公司的上述过错，势必加大了交通事故的发生概率及造成赔偿困难等，某出行公司应当承担过错责任。

4. 某出行公司对司机的每一笔订单都提取费用，获取利益，根据权利和义务对等原则，某出行公司应当承担连带责任。

5. 某出行公司系滴滴运营的实际管理者、支配者，按照《网络预约出租汽车经营服务管理暂行办法》相关规定，滴滴司机的选择、派单、开展法律法规、安全运营等方面的岗前培训等均由某出行公司负责，故应当承担责任。

6. 滴滴司机接单营运行为，应当属职务行为或比照职务行为由某出行公司承担责任。（1）司机由某出行公司派单，对于乘客而言，用滴滴平台下单，对准的是某出行公司，价格、路线等也由某出行公司决定，由某出行公司委派司机载客，发生交通事故，应当认定在执行某出行公司任务中发生的事故，所以应当属职务行为或至少比照职务行为由某出行公司承担责任。（2）通过本案调取的司机滴滴运营清单，肇事司机即使没有书面劳动合同，也构成事实劳动合同。（3）某出行公司应当对与司机关系承担举证责任，公司为员工上社保是基本的义务，一审将举证责任分配给我司，导致错误判决认定。

7. 本次事故发生在接单运营中，通过肇事司机的运营记录，刘某某没有两证，某出行公司不应该派单。通过运营记录、密度频繁，应当认定是某出行公司委派的职务行为，另外也可以说明是疲劳驾驶，势必发生交通事故。

某出行公司辩称，第一，从事故认定书可知，某出行公司没有侵权行为，不应承担侵权责任。事故的赔偿责任应由车辆的保险公司在保险责任范围内承担责任，不足部分再由侵权人负担。第二，网约车平台和驾驶员之间系新型合作关系。从账号注册和注销看，驾驶员可自由地在平台进行注册、注销；从接单模式看，乘客通过某出行公司平台发送出行需求，该出行需求系面向附近不特定驾驶员，某出行公司仅系根据供需状态通过系统算法进行优化匹配；从出车时间看，各驾驶员可自由决定出车时间，某出行公司不存在强制的时间要求及管理；从服务场所看，某出行公司不限定驾驶员的接单位置，其驾驶车辆的行驶路线也是根据乘客的出行需求确定，某出行公司仅提供技术支持；从服务工具看，某出行公司不向驾驶员提供驾驶服务车辆；从车费收取及提现看，某出行公司向乘客收取信息服务费用，而不向驾驶员收取任何费用，且每次订单结束后乘客支付的车费系实时进入驾驶员账户，驾驶员可自由提现；从合作的平台看，全国目前有一百余家网约车平台，驾驶员可自由选择与哪个平台合

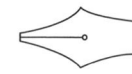

作；从指挥和管理上看，某出行公司对合作的驾驶员不存在考核、管理等制度。因此，某北分主张某出行公司承担连带赔付责任无事实及法律依据。

某公司辩称：某公司系提供计算机技术及信息服务，进行 App 的开发，不参与网约车业务的任何运营和服务。某公司不是本案适格被告，无侵权行为，因此，某北分主张某公司承担连带赔付责任无事实及法律依据。

刘某某未向法院答辩，亦未提交书面意见。

胡某某辩称：其只是车主，认为上诉人的请求及事实理由与其无关，不发表意见。

某北分向一审法院起诉请求：（1）刘某某、胡某某、某出行公司、某公司赔偿损失 111 488.87 元；（2）刘某某、胡某某、某出行公司、某公司承担本案诉讼费用。

一审法院认定事实：文某某为车牌号为京 J××××9 的机动车在某北分处投保了包括机动车损失险在内的商业险，被保险人为文某某，保险期限为 2018 年 4 月 15 日 00：00：00 至 2019 年 4 月 15 日 00：00：00，其中机动车损失险保险金额为 600 800 元。

某北分提供的京 Q××××0 出险车辆信息表载明：京 Q××××0 在某北分处投保交强险、机动车损失险，被保险人为赵某，联系电话 132×××1221，保险期限为 2018 年 6 月 16 日 00：00：00 至 2019 年 6 月 16 日 00：00：00，其中机动车损失险保险金额为 111 026 元；使用性质为家庭自用车，2018 年 6 月 14 日实交保费 3 163.2 元。胡某某不认可出险车辆信息表中载明的赵某的联系方式，表示该电话非赵某手机号，是保险代理公司的电话。

某北分称涉案保单及保险条款系通过短信链接的方式向被保险人赵某发送，并提供相应的系统截图及保险条款予以证明，并表示其已就免责条款通过加粗加黑的形式进行提示。系统截图显示：车牌号京 Q××××0，短信发送时间 2018 年 6 月 13 日 10：31：42，打开链接时间 2018 年 6 月 13 日 10：31：46，手机号 132×××1221。保险条款第九条第五项载明"被保险机动车因改装、加装、改变使用性质等导致危险程度显著增加的，应通知保险人，且因改变车辆使用性质等导致被保险机动车危险程度显著增加的，造成被保险机动车的损失和费用，保险人不负赔偿责任"。胡某某对上述证据的真实性不认可，表示该电话非赵某手机号，是保险代理公司的电话，赵某从未收到保险条款的短信链接，赵某亦未收到过保险条款。某出行公司、某公司对系统截图的真实性不认可，表示从该内容上无法看出发送的内容，无法证明某北分已就免责条款尽到提示说明义务。某北分表示自 2017 年起北京开始实施电子

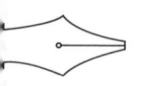

投保,按照电子投保流程,通过向投保人发送短信,投保人点击阅读免责条款后才能进入下一步流程,现涉案保单已生效足以证明赵某已阅读了免责条款。

2018年6月20日16时0分,在北京市朝阳区林萃西里,刘某某驾驶京Q×××0车辆与文某某驾驶京J×××9车辆在北京市朝阳区发生碰撞,京Q×××0车辆右前部与京J×××9车辆左后部相撞,京J×××9车辆又与温某某驾驶的京N×××9车辆后部相接触,京Q×××0车辆右前部损坏,不能驾驶,京J×××9车辆左后部、前部损坏,大轮不能行驶,文某某受伤,京N×××9车辆后部微损。经交通运输部门认定,刘某某对本次事故负全部责任。

某北分提供《被保险人自愿放弃索赔声明书》载明:2018年7月7日,现被保险人或当事人改变车辆使用性质运营,自愿放弃本次事故全部保险理赔金额,身份证粘贴处系赵某身份证照片,刘某某在赵某身份证下方签字确认并捺印。胡某某不认可《被保险人自愿放弃索赔声明书》的真实性,认为该声明书上没有赵某签名确认。某出行公司、某公司对该放弃索赔声明书的真实性亦不认可,认为不是被保险人赵某签署,对第三方不产生任何效力。为证明京Q×××0车辆在保险期间内改变车辆使用性质为运营,某北分向一审法院申请调取京Q×××0车辆在滴滴平台的接单记录。一审法院依该申请向某出行公司发送调查函,某出行公司回函显示:2018年1月1日至2018年6月21日期间京Q×××0车辆在滴滴平台完成订单733笔,其中2018年6月20日1:32至16:25共完成订单19笔。胡某某表示对于京Q×××0车辆被用于运营一事从不知情,京Q×××0车辆一直是出借给赵某使用。

某北分出具的机动车辆估损单证明经勘查定损确认京J×××9车辆损失金额为111 488.87元。该机动车辆估损单载明,换件项目、辅助材料、修理项目,其中维修项目包括后前保险杠皮、前翼子板(左)、后叶子板(左)、拆装等,修理厂为北京祥龙博瑞汽车服务(集团)有限公司一分公司(博瑞祥驰)。2018年6月21日,京J×××9车辆送至北京博瑞祥驰汽车销售服务有限公司进行维修,维修项目包括前杠中间电眼、组合尾灯、后部排气管、左后叶子板流、左大灯、后杠下护板、左后叶板杠、饰件等70项,共计111 488.87元。2018年8月27日,北京博瑞祥驰汽车销售服务有限公司出具111 488.87元维修费发票。

2018年8月27日,文某某出具《机动车辆保险权益转让书》,同意将已获赔部分的追偿权转移给某北分。2018年8月28日,某北分向文某某支付111 488.87元。

某公司提供滴滴网约车服务方证照信息证明某公司非适格被告,某出行公

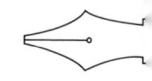

司系滴滴出行 App 的运营主体。某北分认可证照的真实性，但认为根据《网络预约出租汽车经营服务管理办法》第 16 条规定，网约车不仅提供信息撮合服务，还应承担承运人的责任，网约车司机在营运时发生事故，网约车公司应承担相应的责任。关于滴滴平台及司机之间的关系，据了解，北京劳动部门已明确规定某出行公司需要给其司机缴纳社保，由此看出某出行公司与司机间成立劳动关系，司机接单行为属于职务行为，故应承担赔偿责任。对于某公司，某公司是某出行公司的母公司，应承担连带赔偿责任。

一审诉讼中，某北分表示根据保险法第 52 条、保险条款第 25 条规定，在改变车辆使用性质的情况下，某北分有权拒绝赔偿。按照保险法第 52 条规定，改变车辆使用性质没有通知保险人，某北分有权不承担任何赔偿责任。胡某某表示京 Q××××0 车辆系通过保险代理公司投保，但未收到保单及保险条款，赵某现在使用的号码与某北分短信接收方不符。某北分表示保险条款系通过短信链接向赵某发送，某北分系根据投保人投保时预留的手机号发送短信。

一审法院认为，关于本案法律适用问题，依据《最高人民法院关于适用〈中华人民共和国民法典〉时间效力的若干规定》第一条第二款之规定："民法典施行前的法律事实引起的民事纠纷案件，适用当时的法律、司法解释的规定，但是法律、司法解释另有规定的除外"，本案法律事实发生于《中华人民共和国民法典》施行前，故本案应当适用当时施行的法律、司法解释的规定。

《中华人民共和国保险法》第六十条规定："因第三者对保险标的的损害而造成保险事故的，保险人自向被保险人赔偿保险金之日起，在赔偿金额范围内代位行使被保险人对第三者请求赔偿的权利。"本案中，刘某某负事故全部责任，文某某无责任。某北分依据保险合同的约定全额赔付了涉案被保险车辆维修费用，且文某某同意将追偿权转让给某北分，故某北分依法获得向事故责任方刘某某请求赔偿的权利。

关于某北分作为京 Q××××0 车辆的保险公司是否应承担保险责任。第一，关于交强险部分。《机动车交通事故责任强制保险条款》第二十一条规定：被保险机动车发生道路交通事故造成本车人员、被保险人以外的受害人人身伤亡、财产损失的，由保险公司依法在机动车交通事故责任强制保险责任限额范围内予以赔偿。故某北分应在交强险限额 2000 元内承担相应的保险责任。第二，关于商业三者险部分。《中华人民共和国保险法》第五十二条规定：在合同有效期内，保险标的的危险程度显著增加的，被保险人应当按照合同约定及时通知保险人，保险人可以按照合同约定增加保险费或者解除合同；被保险人未履行前款规定的通知义务的，因保险标的的危险程度显著增加而发生的保险事故，保险人不承担赔偿保险金的责任。本案中，刘某某驾驶的车辆在事故

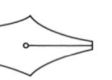

发生当时及前后均有滴滴订单，故一审法院确认京 Q××××0 车辆存在从事运营的情况，与车辆投保的"家庭自用车"性质不符，属于改变车辆使用性质的情形，且该改变使用性质导致被保险车辆危险程度显著增加，进而导致涉案事故发生。关于胡某某主张未收到保险条款及保险条款中的上述免责事项对其不发生效力的抗辩意见。依据某北分提供的短信发送系统截图上载明的车牌号、车架号、手机号均可与京 Q××××0 出险车辆信息表上相应信息对应的情况，一审法院对上述系统截图的真实性予以确认。虽系统截图未显示发送内容，但考虑北京地区已普遍实施电子投保车辆保险的情况，某北分有关"通过向投保人发送短信，投保人点击阅读免责条款后才能进入下一步流程"具有合理性，在胡某某对此未提供相反证据的情况下，一审法院对某北分的上述主张予以采信。《中华人民共和国保险法》第五十二条的规定属于在保险合同中约定的法定免责事由，在某北分已对此进行提示的情况下，该条款对被保险人发生效力，在被保险人未按约定及时将车辆危险程度显著增加的情形向某北分告知的情况下，某北分主张的上述免责事由符合法律规定，其有权依据保险合同约定拒赔商业险部分，一审法院对胡某某的上述抗辩意见不予采信。综上，刘某某应向某北分支付扣除交强险之外的损失 109 488.87 元。

关于胡某某是否承担连带赔偿责任。《中华人民共和国侵权责任法》第四十九条规定：因租赁、借用等情形机动车所有人与使用人不是同一人时，发生交通事故后属于该机动车一方责任的，由保险公司在机动车强制保险责任限额范围内予以赔偿；不足部分，由机动车使用人承担赔偿责任；机动车所有人对损害的发生有过错的，承担相应的赔偿责任。本案中，胡某某作为京 Q××××0 车辆所有权人，某北分未提供证据证明胡某某对事故的发生有过错，故某北分主张胡某某承担连带赔偿责任的诉讼请求，一审法院不予支持。

关于某出行公司、某公司是否承担连带赔偿责任。京 Q××××0 车辆系登记在个人名下的车辆，并非由某出行公司作为雇主向使用人提供的车辆，在某北分未提供证据证明某出行公司与刘某某间成立劳动关系的情况下，一审法院对某北分主张刘某某接单的行为属于职务行为的意见不予采信，此为其一；其二，《网络预约出租汽车经营服务管理办法》第 16 条规定的网约车运营平台承担的承运人责任系相对于公共安全及乘客安全而言，与某北分主张某出行公司承担的责任分属不同法律关系。在某北分未提供证据证明某出行公司对本次事故存在过错的情况下，其主张某出行公司承担连带赔偿责任，无事实及法律依据，一审法院不予支持。某公司并非本案适格被告，某北分无权向其主张赔偿责任。

刘某某经一审法院合法传唤，无正当理由未到庭，不影响法院依据查明的

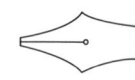

事实作出判决。

综上，依照《中华人民共和国保险法》第五十二条、第六十条，《中华人民共和国民事诉讼法》第一百四十四条之规定，《最高人民法院关于适用〈中华人民共和国民法典〉时间效力的若干规定》第一条第二款，一审法院判决：（1）刘某某于本判决生效之日起十日内向某财产保险股份有限公司北京分公司支付保险赔偿款109 488.87元；（2）驳回某财产保险股份有限公司北京分公司其他的诉讼请求。如果未按判决指定的期间履行给付金钱义务，应当依照《中华人民共和国民事诉讼法》第二百五十三条之规定，加倍支付迟延履行期间的债务利息。

二审期间，上诉人坚持提交四组生效判决书欲证明同案同判，某出行公司和某公司认为判决书与待证事实无关，不具备证据关联性故不予认可，胡某某认为与其无关，不发表意见。本院认为，上述证据材料与本案待证事实并无关联，无法作为本案认定案件事实的依据，对其证明力本院不予确认。

二审查明的事实与一审查明事实一致，本院予以确认。

本院认为，本案二审争议的焦点是，在保险人代位求偿权纠纷之下，某出行公司是否需要向某北分承担责任。具体分为以下方面，兹分别评述。

一、刘某某接单的行为是否属于职务行为从而使得某出行公司应向保险公司承担责任

某北分上诉认为，滴滴司机接单营运行为，应当属职务行为或比照职务行为由某出行公司承担责任。对此，本院认为，某出行公司与驾驶员之间是新型合作关系，从账号注册和注销看，驾驶员可以自由注册和注销平台账号，某出行公司不加干涉；从接单模式看，乘客通过某出行公司平台发送的出行需求订单信息是面向附近不特定的驾驶员，某出行公司根据供需状况通过系统算法进行优化匹配；从出车时间看，驾驶员自行决定，某出行公司不存在强制时间要求和管理，驾驶员可以根据个人意愿决定何时接单以及是否接单，并且每个订单都有取消订单的权限和按钮入口，驾驶员有高度自主的选择权。本案中，在某北分未提供证据证明某出行公司与刘某某间成立劳动关系或雇佣关系的情况下，一审法院对某北分主张刘某某接单的行为属于职务行为的意见不予采信并无不当，故本案中某出行公司不应以用人单位或雇主身份向保险公司承担赔偿责任。

二、某出行公司是否因其承运人地位而向保险公司承担责任

某北分上诉认为，《网络预约出租汽车经营服务管理暂行办法》第十六条确定网约车营运中，承运人是网约车公司而不是司机，司机在交通事故中有过错应由承运人承担责任。对此，本院认为，《网络预约出租汽车经营服务管理

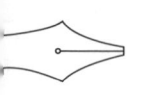

办法》作为部门规章，旨在提升行政管理中的公共交通安全水平。该办法第十六条规定的网约车运营平台承担的承运人责任，系相对于公共安全及乘客安全而言，与某北分主张某出行公司承担的责任分属不同法律关系。一审判决对上述规则的定位和要旨理解正确。因此，某出行公司并不因其承运人地位而当然向某北分承担责任。

三、某出行公司是否存在过错并因其过错而向某北分承担责任

本院认为，某出行公司作为专门的网约车平台，明知肇事车辆是非运营车辆，不应作为运营车辆使用，但仍将该车注册为网约车，这会加大涉案车辆的消耗，增加发生交通事故的概率，同时也导致车辆商业三者险拒赔，某出行公司对此存在过错。同时，某出行公司亦未能向本院提供刘某某注册为网约车司机时所应具备的《网络预约出租汽车驾驶员证》。因《网络预约出租汽车经营服务管理暂行办法》对申领《网络预约出租汽车驾驶员证》有专门的要求。如果不对此进行审核，将很可能影响网约车的驾驶安全。在此方面，某出行公司亦存在过错。《中华人民共和国电子商务法》第三十八条第二款规定，对关系消费者生命健康的商品或者服务，电子商务平台经营者对平台内经营者的资质资格未尽到审核义务，或者对消费者未尽到安全保障义务，造成消费者损害的，依法承担相应的责任。这表明，某出行公司作为从事网络预约出租车服务的电子商务平台，对作为消费者的乘客负安全保障义务，违反这一义务将承担相应的责任。类推适用当时有效的《中华人民共和国侵权责任法》第三十七条第二款关于安全保障义务人责任的规范，《中华人民共和国电子商务法》第三十八条第二款中的"相应的责任"可以认定为《中华人民共和国侵权责任法》第三十七条第二款中的"补充责任"。据此，本院判定某出行公司对某北分承担补充责任，某北分所持某出行公司存在过错而应承担责任的部分上诉理由成立。

刘某某经本院合法传唤，无正当理由未到庭，不影响本院依据查明的事实作出判决。

综上，某北分的上诉请求及理由部分成立，本院依法予以支持。一审法院认定某出行公司不存在过错有误，本院依法予以纠正。依照《中华人民共和国电子商务法》第三十八条第二款，《中华人民共和国民事诉讼法》第一百七十七条第一款第二项，判决如下：

一、维持北京市朝阳区人民法院（2020）京0105民初71329号民事判决书第一项；

二、某出行科技有限公司在本判决第一项确定的赔偿数额内向某财产保险股份有限公司北京分公司承担补充责任；

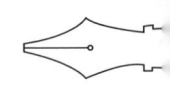

三、驳回某财产保险股份有限公司北京分公司的其他诉讼请求。

当事人如未按本判决指定的期间履行给付金钱义务，应当依照《中华人民共和国民事诉讼法》第二百六十条之规定，加倍支付迟延履行期间的债务利息。

一审案件受理费2529元、公告费260元，由刘某某与某出行科技有限公司共同负担，本判决生效之日起七日内交纳；二审案件受理费2490元、公告费200元，由刘某某与某出行科技有限公司共同负担，本判决生效之日起七日内交纳。

本判决为终审判决。

审 判 长　丁宇翔
审 判 员　江锦莲
审 判 员　甘　琳

二〇二二年十二月二十八日

法官助理　董　妍
书 记 员　刘　欣

梅宇

北京市第四中级人民法院

北京市第四中级人民法院民商事审判庭（北京国际商事法庭）副庭长，三级高级法官。北京市审判业务专家、北京法院司法实务研究专家。个人承办案件曾入选联合国环境规划署中国环境司法案例、最高人民法院指导性案例（206号）、最高人民法院涉外民商事案件适用国际条约和国际惯例典型案例、人民法院服务保障自由贸易试验区建设典型案例。撰写的多篇裁判文书获评全国法院、北京法院优秀裁判文书奖项。11篇论文荣获全国法院系统学术讨论会二等奖、三等奖、优秀奖，在《法律适用》《人民司法》等刊物发表学术论文十余篇，参与、执笔中国法学会、最高人民法院及北京市法学会的十余项重点调研课题，多篇调研文章荣获北京法院优秀调研成果一等奖、二等奖。

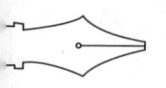

北京市第四中级人民法院
民事判决书

（2021）京04民初1226号

原告：某银行（中国）有限公司，住所地北京市朝阳区望京东园四区。
法定代表人：河某某，行长。
委托诉讼代理人：陈行法，北京市天元律师事务所律师。
被告：某信用保证保险股份有限公司，住所地重庆市渝北区黄山大道。
法定代表人：王某某，董事长。
委托诉讼代理人：叶红坡，北京大成律师事务所律师。

原告某银行（中国）有限公司（以下简称某银行）与被告某信用保证保险股份有限公司（以下简称某保险公司）保证保险合同纠纷一案，本院于2021年12月1日立案后，依法适用普通程序，公开开庭进行了审理。某银行委托诉讼代理人陈行法、被告某保险公司委托代理人叶红坡到庭参加诉讼。本案现已审理终结。

某银行向本院提出诉讼请求：（1）判令某保险公司立即向某银行支付保险赔款182 700 000元及利息（以182 700 000元为基数，计算至实际支付之日止，暂计至2020年12月5日期内利息及逾期利息合计4 515 282.15元）；（2）判令某保险公司立即向某银行支付律师费40万元；（3）判令某保险公司承担本案全部诉讼费用。后某银行变更第1项诉讼请求为：判令某保险公司立即向某银行支付保险赔款193 200 000元及利息（以193 200 000元为基数，计算至实际支付之日止，暂计至2022年3月21日的正常利息和逾期利息合计为25 547 363元）。

事实和理由：2018年11月19日，某银行与某保险公司签订《个人贷款保证保险合作项目协议》（以下简称《合作协议》），约定：（1）合作方式：某保险公司合作的第三方负责推荐符合承保条件的客户给某银行，某银行独立审核与客户签署借款或贷款合同，客户与某保险公司签署以某银行为被保险人的保险合同。（2）某银行权利义务：某保险公司在客户投保后5个工作日将个人贷款保证保险保单交给某银行；贷款逾期如符合理赔条件可要求某保险公

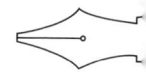

司赔付；收到赔付后某银行将贷款权益转移给某保险公司。（3）某保险公司权利义务：独立保险调查，根据客户资料和信息决定是否承保；某保险公司履行保险赔偿责任后，就所赔偿的投保人应承担的贷款本金、利息、罚息、复利，以及相应的担保权益享有赔付后的保险代位求偿权；协助某银行对逾期借款催收。（4）特别条款：第18条，某保险公司在保险合同订立时，须确认客户履行如实告知义务，并确认提供给某银行的一切资料（包括但不限于扫描件、电子文档、纸质资料）的真实性有效性负责。因某保险公司未识别客户提供的虚假资料，给某银行造成损失的，在造成的损失范围内向某银行承担支付违约金的责任。（5）违约责任：第22条，如某保险公司在理赔过程中出现违反保险合同约定的情况，某银行有权单方面暂停或终止本协议履行，由此给某银行造成损失的，某保险公司在造成损失范围内向某银行承担支付违约金的责任。（6）特别条款：投保人与某保险公司签订质押合同，且将质押车辆及全套手续交付某保险公司占有并实施监控，同时某保险公司对相应的车辆及全套手续（含车辆合格证、车钥匙等）实施监管。（7）保险适用：《某信用保证保险股份有限公司个人贷款保证保险条款（A款）（201710版）》（以下简称《保证保险条款》）《某信用保证保险股份有限公司贷款类保证保险罚息、复利等损失附加保险条款》（以下简称《附加保险条款》）。（8）理赔：任一笔贷款本金或利息逾期后第15天起可发起理赔申请，某保险公司在收到理赔申请5个工作日审核确认，按保险合同约定承担保险责任，按照届时该笔贷款剩余应付未付本金、利息、罚息、复利相关款项向某银行赔偿。（9）协议适用：本协议适用于双方授权的所有分支机构。（10）争议解决：原告所在地有管辖权法院。（11）附件：《某信用保证保险股份有限公司个人贷款保证保险条款（A款）（201710版）》《某信用保证保险股份有限公司贷款类保证保险罚息、复利等损失附加保险条款》《个人贷款保证保险业务操作流程》《贷款权益转让通知确认函》《索赔申请书》《权益转让书》。《某信用保证保险股份有限公司个人贷款保证保险条款（A款）（201710版）》的主要内容有："1. 承保范围：第四条，在保险期间内，投保人未能按照与被保险人签订的贷款合同的约定履行还本付息义务，且投保人拖欠任何一期欠款的时间超过保险单约定期限（以下简称索赔等待期）以上的，经被保险人向保险人书面提出赔偿请求，保险人对投保人在贷款合同项下应偿还而未偿还的贷款本金及相应利息扣除相应的绝对免赔金额后，按照本保险合同的约定向被保险人支付赔偿金。2. 保险金额：第九条，本保险合同的保险金额由投保人和保险人根据贷款合同中列明的贷款本金和利息（以下简称'贷款本息'）协商确定，并在保险单中载明。3. 理赔时间：第十六条，保险人收到被保险人的赔偿保险金的请求后，

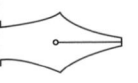

应当及时作出是否属于保险责任的核定；情形复杂的，应当在三十日内作出核定，但本保险合同另有约定的除外。"《某信用保证保险股份有限公司贷款类保证保险罚息、复利等损失附加保险条款》的主要内容有："1. 承保范围：第二条，对于依据贷款合同应由（投保人）借款人承担的罚息、复利、违约金、赔偿金、费用等其他相关款项，保险人负责赔偿。2. 保险金额：第四条，本附加险项下的保险金额以贷款合同中载明的贷款本金总额的百分之三十为限。"

《合作协议》签署后，2019年至2020年，某银行经某保险公司推荐，分别通过北京分行、天津分行和天津东马路支行向借款人（投保人）发放贷款，贷款期限6个月至12个月不等。后部分借款人陆续出现偿还贷款逾期情况，某银行北京分行、天津分行和天津东马路支行根据《合作协议》约定及相应的保单向某保险公司提出索赔，某保险公司仅对其中极小部分逾期贷款进行了赔偿。截至2020年12月5日，共计有37名借款人（投保人）合计本金193 200 000元的贷款本金逾期未能偿还，逾期利息为4 515 282.15元（以193 200 000元为基数，计算至实际支付之日止，暂计至2020年12月5日为4 515 282.15元）。2020年11月19日，某银行向某保险公司发出集中《索赔函》（当时利息暂计算至2020年11月16日为3 700 432.17元），要求某保险公司于11月23日前支付保险赔款，但某保险公司至今未能支付。2020年11月27日，某银行委托北京市天元律师事务所向某保险公司发出《律师函》，催促某保险公司尽快支付保险赔款，但某保险公司至今未予回应。某银行认为，某保险公司未根据《合作协议》及相应保单的约定，向某银行支付保险赔款，已经构成违约。某保险公司应当严格按照《合作协议》及相应保单的约定履行义务，某保险公司至今未履行支付保险赔款和费用的行为已经构成违约。因此，为维护某银行的合法权益，特提起诉讼，请求人民法院依法判决支持某银行的全部诉讼请求。

被告某保险公司答辩称，不同意某银行的诉讼请求。

1. 涉案借款人（即投保人）贷款投保行为涉及犯罪，某保险公司对该犯罪行为不应按照保险合同的约定承担理赔责任。

（1）双方签署的《合作协议》明确约定：双方承诺将在严格遵守《中华人民共和国商业银行法》、《中华人民共和国保险法》（以下简称《保险法》）等法律法规规定及相关监管部门要求基础上开展本次保证保险业务合作。在贷后监控过程中，任何一方如发现投保人有疑似犯罪情形，应将有关情况及时告知对方，并由双方共同商议后采取进一步措施。根据前述约定，某银行和某保险公司作为同受银保监部门监管的银行和保险金融机构，双方均知悉违法犯罪

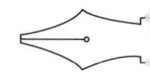

形成的贷款业务不属于双方合作的范畴，也不是双方合作的初衷。对借款人犯罪而进行的贷款及投保，某保险公司不应再按保险合同约定承担保险理赔责任，而是应在发现犯罪行为后共同商讨解决措施。

（2）保证保险合同属于射幸合同，《保险法》第二条明确规定，保险只对可能发生的损失承担保险赔偿责任，确定无疑发生的损失不应该赔偿责任。确定发生的损失或者不确定发生的损失都不是保证保险承保的范畴。《信用保险和保证保险业务监管办法》第七条第（一）项规定：保险公司开展信保业务，不得存在以下经营行为：承保不会实际发生的损失或损失已确定的业务。根据前述法律规定，保险合同的保险人只应承保或然性风险而不承保必然性风险，即对于合同约定的可能发生的事故因其发生所造成的财产损失承担赔偿保险金责任。借款人采取刑事诈骗手段骗取贷款，借款人取得贷款后不按期还款的行为是必然的，对于该等确定发生的损失，某保险公司不应再按照保险合同约定承担保险责任。

（3）从保险标的角度看，由于借款人涉嫌骗取贷款刑事犯罪，因此，其与某银行签订的借款合同依法应当归于无效。保证保险的保险标的是投保人依据合法有效借款合同所应履行的还款义务。当借款合同无效时，保证保险的保险标的随之灭失，保险利益不复存在。借款人虽然还负有返还借款的义务，但这一义务源于法律规定的无效合同恢复原状的返还义务（法定义务），而非借款合同所约定的还款义务（合同义务）。显然，此时被保险人对于借款人犯罪行为导致的法定返还义务不具有保险利益，不能成为保险合同的承保对象。《保险法》第四十八条明确规定：保险事故发生时，被保险人对保险标的不具有保险利益的，不得向保险人请求赔偿保险金。根据前述规定，在借款人的借款行为涉嫌骗取贷款诈骗罪后，某保险公司不应再按照保险合同约定承担保险责任。

2. 已审结的骗取贷款罪刑事案件生效法律文书，确认某银行因骗取贷款犯罪的损失仅为贷款本金，且明确骗取贷款犯罪的被告人直接向某银行进行退赔。某银行在本案提出的诉讼请求缺乏依据，且与生效法律文书裁决内容相悖。根据生效法律文书，某银行应就尚未收回的贷款本金损失向刑事案件被告人进行追赃，以实现其挽损目的。追赃挽损后，即便确有损失的，也应当是被告人无法退赔的剩余贷款本金。本案中某银行不依法向犯罪分子进行追赃挽损，仍以贷款合同有效约定为前提和依据，直接诉请某信保赔付其借款本金、利息、罚息、复利等损失，某银行的该等诉讼请求，与生效法律文书裁决的相悖，不应得到支持。

3. 某银行作为金融机构，其在贷前、贷中、贷后为履行对借款人资信调

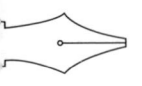

查、受托支付审查及贷后管理等法定义务，存在严重过错，其应对贷款可能产生的损失承担相应责任。《合作协议》规定，某银行对双方合作项下的借款人及贷款业务依法享有独立的授信审查、审批、贷后管理等义务。在对借款人实施独立审批程序后，才与符合其准入条件的借款人签署贷款合同等与贷款事宜相关的文件。根据前述规定，某银行必须对借款人的资信进行严格审查，其对借款人及借款条件有着最终决定权。对借款人的资信审查、放款审核、贷后监管是某银行的职责和义务，某银行因在贷前资信调查、贷中放款、贷款管理等方面严重失职，对被骗取贷款不能回收的损失应自行承担。

（1）某银行在贷前未对借款人资信情况进行尽职调查。《合作协议》附件三《个人贷款保证保险业务操作流程》关于"营销及贷款申请受理"规定：某保险公司负责向某银行经办行推送符合监管要求和某银行经办行行内相关业务标准及规定要求的目标客户，某银行经办行负责对客户进行贷款调查及资料收集。《贷款通则》第二十七条，《个人贷款管理暂行办法》第十三条、第十七条均规定了贷款人的贷款调查义务。根据前述规定及约定，某银行受理贷款申请后，应对借款人资信情况进行尽职调查。实际上，在双方合作期间某银行并未按照法律规定和双方约定，对借款人的资信情况进行尽职调查。

（2）某银行在贷中未对借款人受托支付的交易文件和交易凭证严格审查。《合作协议》项下某银行对借款人的贷款采用受托支付方式进行支付。《个人贷款管理暂行办法》第三十一条、第三十二条规定了贷款人委托支付的相应流程和要求。合作期间，某银行仅凭借款人提供的交易文件——虚构采购合同就进行委托支付，其根本没有要求借款人提供诸如交易发票、入库单等证明交易客观真实存在的交易凭证。

（3）某银行在贷后未对借款人及其经营企业进行有效贷后管理。《合作协议》附件三《个人贷款保证保险业务操作流程》关于"贷后管理"规定，某银行经办行委派客户经理定期对借款人经营情况进行回访。某银行在双方合作期间并未履行签署约定贷后管理义务，也未履行《个人贷款管理暂行办法》第三十五条、第三十七条，《贷款通则》第三十一条规定的贷款管理职责。

（4）某银行基于信用保证保险的存在，完全放弃其在贷前、贷中、贷后应履行的职责和义务，由此给借款人实施骗取贷款犯罪提供了便利和机会，其应承担由此产生的不利法律后果。某银行作为专业金融机构，应当有着严于保险公司的资信调查及风控要求，调查借款人资信、严格审核受托支付文件，加强借款人贷款管理系其法定义务，不能通过任何形式将该法定义务及产生的风险转嫁给他人。尽管某保险公司为借款人向某银行的借款出具个人贷款保证保险单，但某银行不应因存在保险单就放弃应当履行的职责和义务，才给借款人实施骗取贷款犯罪提供了便利和机会，并促使借款人骗取贷款犯罪的得逞。《北京市高级人民法院关于审理保险纠纷案件若干问题的指导意见（试行）》第29条规定：保险人和银行在各自的核保义务和审贷义务范围内各自承担相应的责任。某银行没有依法履行法定职责及义务，对被骗取的贷款不能收回的损失，应当自担风险，不能将由此产生的风险和责任全部转嫁给某保险公司。

综上所述，在某银行存在过错的情况下，即便是某银行贷款本金损失没有得到清偿，对于贷款本金不能获得全额还款受到的损失承担相应的不利后果，即使某保险公司在审核和出具保单方面确有过错，其可承担相应过错责任，承担责任的限额不应该超过某银行没有获得返还的贷款本金损失的50%。

当事人围绕其诉讼请求依法提交了证据，本院组织当事人进行了证据交换和质证。双方当事人对《合作协议》、《索赔函》、《律师函》、《个人人民币额度借款合同》37份、《个人贷款保证保险单》37份、电子邮件截图、天津市滨海新区人民法院（2011）津0116刑初1647号等刑事判决7份等证据的真实性均无异议，本院予以确认并在卷佐证。

某保险公司对某银行提交的案涉37名借款人的银行账户明细不予认可，称某保险公司知悉某银行的放款情况，但不清楚借款人的还款情况。对此，本院认为，某银行提供的案涉37名借款人的账户明细，账号在相应的借款合同中均有载明，且某保险公司对于某银行向借款人放款的事实予以认可，故对该银行账户明细的内容本院予以确认。

根据当事人陈述和经审查确认的证据，本院认定事实如下：

一、案涉《合作协议》约定的权利义务情况及相应保险条款

2018年11月19日，某银行与某保险公司签订《合作协议》，约定："一、合作方式：某保险公司合作的第三方负责拓展双方合作条件的客户，将符合承保条件的客户给某银行或某银行所属依法设立的经营机构，由某银行独立审核与客户签署借款或贷款合同，客户与某保险公司签署指定以某银行为被保险人的保险合同。若客户不符合某银行要求，某银行有权不与其签署借款合同或放款。双方约定在合作过程中进行充分、积极的沟通，任何一方对本方发现和获悉的可能对对方办理本协议相关业务产生重大影响的事项需履行及时告知义务。在本协议约定有效期内，双方具体合作事宜均以本协议为准。二、某银行权利义务：1. 某银行依法享有独立的授信审查、审批、贷后管理等权利，如需要某保险公司配合的，某保险公司有义务及时给予配合并补充相关材料；2. 某保险公司在客户投保后5个工作日将个人贷款保证保险保单交给某银行；3. 某保险公司承保的贷款出现逾期，如符合保险合同约定的理赔条件时，某银行有权要求某保险公司进行赔付；4. 已由某保险公司承保的贷款发生保险

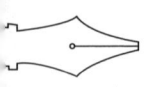

事故的，待某保险公司向某银行履行理赔责任后，某银行应向某保险公司出具《贷款权益转让通知确认函》及其他某保险公司认可的文书（如追偿需要的证明文件等），将相关权益转让给某保险公司；5. 在合作期间，某银行有权对某保险公司开展不定期贷后监控工作。在贷后监控过程中，甲乙任一方如发现投保人有疑似犯罪情形，应将相关情况及时告知对方，并由双方共同商议后采取进一步措施。三、某保险公司权利义务：1. 享有独立的保险调查等权利，有权依据客户相关资料和信息决定是否承保；2. 某保险公司履行保险赔偿责任后，就所赔偿的投保人应承担的贷款本金、利息、罚息、复利，以及相应的担保权益，依法对客户享有保险代位求偿权；3. 当某保险公司承保的贷款出现逾期的，在取得保险代位求偿权之前，须协助某银行对逾期借款催收；4. 某保险公司在保险合同订立时须确认客户履行了如实告知的义务，并确认对提供给某银行的一切资料（包括不限于扫描件、电子文档、纸质资料）的真实性及有效性负责。因某保险公司未识别借款人的虚假资料，由此给某银行造成损失的，某保险公司在给某银行造成的损失范围内，向某银行承担支付违约金的责任；5. 某保险公司有按照保险合同约定进行理赔的义务。如某保险公司在理赔过程中出现违反保险合同约定的情况，某银行有权单方面暂停或终止本协议履行，由此给某银行造成损失的，某保险公司在造成损失的范围内向某银行承担支付违约金的责任。四、合作细则：1. 投保人与某保险公司签订质押合同，且将质押车辆及全套手续交付某保险公司占有并实施监控，同时某保险公司对相应的车辆及全套手续（含车辆合格证、车钥匙等）实施监管；2. 本协议项下某银行向借款人提供贷款的执行年利率不低于 PBOC * 130% 以上，保证保险费率由某保险公司自行制定标准，免赔率为零（即某保险公司对所有符合理赔条件的本金、利息、罚息、复利负有全额赔偿责任）；3. 双方在本协议项下的合作适用保险产品为：《保证保险条款》《附加保险条款》；4. 当由某保险公司承保的任何一笔贷款的任何一期本金或利息发生逾期即视为保险事故发生。某银行在逾期后的第 15 天（自然日）起可发起理赔申请，索赔等待期结束日如遇休息日或法定节假日，则索赔等待期结束日顺延至休息日或法定节假日后的第一个工作日，某保险公司应按保险合同约定承担保险责任，按照届时该笔贷款剩余应付未付本金、利息、罚息、复利相关款项向某银行赔偿，某保险公司在收到理赔申请 5 个工作日审核确认，并将理赔资金转入被保险人账户；5. 双方严格按照本协议要求开展业务合作。具体业务操作流程及要求详见《个人贷款保证业务操作流程》。五、其他：1. 本协议适用于双方授权的所有分支机构；2.《保证保险条款》《附加保险条款》《个人贷款保证保险业务操作流程》《贷款权益转让通知确认函》《索赔申请书》《权益转让书》作为本协议附件,与本协议具有同等法律效力。本协议有效期自 2018 年 11 月 19 日起至 2021 年 11 月 19 日止。"

《保证保险条款》载明:"第四条,在保险期间内,投保人未能按照与被保险人签订的贷款合同的约定履行还本付息义务,且投保人拖欠任何一期欠款的时间超过索赔等待期以上的,经被保险人向保险人书面提出赔偿请求,保险人对投保人在贷款合同项下应偿还而未偿还的贷款本金及相应利息扣除相应的绝对免赔金额后,按照本保险合同的约定向被保险人支付赔偿金。第五条,出现下列情况之一的,保险人不承担赔偿责任:(一)贷款合同被依法认定无效或被撤销且投保人依法无须承担还款义务的。第九条,本保险合同的保险金额由投保人和保险人根据贷款合同中列明的贷款本金和利息协商确定,并在保险单中载明。第十二条,本保险合同的保险期间以保险单载明的起讫时间为准,最长不得超过一年。第十六条,保险人收到被保险人的赔偿保险金的请求后,应当及时作出是否属于保险责任的核定;情形复杂的,应当在三十日内作出核定,但本保险合同另有约定的除外。第二十七条,发生保险责任范围内的损失,保险人在向被保险人赔偿时将扣除下列项目来计算赔偿金额:(一)投保人已经偿还的贷款本息;(二)被保险人行使贷款合同项下的担保权利或通过其他还款保障形式获得清偿的贷款本息;(三)本保险合同约定的其他应扣除项目。"

《附加保险条款》载明:"第一条,本条款为某保险公司贷款类保证保险条款的附加险条款,只有在投保主险的基础上,方可投保本附加险。第二条,兹经双方同意,且投保人已缴付相应附加险保险费,对于依据贷款合同应由(投保人)借款人承担的罚息、复利、违约金、赔偿金、费用等其他相关款项,保险人负责赔偿。具体内容在保险单特别约定中载明。第三条,本附加险的保险金额列明于本保险单中。本附加险的保险金额独立于主险的保险金额,不包含于主险保险金额之内。第四条,本附加险项下的保险金额以贷款合同中载明的贷款本金总额的百分之三十为限。"

2020 年 11 月 19 日,某银行向某保险公司发送《索赔函》,载明:"《合作协议》签署后,我行北京分行、天津分行和天津东马路支行根据贵司推荐,向多位借款人发放了贷款,贵司亦对贷款出具了相应《个人贷款保证保险明细表》。"

某银行与北京市天元律师事务所(乙方)签订《委托代理协议》,约定甲方为解决案件需要,委托乙方为甲方及相关分支行与某保险公司因《合作协议》等合同合作引发的系列保险索赔纠纷案提供法律服务。2020 年 11 月 16 日,某银行北京分行支付北京市天元律师事务所律师 64 000 元。2020 年 11 月

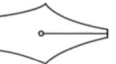

16日，某银行天津分行支付北京市天元律师事务所律师336 000元。

二、案涉37份借款合同及保险合同情况

案涉借款合同均系某银行提供的制式合同，各借款人（甲方）与某银行（乙方）签署的借款合同除借款金额、借款期限、利率、借款人账户信息、提供的个人贷款保证保险单单号信息不同外，其他约定双方主要权利义务的条款内容相同。借款合同约定的主要权利义务有：（1）借款种类和用途。乙方同意向甲方发放友安个人经营性贷款，仅限于借款人经营实体的日常营运支出，未经乙方事先书面同意甲方不得挪作他用，也不得用于违反有关法律、法规或规章的用途。（2）利率：合同每一笔提款均采用浮动利率。甲方同意，在借款期限（含逾期期间）内，如遇全国银行间同业拆借中心调整贷款市场报价利率，甲方应从调整后的下一个计息期间起按最近一个月相应利率档次执行新的利率规定，加减点数值不变。上述利率调整，乙方无需通知甲方。（3）罚息利率：本金逾期对逾期本金按本合同约定的贷款执行利率的基础上加收50%的利率计收罚息。利息逾期，从应付利息日的次日起逾期天数不超过一个月的，对应收利息按本合同约定的贷款执行利率的基础上加收50%的利率计收罚息；逾期天数超过一个月的，对贷款余额按本合同贷款执行利率的基础上加收50%的利率计收罚息。利息按一年360天计算，包括每一个计息期的第一天，但不包括最后一天。（4）还款方式：本合同项下贷款本息按下列一种方式偿还：①按月付息，到期一次性偿还本金。付息日为每月21日。如最后计息段不足一个月时，该计息段的利息按实际天数计算，在贷款到期日或提前还款日支付。②按月付息，分期还本。付息日为每月实际提款日的对应日，若还款月无此日期则为当月最后一日。如最后计息段不足一个月时，该计息段的利息按实际天数计算，在贷款到期日或提前还款日支付。如付息日或还款日为非银行工作日，则顺延至之后第一个银行工作日支付借款本息。（5）还款：甲方须在乙方处开立提款及还本付息账户。甲方授权乙方在合同约定的结息日或还款日或还本日从还款账户中扣划相应数额的款项以偿还贷款本息。如出现罚息、违约金等款项，乙方可在还款账户直接扣划，无需提前通知甲方。甲方如有任何拖欠，乙方有权在扣划时一并收取之前的所有拖欠款项和当期应付金额。甲方应保证其还款账户内在结息日或还款日或还本日有足额资金以便乙方扣收，因甲方还款账户内可供扣划的资金不足导致乙方未能按期足额扣收的，构成甲方逾期，甲方应按本合同第六条约定的罚息利率支付罚息。（6）担保：为保证本合同项下的债权能够得到清偿，甲方或第三方向乙方提供某保险公司保证保险作为担保。（7）甲方在乙方认可的保险公司以乙方为被保险人投保个人信贷（借款）履约保证保险并由甲方交纳保险费，确保在约定的保险事故发生时乙方获得赔偿。（8）违约事件：下述任一事件或情形均构成本合同项下的违约事件：甲方未按本合同的规定履行还款义务；甲方明确表示或者以自己的行为表明不履行本合同或其他任何承诺中的任何一项义务。发生或出现上述情形之一，乙方可以立即通知甲方并采取以下任何一项或多项措施，乙方行使下述权利，并不影响乙方基于本合同第十七条追究甲方的违约责任。①要求甲方限期纠正违约。②宣布所有已提用的贷款和应计利息以及本合同项下产生或未付的全部其他款项（包括但不限于罚息、损害赔偿金、违约金、费用等）立即到期。③立即行使本合同及担保合同/保证保险/文件项下乙方所享有的全部权利和救济措施，乙方因实现债权所发生的各项费用【包括但不限于诉讼费、差旅费、律师费、公证费（强制执行公证费除外）】，均应由甲方承担。（9）违约责任：①本合同生效后，甲乙双方均应履行合同约定的义务，任何一方不履行或不完全履行本合同所约定义务的，应当承担相应的违约责任，并赔偿由此给对方造成的损失。②如甲方申请贷款为以个人信贷（借款）履约保证保险产品提供保险的授信业务时，保险人在履约范围内履约完毕的，剩余债权均由甲方以及其他担保人向乙方承担偿还责任。③因甲方违约致使乙方采取诉讼方式实现债权的，甲方应承担乙方为此支付的诉讼费、律师费（包括实际发生的风险代理费）、差旅费及其他实现债权的费用。（10）费用：甲方承担因签订、执行本合同以及乙方为实现本合同项下的债权所支付的相关费用和支出，包括但不限于公证费（强制执行公证费除外）、诉讼费、律师费、差旅费、执行费。乙方为保障债权及担保权安全而垫付的费用，乙方有权随时向甲方追偿，并从乙方垫付之日起计收活期存款利息。（11）扣收。甲方向乙方支付的任何款项（包括本条约定乙方扣收的款项）按下列顺序清还债权：①实现债权和担保权利的费用；②损害赔偿金；③违约金；④罚息；⑤利息；⑥本金。乙方有权变更上述顺序。如借款种类为个人经营性贷款或友安个人经营性贷款，且借款资金用于个人经营的个体工商户或个人独资企业，则乙方有权从该个体工商户或个人独资企业在某银行任何分支机构开立的任何账户中直接扣收，并同样适用本条前款约定的规则。

某保险公司为案涉37位借款人（投保人）出具的保险单载明：鉴于投保人向某保险公司提交书面投保申请和有关资料（该投保申请及资料被视为保险单的有效组成部分），并同意向本公司缴付保险单明细表中列明的保险费，本公司同意在保险条款规定的保险责任范围内，对保险期限内被保险人的损失负责赔偿。索赔等待期为15天。绝对免赔额为0。保险条款：主险为《保险条款》，附加险为《附加保险条款》。保险合同的保险期间若与被保险人贷款实际发放日期不一致的，保证期间自贷款实际发放之日起开始计算，保险期间

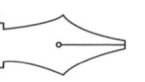

的到期日相应调整并与《借款合同》一致。《保险条款》《附加保险条款》内容与《合作协议》附件的《保险条款》《附加保险条款》内容一致。

案涉37份借款合同及保险单具体情况：

1. 2019年12月30日，鲍某（甲方）与某银行北京分行（乙方）签订《个人人民币额度借款合同》（BJ-个经营2019-119），约定甲方借款额度为500万元，借款额度有效期为自提款之日起6个月。合同年利率为全国银行间同业拆借中心公布的且在提款当日适用过的1年期贷款市场报价利率加点155BP，还款方式为第（3）种。同日，某保险公司出具保险单号为××的《个人贷款保证保险电子保险单》（以下简称保险单），载明：投保人/借款人为鲍某，被保险人为某银行北京分行，贷款金额500万元，保险期间2019年12月31日0时至2020年6月30日24时，保险金额5 149 250元、附加险保险金额24 875元。2019年12月31日，某银行北京分行向鲍某发放贷款500万元，借款到期日为2020年6月30日。2020年1月21日、2月21日、3月21日、4月21日鲍某的账户分别偿还16 625元、24 541.67元、22 555.56元、24 111.11元。某保险公司于2020年6月17日、7月14日分别赔付某银行鲍某欠付利息22 500元、23 250元。某银行主张鲍某欠付利息计息开始日为2020年6月21日，2020年7月14日本金、利息开始逾期。

2. 2019年12月30日，张某（甲方）与某银行北京分行（乙方）签订《个人人民币额度借款合同》（BJ-个经营2019-115），约定甲方借款额度为500万元，有效期为自提款之日起6个月。合同年利率为全国银行间同业拆借中心公布的且在提款当日适用过的1年期贷款市场报价利率加点155BP，还款方式为第（3）种。同日，某保险公司出具保险单号为××的保险单，载明：投保人/借款人为张某，被保险人为某银行北京分行，贷款金额500万元，保险期间2019年12月31日0时至2020年6月30日24时。保险金额为5 149 250元，附加险保险金额24 875元。2019年12月31日，某银行北京分行向张某发放贷款500万元，借款到期日为2020年6月30日。2020年1月21日、2月21日、3月23日、4月21日、5月21日、6月22日张某的账户分别偿还16 625元、24 541.67元、22 555.56元、24 111.11元、22 500元、23 250元。某银行主张张某欠付利息计息开始日为2020年6月21日，2020年7月1日本金、利息开始逾期。

3. 2020年1月19日，王某（甲方）与某银行北京分行（乙方）签订《个人人民币额度借款合同》（BJ-个经营2020-016），约定甲方借款额度金额为500万元，有效期为自提款之日起1年，合同年利率为全国银行间同业拆借中心公布的且在提款当日适用过的1年期贷款市场报价利率加点155BP，还款方式为第（1）种。同日，某保险公司出具保险单号为××的保险单，载明：投保人/借款人为王某，被保险人为某银行北京分行，贷款金额500万元，保险期间2020年1月20日0时至2021年1月19日24时，保险金额为5 298 500元，附加险保险金额24 875元，索赔等待期15天，保险条款为主险《保证保险条款》；附加险《附加保险条款》，绝对免赔率0%。《保险条款》《附加保险条款》内容同《合作协议》附件的《保险条款》《附加保险条款》内容。2019年1月20日，某银行北京分行向王某发放贷款500万元，借款到期日为2021年1月19日。2020年1月21日、2月21日、3月23日、4月21日王某的账户分别偿还791.67元、24 541.67元、22 555.56元、24 111.11元。某保险公司于2020年6月17日、7月14日、8月10日、9月8日分别赔付某银行王某欠付利息22 500元、23 250元、22 500元、23 250元。某银行主张王某欠付利息计息开始日为2020年8月21日，2020年9月22日利息开始逾期，2020年10月22日本金开始逾期。

4. 2019年12月30日，孙某（甲方）与某银行北京分行（乙方）签订《个人人民币额度借款合同》（BJ-个经营2019-114），约定甲方借款额度为500万元，借款额度有效期为自提款之日起1年，合同年利率为全国银行间同业拆借中心公布的且在提款当日适用过的1年期贷款市场报价利率加点155BP，还款方式为第（3）种。同日，某保险公司出具保险单号为××的保险单，载明：投保人/借款人为孙某，被保险人为某银行北京分行，贷款金额500万元，保险期间2019年12月31日0时至2020年12月30日24时。保险金额为5 298 500元，附加险保险金额24 875元。2019年12月31日，某银行北京分行向孙某发放贷款500万元，借款到期日为2020年12月30日。2020年1月21日、2月21日、3月23日、4月21日孙某的账户分别偿还16 625元、24 541.67元、22 555.56元、24 111.11元。某保险公司于2020年6月17日、7月14日、8月10日、9月8日分别赔付某银行孙某欠付的利息22 500元、23 250元、22 500元、23 250元。某银行主张孙某欠付利息计息开始日为2020年8月21日，2020年9月22日利息开始逾期，2020年10月22日本金开始逾期。

5. 2019年12月30日，吕某（甲方）与某银行北京分行（乙方）签订《个人人民币额度借款合同》（BJ-个经营2019-113），约定甲方借款额度为500万元，有效期为自提款之日起1年。合同年利率为全国银行间同业拆借中心公布的且在提款当日适用过的1年期贷款市场报价利率加点155BP，还款方式为第（3）种。同日，某保险公司出具保险单号为××的保险单，载明：投保人/借款人为吕某，被保险人为某银行北京分行，贷款金额500万元，保险

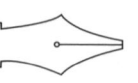

期间 2019 年 12 月 31 日 0 时至 2020 年 12 月 30 日 24 时。保险金额为 5 298 500 元，附加险保险金额 24 875 元。2019 年 12 月 31 日，某银行北京分行向吕某发放贷款 500 万元，借款到期日为 2020 年 12 月 30 日。2020 年 1 月 21 日、2 月 21 日、3 月 21 日、4 月 21 日吕某的账户分别偿还 16 625 元、24 541.67 元、22 555.56 元、24 111.11 元。某保险公司于 2020 年 6 月 17 日、7 月 14 日、8 月 10 日、9 月 8 日分别赔付某银行吕某欠付利息 22 500 元、23 250 元、22 500 元、23 250 元。某银行主张吕某欠付利息计息开始日为 2020 年 8 月 21 日，2020 年 9 月 22 日利息开始逾期，2020 年 10 月 22 日本金开始逾期。

6. 2019 年 10 月 17 日，陈某（甲方）与某银行天津东马路支行（乙方）签订《个人人民币额度借款合同》（DML-个经营贷2019-049），约定甲方借款额度为 570 万元，借款额度有效期为 2019 年 10 月 17 日至 2020 年 10 月 17 日。年利率为全国银行间同业拆借中心公布的且在提款当日适用的 1 年期贷款市场报价利率加点 168.12BP，还款方式为第（1）种。同日，某保险公司出具保险单号为××的保险单，载明：投保人/借款人为陈某，被保险人为某银行天津东马路支行，贷款金额 570 万元，保险期间 2019 年 10 月 18 日 0 时至 2020 年 10 月 17 日 24 时。保险金额为 6 040 290 元，附加险保险金额 85 072.5 元。2019 年 10 月 21 日，某银行天津东马路支行向陈某发放贷款 570 万元。2019 年 11 月 21 日、2019 年 12 月 23 日、2020 年 1 月 21 日、2 月 21 日、3 月 23 日、4 月 21 日陈某的账户分别偿还 28 866.89 元、27 698.2 元、28 621.47 元、26 315.76 元、28 130.64 元。某保险公司于 2020 年 6 月 19 日、7 月 15 日、8 月 10 日、9 月 8 日分别赔付某银行陈某欠付利息 26 273.2 元、27 148.97 元、26 273.2 元、27 148.97 元。某银行主张陈某欠付利息计息开始日为 2020 年 8 月 21 日，2020 年 9 月 22 日利息开始逾期，2020 年 10 月 18 日本金开始逾期。

7. 2019 年 12 月 30 日，靳某（甲方）与某银行天津东马路支行（乙方）签订《个人人民币额度借款合同》（DML-个经营贷2019-067），约定甲方借款额度为 500 万元，有效期为 2019 年 12 月 30 日至 2020 年 12 月 27 日。年利率为全国银行间同业拆借中心公布的且在提款当日适用的 1 年期贷款市场报价利率加点 173.12BP，还款方式为第（1）种。2019 年 12 月 27 日，某保险公司出具保险单号为××的保险单，载明：投保人/借款人为靳某，被保险人为某银行天津东马路支行，贷款金额 500 万元，保险期间 2019 年 12 月 28 日 0 时至 2020 年 12 月 27 日 24 时。保险金额为 5 298 500 元，附加险保险金额 24 875 元。2019 年 12 月 30 日，某银行天津东马路支行向靳某发放贷款 500 万元。2020 年 1 月 21 日、2 月 21 日、3 月 23 日、4 月 21 日靳某的账户分别偿还

17 970.33元、25 321.83元、23 285.39元、24 891.28元。某保险公司于2020年6月19日、7月15日、8月10日、9月8日分别赔付某银行靳某欠付利息23 255元、24 030.17元、23 255元、24 030.17元。某银行主张靳某欠付利息计息开始日为2020年8月21日，2020年9月22日利息开始逾期，2020年10月22日本金开始逾期。

8. 2019年12月11日，任某（甲方）与某银行天津东马路支行（乙方）签订《个人人民币额度借款合同》（DML-个经营贷2019-058），约定甲方借款额度为580万元，有效期为2019年12月11日至2020年12月11日。年利率为全国银行间同业拆借中心公布的且在提款当日适用的1年期贷款市场报价利率加点173.12BP，还款方式为第（1）种。同日，某保险公司出具保险单号为××的保险单，载明：投保人/借款人为任某，被保险人为某银行天津东马路支行，贷款金额580万元，保险期间2019年12月12日0时至2020年12月11日24时。保险金额为6 146 260元，附加险保险金额28 855元。2019年12月12日，某银行天津东马路支行向任某发放贷款580万元。2019年12月23日、2020年1月21日、2月21日、3月23日、4月21日任某的账户分别偿还8 527.74元、29 373.33元、29 373.33元、27 011.05元、28 873.88元。某保险公司于2020年6月19日、7月15日、8月10日、9月8日分别赔付某银行任某欠付利息26 975.8元、27 874.99元、26 975.8元、27 874.99元。某银行主张任某欠付利息计息开始日为2020年8月21日，2020年9月22日利息开始逾期，2020年10月22日本金开始逾期。

9. 2019年10月15日，史某（甲方）与某银行天津东马路支行（乙方）签订《个人人民币额度借款合同》（DML-个经营贷2019-048），约定甲方借款额度为500万元，有效期为2019年10月15日至2020年10月15日。年利率为全国银行间同业拆借中心公布的且在提款当日适用的1年期贷款市场报价利率加点168.12BP，还款方式为第（1）种。同日，某保险公司出具保险单号为××的保险单，载明：投保人/借款人为史某，被保险人为某银行天津东马路支行，贷款金额500万元，保险期间2019年10月16日0时至2020年10月15日24时。保险金额为5 298 500元，附加险保险金额74 625元。2019年10月16日，某银行天津东马路支行向史某发放贷款500万元。2019年10月21日、11月21日、12月23日、2020年1月21日、2月21日、3月23日、4月21日史某的账户分别偿还4 084.17元、25 321.83元、24 296.67元、25 106.56元、25 106.56元、23 084元、24 676元。某保险公司于2020年6月19日、7月15日、8月10日、9月8日分别赔付某银行史某欠付利息23 046.67元、23 814.89元、23 046.67元、23 814.89元。某银行主张史某欠

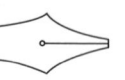

付利息计息开始日为 2020 年 8 月 21 日，2020 年 9 月 22 日利息开始逾期，2020 年 10 月 16 日本金开始逾期。

10. 2019 年 10 月 24 日，苏某（甲方）与某银行东马路支行（乙方）签订《个人人民币额度借款合同》（DML-个经营贷 2019-050），约定甲方借款额度为 520 万元，有效期为 2019 年 10 月 24 日至 2020 年 10 月 24 日。本合同项下每一笔提款采用浮动利率，年利率为全国银行间同业拆借中心公布的且在提款当日适用的 1 年期贷款市场报价利率加点 168.12BP，还款方式为第（1）种。同日，某保险公司出具保险单号为××的保险单，载明：投保人/借款人为苏某，被保险人为某银行北京分行，贷款金额 520 万元，保险期间 2019 年 10 月 25 日 0 时至 2020 年 10 月 24 日 24 时。保险金额为 5 510 440 元，附加险保险金额 77 610 元。2019 年 10 月 25 日，某银行天津东马路支行向苏某发放贷款 520 万元。2019 年 11 月 21 日、12 月 23 日、2020 年 1 月 21 日、2 月 21 日、3 月 23 日、4 月 21 日苏某的账户分别偿还 22 936.68 元、25 268.53 元、26 110.82 元、26 110.82 元、24 007.36 元、25 663.04 元。某保险公司于 2020 年 6 月 19 日、7 月 15 日、8 月 10 日、9 月 8 日分别赔付某银行苏某欠付利息 23 968.53 元、24 767.48 元、23 968.53 元、24 767.48 元。某银行主张苏某欠付利息计息开始日为 2020 年 8 月 21 日，2020 年 9 月 22 日利息开始逾期，2020 年 10 月 22 日本金开始逾期。

11. 2019 年 9 月 26 日，田某（甲方）与某银行天津东马路支行（乙方）签订《个人人民币额度借款合同》（DML-个经营贷 2019-045），约定甲方借款额度为 580 万元，有效期为 2019 年 9 月 26 日至 2020 年 9 月 26 日。年利率为中国人民银行公布的且在提款当日适用的 1 年以内（含 1 年）贷款基准利率上浮 35.2%，还款方式为第（1）种。同日，某保险公司出具保险单号为××的保险单，载明：投保人/借款人为田某，被保险人为某银行天津东马路支行，贷款金额 580 万元，保险期间 2019 年 9 月 27 日 0 时至 2020 年 9 月 26 日 24 时。保险金额为 6 146 260 元，附加险保险金额 86 565 元。2019 年 9 月 27 日，某银行天津东马路支行向田某发放贷款 580 万元。2019 年 10 月 21 日、11 月 21 日、12 月 23 日、2020 年 1 月 21 日、2 月 21 日、3 月 23 日、4 月 21 日田某的账户分别偿还 22 740.64 元、29 373.33 元、28 425.8 元、29 373.33 元、29 373.33 元、27 478.27 元、29 373.33 元。某保险公司于 2020 年 6 月 19 日、7 月 15 日、8 月 10 日、9 月 8 日分别赔付某银行田某欠付利息 28 425.8 元、29 373.33 元、28 425.8 元、29 373.33 元。某银行主张田某欠付利息计息开始日为 2020 年 8 月 21 日，2020 年 9 月 22 日利息开始逾期，2020 年 9 月 27 日本金开始逾期。

12. 2019年12月19日，王某某（甲方）与某银行天津东马路支行（乙方）签订《个人人民币额度借款合同》（DML-个经营贷2019-062），约定甲方借款额度为590万元，有效期为2019年12月19日至2020年12月19日。年利率为全国银行间同业拆借中心公布的且在提款当日适用的1年期贷款市场报价利率加点173.12BP，还款方式为第（1）种。2019年12月20日，某保险公司出具保险单号为××的保险单，载明：投保人/借款人为王某某，被保险人为某银行天津东马路支行，贷款金额590万元，保险期间2019年12月21日0时至2020年12月20日24时。保险金额为6 252 230元，附加险保险金额29 353元。2019年12月23日，某银行天津东马路支行向王某某发放贷款590万元。2020年1月21日、2月21日、3月23日、4月21日王某某的账户分别偿还27 952.04元、29 879.76元、27 476.76元、29 371.71元。某保险公司于2020年6月19日、7月15日、8月10日、9月8日分别赔付某银行王某某欠付利息27 440.9元、28 355.6元、27 440.9元、28 355.6元。某银行主张王某某欠付利息计息开始日为2020年8月21日，2020年9月22日利息开始逾期，2020年10月22日本金开始逾期。

13. 2019年10月24日，张某某（甲方）与某银行天津东马路支行（乙方）签订《个人人民币额度借款合同》（DML-个经营贷2019-051），约定甲方借款额度为460万元，有效期为2019年10月24日至2020年10月24日。年利率为全国银行间同业拆借中心公布的且在提款当日适用的1年期贷款市场报价利率加点168.12BP，还款方式为第（1）种。同日，某保险公司出具保险单号为××的保险单，载明：投保人/借款人为张某某，被保险人为某银行天津东马路支行，贷款金额460万元，保险期间2019年10月25日0时至2020年10月24日24时。保险金额为4 874 620元，附加险保险金额68 655元。2019年10月25日，某银行天津东马路支行向张某某发放贷款460万元。2019年11月21日、12月23日、2020年1月21日、2月21日、3月23日、4月21日张某某的账户分别偿还20 290.14元、22 352.93元、23 098.03元、23 098.03元、21 237.28元、22 701.92元。某保险公司于2020年6月19日、7月15日、8月10日、9月8日分别赔付某银行张某某欠付利息21 202.93元、21 909.7元、21 202.93元、21 909.7元。某银行主张张某某欠付利息计息开始日为2020年8月21日，2020年9月22日利息开始逾期，2020年10月22日本金开始逾期。

14. 2019年12月16日，张某甲（甲方）与某银行天津东马路支行（乙方）签订《个人人民币额度借款合同》（DML-个经营贷2019-061），约定甲方借款额度为590万元，有效期为2019年12月16日至2020年12月16日。

年利率为全国银行间同业拆借中心公布的且在提款当日适用的 1 年期贷款市场报价利率加点 173.12BP，还款方式为第（1）种。同日，某保险公司出具保险单号为××的保险单，载明：投保人/借款人为张某甲，被保险人为某银行天津东马路支行，贷款金额 590 万元，保险期间 2019 年 12 月 17 日 0 时至 2020 年 12 月 16 日 24 时。保险金额为 6 252 230 元，附加险保险金额 29 353 元。2019 年 10 月 17 日，某银行天津东马路支行向张某甲发放贷款 590 万元。2019 年 12 月 23 日、2020 年 1 月 21 日、2 月 21 日、3 月 23 日、4 月 21 日张某甲的账户分别偿还 3 855.45 元、29 879.76 元、29 879.76 元、27 476.76 元、29 371.71 元。某保险公司于 2020 年 6 月 19 日、7 月 15 日、8 月 10 日、9 月 8 日分别赔付某银行张某甲欠付利息 27 440.9 元、28 355.6 元、27 440.9 元、28 355.6 元。某银行主张张某甲欠付利息计息开始日为 2020 年 8 月 21 日，2020 年 9 月 22 日利息开始逾期，2020 年 10 月 22 日本金开始逾期。

15. 2019 年 12 月 25 日，黎某（甲方）与某银行天津分行（乙方）签订《个人人民币额度借款合同》（TJ-个经营贷 2019-106），约定甲方借款额度为 480 万元，有效期为 2019 年 12 月 25 日至 2020 年 12 月 25 日。年利率为全国银行间同业拆借中心公布的且在提款当日适用的 1 年期贷款市场报价利率加点 173.12BP，还款方式为第（1）种。同日，某保险公司出具保险单号为××的保险单，载明：投保人/借款人为黎某，被保险人为某银行天津分行，贷款金额 480 万元，保险期间 2019 年 12 月 26 日 0 时至 2020 年 12 月 25 日 24 时。保险金额为 5 086 560 元，附加险保险金额 23 880 元。2019 年 12 月 26 日，某银行天津分行向黎某发放贷款 480 万元。2020 年 1 月 21 日、2 月 21 日、3 月 23 日、4 月 21 日黎某的账户分别偿还 20 388.16 元、24 308.96 元、22 353.97 元、23 895.63 元。某保险公司于 2020 年 6 月 19 日、7 月 14 日、8 月 10 日、9 月 8 日分别赔付某银行黎某欠付利息 22 324.8 元、23 068.96 元、22 324.8 元、23 068.96 元。某银行主张黎某欠付利息计息开始日为 2020 年 8 月 21 日，2020 年 9 月 22 日利息开始逾期，2020 年 10 月 22 日本金开始逾期。

16. 2019 年 8 月 26 日，李某（甲方）与某银行天津分行（乙方）签订《个人人民币额度借款合同》（TJ-个经营贷 2019-067），约定甲方借款额度为 450 万元，有效期为 2019 年 8 月 26 日至 2020 年 2 月 26 日。年利率为中国人民银行公布的且在提款当日适用的一年期贷款基准利率上浮 35.2%，还款方式为第（1）种。2020 年 2 月 26 日，李某与某银行天津分行签署《借款展期合同》，约定向其发放友安个人经营性贷款 450 万元展期期限为 6 个月，自 2020 年 2 月 26 日起至 2020 年 8 月 25 日。贷款年利率为全国银行间同业拆借中心公布的且在提款当日适用的 1 年期贷款市场报价利率加点 183.12BP。

2019年8月26日，某保险公司出具保险单号为××的保险单，载明：投保人/借款人为李某，被保险人为某银行天津分行，贷款金额450万元，保险期间2019年8月27日0时至2020年2月26日24时。保险金额为4 634 325元，附加险保险金额67 162.5元。2020年2月26日，某保险公司出具批单，同意××号保单终止日期改为2020年8月25日。2019年8月27日，某银行天津分行向李某发放贷款450万元。2019年9月23日、10月21日、11月21日、12月23日、2020年1月21日、2月21日、2月26日、3月23日、4月21日李某的账户分别偿还18 378.75元、22 054.5元、22 789.65元、22 054.5元、22 789.65元、22 789.65元、3 675.75元、17 643.6元、22 789.65元。某保险公司于2020年6月19日、7月14日、8月10日、9月8日分别赔付某银行李某欠付利息21 304.5元、22 014.65元、21 304.5元、22 014.65元。某银行主张李某欠付利息计息开始日为2020年8月21日，2020年8月26日本金、利息开始逾期。

17. 2020年1月16日，李某某（甲方）与某银行天津分行（乙方）签订《个人人民币额度借款合同》（TJ－个经营贷2020－004），约定甲方借款额度为580万元，有效期为2020年1月16日至2020年7月16日。年利率为全国银行间同业拆借中心公布的且在提款当日适用的1年期贷款市场报价利率加点173.12BP，还款方式为第（1）种。同日，某保险公司出具保险单号为××的保险单，载明：投保人/借款人为李某某，被保险人为某银行天津分行，贷款金额580万元，保险期间2020年1月17日0时至2020年7月16日24时。保险金额为5 973 130元，附加险保险金额28 855元。2020年1月17日，某银行天津分行向李某某发放贷款580万元。2020年1月21日、2月21日、3月23日、4月21日李某某账户分别偿还3 790.11元、29 373.33元、27 011.05元、28 873.88元。某保险公司于2020年6月19日、7月14日分别赔付某银行李某某欠付利息26 975.8元、27 874.99元。某银行主张李某某欠付利息计息开始日为2020年6月21日，2020年7月17日本金、利息开始逾期。

18. 2020年4月17日，李某甲（甲方）与某银行天津分行（乙方）签订《个人人民币额度借款合同》（TJ－个经营贷2020－004），约定甲方借款额度为400万元，有效期为2020年4月17日至2020年10月16日。年利率为全国银行间同业拆借中心公布的且在提款当日适用的1年期贷款市场报价利率加点183.12BP，还款方式为第（1）种。2020年4月15日，某保险公司出具保险单号为××的保险单，载明：投保人/借款人为李某甲，被保险人为某银行天津分行，贷款金额400万元，保险期间2020年4月17日0时至2020年10月16日24时。保险金额为4 119 400元，附加险保险金额19 900元。2020年4

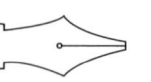

月18日，某银行天津分行向李某甲发放贷款400万元。2020年4月21日李某甲的账户偿还2613.87元。某保险公司于2020年6月19日、7月14日、8月10日、9月8日分别赔付某银行李某甲欠付利息18 937.33元、19 568.58元、18 937.33元、19 568.58元。某银行主张李某甲欠付利息计息开始日为2020年8月21日，2020年9月22日利息开始逾期、2020年10月17日本金开始逾期。

19. 2019年12月11日，马某（甲方）与某银行天津分行（乙方）签订《个人人民币额度借款合同》（TJ-个经营贷2019-100），约定甲方借款额度为580万元，有效期为2019年12月11日至2020年12月11日。年利率为全国银行间同业拆借中心公布的且在提款当日适用的1年期贷款市场报价利率加点173.12BP，还款方式为第（1）种。同日，某保险公司出具保险单号为××的保险单，载明：投保人/借款人为马某，被保险人为某银行天津分行，贷款金额580万元，保险期间2019年12月12日0时至2020年12月11日24时。保险金额为6 146 260元，附加险保险金额28 855元。2019年12月12日，某银行天津分行向马某发放贷款580万元。2019年12月23日、2020年1月21日、2月21日、3月23日、4月21日马某的账户分别偿还8 527.74元、29 373.33元、29 373.33元、27 011.05元、28 873.88元。某保险公司于2020年6月19日、7月14日、8月10日、9月8日分别赔付某银行马某欠付利息26 975.8元、27 874.99元、26 975.8元、27 874.99元。某银行主张马某欠付利息计息开始日为2020年8月21日，2020年9月22日利息开始逾期、2020年10月22日本金开始逾期。

20. 2019年12月27日，于某（甲方）与某银行天津分行（乙方）签订《个人人民币额度借款合同》（TJ-个经营贷2019-107），约定甲方借款额度为550万元，有效期为2019年12月27日至2020年12月27日。年利率为全国银行间同业拆借中心公布的且在提款当日适用的1年期贷款市场报价利率加点173.12BP，还款方式为第（1）种。同日，某保险公司出具保险单号为××的保险单，载明：投保人/借款人为于某，被保险人为某银行天津分行，贷款金额550万元，保险期间2019年12月28日0时至2020年12月27日24时。保险金额为5 828 350元，附加险保险金额27 363元。2019年12月30日，某银行天津分行向于某发放贷款550万元。2020年1月21日、2月21日、3月23日、4月21日、5月21日、6月22日、7月21日、8月21日、9月21日、10月21日、11月23日、12月21日于某的账户分别偿还19 767.37元、27 854.02元、25 613.93元、27 380.41元、25 580.5元、26 433.18元、25 580.5元、26 433.18元、26 433.18元、25 580.5元、26 433.18元、

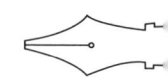

25 580.5 元。某银行主张于某欠付利息计息开始日为 2020 年 12 月 21 日，2020 年 12 月 29 日本金开始逾期。

21. 2019 年 9 月 3 日，张某乙（甲方）与某银行天津分行（乙方）签订《个人人民币额度借款合同》（TJ－个经营贷 2019－075），约定甲方借款额度金额为 530 万元，有效期为 2019 年 9 月 3 日至 2020 年 3 月 3 日。年利率为中国人民银行公布的且在提款当日适用的一年期贷款基准利率上浮 35.2%，还款方式为第（1）种。2020 年 3 月 3 日，张某乙与某银行天津分行签署《借款展期合同》，约定向其发放友安个人经营性贷款 530 万元展期期限为 6 个月，自 2020 年 3 月 3 日起至 2020 年 9 月 2 日。贷款年利率为全国银行间同业拆借中心公布的且在提款当日适用的 1 年期贷款市场报价利率加点 183.12BP。2019 年 9 月 3 日，某保险公司出具保险单号为××的保险单，载明：投保人／借款人为张某乙，被保险人为某银行天津分行，贷款金额 530 万元，保险期间 2019 年 9 月 4 日 0 时至 2020 年 3 月 3 日 24 时。保险金额为 5 458 205 元，附加险保险金额 79 103 元。2020 年 3 月 3 日，某保险公司出具批单，同意××号保单终止日期改为 2020 年 9 月 2 日。2019 年 9 月 4 日，某银行天津分行向张某乙发放贷款 530 万元。2019 年 9 月 23 日、10 月 21 日、11 月 21 日、12 月 23 日、2020 年 1 月 21 日、2 月 21 日、3 月 3 日、3 月 23 日、4 月 21 日张某乙的账户分别偿还 14 719.34 元、25 975.3 元、26 841.14 元、25 975.3 元、26 841.14 元、26 841.14 元、9 524.28 元、15 585.18 元、26 841.14 元。某保险公司于 2020 年 6 月 19 日、7 月 14 日、8 月 10 日、9 月 8 日分别赔付某银行张某乙欠付利息 25 091.97 元、25 928.37 元、25 091.97 元、25 928.37 元。某银行主张张某乙欠付利息计息开始日为 2020 年 8 月 21 日，2020 年 9 月 3 日本金、利息开始逾期。

22. 2019 年 10 月 31 日，张某丙（甲方）与某银行天津分行（乙方）签订《个人人民币额度借款合同》（TJ－个经营贷 2019－090），约定甲方借款额度为 560 万元，有效期为 2019 年 10 月 31 日至 2020 年 10 月 31 日。年利率为全国银行间同业拆借中心公布的且在提款当日适用的 1 年期贷款市场报价利率加点 168.12BP，还款方式为第（1）种。同日，某保险公司出具保险单号为××的保险单，载明：投保人／借款人为张某丙，被保险人为某银行天津分行，贷款金额 560 万元，保险期间 2019 年 11 月 1 日 0 时至 2020 年 10 月 31 日 24 时。保险金额为 5 934 320 元，附加险保险金额 83 580 元。2020 年 3 月 3 日，某保险公司出具批单，同意××号保单终止日期改为 2020 年 9 月 2 日。2019 年 11 月 1 日，某银行天津分行向张某丙发放贷款 560 万元。2019 年 11 月 21 日、12 月 23 日、2020 年 1 月 21 日、2 月 21 日、4 月 14 日张某丙的账户分别

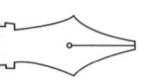

偿还 18 297.07 元、27 212.27 元、28 119.34 元、28 119.34 元、25 983.73 元。某保险公司于 2020 年 6 月 19 日、7 月 14 日、8 月 10 日、9 月 8 日分别赔付某银行张某丙欠付利息 27 637.12 元、25 812.27 元、26 672.68 元、25 812.27 元、26 672.68 元。某银行主张张某丙欠付利息计息开始日为 2020 年 8 月 21 日，2020 年 9 月 22 日利息开始逾期、2020 年 10 月 22 日本金开始逾期。

23. 2020 年 1 月 17 日，寇某（甲方）与某银行天津分行（乙方）签订《个人人民币额度借款合同》（TJ－个经营贷 2020－006），约定甲方借款额度为 500 万元，有效期为 2020 年 1 月 19 日至 2020 年 7 月 19 日。年利率为全国银行间同业拆借中心公布的且在提款当日适用的 1 年期贷款市场报价利率加点 173.12BP，还款方式为第（1）种。同日，某保险公司出具保险单号为××的保险单，载明：投保人/借款人为寇某，被保险人为某银行天津分行，贷款金额 500 万元，保险期间 2020 年 1 月 20 日 0 时至 2020 年 7 月 19 日 24 时。保险金额为 5 149 250 元，附加险保险金额 24 875 元。2020 年 1 月 20 日，某银行天津分行向寇某发放贷款 500 万元。2020 年 1 月 21 日、2 月 21 日、3 月 23 日、4 月 21 日寇某的账户分别偿还 816.83 元、25 321.83 元、23 285.39 元、24 891.28 元。某保险公司于 2020 年 6 月 19 日、7 月 14 日分别赔付某银行张某乙欠付利息 23 255 元、24 030.17 元。某银行主张寇某欠付利息计息开始日为 2020 年 6 月 21 日，2020 年 7 月 21 日本金、利息开始逾期。

24. 2019 年 7 月 8 日，李某乙（甲方）与某银行天津分行（乙方）签订《个人人民币额度借款合同》（TJ－个经营贷 2019－050），约定甲方借款额度金额为 520 万元，有效期为 2019 年 7 月 8 日至 2020 年 7 月 8 日。年利率为中国人民银行公布的且在提款当日适用的一年期贷款基准利率上浮 35.2%，还款方式为第（1）种。同日，某保险公司出具保险单号为××的保险单，载明：投保人/借款人为李某乙，被保险人为某银行天津分行，贷款金额 520 万元，保险期间 2019 年 7 月 9 日 0 时至 2020 年 7 月 8 日 24 时。保险金额为 5 510 440 元，附加险保险金额 77 610 元。2019 年 7 月 9 日，某银行天津分行向李某乙发放贷款 520 万元。2019 年 7 月 22 日、8 月 21 日、9 月 23 日、10 月 21 日、11 月 21 日、12 月 23 日、2020 年 1 月 21 日、2 月 21 日、3 月 23 日、4 月 14 日李某乙的账户分别偿还 10 194.08 元、26 334.71 元、26 334.71 元、25 485.2 元、26 334.71 元、25 485.20 元、26 334.71 元、26 334.71 元、24 635.69 元、26 334.71 元。某保险公司于 2020 年 6 月 19 日、7 月 14 日分别赔付某银行李某乙欠付利息 25 485.2 元、26 334.71 元。某银行主张李某乙欠付利息计息开始日为 2020 年 6 月 21 日，2020 年 7 月 14 日本金、利息开始逾期。

25. 2020年1月16日,刘某(甲方)与某银行天津分行(乙方)签订《个人人民币额度借款合同》(TJ-个经营贷2020-005),约定甲方借款额度为590万元,有效期为2020年1月16日至2020年7月16日。年利率为全国银行间同业拆借中心公布的且在提款当日适用的1年期贷款市场报价利率加点173.12BP,还款方式为第(1)种。同日,某保险公司出具保险单号为××的保险单,载明:投保人/借款人为刘某,被保险人为某银行天津分行,贷款金额590万元,保险期间2020年1月17日0时至2020年7月16日24时。保险金额为6 076 115元,附加险保险金额29 353元。2020年1月17日,某银行天津分行向刘某发放贷款590万元。2020年1月21日、2月21日、3月23日、4月21日刘某的账户分别偿还3855.45元、29 879.76元、27 476.76元、29 371.71元。某保险公司于2020年6月19日、7月14日分别赔付某银行刘某欠付利息27 440.9元、28 355.6元。某银行主张刘某欠付利息计息开始日为2020年6月21日,2020年7月17日本金、利息开始逾期。

26. 2019年12月18日,刘某某(甲方)与某银行天津分行(乙方)签订《个人人民币额度借款合同》(TJ-个经营贷2019-103),约定甲方借款额度为580万元,有效期为2019年12月19日至2020年12月18日。年利率为全国银行间同业拆借中心公布的且在提款当日适用的1年期贷款市场报价利率加点173.12BP,还款方式为第(1)种。同日,某保险公司出具保险单号为××的保险单,载明:投保人/借款人为刘某某,被保险人为某银行天津分行,贷款金额580万元,保险期间2019年12月19日0时至2020年12月18日24时。保险金额为6 146 260元,附加险保险金额28 855元。2019年12月19日,某银行天津分行向刘某某发放贷款580万元。2019年12月23日、2020年1月21日、2月21日、3月23日、4月21日刘某某的账户分别偿还1 895.05元、29 373.33元、29 373.33元、27 011.05元、28 873.88元。某保险公司于2020年6月19日、7月14日、8月10日、9月8日分别赔付某银行刘某欠付利息26 975.8元、27 874.99元、26 975.8元、27 874.99元。某银行主张刘某某欠付利息计息开始日为2020年8月21日,2020年9月22日利息开始逾期,2020年10月22日本金开始逾期。

27. 2019年8月26日,刘某甲(甲方)与某银行天津分行(乙方)签订《个人人民币额度借款合同》(TJ-个经营贷2019-069),约定甲方借款额度为380万元,有效期为2019年8月26日至2020年2月26日。年利率为中国人民银行公布的且在提款当日适用的一年期贷款基准利率上浮35.2%,还款方式为第(1)种。2020年2月26日,刘某甲与某银行天津分行签署《借款展期合同》,约定向其发放友安个人经营性贷款380万元展期期限为6个月,自 2020 年 2 月 26 日起至 2020 年 8 月 25 日。贷款年利率为全国银行间同业拆借中心公布的且在提款当日适用的 1 年期贷款市场报价利率加点 183.12BP。2019 年 8 月 26 日，某保险公司出具保险单号为××的保险单，载明：投保人/借款人为刘某甲，被保险人为某银行天津分行，贷款金额 380 万元，保险期间 2019 年 8 月 27 日 0 时至 2020 年 8 月 26 日 24 时。保险金额为 3 913 430 元，附加险保险金额 56 715 元。2020 年 2 月 26 日，某保险公司出具批单，同意××号保单终止日期改为 2020 年 8 月 25 日。2019 年 8 月 27 日，某银行天津分行向刘某甲发放贷款 380 万元。2019 年 9 月 23 日、10 月 21 日、11 月 21 日、12 月 23 日、2020 年 1 月 21 日、2 月 21 日、2 月 26 日、3 月 23 日、4 月 21 日刘某甲的账户分别偿还 15 519.83 元、18 623.8 元、19 244.59 元、18 623.8 元、19 244.59 元、19 244.59 元、3 103.97 元、14 899.04 元、19 244.59 元。某保险公司于 2020 年 6 月 19 日、7 月 14 日、8 月 10 日、9 月 8 日分别赔付某银行刘某欠付利息 17 990.47 元、18 590.15 元、17 990.47 元、18 590.15 元。某银行主张刘某甲欠付利息计息开始日为 2020 年 8 月 21 日，2020 年 8 月 26 日本金、利息开始逾期。

28. 2019 年 11 月 25 日，苗某（甲方）与某银行天津分行（乙方）签订《个人人民币额度借款合同》（TJ－个经营贷 2019－099），约定甲方借款额度为 500 万元，有效期为 2019 年 11 月 25 日至 2020 年 11 月 25 日。年利率为全国银行间同业拆借中心公布的且在提款当日适用的 1 年期贷款市场报价利率加点 173.12BP，还款方式为第（1）种。同日，某保险公司出具保险单号为××的保险单，载明：投保人/借款人为苗某，被保险人为某银行天津分行，贷款金额 500 万元，保险期间 2019 年 11 月 26 日 0 时至 2020 年 11 月 25 日 24 时。保险金额为 5 298 500 元，附加险保险金额 24 875 元。2019 年 11 月 26 日，某银行天津分行向苗某发放贷款 500 万元。2019 年 12 月 23 日、2020 年 1 月 21 日、2 月 21 日、3 月 23 日、4 月 21 日苗某的账户分别偿还 20 420.83 元、25 321.83 元、25 321.83 元、23 285.39 元、24 891.28 元。某保险公司于 2020 年 6 月 19 日、7 月 14 日、8 月 10 日、9 月 8 日分别赔付某银行苗某欠付利息 23 255 元、24 030.17 元、23 255 元、24 030.17 元。某银行主张苗某欠付利息计息开始日为 2020 年 8 月 21 日，2020 年 9 月 22 日利息开始逾期，2020 年 10 月 22 日本金开始逾期。

29. 2019 年 10 月 30 日，宋某（甲方）与某银行天津分行（乙方）签订《个人人民币额度借款合同》（TJ－个经营贷 2019－089），约定甲方借款额度为 550 万元，有效期为 2019 年 10 月 30 日至 2020 年 10 月 30 日。年利率为全国银行间同业拆借中心公布的且在提款当日适用的 1 年期贷款市场报价利率加点 168.12BP，还款方式为第（1）种。同日，某保险公司出具保险单号为××的保险单，载明：投保人/借款人为宋某，被保险人为某银行天津分行，贷款金额 550 万元，保险期间 2019 年 10 月 31 日 0 时至 2020 年 10 月 30 日 24 时。保险金额为 5 828 350 元，附加险保险金额 82 088 元。2019 年 10 月 31 日，某银行天津分行向宋某发放贷款 550 万元。2019 年 11 月 20 日、12 月 23 日、2020 年 1 月 21 日、2 月 21 日、3 月 23 日、4 月 21 日宋某的账户分别偿还 18 868.85 元、26 726.33 元、27 617.21 元、27 617.21 元、25 392.4 元、27 143.6 元。某保险公司于 2020 年 6 月 19 日、7 月 14 日、8 月 10 日、9 月 8 日分别赔付某银行宋某欠付利息 25 351.33 元、26 196.38 元、25 351.33 元、26 196.38 元。某银行主张宋某欠付利息计息开始日为 2020 年 8 月 21 日，2020 年 9 月 22 日利息开始逾期，2020 年 10 月 22 日本金开始逾期。

30. 2019 年 8 月 22 日，孙某某（甲方）与某银行天津分行（乙方）签订《个人人民币额度借款合同》（TJ－个经营贷 2019－059），约定甲方借款额度为 500 万元，有效期为 2019 年 8 月 22 日至 2020 年 2 月 22 日。年利率为中国人民银行公布的且在提款当日适用的一年期贷款基准利率上浮 35.2%。2020 年 2 月 21 日，孙某某与某银行天津分行签署《借款展期合同》，约定向其发放友安个人经营性贷款 500 万元展期期限为 6 个月，自 2020 年 2 月 24 日起至 2020 年 8 月 21 日。贷款年利率为全国银行间同业拆借中心公布的且在提款当日适用的 1 年期贷款市场报价利率加点 183.12BP，还款方式为第（1）种。2019 年 8 月 26 日，某保险公司出具保险单号为××的保险单，载明：投保人/借款人为孙某某，被保险人为某银行天津分行，贷款金额 500 万元，保险期间 2019 年 8 月 23 日 0 时至 2020 年 2 月 22 日 24 时。保险金额为 5 149 250 元，附加险保险金额 74 625 元。2020 年 2 月 26 日，某保险公司出具批单，同意××号保单终止日期改为 2020 年 8 月 21 日。2019 年 8 月 23 日，某银行天津分行向孙某某发放贷款 500 万元。2019 年 9 月 23 日、10 月 21 日、11 月 21 日、12 月 23 日、2020 年 1 月 21 日、2 月 21 日、2 月 24 日、3 月 23 日、4 月 21 日、5 月 21 日、6 月 22 日、7 月 21 日、11 月 6 日孙某某的账户分别偿还 23 688.17 元、24 505 元、25 321.83 元、24 505 元、25 321.83 元、25 321.83 元、2 450.5 元、21 237.67 元、25 321.83 元、23 671.67 元、24 460.72 元、23 671.67 元、24 460.72 元。某银行主张孙某某欠付利息计息开始日为 2020 年 8 月 21 日，2020 年 8 月 22 日本金、利息开始逾期。

31. 2019 年 12 月 16 日，腾某（甲方）与某银行天津分行（乙方）签订《个人人民币额度借款合同》（TJ－个经营贷 2019－101），约定甲方借款额度为 580 万元，有效期为 2019 年 12 月 16 日至 2020 年 12 月 16 日。年利率为全

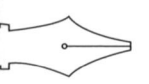

国银行间同业拆借中心公布的且在提款当日适用的 1 年期贷款市场报价利率加点 173.12BP，还款方式为第（1）种。同日，某保险公司出具保险单号为××的保险单，载明：投保人/借款人为腾某，被保险人为某银行天津分行，贷款金额 500 万元，保险期间 2019 年 12 月 17 日 0 时至 2020 年 12 月 16 日 24 时。保险金额为 6 146 260 元，附加险保险金额 28 855 元。2019 年 12 月 17 日，某银行天津分行向腾某发放贷款 580 万元。2019 年 12 月 23 日、2020 年 1 月 21 日、2 月 21 日、3 月 23 日、4 月 21 日腾某的账户分别偿还 3790.11 元、29 373.33 元、29 373.33 元、27 011.5 元、28 873.88 元。某保险公司于 2020 年 6 月 19 日、7 月 14 日、8 月 10 日、9 月 8 日分别赔付某银行腾某欠付利息 26 975.8 元、27 874.99 元、26 975.8 元、27 874.99 元。某银行主张腾某欠付利息计息开始日为 2020 年 8 月 21 日，2020 年 9 月 22 日利息开始逾期，2020 年 10 月 22 日本金开始逾期。

32. 2019 年 7 月 5 日，汪某（甲方）与某银行天津分行（乙方）签订《个人人民币额度借款合同》（TJ－个经营贷 2019－049），约定甲方借款额度为 400 万元，有效期为 2019 年 7 月 5 日至 2020 年 7 月 5 日。年利率为中国人民银行公布的且在提款当日适用的一年期贷款基准利率上浮 35.2%，还款方式为第（1）种。同日，某保险公司出具保险单号为××的保险单，载明：投保人/借款人为汪某，被保险人为某银行天津分行，贷款金额 400 万元，保险期间 2019 年 7 月 6 日 0 时至 2020 年 7 月 5 日 24 时。保险金额为 4 238 800 元，附加险保险金额 59 700 元。2019 年 7 月 8 日，某银行天津分行向汪某发放贷款 400 万元。2019 年 7 月 22 日、8 月 21 日、9 月 23 日、10 月 21 日、11 月 21 日、12 月 23 日、2020 年 1 月 21 日、2 月 21 日、3 月 23 日、4 月 21 日汪某的账户分别偿还 8 495.07 元、20 257.47 元、20 257.47 元、19 604 元、20 257.47 元、19 604 元、20 257.47 元、20 257.47 元、18 950.53 元、20 257.47 元。某保险公司于 2020 年 6 月 19 日、7 月 14 日分别赔付某银行汪某欠付利息 19 604 元、20 257.47 元。某银行主张汪某欠付利息计息开始日为 2020 年 6 月 21 日，2020 年 7 月 7 日本金开始逾期。

33. 2019 年 11 月 26 日，王某某（甲方）与某银行天津分行（乙方）签订《个人人民币额度借款合同》（TJ－个经营贷 2019－096），约定甲方借款额度为 580 万元，有效期为 2019 年 11 月 26 日至 2020 年 11 月 25 日。年利率为全国银行间同业拆借中心公布的且在提款当日适用的 1 年期贷款市场报价利率加点 173.12BP，还款方式为第（1）种。同日，某保险公司出具保险单号为××的保险单，载明：投保人/借款人为王某某，被保险人为某银行天津分行，贷款金额 580 万元，保险期间 2019 年 11 月 26 日 0 时至 2020 年 11 月 25 日 24

时。保险金额为6 146 260元，附加险保险金额28 855元。2019年11月26日，某银行天津分行向王某某发放贷款580万元。2019年12月23日、2020年1月21日、2月21日、3月23日、4月21日王某某的账户分别偿还23 688.17元、29 373.33元、29 373.33元、27 011.05元、28 873.88元。某保险公司于2020年6月19日、7月14日、8月10日、9月8日分别赔付某银行王某某欠付利息26 975.8元、27 874.99元、26 975.8元、27 874.99元。某银行主张王某某欠付利息计息开始日为2020年8月21日，2020年9月22日利息开始逾期、2020年10月22日本金开始逾期。

34. 2020年4月15日，杨某（甲方）与某银行天津分行（乙方）签订《个人人民币额度借款合同》（TJ-个经营贷2020-014），约定甲方借款额度为500万元，有效期为2020年4月16日至2020年10月16日。年利率为全国银行间同业拆借中心公布的且在提款当日适用的1年期贷款市场报价利率加点183.12BP，还款方式为第（1）种。同日，某保险公司出具保险单号为××的保险单，载明：投保人/借款人为杨某，被保险人为某银行天津分行，贷款金额500万元，保险期间2020年4月16日0时至2020年10月16日24时。保险金额为5 149 250元，附加险保险金额24 875元。2020年4月16日，某银行天津分行向杨某发放贷款500万元。2020年4月21日杨某的账户偿还4 084.17元。某保险公司于2020年6月19日、7月14日、8月10日、9月8日分别赔付某银行杨某欠付利息23 671.67元、24 460.72元、23 671.67元、24 460.72元。某银行主张杨某欠付利息计息开始日为2020年8月21日，2020年9月22日利息开始逾期、2020年10月17日本金开始逾期。

35. 2019年8月30日，张某丙（甲方）与某银行天津分行（乙方）签订《个人人民币额度借款合同》（TJ-个经营贷2019-073），约定甲方借款额度为570万元，有效期为2019年8月30日至2020年2月29日。年利率为中国人民银行公布的且在提款当日适用的一年期贷款基准利率上浮35.2%，还款方式为第（1）种。2020年2月28日，张某丙与某银行天津分行签署《借款展期合同》，约定向其发放友安个人经营性贷款570万元展期期限为6个月，自2020年3月2日起至2020年8月28日。贷款年利率为全国银行间同业拆借中心公布的且在提款当日适用的1年期贷款市场报价利率加点183.12BP。2019年8月29日，某保险公司出具保险单号为××的保险单，载明：投保人/借款人为张某丙，被保险人为某银行天津分行，贷款金额570万元，保险期间2019年8月30日0时至2020年2月29日24时。保险金额为5 870 410元，附加险保险金额85 215元。2020年2月29日，某保险公司出具批单，同意××号保单终止日期改为2020年8月28日。2020年8月30日，某银行天津分行

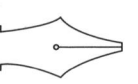

向张某丙发放贷款570万元。2019年9月23日、10月21日、11月21日、12月23日、2020年1月21日、2月21日、3月2日、3月23日、4月21日张某丙的账户分别偿还20 486.18元、27 935.7元、28 866.89元、27 935.7元、28 866.89元、28 866.89元、9 311.9元、17 692.61元、28 866.89元。某保险公司于2020年6月19日、7月14日、8月10日、9月8日分别赔付某银行张某丙欠付利息26 985.7元、27 885.22元、26 985.7元、27 885.22元。某银行主张张某丙欠付利息计息开始日为2020年8月21日，2020年8月29日本金开始逾期。

36. 2020年1月19日，张某丁（甲方）与某银行天津分行（乙方）签订《个人人民币额度借款合同》（TJ-个经营贷2020-007），约定甲方借款额度为550万元，有效期为2020年1月19日至2020年7月19日。年利率为全国银行间同业拆借中心公布的且在提款当日适用的1年期贷款市场报价利率加点173.12BP，还款方式为第（1）种。同日，某保险公司出具保险单号为××的保险单，载明：投保人/借款人为张某丁，被保险人为某银行天津分行，贷款金额550万元，保险期间2020年1月19日0时至2020年1月19日24时。保险金额为5 664 175元，附加险保险金额27 363元。2020年1月20日，某银行天津分行向张某丁发放贷款500万元。2020年1月21日、2月21日、3月23日、4月21日张某丁的账户分别偿还898.52元、27 854.02元、25 613.93元、27 380.41元。某保险公司于2020年6月19日、7月14日分别赔付某银行张某丙欠付利息25 580.5元、26 433.18元。某银行主张张某丁欠付利息计息开始日为2020年6月21日，2020年7月21日本金、利息开始逾期。

37. 2020年3月19日，杨某某（甲方）与某银行北京分行（乙方）签订《个人人民币额度借款合同》（BJ-个经营贷2019-002），约定甲方借款额度为500万元，有效期为2020年3月19日至2020年3月19日。年利率为中国人民银行公布的且在提款当日适用的PBOC1Y贷款基准利率上浮35%。2020年2月28日，张某丙与某银行北京分行签署《借款展期合同》（BJ-个借展2020-003），约定向其发放友安个人经营性贷款570万元展期期限为1年，自2020年3月19日起至2021年3月18日。贷款年利率为全国银行间同业拆借中心公布的且在提款当日适用的5年期贷款市场报价利率加点145BP。2020年3月18日，某保险公司出具保险单号为××的保险单，载明：投保人/借款人为杨某某，被保险人为某银行北京分行，贷款金额500万元，保险期间2020年3月19日0时至2021年3月18日24时。保险金额为5 313 500元，附加险保险金额26 125元。2019年3月25日，某银行北京分行向杨某某发放贷款500万元。2020年4月21日、5月21日、6月22日、7月21日、8月21日、9

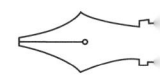

月21日、10月21日、11月23日、12月21日、2021年1月21日杨某某的账户分别偿还26 694.44元、25 416.67元、26 263.89元、25 416.67元、26 263.89元、26 263.89元、25 416.67元、26 263.89元、25 416.67元、26 263.89元。某银行主张杨某某的计息开始日为2021年3月15日,2020年9月22日利息开始逾期、2020年10月17日本金开始逾期。

上述37份借款合同未偿还借款本金合计193 200 000元。37份保险合同约定的主险保险金额合计202 794 130元,附加险保险金额合计1 668 021元,共计204 462 151元。某保险公司就上述37份保险合同已累计赔付某银行2 953 923.72元。

三、案涉借款人所涉贷款诈骗罪刑事案件情况

经查明,截至2022年6月30日,案涉37份借款合同中借款人(投保人)鲍某、王某、吕某、孙某、田某、张某某、张某甲、王某某、张某乙、宋某、张某丙、王某某、张某丁、汪某、李某乙、刘某某16人已经生效刑事判决判处骗取贷款诈骗罪,苏某、李某、刘某、寇某、于某、李某甲6人已经一审刑事判决判处贷款诈骗罪,任某、史某、靳某、苗某、黎某5人涉嫌贷款诈骗罪案件正在法院审理过程中。天津市滨海新区人民法院判处被告人犯骗取贷款罪,并责令向出借人某银行相应分支机构退赔,退款数额均未超过借款合同本金。

诉讼中,某银行称截至2022年6月20日,某银行收到(2021)津0116刑初2081号刑事判决下宋某的退赔款2335.29元,收到(2021)津0116刑初1629号刑事判决下张某的退赔款4884.86元,收到(2021)津0116刑初2268号刑事判决下王某某的退赔款5319.18元,以上合计12 539.33元。

本院认为,《最高人民法院关于适用〈中华人民共和国民法典〉时间效力的若干规定》(以下简称《时间效力解释》)第一条规定,民法典施行后的法律事实引起的民事纠纷案件,适用民法典的规定。民法典施行前的法律事实引起的民事纠纷案件,适用当时的法律、司法解释的规定,但是法律、司法解释另有规定的除外。第二十条规定,民法典施行前成立的合同,依照法律规定或者当事人约定该合同的履行持续到民法典施行后,因民法典施行前履行合同发生争议的,适用当时的法律、司法解释的规定;因民法典施行后履行合同发生争议的,适用民法典第三编第四章和第五章的相关规定。第八条规定,民法典施行前成立的合同,适用当时的法律、司法解释的规定合同无效而适用民法典的规定合同有效的,适用民法典的相关规定。本案中,案涉《合作协议》签订于2018年11月19日,约定的合作期间为2018年11月19日至2021年11月19日。2020年11月,某银行向某保险公司发出索赔函。故本案合同履行争

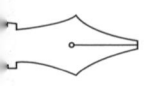

议发生在民法典施行前，本案应当适用当时的法律、司法解释的规定。双方当事人对于案涉《合作协议》及《借款合同》效力存在争议，故对于合同效力的认定适用《中华人民共和国民法典》的相关规定。

根据当事人的诉辩意见以及庭审陈述，本院确定本案的争议焦点为：（1）某银行与某保险公司之间的《合作协议》的性质及效力；（2）某保险公司应否承担保险责任以及保险责任的范围；（3）本案民事责任与刑事退赔的衔接处理。本院分项评述如下：

一、关于《合作协议》的性质与效力认定

某银行与某保险公司签署《合作协议》，约定某保险公司合作的第三方负责推荐符合承保条件的客户给某银行，某银行独立审核与客户签署借款或贷款合同，客户与某保险公司签署以某银行为被保险人的保险合同。《合作协议》约定涉及三个不同的合同关系，即：某银行与某保险公司之间的合作协议关系、投保人（借款人）与某保险公司之间的保证保险合同关系、借款人与某银行及其分支机构之间的借款合同法律关系。

《合作协议》约定《保证保险条款》《附加保险条款》为合作协议附件。某保险公司承保的贷款出现逾期的，如符合保险合同约定的理赔条件时，某银行有权要求某保险公司进行赔付。《合作协议》以某银行与借款人之间的贷款合同为保证保险合同的基础合同，投保人与某保险公司之间的保证保险合同则为某银行向某保险公司主张理赔的依据，故《合作协议》为确定某保险合同为保险人、某银行为被保险人的相关权利义务为主要内容的保证保险合同。《合作协议》明确约定了所涉任一保险合同项下的保险事故发生，某银行有权向某保险公司申请理赔，故《合作协议》与案涉借款合同属于相互独立的合同，并不存在主从合同关系。对于《合作协议》的效力及某保险公司作为保险人的责任应当依据《合同法》《保险法》的有关规定和《合作协议》的相关约定来审查判定。案涉 37 份借款合同的效力，并不影响《合作协议》的效力。《合作协议》系某银行与某保险公司双方的真实意思表示，合同内容亦不违反法律行政法规的强制性规定，应属有效。

二、某保险公司应否承担保险责任及保险责任范围

关于案涉借款合同的效力问题。某保险公司抗辩称，《保证保险条款》第五条规定贷款合同被依法认定无效或被撤销且投保人依法无需承担还款义务的，保险人不承担赔偿责任。案涉的借款合同因涉骗取贷款罪应认定为无效，故某保险公司不应承担保险赔偿责任。对此，本院认为，案涉的借款合同均系民法典施行前成立的合同，应当适用当时的法律、司法解释认定合同的效力。同时，根据《时间效力解释》第八条的规定，民法典施行前成立的合同，适

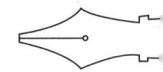

用当时的法律、司法解释的规定合同无效而适用民法典的规定合同有效的，适用民法典的相关规定。根据已查明的事实，案涉 37 份借款合同的部分借款人（投保人）通过提供货物进口证明书、车辆质押清单等材料骗取某保险公司"个人贷款保证保险"保险单，进而骗取案涉某银行贷款，在刑法上，因其欺诈手段和非法目的构成骗取贷款罪，应当据此承担刑事责任；但在合同法上，其行为构成单方欺诈，根据《中华人民共和国合同法》（以下简称《合同法》）第五十四条第二款"一方以欺诈、胁迫的手段或者乘人之危、使对方在违背真实意思的情况下订立合同，受损害方有权请求人民法院或者仲裁机构变更或撤销"之规定，某银行作为受欺诈一方，其有权依据《合同法》第五十四条的规定主张撤销。诉讼中，某银行明确表示其不行使撤销权，故案涉借款合同不因借款人涉及骗取贷款罪而无效或撤销。本案亦无证据证明某银行与借款人之间存在恶意串通骗取借款的情形，刑事判决书亦未认定某银行相关工作人员有参与犯罪的事实，故案涉借款合同也不存在《合同法》第五条规定的其他导致合同无效的情形。因此，《合作协议》第五条第一项关于某保险公司免除保险责任的情形并未成就，某保险公司应当按照《合作协议》约定承担相应保险责任。

  关于某银行作为被保险人是否具有保险利益的问题。某保险公司抗辩称，保险合同属于射幸合同，根据《保险法》第二条规定系对可能发生的事故造成的财产损失承担赔偿保险金的责任，而涉案借款合同属于骗取贷款刑事犯罪，属确定发生的损失，应当不具有保险利益。对此，本院认为，保险利益是指投保人或者被保险人对保险标的具有的法律上承认的利益。《合作协议》约定，当由某保险公司承保的任何一笔贷款的任何一期本金或利息发生逾期即视为保险事故发生。在以借款人为投保人、银行为被保险人的保证保险合同中，保证保险合同的保险标的就是债权。本案中某银行作为个人贷款保证保险的被保险人，亦是相应贷款合同的贷款人，其依法依约享有贷款合同项下的债权。根据已查明的事实，涉及刑事犯罪的借款人系虚构相应贷款担保文件而骗取贷款，但其借款的意思表示并非虚假意思表示，某银行作为贷款人出借款项的意思表示亦真实，且借款人并非当然不能偿还合同项下的借款本息，事实上本案所涉的部分借款人在签订案涉借款合同前与某银行签署过借款合同，并已实际履行完毕全部还款义务；案涉 37 份借款合同借款人亦有偿还数期不等数额的期内利息。因此，某银行均已履行案涉 37 份借款合同约定的放款义务，其依法依约享有对借款人按期归还借款本金、利息、罚息等债权，故而某银行对 37 份借款合同对应的个人贷款保证保险享有相应的保险利益。对某保险公司的相应抗辩意见，本院不予采纳。

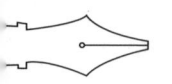

至于保险责任的范围，某保险公司辩称其与某银行系合同关系，根据《合作协议》第十八条"因乙方（某保险公司）未识别借款人提供的虚假资料，由此给甲方（某银行）造成损失的，乙方在给甲方造成损失的范围内，向甲方承担支付违约金的责任"的约定，某保险公司承担的应是违约责任而非保险责任。且某银行的损失在刑事判决中已经确认为本金损失，并不包含利息、复利，应根据双方的过错程度分担损失。对此，本院认为，第一，《合作协议》虽约定在贷款监控过程中，任何一方如发现投保人有疑似犯罪情形，应将有关情况及时告知对方，并由双方商议后采取进一步措施，但该条并未免除某保险公司相应的保险责任。第二，《合作协议》第十八条约定的违约金责任，属于某银行合同项下的权利。《合作协议》也约定某保险公司承保的贷款出现逾期的，如符合保险合同约定的理赔条件时，某银行有权要求某保险公司进行赔付。因此，某银行可以自行选择合同约定的任一责任形式向某保险公司主张。第三，案涉的37笔借款合同借款人仅归还了部分期内利息，借款期限届满后均未偿还借款本金，故个人信贷保证保险约定的保险事故已发生，某保险公司应当按照保险合同约定承担保险赔偿责任。某保险公司亦在2020年6月至9月就借款人逾期的利息向某银行进行了理赔。第四，至于刑事判决仅判令借款人退赔某银行借款本金的问题。刑事案件与民事案件在价值取向、保护法益、责任形式、证明标准、举证责任承担等方面均存在不同。因同一法律事实分别产生刑事法律关系和民事法律关系的，构成责任聚合，刑事责任的承担并不能否定民事责任的承担。本案中，刑事判决解决的是《借款合同》项下的刑事财产责任问题，而某银行系依据《合作协议》《保证保险条款》《附加险保险条款》请求某保险公司承担保险责任，责任主体、责任范围与刑事判决并不一致。《合作协议》约定当由某保险公司承保的任何一笔贷款的任何一期本金或利息发生逾期即视为保险事故发生。某保险公司应按保险合同约定承担保险责任，按照届时该笔贷款剩余应付未付本金、利息、罚息、复利相关款项向某银行赔偿；投保附加险条款约定对于依据贷款合同应由（投保人）借款人承担的罚息、复利、违约金、赔偿金、费用等其他相关款项，保险人负责赔偿。第五，某银行对37名借款人的资信审查义务是否影响其向某保险公司主张保险责任。依照《合作协议》约定，案涉借款合同的借款人系某保险公司合作的第三方机构推荐符合某保险公司承保条件的客户给某银行，且某保险公司先行独立审查投保人是否符合承保条件，某银行系基于与某保险公司的《合作协议》约定和对借款人出具的某保险公司承保的个人信用保证保险单的信赖，而签署相应借款合同，发放贷款资金。某银行对借款合同的审查行为并不影响某保险公司与投保人签订保证保险合同的意思表示。综上所述，案涉某

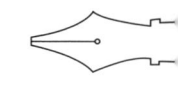

保险公司承保的 37 份个人贷款保证保险均发生保险事故，应当依照《合作协议》及《保证保险条款》、《附加险保险条款》的约定赔付某银行上述贷款逾期时剩余应付未付本金、利息、罚息及费用。《保险法》第十八条第四款规定，保险金额是指保险人承担赔偿或者给付保险金责任的最高限额。某银行主张某保险公司赔偿借款本金及至实际给付之日止的利息、复利、罚息及律师费用，经核算上述数额合计均超过每项保单约定的保险金额及附加险保险金额合计数，故本院按照涉案 37 份保单载明的保险金额及附加险保险金额，扣除某保险公司已经自行理赔的数额后，判处某保险公司应向某银行赔付的金额。《合作协议》及《保证保险条款》明确约定保险人对投保人在贷款合同项下应偿还而未偿还的贷款本金及相应利息向被保险人支付赔偿金。故主险的保险金额对应的赔付范围为贷款本金及相应（期内）利息。某银行主张的正常利息自各起息日起计算至实际给付之日止，明显缺乏合同和法律依据。故对利息部分本院按照某银行主张的各自起息日起计算至相应合同的借款到期日止，经核算，37 名借款人（投保人）尚欠借款本金 193 200 000 元及合同期内利息 1 912 105.33 元，以上合计 195 112 105.33 元。以上金额加上某保险公司已赔付的 2 953 923.72 元，未超出合同约定的主险保险金额 202 794 130 元。《附加保险条款》约定附加险赔付范围为依据贷款合同应由（投保人）借款人承担的罚息、复利、违约金、赔偿金、费用等其他相关款项，故 37 份保证保险的附加险保险金额合计 1 668 021 元为某保险公司应承担的附加险赔偿责任限额。以上某保险公司应赔付的主险保险金及附加险保险金合计 196 780 126.33 元。

三、民事责任与刑事退赔的衔接处理

根据《保险法》规定及《合作协议》约定，某保险公司履行赔付责任后，即取得保险代位求偿权，某银行需要最大程度配合某保险公司的追偿工作。案涉的 37 份借款合同已有部分生效判决判处借款人退赔某银行相应款项。在民刑交叉案件中，由于救济的法益不同、责任形式不同，刑事案件与民事案件对于刑事被害人或者民事权利人的救济方式并不相同。在刑事判决明确进行退赔，民事判决判决责任人承担民事责任的情形下，应对退赔与民事责任的认定和执行进行协调。截至 2022 年 6 月 20 日，某银行公司收到退赔款共计 12 539.33 元。因某银行不得在刑事和民事程序中双重受偿，故应将某银行已在刑事程序中获得的退赔款项在某保险公司应当赔付的款项中予以扣除，扣除后金额为 196 767 587 元。对于后续案涉借款人的刑事案件，如某银行收到相应退赔款，应当在本案确定某保险公司承担的民事责任范围内予以相应扣减。若某保险公司承担完本案确定的民事责任后，某银行因案涉借款合同在刑事程序中获得的退赔款应退还给某保险公司。综上，本院判令某保险公司赔付某银

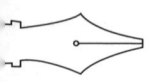

行保险金 196 767 587 元。对于某银行的诉讼请求超出部分，本院不予支持。

依照《中华人民共和国合同法》第五十二条、第五十四条，《中华人民共和国保险法》第十二条、第十八条第四款、第二十三条、第六十条，《最高人民法院关于适用〈中华人民共和国民法典〉时间效力的若干规定》第一条、第八条、第二十条之规定，判决如下：

一、被告某信用保证保险股份有限公司于本判决生效后十日内赔付原告某银行（中国）有限公司保险金 196 767 587 元；

二、驳回某银行（中国）有限公司的其他诉讼请求。

如果未按本判决指定的期间履行给付金钱义务的，应当依照《中华人民共和国民事诉讼法》第二百六十条之规定，加倍支付迟延履行期间的债务利息。

案件受理费 1 135 418.63 元，由某银行（中国）有限公司负担 118 083.54 元（已交纳），由某信用保证保险股份有限公司负担 1 017 335.09 元（于本判决生效后七日内交纳）。

如不服本判决，可以在判决书送达之日起十五日内向本院递交上诉状，并按照对方当事人或者代表人的人数提出副本，上诉于北京市高级人民法院。

审 判 长　梅　宇

人民陪审员　李东英

人民陪审员　回卫红

二〇二二年七月十五日

法 官 助 理　李晓蕊

书 记 员　董云鹏

颜君

北京互联网法院

北京互联网法院综合审判三庭庭长,四级高级法官。主要负责涉网民商事案件的审理,年均结案约600件,无一差错案件。审理的App强制收集用户画像信息侵权案、跨境电商管辖格式条款无效案、平台传播未成年人黄谣信息担责案等多起典型案件,以规则促治理,提升了网络空间法治水平。曾获全国法院办案标兵、首都劳动奖章、北京法院先进法官、先进审判团队等荣誉。撰写的裁判文书获评全国法院"百篇优秀裁判文书",多次荣获全国学术讨论会论文二等奖、三等奖,多次获评全国优秀案例分析。

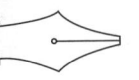

北京互联网法院
民事判决书

（2021）京 0491 民初 5094 号

原告：罗某。

委托诉讼代理人：王某。

委托诉讼代理人：麻某。

被告：某有限公司。

法定代表人：黄某。

委托诉讼代理人：刘某。

委托诉讼代理人：罗某乙。

原告罗某与被告某有限公司隐私权、个人信息保护纠纷一案，本院于 2021 年 1 月 27 日立案后，依法适用普通程序，由本院审判员姜颖、孙铭溪、颜君组成合议庭，于 2021 年 11 月 24 日对本案公开开庭进行了审理。原告罗某委托诉讼代理人王某、麻某，被告某有限公司的委托诉讼代理人罗某乙到庭参加诉讼。本案现已审理终结。

原告罗某向本院提出诉讼请求：（1）判令被告依法向原告以书面形式提供所处理的全部个人信息副本；（2）判令被告立即停止使用并删除原告尾号为 8688 手机号码账号中的全部个人信息，包括但不限于原告的手机号码及密码关联原告"上班族""商务职场""会说简单单词"等画像标签，以及订单课程信息；（3）判令被告立即停止并删除原告尾号为 0038 手机号账号中的全部个人信息，包括但不限于原告手机号及密码，关联原告幼儿的"幼儿园大班"、"会说简单单词"及学习目的等相关画像标签，以及订单课程信息；（4）判令被告立即停止超范围使用原告个人信息，包括立即停止将其"A"产品中的账号信息在其关联产品"B 产品"App 和"某外教班课"中超范围使用，立即停止将其"A"产品中的订单信息在其关联产品"B 产品"App 中超范围展示和使用；（5）判令被告立即停止向原告尾号为 8688 和 0038 的手机号码发送短信和拨打电话；（6）判令被告在"A"产品首页显著位置（www.A.com 和"A"产品移动端）向原告公开道歉（道歉内容需经法院审核且经

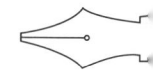

原告同意后发布）；（7）判令被告赔偿原告损失（含合理费用），共计5000元。诉讼中，原告变更诉讼请求第7项为，赔偿原告合理费用2900元。

事实及理由：2021年1月15日，在未经原告明确授权同意的情况下，被告擅自收集原告尾号为8688和0038的手机号码，并为原告配置了"A"产品的账号密码，发送至原告手机号码。此外，在未经原告明确授权同意的情况下，被告将其"A"产品中的账号信息在其关联产品"B产品"App和"某外教班课"中超范围使用，也将其"A"产品中的订单信息在其关联产品"B产品"App中超范围展示和使用。原告认为，被告上述行为已经严重侵害了原告的个人信息权益和私人生活安宁权，违反了《中华人民共和国民法典》第六章"隐私权和个人信息保护"的相关规定，导致原告相关损失。故原告诉至法院。

被告某有限公司辩称，不同意原告的全部诉讼请求。第一，被告已经依法提供了有关原告账号的全部个人信息副本即被告的后台信息截图，已经删除使用涉案手机号所注册的账号，已经停止向原告拨打电话、发送信息。第二，被告并未侵害原告的隐私权，也未违法处理原告的个人信息，被告不应向原告赔礼道歉、赔偿损失。首先，被告没有违法处理原告个人信息、侵害其生活安宁权的主观故意。涉案手机号是由被告合作的线下体验店所收集。线下体验店利用被告的CRM系统为原告开通了账号，被告系统因此存储了原告的手机号信息并发送开通账号的提示信息。由此可见，被告并没有主动收集原告所使用的手机号，且被告系统也只是根据体验店的开通账号的情况向涉案手机号发送开通账号提醒，并没有违法收集、处理原告信息、侵害原告生活安宁权的主观故意。其次，被告根据线下体验店的申请仅向被告所使用的2部手机共发送3条短信，且上述短信为同一时间发送，并未反复打扰原告的生活安宁，也不会给原告造成精神损害和财产损害。因此，被告不同意原告的赔偿损失及赔礼道歉的诉讼请求。

当事人围绕诉讼请求依法提交了证据，本院组织当事人进行了证据交换和质证。根据当事人陈述和证据，本院认定证据和事实如下：

一、关于原被告主体基本情况

（一）关于原告主体基本情况

原告提交中国联合网络通信有限公司宁波海曙区分公司集士港营业厅业务受理单、发票等证据，用以证明其为131×××8688手机号的使用用户。被告对该证据真实性认可、证明目的不认可。鉴于业务受理单中明确载明原告用户号码为131×××8688，故本院对原告该项证明事项予以采信，认定罗某为131×××8688手机号的使用用户。

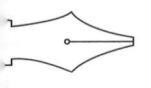

原告提交联通营业厅用户资料查询界面证据，用以证明其为130××××0038手机号的使用用户。被告对该证据真实性予以认可，并认可原告为该手机号用户。据此，本院认定罗某为130××××0038手机号的使用用户。

（二）关于被告主体基本情况

根据工业和信息化部网页查询信息，网站www.A.com的主办单位为某有限公司，审核日期为2019年7月。庭审中，被告认可应用软件"B产品""C产品"均为被告"A"平台旗下产品，由被告运营。根据被告陈述，目前，上述三款软件均已停止运营，升级为"A产品素养"软件，"A产品素养"软件在被告的管理和控制之下。

根据原告提交的被告网页介绍内容显示，"A"提供在线青少儿英语课程，主要是针对青少学员设计的课堂体验；"B产品"主要提供实用场景课程、实用口语话题社区等服务；"C产品"主要提供面对5岁至12岁少儿的在线外教班课。"A"网站相关介绍页面还介绍到，"专为孩子打造的英语学习平台，网络连接专线全球数百个网络节点，同一时段支持上百万节课流畅稳定进行，独立研发先进音视频传输技术，老师和学生端均可享受清晰流畅的课堂体验"。"B产品"软件界面显示，全部课程的"热门分类"下有"日常生活""出国旅行""影音娱乐"等类别，具体课程包括"工作了，毛绒玩具收起来（难度：新手级）""结账要优雅（难度：新手级）""行李寄存（难度：提高级）"等，英语角中有"看漫画学俚语""焦虑症自测，五条以上你就中招啦！"等文章，听英语的"热门分类"栏目下有"经典英文歌""名人演讲""经典电影台词"等信息。

二、关于被控侵权行为相关的事实

原告主张被告存在以下三项侵权行为：

第一，被告未经同意收集原告手机号，为原告分配登录涉案软件的账户和密码，向原告发送营销短信，侵犯原告隐私权和个人信息权益；

第二，被告运营的"A"网站和"B产品"软件未经告知个人信息收集政策，强制收集用户画像信息，侵犯原告个人信息权益；

第三，被告未经同意向其关联产品"B产品"和"C产品"提供账户信息和订单信息，侵犯原告个人信息权益。

（一）关于第一项被控侵权行为

1. 关于原告主张的事实

原告于2021年1月19日通过真相数据保全中心、司法联盟链对以下截屏进行证据保全，用以证明被告存在未经同意收集手机号、分配账户和密码、发送营销短信等行为。该截图载明，2021年1月15日，原告手机收到尾号0773

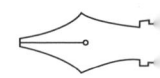

发送者发送短信，"【A产品】学员您好，已为您分配A产品账号：131×××
×8688，密码：25××81。您可以在官网进行密码修改"，以及尾号0008发送
者发送短信，"【A产品】学员您好，已为您分配A产品账号：130××××
0038，密码：78××55。您可以在官网进行密码修改。回T退订"，和"【A
产品】感谢您注册A产品！您已获得一节在线1对1外教课，登录官网或
APP，即可约课体验！……祝您学习愉快！"2021年3月24日，原告手机收到
尾号0008发送者发送短信，"【A产品】物流派送通知：您家宝贝1对1纯外
教课19元课包礼包已送达，请马上签收。u.51tk.com/nhN。回T退订"。此
外，原告主张"A产品素养"软件还向原告发送过注销短信，但并未就此
举证。

被告对原告上述证据真实性认可、证明目的不认可。本院对上述证据真实
性及其证明的事实予以确认，认定被告曾于2021年1月15日向原告发送3条
短信，于2021年3月24日向原告发送1条短信。

2. 关于被告抗辩的事实

针对原告主张的第一项侵权行为，被告抗辩，涉案手机号是由被告合作的
线下体验店收集，线下体验店使用被告CRM系统开通了原告体验课账号、发
送提示短信，并提交如下证据：

（1）《A产品体验店授权代理合作协议》（以下简称《合作协议》），该协
议甲方为某有限公司，乙方为宁波市海曙区甬江风华教育培训有限公司，协议
签订时间为2020年12月21日，该协议第1.1条约定，甲方授权乙方在指定区
域内，以开设"A产品"体验店的形式售卖"A"产品，授权代理产品为"A
产品"官网（www.A.com）同步1对1外教课产品，授权区域为宁波市海曙
区，授权代理期间，乙方享有"保护期间"，在此期限内甲方不再授权他方在
该区域内开设线下体验店。该协议还约定，甲方为乙方提前准备运营支持工
作，协助乙方进行项目启动，包括但不限于安排运营顾问、安排体验课、开设
CRM在线管理系统等。乙方作为甲方代理商，应积极开展"A"课程产品在
授权区域内的市场开拓和销售转化工作。乙方有权在甲方授权目标区域内从事
线下市场推广活动，客户通过甲方为乙方配置的CRM系统购买课程的，相关
收益归乙方所有。此外，此合作协议还对保证金、项目启动费、授权代理管理
费、续费佣金、销售佣金等的收取方式或收益分配比例进行了约定。

被告主张，其与线下体验店在处理个人信息方面没有专门的约定，但协议
第4.11.4条约定，乙方同意和保证严格遵守法律法规的规定，区域内教育部
门的监管，学校的制度规范等，如有违反，乙方应当自行承担责任。第4.14
条约定，因乙方原因，与乙方学员之间产生的纠纷、争议、损失、侵权、违约

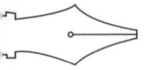

责任等，均由乙方自行解决，甲方不承担责任。第4.15条约定，乙方承诺因其销售行为而所获取的学员均为乙方自行拓展用户，且用户为自愿购买，乙方未实施任何不良诱导及虚假冒充等行为。

（2）经电子存证保全取证的被告CRM系统后台操作视频和相关截图，上述内容显示，打开A产品CRM系统，进入"销售管理"—"学员搜索"页面，在"手机"一栏中输入131×××8688，出现该手机号对应条目，学员ID为5××××4，身份为普通会员，推荐等级为体验官，初始等级为初级，付费情况为体验；进入详细页面显示，学员标示为线下体验店宁波海曙，年龄和用户类型为成人，所属人群为上班族，英语水平为能简单交流，注册时间为2021年1月15日15∶25∶23。

进入"销售管理"—"学员搜索"页面，在"手机"一栏中输入130××××0038，出现该手机号对应条目，学员ID为5×××××2，身份为普通会员，推荐等级为体验官，初始等级为水平设定，付费情况为体验；进入详细页面显示，学员标示为线下体验店宁波海曙，年龄和用户类型为青少，所属人群为幼儿，英语水平为学过不能交流，注册时间为2021年1月15日16∶25∶17。

原告对协议真实性予以认可，对CRM系统操作真实性不予认可，认为被告不能保证证据来源，以及取证是否完整，即使存在线下体验店收集一事，线下体验店的收集行为亦未经过原告同意。经询，原告表示，其从未去过上述线下体验店或进行过相关授权行为。本院结合前述证据取证和录屏的情况对其形式真实性予以确认，就该证据所涉待证事实，因需结合其他证据及举证责任进行认定，本院在后详述。

庭审中，法庭询问被告，线下体验店收集原告信息是否有原告的授权，被告说一般情况下应该有原告填写手机号的底单，但被告未就此提交证据，并解释道，负责收集原告信息的涉事员工已离职，故无法查清当时具体情况。

3. 双方当事人针对第一项侵权行为的意见梳理

第一，关于该项行为涉及的信息内容和属性。原告主张手机号码和配置的账号密码均可作为识别个人身份的信息，属于个人信息。被告认为单纯的手机号，并无原告姓名，不构成个人信息，账号密码系被告为原告配置，也非原告个人信息。

第二，关于收集手机号和配置账号的行为是否侵权。原告主张被告未经同意收集手机号属于非法收集个人信息行为，为原告手机号配置对应账号密码的行为属于处理个人信息的行为。被告抗辩，手机号由其合作的线下体验店收集，其并无收集原告个人信息的主观故意。对此，原告认为，即使个人信息来源于第三方公司，被告和第三方公司出于共同的目的处理个人信息，被告应直接承担责任。

第三，关于发送短信的行为是否侵权。原告主张，根据民法典的规定，只要实施未经同意发送短信的行为，即构成对原告私人生活安宁的侵害，而不需考虑损害程度。与此同时，由于互联网经济为注意力经济，注意力是商家争夺的稀缺资源，发送营销短信会唤醒屏幕亮起，起到吸引注意力的作用，而面对营销短信，原告需要耗费精力查看手机，并查询配置账号的原因，陷入不确定性的不安状态，据此对原告产生了精神方面困扰。被告认为，涉案短信为线下体验店所发，其并无侵害原告生活安宁的主观故意，且仅发送了3条短信，并未反复发送短信侵扰原告生活，也未给予原告造成任何精神和财产损失，故并不构成对原告隐私权的侵害。

（二）关于第二项被控侵权行为

1. 关于原告主张的事实

原告于2021年1月20日通过电子存证方式对以下录屏和截屏进行证据保全，用以证明被告运营的"A产品"网站和"B产品"软件存在未经告知个人信息收集政策，强制收集用户画像信息的行为。上述录屏显示：打开www.A.com网站，进入账号登录页面，输入131×××8688及其密码，点击登录，进入下一页面，出现若干问答选择界面：（1）"您注册A产品的目的是？""我的孩子要学英语""我要学英语"；（2）"请填写您的详细信息，以便我们提供适合您英语水平的课程""您的职业：上班族""大学生""高中生""学习目的：综合英语能力""学习目的：商务职场""在职面试""出国旅行""雅思""托福"；"英语水平：没学过英语""会说简单单词""能说完整句子""能流利交流"，点击完成，进入填写个人基本信息界面，包括输入英文名、真实姓名、手机号、头像、性别、生日等内容，其中英文名和真实姓名为加星号必填内容，英文名后载有"长度2-20位仅限字母，便于外教上课时称呼您"，真实姓名后面载有"请正确填写真实姓名，作为获奖级别证书或邮寄礼物使用"，填写完毕后，完成注册过程。

打开www.A.com网站，进入账号登录页面，输入130×××0038及其密码，点击登录，进入下一页面，出现若干问答选择界面：（1）"您注册A产品的目的是？""我的孩子要学英语""我要学英语"；（2）"请填写孩子的学习情况，以便我们提供适合您孩子英语水平的课程""学龄阶段：幼儿""小学生""初中生"，"学习目的：提高听说能力"；"英语水平：没学过英语""会说简单单词""能说完整句子""能流利交流"，点击完成，进入填写个人基本信息界面，包括输入英文名、真实姓名、手机号、头像、性别、生日等内容，其中英文名和真实姓名为加星号必填内容，英文名后载有"长度2-20位

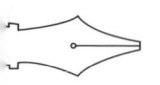

仅限字母，便于外教上课时称呼您", 真实姓名后面载有"请正确填写真实姓名，作为获奖级别证书或邮寄礼物使用", 填写完毕后, 完成注册过程。

打开"B产品"软件, 进入账号登录页面, 输入131××××8688及其密码, 点击登录, 进入下一页面, 出现若干问答选择界面：(1)"选身份", "小学""初中""高中""大学"；(2)"选兴趣", "高中教材""校园日常"……"雅思"。

同时, 原告提供正常注册过程录屏：打开www.A.com网站, 原告另行使用尾号为7317手机号账户登录, 出现"我已阅读并同意《用户协议》《个人信息保护政策》《未成年人个人信息保护政策及监护人须知》"选择栏, 勾选同意后进入下一页面, 出现"您注册A产品的目的是？"等信息。

被告对原告上述证据真实性认可、证明目的不认可。本院对上述证据真实性及其证明的注册登录过程情况的事实予以确认。

庭审中, 被告陈述, 正常注册过程中, 用户须勾选《用户协议》等内容才能登录软件, 但由于线下体验店已向原告分配了账户和密码, 故原告在登录时不需进行注册, 未出现《用户协议》告知页面, 直接进入登录页面。被告表示, 按照被告内部规定, 这种情况下一定要保留相关证据, 但经与线下体验店核实, 并未保留与此案原告的相关沟通证据。经询, 双方认可上述登录页面中的问题选择界面, 须选择答案后才能完成登录过程进入软件使用页面主页, 不选择相关信息则无法继续登录过程, 并无"跳过"选项。

2. 双方当事人针对第二项侵权行为的意见梳理

第一, 关于该项行为涉及的信息内容和属性。原告主张登录过程收集的内容为画像标签信息, 该信息是标识为原告的信息, 且被告收集过程也明确提示要求填写的内容为"您的信息", 故属于其个人信息。被告认为该信息并不具有识别性, 不属于个人信息, 且原告填写信息系出于取证所需, 并非真实信息。

第二, 关于行为是否侵权。原告主张上述画像标签信息并非被告提供服务所必须, 超出了收集个人信息必要的范围, 且被告通过软件界面设计, 在登录环节必须填写信息才能进入使用界面, 强制收集原告身份和兴趣信息, 构成违法收集。对此, 被告认为, 被告作为英语课程服务提供者, 针对不同年龄、不同水平的用户需求, 开设不同的英语课程, 只有了解了年龄段、英语水平、学习需求等信息, 才能精准地为用户推荐合适的课程服务。因此, 被告设置相关标签是提供服务所必须的, 并未违反信息收集的必要性原则。再者, 上述信息是原告主动填写, 原告通过自己主动作出的行为同意了被告收集其所填写的相关信息。

(三) 关于第三项被控侵权行为

1. 关于原告主张的事实

原告于 2021 年 1 月 20 日、24 日通过电子存证方式对以下录屏和截屏进行证据保全,用以证明被告未经同意向其关联产品"B 产品"和"C 产品"提供账户信息和订单信息。上述录屏显示:

(1) 与 131×××8688 相关的内容:

2021 年 1 月 19 日,打开 A 产品"www. A. com"网站,进入登录页面,输入 131×××8688 及其密码,点击登录,进入软件使用界面。"您注册 A 产品的目的是?""请填写您的详细信息……"等选项。站内信显示 2021 年 1 月 15 日"欢迎来到 A 产品!您现在即可预约一节免费的外教一对一体验课!"等内容。

2021 年 1 月 19 日,打开"B 产品"App,进入登录页面,输入 131×××8688 及其密码,点击登录,进入软件使用界面。

2021 年 1 月 20 日,打开"C 产品"www. C. com 网站,进入登录页面,输入 131×××8688 及其密码,点击登录,出现"Hi, student 进入我的会员中心",出现"新手指南"等内容。

2021 年 1 月 24 日,打开 A 产品"www. A. com"网站,登录 131×××8688 账户,选择预约"我的玩具会唱歌""买房还是租房"等福利直播课。之后,打开"B 产品"App,登录 131×××8688 账户,点击"我的课表",出现"我的玩具会唱歌""买房还是租房"等课程信息。

(2) 与 130×××0038 相关的内容:

2021 年 1 月 20 日,打开 A 产品"www. A. com"网站,进入登录页面,输入 130×××0038 及其密码,点击登录,进入软件使用界面。"您注册 A 产品的目的是?""请填写您孩子的学习情况……"等选项。站内信显示 2021 年 1 月 15 日"欢迎来到 A 产品!您现在即可预约一节免费的外教一对一体验课!"等内容。

2021 年 1 月 24 日,打开"B 产品"App,进入登录页面,输入 130×××0038 及其密码,点击登录,进入软件使用界面,并显示"A 产品账号登录成功""A 产品和 B 产品已实现账号互通,需统一使用 A 产品账号登录"。

2021 年 1 月 24 日,打开"C 产品"www. C. com 网站,进入登录页面,输入 130×××0038 及其密码,点击登录,出现"Hi, student 进入我的会员中心"。

2021 年 1 月 24 日,打开 www. A. com 网站,登录 130×××0038 账户,选择预约"故事发生的地方"等福利直播课。此后,打开"B 产品"App,登

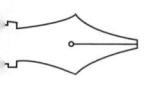

录 130××××0038 账户，点击"我的课表"，出现"故事发生的地方"等课程信息。

被告对原告上述证据真实性认可、证明目的不认可。本院对上述证据真实性及其证明的取证过程呈现的事实予以确认。

2. 关于被告抗辩的事实

针对原告主张的第三项侵权行为，被告抗辩，更新至 2020 年 6 月 1 日的《A 产品用户协议》载明，我方平台指我方平台网站（域名为 www.A.com）及相关客户端；我方平台经营者指某有限公司及其关联公司；我方平台产品及服务是指我方平台经营者基于互联网，包含我方平台网站、客户端等在内的各种形态（包括未来技术发展出现的新的服务形态）向您提供的各项产品及服务。《个人信息保护政策》中首部载明，本个人信息保护政策适用于"A 产品"的所有相关产品或服务，如某有限公司关联公司的产品或服务中使用了"A 产品"的产品或服务，但未建立独立的个人信息保护政策的，则本政策同样适用于该产品或服务……"A"产品和/或服务，指"A 产品"通过下述途径向您提供你的英语培训等产品及服务：包括但不限于"A 产品"运营网站，移动应用，客户端，相关微信开放平台账号或小程序。因此被告基于上述用户协议及个人信息保护政策，可在"A 产品"关联产品中共享信息。

3. 双方当事人针对第三项侵权行为的意见梳理

第一，关于该项行为涉及的信息内容和属性。原告主张"A 产品"共享给"B 产品"和"C 产品"的信息包括账户密码和订单信息，该信息属于个人信息。被告对此不予认可。

第二，关于行为是否侵权。原告主张"A 产品""B 产品"和"C 产品"三款软件产品设计和用户定位完全不同，"A 产品"是一对一外教，主要针对青少年学员，"C 产品"是一对多教授英语，"B 产品"针对全年龄段，还有用户社交功能。因此，用户使用一款软件，并无跨越使用另一款软件的期待，被告将"A 产品"的信息共享给"B 产品"和"C 产品"的行为应属于向他人提供信息的行为，应当遵循合法正当必要原则，且征得用户的单独同意。对此，被告认为，三款软件属于互补的关系，用户根据其需要可同时使用三款产品，产品设计时对三款软件账户和密码实施互通是为了方便用户，避免用户使用不同软件时发生混淆输错密码，这是行业内普遍做法。

经询，被告表示三款产品可以独立使用，在首次使用"A 产品"账户密码登录"B 产品"软件时，页面并无账户信息共享的授权页面。

三、关于原告诉讼请求相关的其他事实

（一）关于查阅复制个人信息

原告主张，依据相关法律规定和被告的承诺，被告应在十五日内以书面形式提供处理其全部个人信息的副本，但被告未履行上述义务，构成侵权。原告提供被告《个人信息保护政策》予以证明，该政策第八项"您的权利"中第6条载明，"我们将根据您的书面请求，为您提供以下类型的个人信息副本：您的个人基本资料，个人身份信息。您可以随时联系我们的客服人员，我们将在十五秒钟回复您的请求。但请注意，我们为您提供的信息副本仅以我们收集的信息为限"。第8条载明"为保障安全，您可能需要提供书面请求，或以其他方式证明您的身份。我们可能会先要求您验证自己的身份，然后再处理您的请求。我们将在十五个月作出回应。如您不满意，还可以通过以下途径投诉：发送邮件到 APPyunyingzhe@ A. com，或拨打我们的客服电话4000－×－×－×。对于您合理的请求，我们原则上不支付费用，但对多次重复、超过合理限度的请求，我们将视情承认一定成本费用"。

关于查询信息范围，原告要求被告提供其收集和原告提供的全部个人信息。被告表示，其提供的 CRM 系统后台截图中显示的涉案信息即为所有其收集存储的原告个人信息，其已通过提交证据的方式向原告提供。对此，原告表示不认可，认为上述信息并不完整，例如，画像标签信息与被告软件页面所收集的内容并不一致，且截图内容模糊，难以看清。被告回应，并非所有原告填写的信息都会收集。原告不认可被告该项意见，但表示，为解决争议，同意以被告当庭承诺的情况为准，但认为被告在今后的运营中应受此承诺的约束，如今后发现被告存储有 CRM 系统之外的个人信息，应承担相应责任。

经询，原告表示其诉讼前的调解过程曾提出该项查询复制要求，但未就此举证，原告称其查阅复制的目的是为知晓其个人信息被处理的具体情况，以确定删除范围。另查，本案起诉书于2021年2月3日向被告送达，被告于2021年5月13日在提交诉讼证据时，提交了包含原告个人信息的 CRM 系统截图。

（二）关于停止侵权、删除个人信息和赔礼道歉

原告主张其在诉讼中仍收到被告发送短信，对于被告是否还会继续侵权，存在不确定性，故要求被告停止向原告手机发送短信。对此，被告表示，被告已将原告账户注销，删除包括原告手机号在内的所有信息，故不可能再向原告发送短信。

原告主张被告违法收集和处理其个人信息，应当予以删除。被告表示，目前已删除原告全部个人信息，注销原告账户。原告认可其账户已无法登录。诉讼中，本院组织双方对被告后台 CRM 系统进行勘验，输入原告手机号131×××8688，出现该手机号对应条目，点击"nickname"，显示"该学员已被注销，无法访问"，点击"查看"，显示手机号对应后台操作标记；点击"修改"，其中手机号一栏，对应"查看号码详情"后，出现手机号内容；输入

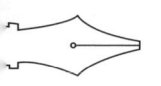

130×××0038进行搜索，显示无对应条目内容。原告对上述勘验情况的真实性认可，对证明目的不认可，表示被告代理人在搜索框中输入前几个字段时，会联想出现整个手机号；且在搜索131×××8688手机号并点击查看后，页面中依然可以查看手机号。对此，被告表示，在后台CRM系统输入手机号码时产生的自动联想系浏览器缓存，已经将原告的两个手机号进行了删除。

此后，本院再次组织双方对被告后台CRM系统进行勘验，搜索上述两个号码，均在搜索栏目中可自动联想显示该号码，但搜索后显示无对应内容。对此，原告表示对于真实性、合法性无异议，但是依然表示存在自动联想功能，并主张可能除此端口外，另有其他的数据库存有原告的信息。对于被告应如何展示后台数据的方式，原告表示应由被告尽到举证责任，原告无能力提出举证方式。

原告主张被告对于三项侵权行为，以及侵害原告查询权、删除权等行为，在"A产品"网站和软件首页进行公开赔礼道歉。对此，被告表示，仅发送3条信息，对原告的损失轻微，原告亦无证据证明造成的损害范围，故在网站和软件首页位置道歉缺乏依据。

（三）关于赔偿损失

原告主张赔偿损失范围包括律师费1500元、取证费1400元。

关于律师费，原告提供律师费发票，金额为1500元。

关于取证费，原告提供浙江数秦科技有限公司"信息技术服务费"发票，金额为1200元；真相网络科技（北京）有限公司"专业技术服务费"，金额为200元。

被告对上述证据真实性认可，证明目的不认可，认为涉案行为并未对原告造成损害，不应进行赔偿。本院对上述证据真实性予以确认，对是否应据此予以赔偿，在后文一并详述。

本院认为，结合各方当事人的诉辩意见及在案证据，本案争议焦点为，（1）被控侵权行为是否侵犯原告隐私权和个人信息权益；（2）原告主张的各项诉讼请求是否成立。

一、被控侵权行为是否侵犯原告隐私权和个人信息权益

原告主张被告存在以下三项侵权行为：第一，被告未经同意收集原告手机号，为原告分配登录涉案软件的账户和密码，向原告发送营销短信；第二，被告运营的"A产品"网站和"B产品"软件未经告知个人信息收集政策，强制收集用户画像信息；第三，被告未经同意向其关联产品"B产品"和"C产品"提供账户信息和订单信息。由于上述三项行为产生于相对独立的信息

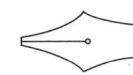

处理阶段，具有相对独立的处理目的和方式，本院分别予以评述。

（一）关于第一项被控侵权行为

围绕第一项侵权行为，双方就手机号是否属于个人信息、被告行为是否违法、是否构成侵权均存在争议，本院逐一评述如下：

1. 单独的手机号是否构成个人信息

原告主张的收集手机号和为手机号配置账户密码的行为，均为围绕手机号进行的处理行为，而当事人双方对手机号是否属于个人信息存在争议，故需先明确手机号的属性。

《中华人民共和国民法典》（以下简称《民法典》）第一千零三十四条第二款规定，个人信息是以电子或者其他方式记录的能够单独或者与其他信息结合识别特定自然人的各种信息，包括自然人的姓名、出生日期、身份证件号码、生物识别信息、住址、电话号码、电子邮箱、健康信息、行踪信息等。《民法典》采用抽象定义加列举的方式明确了个人信息的概念，并直接将电话号码列入个人信息的列举范围。

具体到本案来看，根据手机作为个人移动通信终端设备使用的日常惯例，手机号码与特定身份使用者往往具有较强的一一对应关系，特别是在我国已实行手机号码实名制的背景下，单独的手机号在通常情况下即可达到直接识别特定自然人的效果。本案中，原告为涉案期间两个手机号实名登记的使用者，涉案手机号码与原告建立了对应关系。立法关于个人信息概念语境中的"识别"仅需达到识别特定自然人的程度，本案中，基于涉案手机号与原告作为特定自然人之间的一一对应关系，已达到将原告从众多自然人中区分进而特定化的程度。对于被告的抗辩意见，单纯的手机号未关联原告姓名，不构成个人信息，本院认为，识别特定自然人并不一定要求达到知晓该自然人的姓名的程度。因此，单独通过涉案手机号足以达到直接识别原告特定身份的程度。

综上，本院认定涉案两个手机号构成原告个人信息，原告有权据此主张相关权益。

2. 被告是否存在收集原告手机号、分配对应账户和密码、发送短信的行为

根据原告手机收到被告发送分配账户密码信息的既有事实，结合短信发送的一般技术原理、短信营销的商业过程，可推断存在以下信息处理行为：获取原告手机号码——为该手机号配置对应账户和密码——向原告手机发送通知短信。双方对上述过程不持异议，但对实施上述行为的主体存在争议，故需先确定由谁实施了上述行为。

根据《最高人民法院关于适用〈中华人民共和国民事诉讼法〉的解释》第九十一条第（一）项的规定，主张法律关系存在的当事人，应当对产生该

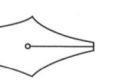

法律关系的基本事实承担举证证明责任，以及此司法解释第一百零八条之规定，对负有举证证明责任的当事人提供的证据，人民法院经审查并结合相关事实，确信待证事实的存在具有高度可能性的，应当认定该事实存在。对一方当事人为反驳负有举证证明责任的当事人所主张事实而提供的证据，人民法院经审查并结合相关事实，认为待证事实真伪不明的，应当认定该事实不存在。提供证据的责任，应根据当事人的主张，结合证据特点、当事人的举证能力、证据距离等因素确定，并有可能因当事人的实际攻防情况在当事人之间转移。

原告主张被告实施了上述行为，被告对此持有异议，主张涉案手机号码为其合作的线下体验店收集，该体验店在被告运营的 CRM 系统中开通账户并发送了短信。本案中，原告按照侵权法律关系提起诉讼，则应对被告行为符合侵权责任的要件承担证明责任。被告是否实施了被控侵权行为作为侵权纠纷的要件事实之一，应由原告进行举证。原告已就被告向其发送短信的事实予以举证，而对于收集手机号码和分配账户等系列信息处理行为，原告作为普通网络用户一般仅能通过其持有的手机，对可感知、可接触的前述行为的结果进行举证，对信息后台处理运转等过程事实的举证能力较弱。也即，原告客观上无从知晓谁、用何种方式实施了上述行为，要求原告对谁实施了上述行为进行举证客观上难以实现。而反观被告一方，其作为 CRM 系统的控制方，对该项事实举证具有更强的技术优势。且现有证据已表明系由其控制的 CRM 系统实施了利用手机号码发送账户分配信息短信的行为，故可推知相关手机号码和账户配置情况的信息来源在被告所控制范围之内，被告理应知晓。故本院综合考虑双方的攻防意见、证据距离、举证能力等因素，认为原告已完成了对其主张事实的初步举证，反驳原告主张的行为意义上的举证责任从而转移至被告一方，被告对其关于手机号码和账户信息来源于他人的主张需进一步举证。

为反驳原告主张之事实，被告提供了《合作协议》、CRM 系统视频和截图等反证。本院认为，CRM 系统由被告运营控制，被告未就该系统存在被告之外其他使用人注册账户、注册 IP 地址、上传信息、操作日志等事实进行举证，虽《合作协议》载明被告与线下体验店存在业务合作关系，但仅凭 CRM 系统截图中载明的"线下体验店宁波海曙"难以认定系由此线下体验店操作该系统实施的涉案行为。退一步讲，即使如被告所述，系由线下体验店操作 CRM 系统，上传手机号码并发送账户通知短信，根据被告与线下体验店《合作协议》表明，该线下体验店是在被告授权之下实施的"A 产品"相关产品销售行为，而被告直接面向用户提供"A 产品"并控制管理 CRM 系统，为可以自主决定相关个人信息处理目的和处理方式的主体。虽协议中约定线下体验店对其违反法律法规的行为自行承担责任，但该约定仅有对内效力，不影响个

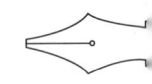

人信息处理者对外应承担的责任。故被告仍应作为实施前述行为的个人信息处理者独立承担相应责任。

3. 前述行为是否侵犯原告个人信息权益

根据《民法典》第一千零三十五条第（一）项的规定，处理个人信息应遵循合法、正当、必要原则，不得过度处理，并符合下列条件：征得该自然人或者其监护人同意，但是法律、行政法规另有规定的除外。该规定为个人信息处理行为明确了规范指引。个人信息的处理包括围绕着个人信息开展的各种行为、活动，本案涉及的获取手机号码、为手机号配置对应账户和密码、发送通知短信等行为属于收集、存储、使用、加工等处理个人信息的行为，应遵循个人信息处理的相关规定。从该规定可见，个人信息处理在遵循合法、正当、必要原则的同时，还需符合"知情—同意"等具体化条件，也即，个人信息处理的三原则与处理规则的具体要求是并用关系，不能以符合上述部分条件来排除其他规则的适用。故在存在具体化条件的情况下，可优先以其作为判断依据。同时结合双方诉辩理由，此处需首先判断被告是否获取了有效的"知情—同意"。

本案中，被告未向法庭提供其直接取得原告授权同意的证据，即便依照前述被告所主张的事实，涉案手机号来源于第三方线下体验店，其从第三方收集手机号的行为亦应征得原告同意，然而，被告未提供其自身或第三方曾获取原告授权同意的任何证据，故本院认定，被告确存在未经授权同意，获取原告手机号、为该手机号分配账号密码和向该手机号发送短信的行为。被告未经授权同意实施上述个人信息处理行为，构成对原告个人信息权益的侵害。

4. 上述行为是否构成对原告隐私权的侵害

《民法典》第一千零三十二条第二款规定，隐私是自然人的私人生活安宁和不愿为他人知晓的私密空间、私密活动、私密信息。根据上述规定，隐私权主要包括私人生活安宁和私人生活秘密两部分内容。根据前文已查明的事实，被告确存在未经同意，向原告发送手机短信的行为。由于单纯的手机号码尚未达到私密信息的程度，故此处着重考察上述行为是否构成对隐私权中私人生活安宁的侵害。

私人生活安宁是指自然人生活安定宁静、免受他人不当侵扰和妨碍，包括生活安宁、住宅安宁、通信安宁等。在通信安宁方面，《民法典》第一千零三十三条第（一）项进一步规定，除法律另有规定或者权利人明确同意外，任何组织或者个人不得实施以电话、短信、即时通讯工具、电子邮件、传单等方式侵扰他人私人生活安宁的行为。原告主张只要实施未经允许的短信发送行为即构成侵权，被告则认为其并无侵害原告生活安宁的主观故意，且仅发送3条

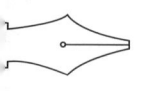

短信，并未达到反复发送短信侵扰原告生活安宁的程度，不构成侵权。可见，双方当事人争议主要集中在隐私权侵权认定的构成要件上，包括侵犯隐私权是否以主观过错和损害为前提，以及是否要求行为达到一定的危害程度。

《民法典》第九百九十五条、第一千条等规定均未将"主观过错"和"损害后果"作为人格权请求权成立的前提。人格权请求权的成立并不以"主观过错"和"损害后果"等要件存在为前提，在进而考虑侵权损害赔偿请求权能否得以成立时才需对此进行考量。但这并不意味着只要实施了相关违法行为即可认定构成对人格权的侵害，对于精神性人格权侵权责任的认定，按照《民法典》第九百九十八条的规定，还应当考虑行为人和受害人的职业、影响范围、过错程度，以及行为的目的、方式、后果等因素。此项规定将动态系统理论引入人格权侵权的认定。也就是说，人格权侵权认定虽不以存在过错和损害后果为必要前提，但需结合主体情况、过错程度、行为性质及后果等因素判定，故本院综合上述因素评述如下：

第一，从行为人主体方面看，被告作为"A产品"网站运营者和相关产品服务提供者，是专门从事在线教育服务的网络服务商，其在网络服务提供过程中，需实施规模化、自动化、持续性的个人信息处理行为。在其进行涉及众多用户信息的处理和运营过程中，被告理应负有更高的注意义务，采取与其处理信息行为和规模相匹配的合规防范、技术管理和安全措施。且被告作为在线教育服务提供者，其用户涉及未成年人群体，应较一般信息处理者具有更高的合规水平和更严格的安全管理措施。

第二，从受害人主体方面看，本案原告为一般网络用户，同时，也是相关网络服务的潜在消费者，面对在经济、技术等方面处于优势地位的网络运营者时，往往处于弱势地位，应适当倾斜予以保护。

第三，从行为人过错程度方面看，被告出于商业经营的目的，在完全未经授权同意的情况下，违法获取原告手机号码，擅自为其开立软件账户并发送短信，该行为明显违反个人信息处理的相关规定和行业标准，且以相关涉事员工离职为由，未对其自身或其合作方获取手机号码的具体来源作出说明，导致涉案侵权行为源头难以被有效遏制，被告行为过错明显。

第四，从行为性质和后果方面来看，互联网经济为注意力经济，注意力是商家争夺的稀缺资源，而发送短信可起到唤醒屏幕亮起吸引注意力的作用，因此，被告发送营销短信的行为客观上有利于争夺潜在用户注意力以获取更多的商业机会。本案中，被告违法收集手机号码发送短信，不同于向存在相关消费意向和接受信息预期的特定消费者发送营销短信的行为，也与偶发的、日常生活交往中未经许可发送短信的行为形成显著区别。且考虑到互联网商业形态存

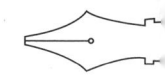

在"一对众"的特点，被告未提供仅向原告这一特定主体发送营销短信的合理理由，进而存在向不特定受众实施类似行为的可能性。原告作为网络用户虽仅收到被告3条短信，但若因此种行为个体危害性轻微而不加以制止，将有更多的网络服务商加以效仿，则网络用户可能陷入面临众多不同主体发送营销短信而难以救济的困境。

综上，本院认定，被告作为专业的网络个人信息处理者，违法获取原告手机号并向其发送营销信息，构成对原告私人生活安宁权的侵扰，侵犯了原告的隐私权。

（二）关于第二项被控侵权行为

围绕第二项侵权行为，双方就用户画像信息是否属于个人信息、被告行为是否履行合同所必需、是否属于强制收集均存在争议，本院逐一评述如下：

1. 原告登录过程提交的职业类型、学龄阶段、英语水平、学习目的等用户画像信息是否构成个人信息

《民法典》从"识别"的角度明确了个人信息的定义，《中华人民共和国个人信息保护法》（以下简称《个人信息保护法》）则从"关联"的角度界定了个人信息涵盖的范围。涉案侵权行为发生于2021年1月，应适用《民法典》的相关规定，《个人信息保护法》自2021年11月1日起施行，虽不直接适用于本案，但其对法律概念的定义及相关规范精神可以在本案中作为参考。

结合《民法典》和《个人信息保护法》关于个人信息的定义，判定某项信息是否属于个人信息，可通过以下两种路径：一是识别，即从信息到个人，由信息本身的特殊性识别出特定自然人；同时，识别个人的信息可以是单独的信息，也可以是信息组合。二是关联，即从个人到信息，如已识别或可识别特定自然人，则在该特定自然人活动中产生的信息即为个人信息。与此同时，上述定义体现出个人信息的界定存在一定的相对性，特别是对于需要与其他信息结合才能识别特定自然人的间接识别信息，其是否可被认定为个人信息，不仅取决于信息本身的特性，往往还需考量具体的使用场景、处理方式、信息处理主体对于信息的控制范围和能力等。

据此，本院从"识别"和"关联"两个不同角度，结合信息本身的特性、信息处理主体情况以及具体使用场景和手段等因素对涉案信息进行考量。从"识别"的角度看，一些信息虽单独呈现不足以识别特定自然人，但与其他信息结合可起到识别特定自然人的效果。被告在"A产品""B产品"登录阶段获取的信息包括职业类型、学龄阶段、英语水平、学习目的等，上述信息通过原告特定账户收集、在被告CRM管理系统中被存储于与原告账户对应的标签信息中，进而与被告业已持有的原告特定手机号和账户信息相关联，即可对应

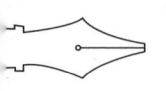

识别出原告主体身份，故结合上述信息性质，信息收集、存储和使用的场景，以及信息处理者持有信息组合的情况等可见，上述信息与原告账户、手机号等结合的信息组合达到了可识别的标准，构成个人信息。从"关联"的角度看，对于作为信息处理者的被告来说，上述信息是在其控制之下的已识别特定自然人的特定账户中，通过用户提交的方式，进一步收集的与已识别的特定自然人有关的信息，该信息体现了与个人人格形象相关的各种自然或社会属性，故属于个人信息。

被告抗辩上述信息是原告为取证输入的信息，并非原告真实信息，不应得到保护。前述立法关于个人信息的定义阐明，个人信息界定的核心在于"识别"而非信息的真实性，这意味着，并非必须是与个人状态真实相符的信息才能作为个人信息受到法律保护。事实上，在不违反法律规定、未侵犯他人合法权益的前提下，自然人可遵循自身意愿塑造和维护其网络人格形象，对于是否或如何暴露其真实状态具有一定的自主决定权，例如，实践中即存在网络用户使用昵称替代真实姓名的情形，并不影响相关信息作为个人信息予以保护。因此，被告该项抗辩意见缺乏法律依据，本院不予采纳。

2. 被告在用户首次登录过程收集用户画像信息，进而以自动化决策方式进行信息推送是否侵害原告个人信息权益

原告主张被告未征得其同意，在登录环节强制收集非必要信息，对原告进行用户画像，构成侵权；被告则主张该收集过程为其提供个性化信息推送服务的必须，不构成侵权。双方争议焦点仍集中在被告行为是否存在合法性基础上。《民法典》第一千零三十五条确立了个人信息处理规则的基本框架，即合法、正当、必要原则和"知情—同意"原则。虽《个人信息保护法》实施于涉案行为发生之后，不直接适用于此案，但如前所述，其相关规范精神可有助于对《民法典》规定内涵的阐释。《个人信息保护法》进一步对"知情—同意"的法定例外情形和同意的有效性判断标准进行了明确，取得个人信息处理合法性基础的具体情形主要分为两类：一是基于同意的处理，即告知并取得信息主体的同意；二是基于法定许可的处理，一般指在法律法规另有特别规定的情况下，无须取得同意即可实施个人信息处理活动。如前所述，在存在具体化判决依据的情况下，可优先以具体化条件作为判断依据，而个人信息处理合法性基础的具体化条件主要分为"知情—同意"和法定许可两方面，故本院结合这两方面具体化条件分别作如下详述：

一方面，关于被告是否存在法定许可的例外事由。被告对应的抗辩理由为涉案收集行为为其提供服务所必须。对此，《个人信息保护法》第十三条第一款第（二）项确有规定，为订立、履行作为一方当事人的合同所必须，可作

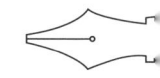

为处理个人信息的合法事由之一。可见，订立、履行合同所必须，符合《民法典》作为"知情—同意"例外事由的规定。本院结合相关行业规范和产品功能设置等判定涉案收集行为是否属于订立、履行合同所必需：

第一，从相关行业规范和标准上看，虽涉案收集行为发生当时，并无明确法律法规对必要收集信息的具体范围进行规定，但 2021 年 3 月 12 日，有关主管部门发布了《常见类型移动互联网应用程序必要个人信息范围规定》，该规定明确，学习教育类 App 基本功能服务为"在线辅导、网络课堂等"，必要个人信息为注册用户移动电话号码。虽该规定于 2021 年 5 月 1 日才实施，但可作为本案衡量"必要性"标准的参考。从该规定可见，被告作为学习教育类软件，不应将电话号码之外的个人信息作为必要收集范围。与此同时，本案中，被告所称的通过对职业类型、英语水平、学龄阶段等信息的收集以提供有针对性的课程信息，实际上，属于收集用户画像、标签信息提供个性化推送服务的行为。对此，《个人信息保护法》和《个人信息安全规范》等均明确规定，个性化决策推送信息不应作为必要或唯一的信息推送模式，需同时提供不针对个人特征的选项或提供便捷的拒绝方式。据此，被告不得以其仅提供个性化决策推送信息这一种业务模式为由，主张收集用户画像信息为其提供服务的前提。

第二，从涉案软件或网站功能设置本身上看，履行合同所必须的范围，应限定在软件或网络运营者提供的基本服务功能，或用户在有选择的基础上自主选择增加的附加功能。若收集的个人信息与该项基础服务和附加功能有直接关联，缺乏上述个人信息将导致相关功能无法实现，"履行服务所必须"之必要性才得以成立。本案中，被告抗辩其收集目的为针对不同用户需求、精准推送适合用户的个性化课程，属于为增进用户体验优化设置的一种信息推送模式，然而，被告软件或网站提供服务的基本功能为提供在线课程视频流和相关图文、视频等信息，对用户画像信息进行收集的目的并非用于支撑其基础服务功能，亦无证据表明本案原告曾自主选择使用该项优化设置功能，故被告以其软件或网站功能实现为由实施收集行为的依据不足。

另一方面，关于被告是否取得"知情—同意"。根据已查明的事实，由于被告在未经原告允许的情况下为原告配置了账户和密码，导致原告登录"A 产品"网站和"B 产品"软件时与一般用户注册界面不同，未经过勾选个人信息相关知情同意的步骤，直接进入登录页面，因此，被告在原告登录过程中收集用户画像信息，未事先征得原告同意。

在此基础上，原告主张，即使勾选了同意界面，被告在登录环节强制收集非必要信息，仍构成侵权。被告则抗辩上述信息为原告主动填写，原告主动作出提供信息的行为视为对相关信息收集行为的授权同意。同意必须是由个人在

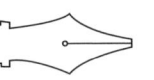

充分知情的前提下自愿、明确作出的，基于欺诈、胁迫等情况被强制作出的同意并不产生相应效力。此项对用户"知情—同意"权益予以充分保障的精神在《个人信息保护法》第十四条中予以明确体现。本案中，涉案软件在用户首次登录界面要求用户提交职业类型、学龄阶段、英语水平的等相关信息，未设置"跳过""拒绝"等不同意提交相关信息情况下的登录方式，使得提交相关信息成为成功登录、进入功能使用首页的唯一方式。此种产品设计将导致不同意相关信息收集的用户为实现使用软件的目的，不得不勾选同意或提交相应的信息。此种同意或对个人信息的提供，是在信息主体不自由或不自愿的情况下，强迫或变相强迫地作出，不能被认定为有效同意。该意见亦与《个人信息保护法》第十六条的精神相符，该条款规定，个人信息处理者不得以个人不同意处理其个人信息或者撤回同意为由，拒绝提供产品或者服务；处理个人信息属于提供产品或者服务所必须的除外。因此，在首次登录页面设置相关个人信息收集界面，未提供跳过或拒绝等选项，属于对原告个人信息的强制收集，不产生获取有效授权同意的效力。

综上，被告未事先征得原告有效同意，在"A产品"和"B产品"两款产品中强制收集原告职业、学龄阶段、英语水平、学习目的等用户画像信息的行为构成侵权。

（三）关于第三项被控侵权行为

围绕第三项侵权行为，双方就账户密码和订单信息是否属于个人信息、被告行为是否构成侵权存在争议，本院逐一评述如下：

1. 账户密码信息和订单信息是否属于个人信息

如前所述，个人信息认定的关键在于是否具有"可识别性"，账户密码信息作为常用的网络用户账户身份验证方式，与特定账户使用者身份通常具有一一对应关系，也就是说，特定账户密码作为应用程序判断特定使用者身份的机器语言，本身即可作为识别特定使用者身份的信息，起到识别特定自然人的效果，《个人信息安全规范》第3.1条亦明确将网络身份标识信息纳入个人信息的列举范围，故涉案账户密码信息属于个人信息。

对于订单信息，由于其不属于可单独识别特定自然人的信息，故可分别从识别说和关联说的角度，结合其具体的使用场景、处理方式、信息处理主体情况等因素予以判定。从识别说的角度看，同前述职业类型、学龄阶段、英语水平、学习目的等用户画像信息一样，涉案订单信息虽单独来看未达到识别特定自然人的程度，但具体到本案的应用场景中，被告向"B产品""C产品"等关联产品同步的信息为订单与账户信息的组合，而并非经去标识匿名化处理后、单独不可溯源的订单信息，上述信息组合仍可对应到原告这一特定身份自

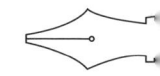

然人，达到了识别的程度。从关联说的角度看，"B产品""C产品"等关联产品通过其同步获取的账户密码信息，已具备识别原告特定自然人身份的能力，而涉案订单信息与特定账户信息对应匹配，属于与已识别自然人相关的信息。因此，涉案订单信息亦属于原告个人信息。

2. 被告将上述信息同步给关联产品的行为是否构成对原告个人信息的侵害

原告主张被告三款关联软件的产品设计和用户定位完全不同，被告在关联产品中"同步"账户密码和订单信息的行为属于向他人提供信息的行为，未经授权同意的使用构成侵权。被告则抗辩三款产品为互补关系，账户订单等信息互通是为了方便用户。

根据《民法典》第一千零三十五条的规定，"知情—同意"是在明确告知处理目的、方式和范围前提下征得同意，因此，"知情—同意"不仅包括信息主体对收集信息内容的知情，还包括对收集、使用的目的、方式和范围的知情及同意。被告向其关联产品提供个人信息，属于与处理目的、方式和范围相关的重要内容，需征得自然人的同意。而如前所述，由于被告在未经原告允许的情况下为原告配置了账户和密码，导致原告未经过勾选个人信息相关知情同意的步骤，直接进入登录页面，故被告向其关联产品"同步"涉案账户和订单信息的行为未获取原告的同意，构成对原告个人信息权益的侵害。

若不考虑原告账户"被注册"、未勾选同意界面的特殊情节，以被告普通用户界面设计情况考量，则需进一步考察被告是否就上述"信息同步"行为取得了有效的用户同意。衡量是否获取了有效的知情同意，需考察一般理性用户在具体场景下，对信息处理主体处理特定信息的目的、方式和范围知晓的清晰程度，以及作出意愿表示的自主、具体、明确程度。上述评判应符合一般社会公众的合理预期和认知水平，并与信息处理的具体场景和方式相匹配。本案中，被告抗辩其通过《A产品用户协议》第一款，对信息处理范围进行了告知，对此，本院结合上述因素评述如下：

首先，考察涉案信息处理的场景和方式。本案中，信息处理的场景为在关联产品中"同步"账户密码和订单信息。从"A产品"与"B产品"、"C产品"的关系来看，用户所能感知的软件下载、登录入口和使用界面等外观均呈现三者为相互独立的软件，在上述软件中共享账户密码和订单并不符合一般用户的合理预期。从涉案信息处理方式来看，被告抗辩共享账户密码和订单的产品设计是为了便利用户的登录和使用，但即便以"为了用户好"为动机扩大用户个人信息使用范围，仍应以用户明确知晓和同意为前提，况且，从产品功能设置上看，三款软件并无必然关联的功能，故应保障用户不使用关联产品或用不同账户使用关联产品的自由。

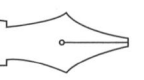

在前述特定的信息处理场景和方式下，进一步考量涉案软件获取"知情—同意"的方式是否得当。处理个人信息应以合理方式获取用户的"知情—同意"，将账户密码和订单信息迁移至其他关联产品的行为不符合用户对信息使用的合理预期，此种情况下，应将信息在关联产品的使用情况作为信息处理范围的重要内容，以足够清晰、明确的方式向用户进行告知。然而，从被告用户协议告知的内容看，该协议虽载明"我方平台指我方平台网站及相关客户端""我方平台产品及服务指我方平台经营者基于各种形态提供的各项产品及服务"等内容，但"相关客户端""各种形态"等措辞含糊不清，未明确提及关联产品具体名称，不能推得用户理解授权范围包含"B产品""C产品"等关联产品的结论。从被告获取授权的方式看，仅在"A产品"网站的注册登录过程中通过用户协议等形式"一揽子"告知授权，未进行加粗等着重提示，亦未在"B产品""C产品"等关联产品中用登录时拉起提示页面等合理的方式征得授权同意。综合上述情节，本院认为被告未获取有效的"知情—同意"，故在此情况下进行的相关信息处理活动缺乏合法性基础，构成侵权。

二、原告主张的各项诉讼请求是否成立

（一）关于查询和复制个人信息副本

《民法典》第一千零三十七条第一款规定，自然人可以依法向信息处理者查阅或者复制其个人信息。据此，查询或复制个人信息需满足以下条件：第一，原告为相关个人信息权益主体；第二，有初步证据证明被告存在相关个人信息收集行为；第三，原告向个人信息处理者提出请求。经本院已查明的事实，原告确为涉案手机号和网络账户使用者，被告亦实施了处理原告个人信息的行为。原告在发现被告可能存在侵权行为时，为进一步明确其个人信息处理情况和损失范围，在侵权诉讼中一并向被告提出了查阅复制的请求，于法有据，相关权利应予以保障。被告抗辩其通过诉讼中提交 CRM 系统截图证据的方式，已满足了原告有关查阅和复制个人信息的要求。原告对于被告上述行为的内容和方式均提出异议，认为被告提供的信息内容不全、不够清晰，且未在合理期限内作出。双方争议主要围绕查询和复制个人信息的范围和方式两个方面，本院分别评述如下：

关于查询和复制的范围，本案中，根据原告取证的侵权行为可见，被告存在对于原告手机号码、账户信息、订单信息、用户画像和特征标签信息等的收集行为，被告提供的 CRM 系统截图与上述信息内容基本吻合，且 CRM 系统截图内容与法庭现场勘验的 CRM 系统后台运行情况相符，故本院对被告 CRM 系统截图内容所反映的信息处理情况的真实性予以确认。在此基础上，原告主张被告提供的 CRM 截图不完整，未包含其曾填写的"学习目的"这一内容，故质疑被告可能在 CRM 系统截图之外还存储有其他个人信息。对该项争议，双方均未要求对被告后台数据存储情况进一步调查，原告在庭审中表明可通过被告单方承诺、并在今后运营过程中受此约束的方式进行确认。本院对双方认可的处理方式不持异议，故结合现场勘验过程中被告后台数据展示情况和被告庭审陈述情况，确定被告个人信息控制和处理范围为其 CRM 系统截图中展示的内容。

关于查询和复制的方式，结合《个人信息保护法》第四十五条规定，对于查询和复制请求应及时提供，故个人信息处理者应提供便捷、及时的查询复制渠道。我国法律未就个人信息查阅复制的具体程序进行规定，个人信息处理者可就该事项与个人进一步约定，并就查询复制的方式和渠道进行告知。本案中，被告在《个人信息保护政策》中载明，其查阅复制范围以收集的个人信息为限、回应时间在十五日之内、对超越合理限度的请求收取成本费用等内容，不存在违法限制用户个人信息合法权益的情形，本院对此不持异议。然而，在原告通过诉讼提出查阅复制申请三个多月后，被告才通过证据提交的方式提供查询内容副本，该方式远超过个人信息查询和复制的合理期间，亦超过被告载明的回应期限，并且，被告提供的截图为录屏后截取，较为模糊。

故此，本院虽对被告提供个人信息的范围和内容不持异议，但认为其未能及时、清晰地提供个人信息副本，此种情况下，本院对原告要求被告提供个人信息副本的诉请予以支持。本院进一步指出，为保障用户个人信息查询复制权的顺畅行使，倡导个人信息处理者提供便捷、规范的查询复制渠道，例如，可借鉴银行电子账单查询的方式，在软件中开发个人信息查询功能，方便信息主体便捷地访问和下载自身的个人信息。

（二）关于停止侵权、删除信息和赔礼道歉

《民法典》第九百九十五条规定，人格权受到侵害的，受害人有权依照本法和其他法律的规定请求行为人承担民事责任。受害人的停止侵权、排除妨碍、消除危险、消除影响、恢复名誉、赔礼道歉请求权，不适用诉讼时效的规定；第一千零三十七条第二款规定，自然人发现信息处理者违反法律、行政法规的规定或者双方的约定处理其个人信息的，有权请求信息处理者及时删除。根据前文所述，被告确存在未经同意收集并使用原告两部手机号、职业类型、学龄阶段、英语水平、学习目的等用户画像信息，未经同意超范围使用原告账户密码信息和订单信息等行为，违反了《民法典》第一千零三十五条关于个人信息处理应获取"知情—同意"的规定，据此，原告有权要求被告停止侵权、删除相关个人信息。庭审中，被告表示目前已删除原告全部个人信息，注

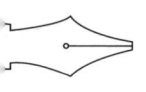

销原告账户，对此，原告认可其账户已无法登录，并且，根据庭审中对CRM系统后台进行勘验的情况显示，输入原告手机号，显示无对应内容。因此，本院对被告已删除原告全部个人信息的事实予以确认。

《民法典》第一千条规定，行为人因侵害人格权承担消除影响、恢复名誉、赔礼道歉等民事责任的，应当与行为的具体方式和造成的影响范围相当。行为人拒不承担前款规定的民事责任的，人民法院可以采取在报刊、网络等媒体上发布公告或者公布生效裁判文书等方式执行，产生的费用由行为人负担。被告违法处理原告个人信息的行为确对原告隐私权、个人信息权益造成侵害，依法应进行赔礼道歉。赔礼道歉的具体方式应以侵权行为的性质和影响范围相匹配，考虑到涉案侵权行为影响范围仅限于原告个人，如公开致歉，则超出侵权行为本身的影响范围，故综合考虑侵权方式、范围、情节等，本院认为应以书面形式道歉为宜。

（三）关于赔偿损失

前文已认定被告三项行为存在违法性，围绕原告关于赔偿损失的诉讼请求，需进一步考察涉案行为是否存在过错、是否存在损害后果及其与违法行为之间的因果关系，据此确定赔偿损失的具体范围。本案中，被告作为个人信息处理者，在明知国家对个人信息处理活动具有明确规范要求的前提下，违反法律法规实施个人信息处理行为，侵害原告隐私和个人信息权益，主观过错明显，应赔偿其违法行为所引致的原告损失。根据《最高人民法院关于审理利用信息网络侵害人身权益民事纠纷案件适用法律若干问题的规定》第十二条第一款规定，被侵权人为制止侵权行为所支付的合理开支，可以认定为《民法典》第一千一百八十二条规定的财产损失。合理开支包括被侵权人或者委托代理人对侵权行为进行调查、取证的合理费用。人民法院根据当事人的请求和具体案情，可以将符合国家有关部门规定的律师费用计算在赔偿范围内。原告就其主张的律师费和取证费提供相应证据予以证明，该项费用确为维权所支出，本院予以支持。

综上所述，依照《中华人民共和国民法典》第一千零三十二条、一千零三十三条、一千零三十四条、一千零三十五条、一千零三十七条之规定，判决如下：

一、被告某有限公司于本判决生效之日起十日内向原告罗某提供清晰的个人信息副本，具体内容需经本院审核；

二、被告某有限公司于本判决生效之日起停止关于原告名下131×××8688和130×××0038两部手机号码及其用户画像信息、账户密码信息、订单信息等个人信息的处理行为；

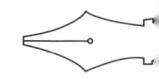

三、被告某有限公司于本判决生效之日起删除原告名下131×××8688和130×××0038两部手机号码及其用户画像信息、账户密码信息、订单信息等个人信息（已执行）；

四、被告某有限公司于本判决生效之日起十日内以书面形式向原告罗某赔礼道歉，致歉内容须经本院审核，如逾期不履行该义务，本院将选择一家全国公开发行的报纸刊登本判决主要内容，费用由被告某有限公司负担；

五、被告某有限公司于本判决生效之日起十日内赔偿原告罗某律师费1500元、取证费1400元，共计2900元；

六、驳回原告罗某的其他诉讼请求。

被告某有限公司如果未按本判决指定的期间履行给付金钱义务，应当依照《中华人民共和国民事诉讼法》第二百六十条的规定，加倍支付迟延履行期间的债务利息。

案件受理费300元，由被告某有限公司负担（于本判决生效之日起七日内交纳）。

如不服本判决，可以在判决书送达之日起十五日内，向本院递交上诉状，上诉于北京市第四中级人民法院。

审　判　长　姜　颖
审　判　员　孙铭溪
审　判　员　颜　君

二〇二二年八月一日

法 官 助 理　高　雅
书　记　员　穆　铭

陶钧
北京市高级人民法院

北京市高级人民法院民事审判第三庭副庭长,三级高级法官,先后荣获"全国优秀法官""全国法院办案标兵""北京市模范法官""北京市审判业务专家"等荣誉称号。自2010年以来,承办及参与审理各类知识产权案件6000余件,审结了"二选一"平台垄断纠纷案、"红牛"商标权属案、"MLGB"商标权无效宣告案等一批在国内外具有较大影响的案件,多起案件入选全国法院十大知识产权保护案件。撰写的裁判文书曾获评第四届全国知识产权裁判文书一等奖、入选全国法院百篇优秀裁判文书等。

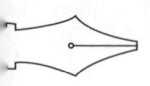

北京市高级人民法院
行政判决书

（2022）京行再 1 号

抗诉机关：最高人民检察院。

申诉人（一审第三人、二审上诉人）：广州蒙某建材有限公司，住所地广东省广州市花都区。

法定代表人：丁某某，董事长。

委托诉讼代理人：卜某某。

委托诉讼代理人：黄某某。

申诉人（一审第三人、二审上诉人）：广州蒙某洁具有限公司，住所地广东省广州市花都区。

法定代表人：丁某某，执行董事。

委托诉讼代理人：卜某某。

委托诉讼代理人：黄某某。

被申诉人（一审原告、二审被上诉人）：蒙某集团股份有限公司，住所地广东省佛山市南海区。

法定代表人：萧某，董事长。

委托诉讼代理人：冯某某。

委托诉讼代理人：蔡某某。

二审上诉人（一审被告）：国家知识产权局，住所地北京市海淀区蓟门桥西土城路 6 号。

法定代表人：申长雨，局长。

委托诉讼代理人：谢某。

委托诉讼代理人：韩某。

申诉人广州蒙某建材有限公司（以下简称建材公司）、申诉人广州蒙某洁具有限公司（以下简称洁具公司）因与被申诉人蒙某集团股份有限公司（以下简称集团公司）及二审上诉人国家知识产权局商标争议行政纠纷一案，不服本院（2016）京行终 1946 号行政判决（以下简称二审判决），向北京市人

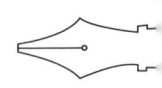

民检察院申诉，该院经审查提请最高人民检察院抗诉。最高人民检察院作出高检行监〔2021〕10000000033 号行政抗诉书，向最高人民法院提出抗诉。最高人民法院作出（2021）最高法行抗 16 号行政裁定，指令本院再审本案。本院依法另行组成合议庭，于 2022 年 3 月 25 日公开开庭审理了本案。最高人民检察院指派北京市人民检察院检察官刘某、检察官助理刘某某出庭。申诉人建材公司和申诉人洁具公司之共同委托诉讼代理人卜某某、黄某某、被申诉人集团公司之委托诉讼代理人冯某某、蔡某某、二审上诉人国家知识产权局之委托诉讼代理人韩某到庭参加诉讼。本案现已审理终结。

最高人民检察院抗诉认为，本案二审判决认定事实和适用法律有误，对于近似商标、类似商品和延伸注册的认定均存在错误。同时，本案存在类案异判、裁判标准不统一的情况。事实与理由为：（1）第 4356344 号"M MONALISA 及图"商标（以下简称争议商标）核定使用的"盥洗室（抽水马桶）、坐便器"商品与第 1558842 号"蒙娜丽莎 Mona Lisa"商标（以下简称引证商标）核定使用的"浴室装置"商品构成类似商品；（2）争议商标与引证商标在文字构成、呼叫、构成要素等方面相近，构成近似商标。因此，争议商标与引证商标构成使用在类似商品上的近似商标；（3）本案二审判决有关集团公司第 1476867 号"M MONALISA 蒙娜丽莎及图"商标（以下简称第 1476867 号商标）延伸注册的论述不能成立；（4）除本案二审判决中认定争议商标核定使用的"盥洗室（抽水马桶）、坐便器"商品与引证商标核定使用的"浴室装置"商品不构成使用在类似商品上的近似商标之外，法院审理的其他涉及集团公司申请注册在第 1109 类似群组的"盥洗室（抽水马桶）、坐便器"等商品上以"蒙娜丽莎""monalisa"等为设计要素的商标中，均认定相关商标与建材公司、洁具公司的本案引证商标构成使用在类似商品上的近似商标，且对集团公司有关第 1476867 号商标延伸注册的主张不予支持。

建材公司和洁具公司共同称，北京市第一中级人民法院（以下简称一审法院）作出的（2014）一中知行初字第 1741 号行政判决（以下简称一审判决）和本案二审判决认定事实不清，适用法律错误，损害了其合法权益，请求在查明事实的基础上，依法撤销一、二审判决，维持原国家工商行政管理总局商标评审委员会（以下简称商标评审委员会）作出的商评字〔2013〕第 116692 号《关于第 4356344 号"M MONALISA 及图"商标争议裁定书》（以下简称被诉裁定），由集团公司承担本案一、二审案件受理费。事实与理由为：（1）建材公司、洁具公司的引证商标在核定使用的第 11 类商品上具有较高知名度，并已被生效判决所确认；（2）争议商标与引证商标的标志构成近似，一、二审判决对此认定错误；（3）争议商标核定使用的"盥洗室（抽水马

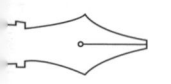

桶)、坐便器"商品与引证商标核定使用的在相同群组的"蒸汽浴设备、桑拿浴设备、便携式土耳其浴室、浴室装置"等商品构成类似商品,一、二审判决对此认定错误;(4)一、二审判决关于集团公司就其第 1476867 号商标为争议商标的在先基础商标,并据此构成延续注册的认定存在错误;(5)集团公司申请注册争议商标存在主观恶意,一、二审未予审理存在遗漏;(6)基于建材公司、洁具公司委托北京某某市场调查有限公司的市场调查报告,争议商标与引证商标构成使用在同一种或类似商品上的近似商标。因此,争议商标的注册已经违反 2001 年修正的《中华人民共和国商标法》(以下简称 2001 年商标法)第二十八条的规定,一、二审判决对此认定错误,应予纠正。

集团公司辩称,本案一、二审判决认定正确,最高人民检察院的抗诉理由缺乏依据,不能成立。主要理由为:(1)本案争议商标历经多个不同程序审理,法律关系早已稳定;(2)基于特定历史背景,集团公司在先使用了争议商标的标志,而建材公司、洁具公司通过恶意抢注阻碍争议商标的注册,维持争议商标的注册是正确的;(3)争议商标与引证商标整体外观差异较大,彼此核定使用商品不构成类似,且争议商标已经与集团公司形成稳定对应关系,二者共存不会导致相关公众混淆误认,争议商标的注册未违反 2001 年商标法第二十八条的规定。

国家知识产权局未发表意见。

集团公司向一审法院起诉请求:依法撤销被诉裁定。

一审法院认定事实:第 4356344 号"M MONALISA 及图"商标由广东蒙某新型材料集团有限公司(以下简称新型材料公司)于 2004 年 11 月 10 日向原国家工商行政管理总局商标局(以下简称商标局)提出注册申请,专用期限至 2017 年 7 月 13 日,核定使用在第 11 类"灯、烹调器具、高压锅(电加压炊具)、盥洗室(抽水马桶)、坐便器"等商品上。

第 1558842 号"蒙娜丽莎 Mona Lisa"商标(即引证商标,图略)专用权人为建材公司,申请日为 1999 年 12 月 28 日,专用期限至 2021 年 4 月 20 日,核定使用在第 11 类"蒸汽浴设备、桑拿浴设备、浴室装置"等商品上。

建材公司、洁具公司于 2012 年 3 月 30 日向商标评审委员会提起争议申请,主要理由为:争议商标与引证商标、第 3541267 号"monalisa 及图"商标构成类似商品上的近似商标。请求依据 2001 年商标法第十条第一款第八项及第二十八条规定对争议商标予以撤销。

新型材料公司在评审阶段答辩的主要理由为:丁某某非引证商标所有人,建材公司、洁具公司也未提交相关证据证明其争议理由。争议商标与引证商标未构成类似商品上的近似商标,也未违反 2001 年商标法第十条第一款第八项

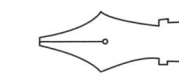

的规定，请求对争议商标予以维持注册。

2013年11月25日，商标评审委员会作出被诉裁定。该裁定认为：争议商标显著认读文字"MONALISA"与引证商标独立认读文字"Mona Lisa"在文字构成、呼叫和含义上均无明显差别，争议商标与引证商标已构成近似商标。争议商标核定使用的"烹调器具、高压锅（电加压炊具）、盥洗室（抽水马桶）、坐便器"商品与引证商标核定使用的商品在功能、用途和消费群体等方面具有一定的关联性，属于类似商品。争议商标在上述商品上与引证商标构成使用在类似商品上的近似商标。争议商标核定使用的"灯、风扇（空气调节）、水龙头、水净化设备和机器、暖气"商品与引证商标核定使用的商品不属于类似商品。因此，争议商标在这些商品上与引证商标未构成使用在类似商品上的近似商标。争议商标"M MONALISA及图"没有对我国政治、经济、文化、宗教、民族等社会公共利益和公共秩序产生消极、负面影响的含义，未违反2001年商标法第十条第一款第八项之规定。依据2001年商标法第二十八条、第四十一条第三款、第四十三条和2002年施行的《中华人民共和国商标法实施条例》第四十一条的规定，商标评审委员会裁定：争议商标在"烹调器具、高压锅（电加压炊具）、盥洗室（抽水马桶）、坐便器"商品上予以撤销，在其余商品上予以维持。

新型材料公司不服被诉裁定，在法定期限内向一审法院提起行政诉讼。

另查，第1476867号商标于2003年12月14日转让至新型材料公司，专用期限至2020年11月20日，核定使用在国际分类第19类"非金属地板砖、瓷砖、建筑用非金属墙砖、建筑用嵌砖"等商品上。

原国家工商行政管理总局于2006年10月16日认定并公布第1476867号商标在国际分类第19类"瓷砖"商品上构成驰名商标；佛山市中级人民法院（2013）佛中法知民初字第89号民事判决认定"陶瓷砖"与"陶瓷坐便器"为类似商品。

在一审诉讼阶段，新型材料公司主要补充提交了下列证据：（1）《羊城晚报》报道；（2）《佛山日报》报道；（3）《公证书》；（4）工商局行政处罚决定书；（5）新型材料公司提起异议的商标名录；（6）新型材料公司基础注册商标的相关证明；（7）"M MONALISA蒙娜丽莎及图"商标被司法认定为驰名商标的证明材料；（8）新型材料公司被认定为纳税大户的政府文件；（9）关于引证商标的异议裁定书及2003年新型材料公司在"坐便器"上的产品调拨单；（10）新型材料公司基础注册商标"M MONALISA蒙娜丽莎及图"在国外注册和国外出口货物报关单、发票等；（11）佛山市中级人民法院（2013）佛中法知民初字第89号民事判决书等证据。

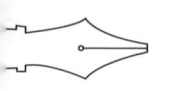

一审庭审中，新型材料公司明确表示要求"盥洗室（抽水马桶）、坐便器"两商品予以维持注册，其他不予核准的商品不再要求维持注册；对被诉裁定作出的行政程序没有异议。

一审法院认为，本案应适用 2001 年商标法进行审理。第 1476867 号商标系新型材料公司在先注册的基础商标，该商标与争议商标在图形、英文呼叫方面完全相同。第 1476867 号商标核定使用的"瓷砖"商品与争议商标核定使用的"盥洗室（抽水马桶）、坐便器"商品均属于陶瓷类建筑材料，在功能用途方面具有很强的关联性，在销售渠道、消费对象等方面相同，因此两类商品应属于类似商品。第 1476867 号商标在"瓷砖"商品上曾被认定为驰名商标，因此该商标具有一定的知名度，其商业信誉可以在争议商标上延续。另，争议商标与引证商标在整体视觉效果上区别明显，引证商标不应成为争议商标在商品"盥洗室（抽水马桶）、坐便器"上核准注册的障碍。因此，商标评审委员会撤销争议商标在商品"盥洗室（抽水马桶）、坐便器"上的注册有误，应予纠正。

综上，一审法院依照 1990 年施行的《中华人民共和国行政诉讼法》第五十四条第二项第 1 目之规定，判决：（1）撤销被诉裁定；（2）商标评审委员会针对建材公司、洁具公司就争议商标提出的争议申请重新作出裁定。

商标评审委员会及建材公司、洁具公司均不服一审判决，向本院提起上诉，请求：撤销一审判决，维持被诉裁定。

本院二审认定事实：一审法院认定事实属实。另查明，新型材料公司于 2015 年 8 月 12 日企业名称变更为集团公司。

争议商标核定使用的商品还有"风扇（空气调节）、水龙头、水净化设备和机器、暖器"。

引证商标核定使用的商品还有"便携式土耳其浴室、蒸脸器具（蒸汽浴）、蒸汽发生器设备、淋浴用设备、煤气热水器、电热水器、淋浴隔间"。

第 1476867 号商标由南海市樵某有限公司于 1999 年 7 月 12 日向商标局提出注册申请，于 2000 年 11 月 21 日核准注册。

最高人民法院（2011）知行字第 31 号行政裁定（以下简称第 31 号裁定）认定：被异议商标（即本案引证商标）指定使用在第 11 类商品上，其中除"浴室装置"以外的"蒸汽浴设备、电热水器、淋浴隔间"等商品与引证商标（即第 1476867 号商标）核定使用的第 19 类的"瓷砖"等商品，功能、用途存在较大的差异，明显不构成类似。在《类似商品和服务区分表》（以下简称《区分表》）中，"浴室装置"并非作为商品类别的标题或类似群的名称使用，而是在第 11 类商品 1109 类似群之下，作为与该类似群中的"抽水马桶、座便器、小便器"等商品并列的一个具体商品名称使用，故对"浴室装置"不应该从字面含义上作广义的界定，而应该根据《区分表》使用该商品名称的具体语境加以分析。虽然《区分表》第11类商品中的"浴室装置"所指的商品具体含义并不清晰，但是显然与"抽水马桶、座便器、小便池"等卫浴设备或卫生陶瓷制品不存在包含关系。

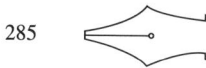

一审法院庭审过程中，集团公司明确主张争议商标与引证商标不构成近似商标。

本院二审诉讼过程中，建材公司、洁具公司、集团公司均补充提交了相关法院作出的裁判文书，用以证明其所持理由成立。

本院二审认为，虽然2013年8月30日修改的商标法已于2014年5月1日起施行，但本案被诉裁定由商标评审委员会于2014年5月1日前作出，因此，本案应当适用2001年商标法。

由于集团公司请求争议商标在"盥洗室（抽水马桶）、坐便器"商品上予以维持注册，其他予以撤销的商品不再要求予以维持注册，因此，本案仅对"盥洗室（抽水马桶）、坐便器"商品与引证商标核定使用的商品是否构成类似商品进行评述。认定相关商品是否类似，应当考虑其功能、用途、生产部门、销售渠道、消费群体等是否相同或具有较大关联性，是否容易使相关公众认为商品是由同一主体提供的或主体间存在特定联系。《商标注册用商品和服务国际分类表》《区分表》可以作为判断类似商品或者服务的参考。具体到本案，"盥洗室（抽水马桶）、坐便器"与"蒸汽浴设备、桑拿浴设备、便携式土耳其浴室、蒸脸器具（蒸汽浴）、蒸汽发生器设备、淋浴用设备、煤气热水器、电热水器、淋浴隔间"在功能、用途、生产部门等方面存在一定差异，不构成类似商品。第31号裁定认定，在《区分表》中，"浴室装置"并非作为商品类别的标题或类似群的名称使用，而是在第11类商品1109类似群之下，作为与该类似群中的"抽水马桶、座便器、小便器"等商品并列的一个具体商品名称使用，故对"浴室装置"不应该从字面含义上作广义的界定，而应该根据《区分表》使用该商品名称的具体语境加以分析。虽然《区分表》第11类商品中的"浴室装置"所指的商品具体含义并不清晰，但是显然与"抽水马桶、座便器、小便池"等卫浴设备或卫生陶瓷制品不存在包含关系。由于"浴室装置"的概念并不清晰、确定，因此，"盥洗室（抽水马桶）、坐便器"与"浴室装置"不构成类似商品。一审判决援引2001年商标法第二十八条的规定，认为引证商标不应成为争议商标在商品"盥洗室（抽水马桶）、坐便器"核准注册的障碍，事实上是对争议商标与引证商标核定使用的商品不构成类似商品已经进行了确认，因此，一审判决不存在漏审问题，与第31号裁

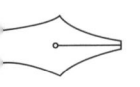

定的认定亦不存在矛盾之处。商标评审委员会及建材公司、洁具公司的相关上诉理由不能成立，不予支持。

本案中，争议商标标志由具有一定设计风格的字母"M"及作艺术化处理的字母"MONALISA"构成，其中，字母"M"占据商标标志较大面积，视觉效果突出，为争议商标的显著识别部分；引证商标的标志由汉字"蒙娜丽莎"及字母"MonaLisa"构成，呈上下结构排列，表现形式较为普通。争议商标与引证商标的标志在构成要素和整体外观存在较大差异，不构成近似商标，一审判决对此认定正确。一审诉讼过程中，集团公司明确主张争议商标与引证商标不构成近似商标，因此，一审判决不存在超范围审查问题。建材公司、洁具公司的相关上诉理由不能成立，不予支持。

虽然商标注册人对其注册的不同商标享有各自独立的商标专用权，先后注册的商标之间并不当然具有延伸关系。但是，商标注册人的基础注册商标经过使用获得一定知名度，从而导致相关公众将其在同一种或者类似商品上在后申请注册的相同或者近似商标与其基础注册商标联系在一起，并认为使用两商标的商品均来自该商标注册人或与其存在特定联系的，基础注册商标的商业信誉可以在之后申请注册的商标上延续。具体到本案，第1476867号商标在"瓷砖"商品上已被认定为驰名商标，已建立较高的市场声誉并形成相关的公众群体，并与集团公司形成了稳定的对应关系。"瓷砖"商品与争议商标核定使用的"盥洗室（抽水马桶）、坐便器"商品在用途、生产部门、销售渠道、消费群体等方面具有一定关联性，构成类似商品。争议商标与第1476867号商标在构成要素、整体外观构成近似，因此，第1476867号商标在"瓷砖"商品上的商誉可以延续至争议商标。相关公众在"盥洗室（抽水马桶）、坐便器"商品上看到争议商标时，易将其与第1476867号商标联系在一起，认为"盥洗室（抽水马桶）、坐便器"商品也来自集团公司。因此，相关公众可以在相关商品上将争议商标与引证商标区别开来，不会对商品的来源产生混淆误认。综上，争议商标在"盥洗室（抽水马桶）、坐便器"商品上的注册未违反2001年商标法第二十八条的规定，一审判决的认定并无不妥，应予维持。商标评审委员会、建材公司、洁具公司的相关上诉理由不能成立，不予支持。

建材公司、洁具公司的其他上诉理由明显缺乏事实和法律依据，不予支持。

综上，商标评审委员会、建材公司、洁具公司的上诉理由不能成立，对其上诉请求本院不予支持。本院二审依照2014年修正的《中华人民共和国行政诉讼法》第八十九条第一款第一项之规定，判决：驳回上诉，维持原判。

再审期间，本院组织各方当事人就最高人民检察院作出的高检行监〔2021〕10000000033号行政抗诉书中，所补充查明的本院作出的（2014）京行终字第 1625 号行政判决，（2015）高行（知）终字第 4348 号行政判决，（2020）京行终 7358 号行政判决，（2016）京行终 3819、3832、4001 号行政判决，（2018）京行终 1797 号行政判决，（2019）京行终 9327、9332、9540、9983 号行政判决，（2021）京行终 1608 号行政判决发表质证意见。建材公司和洁具公司就上述行政抗诉书中所涉及判决及查明事实均予以认可，同时认为本案争议商标核定使用的"盥洗室（抽水马桶）、坐便器"商品与引证商标核定使用的"浴室装置"等商品构成类似。集团公司除就（2015）高行（知）终字第 4348 号行政判决予以认可外，上述行政抗诉书中所述的其他判决关联性均不予以认可。国家知识产权局对此未发表意见。

关于上述行政抗诉书中所涉及的本院作出的相关行政判决，因行政判决所涉及的诉争商标申请注册日与本案争议商标存在一定差异，且部分案件诉争商标指定使用商品与本案争议商标核定使用商品存在一定不同，同时部分案由为商标申请驳回复审行政纠纷，与本案商标争议行政纠纷情形亦存在一定区别，故本院对上述行政抗诉书中所涉及的相关行政判决真实性、合法性予以确认，但关联性不予认可，不能支持上述行政抗诉书中认为的本案二审判决存在"类案异判""裁判标准不统一"的理由，但仍可作为判断本案争议商标与引证商标是否构成近似商标的参考。

再审期间，建材公司和洁具公司共同向本院提交了相关证据。围绕当事人的再审请求，本院对有争议的证据和事实认定如下：

建材公司和洁具公司向本院提交了最高人民法院、广东省高级人民法院及本院作出的民事、行政裁判文书等共计 12 组证据，用以证明法院在先判决已经认定集团公司在 1109 群组"盥洗室（抽水马桶）、坐便器"商品上申请注册的"MONALISA"系列商标与建材公司、洁具公司的"蒙娜丽莎 MONALISA"商标在"浴室装置"等 1109 群组商品上构成类似商品上的近似商标，建材公司和洁具公司的商品集中于卫浴设备领域，集团公司系列商标集中在瓷砖领域，二者存在一定差异，已经形成各自稳定的市场格局。集团公司针对上述民事、行政裁判文书的真实性、合法性予以认可，但不认可关联性。国家知识产权局对真实性予以认可。

关于建材公司和洁具公司所提交的上述 12 组证据，本院基于证据的真实性、合法性和关联性作如下认定，上述证据所涉及的均为民事、行政裁判文书，就其真实性、合法性予以确认，但是因相关裁判文书所涉及的案件类型、诉争商标申请注册日以及涉案当事人均与本案存在一定差异，仅能作为本案各方当事人所主张的争议商标与引证商标是否构成近似商标的判断参考，但无法直接证明建材公司和洁具公司所主张的事实。

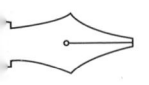

再审庭审中，建材公司和洁具公司自愿撤回关于撤销国家知识产权局作出的商评字〔2013〕第116692号《关于第4356344号"M MONALISA及图"商标重审第0000001048号无效宣告请求裁定书》的再审请求。同时，国家知识产权局称在2022年3月20日发布的第1784期《注册商标撤销公告》中，争议商标在"盥洗室（抽水马桶）、坐便器"商品上已被撤销。

结合上述证据及一、二审证据，一、二审查明的事实基本属实，本院再审予以确认。同时，本院再审另查明如下事实：

1. 涉案商标权利状态及知名度的情况

引证商标由广州现某有限公司于1999年12月28日提出注册申请，核定使用在第11类"蒸汽浴设备、桑拿浴设备"等商品上，于2007年2月13日转让至丁某某名下，后于2012年4月18日转让至本案建材公司和洁具公司名下。

经续展后，争议商标专用期限至2027年7月13日，引证商标专用期限至2031年4月20日，第1476867号商标专用期限至2030年11月20日。

引证商标于2012年被认定为"浴室装置"商品上的广州市著名商标。

国家知识产权局于2022年3月20日刊载的第1784期《注册商标撤销公告》中显示，撤销第4356344号"M MONALISA及图"商标（即本案争议商标）在"盥洗室（抽水马桶）、坐便器"商品上的商标专用权。

2. 关于中央机关机构改革的情况

根据中央机构改革部署，商标局、商标评审委员会的相关职责由国家知识产权局统一行使。

以上事实，有引证商标和争议商标的商标档案、《注册商标撤销公告》以及再审庭审笔录等在案佐证。

本院再审认为，《中华人民共和国立法法》第九十三条规定："法律、行政法规、地方性法规、自治条例和单行条例、规章不溯及既往，但为了更好地保护公民、法人和其他组织的权利和利益而作的特别规定除外"。根据上述规定，虽然《中华人民共和国商标法》于2019年4月23日进行了修正，但由于本案争议商标核准注册日在2001年商标法施行期间，故本案实体问题应适用2001年商标法。

根据当事人的诉辩意见及本案案情，本案在再审阶段的争议焦点为：（1）争议商标注册在"盥洗室（抽水马桶）、坐便器"商品上是否违反2001年商标法第二十八条的规定；（2）本案二审判决是否存在类案异判的情形。

一、争议商标注册在"盥洗室（抽水马桶）、坐便器"商品上是否违反2001年商标法第二十八条的规定

2001年商标法第二十八条规定："申请注册的商标，凡不符合本法有关规

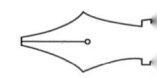

定或者同他人在同一种商品或者类似商品上已经注册的或者初步审定的商标相同或者近似的，由商标局驳回申请，不予公告。"

建材公司、洁具公司主张引证商标在核定使用的第11类商品上具有较高知名度，争议商标与引证商标的标志构成近似，同时争议商标核定使用的"盥洗室（抽水马桶）、坐便器"商品与引证商标核定使用的在相同群组的"蒸汽浴设备、桑拿浴设备、便携式土耳其浴室、浴室装置"等商品构成类似商品，且一、二审判决关于集团公司就其第1476867号商标为争议商标的在先基础商标，并据此构成延续注册的认定存在错误，而一、二审判决未就集团公司申请注册争议商标存在主观恶意进行审理，存在漏审，基于相关市场调查报告，争议商标与引证商标构成使用在同一种或类似商品上的近似商标。对此，本院再审分析如下：

第一，关于商标法意义上商标近似的认定。商标法意义上的商标近似应以是否容易导致商品来源的混淆、误认为判断标准，而判断标准在属性上为法律问题，并非事实问题，故诉争商标与引证商标是否实际发生了商品来源的混淆、误认的证据仅为参考因素，而不能将此作为判定诉争商标与引证商标是否容易造成混淆、误认的当然依据。同时，就商标近似的认定，可以综合考虑商标标志的近似程度、商品的类似程度、引证商标的显著性和知名度、相关公众的注意程度以及诉争商标申请人的主观意图等因素，以及前述各因素之间的相互影响，进而得出法律意义上是否容易造成相关公众对商品来源产生混淆、误认的认定结论。

第二，关于类似商品的认定。类似商品，是指在功能、用途、生产部门、销售渠道、消费对象等方面相同，或者相关公众一般认为其存在特定联系的商品。认定商品是否类似，应当以相关公众对商品的一般认知综合判断；《商标注册用商品和服务国际分类表》《区分表》可以作为判断类似商品或者服务的参考。本案中，争议商标核定使用的"盥洗室（抽水马桶）、坐便器"商品与引证商标核定使用的"蒸汽浴设备、桑拿浴设备、便携式土耳其浴室、浴室装置"等商品均具有卫浴设备的功能和用途；在销售渠道中二者均存在于卫浴装修市场中，且一般会被摆放在同一或邻近的销售区域；在消费对象方面，二者面对的消费群体均为具有购买卫浴设备需求的消费者。因此，二者在功能、用途、销售渠道、消费对象等方面相同，构成类似商品。同时，第31号裁定并未认定"浴室装置"商品与"盥洗室（抽水马桶）、坐便器"商品不构成类似商品。而且，本案争议商标核定使用的"盥洗室（抽水马桶）、坐便器"商品与引证商标核定使用的"蒸汽浴设备、桑拿浴设备、便携式土耳其浴室、浴室装置"等商品在《区分表》中同属于1109类似群组。《区分表》已经明确

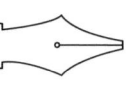

划分二者属于同一个类似群组，参考《区分表》中有关类似群组的划分，争议商标核定使用的"盥洗室（抽水马桶）、坐便器"商品与引证商标核定使用的"蒸汽浴设备、桑拿浴设备、便携式土耳其浴室、浴室装置"等商品构成类似商品。

第三，关于争议商标与引证商标标志近似的认定。判断两个商标标志是否构成近似，可以从其文字的字形、读音、含义或者图形的构图及颜色，或者其各要素组合后的整体结构等方面进行比较。本案中，争议商标标志由字母"M""MONALISA"及图构成，引证商标标志由汉字"蒙娜丽莎"及字母"Mona Lisa"构成。虽然争议商标中的字母"M"占据商标标志的面积较大，但争议商标和引证商标中均含有字母"MONALISA"，二者在字母构成方面相同。且争议商标中的"MONALISA"中文译文为"蒙娜丽莎"，从呼叫角度来说，争议商标会被相关公众呼叫为"蒙娜丽莎"，而该呼叫与引证商标的中文构成"蒙娜丽莎"也相同。因此，从文字构成、呼叫、构成要素等方面来说，争议商标与引证商标构成近似商标标志。

第四，关于争议商标与引证商标是否构成商标法意义上的商标近似问题。结合在案证据，集团公司并未提交争议商标在引证商标申请日前，已经在其核定使用的"盥洗室（抽水马桶）、坐便器"商品上进行使用、宣传，并获得较高知名度的证据，同时结合再审审理过程中争议商标在上述商品上因连续三年未使用并予以撤销的事实，足以证明争议商标在"盥洗室（抽水马桶）、坐便器"商品上并未形成知名度；反之，建材公司及洁具公司提交的在案证据，能够证明引证商标在其核定使用的"蒸汽浴设备、桑拿浴设备、便携式土耳其浴室、浴室装置"等商品上经过长期使用、宣传，已经具有一定知名度。因此，争议商标核定使用在"盥洗室（抽水马桶）、坐便器"商品上与引证商标核定使用在"蒸汽浴设备、桑拿浴设备、便携式土耳其浴室、浴室装置"等商品上，相关公众施以一般注意力，容易认为二者商品来源于同一主体或者存在特定联系，进而产生混淆、误认。争议商标在上述商品上已经与引证商标构成商标法意义上的商标近似。

第五，关于争议商标可否延续注册的问题。商标注册人对其注册的不同商标享有各自独立的商标专用权，其先后注册的商标之间不当然具有延续关系。争议商标申请人的在先商标注册后、争议商标申请前，他人在相同或者类似商品上注册与争议商标相同或者近似的商标并持续使用且产生一定知名度，争议商标申请人不能证明该在先商标已经使用或者经使用产生知名度、相关公众不易发生混淆的情况下，争议商标申请人不应据此主张该商标应予以核准注册。本案中，集团公司主张延伸注册的第1476867号商标被认定为驰名商标的时间

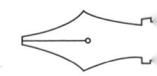

为 2006 年 10 月 16 日，而本案争议商标的申请注册时间 2004 年 11 月 10 日，即在本案争议商标申请注册时，集团公司所提交的证据尚不足以证明其第 1476867 号商标已经为我国相关公众所熟知，具有较高知名度。且第 1476867 号商标注册在第 19 类商品上，集团公司主张该商标具有较高知名度的商品为第 19 类的"瓷砖"商品，即使第 1476867 号商标已经具有较高知名度，但其与争议商标和引证商标核定使用的第 11 类商品分属于不同的商品类别，不同商品上的商誉不能当然地延续到其他类别的商品上。而且，集团公司所提交的证据亦不足以证明基于其第 1476867 号商标在"瓷砖"商品上的知名度，客观上足以能够使争议商标在"盥洗室（抽水马桶）、坐便器"商品上与引证商标相区分，不致使相关公众产生混淆、误认。因此，集团公司关于第 1476867 号商标延伸注册的主张缺乏事实依据，不能成立。

第六，关于争议商标注册的主观意图以及相关市场调查报告的认定。本案中，考虑到"蒙娜丽莎""MONALISA"系广泛为我国公众所知的世界名画的名称，同时无论是建材公司、洁具公司，还是集团公司均各自分别在第 11 类商品和第 19 类商品上较早即申请注册了含有字母"MONALISA"的商标，因此基于双方的历史沿革和在案证据，尚不足以证明争议商标的注册具有当然恶意。然而，经过再审审理过程中各方当事人所提交的相关民事、行政裁判文书以及相关证据可知，建材公司、洁具公司和集团公司在相关类别商品上均已经注册含有字母"MONALISA"的商标并已经共存，且争议频发的情形下，任何一方当事人均应当恪守诚信经营的要求，在尊重历史和现实的基础上，规范使用自身企业字号、注册商标，在注册商标核定使用商品范围内打造自身品牌，真正在法治的框架下推动企业品牌的发展。同时，建材公司、洁具公司所提交的市场调查报告仅为判断商标近似的参考，在本院已经对争议商标与引证商标是否构成商标近似作出认定的情况下，无须再行就相关市场调查报告作出认定。

综上，建材公司、洁具公司的再审理由部分成立，争议商标注册在"盥洗室（抽水马桶）、坐便器"商品上违反了 2001 年商标法第二十八条的规定，一、二审判决对此认定事实和适用法律均有错误，本院再审予以纠正。被诉裁定对此认定正确，本院再审予以确认。

二、本案二审判决是否存在类案异判的情形

最高人民检察院在本案行政抗诉书中以及建材公司、洁具公司在再审阶段提交的证据中，均以本院作出的其他判决与本案二审判决认定不同，认为存在类案异判的情形。对此本院认为，由于诉争商标的审查受到其形成时间、形成环境、在案证据情况等多种因素影响，其他商标的申请、审查、核准情况与本

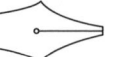

案没有必然的关联性，亦不能成为本案的定案依据。同时，其他案件多为商标申请驳回复审行政纠纷，与本案并非相同案由，且因商标申请驳回复审案件为单方程序，引证商标权利人并未进入诉讼，引证商标知名度等情况与本案存在差异；而其他案件中诉争商标的申请注册日以及指定使用商品亦与本案存在一定区别。因此，现有证据并不能当然确认本案二审判决存在"类案异判"的情形。

同时，鉴于建材公司、洁具公司、集团公司与国家知识产权局并未对一、二审判决及被诉裁定其他认定内容提出异议，经审查并无不当，本院再审予以确认。

综上所述，被诉裁定认定事实及适用法律并无不当，本院再审予以维持；集团公司的诉讼请求不能成立，本院再审予以驳回。建材公司、洁具公司的再审理由部分成立，一、二审判决认定争议商标在"盥洗室（抽水马桶）、坐便器"商品上的注册未违反2001年商标法第二十八条的规定，认定事实和适用法律均有错误，本院再审予以纠正。

经本院审判委员会讨论决定，依照2017年修正的《中华人民共和国行政诉讼法》第六十九条、第八十九条第一款第二项，《最高人民法院关于适用〈中华人民共和国行政诉讼法〉的解释》第一百一十九条第一款、第一百二十二条之规定，判决如下：

一、撤销本院（2016）京行终1946号行政判决及北京市第一中级人民法院（2014）一中知行初字第1741号行政判决；

二、驳回蒙某集团股份有限公司的诉讼请求。

一审案件受理费一百元，由蒙某集团股份有限公司负担（已交纳）；二审案件受理费一百元，由蒙某集团股份有限公司负担（于本判决生效之日起七日内交纳）。

本判决为终审判决。

审 判 长　高文斌
审 判 员　陶　钧
审 判 员　王　肃

二〇二二年六月十四日

法官助理　袁相军
书 记 员　徐博丽
书 记 员　高童葳

夏林林
北京市高级人民法院

北京市高级人民法院民事审判第二庭审判员。从事商事审判工作至今，承办案件除常规商事纠纷案件外，主要侧重于金融类商事案件和各类涉外商事案件，包括多件重大疑难案件和新类型案件。三次荣获个人三等功；多次荣获北京市法院先进法官、市高级法院优秀共产党员、先进个人等荣誉称号。2020年获选第五届"北京市法院审判业务专家"。撰写的多篇调研文章和法律文书获奖，多篇案例被最高人民法院和北京市高级人民法院采纳。

北京市高级人民法院
民事判决书

（2021）京民终 210 号

上诉人（原审原告）：李某。

被上诉人（原审被告）：某影视公司。

上诉人李某因与被上诉人某影视公司新增资本认购纠纷一案，不服北京市第三中级人民法院（2020）京 03 民初 5 号民事判决，向本院提起上诉。本院于 2021 年 3 月 2 日受理后，依法组成合议庭，公开开庭进行了审理。上诉人李某的委托诉讼代理人、被上诉人某影视公司的委托诉讼代理人均到庭参加诉讼。本案现已审理终结。

李某上诉请求：（1）撤销一审判决，发回一审法院重审，或者改判支持李某的全部诉讼请求；（2）本案一审、二审诉讼费用由被上诉人负担。事实与理由：

1. 一审法院严重违反法定程序。李某在一审审理中明确提出回避申请，但一审法院未依法要求审理法官回避，严重损害李某的合法诉讼权利。（1）本案在一审法庭辩论终结后，一审法院仍组织三次法庭谈话，给予某影视公司多次发表新抗辩意见的机会，并接受某影视公司在辩论结束 5 个月后提交的证据，违反法定审理程序，明显偏颇某影视公司，询问中亦带有对李某不利的倾向性意见且多次重复，严重损害李某的诉讼权利。（2）一审审判长通知李某的询问内容与对某影视公司的法庭询问内容严重不一致，一审法院滥用权力偏袒某影视公司，严重损害李某的合法诉讼权利。（3）一审审判长强制要求李某现场确认某影视公司不利于李某的主张，并按照某影视公司不利于李某的逻辑核实某影视公司计算的数字，明显偏袒某影视公司。一审审理中，审判长在一审法庭辩论终结后，特别在 2020 年 11 月 23 日再次组织法庭谈话时，强制要求李某对现场刚刚收到的某影视公司依据《股份锁定承诺函》单方制作的不利于李某的《李某减持情况表》进行核实，没有给予李某任何准备时间，甚至没有对李某提前提交的《上诉人关于损失计算的说明》进行任何审查，严重损害李某的正当诉讼权利。（4）结合上述事实情况，李某完全有理由认为一审审判长与本案存在利害关系或者其他关系，影响本案公正审理。因此，李某依照《中华人民共和国民事诉讼法》（以下简称民事诉讼法）第四十四条、《最高人民法院关于审判人员在诉讼活动中执行回避制度若干问题的规定》第一条的规定于2020年12月21日书面向一审法院提交回避申请，但是一审法院并未依法要求一审审判长回避，严重违反法定程序，损害李某的合法权益。本案二审应裁定发回重审。

2. 一审法院认定本案事实存在错误，且遗漏本案关键事实，依法应予撤销。（1）本案中，李某的诉讼请求第一项系要求某影视公司办理李某所持有的股票"解禁"（即解除限售），而非"减持"（即出售股票）。但是，一审法院严重混淆股票"解禁"和股票"减持"概念，混淆李某的诉讼请求，以股票"减持"有关证据认定股票"解禁"不存在交易习惯，系严重的事实认定错误。（2）一审法院在"认定解禁义务的主体时，认定本案中没有可以遵从的交易习惯"与客观证据和事实不符。事实上，双方之间已经形成固定交易习惯，由某影视公司先行主动启动和办理股票解禁手续，一审法院事实认定严重错误。本案中，李某与某影视公司之间已经形成固定交易习惯，由某影视公司先行主动解禁李某所持股票，李某仅需在某影视公司提供的《确认函》上签字即可，某影视公司自始至终已经以实际行为认可其负有主动为李某办理股票解禁的义务。且一审法院在引述证据时，并未引述微信的发送时间、2017年股票解禁及2016年股票解禁填写的《确认函》中的时间以及系某影视公司填写好内容等内容，而是依据不相关的"减持"证据认定双方之间不存在"解禁"的交易习惯，是严重的事实认定错误。而且，正因为某影视公司迟迟未履行解禁义务，李某无奈通过其女向某影视公司追问并催促尽快解禁，但某影视公司却在李某要求办理解禁手续后，以本案无关的其他债务为由拒绝办理解禁手续。一审法院遗漏李某于2018年8月14日向某影视公司董秘发微信询问解禁时间事宜，而直接认定李某于2019年6月12日发出的《律师函》是李某首次向某影视公司提出解禁要求的时间，是严重的基本事实查明不清和事实认定错误。（3）一审法院作出裁判依据的《股份锁定承诺函》不具有真实性，遗漏某影视公司存在单方拼接、炮制证据的惯例的事实，以及第三方出具的公告与《股份锁定承诺函》相悖的关键事实，且在李某明确表示不认可某影视公司关于损失计算的主张，仅针对相应数字进行核查的情况下，一审法院错误认定李某认可某影视公司的主张，属于严重事实认定错误。本案中，李某始终对《关于股份锁定的承诺函》的真实性不予认可，李某从未见到该承诺函相应内容，更不认可依据《关于股份锁定的承诺函》得出的相关股票减持数量。并且，李某减持其所持某影视公司其他股票时，某影视公司均未要求李某遵守

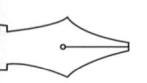

该承诺函，故该文件对李某不具有约束力。一审法院遗漏《李某减持计划告知函》首页是某影视公司伪造，单方炮制而成，拼接李某签字页，正文页与签字页内容无法衔接的事实，该证据证明某影视公司存在单方拼接、炮制文件材料的惯例，一审法院对《股份锁定承诺函》的真实性不加质疑，属于严重的事实遗漏和错误。一审法院还遗漏案涉交易独立财务顾问某证券公司于2014年就本次交易出具并公告的《报告书》，该报告中关于李某所持股票的锁定期内容与《购买资产协议》《股份认购协议》约定一致，与《股份锁定承诺函》的内容相悖。一审法院于2020年11月23日组织的法庭询问中，强制要求李某核实某影视公司单方提交的《李某减持情况表》。李某为尊重法庭审理，仅对股票数字进行核实，并未认可某影视公司的主张，故一审判决中认为"双方认可"某影视公司主张的表述存在严重错误。（4）一审法院认定李某在《股份认购协议》的股份逾期解禁并不产生实际损失存在错误，即使按照《股份锁定承诺函》李某减持受到限制，并不意味着李某不存在损失，因案涉股票存在限售情况，严重影响李某通过质押等方式进行融资，李某仍存在巨额损失。而且，一审法院遗漏《股份认购协议》及《购买资产协议》中对"关于违约责任"的内容，该内容系李某要求某影视公司承担违约责任的合同依据。《股份认购协议》第6.1.4条约定，任何一方违约的，守约方有权要求违约方赔偿其所有的损失，包括直接损失、预期应得的收益等间接损失以及因本协议发生的所有费用、对外承担法律责任所产生的所有费用等。《购买资产协议》第14.1.4条约定了同样内容。同时，《股份认购协议》第6.1.3条和《购买资产协议》第14.1.3条约定，任何一方违约的，守约方有权要求违约方对其违约行为作出及时有效的补救以消除不利影响或后果或要求违约方继续全面履行承诺和义务。因此，李某主张的其他损失律师费和其他必要费用损失具有明确的合同依据，应予支持。而一审法院遗漏相应关键合同条款，基本事实未予查清，存在严重错误。

3. 一审法院适用法律明显错误。（1）一审法院在"认定解禁义务的主体时，认定根据交易规则，只有股东首先委托公司并向其提供详细的拟解禁股份信息后，公司方可进行实际的解禁流程"存在严重错误。①根据深圳证券交易所、中国证券登记结算有限责任公司深圳分公司（以下简称中证登深圳分公司）的相关规定，只有某影视公司才能为李某办理股票解禁，故某影视公司负有主动为李某办理股票解禁的义务。根据《深圳证券交易所创业板上市公司规范运作指引》（2015年修订）第4.3.6条、第4.3.9条，《中国证券登记结算有限责任公司证券登记规则》第三条，《中国证券登记结算有限责任公司深圳分公司限售股份登记存管业务指南（2011年版）》之规定，负责办理股票登记业务的中证登深圳分公司只接受某影视公司办理解禁,且某影视公司应当关注限售股份的限售期限,某影视公司可以查询其股东(包括李某)的所有股份信息。因此,根据某影视公司提交的中证登深圳分公司系统显示的格式化流程规定,只有某影视公司可以办理解禁手续,李某无法登录相关网站,也无法办理股票解禁事项。深圳证券交易所、中证登公司深圳分公司规定要求"委托上市公司"办理,实际并非要求李某等股东出具书面申请、委托文件,而是因某影视公司系唯一有权对接办理人,又可以查询股份信息,只能由其代办,故所谓"委托"仅仅是由某影视公司作为上市公司归口办理,而非法律意义上的要求书面委托。而且,李某现持有的某影视公司股票,全部登记在同一个托管单元项下,某影视公司仅需在该托管单元中解禁相应股份,根本不存在某影视公司无法识别、无法解禁的情况。在李某已经提交书面解禁申请并且确认解禁股份数量、托管单元的情况下,某影视公司无理拒绝解禁,属于恶意拖延,构成严重违约。②由于只有某影视公司可以办理解禁,相应申请、委托文件的格式也由某影视公司对其投资者自行制定,事实上,李某在2016年、2017年签署的《确认函》,均是某影视公司自行制定的格式。因此,某影视公司作为上市公司,最清楚办理解禁的相应规范,只有其能够提供《确认函》格式。某影视公司主张《中国证券登记结算有限责任公司深圳分公司限售股份登记存管业务指南》在2017年进行了修订,因此其变更修订了《确认函》,恰恰证明《确认函》是某影视公司制定。本案交易过程中的诸如《减持计划告知函》《关于减持股份行为的有关说明》都是某影视公司制定的模板,说明在股票解禁、减持过程中,均是某影视公司主动提交文件。而由于某影视公司一直拖延提供《确认函》才导致李某无法签署确认,某影视公司却以此为由主张李某没有申请解禁股票,没有事实依据。③《中国证券登记结算有限责任公司深圳分公司限售股份登记存管业务指南(2017年版)》第三条第(三)款第3项是要求提交"已征得股东同意的承诺函",说明需要某影视公司主动征询股东同意,而非由股东主动申请。而且《中国证券登记结算有限责任公司深圳分公司限售股份登记存管业务指南(2011年版)》中也规定"上市公司须征得股东书面同意,并向本公司提交已征得股东同意的承诺函"。据此,当股票限售期届满时,应由某影视公司及时、主动向李某告知可以办理解禁,并主动征得李某同意。此前某影视公司也是按照上述规定主动提供《确认函》,载明解禁数量、托管单元等信息后,征得李某签字同意后办理解禁,与2016年、2017年的办理惯例相符。鉴于某影视公司系办理解禁义务人,且上市公司董秘为股东负责,需履行勤勉尽责义务,即使需要李某配合,也应先由某影视公司主动告知哪些材料需要李某配合提供,如某影视公司不予主动告知,李

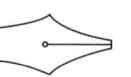

某没有义务知道也无从知道办理解禁需要提交什么材料。综上，某影视公司是负有告知和主动办理解禁股票的义务方，其未及时告知李某所需材料，也没有为李某办理解禁股票手续，构成严重违约。（2）一审法院就"李某未提供完税凭证认定李某构成违约，某影视公司有权中止履行"存在严重法律适用错误。税费缴纳属于行政机关查实和监管的问题，相应承担的是行政责任，不影响双方的协议履行，与本案民事纠纷无关，且税费缴纳并非合同约定的主要义务，而仅是附随义务，且合同并未约定某影视公司解禁股票应以李某缴税为前提，从合同约定、法律规定和交易习惯而言，某影视公司无权援引"先履行抗辩权"中止办理股票解禁。①本案系关于增资认购股份的民事纠纷，而李某是否缴纳个人所得税系行政法上的行政管理问题，并非同一性质的法律关系，不属于本案民事诉讼管辖范围。即使双方在缴税问题上存在争议，也应当由税务部门解决，不影响本案对李某主张股票解禁和索赔请求的审理。本案审理应当限于某影视公司是否违反合同约定给李某造成损失，缴税问题依法不属于本案审理范围。②李某在《购买资产协议》项下不存在违约行为，缴税仅为合同附随义务，某影视公司无权以未缴税的附随义务为由而不履行其解禁的主义务，二者不具有对等关系。依照《中华人民共和国合同法》（以下简称合同法）第六十七条之规定，先履行抗辩权本质上是对违约的抗辩，系一项违约救济权。本案《购买资产协议》系双务合同，依其合同本质，某影视公司合同抗辩的范围应仅限于与解禁义务对等的李某的主要义务。某影视公司无权以李某未缴税为由主张李某构成违约进而行使所谓"先履行抗辩权"。③《购买资产协议》没有约定李某不缴纳或不足额缴纳税费时，某影视公司有权中止办理解禁。更加证明在签署《购买资产协议》时，双方清楚地知晓且同意，税费是否缴纳不影响某影视公司办理解禁，否则如果某影视公司如此重视这个问题，作为草拟合同一方，应当在合同中明确缴纳税费的违约责任。合同没有约定某影视公司享有明确的抗辩权利，证明某影视公司不享有相应权利。④《购买资产协议》未约定某影视公司解禁股票应以李某缴税为前提，税款缴纳与某影视公司解禁之间并非双方在合同中约定的先后义务，某影视公司无权援引合同法第六十七条、《购买资产协议》第14.1条"先履行抗辩权"中止办理股票解禁。无论合同约定还是法律规定，某影视公司均不负责代扣代缴，李某自行缴税与某影视公司无关。《资产购买协议》系"股权置换"交易，缴纳个人所得税依法仅需所得人即李某为纳税人自行申报纳税，某影视公司不需要代扣代缴，未缴税也不会导致某影视公司承担任何责任。并且，主管税务机关应当为被置换股权对应的企业某文化传媒公司所在地的税务机关，某影视公司所在地的税务局既无权主管该税务事项，也不可能要求不负有代扣代缴义务的某影视公司缴纳税费。某影视公司在 2020 年 11 月 24 日上午的一审庭审中承认至今没有收到税务部门的缴税通知或者处罚通知，更加证明某影视公司与是否缴税并无任何关系，某影视公司不可能就缴税问题承担任何责任，某影视公司关于其可能承担责任的理由不成立，无权以此为由拒绝办理解禁。

李某于本院二审庭审中补充上诉意见：

1. 本案的起因是某影视公司的实际控制人由国有企业变更为民营企业，现在的实际控制人为了转嫁风险，刻意制造人为障碍，阻止小股东股票解禁来弥补自己的损失。

2. 某影视公司虽然作为上市公司，但是为了达到不法目的，在一审诉讼中伪造证据（无日期版《承诺函》），导致一审法院作出错误判决，其应当受到法院的罚款、拘留，甚至追究刑事责任。某影视公司在一审诉讼中提供《关于股份锁定的承诺函》，欲证明李某承诺自此次股份发行结束届满 36 个月之日起，每年转让的股份不超过上年最后一个交易日登记在其名下的本次所认购股份的 25%。李某在一审质证时对于此份证据进行否认；在二审上诉中，通过申请二审法院调查取证，同时向中介机构某律师事务所和某证券公司调取了某律师事务所提供的《关于股份锁定的承诺函》，结果显示：某证券公司作为并购重整项目独立项目财务顾问不具有无日期版《承诺函》；而某律师事务所却表示《关于股份锁定的承诺函》"最终未被交易各方采纳，交易各方未据此签署协议，未根据这份文件确定各方的权利和义务"，即此份无日期版《承诺函》在李某与某影视公司之间不产生效力。一审法院采信了某影视公司提供的无日期版《承诺函》，虽然某影视公司根据无日期版《承诺函》于 2020 年 9 月 30 日实际解禁了《股份认购协议》项下 890 余万股限售股，但没有向李某赔偿相关的损失。

3. 本案遗漏了必要的当事人，应当发回重审。案涉《股份认购协议》《购买资产协议》涉及多方签约人，特别是作为李某的一致行动人的胡某等，故应当将其列为本案的当事人，但一审法院未将上述二人列为当事人，故本案二审应发回重审。

4. 一审程序严重违法，应当发回重审。根据一审第一次庭前会议笔录显示，一审合议庭成员变化前没有提前三日以书面形式通知，属于程序严重违法，应当发回重审。

某影视公司针对李某的上诉请求辩称：

1. 持有案涉限售股的李某作为委托人应当同时满足三个前置条件，某影视公司作为受托人才可代其向深交所申请解禁股票。（1）李某应先向某影视公司发出明确的书面解禁申请，上市公司不能擅自代股东申请解禁。一审判决

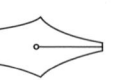

从五个方面论证了限售股解禁为何应先由股东李某向上市公司提交书面解禁申请（有明确的委托上市公司代其申请解禁的意思表示），一审判决对此认定完全正确。①从交易规则来看，《深圳证券交易所创业板上市公司规范运作指引（2015年修订）》第4.3.6条、《深交所上市公司规范运作指引》（2020年修订）第4.3.5条、《中国证券登记结算有限责任公司深圳分公司限售股份登记存管业务指南（2017年版）》第三条（包括附件4）等多个行业管理规定要求李某作为股东应当先委托、书面同意上市公司董事会办理解禁手续，此后某影视方能代其向深圳证券交易所、中证登公司深圳分公司申请股票解禁。深圳证券交易所官网在投资者教育板块也明确指出股东欲申请限售股解禁，应当委托上市公司董事会代为申请办理解除股份限售手续，本所不接受股东的直接申请。②从权利归属、注意义务来看，股份的所有权人是李某而非某影视公司，某影视公司无权自主处分李某的股票；作为所有权人，李某应对自身权益负有更大的注意义务，这意味着，股东理应明确知晓其股权变动的具体情况，而不应把提醒义务转移至公司。此时，只能由股票所有权人李某决定是否申请、何时申请、申请解禁多少股份、申请解禁哪部分股份，在此之前某影视公司不能未经李某委托及认可，擅自代其向深交所、中证登公司申请股票解禁。③从行权便利程度来看，正因为李某掌握自己的股权信息，对于何时解禁、解禁哪些股份、解禁多少股份，李某比上市公司更方便去作出决定。作为股东的李某对于实现解禁股份的目的负有更多的注意义务且履行起来更为方便。因此，应由其首先向某影视公司提出解禁申请以启动解禁流程。④从交易习惯来看，交易习惯的构成需要满足以下条件：相同的交易方式多次使用、相对固定、各方都认可，不是双方出现偶然一次情形就构成交易习惯。因李某并未提供证据证明此前多个股东多次解禁股票全部是由某影视启动解禁程序，一审法院认为本案没有可以遵从的交易习惯是完全正确的。（2）李某应当书面确认此次拟解禁股票的具体信息，有明确的、可操作的委托内容后，某影视公司方能代其申请股票解禁。①从交易规则来看，《中国证券登记结算有限责任公司深圳分公司限售股份登记存管业务指南（2017年版）》第三条及附件4承诺函格式"我公司申报的限售股份中有关的限售股份托管单元、冻结情况以及股数等内容，已获得限售股东的书面同意"。明确要求上市公司应当提交限售股份明细清单以及承诺函，承诺公司申报的限售股份中有关的限售股份托管单元、冻结情况以及股数等内容，已获得限售股东的书面同意。②从李某证券账户信息来看，李某一审证据证明其限售股存放在多个托管单元中，而每一托管单元中又存在多个子账户，每一子账户又对应不同的冻结序号，有托管单元中的股票未被冻结。因此，申请解禁哪个托管单元哪个子账户中的股票、申请解禁已冻结的股

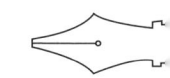

票还是未冻结的股票等具体信息，需要委托人李某书面确认，给出明确的委托内容后，某影视公司方可提交限售股份明细清单。③从深圳证券交易所及中证登公司深圳分公司办理解禁的具体过程来看，只有在李某委托并且确认拟解禁股票具体信息的情况下，某影视公司才可代其申请股票解禁。（3）解禁股票还需李某未违反合同约定以及在股票发行中所作出的承诺。根据《深交所上市公司规范运作指引》第4.3.5条规定，股东所持股份解除限售不影响该股东在发行中所作出的承诺。而李某在涉及股票非公开发行的《购买资产协议》项下作出了自行申报缴纳此次股权转让个人所得税以及某文化传媒公司未来业绩不达标就不解禁股票、进而注销股票的承诺。①李某按照《购买资产协议》约定及法律规定应自行及时申报缴纳股权转让的个人所得税。根据《购买资产协议》第11.2条、第14.1条约定，并依照合同法第六十七条规定，李某如未及时履行《购买资产协议》项下的纳税义务，某影视有权中止代李某申请《购买资产协议》项下限售股的解禁。②按照深圳证券交易所规则、《盈利预测补偿协议》《购买资产协议》的约定，李某限售股解禁的前提条件为某文化传媒公司完成《盈利预测补偿协议》约定的净利润预测数，否则其股票应被回购注销。

2. 李某违反缴纳个人所得税以及完成业绩承诺的义务，某影视公司依法依约中止代李某申请《购买资产协议》项下378万股股票的解禁，一审判决驳回李某相关诉讼请求完全正确。（1）2020年1月20日，李某才向某影视公司发送解禁申请文件，此时代为申请378万股股票解禁的前两个前置条件才成就。①李某出于自身因素的考虑，自主选择在限售期满后迟迟不委托、不确认某影视公司代其申请股票解禁，自然没有所谓的"损失"。②案涉《律师函》在形式上和内容上均不符合深圳证券交易所和中证登公司深圳分公司的要求，不符合解禁的前两个前置条件，无法被用于申请股票解禁。首先，如前所述，李某此前已经进行过多次限售股解禁，非常清楚限售股解禁需要股东本人向某影视公司提交书面申请及确认材料，而案涉《律师函》并非李某本人出具。其次，《律师函》并没有写明深圳证券交易所和中证登公司深圳分公司所要求股东必须填写的具体解禁确认信息，某影视公司仅根据该份《律师函》客观上根本无法在深圳证券交易所和中证登公司深圳分公司为李某办理限售股解禁业务。③李某直到2020年1月20日才发送解禁申请文件。（2）李某及其一致行动人未按照《购买资产协议》的约定及法律规定缴纳个人所得税，股票解禁的第三个前置条件不成就，某影视公司依法依约中止代其申请378万股股票的解禁。①李某纳税期早已届满，但其至今未履行缴税的合同及法定义务。根据《中华人民共和国个人所得税法》第三条、《股权转让所得个人所得税管理

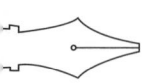

办法》第二十条、《财政部、国家税务总局关于个人非货币性资产投资有关个人所得税政策的通知》第三条和第四条等规定，李某取得股票作为股权转让对价的，其可以申请分期缴纳转让某文化传媒公司股权的个人所得税，但最长不超过五年，且在分期缴纳期间转让所取得的某影视公司股票并取得现金收入的，现金收入应优先用于缴纳税款。因李某在《购买资产协议》项下前三期股票早已解禁，李某也已转让部分股票，此部分股票转让收入应当优先用于缴纳税款，李某转让某文化传媒公司股权的约 2000 万元个人所得税缴纳期限早已届满。某影视公司曾多次要求、告知及提示李某应在办理股票解禁申请前应及时履行纳税义务，但其一直未予缴税。②税务机关已关注到李某涉嫌偷税漏税的违法行为，已多次要求某影视公司配合调查。综上，李某及其一致行动人至今未缴纳本次交易的个人所得税，已严重违反了《购买资产协议》第 11.2 条的约定。在李某等人将违法违约情形消除前，某影视公司有权依照合同法第六十七条规定以及《购买资产协议》第 14.1 条的约定，中止代李某申请《购买资产协议》项下限售股的解禁。一审判决认定根据上述合同条款约定，某影视公司有权中止履行该合同，即使李某已经申请解禁涉案股票，某影视公司依约有权不予履行，完全正确。（3）李某及其一致行动人为了完成业绩承诺，故意隐瞒某文化传媒公司近 1500 万元债务，某影视公司根据合同约定以及深圳证券交易所规则，可以中止代其申请股票解禁并有权注销李某所持限售股。

3. 就《股份认购协议》项下约 890 万限售股，某影视公司按期代李某申请股票解禁，不存在逾期解禁情形，更未给李某带来任何损失。一审判决驳回李某相关诉请完全正确。首先，2020 年 9 月 10 日，李某才向某影视公司提交《股份认购协议》项下约 890 万股限售股的书面申请解禁文件，某影视公司按时代其申请了这部分股票的解禁。其次，抛开是否逾期解禁不谈，因李某有每年转让不超过 25%的承诺和法定义务，该 890 万股限售股解禁后最快于 2021 年才可逐步减持，而股票在 2020 年 9 月 30 日就已解禁，李某无任何损失。（1）案涉承诺函是李某自愿作出的、合法有效，某影视公司已收到该承诺函并予以认可，李某应当遵守承诺函的承诺。①李某作出的每年股票转让不超过 25%的《承诺函》签署时间实际为 2014 年 5 月，该承诺函是李某单方自愿作出，是其本人亲笔签名，不存在欺诈、胁迫等情形，意思表示真实，应当合法有效。而李某签署案涉承诺函的原因为：李某是某文化传媒公司董事长、时任某影视公司董事胡某的岳母，李某之女在某文化传媒公司任副总经理、董事。胡某作为某影视公司董事、高管，按照《上市公司董事、监事和高级管理人员所持本公司股份及其变动管理规则》第五条规定，每年股票减持比例不得超过其所持本公司股份总数的 25%。李某与胡某为一致行动人，故李某当时出

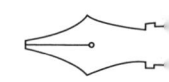

具了案涉承诺函,承诺在《股份认购协议》项下每年股票减持比例不超过25%。②某证券公司与某律师事务所提供的落款时间为2014年6月10日的《关于股份锁定的承诺函》是同一份扫描件且没有原件,某影视公司对其真实性不予认可,且该份承诺函承诺的内容是股票何时解禁,案涉承诺函承诺的内容是解禁后如何减持。③抛开落款时间为2014年6月10日承诺函的真实性不谈,李某提供的二审证据最多只能证明李某需要同时遵守两份承诺内容完全不同的承诺函。首先,落款时间为2014年6月10日的承诺函并未写明该函要取代第一份承诺函。其次,两份承诺函的意思表示如都已送达至某影视公司,除非经某影视公司同意,否则承诺函无法撤回或豁免。而某律师事务所并非承诺函的接收对象,无权代表某影视公司同意豁免李某的某项承诺,更无权代表某影视公司作出案涉承诺函已被另一份承诺函取代的意思表示。④本案审理的是案涉承诺函是否合法有效,至于某影视公司在接受该承诺函后是否进行披露,与本案审理事项、审理结果无关。(2)根据李某出具的《关于股份锁定的承诺函》,其在实际解禁的2020年9月30日之前不可减持,故李某并无任何损失。最后,退一万步讲,即便以律师函作为李某申请解禁的材料,进而去认定其可以减持股票的时间,因该期限内股票交易均价远低于2020年9月30日后股票交易均价,李某并无任何损失,反而因此获益,故一审判决结果应予维持。李某在一审中主张股票未解禁对其造成损失的逻辑为:其在解禁期满后会立即将本次解禁的股票全部抛售,诉请损失=(将最早可解禁日期的收盘价×130%-其拟定的2019年7月8日收盘价)×股数。按照李某关于案涉限售股解禁后会立即全部减持的主张,就李某《股份认购协议》项下896万股限售股的解禁,李某于2020年9月10日才向某影视公司出具了书面确认函申请解禁,2020年9月30日完成解禁。解禁完成当日股票收盘价6.15元,解禁完成后的15日交易均价6.37元,20日交易均价6.31元,30日交易均价6.16元,40日交易均价6元。而如果以某影视公司收到律师函的时间为李某申请解禁时间,进而分别假设20天、30天、40天为办理解禁手续所需的时间来确定"解禁日",再以"解禁日"之后15日、20日、30日、40日的交易均价进行测算,测算后的交易均价均低于2020年9月30日实际解禁后相应期限的交易均价。由此可见,抛开是否逾期解禁不谈,李某也无任何实际损失,反而因此获益。综上所述,某影视公司不存在任何违约行为,李某也未遭受任何实际损失。李某上诉的事实与理由没有任何事实与法律依据。二审应驳回李某的上诉,维持原判。

李某向一审法院起诉请求:(1)某影视公司继续履行《购买资产协议》和《股份认购协议》,立即按照李某的要求解禁李某在前述协议项下认购的全

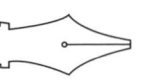

部股份，共计1270余万股；（2）某影视公司赔偿因未按协议约定及时解禁李某持有的股份而给其造成的损失6300余万元（暂按未解禁股票2019年7月8日收盘价计算，如上述股票实际交易价格、或被强制平仓/拍卖价格、或其他方式处置所获单股对价低于该价格，则损失额会相应扩大，具体损失额按实际处置价格计算，李某不放弃主张其他损失的权利）；（3）某影视公司承担本案律师费和其他必要费用200万元；（4）某影视公司承担本案全部诉讼费。

一审法院认定事实：2014年3月31日，某影视公司作为甲方，与李某作为乙方、某文化传媒公司作为戊方，签订《购买资产协议》，约定："甲方拟通过发行股份及支付现金的方式受让交易对方持有的某文化传媒公司合计100%的股份并募集配套资金。本次交易完成后，某文化传媒公司将成为甲方的全资子公司。其中，目标公司：某文化传媒公司及其子公司的统称。标的资产：甲方在本次交易中拟购买的交易对方持有的某文化传媒公司100%股份。第四条 支付方式。4.1甲方与李某的交易对价为1亿余元，以现金方式支付的标的资产对价金额为0，以发行股份方式支付的标的资产对价金额为1亿余元，发行股份数量为260余万股。4.3乙方和丙方共同承诺，某文化传媒公司2014年、2015年和2016年实现的净利润（以当年经审计的扣除非经常性损益后归属于母公司股东的净利润为准，与主营业务相关的税收返还和政府补助不予扣除）分别不低于20 000万元、25 000万元、31 250万元。各方一致同意，如某文化传媒公司2014年、2015年和2016年累计实际盈利数高于前述乙方、丙方承诺的三年净利润总数，则差额部分的100%作为某文化传媒公司估值的增调部分，就该估值增调部分金额，由甲方按照本协议签署日乙方、丙方各自持有的某文化传媒公司股份数额占其合计持有的某文化传媒公司股份数额的比例以现金方式向其支付。第五条 股份发行及认购。5.3股份认购方本次认购的甲方股份的限售期为：5.3.1乙方3本次认购的全部甲方股份自本次发行完成之日起12个月内不得进行转让或上市交易；自本次发行完成届满12个月之日起，乙方3本次认购的全部甲方股份按以下方式解锁完毕，具体为：第一期关于解锁前提条件为'某文化传媒公司最近一个会计年度的实际盈利数达到或超过《盈利预测补偿协议》约定的净利润预测数'；第二期关于解锁前提条件为'某文化传媒公司最近二个会计年度的实际盈利数合计达到或超过《盈利预测补偿协议》约定的净利润预测数'……解锁期第四期：自甲方2017年年度报告出具之日起，解锁股份数：累计解锁的甲方股份为本次认购的全部甲方股份的80%……解锁期第五期：自甲方2018年年度报告出具之日起，解锁股份数：登记在乙方3名下的本次认购的全部甲方股份。若前述限售期及解锁前提、解锁股份数与当时有效的法律、法规、规章、相关证券监管部门及证券交易所的

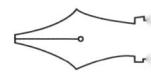

有关规定不相符，可根据当时有效的法律、规定、规章、相关证券监管部门及证券交易所的有关规定进行相应调整。第六条交割。6.9各方一致同意，除目标公司或乙方、丙方、丁方在交割日前已经向甲方披露的处罚、索赔或受到的任何损失外，目标公司因交割日前发生或存在的其他任何行为、状态或情形而在交割日后受到任何处罚、追索、索赔或受到任何损失，乙方应就该等损失承担连带赔偿责任；如该等损失由目标公司先行承担，乙方、丙方承诺在目标公司承担该等损失之日起30日内以除某文化传媒公司股份以外的其他合法财产对目标公司承担全部补偿责任。第七条过渡期。7.1各方一致同意，自本协议签署日起至标的资产交割日的期间为过渡期。7.2乙方、丙方、丁方和戊方一致同意，除应遵守本协议其他约定外，其在过渡期内应遵守如下特别约定：7.2.2未经甲方同意，不会自行放弃任何因标的资产形成的物权或债权，亦不以标的资产承担任何其自身或他方的债务；7.2.3……不从事任何非正常的导致目标公司价值减损的行为；7.3.2过渡期内，涉及如下事项的决策，无论是否需要取得目标公司董事会或股东大会/股东会同意，均应在取得过渡期管理委员会成员一致同意后，方可实施：（1）目标公司发生借款、对外担保、投资、重组、资产、债权、债务处置、资产损失的确认与核销等非日常经营性的重大事项；第八条声明、保证及承诺。8.2.2（3）截至本协议签署日，无任何第三人就标的资产或其任何部分行使或声称将行使任何对标的资产有不利影响的权利；亦无任何直接或间接与标的资产有关的争议、行政处罚、诉讼或仲裁；8.2.3（4）对甲方披露的目标公司的对外投资情况是真实、准确、完整的，目标公司没有在任何其他公司、企业及实体中持有股权、股份、股票、可转换公司债券等资本性权益；（5）目标公司拥有其正常经营所需要的全部资产，包括但不限于固定资产、流动资金、知识产权等，该等资产均处于良好状态，具备正常的功能或适用性，不存在可能危及目标公司正常经营的情形，且在可预见的将来不需要发生不合理的重大支出；（13）目标公司已向甲方提交了所有重要的业务合同、合作合同，重要的知识产权开发、许可或转让合同，所有的借款、担保、抵押合同；该等合同均是真实、合法、有效的，并能得到有效执行；（14）乙方、丙方、丁方与目标公司及其任何关联方（包括但不限于目标公司董事监事、管理人员、股东及上述人士以任何方式控制的其他自然人或实体）之间不存在任何损害目标公司利益的关联交易。……（19）目标公司不存在尚未了结的其所提起的、或以目标公司作为相对方的或与之相关的任何进行中的诉讼、仲裁、行政处罚、行政复议、申诉等法律程序，且目标公司不存在依照法院、仲裁机构或其他司法、行政部门作出的判决、裁决或决定应承担法律责任或义务但尚未履行完毕的情况；（20）乙方、丙方、丁方及戊

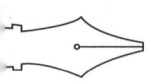

方已向甲方完全及正确披露了目标公司截至本协议签署日的所有正在履行期限内的债务；乙方、丙方、丁方及目标公司不存在可能严重影响到按本协议项下条款和条件进行本次交易的未清偿债务和法律责任；并且，在未获得甲方事先书面同意之前，乙方、丙方、丁方及目标公司将不会发生该等未清偿债务和法律责任；（22）自本协议签署日起至交割日，目标公司的财务、业务、生产和其他经营状况将不会发生实质性不利变化；（24）目标公司之董事、监事、高级管理人员、其他核心人员不存在任何违反法律、法规或规范性文件的行为，不存在任何影响甲方正常运营以及本协议项下交易的重大索赔、诉讼、仲裁、司法调查程序、行政调查或处罚；（25）乙方、丙方、丁方承诺并促使目标公司自本协议签署之日起将不会从事任何对目标公司的正常生产经营或本次交易具有实质性不利影响的行为；8.2.4 关于本协议的其他声明、保证及承诺：（2）乙方、丙方、丁方及目标公司未从事或达成任何可能严重影响到依本协议项下条款和条件所达成预期交易之合同、协议、文件或安排；如存在前述合同、协议、文件或安排，乙方、丙方、丁方承诺并保证相关合同、协议、文件或安排已经被依法终止、解除或已经采取其他有效措施以避免前述合同、协议、文件或安排影响本协议项下条款和条件的达成；（3）目标公司不存在任何未向甲方披露的或有负债，且目标公司没有为任何实体和自然人作出任何形式的担保或保证；（8）截至本协议签署日，除已向各方披露的情形外，乙方、丙方、丁方、戊方均不存在针对其自身任何可能影响其签署或履行本协议及本协议项下交易能力的诉讼、仲裁或行政处罚。乙方、丙方、丁方、戊方的上述声明、保证和承诺的效力追溯至本协议签署日，并且按本协议的约定持续有效，每一项陈述和保证应被视为单独陈述和保证（除非本协议另有明确的相反规定），而且前述每一项陈述和保证不应因参照或援引其他任何陈述和保证条款或本协议的其他任何条款而受到限制或制约；乙方就上述乙方、丙方、丁方和戊方的声明、保证和承诺承担连带责任。第九条盈利预测补偿，各方一致同意，由于对标的资产的估值过程中，资产评估机构就标的资产的评估价值采取了收益现值法，因此，根据《重组办法》的规定，甲方、乙方、丙方应就标的资产所对应的实际盈利数不足利润预测数的情况另行签订具体的盈利预测补偿协议，就利润预测数与实际盈利数的差异及其确定、补偿金额和方法等具体内容作出约定。第十一条税项和费用，11.2 乙方就本次交易应缴纳的所得税，由乙方根据中国法律法规及时向相关税务主管机关自行申报，甲方不负责代扣代缴；如因乙方未及时向相关税务主管机关申报纳税而给甲方或戊方造成任何损失，乙方应承担赔偿责任。第十四条违约责任。14.1 本协议任何一方不履行或不完全或不适当履行其在本协议项下的义务，或违反其在本协议中的

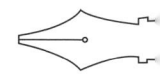

任何声明、保证和承诺或本协议的任何条款，即构成违约；在这种情况下，其他方有权决定采取以下一种或多种救济措施：14.1.1 暂时停止履行其在本协议项下的义务，待违约方将违约情势消除后恢复履行。"

2014年3月31日，某影视公司作为甲方，李某作为乙方，签订《股份认购协议》，约定："甲方拟通过发行股份及支付现金方式购买资产，并拟向不超过10名特定投资者非公开发行股份募集配套资金。乙方同意以现金认购甲方本次发行的股份。2.1 认购数量：600余万股，每股面值1元。2.2 认购价格，每股38.72元。2.3 认购款总金额：24 000万元。2.4 认购方式：乙方同意以现金认购本协议中约定的甲方向其发行的股份。2.6 限售期：乙方同意本次认购的甲方股份自本次发行结束之日起36个月内不得以任何方式进行转让或上市交易；……自甲方2017年度报告出具之日起，其累计可转让或上市交易的甲方股份为本次认购的甲方股份的80%；自甲方2018年度报告出具之日起，其本次认购的甲方股份可全部进行转让或上市交易；若该限售期与当时有效的法律、法规、规章、相关证券监管部门及证券交易所的有关规定不相符，可根据当时有效的法律、法规、规章、相关证券监管部门及证券交易所的有关规定进行相应调整。"

2014年3月，某影视公司作为甲方，李某作为乙方3，签订《股东之盈利预测补偿协议》，约定："鉴于：5. 补偿义务人（指乙方、丙方之合称）共同向甲方承诺，某文化传媒公司2014年、2015年和2016年实现的净利润（以当年经审计的扣除非经常性损益后归属于母公司股东的净利润为准，与主营业务相关的税收返还和政府补助不予扣除）分别不低于20 000万元、25 000万元、31 250万元。内容：2.1 各方一致确认，本协议项下的盈利补偿测算对象为《购买资产协议》项下拟向甲方转让的标的资产的净利润情况；2.2 补偿义务人共同承诺，某文化传媒公司2014年、2015年和2016年实现的净利润（以当年经审计的扣除非经常性损益后归属于母公司股东的净利润为准，与主营业务相关的税收返还和政府补助不予扣除）分别不低于20 000万元、25 000万元、31 250万元。3.3 各方一致确认，根据专项意见或本协议3.2款约定的方法，如当期某文化传媒公司实际盈利数低于净利润预测数，则补偿义务人应根据本协议约定的计算方法及补偿方式进行补偿；3.4 如根据本协议约定，标的资产在每一测算期间内实现的并经专项意见审核的实际盈利数低于同期净利润预测数，则采取甲方回购补偿义务人所持甲方股份的方式进行补偿，回购股份的数量不超过甲方根据《购买资产协议》向补偿义务人发行股份的总数（包括送股、转增的股份）；如股份回购不足以补偿时，则补偿义务人以现金方式进行补偿，现金补偿金额不超过甲方根据《购买资产协议》向补偿义务人支付的

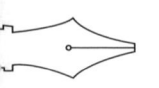

现金对价总额；补偿义务人依据本协议支付的股份补偿和现金补偿总额应不超过甲方根据《购买资产协议》向补偿义务人支付的标的资产的总对价。5.3 各方同意并确认，补偿义务人应按照本协议签署日其各自持有的某文化传媒公司股份数额占其合计持有的某文化传媒公司股份数额比例，分别、独立地承担本条约定的补偿股份数额和/或现金补偿金额；但乙方1、乙方2、乙方3、乙方4和乙方5应就乙方和丙方在本协议项下的补偿义务向甲方承担连带责任。第十条生效、变更、解除和终止10.1本协议为《购买资产协议》之不可分割的一部分。"

2017年4月20日，某影视公司出具《专项说明》，内容为：……2014年度至2016年度某文化传媒公司经审计实现净利润（以当年经审计的扣除非经常性损益后归属于母公司股东的净利润为准，与主营业务相关的税收返还和政府补助不予扣除）分别为2.29亿余元、2.27亿余元、3亿余元，某文化传媒公司2014年至2016年累计净利润预测数（以当年经审计的扣除非经常性损益后归属于母公司股东的净利润为准，与主营业务相关的税收返还和政府补助不予扣除）为7亿余元，截至2016年度期末累计实际净利润为7.6亿余元，累计超额完成承诺业绩154万余元……

根据《报告书摘要》（2014年11月），本次向交易对方发行新增8760余万股股份已于2014年10月27日在中证登深圳分公司办理完毕登记手续。……本次向3家发行对象发行新增4200余万股股份已于2014年10月27日在中证登深圳分公司办理完毕登记手续。某影视公司最终向李某非公开发行股票520余万股，李某最终现金认购了1244余万股股票。李某总计持有某影视公司1769余万股股票，占4.5%。

根据2017年11月28日《提示性公告》载明，李某，2014年通过转让某文化传媒公司股权取得股份对价525余万股，认购配套融资发行的股份1244余万股。2015年5月公司实施权益分派转增股本，李某持有的因转让某文化传媒公司股权取得股份数变更为945余万股，持有的配套融资中认购的股份数变更为2240余万股。其中，因转让某文化传媒公司股权取得股份分别于2015年11月10日及2016年11月7日解禁了共计378余万股；根据《购买资产协议》，本次解禁189余万股；根据《股份认购协议》，本次解禁1344余万股。本次合计解禁股数为1533余万股。因本次解锁的股份中有1190余万股存在质押，该部分股份解除质押后方可上市流通，本次李某实际可上市流通股数为340余万股。（自2015年11月10日至2017年年底，李某通过股权转让取得的股份已共计解锁945余万股－378余万股－189余万股＝剩余尚未解锁378余万股；通过配套融资现金购买取得的股份已共计解锁2240余万股－1344余万

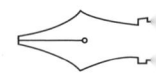

股＝剩余尚未解锁 896 余万股）。

李某签署的一份《承诺函》（无落款日期）载明：在案涉的资产重组中，李某与胡某等构成一致行动关系。

某影视公司提交的一份《关于股份锁定的承诺函》上有李某的签字，但没有落款日期。该函载明：本人本次认购的某影视公司为募集配套资金发行的股份自发行结束之日（即在中国证券登记结算有限责任公司深圳分公司完成登记之日）起 36 个月内不进行转让或上市交易；在发行结束届满 36 个月之日起，每年转让的股份不超过上年最后一个交易日登记在其名下的本次所认购股份的 25%；……若该限售期与当时有效的法律、法规、规章、相关证券监管部门及证券交易所的有关规定不相符，可根据当时有效的法律、法规、规章、相关证券监管部门及证券交易所的有关规定进行相应调整。李某对该证据的签字页真实性认可，但不认可签字所对应的内容。

2014 年 12 月 19 日，某影视公司向李某发送《及时申报缴纳个人所得税的通知》：在本次交易中取得股权转让所得的个人股东，应当持股权转让协议、个人有效身份证照等相关资料到股权变更企业的主管地税机关按照"财产转让所得"及时办理纳税申报手续；纳税申报完成并取得完税凭证后，取得股权转让所得的个人股东应向我公司提供完税凭证的复印件进行备案。2019 年 11 月 26 日，某影视公司再次向李某发送《关于股东股权转让所得应及时申报缴纳个人所得税的提示》。

某影视公司提供 2017 年 10 月 20 日李某签字的《确认函》，载明："某影视公司：本人持有公司限售股份 2800 余万股，全部为首发后个人限售股，其中 1533 余万股将于 2017 年 11 月 7 日解除限售，现将本次解除限售的股份相关信息确认如下：……"证明李某以往解禁限售股时均会向某影视公司提交书面《确认函》，某影视公司向深圳证券交易所提交申请，李某向某影视公司申请没有固定格式。李某认为，该证据系李某应某影视公司要求出具，恰好证明此前某影视公司解禁股票的惯例是无需李某提交《申请书》，签署《确认函》即可，某影视公司一般提前一个月左右将《确认函》发送给李某签字。李某提交了一份微信聊天记录，内容为："梁某：姐（李某之女），麻烦请您联系李某女士签署确认本次解除限售股份的账户托管信息，一般我们优先考虑对未质押的限售股办理解禁。请她签字确认后，您帮忙发扫描微信给我，谢谢。梁某：姐（李某之女），我上周发给您的请求李某女士确认的文件，麻烦今天能提供给我吗？李某之女：发《确认函》和语音。"用以证明依照惯例，2016 年某影视公司解禁相应限售股时，某影视公司（证券事务代表梁某）仅主动向李某询问"本次解除限售股份的账户托管信息"，根据某影视公司此前

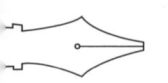

解禁李某所持60%的股票的情况，某影视公司从未要求李某提交过《申请书》或《申请表》，也没有要求提交正式书面的委托手续，一般是待解禁期届至，某影视公司主动解禁，仅于2016年向李某确认过股票托管及质押等与股票有关的情况而已。李某还提交了2016年10月19日其提交给某影视公司的《确认函》。某影视公司不认可微信聊天记录的真实性、合法性和证明目的，认可《确认函》的真实性和合法性。李某提交了一份证券公司与某影视公司董秘的微信聊天记录，其中公司董秘对于"是否贵公司2017年年报发布后，师总剩余限售股中一部分就会自然解禁？还是贵公司需要向相关部门上报解锁流程？"的回复为：解禁时间是在2018年11月份，每年这个时候上市公司会给交易所提申请解禁，李某账户的解禁规则告知函。公司董秘随之发送《关于大股东及其一致行动人减持……》某影视公司对该证据的真实性不予认可。

后，李某提交了某影视公司2018年6月5日和2018年6月6日《关于大股东及其一致行动人减持公司股票规则的告知函》，在2018年6月6日的告知函中载明：李某女士，您于2018年6月5日集中竞价减持了某影视公司股票810余万股，占公司总股本的1%。自2018年6月5日起90个自然日内，您与一致行动人胡某先生等通过集中竞价减持股份的法定额度已满。作为上市公司大股东及其一致行动人在任意连续90个自然日内，通过大宗交易减持股份的总数不得超过公司股份总数的2%（1600余万股，一致行动人合并计算）。作为持有上市公司非公开发行股份的特殊股东，通过集中竞价交易减持非公开发行股份，在股份限制转让期间届满后十二个月（至分批解锁情况下的后12个月）内，减持数量不得超过持有的该次非公开发行股份的50%（指单次解禁数量的50%）。

某影视公司提交了相关人员与李某之女的往来邮件。2018年6月1日17：43，李某之女写道："梁某、李总，好！现在补充交易所审批所需数据，预计减持750万股，按8.83元价格，则总和预计为6600余万元。谢谢！"2018年6月3日16：16，李某之女写道："梁某、李总，好！请以此份为最终确认版本，内容为750万股在二级市场竞价交易，交易区间公告后15个交易日后的3个月内。……"2018年6月5日9：50，某影视公司证券部邮箱写道："股东李某及（李某之女）好，公司根据股东李某代理人李某之女于2018年6月4日17：46通过微信传输发送我司的《减持计划告知函》（见附件）向深交所业务专区提交信息披露申请，并于当日20：14取得交易所通过审核的通知，已于当晚将《关于持股5%以上股东的一致行动人减持股份的预披露公告》（见附件2）发送到创业板信息披露指定媒体巨潮资讯网。……"2018年6月5日18：00某影视公司证券部邮箱向李某之女发送邮件写道："股东李某及（李某之女）好，公司接到深交所通知，李某账户今天已经交易。关于本次减持行为的告知函请尽快发给证券部。……"2018年6月6日13:30，师莉向某影视公司证券部邮箱发送的邮件中写道："告知函及相关说明，请查收附件。"附件名称为：李某减持股份告知函、减持说明函。某影视公司提交一份2018年6月6日李某向某影视公司发送的《减持股份告知函》，载明：本人于2018年6月5日被动减持了某影视公司股票，减持方式竞价交易，减持数量810余万股，占总股本1%。2018年8月15日11:25李某之女写道："附件为我妈妈李某二级市场减持股份的预公告申请，请查收。计划减持数量900余万股……"同日12:12某影视公司证券部梁某写道："文件收悉，将在今天下午收盘后提交深交所信披。根据计划，请确认以下系统填报情况：……"某影视公司提交一份2018年8月15日李某向某影视公司发送的《减持计划告知函》，载明了减持原因、拟减持股份来源、拟减持期间、拟减持数量（不超过900余万股公司股份，其中任意90日内通过竞价交易股份总数不超过公司股份总数的1%）、拟减持价格区间、减持方式。2018年9月3日12:27某影视公司证券部连某写道："（李某之女）好，请于9月4日上午前将告知函内容填写完毕，并签署告知函及有关说明将扫描件发送某影视公司证券部，十分感谢！"2018年9月5日10:33，某影视公司证券部邮箱向李某之女发送邮件写道："（李某之女）总、小胡好，经沟通了解，股东李某实施了减持行为，请将减持情况及相关说明确认内容并签字后提交上市公司证券部……附件：减持股份告知函-模板-以股东签字确认版为准、关于减持股份行为的有关说明-模板-以股东签字确认版为准"2018年9月5日14:47李某之女向李某发送附件为李某减持说明的邮件。某影视公司提交李某签字的《减持股份告知函》，没有落款日期，载明了李某告知的2018年9月3日被动减持股票的情况。

2018年6月5日，广发证券股份有限公司（以下简称广发证券）对李某在该公司以"某影视公司"为标的证券开展的股票质押式回购业务待购回合约进行了违约处置，通过二级市场竞价交易的方式卖出"某影视公司"股票8 124 611股，占某影视公司总股本比例为1%。2018年9月3日，又卖出1 431 427股，占某影视公司总股本比例为0.18%。2018年12月4日至2018年12月6日期间，又卖出760余万股，占某影视公司总股本比例为0.94%。

2018年4月24日，某影视公司公布2017年年报。

2019年4月25日，某影视公司公布2018年年报。

2019年6月12日，李某委托律师事务所向某影视公司发送《律师函》，要求某影视公司收到本律师函之日起7日内，立即履行为李某解锁全部限售股份的义务，并配合办理后续股份减持相关事宜；赔偿李某全部的经济损失。

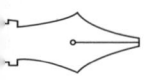

2019年7月10日，李某诉某影视公司案在北京市第一中级人民法院立案。2019年11月8日，某影视公司向李某发送《关于限售股份上市流通申请事宜的告知函》，并同时邮寄《股东限售股份上市流通申请书》（模板）、《股东限售股份上市流通确认函》（模板）。该告知函载明："1. 根据《深圳证券交易所创业板上市公司规范运作指引（2015年修订）》等规定，上市公司股东申请限售股份上市流通，应当申请并委托上市公司董事会办理相关手续。2. 如股东申请限售股份上市流通，请股东本人向上市公司董事会提交正式书面申请材料。3. 上市公司董事会在收到股东限售股份上市流通确认函后，将与股东联系，请股东签署并提交限售股份上市流通确认函等相关资料。……"2020年1月15日，李某签署向某影视公司发送的《股东限售股份上市流通申请书》和《确认函》。李某申请某影视公司解除限售期持有该公司的全部限售股1200余万股，承诺将按照深圳证券交易所及中国证券登记结算有限责任公司办理限售股份上市流通事宜的相关规定提交资料，并委托上市公司董事会代为办理限售股份上市流通申请手续。在《确认函》中，李某明确了此次解除限售股份的具体信息。2020年2月4日，某影视公司向李某发送《关于及时提供个人所得税完税证明及办理限售股份上市流通申请相关事宜的告知函》及《确认函》。该告知函载明："2020年1月20日，公司收到您发来的《股东限售股份上市流通申请书》及《确认函》，根据上述文件，您申请解除限售股份1200余万股。……有370余万股为在2014年股权转让交易中取得股权转让所得，另有890余万股为认购某影视公司2014年募集配套资金非公开发行的股份。现本公司再次郑重提示您：请尽快向某影视公司提供股权转让所得的完税凭证，否则本公司有权根据《购买资产协议》的约定暂时停止受理您取得股权转让所得所对应的限售股份上市流通申请。如未能向某影视公司及时提供股权转让所得的完税凭证，公司将暂时受理您认购某影视公司2014年募集配套资金非公开发行股份所对应的890余万股限售股份上市流通申请时，须您填写并签署附件《890余万股限售股份上市流通确认函》。"2020年2月11日，李某写道："我是李某，收到你们的告知函和又要重新填写的申请表格，很是困扰。现在疫情严重，在家里只有我和老伴在家躲避病毒。孩子们都不在身边，小区也封闭管理，不许进出。我只能自己写信回复你们：节前我已经按照你们的确认过的内容填写申请表，签了字邮寄你们。但现在你们以提供完税证明为由，不同意全部解禁，要求我重新填写申请表，我不同意，也认为没有必要。因为之前已解禁的股份和是否缴税无关，两者不存在必然的关系。以此为由不予解禁，没有事实和法律依据，这是你们人为设置障碍、故意拖延，由此你们责任自负。总之，我的股票到期没有解禁是事实，我现在七十多岁身负巨债，如果

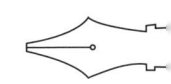

有生之年不能偿还债务，只能和上市公司索赔到底。具体事宜请联系我的委托律师，你们已有他们的联系方式。"2020年2月14日，某影视公司再次向李某发送《关于办理限售股份上市流通相关事宜的告知函》。

一审审理中，双方认可，2018年4月24日，上一年年报公布时，李某持有《股份认购协议》项下非限售股1300余万股，限售股890余万股，如果按照《关于股份锁定的承诺函》约定，在发行结束届满36个月之日起，每年转让不超过上年最后一个交易日登记在李某名下的本次所认购股份的25%，则李某2018年、2019年、2020年三年可供减持的股份数合计为近1300余万股，2021年可供减持股份数为230余万股。

一审法院另查，2020年9月10日，某影视公司认可收到李某向其提交的股票解禁申请，2020年9月30日，中证登深圳分公司完成了《股份认购协议》项下的890余万股限售股份解除限售的变更登记。对于《购买资产协议》项下的370余万股份，某影视公司仍以存在未披露的对外欠款以及未缴纳税款、2015年未达到所承诺的盈利预测等多个违约行为为由至今未予解禁。某影视公司认可如《购买资产协议》项下的370余万股份不存在相关违约事实的情况下，应该自李某2020年9月10日提交股份解禁申请之日后四十天左右具备减持条件。

一审法院认为，某影视公司与李某签订的《购买资产协议》和《股份认购协议》系双方真实意思表示，未违反法律、行政法规的强制性规定，合法有效，双方均应遵照履行。本案争议焦点为依据《购买资产协议》和《股份认购协议》关于解禁期的约定，在解禁期届满后，谁负有解禁义务、某影视公司关于不予解禁的理由是否成立以及逾期解禁的损失应如何计算、由谁承担。

《购买资产协议》第5.3.1条、《股份认购协议》第2.6条规定了解锁期和解锁股份数，2018年4月24日某影视公司公布2017年年报，2019年4月25日某影视公司公布2018年年报，上述条款约定的解禁期均已届满。

但上述两条款仅约定了解锁期和解锁股份数，并没有约定由哪方以何种方式启动解锁程序。在这两份合同中，对于由谁启动解禁程序的约定属于合同条款约定不明。依照合同法第六十一条规定，合同生效后，当事人就质量、价款或者报酬、履行地点等内容没有约定或者约定不明确的，可以协议补充；不能达成补充协议的，按照合同有关条款或者交易习惯确定。合同法第六十二条规定，当事人就有关合同内容约定不明确，依照本法第六十一条的规定仍不能确定的，适用下列规定：……（五）履行方式不明确的，按照有利于实现合同目的的方式履行。

从交易习惯上看，2018年4月24日某影视公司公布2017年年报之前，根

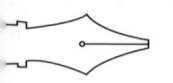

据 2017 年 10 月 20 日和 2016 年 10 月 19 日李某提交给某影视公司的《确认函》，可知解禁前确需股东本人明确解禁股份具体信息。2018 年 4 月 24 日某影视公司公布 2017 年年报之后，双方往来邮件中提到，李某一方向某影视公司发送了《减持计划告知函》。但上述证据仅为减持过程中的确认行为，不能直接说明期初是由哪方启动了减持程序，无法确认是某影视公司首先向股东发出解禁通知，还是李某首先向某影视公司提出解禁申请。故，根据在案证据，本案中没有可以遵从的交易习惯。

从交易规则来看，根据深圳证券交易所、中国证券登记结算有限责任公司的相关规定，解限流程应为，股东委托公司董事会提出申请并办理相关手续。公司应向深圳证券交易所、中国证券登记结算有限责任公司提交申请解禁的具体股份信息、股东承诺函等材料。结合上述提到的《确认函》和《减持计划告知函》，李某在前期解禁过程中，确实提供了具体的供解禁的股票信息。可见，只有股东首先委托公司并向其提供详细的拟解禁股份信息后，公司方可进行实际的解禁流程。

从权利归属、注意义务和行权便利程度来看，股份的所有权人是股东而非公司，公司无权自主处分股东的股票；作为所有权人，股东应对自身权益负有更大的注意义务，这意味着，股东理应明确知晓其股权变动的具体情况，而不应把提醒义务转移至公司；正因为其掌握自己的股权信息，对于何时解禁、解禁哪些股份、解禁多少股份，股东比公司更方便去作出决定。依照合同法规定，履行方式不明确的，按照有利于实现合同目的的方式履行，作为股东的李某对于实现解禁股份的目的负有更多的注意义务且履行起来更为方便，因此，应由其首先向公司提出解禁申请以启动解禁流程。而李某并未提供证据证明在上述解禁期届满后至发出律师函前合理期间内，其曾向公司提出过解禁申请。

在本案中，某影视公司在李某 2020 年 9 月 10 日递交股票解禁申请后，于 2020 年 9 月 30 日，实际解禁了《股份认购协议》项下的全部 890 余万股限售股，一审法院对此不持异议。对于李某主张的该部分股份逾期解禁的损失，需结合《关于股份锁定的承诺函》论述。李某对该承诺函上其签字的真实性予以认可，但不认可签字页前一页的内容，一审法院认为，在李某认可签字的前提下，结合本证据的来源系某律师事务所参与项目的底稿原件，且李某并未提供相反证据，因此，一审法院对该承诺函的真实性予以认可。鉴于 2018 年 4 月 24 日，李某持有《股份认购协议》项下非限售股 1300 余万股，如果按照《关于股份锁定的承诺函》约定，在发行结束届满 36 个月之日起，每年转让不超过上年最后一个交易日登记在其名下的本次所认购股份的 25%，则李某 2018 年、2019 年、2020 年三年可供减持的股份数合计为 1300 余万股，少于期

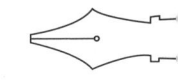

初已经可以流通的股份数1300余万股。这说明，即使股票按期解禁，鉴于李某的该承诺，其亦不可实际减持，故逾期解禁并不会对其造成实际损失。

需要说明的是，某影视公司抗辩称只有在李某提交确认函后才视为李某完成了对公司的委托以及为李某申请解禁。一审法院认为，在李某要求解禁的明确意思表示已经达到某影视公司——在本案中是以律师函形式作出——某影视公司作为实际解禁操作人与股东作为所有权人，双方均应履行相互配合的义务，在此过程中，责任和义务是动态变化的，某影视公司应及时向李某提供所需要填写的表格供其明确解禁的具体情况。

对于《购买资产协议》项下的未解禁的370余万股。李某先以律师函的形式，后以诉讼的方式提出解禁申请，应视为其已经向某影视公司提出了正式的解禁申请。在此情况下，某影视公司应开始履行解禁程序。某影视公司以李某存在未缴纳《购买资产协议》中所涉及的个人所得税以及在出售某文化传媒公司股权期间未按约如实披露巨额或有债务及潜在诉讼、2015年未达到所承诺的盈利预测等多个违约行为，提出其有权行使合同抗辩权，中止代李某申请相关股票的解禁。一审法院认为，双方合同中约定"目标公司因交割日前发生或存在的其他任何行为、状态或情形而在交割日后受到任何处罚、追索、索赔或受到任何损失，乙方应就该等损失承担连带赔偿责任"，"乙方、丙方、丁方及戊方已向甲方完全及正确披露了目标公司截至本协议签署日的所有正在履行期限内的债务；乙方、丙方、丁方及目标公司不存在可能严重影响到按本协议项下条款和条件进行本次交易的未清偿债务和法律责任"，"乙方和丙方共同承诺，某文化传媒公司2014年、2015年和2016年实现的净利润（以当年经审计的扣除非经常性损益后归属于母公司股东的净利润为准，与主营业务相关的税收返还和政府补助不予扣除）分别不低于20 000万元、25 000万元、31 250万元"。但根据某影视公司提供的现有证据，无法直接确认案外人在另案中所主张的目标公司欠款发生在交割日前，不足以证明李某存在《购买资产协议》约定的未如实披露债务的违约情形。同时也无法直接证明目标公司2015年未达到所承诺的盈利预测。《购买资产协议》第11.2条约定"乙方就本次交易应缴纳的所得税，由乙方根据中国法律法规及时向相关税务主管机关自行申报，甲方不负责代扣代缴；如因乙方未及时向相关税务主管机关申报纳税而给甲方或戊方造成任何损失，乙方应承担赔偿责任。"就上述约定应分两层意思予以理解，第一层意思为：李某就《购买资产协议》交易应缴纳所得税，并且需要及时自行申报；第二层意思为：如因李某未及时向相关税务主管机关申报纳税给某影视公司造成任何损失，李某应承担赔偿责任。根据该协议第14.1条约定，本协议任何一方不履行或不完全或不适当履行其在本协议项

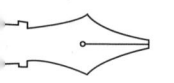

下的义务，或违反其在本协议中的任何声明、保证和承诺或本协议的任何条款，即构成违约；在这种情况下，其他方有权决定采取以下一种或多种救济措施：14.1.1暂时停止履行其在本协议项下的义务，待违约方将违约情势消除后恢复履行。某影视公司据此主张李某因存在未按合同约定及法律规定主动缴纳个人所得税的行为，其有权依约中止履行合同。据一审法庭多次询问，李某未提供其完税凭证。故一审法院认为，根据上述合同条款约定，某影视公司有权中止履行该合同，即使李某已经申请解禁涉案股票，某影视公司依约有权不予履行。

综上，李某应首先向某影视公司提出申请解除限售股，否则公司不负有主动解禁的义务；在李某申请解禁限售股后，对于《股份认购协议》项下的限售股，已经实际解禁完毕，一审法院对此不持异议，该部分股份的逾期解禁并不产生实际损失；对于《购买资产协议》项下的限售股，某影视公司享有合同约定的履行抗辩权，在李某违约行为消除后，方可解禁。在李某前两项诉讼请求不成立的前提下，其要求某影视公司承担本案律师费和其他必要费用200万元的诉讼请求于法无据，一审法院不予支持。

依照《中华人民共和国合同法》第八条、第六十一条、第六十二条，《中华人民共和国民事诉讼法》第六十四条之规定，一审法院判决：驳回李某的全部诉讼请求。

本案二审审理中，上诉人李某及被上诉人某影视公司均向本院提交了新的证据，本院当庭组织双方当事人进行了质证。

李某向本院提交了如下证据：证据1：调查取证中，某律师事务所提供的《关于股份锁定的承诺函》两份（一份上无出具日期、一份上有出具日期）；证据2：调查取证中，某证券公司提供的《关于股份锁定的承诺函》（有出具日期）；证据3：《律师类投诉案件处理结果告知书》；证据4：中国证券监督管理委员会北京监管局（以下简称北京证监局）答复；证据5：另一北京证监局答复，均证明"无日期版承诺函"不具有真实性；证据6：某影视公司《关于限售股份上市流通的提示性公告》，证明某影视公司历次作出的此类公告中，均确认李某履行了其在案涉交易过程中作出的股份锁定及其他承诺；证据7：李某向深圳证券交易所发送的举报邮件以及深圳证券交易所的回复邮件；证据8：法院关于付某案件的立案时间的回复，均证明付某案件的债务主体是胡某个人。证据9：一审证据十九（李某之女与某影视公司梁某之间微信聊天记录）的原始载体取证文件，证明该证据的真实性。

某影视公司对李某提交的证据1中"无日期版承诺函"、证据3至证据5、证据8的真实性均予以认可，对证据1及证据2中"有日期版承诺函"的真实性均不予认可,对证据7、证据9的真实性均不予认可,证据6为李某一审证据不应质证,对上述全部证据的证明目的均不予认可。

某影视公司向本院提交了如下证据:证据1:税务机关给某影视公司的《税务协助检查通知书》及送达回证;证据2:案外人张某的《股东限售股份上市流通申请书》《股东限售股份上市流通确认函》;证据3:张某的《税收完税证明》;证据4及证据5:原告付某起诉被告某影视公司等、第三人胡某民间借贷纠纷案件的一审判决及二审判决,上述证据均证明因李某及其一致行动人违反缴纳股权转让的个人所得税及完成业绩承诺的义务,某影视公司依法依约中止代李某申请案涉股票解禁,一审判决认定正确。证据6:网站中"某影视公司"股票的每日股价表,证明李某无任何损失。

李某对证据1、证据4至证据6的真实性均予以认可,对证据2、证据3的真实性均表示无法核实,对上述全部证据的关联性及证明目的均不予认可。

本院根据上诉人李某向本院提交的申请胡某出庭作证的书面申请,依法传唤证人胡某出庭作证。胡某称其原为某文化传媒公司董事长,某文化传媒公司被某影视公司并购后兼任某影视公司副董事长,2018年9月辞去某影视公司副董事长职务,2018年底辞去某文化传媒公司董事长职务。其证人证言的主要证明事项为:(1)关于"涉案换股所获限售股的解禁条件:……后两年在当年发布年度财务报告后就可解锁当年的20%,限售股的解禁并无其他条件限制。"(2)关于"前三年已解禁部分限售股,某影视公司的解禁流程如下:……前三次历次解禁也的确是上市公司发起解禁通知,启动解禁流程。"(3)关于"是否纳税不是解禁限售期的前提条件?……在前三期的限售股解禁时,某影视公司并没有要求包括上诉方在内若干小股东先缴纳个人所得税,而且每次解禁的发起均是某影视公司,解禁过程中只是让包括上诉方在内若干小股东签署确认函。"经本院当庭质证,李某对胡某证言的真实性及证明目的均表示认可;某影视公司对胡某证言的真实性及证明目的均不予认可,其认为胡某系本案事实的利害关系人,其与李某之女曾是夫妻关系,且其与李某是一致行动人,其与李某均未完成合同约定的对目标公司的业绩承诺,其持有的部分"某影视公司"股票亦因其未缴纳股权转让的个人所得税而未被解禁,故胡某的证言不应予以采纳。经本院当庭向李某之女及胡某核实,胡某曾与李某之女为夫妻关系,于2015年4月17日离婚;且经一审法院审理查明胡某与李某在案涉交易过程中是一致行动人,故胡某应为本案事实的利害关系人,本院对胡某的证人证言不予采纳。

本院二审补充事实如下:

1.《购买资产协议》第四条"支付方式"约定:交易对价总计25亿元,

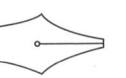

以现金方式支付的标的资产对价金额总计8.1亿元，以发行股份方式支付的标的资产对价金额总计16亿元，对应发行股份数量总计4300余万股。其中，李某以现金方式支付的标的资产对价金额为0，以发行股份方式支付的标的资产对价金额为1亿元，对应发行股份数量为260余万股，占股比例为5.99%。

2. 本院根据上诉人李某向本院提交的书面调查取证申请，于2021年4月23日向李某的委托诉讼代理人出具了《调查令》，分别向某律师事务所及某证券公司调取二单位"存有的与某影视公司项目相关的所有李某签名的《关于股份锁定的承诺函》的文件"。后，某律师事务所交回本院的《〈调查令〉（回执）》中载明"根据你院的要求，现提供如下证明材料：（1）《关于股份锁定的承诺函》（签署日期：2014年6月10日）；（2）《关于股份锁定的承诺函》（无签署日期）。"并附"无日期版承诺函"及"有日期版承诺函"。某证券公司交回本院的《〈调查令〉（回执）》中载明"根据你院的要求，现提供如下证明材料：《关于股份锁定的承诺函》一份（某影视公司）。"并附签署日期为2014年6月10日"有日期版承诺函"。

3. 2021年9月15日，某司法局针对李某的投诉，出具了《律师类投诉案件处理结果告知书》，载明：投诉人为李某，被投诉人为某律师事务所及相关律师。针对投诉人反映的问题，某律师事务所及相关律师向某司法局提交了情况说明及相关材料。在情况说明中，关于为所涉项目提供法律服务的工作情况，称"2014年，某影视公司（以下简称'上市公司'）拟发行股份及支付现金购买某文化传媒公司100%股份并增发股份募集配套资金（以下简称'重组项目'或'本次交易'）。李某当时为某文化传媒公司的股东，亦为本次交易的交易对方以及上市公司增发股份募集配套资金的认购方。某律师事务所与某影视公司签署了《律师服务协议书》，本所接受上市公司委托，为重组项目提供专项法律服务……"关于获得两份《关于股份锁定的承诺函》的时间、途径，称"在本次重组项目开展过程中，交易各方就股份锁定讨论了各种交易思路。2014年3月上旬，上市公司和某文化传媒公司工作人员根据当时的思路（最终未采用），向本所律师提供了李某签署的一份无落款时间的股份锁定承诺文件（以下简称《无日期版承诺函》）。2014年6月10日，上市公司和某文化传媒公司工作人员根据最终确定的股份锁定方案，提供了李某签署的一份落款为2014年6月10日的股份锁定承诺文件（以下简称《有日期版承诺函》）"；关于两份《关于股份锁定的承诺函》的原件都存在于某律师事务所有关该项目的底稿文件中的原因，称"根据《律师事务所证券法律业务执业规则（试行）》（以下简称《执业规则》）第三十九条的规定'律师事务所应当完整保存在出具法律意见书过程中形成的工作记录，以及在工作中获取的所有

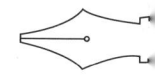

文件、资料，及时制作工作底稿.'本所在项目工作过程中根据《执业规则》的要求将在工作中获取的所有文件、资料均作为工作底稿收入该项目底稿文件中，将《有日期版承诺函》作为出具法律意见过程中形成的佐证文件之一进行收录，并将《无日期版承诺函》作为本所为重组项目提供法律服务工作的过程性文件进行收录"；关于两份《关于股份锁定的承诺函》内容存在差异的原因，称"在重组项目推进过程中，交易各方先后讨论了两种（相互不一致的）股份锁定思路并形成了两种（相互不一致的）文件，两份《关于股份锁定的承诺函》系根据当时讨论的不同的股份锁定思路进行拟定，其内容对应当时讨论的不同工作方案。该重组项目当事各方最终选择了《有日期版承诺函》作为最终交易方案，并形成了与此一致的一系列协议、法律文件和信息披露文件……"关于两份《关于股份锁定的承诺函》各自效力，称"《有日期版承诺函》为交易各方最终确定的交易方案，证券服务机构及律师也据此制作了一系列文件。《有日期版承诺函》与《股份认购协议》及一系列信息披露文件形成了相互印证一致的证据链。《无日期版承诺函》为交易各方讨论的过程文件，最终未采纳该股份锁定方案，也没有把这份文件作为最终交易文件和事实依据"；关于在相关法律意见书中披露了有落款时间的承诺函、未披露无落款时间的承诺函的原因及未披露行为是否符合相关法律法规的规定，称"《无日期版承诺函》最终未被交易各方采纳，仅作为本所律师工作过程的记录；因此本所最终出具法律意见书未披露引用。《有日期版承诺函》是本次重组项目交易各方签署的最终交易文件之一，与交易各方签署的协议、上市公司董事会和股东大会作出的决策文件、上市公司披露的关于重组项目的预案和草案、各方出具的承诺函等相关资料相互印证一致，本所在出具的法律文件中披露的内容与《有日期版承诺函》相同的内容，所披露信息真实、准确、完整……《无日期版承诺函》仅是交易过程中的一份过程文件，最终未被交易各方采纳，交易各方未据此签署协议，未根据这份文件确定各方的权利和义务。本所律师认为《无日期版承诺函》不属于交易各方最终确定的事实文件，因此本所未披露《无日期版承诺函》的内容符合相关法律法规的规定"；关于《无日期版承诺函》提供给法院的情况，称"《无日期版承诺函》原件有两次提供给法院。第一次是2020年5月15日，某影视公司员工要求借阅本所底稿，本所工作人员将底稿送至北京市第三中级人民法院门口。本所律师未进入法院也未进入法庭。第二次是2021年5月18日，本所接到李某的律师携北京市高级人民法院（2021）京民终210号《调查令》，要求调阅本所存有的某影视公司重组项目中李某签署的所有名为《关于股份锁定的承诺函》文件。本所律师未主动向法院提供相关文件。本所律师不是李某与上市公司之间诉讼的当事人，也不是证人。上市公司向本所借阅了相关底稿并自行向法院提供了相关文件"。某律师事务所及相关律师向某司法局提交了律师服务协议书、无日期版承诺函、有日期版承诺函、本院调查令等证据材料。某司法局经审查认为，某律师事务所接受某影视公司委托后，指派律师提供了法律服务，完成了相应委托事项。根据现有证据，其未发现某律师事务所及相关律师在执业过程中存在"未尽勤勉尽责义务，涉嫌虚假陈述"等问题，也未发现存在其他违反《中华人民共和国律师法》及律师管理法规、规章规定的行为。故某司法局对投诉人李某反映的相关事项及请求，依据《北京市司法行政机关律师和律师事务所投诉处理办法（试行）》第二十三条第一款第（三）项的规定："投诉事项查证不实或者无法查实的，依法对被投诉人不予处理"，决定依法对某律师事务所及相关律师不予处理。

4. 经本院核对，某律师事务所及案涉交易的独立财务顾问某证券公司均出具的"有日期版承诺函"内容一致，其中载明：某影视公司拟以发行股份及支付现金的方式购买某文化传媒公司100%的股份并募集配套资金，李某作为某文化传媒公司股东暨某影视公司发行股份及支付现金购买资产的交易对象及某影视公司本次募集配套资金的特定发行对象之一，现郑重承诺："1.就本人作为本次购买资产交易对象认购某影视公司发行股份，本人认购的全部股份自本次发行完成之日（即在中国证券登记结算有限责任公司深圳分公司完成登记之日）起12个月内不得进行转让或上市交易；自本次发行完成届满12个月之日起，本人本次认购的该部分股份按以下方式解锁完毕，具体为：

解锁期	解锁前提条件	解锁股份数
第一期 自本次发行完成届满12个月之日起	某文化传媒公司最近一个会计年度的实际盈利数达到或超过《盈利预测补偿协议》约定的净利润预测数	可转让或上市交易（即"解锁"，下同）的某影视公司股份为本次认购的全部某影视公司股份的20%，如按照《盈利预测补偿协议》已补偿股份的，则解锁股份须扣除该部分已补偿股份，即：解锁股份数＝本次认购的全部某影视公司股份数×20%－已补偿股份数
第二期 自本次发行完成届满24个月之日起	某文化传媒公司最近二个会计年度的实际盈利数达到或超过《盈利预测补偿协议》约定的净利润预测数	累计解锁（含本期及本期之前全部解锁期，下同）的某影视公司股份为本次认购的全部某影视公司股份的40%，如按照《盈利预测补偿协议》已补偿股份的，则解锁股份须扣除该部分已补偿股份，即：解锁股份数＝本次认购的全部某影视公司股份数×40%－已补偿股份数

续表

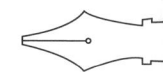

解锁期	解锁前提条件	解锁股份数
第三期	自本次发行完成届满36个月之日起	—	累计解锁的某影视公司股份为本次认购的全部某影视公司股份的60%，如按照《盈利预测补偿协议》已补偿股份的，则解锁股份须扣除该部分已补偿股份，即：解锁股份数＝本次认购的全部某影视公司股份数×60%－已补偿股份数
第四期	自某影视公司2017年年度报告出具之日起	—	累计解锁的某影视公司股份为本次认购的全部某影视公司股份的80%，如按照《盈利预测补偿协议》已补偿股份的，则解锁股份须扣除该部分已补偿股份，即：解锁股份数＝本次认购的全部某影视公司股份数×80%－已补偿股份数
第五期	自某影视公司2018年年度报告出具之日起	—	登记在本人名下的本次认购的全部某影视公司股份

"2. 本人本次认购的某影视公司为募集配套资金发行的股份自发行结束之日（即在中国证券登记结算有限责任公司深圳分公司完成登记之日）起36个月内不进行转让或上市交易；自发行结束届满36个月之日起，本人转让或上市交易的某影视公司股份为本次认购的某影视公司股份的60%；自某影视公司2017年度报告出具之日起，本人累计转让或上市交易的某影视公司股份为本次认购的某影视公司股份的80%；自某影视公司2018年度报告出具之日起，本人本次认购的某影视公司股份可全部进行转让或上市交易。3. 若该限售期与当时有效的法律、法规、规章、相关证券监管部门及证券交易所的有关规定不相符，可根据当时有效的法律、法规、规章、相关证券监管部门及证券交易所的有关规定进行相应调整。本次发行完成后，本人由于某影视公司送股、转增股本等事项增持的某影视公司股份，亦遵守上述承诺。本人承诺本次认购的某影视公司股份在履行前述锁定承诺后减持将遵守《中华人民共和国公司法》《中华人民共和国证券法》《深圳证券交易所创亚板股票上市规则》等法律、法规、规章、相关证券监管部门及证券交易所的有关规定以及某影视公司《公司章程》的相关规定。除上述承诺以外，本人转让持有的某影视公司股份，将遵守股份转让当时有关法律、行政法规、部门规章、规范性文件及监管机构的相关规定。"上述承诺内容与某证券公司于2014年就案涉交易出具并公告的《某影视公司发行股份及支付现金购买资产并募集配套资金暨关联交易

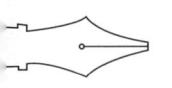

实施情况暨新增股份上市报告书》中有关李某所持股份的解锁期及解锁方式等内容以及案涉《购买资产协议》《股份认购协议》的相关约定内容均一致。

5. 北京证监局答复载明"李某同志：您关于某影视公司的落款为2021年6月18日的两件材料收悉，统一答复如下。针对您反映的某影视公司未及时为您办理限售股解禁和伪造您签署的《关于股份锁定的承诺函》的事项，鉴于您与公司对前述事项的认识存在差异，且已诉诸司法，目前，北京市第三中级人民法院已作出判决，您已向北京市高级人民法院提起上诉，我局将关注司法机关对前述事项的最终判决，并根据判决情况依法依规处理公司相关信息披露问题"。北京证监局另一答复载明"李某同志：您关于某律师事务所、（相关）律师的来信收悉。对于您提出的某律师事务所及相关律师在某影视公司对某文化传媒公司实行并购重组项目提供证券法律服务工作时，未尽勤勉尽责义务，存在虚假陈述事项，我局予以登记"。

6. 税务机关给某影视公司的《税务协助检查通知书》的所载内容与本案事实及李某本人均无涉。

7. 案外人付某与某传媒有限公司（曾用名为某文化传媒公司）、某影视公司、胡某民间借贷纠纷二审案件的北京市第三中级人民法院《民事判决书》载明：某影视公司系上市公司，2014年10月15日至2019年11月13日期间，某传媒有限公司为某影视公司的全资子公司。某传媒公司自2014年1月7日成立之日起至2019年2月22日为某传媒有限公司的全资子公司。胡某自2010年起至2019年2月28日任某传媒有限公司法定代表人，自某传媒有限公司成立以来一直担任某传媒有限公司法定代表人。北京市第三中级人民法院认为，"本案主要争议焦点在于某传媒有限公司是否应当承担还款责任，以及借条所载款项是否经双方确认其实际交付及金额。对此本院认为，在本案中，款项用于公司所涉经营活动，且法定代表人或者其授权之人在合同上加盖法人公章，足以向相对人表明其是以法人名义签订合同，除法律对其职权有特别规定的情形外，应当由法人承担相应的法律后果。而对于法定代表人以个人名义与出借人签订民间借贷合同，所借款项用于单位生产经营，出借人请求单位与个人共同承担责任的，人民法院应予支持。所以对未盖章借条应着重审查是否用于该企业生产经营，以此确定义务主体。对于款项是否实际发生、发生的基础，需要结合款项交付、债权形成过程、双方结算情况等对还款金额予以确认。据此，本院认为，一审法院综合在案证据对借条一、借条二、借条三的义务主体、金额之认定，并无不当，本院予以认可。关于某影视公司是否承担连带保证责任一项。某影视公司的公告内容中明确载明'在本次董事会审议通过后，公司将根据某传媒有限公司主业经营产生债务的担保需要与其债权人签署担保相关协议，担保方式为连带责任保证担保，担保事项及担保金额应当在本次董事会决议范围内，担保期限以相关协议实际约定的时间为准'。而本案中付某与某影视公司并未签订担保协议，公告内容中亦未具体指向本案债务。因此，本院对付某主张某影视公司对本案债务承担连带保证责任的上诉请求不予支持。"故该院二审判决驳回付顺吉及皮皮时光公司的上诉，维持原判（即由皮皮时光公司向付顺吉支付借款本息）。

8. 2022年6月1日，某影视公司发布《关于变更公司名称、证券简称暨完成工商变更登记的公告》，载明：（1）变更后的公司中文全称：某影视有限公司；……（3）变更后的公司证券简称：某影视公司；（5）证券简称启用日期：2022年6月1日；（6）证券代码不变，仍为（略）。

9. 根据李某在本案一审审理中向一审法院提交的关于损失计算的说明的内容，李某的诉讼请求中要求某影视公司赔偿其因未按协议约定及时解禁李某持有的股份而给李某造成的6300余万元损失的构成包括：（1）因2018年4月24日（某影视公司2017年度财务报告公布之日）及2019年4月25日（某影视公司2018年度财务报告公布之日）之后，某影视公司未及时办理李某所持股票的解禁手续，给李某造成的股票差价损失；（2）按照"有日期版承诺函"的内容，因某影视公司未及时办理李某所持股票的解禁手续，导致李某所持股票未能及时减持，给李某造成的股票差价损失。同时主张根据《深圳证券交易所交易规则》第3.6.4条："无价格涨跌幅限制证券的协议大宗交易的成交价格，在前收盘价的上下30%之间确定"之规定，李某本可通过大宗交易方式，以收盘价格上浮30%交易减持应当解禁的股票，故以此标准计算股票差价损失；（3）李某为本案诉讼支付的财产保全保险费9万余元、律师费100万元以及李某还将产生的后续律师费用和其他诉讼费用。本案一审审理过程中，李某向法院申请诉讼财产保全，并向一审法院提交了中国平安财产保险股份有限公司平安诉讼财产保全责任保险保单及李某向该公司支付保全保险费9万余元的发票；李某还向一审法院提交了其本案委托诉讼代理的律师事务所签订的专项法律服务协议，以证明其支付了律师费。经一审法院质证，某影视公司对上述证据的真实性不持异议，但其认为李某均未提交其支付保全保险费及律师费的付款凭证，亦未提交其支付律师费的发票，且李某要求某影视公司承担该两项费用，没有合同依据，故某影视公司对上述证据的证明目的不予认可。

本院经审理查明的其他事实与一审法院查明的事实一致。

本院认为，本案二审争议焦点为：（1）案涉李某所持股票是否应当予以解禁；（2）某影视公司是否应当向李某赔偿相应的损失。

一、关于案涉李某所持股票是否应当予以解禁的问题

本案中，根据李某取得股票的途径，其所持股票应分为两类性质的股票。

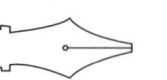

其一，根据案涉《购买资产协议》，李某以其在某文化传媒公司的股份置换某影视公司的股份而取得的股票。其二，根据案涉《股份认购协议》，由某影视公司定向增发股份，李某通过配套融资现金方式购买取得的股票。根据已查明的事实，自2015年11月10日至2017年底，某影视公司分别根据李某签署的几份《确认函》，对《购买资产协议》项下李某的股票共计办理解锁560余万股，尚未解锁370余万股；对《股份认购协议》项下李某的股票共计办理解锁1300余万股，尚未解锁890余万股。2020年9月10日，某影视公司收到李某向其提交的股票解禁申请后，于2020年9月30日为李某办理解锁了《股份认购协议》项下的剩余890余万股，自此，《股份认购协议》项下李某的股票全部解锁完毕。但是，对于《购买资产协议》项下未解锁的李某的370余万股，某影视公司以李某存在未缴纳《购买资产协议》中约定的股权转让个人所得税以及在出售某文化传媒公司股权期间未依约如实披露巨额或有债务及潜在诉讼、2015年未达到所承诺的盈利预测等多个违约行为，提出某影视公司有权行使合同抗辩权，中止代李某申请相关股票的解禁。对此，本院认为，《购买资产协议》项下未解锁的李某所持有的370余万股股票亦应当全部予以解禁。理由如下：

1. 中国证券监督管理委员会（以下简称中国证监会）发布的《上市公司重大资产重组管理办法》（2020年修正）第四十六条第一款规定："特定对象以资产认购而取得的上市公司股份，自股份发行结束之日起十二个月内不得转让；属于下列情形之一的，三十六个月内不得转让：（一）特定对象为上市公司控股股东、实际控制人或者其控制的关联人；（二）特定对象通过认购本次发行的股份取得上市公司的实际控制权；（三）特定对象取得本次发行的股份时，对其用于认购股份的资产持续拥有权益的时间不足十二个月。"本案中，在某影视公司对某文化传媒公司进行收购交易过程中，李某作为与原某文化传媒公司董事长、后兼任某影视公司副董事长的胡某的一致行动人（即相关关联人），依据上述规定，其以资产认购而取得的某影视公司的股份，应自股份发行结束之日起36个月内不得转让，即《购买资产协议》项下及《股份认购协议》项下李某所持有的股份的锁定期至少应为36个月。现《购买资产协议》《股份认购协议》均将李某所持有的股份的锁定期约定为五期（历时五个年度），符合上述规定要求。自五期的锁定期陆续届满之日起，在满足解禁条件时，《购买资产协议》《股份认购协议》项下李某所持股份均应予以解锁。

2. 在本院出具《调查令》调查相关"承诺函"的事实后，某律师事务所及某证券公司均提交了"有日期版承诺函"，经本院核对，两份"有日期版承诺函"的内容一致，且其中承诺的内容与某证券公司于2014年就案涉交易出

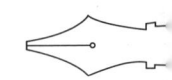

具并公告的《报告书》中有关李某所持股份的解锁期等内容以及案涉《购买资产协议》《股份认购协议》的相关约定内容均一致。虽然某律师事务所同时出具了"无日期版承诺函",但某律师事务所向某司法局就《无日期版承诺函》最终未被案涉交易各方采纳,亦未被作为最终交易文件和事实依据的原因,以及其认为《无日期版承诺函》不属于交易各方最终确定的事实文件,因此未披露《无日期版承诺函》内容的行为符合相关法律法规规定的理由,均作出了具体解释,且合法、合理,合乎逻辑,故本院对"有日期版承诺函"予以采信,《购买资产协议》《股份认购协议》项下李某所持股份均应按照"有日期版承诺函"的约定予以解锁。

3. 《中国证券登记结算有限责任公司深圳分公司限售股份登记存管业务指南》(2017年修订)第三条"限售股份解除限售登记"规定:"对于限售股份解除限售登记,本公司只受理上市公司申请。上市公司须按以下步骤办理:(一)下载股本结构表及限售股份明细清单,核查股东持股情况……(二)向深交所提交解除限售申请……(三)深交所同意解除限售后,登陆本公司发行人E通道:1. 在线填报本次限售股份解除限售基本信息;2. 提交申请书或申请表(须与向深交所提交的申请内容一致),以及本公司要求的其他材料;3. 上传限售股份解除限售明细数据等。……本公司收到深交所出具的解除股份限售确认书后,对上市公司的申请进行形式审核,审核通过后,向上市公司发送《限售股份解除限售申报明细清单》。(四)刊登限售股份上市提示性公告……(五)接收限售股份解除限售结果报表。"该文件附件4:《承诺函》格式内容为:"中国证券登记结算有限责任公司深圳分公司:为保障股东合法权益,我公司(证券代码:;证券简称:)郑重承诺:我公司申报的限售股份(□首次公开发行登记□定向增发登记□解除限售登记□其他_____)中的有关限售股份托管单元、冻结情况以及股数等内容,已获得限售股东的书面同意。如因限售股份托管单元申报不实而产生的一切法律责任,由我公司自行承担。特此承诺。"[《中国证券登记结算有限责任公司深圳分公司限售股份登记存管业务指南(2011年修订)》的规定内容与上述文件规定要求基本一致]《深圳证券交易所上市公司规范运作指引(2020年修订)》第4.3.5条规定:"上市公司及其股东、保荐机构或者独立财务顾问应当关注限售股份的限售期限。股东申请限售股份上市流通的,应当委托公司董事会办理相关手续。申请对限售股份解除限售应当满足下列条件:(一)申请解除限售的股份限售期满;(二)股东所持股份解除限售,不影响该股东在发行中所作出的承诺;(三)申请解除限售的股东不存在对公司的资金占用或者公司对该股东的违规担保等损害公司利益的行为;(四)申请解除限售的股东不存在法律、行政法

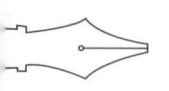

规、部门规章、规范性文件或者本所业务规则等规定的限制转让情形。"本案中,《购买资产协议》《股份认购协议》项下李某所持股份的锁定期均已届满,且签约各方均未约定解锁方式。依据中证登深圳分公司的上述文件规定可知,对于上市公司股东所持股份的解禁方式,一方面,上市公司及其股东等均应当关注限售股份的限售期限,股东申请限售股份上市流通的,应当委托公司董事会办理相关手续;另一方面,对于限售股份解除限售登记,中证登深圳分公司只受理上市公司申请,且由上市公司作出承诺,其申报的限售股份中的有关内容已获得限售股东的书面同意,如因限售股份托管单元申报不实而产生的一切法律责任,由上市公司自行承担。据此,一审法院关于"在李某要求解禁的明确意思表示已经达到某影视公司——在本案中是以律师函形式作出——某影视公司作为实际解禁操作人与股东作为所有权人,双方均应履行相互配合的义务,在此过程中,责任和义务是动态变化的,某影视公司应及时向李某提供所需要填写的表格供其明确解禁的具体情况。对于《购买资产协议》项下的未解禁的370余万股,李某先以律师函的形式,后以诉讼的方式提出解禁申请,应视为其已经向某影视公司提出了正式的解禁申请。在此情况下,某影视公司应开始履行解禁程序"的认定正确。同时,根据已查明的事实,自2015年11月10日至2017年年底,某影视公司分别根据李某签署的几份《确认函》,对《购买资产协议》项下及《股份认购协议》项下李某所持部分股票办理了解锁手续,亦说明在《购买资产协议》及《股份认购协议》履行过程中,对李某所持股票的前期解锁程序均是由某影视公司主动启动,李某予以积极配合而完成的。虽然双方的上述履约行为不符合相关自律性监管文件的要求,但未违反相关法律法规的强制性规定,应视为双方就该种履约方式已达成合意,故双方均不存在违法、违约行为。自2018年至2020年9月10日李某向某影视公司提交股份解禁申请之前的期间内,某影视公司以李某应先向其发出明确的书面解禁申请,上市公司不能擅自代股东申请解禁为由,对于《购买资产协议》项下及《股份认购协议》项下尚未解禁的李某持有的股份不予办理解禁手续,有相关文件依据,属于对双方履约行为的矫正,并无不妥。某影视公司也是在收到李某向其提交的股票解禁申请后,为李某办理解锁了《股份认购协议》项下的剩余890余万股。对此,某影视公司亦不存在违约行为。

4.对于《购买资产协议》项下的未解禁的370余万股,某影视公司以李某存在未缴纳《购买资产协议》中约定的股权转让个人所得税以及在出售某文化传媒公司股权期间未依约如实披露巨额或有债务及潜在诉讼、2015年未达到所承诺的盈利预测等多个违约行为为由,提出某影视公司有权行使合同抗辩权,中止代李某申请相关股票的解禁。对此,本院认为,第一,对于某影视公司提出李某在出售某文化传媒公司股权期间未依约如实披露巨额或有债务及潜在诉讼一节。某影视公司在二审审理中提交的付某与某传媒有限公司（即原某文化传媒公司）、某影视公司、胡某民间借贷纠纷二审案件的北京市第三中级人民法院终审判决驳回付某及某传媒有限公司的上诉，维持由某传媒有限公司向付某支付借款本息的一审判决。据此，相关诉讼的债务承担主体为某传媒有限公司，与李某个人无关，故某影视公司的此项主张不能成立。第二，对于某影视公司提出李某存在2015年未达到所承诺的盈利预测等多个违约行为一节。经本院核查，一审法院关于"根据某影视公司提供的现有证据，无法直接确认案外人在另案中所主张的目标公司欠款发生在交割日前，不足以证明李某存在《购买资产协议》约定的未如实披露债务的违约情形。同时也无法直接证明目标公司2015年未达到所承诺的盈利预测"的认定正确，故某影视公司的此项主张亦不能成立。第三，对于某影视公司提出因李某违反缴纳个人所得税的义务，故某影视公司依法依约中止代李某申请对《购买资产协议》项下370余万股股份的解禁事项一节。国家税务总局发布的《股权转让所得个人所得税管理办法（试行）》（2014年第67号）第五条规定："个人股权转让所得个人所得税，以股权转让方为纳税人，以受让方为扣缴义务人。"第十九条规定："个人股权转让所得个人所得税以被投资企业所在地地税机关为主管税务机关。"第二十条规定："具有下列情形之一的，扣缴义务人、纳税人应当依法在次月15日内向主管税务机关申报纳税：（一）受让方已支付或部分支付股权转让价款的；……"第二十八条规定："纳税人、扣缴义务人及被投资企业未按照规定期限办理纳税（扣缴）申报和报送相关资料的，依照《中华人民共和国税收征收管理法》及其实施细则有关规定处理。"财政部、国家税务总局联合发布的《关于个人非货币性资产投资有关个人所得税政策的通知》（财税〔2015〕41号）规定："三、个人应在发生上述应税行为的次月15日内向主管税务机关申报纳税。纳税人一次性缴税有困难的，可合理确定分期缴纳计划并报主管税务机关备案后，自发生上述应税行为之日起不超过5个公历年度内（含）分期缴纳个人所得税。……五、本通知所称非货币性资产，是指现金、银行存款等货币性资产以外的资产，包括股权、不动产、技术发明成果以及其他形式的非货币性资产。本通知所称非货币性资产投资，包括以非货币性资产出资设立新的企业，以及以非货币性资产出资参与企业增资扩股、定向增发股票、股权置换、重组改制等投资行为。六、本通知规定的分期缴税政策自2015年4月1日起施行。对2015年4月1日之前发生的个人非货币性资产投资，尚未进行税收处理且自发生上述应税行为之日起期限未超过5年的，可在剩余的期限内分期缴纳其应纳税款。"上述规定均不涉及对限售股的解禁问

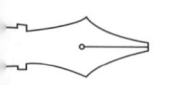

题，如纳税人未按照规定期限办理纳税（扣缴）申报和报送相关资料的，只是由有关税务机关依照《中华人民共和国税收征收管理法》及其实施细则有关规定处理，而不是作为限售股解禁的前提条件。案涉《购买资产协议》第11.2条约定"乙方（李某）就本次交易应缴纳的所得税，由乙方根据中国法律法规及时向相关税务主管机关自行申报，甲方（某影视公司）不负责代扣代缴；如因乙方未及时向相关税务主管机关申报纳税而给甲方或戊方（某文化传媒公司）造成任何损失，乙方应承担赔偿责任"。据此，虽然李某应在5年内向某文化传媒公司所在地地税机关缴纳股权转让所得个人所得税，但是因《购买资产协议》明确约定某影视公司不负责代扣代缴，且在案证据不能证明李某未及时向相关税务主管机关申报纳税而给某影视公司及某文化传媒公司造成了任何损失，某影视公司及某文化传媒公司亦从未主张过相关损失，故李某的纳税义务属于其个人的法定义务，受税收行政法律关系调整，如李某未按照规定期限办理纳税，应由有关税务机关依法依规进行处理。同时，李某的纳税义务不属于双方在合同约定的先后义务，且与某影视公司无关，故不应适用《购买资产协议》中有关合同签约各方之间违约条款的约定内容。因此，某影视公司以合同抗辩权为由，主张其有权中止代李某申请办理《购买资产协议》项下限售股的解禁事项，无合同依据和法律依据。

综上，本院认为，《购买资产协议》项下未解锁的李某所持有的370余万股股份应当全部予以解禁。一审法院关于"某影视公司据此主张李某因存在未按合同约定及法律规定主动交纳个人所得税的行为，其有权依约中止履行合同，……即使李某已经申请解禁涉案股票，某影视公司依约有权不予履行"的认定有误，本院予以纠正。

二、某影视公司是否应当向李某赔偿相应的损失的问题

1. 如上所述，在李某于2020年9月10日向某影视公司提交股份解禁申请之前，李某及某影视公司均不存在违约行为。而在李某于2020年9月10日向某影视公司提交股份解禁申请之后，某影视公司仅于2020年9月30日为李某办理解锁了《股份认购协议》项下的剩余890余万股，而对于《购买资产协议》项下的未解禁的370余万股，李某先以律师函的形式，后以诉讼的方式提出解禁申请，应视为其已经向某影视公司提出了正式的解禁申请。在此情况下，某影视公司应开始履行解禁程序，但其并未代李某办理股份解禁手续，已构成违约。经本院查询，"某影视公司"股票在2020年9月30日（即某影视公司为李某办理解锁《股份认购协议》项下剩余股份之日）的收盘价为6.15元/股；该股票价格后续持续下跌，截至2022年11月28日，该股票的收盘价为4.35元/股，故某影视公司的违约行为必然会给李某造成一定的损失，某影视公司应向李某赔偿相应的损失。但是，导致股价变动的因素很多，同时亦应考虑证券市场自身的风险系数，而不能简单地认定股票差价损失；并且，因股份解锁后股东是否能及时处置减持属于不能确定的事实，且《深圳证券交易所交易规则》第3.6.4条规定，"无价格涨跌幅限制证券的协议大宗交易的成交价格，在前收盘价的上下30%之间确定"，而不一定是在前收盘价上浮30%的价格标准，故李某主张自2018年4月24日起，某影视公司未及时办理李某所持股票的解禁手续，给李某造成的股票差价损失，以及因李某所持股票未能及时减持，给其造成了股票差价损失，进而主张以收盘价格上浮30%的价格标准计算股票差价损失，本院均不予支持。鉴于某影视公司在李某提交股份解禁申请后，于2020年9月30日为李某办理了解锁《股份认购协议》项下剩余股份的手续，某影视公司也在一审审理中认可如《购买资产协议》项下尚未解锁的李某持有的370余万股股份不存在相关违约事实的情况下，应该自李某2020年9月10日提交股份解禁申请之日后四十天左右具备减持条件，故李某的相关损失亦应自2020年9月30日起计算。本院考虑某影视公司上述违约对李某所持股份的占有情况及相应资金利息损失、李某所持370余万股股份尚未解禁及减持的情况、证券市场风险导致股票价格波动因素、双方当事人的过错情形及其他各种不稳定因素等，酌定某影视公司赔偿李某的损失400万元。

2. 关于李某主张的律师费及其他诉讼费用的损失。因李某仅提交了其与律师事务所律师签订的专项法律服务协议，并未提交其实际支付律师费的付款凭证，且案涉合同中均未明确约定律师费的承担；对于其他诉讼费用，李某并未提交确实充分的证据予以证明实际发生以及与本案事实的关联性，故李某的该项主张，没有合同依据和事实依据，本院不予支持。关于李某主张的财产保全保险费损失。《中华人民共和国民事诉讼法》第一百零三条第二款规定："人民法院采取保全措施，可以责令申请人提供担保，申请人不提供担保的，裁定驳回申请。"《最高人民法院关于人民法院办理财产保全案件若干问题的规定》第八条规定："金融监管部门批准设立的金融机构以独立保函形式为财产保全提供担保的，人民法院应当依法准许。"据此，李某可以通过保险公司出具保函的形式为诉讼财产保全提供担保。本案一审法院审理过程中，李某向一审法院申请诉讼财产保全，中国平安财产保险股份有限公司为此提供了担保，李某亦实际向中国平安财产保险股份有限公司支付了保全保险费9万余元。因某影视公司违约引起本案诉讼，李某为此向保险公司交纳的财产保全保险费系其为实现自身权利所支出的合理必要费用，属于李某产生的经济损失，应由某影视公司承担。故李某的该项主张，本院予以支持。

综上所述，李某的部分上诉请求及上诉理由成立，本院予以支持。一审判

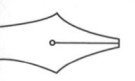

决认定事实基本清楚，但适用法律错误，应予纠正。依照《中华人民共和国民事诉讼法》第一百七十七条第一款第（二）项、第一百八十一条之规定，判决如下：

一、撤销北京市第三中级人民法院（2020）京03民初5号民事判决；

二、某影视公司于本判决生效之日起二十个工作日内，将案涉《购买资产协议》项下李某所持有的剩余370余万限售股份予以解除限售，并为李某在中国证券登记结算有限责任公司深圳分公司办理完成上述限售股份解除限售的变更登记的手续；

三、某影视公司于本判决生效之日起十日内向李某赔偿损失400万元；

四、某影视公司于本判决生效之日起十日内向李某支付财产保全保险费9万余元；

五、驳回李某的其他诉讼请求。

如果未按本判决指定的期间履行义务，应当依照《中华人民共和国民事诉讼法》第二百六十条之规定，加倍支付迟延履行期间的债务利息。

一审案件受理费370 367元、财产保全费5000元，共计375 367元，由李某负担187 683.5元（已交纳）；由某影视公司负担187 683.5元（于本判决生效后七日内交纳）。

二审案件受理费370 367元，由李某负担185 183.5元（已交纳）；由某影视公司负担185 183.5元（于本判决生效后七日内交纳）。

本判决为终审判决。

审　判　长　夏林林
审　判　员　金　曦
审　判　员　程立武

二〇二二年十一月二十九日

法官助理　陈　焱
书　记　员　王安琪

刘茜倩
北京市西城区人民法院

  北京市西城区人民法院法官，中国政法大学民商法学硕士。被评为"北京法院第六届司法业务技能比赛——商事审判业务标兵"。撰写的文书曾获评最高人民法院全国商事审判优秀裁判文书、2023年北京法院优秀裁判文书二等奖等。作为主要执笔人之一参与多个课题调研，相关课题曾被评定为最高人民法院司法研究重大课题优秀课题、中国法学会部级法学研究课题优秀课题，曾获全国法院金融优秀调研成果二等奖，北京法院优秀调研成果一等奖、二等奖等。撰写多篇案例分析获奖，其中一篇案例被选为北京法院参阅案例，两篇案例获评最高人民法院优秀案例分析，三篇案例收录于《中国法院年度案例选》。在《中国应用法学》《法制日报》《人民法院报》等核心、重要期刊发表多篇文章；参与多本书籍的撰写和编辑工作。多次参加普法活动，顺利组织发布本院涉金融理财白皮书等；因审理的案件接受中央电视台《法治在线》栏目、《北京日报》等媒体采访，并登上热搜榜第一，产生较大社会影响。

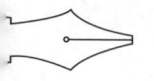

北京市西城区人民法院
民事判决书

（2022）京 0102 民初 8480 号

原告：某商贸公司。

被告：某银行北京分行。

原告某商贸公司与被告某银行北京分行侵权责任纠纷一案，本院于 2022 年 3 月 9 日立案后，依法适用普通程序，公开开庭进行了审理。原告某商贸公司的委托诉讼代理人丁某、崔某，被告某银行北京分行的委托诉讼代理人王某、邓某，到庭参加诉讼。本案现已审理终结。

某商贸公司向本院提出诉讼请求：（1）依法判令某银行北京分行赔偿某商贸公司本金损失 20 833 663.36 元；（2）依法判令某银行北京分行赔偿某商贸公司利息损失，以 1750 万元为基数，自 2011 年 10 月 26 日至 2015 年 1 月 20 日，按中国人民银行同期贷款利率计算利息为 3 724 194.45 元；以 875 万元为基数，自 2012 年 3 月 13 日至 2015 年 1 月 20 日，按中国人民银行同期贷款利率计算利息为 1 569 190.98 元；以 20 833 663.36 元为基数，自 2015 年 1 月 21 日至 2019 年 8 月 19 日，按中国人民银行同期贷款利率计算利息为 4 709 131.31 元；以 20 833 663.36 元为基数，自 2019 年 8 月 20 日计算至实际给付之日止（暂计至 2022 年 5 月 19 日止），按同期全国银行间同业拆借中心公布的贷款市场报价利率计算利息为 2 265 950.25 元；（3）依法判令某银行北京分行承担本案某商贸公司律师费 10 万元；（4）依法判令某银行北京分行承担本案诉讼费。

事实与理由：2011 年 7 月，某银行北京分行在向某商贸公司销售某基金产品（以下简称某基金）时，未对某商贸公司进行风险评估，在不了解某商贸公司风险偏好和承受能力的情况下将案涉产品包装成某银行自营金融产品，并采取夸大管理人投资背景、承诺可获得 5 到 7 倍收益率等方式，促使某商贸公司基于错误认识购买了某基金。后某商贸公司于 2011 年 10 月 26 日与 2012 年 3 月 13 日，在某银行北京分行处分两笔支付购买基金款共计 2625 万元。此后，除因基金规模缩减，基金管理人退给某商贸公司本金 5 416 336.64 元外，截至今日，某商贸公司再未收到返还本金。目前，案涉产品已超过最长存续期限，投资未能如期收回，应认定为某商贸公司的损失已经确定。某银行北京分行对于上述巨额经济损失的发生存有重大过错，依据《中华人民共和国证券投资基金法》（以下简称《证券投资基金法》）(2003)第42条，第64条第二款、第三款的基金销售过程中不能违规承诺收益，预测业绩，第93条规定应充分履行披露义务；另依据《商业银行个人理财业务管理暂行办法》(2005)第37条规定商业银行在向客户推介投资产品时，应了解客户的风险偏好、风险认知能力和承受能力，评估客户的财务状况，提供合适的投资产品由客户自主选择，并应向客户解释相关投资工具的运作市场及方式，揭示相关风险。《私募投资基金监督管理暂行办法》第16条、第17条中也进一步细化了基金代销机构应履行对客户进行风险评估这一适当性义务的法定职责。依据上述法律规定，某银行北京分行在宣传案涉产品时应充分披露产品风险，不应对产品的收益率及基金管理人的过往业绩进行夸大宣传。同时某银行北京分行也应通过对投资者风险偏好和风险承受能力进行评估，从而判定投资者是否有能力及意愿承担私募股权基金的高风险。然而，经历原中国银行保险监督管理委员会北京监管局（以下简称北京银保监局）回函披露，某银行北京分行并未对包含某商贸公司在内的企业投资者进行风险评估，该行为加之某银行北京分行对收益的夸大宣传也是导致某商贸公司在缺乏对自身风险承受能力及风险偏好充分认识下，错误购买了案涉产品继而导致损失的根本原因，没有某银行北京分行不负责任的推荐，某商贸公司就不可能遭受案涉基金长达十几年不能还本付息的损失，因此某银行北京分行应对某商贸公司的全部损失承担赔偿责任。综上所述，某银行北京分行在销售某基金的过程中，违反相关义务，造成某商贸公司损失，请求判令某银行北京分行赔偿由此给某商贸公司造成的全部经济损失。

某银行北京分行辩称，请求驳回某商贸公司的诉讼请求。具体理由如下：

1. 某商贸公司主张其与某银行北京分行之间构成金融产品理财服务合同法律关系，应当优先选择"合同纠纷"提起诉讼，但其却选择以"侵权责任纠纷"案由起诉，两者自相矛盾。

2. 某银行北京分行仅系某基金的推介机构及资金代理收付机构，而非代理销售机构，某银行北京分行提供的是项目推介和资金代理收付服务，双方之间不存在金融产品的销售或代理销售的法律关系，故某银行北京分行无需承担销售机构负有的适当性义务，不承担私募基金项下任何还款或赔偿责任，不就私募基金向投资者应划付的资金承担任何担保责任，投资者对此明知且认可。第一，从外观上来说，根据《中国银监会关于规范商业银行代理销售业务的

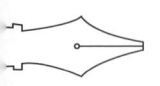

通知》（银监发〔2016〕24号）的规定，代理销售业务系指商业银行接受相关金融机构委托，在商业银行渠道，向客户推介、销售由合作机构依法发行的金融产品的代理业务活动。据此，代销业务指商业银行作为代理人从事的相关销售活动，本案中，某银行北京分行与某商贸公司就某基金未签署过任何合同，某基金的合伙协议由基金管理人与投资人直接签署，且某银行北京分行从未作为某基金的代理人身份从事任何销售或推介活动。第二，从某银行北京分行内部来说，2010年8月13日某银行印发的《某银行私人银行产品销售及推介操作规程（试行）》（以下简称《销售及推介规程》）第三条、第四条对上述事业部在行外采购的代销产品及推介产品进行明确区分，即产品推介是指为了满足某银行高净值客户及其企业的投资理财需求，由某银行与投资基金公司或信托投资公司等合作机构合作，通过私人银行渠道向客户推荐产品、由合作机构与客户协商、签订相关协议认购产品，某银行按照与合作机构签署的协议约定，协助其办理相关资金清算与售后服务的一项中间业务。对因合作机构投资执行失败或失误造成的任何损失，某银行不承担任何归还资金的责任。至此可知，就本案某基金而言，属于某银行私人银行推介类产品，而非代销或自研产品。第三，某银行总行与基金管理人签署的《业务合作合同》第6条责任的划分明确约定："在本有限合伙企业的推介与销售过程中，甲方不承担任何销售和代理销售职责，不应对本有限合伙企业销售或代理销售中的任何损失、损害或费用以任何方式承担后果或承担责任，亦不应对本有限合伙企业的投资与运营风险承担任何责任。"据此，某银行北京分行不承担任何销售机构的职责，不属于代理销售机构。第四，本案某商贸公司明确知晓某银行北京分行仅负责资金代理收付业务及推介服务，不承担有限合伙企业投资的监管职责和投资风险，不就有限合伙企业向有限合伙企业有限合伙人应划付的资金承担任何担保责任，亦不承担有限合伙企业项下任何还款责任。最后，需要说明的是，就北京银保监局作出的《关于对某基金投资人反馈问题回复的函》（以下简称《回复函》）及《北京银保监局关于协助提供有关材料的复函》（以下简称《复函》）中的对某银行北京分行代销的认定，某银行北京分行从未予以认可。因该回复函系针对有关投资人反映问题的回函，被回复的主体为反映问题的有关投资人，并非某银行北京分行，且北京监管局从未组织任何听证等合法程序保障某银行北京分行正当表达意见的权利，某银行北京分行从未收到过此函件及任何与此相关的行政处罚，故某银行北京分行对北京银保监局的错误认定从无机会反驳，亦无法采取任何救济途径。依据《证券投资基金法》、《全国法院民商事审判工作会议纪要》（以下简称《九民纪要》）第74条第一款之规定，金融产品推介、销售期间适当性义务违反的责任主体为金融产品的发行

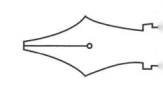

人、销售者。而某银行北京分行并非某基金的销售或代理销售机构，当然也就无需承担金融产品销售机构应当承担的"适当性义务"。

3. 退一步讲，即使按照某商贸公司所主张的侵权责任，某银行北京分行已依法履行自身全部义务，某商贸公司主张某银行北京分行承担侵权责任的构成要件均不成就，不应当得到支持。（1）某银行北京分行的行为不具有违法性，即未实施任何违法行为。某银行北京分行的推介行为符合推介时的相关法律规定，尽到了推介时风险告知等合理注意义务，某商贸公司的主张与事实不符，具体抗辩如下：①某基金销售时间是 2011 年 7 月，距今已十年有余，当时法律法规并没有合格投资者、金融机构适当性义务的相关规定，即本案所谓违法的"法律规范"尚不存在，更谈不上某银行北京分行存在违法行为。我国首次将基金销售机构的适当性义务列为法定义务，是 2013 年 6 月 1 日修订施行的《证券投资基金法》。在此之前，无任何法律法规规定了合格投资者、非公开募集等适当性义务的相关规定，原银监会迟至 2016 年 5 月才印发《关于规范商业银行代理销售业务的通知》，对代理销售行为进行规范。某商贸公司主张的 2005 年《商业银行个人理财业务管理暂行办法》，该办法规范的是商业银行为自然人客户提供的个人理财服务，明显不适用于本案。《九民纪要》也是以前述《证券投资基金法》修订为前提的，也不当然适用于本案。②某银行北京分行当时所实施的行为本身而言，亦不违反推介当时的诚信及注意义务。当时并未有法律法规规范统一的风险测评要求。在此基础之上，某银行秉承着为投资人负责的态度，建立了银行内部的自律规范。根据《销售及推介规程》第二十七条、第二十八条的规定，其区别规定了事业部自主研发的理财产品的销售流程与事业部推介的信托计划、人民币股权投资基金等投资类业务的推介流程，通过对比可知，案涉基金是无需进行硬性风险测评的，并不要求必须制作风险评估问卷。此外，某商贸公司作为对公客户，亦本就不属于某银行内部需风险测评的客户，对此某银行北京分行在对监管机构的回复函件中也予以明确："行内相关发文未要求对公投资人签署风险评估问卷。"据此，某商贸公司主张某银行北京分行未尽到基本的注意义务与事实不符，某银行北京分行并未违反当时的内部管理规定。③某银行北京分行从未承诺固定收益率，亦不存在夸大、虚假宣传的行为，相关收益率的表述及资料均来源于基金管理人，同时宋某作为投资人之一，其对收益率的描述亦不能代表某银行，某商贸公司的主张毫无事实依据。首先，某银行北京分行提供的某基金的募集说明书、路演资料均来源于基金管理人，某银行北京分行从未主观预测过任何收益率；其次，基金管理人也未承诺固定的收益率，募集说明书中曾提到目标 4－5 倍收益仅是根据当时矿产项目投资情况初步设定的努力争取目标，对此无论

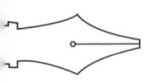

从私募基金的特殊性以及私募基金的合伙协议的约定等多方面来看，某商贸公司作为专业的投资者都不会因此陷入错误认识；最后，某基金项目的推介是由某银行北京分行根据总行要求对私人银行中的高净值客户进行统一推介的，各支行没有独立推介的权力，宋某原系某银行某支行的行长，即使其宣传了5-7倍的收益率也属于个人行为，不能代表某银行北京分行。此外，该部分证据来源于事后维权时期的录像，一方面某商贸公司没有任何证据证实宋某个人在某基金推介过程中曾对外宣传收益率，另一方面宋某的配偶曹某对某基金实际出资达2900余万元，也是某基金持股比例最高的有限合伙人，与本案有重大利害关系，因此宋某对外宣传5-7倍收益率极可能出于其个人和家庭目的，属于个人行为，甚至也不排除存在事后与其他投资人串通捏造事实损害某银行北京分行利益的可能。因此，宋某提供的该部分证据效力不应当得到法院的认可。④某银行北京分行作为推介机构及资金代理支付机构，已依法对投资者履行了风险告知说明义务，某商贸公司并无证据证明其主张。即使根据《九民纪要》第76条之规定，是否已履行了告知说明义务需通过综合理性人能够理解的客观标准和金融消费者能够理解的主观标准来确定。本案中，客观标准主要体现在某商贸公司盖章的《私募股权投资基金资金代理收付业务申请书》（以下简称《代理收付申请书》）、《投资人申明书》及附件《关于向某企业认缴出资的风险提示》（以下简称《风险提示》）等，其中均明确载明案涉基金存在的风险，且投资者均已明示已充分研究私募股权投资基金文件、了解私募股权投资基金风险并自担风险。此外，基金管理人亦向投资者出示了《风险提示确认函》，可知投资者对私募基金的运营状况可能导致的投资风险需自行负担具备明确知晓的客观标准。至于主观标准，某商贸公司具备丰富的投资经验及自主决定投资的能力，完全能够具备判断金融风险的主观标准。综上，某商贸公司表示某银行北京分行未履行任何风险告知系颠倒黑白，并无任何证据进行支持。(2) 某基金至今尚在经营并未清算，投资人是否存在损失及损失的具体数额尚无法确定，某商贸公司应当待损失确定后再另行主张权利。基于矿产投资的特殊性，截至目前某基金仍在积极推进项目退出工作，某基金已投资项目仍具有较大价值，且某基金至今尚未清算，投资人所受实际损失的具体数额尚无法确定。根据基金管理人会议纪要、投资人报告以及公开信息的查询，目前某基金投资的9个矿产资源项目除其中一主体确已列入失信范围以外，其他8个矿产资源项目仍处于正常存续经营的状态，且实缴资本巨大，具有相当的价值。基于矿产投资的特殊性与周期性，其退出路径不能一概而论，可以通过股权转让、资产拍卖等多个方式予以实现。就某商贸公司所描述的运营情况及退出可行性分析，无证据证明其所描述的运营情况的真实性，且矿产投资退出的商业交易极为复杂，目前的可行性分析毫无依据。据此，目前某基金项目尚未经清算，损失尚不能确定，侵权责任的构成条件尚不具备。如果判决某银行北京分行承担侵权责任赔偿损失，某商贸公司有可能通过双重清偿获利，于法不合。（3）从因果关系及主观过错的角度来说，某银行北京分行并不存在任何违法行为，自然也不存在主观过错，某商贸公司的投资如果受到损失也是正常的商业风险，或者可能是普通合伙人基金管理人的行为不当所致，而与某银行北京分行的推介行为无任何因果关系。本案中，私募股权投资基金本就属于高风险的投资项目，又同时叠加了矿产投资，就矿产投资而言，其特殊性主要体现在矿产项目前期的尽调及勘查费用是探矿必要的前期基础投入，一旦矿产勘查有初步成果则会收获翻倍收益，具有极大的不确定性。而在本案私募基金设立后，矿产周期进入长期的下行期与压制期，客观上导致后期项目退出缓慢，这都属于能够预见的商业风险，而该后果的发生显然与某银行北京分行没有任何关联。现如今，全球矿产开始进入新一轮的上行期，本案私募基金项下的资产变现仍存在很大可能性。综上，目前侵权责任的四个构成要件均无法成就。（4）从投资主体上来说，某商贸公司系具备丰富投资经验的商业主体，能够自主决定金融投资，应当自负投资风险。根据《九民纪要》第78条的规定，某商贸公司的法定代表人担任多家企业的高管，两个自然人股东（实控人）对外投资了10家企业，这足以说明某商贸公司具备丰富的投资经验及自主决定投资的能力。

对于当事人双方没有争议的事实，本院予以确认；对于双方存在争议的证据的证明能力，本院将结合在案证据和案件事实予以综合认定。本院经审理认定事实如下：

一、某银行北京分行的推介行为

（一）某银行北京分行与基金管理人的约定

2011年7月28日，某银行总行作为甲方与基金管理人作为乙方签订《业务合作合同》中载明，"一、业务合作事项甲、乙双方一致同意，就以下事项展开合作：1. 有限合伙企业项目募集推介与资金代理收付服务在国家法律法规许可与甲方客户同意的情况下，甲方将向乙方提供推介人民币私募股权投资有限合伙企业项目的业务推介网络与渠道，向甲方银行客户及其家族企业推介人民币私募股权投资有限合伙企业项目。同时，甲方为人民币私募股权投资有限合伙企业提供资金代理收付服务，完成有限合伙企业的资金归集和划拨。甲方向乙方推介的渠道募集人民币私募股权投资有限合伙企业的资金规模达到7亿元时有限合伙企业即可成立，资金规模最高不超过10亿元。总出资人数不超过49人。本有限合伙企业暂定名为'某企业'（具体名称以工商注册为准，

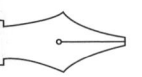

以下简称本有限合伙企业）。2. 有限合伙企业资金托管甲方为乙方发起设立的本有限合伙企业提供资金托管服务。3. 有限合伙企业投资人管理服务根据乙方委托，甲方利用甲方售后服务体系为本有限合伙企业提供投资者管理服务，协助乙方向通过甲方认购本有限合伙企业项目的甲方银行客户提供高效、便捷的信息披露通道等。对以上业务合作事项，甲方还应在本合同约定的基础上与本有限合伙企业签署相应的《托管合同》、《资金代理收付协议》、《财务顾问协议》、《委托理财合同》等补充性合同，以进一步明确双方在具体业务合作中的权利义务关系。三、本有限合伙企业推介的业务安排1. 推介本有限合伙企业项目的进度安排1.1 甲、乙双方建立业务合作关系后，双方应按照本合同规定协商确定本有限合伙企业的销售推介进度安排。在不违反国家法律法规及甲方商业银行相关规定的前提下，并按照甲方根据甲方银行客户管理规定以及《某企业项目营销指引》所作的安排，由乙方向甲方客户推介本有限合伙企业项目；甲方不得向社会公开宣传，进行公开募集。1.2 甲方客户向本有限合伙企业认缴出资，按照《有限合伙协议》的规定执行。2. 宣传推介材料的使用2.1 本有限合伙企业的宣传推介材料内容由乙方提供给甲方。乙方应保证其提供的宣传推介材料符合相关法律法规的规定，承担因该等宣传推介材料违法违规的全部责任。2.2 乙方推介本有限合伙企业使用的宣传推介材料应当与其在相关政府业务监管部门备案的材料一致。2.3 如乙方提供的本有限合伙企业宣传推介材料的内容违反相关法律法规、相关政府业务监管部门的规定及《有限合伙协议》等的规定，由此产生的责任由乙方承担，如因此而导致甲方向其客户或其他第三方承担责任的，乙方应就甲方的损失给予甲方赔偿。3. 业务申请的受理3.1 乙方应自行负责本有限合伙企业业务申请的受理。乙方应严格按照《有限合伙协议》及本协议的规定受理甲方客户认缴、出资、退出本有限合伙企业等业务申请，自行审查业务申请人的申请材料，对其完备性、真实性及合法性负责，严格参照相关法律法规的规定对申请认购本有限合伙企业的业务申请人实施身份识别，并自行保存业务申请人的身份资料和交易记录。3.2 若乙方在本有限合伙企业的推介活动中由于未能尽职尽责履行审核义务出现：（i）未能保证其接受申请的业务申请人符合本有限合伙企业《有限合伙协议》要求的有限合伙人资格；（ii）未能真实、合法、完备地取得业务申请人的身份与业务申请资料；或（iii）未能履行本协议规定的客户身份识别义务，则乙方应自行承担相应的责任。3.3 乙方向甲方客户推介本有限合伙企业项目前，须将项目推介的所有资料与法律文件（包括但不限于《有限合伙协议》等文件）报甲方确认。甲方对推介资料与相应法律文件内容的合法合规性持有异议或认为相关法律文件部分条款显失公平，严重损害有限合伙企业投资人合法权益的，乙方应做相应修改。乙方变更项目推介资料所载的任何内容时，亦应遵守前述规定。3.4 在向甲方客户推介或销售本有限合伙企业项目前，乙方应向客户说明有关法律法规和相关投资工具的运作市场及方式，充分揭示相关风险，要求甲方客户签署《投资人声明书》，并要求客户手书：'本人悉知项目投资风险，仍自愿承担风险并认购。'6. 责任的划分 6.1 在本有限合伙企业的推介与销售过程中，甲方不承担任何销售或代理销售职责，不应对本有限合伙企业销售或代理销售中的任何损失、损害或费用以任何方式承担后果或承担责任，亦不应对本有限合伙企业的投资与运营风险承担任何责任。五、业务合作收费 3. 乙方向甲方承诺，将其根据本合同的约定，足额按照成交金额的 3% 向甲方支付资金代理收付费用。七、乙方权利与义务 1. 审定并签署甲、乙双方有关业务合作方案。2. 根据与甲方共同认定的本有限合伙企业的业务推广计划，有权利用甲方提供的业务推广便利条件，向甲方客户推介本有限合伙企业项目，在经甲方客户许可的情况下，获取该客户的相关个人信息。4. 甲方客户有投资本有限合伙企业意向的，乙方应向甲方及其客户提供有限合伙企业项目推介所需的各项便利条件，安排路演活动（需遵循国家法律法规之'非公开、非公众'规定）以及在甲方客户签署保密承诺函后提供推介资料；乙方向甲方承诺，如甲方客户决定投资乙方发起的本有限合伙企业的，在同等条件下优先选择甲方客户"。

同日，基金管理人作为甲方与某银行总行作为乙方签订《某资源企业（暂定名）资金代理收付协议》（以下简称《代理收付协议》）中载明："第一条资金代理收付事项 1.1 甲方委托乙方代理甲方完成收取有限合伙企业通过乙方渠道募集的有限合伙人的认缴出资款，通过乙方提供的有限合伙企业资金归集专户将有限合伙人认缴的出资款按照有限合伙人与甲方签订的《合伙协议》的约定，分期划付至有限合伙企业在乙方开立的托管账户，完成有限合伙人认缴出资的资金代理收付事宜。第三条代理收付业务的具体约定 3.3 乙方只承担代理资金收付责任，不承担有限合伙企业认购、投资与收益分配的监管职责和有限合伙企业的投资风险，不承担有限合伙企业的管理职责，不就甲方向有限合伙人应划付的资金承担任何担保责任，不代甲方垫付任何资金，亦不承担有限合伙企业项下任何还款责任。第四条甲方的权利及义务 4.3 甲方须要求有限合伙企业通过乙方业务渠道推介的所有有限合伙人必须使用在乙方开立的账户缴纳合伙人出资。第五条乙方的权利和义务 5.3 乙方代理甲方完成有限合伙企业认缴资金的收付工作，不承担为有限合伙企业垫付任何资金的义务，不承担有限合伙企业投资可能产生的与乙方无关的任何风险。"

（二）某基金推介会等具体推介活动

2011 年 7 月 21 日，某银行北京管理部私人银行中心向各支行、营业部发

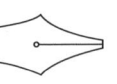

布《关于开展"某基金"推介会的通知》(以下简称《推介会通知》)中载明,为满足私人银行客户多元化投资需求,总行私人银行部合作推出资源类投资基金。本基金项目的管理公司为某投资管理有限公司,此公司为某集团旗下专事资源类投资基金的募集和管理工作。某集团是国内知名的投资机构,在权威私募股权研究机构清科集团历年排行榜上,多次排行前十名。2010年的最新排名是第7位。某基金在10多年发展历程中获得了市场的认同,取得了优异的成绩。某基金累计投资的企业已超过100家,海内外成功上市29家,通过并购、管理层回购等方式完成退出的案例超过20家,根据其提供的资料,其所投资项目的平均年化内部收益率(IRR)在40%以上。管理部定于7月25日开始推介,8月1日至8月25日签约,产品签约起点1500万元,分三次缴款;期限5年,必要时延期2年;产品路演2011年7月25日(周一)下午2:00至5:00通过现场推介会方式召开"某资源基金"产品介绍。现将相关事宜通知如下:(1)会议时间2011年7月25日(周一)下午2:00至5:00;(2)会议地点某银行大厦(北楼)2层私人银行中心;(3)会议内容:①致辞并进行风险揭示,②私人银行服务介绍,③"某资源基金"产品介绍,④交流互动。

《某资源基金募集(非公开)说明书》(以下简称《募集说明书》)中显示,(1)重要提示:基金有风险,投资须谨慎。本基金面向国内非外资企业、国内自然人等成熟投资者私募。本基金为人民币基金。首次出资为投资者认购规模的50%,在基金成立时缴付。其余出资义务将根据基金合伙协议约定,由普通合伙人通知所有出资者分期缴付。本材料仅为永宣(联创)资源基金之募集说明书,不具备法律效力。基金详细情况请参见《某基金资源投资合伙企业(有限合伙)》等正式法律文件。(2)基金模式的优势:专业管理团队多年的投资经验积累;严格的投资纪律;规范的工作流程;科学决策机制。项目投资组合,有效降低单个项目风险单个项目投资额不超过基金规模的15%;至少7-15个的投资项目组合;有效降低单个项目的风险。基金管理人的品牌价值基金管理人的品牌和知名度可直接嫁接到所管理的基金,为基金所用。(3)关于某基金发展历程1999年7月,上海市政府联合投资、国家计委经贸委中国科学院科技促进经济基金委员会和冯某联合发起,是中国最早从事风险投资的体制创新型专业管理公司。后经改制及核心团队持股,历经十一年的磨炼,已成为中国本土创投的卓越品牌。优秀的业绩目前公司管理的本外币基金规模超过150亿元;秉承稳健的风格,所管理基金无一亏损,尤其所投的人民币项目无一失误;截至目前,所投资的企业中已有29家在海内外成功上市;前期人民币基金投资回报达到10倍以上;某矿业、某科技等均列中国业界影

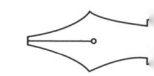

响最大的经典投资案例。优越的区位优势。立足长三角，辐射全国，形成了极高的品牌认可度和巨大影响力；总部设在上海，在北京、杭州、成都、新疆等地设办事处和基金等。（4）资源基金的结构名称为某资源投资合伙企业（有限合伙）（暂定名）；结构为有限合伙制；注册地为上海；办公地点为上海/北京/香港/温哥华；规模为10亿元；目标回报为预计回报4-5倍；期限为5+2年（2年投资+3年管理和退出+2年增补）；首批资金募集截止日为2011年8月；管理费为每年2%；管理公司奖励分成为盈利部分的20%，分成的门槛收益率为10%；投资额度为原则上不超过基金总认缴金额的15%；投资决策委员会为由管理人和出资人代表组成；基金出资为认缴制，可据项目情况分三期到位；基金托管为资金全部委托银行根据托管协议管理，资金安全有充分保障。

某商贸公司主张，某银行北京分行在代销某基金的过程中存在承诺收益率、承诺固定收益这一违规行为，也是基某银行北京分行的错误宣传，才导致某商贸公司基于错误意识购买了案涉基金，造成损失。

根据上述《推介会通知》《募集说明书》，某银行北京分行主张其为完成某基金的推介工作，以基金管理人提供的募集说明书及基础资料为依托，组织开展了以某银行私人银行客户为对象的非公开路演活动，活动主讲人及介绍资料均来源于基金管理人，且基金管理人亦向投资者提示风险，明确某基金可能存在风险及损失，故某银行从未有公开路演、5-7倍收益率等虚假宣传行为。对此，某商贸公司认可上述文件的真实性，但其主张《募集说明书》中未涉及对某基金风险的任何特别提示，整体都是对基金走向利好，收益稳健，投资人经验丰富，过往战绩斐然的宣传，该资料不论是否为某银行北京分行制作，某银行北京分行自身作为代销人都利用上述资料宣传误导了某商贸公司等投资人做出错误的投资决定，也未按照法律以及其内部管理规定在路演时就对投资风险进行充分的揭示，因此上述证据并不能免除某银行北京分行作为代销人的责任。

（三）某银行北京分行对某商贸公司的风险提示

《投资人声明书》中载明："中国某银行：本人向某资源企业（下称'资源企业'）认缴出资并签署《有限合伙协议》前，已经充分阅读了某银行在本声明书上所附的《风险提示》，并充分研究了与资源企业认缴出资、风险启示相关的所有法律性文件，了解相应的投资风险，自主作出投资决策，自愿承担向资源企业认缴出资的投资风险。本人知悉某银行仅按照与某投资管理有限公司签署的《资金代理收付协议》的约定办理资源企业有限合伙人认缴出资资金的代理收付业务，不承担资源企业的任何投资风险，不参与资源企业的运营

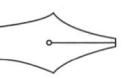

管理，不就资源企业的出资本金、费用或投资收益承担任何支付或垫付义务。附：《风险提示》。

"《风险提示》某资源企业通过非公开的募集方式向特定对象募集资金，投资于非上市公司股权或上市公司非公开交易的股权，并参与被投资企业的经营管理，以期所投资企业发育成熟后寻求在证券市场通过股票发行上市、定向增发或以并购、协议转让、回购等方式退出实现收益。资源企业属于人民币股权投资基金。人民币股权基金是高风险、高收益的投资项目，尤其是其投资回收期限较长，在其资金投资运营期内各种风险因素（包括但不限于市场风险、政策风险、流动性风险、管理风险、被投资企业运营风险、信息传递风险等）会存在并影响其投资收益，请客户仔细阅读本风险提示书'特别提示'部分的内容，充分理解向资源企业认缴出资投资可能存在的相关风险。特别提示：1. 市场风险：资源企业的股权投资与退出受到国内外经济、政治因素以及被投资公司所在行业发展态势、公司经营基本面状况及资本市场等市场变动因素的影响，可能出现较大幅度的波动，从而导致基金有限合伙人认缴出资的本金和投资收益变化，可能出现收益波动、收益为零甚至认缴出资的本金损失的情况。2. 政策风险：资源企业是基于当前的相关法规和政策制度而发起设立的创新型股权投资产品。如国家宏观政策、产业政策、关于基金募资、股权投资限制、投资退出的监管政策以及市场相关法规政策发生变化，可能影响基金的募资、投资、退出、收益分配等的正常进行，甚至导致基金投资的收益降低甚至认缴出资的本金损失。3. 流动性风险：在资源企业存续期间内，客户无法要求资源企业退还其已经认缴的出资本金，并且仅能根据投资人与资源企业普通合伙人签署的《有限合伙协议》的约定实现有限合伙人合伙权益的转让或在规定的收益分配期限内获取投资收益。4. 管理风险：鉴于人民币股权投资基金投资管理的专业性，资源企业的投资管理通过基金《有限合伙协议》等法律性文件约定，基金的有限合伙人无法直接参与资源企业投资管理。在资源企业投资运作过程中，基金普通合伙人、基金投资管理委员会委员（如有），或者接受普通合伙人委托承担基金投资管理职能的投资顾问公司（如有）对被投资企业的产业或产品前景判断失误或对基金营运管理失误，会导致投资成本过高或收益无法实现。5. 被投资企业的运营风险：资源企业对被投资企业作股权投资，一般会向被投资企业派出董事或其他管理人员，但被投资企业仍然是由其企业负责人运营，无法完全被资源企业控制。被投资企业经营不善或未达到预期经营目标会带来资源企业的投资损失。6. 延期风险：如因资源企业投资的被投资企业股权变现等原因造成基金不能按照基金《有限合伙协议》等法律性文件的约定分配股权投资收益，客户获取投资收益的期限将相应延

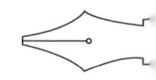

长。7. 信息传递风险：资源企业将按照基金《有限合伙协议》等法律性文件有关'信息披露'的约定，进行基金的信息披露。客户应根据'信息披露'的约定及时进行查询。如果客户未及时查询，或由于通讯故障、系统故障以及其他不可抗力等因素的影响使得客户无法及时了解基金的投资管理信息，或者由于客户预留在基金或基金的委托人的有效联系方式变更，应及时通知基金，而未及时告知基金或基金的委托人联系方式变更的，会使客户无法及时、有效或完整地获知资源企业已作披露的基金投资管理信息。8. 基金不成立风险：如资源企业募集期届满，募集总金额未达到规模下限或市场发生剧烈波动，经资源企业普通合伙人合理判断难以按照基金《有限合伙协议》的规定实现投资目的，该普通合伙人有权宣布基金不成立。基金如不成立会对出资人获取投资收益造成影响。9. 不可抗力风险：指由于自然灾害、战争、重大政治事件等不可抗力以及其他不可预见的意外事件可能致使基金面临损失的任何风险。10. 基金提前终止风险：指因资源企业发生基金《有限合伙协议》等法律性文件约定的产品提前终止事由，基金将提前终止，普通合伙人等承担基金投资管理职能的组织或机构将清算并出售基金所投资全部资产，由于提前清算、基金资产价格市场波动等原因由此可能导致基金资产遭受损失。因此而产生的一切风险由出资人承担。11. 其他可能影响资源企业经营收益的重大风险。客户在做出投资决定、签署基金认缴出资的《有限合伙协议》之前应认真阅读本风险揭示书、了解资源企业的基本情况、投资风险特征，客户应仅在确认其具有识别及承担相关风险的能力、确认该投资完全符合其本身从事该交易的目的、资产投资配置比例、风险承受能力等之后，才可叙作该项投资。某银行股份有限公司（此处无须签章）"

上述《投资人声明书》落款处有某商贸公司加盖公司公章和法定代表人人名章、法定代表人签字，落款处无日期。某商贸公司称公章及法定代表人人名章系公司员工加盖，法定代表人签字非本人签署。某商贸公司主张某银行北京分行在向某商贸公司推介某基金时并未对其进行风险提示，该《投资人声明书》是某银行北京分行员工在事后前往某商贸公司让某商贸公司员工补签的，不能据此认定某银行北京分行尽到风险提示义务。某银行北京分行不予认可，其称上述《投资人声明书》系在某商贸公司投资案涉基金前签署的，根据《投资人声明书》附件《风险提示》可知，某银行北京分行已进行风险提示。

某银行北京分行提交《风险提示确认函》主张在投资人认购某基金前，基金管理人向其提示了风险。《风险提示确认函》载明："尊敬的资源企业（暂定名）的投资者：首先感谢您在作出投资决策时选择资源企业（暂定名）

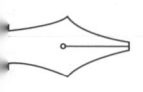

（以下简称基金）。基金真诚提醒，投资须谨慎，在作出投资决策前，请仔细阅读本风险提示确认函：一、基金设立的目的为从事股权及/或债权投资，其不同于银行储蓄及约定收益的债券等能够提供固定收益的投资工具，投资者投资基金既可能按其出资比例分享投资所产生的收益，也可能承担投资所带来的损失。因此，投资者应在综合考虑自身的资产与收入状况、投资目的、投资经验、风险偏好的基础上判断基金是否和自身的风险承受能力相适应。二、投资者在作出投资决策前，应认真阅读《资源企业（暂定名）合伙协议》（以下简称《合伙协议》）、《认缴及订金支付协议》、《风险提示确认函》以及基金《募集（非公开）说明书》等文件的全部内容，了解与本投资相关的知识、业务规则、风险收益等内容，并确信自身已做好足够的风险评估与财务安排，避免因投资基金而承受超出自身负担能力的损失。三、投资者投资基金可能面临各种风险，包括但不限于：投资风险、管理风险、法律风险、税务风险、流动性风险、信用风险、政策风险、经济周期风险、利率风险、操作风险、不可抗力因素导致的风险等。四、基金的投资风险由投资者自行承担，基金的募集服务机构、托管机构、基金财务顾问及其他参与为基金提供服务的机构均不以任何方式对投资者作出保证投资本金安全的保本承诺及/或保证最低收益的保底承诺。五、基金的执行事务合伙人承诺以诚实信用、勤勉尽责的原则向基金推荐投资项目，但不保证推荐的投资项目一定盈利，也不保证推荐项目的最低收益。执行事务合伙人的过往业绩不构成对基金业绩表现的保证。执行事务合伙人提醒投资者，在作出投资决策后，基金的运营状况引致的投资风险，由投资者自行负担。六、特别提示：本风险提示确认函所提示事项仅为例示性质，未能详尽列明投资者投资基金可能面临的全部风险和可能导致投资者资产损失的所有因素。投资者在本风险提示确认函上签字，表明投资者已经理解并愿意自行承担投资基金的风险和损失。如投资者投资基金，则投资者、基金普通合伙人及其他合伙人之间的投资基金的权利、义务、责任仅以最终签署的《合伙协议》为准。基金《募集（非公开）说明书》以及基金发起人、普通合伙人及其他为基金提供募集服务的机构向投资者提供的信息/文件/口头介绍等仅供投资者参考，不构成基金发起人、基金管理人及其他相关方对投资者的要约、承诺和保证。本人已详细阅读上述《风险提示确认函》、《合伙协议》、《认缴及订金支付协议》以及关于基金《募集（非公开）说明书》等所有文件，本人完全理解其中所述内容，并愿意自行承担投资基金的风险和损失。本人确认基金《募集（非公开）说明书》等相关信息仅供本人参考，投资基金的权利义务责任以本人最终签署的《合伙协议》为准。"

上述《风险提示确认函》落款处有某商贸公司加盖公司公章和法定代表

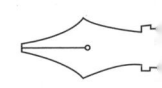

人人名章、法定代表人签字，落款处无日期。某商贸公司亦不认可法定代表人签字真实性，其主张某商贸公司在已做出投资决定，将购买定金已经交付某银行，后由某银行工作人员将上述文件会同投资合同文本一起去某商贸公司处交由某商贸公司一并签署，此时某商贸公司已基于某银行北京分行夸大推荐做出了错误的购买决定，此种格式化文本混合在众多合同文本中并不会引起某商贸公司的充分重视，同时该文本的签署恰恰可以说明，在某商贸公司做出购买决定前，某银行北京分行并未向某商贸公司充分地揭示案涉基金特有风险，也并未按照某银行下发的内部文件充分地履行金融投资服务销售人应履行的告知说明义务。

（四）某银行北京分行对某基金投资人的风险评估

某银行北京分行要求投资某基金的自然人投资人填写了《客户风险评估问卷》，包括某商贸公司在内的企业投资人未要求其填写《客户风险评估问卷》。对此，某商贸公司主张某银行北京分行未尽到投资者适当性义务，某商贸公司经某银行购买案涉基金，因此某商贸公司与某银行之间形成的是金融产品理财服务合同法律关系，该种法律关系中某银行北京分行作为专业金融机构，对基于信任向其购买案涉基金的某商贸公司负有信义义务，适当性义务即为信义义务的一种表现形式。后续私募基金代销相关立法仅是对该项义务的释明和细化，某银行北京分行负有该项义务并不以后续立法为基础。另2005年《商业银行个人理财业务管理暂行办法》中已对商业银行销售理财产品时应履行的义务进行了规定，某银行内部管理规范《销售及推介规程》中也对适当性义务的履行进行了规定，可见销售案涉基金时应履行适当性义务是为某银行所明知的。某银行北京分行不予认可，其称某商贸公司投资案涉私募基金发生在2011年，当时法律法规并没有合格投资者、金融机构适当性义务的相关规定，某银行北京分行不存在违法行为。

《销售及推介规程》中载明："第四章销售/推介流程第二十七条事业部自主研发的理财产品及某银行研发并通过事业部销售渠道销售的理财产品的销售流程：一、客户咨询及风险评估（一）客户咨询是指私人银行财富顾问受理客户对产品基本要素的咨询。风险测评是指私人银行财富顾问针对客户的风险偏好、对投资风险的认知能力以及承受能力进行的专项评估。（二）客户在购买产品时，须由财富顾问通过客户风险评估问卷对客户进行风险评估，确定客户风险承受度，并将评估结果告知客户，双方签字确认。（三）客户风险承受度确定后，财富顾问依照客户的理财目标、风险承受度等为客户提供理财建议。第二十八条事业部推介的信托计划、人民币股权投资基金等投资类业务的推介流程：一、产品推介（一）财富顾问须按照事业部推介通知的要求对拟

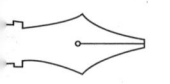

推介客户进行风险评估，确保拟推介客户符合合作机构要求的客户风险承受度后，方可开展产品推介工作。（二）分行财富顾问在推介前，须对拟推介的产品的投资策略、风险收益特征、信息披露材料、专业团队履历、合作机构等有清晰、明确、详尽的认知……附件10：事业部产品销售/推介流程图售前准备包括下发销售/推介通知，销售/推介期间包括客户咨询/客户推介—风险评估—客户签约……"

二、某基金的设立和运营情况

1. 2011年，包括某商贸公司在内的49名投资人与基金管理人签订《某基金企业合伙协议》（以下简称《合伙协议》）中约定，49名投资人为有限合伙人，基金管理人为普通合伙人、执行事务合伙人。第五条经营目的：（1）投资于以中国为基地或与中国有关的矿产资源、稀缺资源及新能源公司。（2）投资于以中国为基地或与中国有关的高增长和/或具高潜力的公司。（3）管理和监督此类投资。（4）从事本协议条款附带的或附属的并符合中国法律的其他活动。第六条有限合伙的经营范围为股权投资、投资咨询及股权投资管理服务。第七条合伙期限：（1）有限合伙的经营期限为五（5）年；（2）根据有限合伙的经营需要，经全体合伙人一致同意，有限合伙经营期限可以延长，延长不超过二（2）年；（3）有限合伙的投资期为自合伙企业成立之日起二（2）年，经全体合伙人一致同意可延长投资期。投资期结束后，除全体合伙人一致同意外，有限合伙仅可对在投资期内已通过投资决议但尚未实施的项目进行投资，或对已投资项目进行后续投资。第八条合伙人认缴出资合伙企业认缴总额为1 010 000 000元。各合伙人的认缴出资额、出资期限等信息如附表一、附表二所示。根据附表一、附表二记载，某商贸公司共出资3500万元，其中第一批出资1750万元、第二批出资875万元。第三十六条资金托管（1）有限合伙选择某银行对有限合伙账户内的全部现金实施托管。第三十七条投资目标（1）有限合伙的投资目标为对资源类企业进行权益性为主的投资，从资本收益中为合伙人获取良好回报。（2）有限合伙原则上应专注于矿产资源、稀缺资源及新能源公司的投资，在资源项目上的投资不低于合伙企业认缴资金总额的80%。第四十二条收益分配与亏损分担的原则（1）当且仅当以下条件均得以满足时方可进行项目投资收益的分配：（a）有限合伙退出其对某一投资组合公司的全部或部分投资；（b）且符合中国法律的任何要求。（2）在有限合伙为退出其对某一投资组合公司的全部或部分投资而完成其对某一投资组合公司的全部或部分投资的处置并获得项目投资收益后的二十（20）个工作日内，普通合伙人应向合伙人会议提交相关的利润分配方案，由合伙人会议决定可分配利润的分配事宜。（3）利润分配比例应等同于截止到利润分配之日各个合

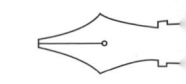

伙人之间实际缴付的资本出资的比例。（4）亏损分担的比例应等同于截止到亏损分担之日各个合伙人之间实际缴付的资本出资的比例。（5）有限合伙人同意，其收益分配后应缴纳的个人所得税款将在有限合伙注册登记地缴纳，并由有限合伙代扣代缴。第五十八条解散当下列任何情形之一发生时，本有限合伙应被终止并清算：（1）有限合伙期限届满并且投资委员会或合伙人会议未予续期；（2）有限合伙已从所有投资组合公司中退出，且普通合伙人决定终止；（3）普通合伙人被除名或退伙且有限合伙没有接纳新的普通合伙人；（4）触发本协议第十六条规定的关键人条款，经全体合伙人会议决定有限合伙清算的；（5）任何有限合伙人严重违反本协议致使本基金无法继续运营；（6）有限合伙累计亏损超过合计实缴出资额的50%；（7）全体合伙人协商一致，可以在任何时候通过书面协议终止本协议；或（8）《合伙企业法》或本协议规定的其他情形。落款处有基金管理人作为普通合伙人、包括某商贸公司在内的49名投资人作为有限合伙人签字盖章，无签订日期。

2. 关于合伙企业的设立。《合伙协议》后附某基金企业的营业执照中载明，某基金的执行事务合伙人为基金管理人（委派代表：冯某），合伙企业类型为有限合伙企业，经营范围为股权投资、投资咨询、股权投资管理，合伙期限为2011年9月30日至2016年9月29日。

3. 关于某基金的更名情况。首先，2011年10月11日，基金管理人出具《更名过程说明函》中载明，基金管理人所发起设立的"某创企业"，在与某银行合作过程中，应某银行要求，曾更名为"某企业（暂定名，以工商注册为准）"并向投资人进行私募。在募集完成后，经上海市工商局核定，最终获批的名称为"某企业"，并于2011年9月30日取得营业执照。其次，2020年4月3日，基金管理人向某银行出具《说明函》，因基金成立是先募集后进行工商注册，因此基金管理人在发起基金募集时暂时使用"某企业"进行募集，后至工商局进行核名注册，确定基金名称为"某企业"，合伙协议及投资标的皆未有任何变化，特此说明。

4. 关于某商贸公司的投资情况。首先，《代理收付申请书》中显示：1. 2011年10月26日，交易名称为对公理财产品签约，理财产品编号为×××，理财产品名称为PB某企业－首次缴款（公），到期日为2018－11－27，理财金额为1750万元。2. 2012年3月13日，交易名称为对公理财产品签约，理财产品名称为PB某企业－第二次缴款（公），到期日为2018－11－14，理财金额为875万元。某银行北京分行和某商贸公司均认可某商贸公司经过两次出资，投资金额为2625万元。某商贸公司提交其在某银行北京大兴支行的账户信息，用以证明某基金将投资期内未投资部分返还给投资人，2015年1月

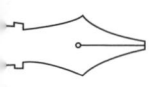

20日，某商贸公司收到退还的投资本金5 416 336.64元，摘要为本金。由上，某商贸公司与某银行北京分行均认可，某商贸公司的投资金额为20 833 663.36元。其次，某商贸公司与某银行北京分行均认可，某基金自2011年9月30日存续至今。某商贸公司于2013年11月29日收到某基金的分红款508 621.91元，此后再未收到某基金的收益分配。

5. 关于某基金的运行情况。某基金一直投资于矿产资源项目，至今仍以持股方式投资于以下公司：晋某公司、彤某公司、同某公司、金某公司、煎某公司、东某公司、泰某公司、锐某公司、振某公司。某基金至今未清算。

6. 关于某基金投资项目的现状。某商贸公司主张上述股权投资的方式通过合伙企业投资上述项目，现因某基金违规代持情况导致合伙成员难以达成一致意见对基金残值进行清算，但清算也并非确定案涉基金损失的唯一方式。就目前公开网站查询到的信息，上述项目经营情况均已陷入困境，项目公司的股权难以退出并将收益返还给投资人，并提交相关法律文书、企业信用信息查询等用以证明。对此，某银行北京分行主张，某基金仍在积极推进项目退出工作，某基金已投资项目仍有较大价值，目前某基金投资的9个矿产资源项目除泰某公司确已列入失信范围以外，其他8个矿产资源项目仍处于正常存续经营的状态，实缴资本巨大，具有相当的价值。另，基于矿产投资的特殊性与周期性，其退出路径不能一概而论，可以通过股权转让、资产拍卖等多种方式予以实现。本案中，某基金大部分的个人投资者之所以一直未同意清算，也正是因为某基金旗下多个矿产具备变现可能，并提交《关于基金相关退出工作的申明》《基金2019年度合伙人大会会议纪要》《某基金投资人报告（2021年第二季度）》《某基金投资人报告（2021年第三季度）》等用以证明，对上述证据材料，某商贸公司不予认可。

某银行北京分行提交的《投资人报告2021年第三季度》中载明，某基金规模为757 500 000元。金某公司运营情况：康某矿业于2021年5月21日向证监会撤回上市申请文件，尽快推动原股东仲裁案件以拿到对赌股份等；文某金矿环保摘牌与采矿证续证已经完成；哈某金矿在想办法积极出售的同时，目前在洽谈合作伙伴，考虑未来一年合作开发生产。锐某公司、振某公司运营情况：经过2021年海南省矿业企业的冷静观望期，金矿企业仅剩7家，正常生产的只有2家，退出计划是利用振某公司现有的矿权资源与第三方进行重组退出。彤某公司运营情况：目前政策不允许开采，暂停了正常开采工作，企业处于停工状态，退出计划为继续保留矿证，寻找收购方，通过收购股权退出。同某公司运营情况：采矿证在公示信息里未查到，根据工作人员介绍，采矿证已于2019年到期，如能配合政府处理好维稳问题，矿证可能还能保住。泰某公

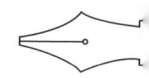

司的运营情况：公司目前仍处于停产维持状态，控股股东合某公司于 4 月 23 日撤走了其派驻泰某工厂的所有人员，并对工厂实施了停水停电，有其他债权人通过当地政府和法院试图对公司进行破产重整，很多行业内龙头企业以及当地的企业家都非常关注并且具有投资合作意向，但都碍于股东间的矛盾以及前期债务问题，无法介入。东某公司运营情况：退出计划为实际控制人同意对项目进行回购，但暂时无回购能力，已经和潞某集团，中某集团签订合作开发的框架协议，目前正在和潞某集团讨论整体收购事宜。煎某公司运营情况：2018 年镍价格跌破 8 万元，公司生产成本高于市场结算价格，导致公司亏损，营运异常困难。经征求各股东单位意见并履行相关程序后，2018 年 4 月停产放假至今，只保留部分员工留守看护。晋某公司运营情况：晋某公司近几年都没有实际的经营开展，他的资产和收购的矿权都在内蒙经营管理。

三、投资人投诉后，北京银保监局作出的《回复函》、《复函》情况

2017 年 3 月 2 日，原中国银行业监督管理委员会北京监管局办公室作出《回复函》（〔2017〕29 号）中载明："关于来信反映中国某银行北京分行（以下简称该分行）代销某基金产品时未向投资者提示风险等问题，经北京银监局核查，现回复如下：关于来信反映未向投资者揭示风险的问题。经核查，某基金为某银行代理销售的私募基金产品。该分行提供了代销时投资人签署的风险评估问卷和投资人声明书，其中缺少 4 名企业投资者的风险评估问卷、该分行未严格执行某银行私人银行产品销售的相关规定。关于来信反映违法进行公开推介的问题。由于缺乏录音录像等证据，北京银监局无法证明该分行是否存在违法公开推介的问题。关于来信反映不当宣传和违规代持的问题。根据你们提供的证据材料，某银行北京某支行原行长宋某承认当时宣传了 5-7 倍的收益率。经核查，该分行代销的 3 名投资人存在违规代持情形、被代持人包括某银行员工以及客户。关于来信反映某银行未经全体合伙人同意委任投委会委员的问题以及赔偿本金及合理收益的诉求，已超出北京银监局监管职责，建议通过诉讼、仲裁等法定途径予以解决。针对核查发现问题，北京银监局已责成该分行认真整改并对相关责任人进行严肃问责。关于你们反映该分行违反《证券投资基金法》、《私募投资基金监督管理暂行办法》等规定的问题，建议向证监会进行反映。以上答复你们如有异议，根据《中华人民共和国行政复议法》、《中华人民共和国行政诉讼法》有关规定，你们有权自收到本答复之日起 60 日内向中国银监会提出行政复议申请，或自收到本答复之日起 6 个月内向北京市西城区人民法院提起诉讼。"

为核实某银行北京分行在某基金销售、推介过程中所承担的作用以及是否存在违法违规行为等情况，本院向北京银保监局发出协助调查函。

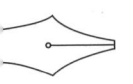

北京银保监局作出《复函》（京银保监便函〔2022〕166号）中载明：根据某银行北京分行反馈，某银行总行在对基金管理人和拟合作项目进行尽职调查和可行性研究的基础上，于2011年4月19日、2012年3月5日分别通过某基金立项审批，并于2011年7月、2012年4月开始销售某基金。因此，某基金是某银行总行准入以及推动分行销售的产品。关于某银行总行与基金管理人之间合作的情况不属于北京银保监局监管职权范围，北京银保监局主要对投诉人反映的某银行北京分行代销过程中的问题进行了核实。关于代销环节的核查情况：①有关风险提示和风险评估的情况针对投诉人反映的某银行未对投资人进行风险提示、未进行风险承受能力评估的情况，北京银保监局向某银行了解了相关情况、调阅了相关档案材料。经调查，北京银保监局作出答复："经核查，某银行北京分行提供了代销时投资人签署的风险评估问卷和投资人声明书，其中缺少4名企业投资者的风险评估问卷，未严格执行某银行私人银行产品销售的相关规定。"②有关产品宣传的情况针对投诉人反映的某银行夸大宣传和承诺高额收益、公开推介等问题，由于缺乏录音录像等证据，没有证据证明某银行存在公开推介的情况。但是由于投资人提供了相关视频，某银行原某支行行长宋某在视频中承认当时宣传了5-7倍的收益。因此，北京银保监局答复："根据你们提供的证据材料，某银行北京某支行原行长宋某承认当时宣传了5-7倍的收益率。"关于监管规定方面，某银行利用银行渠道代为推荐基金公司项目的行为属于银行代理销售行为，但原银监会于2016年5月才印发《关于规范商业银行代理销售业务的通知》，对代理销售行为进行了规范。

北京银保监局回函所附材料中包括的某银行北京分行作出的《关于某企业、某某企业两支私募股权投资基金投资人投诉情况的报告》（以下简称《投诉报告》）中载明："某基金为某银行总行组织包括北京分行在内的17家分行于2011年、2012年代销的私募股权投资基金产品。一、基金基本情况（一）某银行审慎选择合作机构和代销基金项目，严格按行内制度进行立项、审批。为使经营机构切实做到合规销售，某银行总行私人银行事业部下发经营机构的有关某基金的销售通知中明确要求：第一，销售对象为具有较强风险承受能力、具备一定股权类投资知识或经验的高资产净值客户；第二，必须对客户进行风险评估和充分的风险揭示并要求客户亲笔签署《投资人声明书》，明确了解投资风险、自主做出投资决策、自愿承担投资风险，且明确知悉某银行不承担任何投资风险、不参与基金运营管理，不就基金的出资本金、费用或投资收益承担任何支出或垫付义务。"

某商贸公司对上述调查取证情况发表质证意见：对于真实性，关联性，证明目的均认可。（1）证明某银行北京分行违反适当性义务。某银行北京分行提供的代销资料中缺少企业投资者的风险评估问卷。《销售及推介规程》附件10销售推荐流程图中载明销售、推介流程应有客户风险评估环节。某银行北京分行向原北京银监局出具的《说明》中清楚载明"某银行要求必须对客户进行风险评估"。但事实上某银行北京分行并未依照规定履行上述义务。（2）证明某银行北京分行承诺固定收益。某银行北京分行工作人员自认宣传过5-7倍收益率。视频资料1分47秒至2分02秒，投资人在与宋某的对话中拿出某银行私人银行在销售案涉基金时提供的资料上载明收益率为4倍，宋某本人纠正当时宣传的收益率为5-7倍。可见，某银行在代销推介案涉基金时作出过5-7倍收益率的不当承诺。（3）证明某银行北京分行未进行有效风险告知。某商贸公司及其他投资者的《投资人声明书》均未载有签署时间，该《投资者声明书》及《风险提示》均为某商贸公司已打入投资款项后与投资合同一同补签。因此，某银行北京分行并未对案涉基金投资可能涉及的风险对某商贸公司进行有效告知，而是事后进行形式补签，该种形式化告知方式无法起到风险告知提示、预防作用。某银行北京分行作为案涉基金的代销行未履行上述法定义务给某商贸公司造成巨额经济损失，应对某商贸公司的损失承担赔偿责任。

某银行北京分行对上述调查取证情况发表质证意见：真实性、合法性认可，关联性和证明目的不予认可。具体存在如下问题：（1）某基金并非某银行北京分行代理销售的私募基金产品，某银行北京分行提供的是项目推介和资金代理收付服务。首先，《业务合作协议》中明确约定，某银行总行提供的仅仅是项目推介和资金代理收付服务，并非代理销售。其次，原银监会于2016年5月才印发《关于规范商业银行代理销售业务的通知》，对代理销售行为进行规范。本案某基金产品执行的是《销售及推介规程》，该规程对销售和推介产品进行了明确的区分，某基金产品明显属于该规程第28条规定的推介产品，而非第27条规定的销售产品，某银行北京分行也是按照推介产品的规定进行实际操作的。（2）企业投资者未填写风险评估问卷不违反当时的法律规定和某银行私人银行推介产品的相关规定。（3）某银行北京某支行原行长宋某承认当时宣传了5-7倍的收益率属于个人行为，某银行北京分行没有任何虚假宣传的行为。首先，本案某商贸公司系在某银行大兴支行办理的基金资金代理收付业务，与宋某所在的某支行并无业务往来，不存在宋某向某商贸公司宣传的可能。其次，投资人提交的涉及宋某宣传的证据为事后的视频录像，某商贸公司并未提交宋某个人在某基金项目募集推介过程中存在对外宣传5-7倍收益率，并使某商贸公司陷入错误认识的相关证据。最后，宋某的配偶曹某对某基金实际出资达2900余万元，也是某基金持股比例最高的有限合伙人，宋某

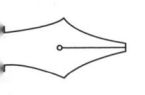

的行为属于个人行为。此外，在某银行北京分行提交的北京银保监局的报告中也明确表示，某基金产品推介时法律没有相关的规定，某银行的规范更多是自律规范；某银行北京分行已经进行了风险提示，明确不承担任何还本付息的责任，投资人对此都是清楚的；不存在虚假宣传、承诺高额收益、公开推介的问题等。

本院认为：《中华人民共和国侵权责任法》第六条规定："行为人因过错侵害他人民事权益，应当承担侵权责任。"某商贸公司诉请某银行北京分行在代销某基金产品时侵犯其财产权利而应承担侵权责任。本案中，2011年某商贸公司自某银行北京分行处知晓某基金产品，某商贸公司与基金管理人签订《合伙协议》成为某基金合伙企业的有限合伙人。根据双方诉辩意见，本案的争议焦点主要包括以下三个方面：一是某银行北京分行的行为性质；二是某银行北京分行是否应当承担侵权责任；三是某银行北京分行应承担的赔偿范围。

一、某银行北京分行的行为性质

某商贸公司主张，某银行北京分行系代理销售某基金产品，因此，应当承担金融产品销售者的义务。某银行北京分行不予认可，其称某银行北京分行仅负责某基金的项目推介和资金代理收付服务，双方之间不存在金融产品的销售或代理销售法律关系，故某银行北京分行无需承担销售机构的义务。

本院认为，某银行北京分行的行为应属代理销售行为。第一，北京银保监局在《回复函》中载明某基金系某银行代理销售的私募基金产品，《复函》中载明某银行利用银行渠道代为推荐基金公司项目的行为属于银行代理销售行为。第二，某银行北京分行在《投诉报告》中写明某基金为某银行总行组织多家分行在2011年代销的私募股权投资基金产品。第三，某银行北京分行所依据的《业务合作协议》《资金代理收付协议》系某银行北京分行与基金管理人之间就业务模式开展的约定，作为外部投资人的某商贸公司仅知其从某银行北京分行处知晓案涉基金产品，并且进行相关投资操作，无从知悉某银行与基金管理人之间的内部约定，因此，不能依据上述协议判断某银行北京分行的行为性质。第四，某银行北京分行组织推介会向银行客户推介该产品，并要求客户签订《投资人声明书》等。且某银行北京分行进行了案涉投资款的划款操作，在《代理收付申请书》中记载为"理财产品编号""理财产品名称""理财金额"，可以看出案涉基金产品系银行代理销售的一款理财产品。因此，某银行北京分行系案涉私募基金产品的代理销售方，故其应当承担金融产品销售机构应承担的义务。

另，关于被告适格问题。虽实际与基金管理人签订《业务合作协议》等协议的是某银行总行，但经询，案涉基金产品的推介行为是由某银行北京分行

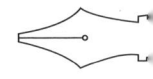

在总行的指导下实际进行的,因此,某商贸公司基于某银行北京分行的实际推介行为以某银行北京分行为被告主张权利,并无不当。

二、某银行北京分行是否应当承担侵权责任

某商贸公司主张,某银行北京分行向其销售案涉基金的过程中存在违反适当性义务、承诺固定收益率等虚假宣传、未尽到告知义务等过错行为,导致了某商贸公司误购与其风险偏好及投资意愿不匹配的产品,继而造成损失。根据某商贸公司的主张,本院审查以下三个方面:一是某银行北京分行是否违反适当性义务;二是某银行北京分行是否存在虚假宣传的行为;三是某银行北京分行是否违反告知说明义务。

(一)关于某银行北京分行是否违反适当性义务一项

某银行北京分行在代理销售某基金产品时,未要求某商贸公司填写《风险评估问卷》亦未提交其他证据证明对某商贸公司进行过风险评估调查。某银行北京分行虽主张某商贸公司系商业机构,属于成熟的企业投资者,具备投资经验及自主决定投资的能力。但其提交的证据无法直接证明某商贸公司的金融投资能力和风险承担能力。

关于适当性义务的主要争议在于案涉基金代理销售行为发生在2011年,当时的法律法规、监管规定中是否明确要求金融产品销售机构履行适当性义务。第一,某商贸公司主张的依据为《商业银行个人理财业务管理暂行办法》(2005年)第三十七条关于风险评估的规定,但《商业银行个人理财业务管理暂行办法》第二条规定:"本办法所称个人理财业务,是指商业银行为个人客户提供的财务分析、财务规划、投资顾问、资产管理等专业化服务活动。"由此可知,该办法针对的是自然人理财业务,某商贸公司作为企业客户,不适用该办法。同时,某银行北京分行要求案涉基金的自然人投资人填写了《风险评估调查问卷》亦可佐证。第二,2012年12月28日修订通过且于2013年6月1日施行的《证券投资基金法》加入了私募基金销售机构的适当性义务条款,将适当性义务转化为法定义务,该规定不适用于2011年的案涉私募基金销售行为。第三,2011年8月28日公布且于2012年1月1日实施的《商业银行理财产品销售管理办法》中关于"风险匹配原则"的规定仅规范商业银行销售本行开发设计的理财产品,而不包括代理销售产品。对于银行代理销售行为,原银监会于2016年5月才印发《关于规范商业银行代理销售业务的通知》加以规范。由上,2011年某银行北京分行代理销售案涉私募基金产品时,是否需要对机构客户"风险匹配""适当性审查"并无明确的法律法规、监管规定进行要求。故,某银行北京分行主张其未对某商贸公司进行适当性审查并不违反2011年销售时相关规定,本院予以采纳。

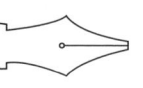

另，某商贸公司虽主张的某银行北京分行在内部规定中要求推介时应当对投资者进行风险评估，对此，本院认为仅存在机构内部的自律性要求，并不能直接认定未予遵守就构成侵权责任。

综上，某商贸公司以某银行北京分行未履行适当性义务为由主张其承担侵权责任，本院不予采纳。

（二）关于某银行北京分行是否存在虚假宣传的行为一项

某商贸公司主张某银行北京分行在推介案涉私募基金产品时存在承诺收益回报率、夸大管理人投资背景等虚假宣传行为，导致其基于错误认识购买了案涉私募基金产品。

1. 是否存在侵权行为

关于宋某承认的宣传5-7倍收益率。北京银保监局《回函》中载明，因投资人提供了相关视频，某银行原某支行行长宋某在视频中承认当时宣传了5-7倍的收益率。但某商贸公司实际在某银行北京大兴支行而非某银行某支行购买案涉基金产品，因此，现有证据不足以认定某商贸公司系因宋某对收益率的陈述而产生错误认识。

关于推介会和《募集说明书》的宣传内容。《募集说明书》中写明"目标回报：预计回报4-5倍"，同时大篇幅地描述了基金模式、基金管理人的优势等，但对于私募股权基金风险的提示仅在第一页的重要提示中写明"基金有风险，投资须谨慎"。首先，上述宣传内容中虽未明确写明保本保收益，但是表述为"目标回报：预计回报4-5倍"，且在"目标回报"内容的上下文均未提示该回报率非承诺一定达到的回报率而仅系管理人的目标，亦未告知基金运行中可能无法达到该回报率甚至可能完全无法收回本金等。同时，在整个《募集说明书》中均无对私募股权基金高风险的明确且详细的提示。投资人通过上述表述可能产生认知为预期4-5倍收益率，即使达不到4-5倍收益率，产生较好收益有极大可能性。因此，上述推介宣传中写明"预计回报4-5倍"且未提示风险的行为，应属上述宣传具有高额回报的诱导。其次，《推介会通知》中载明"根据其提供的资料，其所投资项目的平均年化内部收益率（IPR）在40%以上"，但《募集说明书》中并未告知投资者上述该管理人此前投资项目的收益情况，而是在详述管理人多项优势的基础上，告知案涉产品的"目标回报"为"预计回报4-5倍"。本院认为，普通金融消费者认知能力有限，往往因卖方机构的推介而选择金融产品，因此卖方机构在向客户推介产品时，应当向消费者提供有关商品或服务的真实全面信息，不得作引人误解的虚假宣传，是对销售者在销售产品时的基本要求。故本院认定作为销售者的某银行北京分行在推介过程中存在不当宣传行为。

2. 某银行北京分行是否有过错

某银行北京分行主张案涉推介活动主讲人及介绍资料均来源于基金管理人，不应由其承担责任。现有证据并未明确证明案涉《募集说明书》系基金管理人提供。即使系基金管理人提供的推介材料，本院认为，首先，作为案涉私募基金产品的代理销售机构、推介会的组织方，某银行北京分行有义务也有能力对管理人出具的私募基金募集宣传材料进行谨慎审查，当宣传材料存在不合法不合规不合理的情况时，某银行北京分行不应依据该不恰当的宣传材料开展宣传活动。其次，根据《业务合作协议》，某银行北京分行亦有权利审查基金管理人提供的宣传材料是否合法合规。再次，某银行北京分行提供的《推介会通知》中载明"根据其提供的资料，其所投资项目的平均年化内部收益率（IPR）在40%以上"，说明某银行在推介案涉私募基金产品前对管理人此前投资的项目进行过了解，但此前项目收益率亦未达到"4-5倍"的回报情况。但现有证据并不能证明某银行对宣传材料进行了审查或要求基金管理人提供依据证明回报率。同时，作为专业的商业银行，理财产品回报率能否达到"4-5倍"应当是有高于投资人的认知的，完全可以在推介中向投资人进行具体的风险提示，但现有证据亦未证明。最后，若某银行北京分行认为应当由基金管理人对投资者承担宣传材料的责任，那么应当在推介时向其银行客户说明相关责任方，但某银行北京分行并未提交证据证明某商贸公司作为银行客户了解宣传材料系由基金管理人提供且由基金管理人承担责任。因此，某银行北京分行对于上述不当宣传行为存在过错。

3. 某银行北京分行的行为与某商贸公司主张的损失之间是否存在因果关系

首先，作为一般投资人，对于商业银行自主研发的理财产品和代理销售的理财产品难以做出明确区分，银行客户选择银行推荐的理财产品很可能基于对银行本身的信任，因此，银行在代理销售产品时更应谨慎。当商业银行宣传产品良好且前景可观时，一般投资人可能不会详细分析或审查产品文件，而根据银行的推介做出选择。其次，某商贸公司作为某银行北京分行的客户，基于对某银行本身商业银行代销产品的信赖，更易相信推介会、路演及《募集说明书》内容的可靠性。因此，在《募集说明书》中写明"预计回报4-5倍"且未及时有效提示风险的情况下，某商贸公司很有可能因上述宣传内容而相信案涉私募基金产品的回报率，对案涉产品的投资风险形成错误认识，从而做出错误的意思表示。因此，本院认为，某银行北京分行的上述不当宣传的行为与某商贸公司的损失之间存在因果关系。

（三）关于某银行北京分行是否违反告知说明义务一项

某商贸公司主张，《投资人声明书》系某商贸公司投资后补签，且法定代

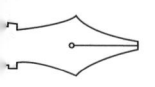

表人签名非本人签署，由此证明某银行北京分行并未严格履行告知说明义务。同时，《投资人声明书》及《风险提示》的内容均为格式文本，并未对案涉基金可能涉及的真实风险进行告知说明，某银行北京分行未履行实质意义的告知说明义务。

1. 是否存在侵权行为

第一，某银行北京分行是否承担告知说明义务。金融市场上的信息不对称，加之投资者自身的知识和能力局限，使得投资者在购买投资性金融产品时往往难以直观地理解其中的风险，其主要依赖于金融产品销售机构的说明。因此，要求金融机构充分告知投资风险，让投资者能够真正了解产品和服务的投资风险和收益，确保投资者在充分了解投资标的及其风险的基础上做出自主决定，系对投资者知情权保护的应有之义。故本案中，某银行北京分行应当在销售时告知作为投资者的某商贸公司相关投资风险。

第二，风险告知说明的方式。在 2011 年的行业背景和监管规定下，不应对金融产品销售者的风险告知说明方式苛以过高的要求，仅需根据产品的风险和投资者的实际情况，综合一般人能够理解的客观标准来进行告知。本案中，在《风险提示》中虽未直接阐述案涉私募基金产品投资项目的特殊性投资风险，但已提及了市场风险、政策风险、流动性风险、管理风险、被投资企业的运营风险、延期风险、信息传递风险等，应当认定某银行北京分行通过《投资人声明书》及《风险提示》的方式向投资人提示风险并无不当。

第三，风险告知说明的时间。风险告知说明的履行是难以通过事后补充提供来弥补的，销售产品过程中的不当行为难以在购买产品后治愈，甚至导致金融消费者无法退出、难以收回的局面，因此，应当强调风险告知说明的时间。本案中，某商贸公司主张《投资人声明书》及《风险提示》系事后倒签的。本院认为，根据 2011 年 10 月 11 日基金管理人出具的《更名过程说明函》《合伙协议》以及合伙企业设立的相关规定可以看出整个基金投资过程应当是：某商贸公司等 49 名投资人确认购买案涉私募基金产品并认购相应金额，案涉私募基金募集完成，基金管理人就案涉私募基金合伙企业设立并办理工商登记，某商贸公司等 49 名投资人分批次缴足认缴出资额。现案涉《投资人声明书》及《风险提示》中虽有某商贸公司签章，但未签署时间。因《投资人声明书》及《风险提示》表述为"某基金"，可以确认上述文件的签署时间在某基金确定更名前，即应当在 2011 年 9 月 30 日之前，早于某商贸公司第一次支付投资款的时间（2011 年 10 月 26 日）。即现有证据可以初步认定案涉《投资人声明书》及风险提示说明发生在工商备案登记（2011 年 9 月 30 日）前，但是并无证据证明告知说明发生于私募基金募集完成之前且在某商贸公司确认购

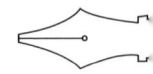

买案涉私募基金产品之前。

本院认为，由于金融交易的复杂性和专业性，金融消费者自身获取证据能力方面客观上存在不足，难以举证证明卖方机构在推介时存在不当行为；卖方机构承担举证责任具有现实可行性，商业银行对于销售产品的资料更具有妥善记录、保管、留存的能力。同时，风险告知是卖方机构应尽义务，卖方机构主张其已进行风险告知说明，应当由其承担举证责任，符合举证责任分配的要求。因此，某银行北京分行作为卖方机构应当对其全面适当及时地进行了风险告知说明承担举证责任。现某银行北京分行并未提交证据证明上述《投资人声明书》的签署时间，其提交的《风险提示确认函》亦无签署时间，即某银行北京分行未能举证证明其及时地向客户告知说明了金融产品的风险等具体情况。某银行北京分行作为销售者未能妥善保管其提示风险的相关记录，应承担举证不能的不利后果。

因此，根据现有证据，不足以认定某银行北京分行全面及时履行了风险告知说明，应当承担相应的侵权责任。

2. 某银行北京分行是否有过错

告知销售产品风险，是对销售者销售产品时的基本要求。某银行北京分行在销售、推介高风险的私募股权基金产品时，应当充分向投资者提示风险。现某银行北京分行未能证明其及时全面有效地提示了风险，存在过错。

3. 某银行北京分行的行为与某商贸公司主张的损失之间是否存在因果关系

因某银行北京分行未能及时提示风险，导致投资者忽略私募股权基金的投资风险，相信案涉产品的优质、高回报率，从而作出未考虑风险的投资决策。因此，某银行北京分行的行为与某商贸公司主张的损失之间存在因果关系。

三、某银行北京分行应承担的赔偿范围

侵权责任中，行为人因其过错而承担相应的赔偿责任，责任应当按照过错比例承担，并以损失弥补为原则。本案中，某银行北京分行在代理销售案涉基金产品的过程中，存在不当宣传、风险告知说明不及时的问题。若无某银行北京分行的上述不当行为，某商贸公司可能不会购买案涉基金产品，其损失无从发生，因此，作为代理销售者的某银行北京分行存在一定的过错，应当承担相应赔偿责任。关于赔偿范围，主要的争议集中于损失的确定和责任比例。

第一，关于未清算能否确定损失。首先，某商贸公司向某银行北京分行主张的系金融产品销售过程中的造成其购买案涉产品而产生的损失，即若无某银行北京分行的不当宣传等行为则某商贸公司不会选择投资案涉基金产品，故投资当时的损失与案涉私募基金现阶段是否已清算并不具有必然联系。其次，某

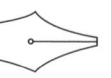

商贸公司提交私募基金投资的9个项目公司的涉诉情况等，主张案涉私募基金即使清算亦无法收回投资，损失已经明显产生。本院认为，基于对金融产品消费者权益的保护，现阶段虽案涉私募基金未清算，对于销售期间销售者应当承担的侵权责任，不应以未清算为由而不予赔偿。但同时需要注意的是，侵权责任赔偿范围应当以损失弥补为限，因此若某银行北京分行在本案中进行赔偿后，某商贸公司因案涉私募基金分配、清算而出现重复获偿的情况，可另行解决。

第二，关于责任比例。首先，对于不当宣传。在2011年，对于银行代理销售业务并无较为明确的监管规定时，不能过于苛责商业银行对代理销售产品的宣传方式和内容。某商贸公司作为商业银行的机构客户，应当具有一定的投资理财之经验，应对基金等理财产品的类型、风险有一定的认知，其对所从事的高风险投资行为，亦应承担更为谨慎的注意义务。同时，案涉私募基金产品投资的是有限责任公司的股权，某商贸公司作为商贸公司且其法定代表人、股东均有一定的对外投资股权的经验，故其对于对外投资股权的风险认知能力应当高于一般投资人，其对于股权投资收益能达到4－5倍的回报率能否实现应当有一定的理性判断能力。其次，对于未能及时全面地进行风险告知说明。虽某银行北京分行现并无证据证明其风险告知说明在某商贸公司确认购买案涉私募基金前，但现有证据仍能看出该风险告知说明在某商贸公司投入第一笔投资款前，若此时某商贸公司认为案涉基金产品风险过高而不同意继续投资，则可以通过不投入相应款项或协议退出合伙企业的方式来防范风险，但其仅在时隔10年后才提出某银行北京分行未及时告知说明风险，因此，本院认为某银行北京分行的上述风险告知义务未能及时履行并未在实质上过度影响投资者在投资案涉基金产品方面的自主决定，但仍应对其不规范的行为承担一定的赔偿责任。因此，综合本案事实及现有证据、2011年的行业背景、法律法规、监管规定等，本院酌情确定某银行北京分行按照某商贸公司投资金额10%的标准对投资者进行适当赔偿。

第三，关于具体赔偿数额。某商贸公司主张损失范围包括投资金额、利息损失、律师费，本院认为其认购的基金产品份额并未全部损失，且该等损失并非全部归责于某银行北京分行的销售行为，故对于某商贸公司主张的超出其投资金额10%的其他诉讼请求，本院不予支持。关于某商贸公司已收到的基金分配收益是否应当在投资金额中扣减。基金分红款是管理人基于基金运营而分配的收益，并非销售机构进行的分配，本案是审查销售机构销售中的侵权行为，即使按照损益相抵原则，该收益也不应在销售者造成的损失中予以抵扣。由上，本院确定某银行北京分行应赔偿的数额按照某商贸公司实际投资金额

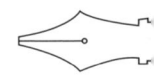

10%的标准计算，应为 2 083 366.33 元。

需要注意的是，商业银行为客户提供理财等金融服务，具有高度技术性、专门性和智力判断性，由此使得客户与商业银行之间具有高度的信赖关系，此种信赖关系要求商业银行具有高度的谨慎勤勉和规范的自律机制，故商业银行应尽到与客户的信赖相符的为客户利益而行为的多层次、多类型的义务。商业银行代理销售金融产品时，应当审慎审查金融产品本身及相关推介材料并及时告知金融消费者投资风险，保护金融消费者的合法权益，规范卖方机构的经营行为，推动形成公开、公平、公正的市场环境和市场秩序。

综上，依照《中华人民共和国侵权责任法》第六条、《中华人民共和国民事诉讼法》第六十七条第一款之规定，判决如下：

一、被告某银行北京分行于本判决生效之日起10日内赔偿原告某商贸公司经济损失 2 083 366.33 元；

二、驳回原告某商贸公司的其他诉讼请求。

如果被告未按本判决指定的期间履行给付金钱义务的，应当依照《中华人民共和国民事诉讼法》第二百六十条之规定，加倍支付迟延履行期间的债务利息。

案件受理费 145 968 元，由原告某商贸公司负担 131 371 元（已交纳）；由被告某银行北京分行负担 14 597 元（于本判决生效之日起 7 日内交纳）。

如不服本判决，可在判决书送达之日起十五日内，向本院递交上诉状，并按对方当事人的人数提出副本，同时按照不服本判决部分的上诉请求数额，交纳上诉案件受理费，上诉于北京金融法院。

审 判 员 刘茜倩

二○二二年六月二十九日

书 记 员 赵 月
书 记 员 边雅祺

审判长

周维平

北京市第一中级人民法院

　　北京市第一中级人民法院刑一庭庭长，三级高级法官，2008年研究生毕业后进入北京市第一中级人民法院工作，先后在刑一庭、研究室、立案庭和机关纪委工作。被评为北京市审判业务专家。

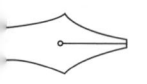

北京市第一中级人民法院
刑事判决书

（2022）京01刑终282号

抗诉机关：北京市昌平区人民检察院。

原审被告人：关某。

北京市昌平区人民法院审理北京市昌平区人民检察院指控原审被告人关某犯帮助信息网络犯罪活动罪及掩饰、隐瞒犯罪所得罪一案，于2022年9月13日作出（2021）京0114刑初1184号刑事判决。在法定期限内，原审被告人关某未提出上诉，但原公诉机关北京市昌平区人民检察院向本院提出抗诉。本院于2022年10月18日立案受理，依法组成合议庭并于当日通知北京市人民检察院第一分院查阅案卷。北京市人民检察院第一分院于同年11月18日阅卷完毕，并向本院移送支持抗诉意见书。同年11月26日，由于不能抗拒的原因致使本案在较长时间内无法继续审理，本院裁定中止审理。2023年1月8日，因中止审理的原因消失，本院裁定恢复审理。同年1月10日，本院依法公开开庭审理了本案，北京市人民检察院第一分院指派检察官出庭履行职务，原审被告人关某及其辩护人到庭参加诉讼。本案现已审理终结。

北京市昌平区人民法院判决认定：2021年2月至3月间，被告人关某将本人及其岳父母杜某、白某在北京市昌平区、怀柔区等地实名办理的中国农业银行卡、中国建设银行卡共计4张出售给陈某（已起诉），上述4张银行卡收入流水合计人民币600余万元。其中被告人关某的农业银行卡和杜某的建设银行卡被用于实施电信诈骗犯罪活动，收入流水合计人民币110余万元。

2021年3月至4月，被告人关某在明知赵某甲（已判决）银行卡内钱款系犯罪所得的情况下，仍帮助他人将卡内余额人民币3万余元予以转移。

北京市昌平区人民法院认定上述事实的证据有被告人关某的供述，证人陈某、赵某甲、王某甲、曹某、金某、王某乙、戈某、龚某的证言，公安机关出具的接报案和到案经过，反诈平台数据信息页，案件信息及线索截图，受案登记表、立案决定书，调取证据通知书、调取证据清单、账户信息、开户手续、协助查询财产通知书、交易明细、客户交易详细信息，搜查证、搜查笔录、扣

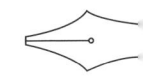

押决定书、扣押笔录、扣押清单、电话录音、工作记录、工作说明、治安管理处罚裁定书、刑事判决书、释放证明书，鉴定意见及身份证明材料等。

北京市昌平区人民法院认为，被告人关某明知他人利用信息网络实施犯罪，为其犯罪提供支付结算等帮助，情节严重，其行为构成帮助信息网络犯罪活动罪；明知是犯罪所得而予以转移，其行为构成掩饰、隐瞒犯罪所得罪，依法应予惩处。北京市昌平区人民检察院指控被告人关某犯帮助信息网络犯罪活动罪及掩饰、隐瞒犯罪所得罪的基本事实清楚，证据确实、充分，罪名成立；唯指控被告人关某掩饰、隐瞒犯罪所得数额为7万余元的依据不足，依法予以变更。综合全案证据，关于王某甲将银行卡内取出的钱款全部交给关某的事实，仅有王某甲的证言，而无其他证据佐证；与王某甲同行的人员仅能证实王某甲将信封交给一名男子，并不确认信封内的物品或具体数额；关某对收到上述钱款的事实予以否认，辩称当日仅收到一千元的辛苦费；在案证据不能相互印证，指控被告人关某收到上述钱款并将钱款予以转移的依据不足。对于该部分数额，该院不予认定。关某系累犯，依法予以从重处罚。同时鉴于关某当庭表示对于帮助信息网络犯罪活动罪自愿认罪，在量刑时酌情予以考虑。据此，判决：（1）被告人关某犯帮助信息网络犯罪活动罪，判处有期徒刑一年，罚金人民币一万元；犯掩饰、隐瞒犯罪所得罪，判处有期徒刑一年三个月，罚金人民币一万元；决定执行有期徒刑二年，罚金人民币二万元。（2）追缴被告人关某的违法所得人民币六千元，依法予以没收。（3）随案移送作案工具手机一部，依法予以没收。

北京市昌平区人民检察院的抗诉意见是，原判因采信证据存在错误导致认定事实确有遗漏，进而导致量刑明显不当，理由如下：

第一，原判未认定关某明知王某甲银行卡内钱款系犯罪所得而帮助转移人民币3.4万余元的事实，系证据采信存在错误，导致事实认定错误。

首先，关某全额收到王某甲通过注销银行卡取出的3.4万余元现金并予以转移，有证人王某甲的证言与关某手机鉴定意见中短信记录、微信聊天记录、微信转账记录、王某甲银行卡注销取款的交易明细、关某银行卡存款的交易明细等书证以及民警高飞、同行人员赵某乙、张某甲、赵某丙的证人证言等证据予以证实，且能够相互印证。

其次，王某甲银行卡内钱款系犯罪所得，有王某甲、赵某甲的证言，多名被电信诈骗报案人的证言、受案登记表、立案决定书、相应银行卡交易明细、王某甲和赵某甲的刑事判决书等予以证实，且能够相互印证。

最后，被告人关某明知该钱款系犯罪所得，有陈某的证言、陈某和关某的手机鉴定意见中微信聊天记录、王某甲及赵某甲的证言予以证实，且能够相互

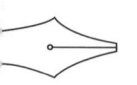

印证。

第二，原判基于对犯罪事实的错误认定，导致对关某的量刑明显不当。关某掩饰、隐瞒犯罪所得罪涉及事实中犯罪数额应为 7 万余元，在整个诉讼过程中关某始终避重就轻，无任何从轻处罚情节，且系累犯，依法应从重处罚。原判基于仅认定一起事实，涉及犯罪数额 3.9 万余元，以掩饰、隐瞒犯罪所得罪判处有期徒刑一年三个月，罚金人民币一万元，属于量刑明显不当，没有做到罚当其罪。

北京市人民检察院第一分院的支持抗诉意见是，一审判决认定原审被告人关某的行为构成帮助信息网络犯罪活动罪的事实清楚、证据确实充分且适用法律准确，但未认定关某明知王某甲银行卡内钱款系犯罪所得而帮助转移的事实，系证据采信错误导致事实认定确有遗漏，进而导致量刑明显不当，应予纠正。

第一，现有证据能够证实关某转移 7 万余元钱款的行为。关某不仅收取了赵某甲银行账户 3 万余元钱款，还收取了王某甲银行账户 3 万余元钱款。综合现有证据来看，王某甲的证言与在案其他证据相互印证并形成完整的证据链条，而关某关于仅收到 1000 元辛苦费的辩解没有证据支撑且与常理不符，因而能够排除关某"只收了王某甲 1000 元"辩解的合理怀疑。

第二，赵某甲中国建设银行（尾号 2323）账户销卡时卡内余额 39 997.29 元、王某甲中国农业银行（尾号 1071）账户销卡时卡内余额 7865.85 元可以评价为"犯罪所得"，但王某甲中国建设银行（尾号 6849）销卡时卡内余额 26 929.8 元不应认定为"犯罪所得"。

第三，关某本人曾向陈某提供银行卡并明知该银行卡被用于犯罪，且明知赵某甲及王某甲的银行亦提供给陈某、陈某因卖银行卡而被羁押，因而其在主观上明知上述钱款属于"犯罪所得"。

综上，关某明知王某甲中国农业银行（尾号 1071）内钱款系犯罪所得而帮助转移的行为，构成掩饰、隐瞒犯罪所得罪，犯罪金额为销户时取款的 7865.85 元，对北京市昌平区人民检察院的该部分抗诉意见予以支持。但现有证据不能证明关某明知王某甲中国建设银行（尾号 6849）销户时取款 26 929.8 元为犯罪所得而帮助转移，对北京市昌平区人民检察院的该部分抗诉意见不予支持。关某的行为构成掩饰、隐瞒犯罪所得罪，犯罪数额为 4 万余元。

原审被告人关某认可其行为构成帮助信息网络犯罪活动罪，但否认还构成掩饰、隐瞒犯罪所得罪。关某的主要辩解是：

第一，他通过闪送方式收到了赵某甲给的 3.8 万余元，后存入银行卡并转

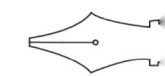

给了闵某提供的银行账号，但他不知道这笔钱是犯罪所得。

第二，他没有从王某甲处收到3万多元现金，而仅收到1000元劳务费。他从欧阳某某那里要到王某甲的联系方式，联系王某甲的目的是转达闵某要求传达的信息。因为王某甲说愿意退钱给闵某，所以双方约了在赛特商场见面。当时他是开车去赛特的，但记不清出发地点。见面后王某甲只给了他1000元作为劳务费，之后他没有再联系王某甲要钱。

辩护人的主要辩护意见是：第一，关某未收到王某甲从银行账户内提取的钱款。原公诉机关没有确实、充分的证据证实关某拿到了3万余元的现金；一审宣判后检察机关补充笔录内容的真实性较低；二审当庭出示的赵某丁和于某的证言内容相互矛盾且与在案其他证据相矛盾。

第二，王某甲从尾号6849的中国建设银行卡取现的余额26 929.8元因既无直接证据证明该卡中有确定的被害人钱款汇入，亦无法证实系直接来源电信诈骗的钱款，故不应被认定为犯罪所得。

第三，关某不明知赵某甲及王某甲注销的银行卡中钱款属于犯罪所得。

经审理查明：

1. 关于帮助信息网络犯罪活动罪的事实。2021年2月至3月，原审被告人关某将其本人及其岳父母杜某、白某在北京市昌平区、怀柔区等地实名办理的中国农业银行卡、中国建设银行卡共计4张出售给陈某（已判刑），上述4张银行卡收入流水合计人民币600余万元。其中关某的中国农业银行卡和杜某的中国建设银行卡被用于实施电信诈骗犯罪活动，收入流水合计人民币110余万元。

2. 关于掩饰、隐瞒犯罪所得罪的事实。2021年3月至4月，原审被告人关某在明知赵某甲（已判刑）的中国建设银行卡（尾号2323）内钱款及王某甲（已判刑）的中国农业银行卡（尾号1071）内钱款均系犯罪所得的情况下，仍帮助他人将上述卡内余额人民币4万余元予以转移。

在一审庭审中，公诉人当庭宣读、出示下列证据：

1. 原审被告人关某的供述证明：他提供自己及岳父母白某、杜某的农业银行、建设银行卡给陈某使用。他新办银行卡给陈某使用时，银行告知过银行卡不得出租、出售、出借。陈某通过微信给了他用卡的好处费。他知道陈某还收了刘某、席某、赵某甲、王某甲的银行卡。席某、刘某和他提过陈某用卡给好处费的事。陈某用这么多卡肯定不是做什么好事。

2021年4月，陈某的朋友闵某联系他说赵某甲欠其钱，他把赵某甲手机号发给闵某。闵某说陈某把赵某甲的卡给其用，但后来卡不能用了，可卡里有几万块钱，所以让他找赵某甲。后赵某甲和他说把钱从银行卡取出来了，不是

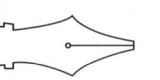

自己的钱，自己不能要。他告知闵某，闵某让他帮忙把赵某甲取出来的钱转给自己。后赵某甲将3万多现金闪送给他，而他把钱存到银行卡里，又通过手机银行操作，将钱转到闵某给他的银行账户里。他是在陈某被拘留后一周左右找的赵某甲。

2. 证人陈某的证言证明：闵某和他说有用卡的活儿，后他和朋友们说有人用卡，3000元一张。关某是他的弟弟，关某给了他三四张银行卡，有关某自己的，还有别人的。他给了关某几千块钱。他跟关某说闵某在缅甸用银行卡。关某应该见过赵某甲和王某甲。

3. 证人赵某甲的证言证明：2021年4月，他听说陈某被抓后，就将卖给陈某的建设银行卡注销了，里面还有三万九千余元人民币。第二天陈某的朋友联系他，让他把钱转给其，于是他将该笔钱款闪送给陈某的朋友。

4. 证人王某甲的证言证明：2021年3月，他给"达达"办了两张银行卡，后来是"达达"和其弟弟找他要的卡。2021年3月，他听说"达达"被公安机关处理了，就把两张银行卡注销。"达达"的弟弟找过他，让他不要注销卡，说押着人押着钱呢。卡里余额一张两万多，一张七千多。"达达"的弟弟联系他要钱，后来他到赛特给"达达"的弟弟送的钱。当时和他一起去送钱的有赵某戊、张某甲和小东北。

公安机关出具的《辨认笔录》证明：王某甲在笔录中提到把钱取出来后给了"达达"的弟弟，为固定证据，2021年7月19日在昌平看守所提讯室，王某甲在民警提供的无规则排列的12张不同男子免冠照片（分别编号为1—12）中，经仔细观察一遍后辨认出照片中5号男子（关某）就是其笔录中所提到的"达达"的弟弟。

5. 公安机关出具的《接报案经过》和《到案经过》证明：2021年3月17日，公安机关接到线索，内容是关某办理的银行卡涉及多起电信诈骗案件。2021年5月8日，关某自行到公安机关。

6. 证人曹某、金某、王某乙、戈某、龚某的证言证明：2021年3月10日，曹某被他人以刷单返利为由诈骗，其中向关某的中国农业银行（尾号8472）账户转账1万余元。2021年3月10日，金某被他人以刷单返利为由诈骗，其中向关某的中国农业银行（尾号8472）账户转账5万余元。2021年3月9日，王某乙被他人以刷单返利为由诈骗，其中向关某的中国农业银行（尾号8472）账户转账4000余元。

戈某在2021年3月被诈骗11万余元，其中向王某甲的中国农业银行（尾号1071）账户转账28 000元。龚某在2021年3月被诈骗，其中在3月28日分两笔向赵某甲的中国建设银行（尾号2323）账户转账共计58 800元。

7. 公安机关调取的反诈平台数据信息页证明：2021年2月，张某乙报警称被App软件诈骗，损失180余万元。经查询二级卡主体详情，关联到白某建设银行卡（尾号2298）；2021年3月，秦某报警称被他人诈骗，对方收款账户包括杜某建设银行（尾号2616）。

8. 公安机关调取的案件信息及线索截图、受案登记表、立案决定书证明：曹某、金某、王某乙、戈某、龚某被诈骗案均已被公安机关立案侦查。

9. 公安机关调取的调取证据通知书、调取证据清单、账户信息、开户手续、协助查询财产通知书、交易明细、客户交易详细信息证明：关某的中国农业银行卡（尾号8472）、中国建设银行卡（尾号4594）及白某的中国建设银行卡（尾号2298）、杜某的中国建设银行卡（尾号2616）的开户及交易流水情况。上述四张银行卡在2021年3月3日至18日流水收入合计人民币600余万元。其中，关某的中国农业银行卡账户流水包括王某乙、金某、曹某的转账。关某的中国农业银行卡和杜某的中国建设银行卡流水合计人民币110余万元。

赵某甲的中国建设银行（尾号2323）在2021年2月和3月交易流水1200余万元。其中，龚某转入58 800元。该卡于2021年3月30日销户，取款39 997.29元。

王某甲的中国农业银行（尾号1071）交易流水300余万元。其中，戈某转入28 000元。该卡于2021年3月30日销户，取款7865.85元。王某甲的中国建设银行（尾号6849）在2021年2月和3月交易流水800余万元。该卡于2021年3月30日销户，取款26 929.8元。

关某的中国工商银行卡账户在2021年4月2日通过ATM机存款6.9万元，同日转账给翁某某3.8万元，后于4月5日转账到支付宝2000元，转账到微信3.5万元。

10. 公安机关出具的搜查证、搜查笔录、扣押决定书、扣押笔录、扣押清单证明：公安机关从关某、陈某处分别起获手机一部并依法予以扣押。

11. 公安机关出具的电话录音证明：民警于2021年7月26日电话联系赵某戊核实情况，其称曾和王某甲等人去广渠门附近办事，王某甲给一男子打电话后去了一个地方。王某甲下车时从手扣里拿出一个白色信封，不知道里面是什么。王某甲没打开，在车外把信封给了对方。

民警于2021年7月26日电话联系张某甲核实情况，其称大约两个月前与王某甲等人到大厦门口，不知道具体地点。王某甲拿一个信封，下车后给了对方。里面估计是钱，具体是啥不知道，牛皮纸的黄色信封。其没看清对方男子。

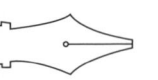

12. 北京市昌平区人民检察院出具的工作记录证明：公诉人于 2022 年 8 月 12 日电话联系赵某丙（小东北）核实情况，其称 2021 年 3 月与王某甲等人一起去市里，王某甲接了个电话后去了一个地方见人。王某甲从副驾驶手扣里拿出一个信封下车后给了对方男子。好像是牛皮纸信封，挺鼓的，敞着口呢。里面好像是钱，具体多少不知道。对方是几个人也没注意。

13. 公安机关出具的工作说明证明：经公安机关工作，闵某近一年无历史轨迹信息。

14. 公安机关调取的治安管理处罚裁定书、刑事判决书、释放证明书证明：关某于 2001 年 10 月 26 日因偷窃财物被海淀分局行政拘留十日；曾因犯抢劫罪于 2007 年 3 月 9 日被判处有期徒刑二年，缓刑二年，罚金人民币二千元；因非法持有枪支罪于 2016 年 12 月 26 日被北京市海淀区人民法院判处有期徒刑二年六个月，后于 2017 年 3 月 24 日刑满释放。

赵某甲、王某甲、席某均因向陈某出售银行卡，被北京市昌平区人民法院于 2021 年以帮助信息网络犯罪活动罪判处刑罚。

15. 北京信诺司法鉴定所出具的鉴定意见证明：经对涉案手机进行鉴定，恢复、提取出大量微信聊天记录，其中部分内容如下：

在陈某与关某的微信聊天记录中，陈某于 2021 年 2 月 20 日和关某微信聊天称，"四件套的事，缅甸市场终于打开了。我打进赌场内部了，需求量基本是有多少收多少。一套我至少卖 3000，还有可以分润的赌场。我给他提供卡号，收那边一个点服务费。关键信任的基础是我把闵某和他哥们扣在人家那当人质。"2021 年 2 月 28 日，陈某称"这是小白他爸的卡验证完了给的前期费用"。2021 年 3 月 3 日，陈某发"身份证号发给我，一会等着接验证码"，关某发送身份证号。2021 年 3 月 4 日，陈某称"今天去办两个工行卡，但是要先去办手机号"。2021 年 3 月 16 日，陈某询问关某"宝子的卡你跟他说的多少钱？你挣不挣？可以跟他说 2000，我给你留 1000，别咱俩说岔了"，关某回"你给他 3K 吧，自己留 1K 一张"。陈某于 2021 年 3 月 17 日询问关某，"你上次说的那个保安公司能给办卡的事，能弄不"。关某于当日将农业银行激活码发送给陈某。另外，关某向陈某出售银行卡的违法所得为人民币 6000 元。

在陈某与闵某的微信聊天记录中，2021 年 3 月 3 日，陈某向闵某发送杜某的身份证号。2021 年 3 月 10 日，陈某称"我怕像昨天一样量大，特意拿的关某这个 100 万的卡，钱我昨天都给他了"等内容。

在关某与贺某的微信聊天记录中，关某于 2021 年 3 月 20 日与贺某微信聊天称，"陈某，帮助信息网络犯罪活动，就这罪名。"后二人语音通话。关某于 2021 年 4 月 16 日发送信息"王某甲，百善派出所"。

在关某与席某的微信聊天记录中，关某于 2021 年 3 月 20 日向席某发送陈某的拘留通知书，并向席某发送信息"他这个罪名大吗？"后二人通话，席某发信息称"一般是三年以下。也看金额"等内容。

在关某与王某甲的微信聊天记录中，关某与王某甲在 2021 年 3 月 31 日多次微信联系，其中王某甲向关某发送位置信息"赛特大厦"，并于当日向关某发送赵某甲的手机号。

在关某与赵某甲的微信聊天记录中，关某于 2021 年 4 月 1 日和赵某甲加为好友，并于 4 月 2 日通话三次。

在关某与微信名为"小岳岳"微信聊天记录中，"小岳岳"于 2021 年 4 月 20 日发送信息称"编辑个人短信给我，你没编啊？"后关某向对方发送其给陈某银行卡的事情经过。该经过与其到案后初期的供述内容一致。

微信聊天记录显示关某于 2021 年 3 月 23 日知道席某被刑事拘留。

16. 公安机关调取的身份证明材料证明：关某的自然身份情况。

在二审庭审中，出庭检察官出示了如下证据：

1. 证人赵某甲在 2022 年 9 月 17 日的证言证明：他是在 2021 年过完年回来没几天提供银行卡给陈某的。大约 3 月底联系不上陈某，于是就和王某甲商量着去把卡注销了。大概 3 月 30 日下午 1 点多，他和王某甲一起去注销银行卡。当时他的一张卡里有三万九千七百七十多元。他把卡注销了，并将这些钱转到新办的卡里了，而王某甲当时应该是取了现金出来。

当天晚上，微信名为"捡贝壳的小孩"给他打电话，自称"达达"的朋友，说钱的事"达达"委托其来处理，并说自己知道多少钱，准备过来拿。第二天上午，这个人打电话说有事过不来，让他给转过去，并提供了一张农行卡号。当他去转账时，因为需要开户行信息，而对方一直未能提供，于是他就回单位了。后来对方打电话说叫了个闪送，给了他一个取件码，让把钱给闪送过去。后来他就将钱给了闪送的人。当时钱是用建行的专用信封装着的，他用胶带简单封了口。下午四点多，他给对方打电话，确认对方收到了。之后他与这个人没有再联系过。因为他给"达达"银行卡这事外人不知道，当时"达达"也联系不上。这个人跟他联系，于是他就确认这是"达达"的人，否则不可能知道他银行卡的事。他没有见过这个人，而在整个过程中只有"捡贝壳的小孩"跟他联系过，再没有其他人跟他联系过了。

闪送完的第二天或者第三天，王某甲打电话问对方找他拿钱了没有，并说自己的钱是双方约了个地点给送过去的，但他不知道王某甲那边有多少钱。

2. 证人张某甲在 2022 年 9 月 17 日的证言证明：他是王某甲的朋友，双方认识有两三年了。2021 年 3 月底左右，他曾和王某甲一起给别人送过东西。

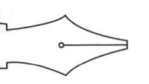

那天下午王某甲约他和"小东北"、赵某戊一起去九宝（音）大厦找人谈房子的事。当时是他开车，王某甲坐在副驾驶。中途王某甲打了一个电话，就说去哪里见面，然后就导航到国贸好像是赛特酒店门口。当时一个男子在那等着王某甲。停车后王某甲从副驾驶手扣里拿出一个牛皮纸袋的信封。信封是比 A4 纸的一半还稍微大些的样子，侧开口的，信封里是钱。因为信封没有封口，他能够看到边上露出来百元面值的红色的钱。他感觉大概有几万元。王某甲下车后就把信封递给了对方男子，这个男子接过信封。两人说了几句话后，王某甲就上车，他们就走了。双方交接信封过程中没有发生异常情况，王某甲也没说对方是谁。

3. 证人赵某丙在 2022 年 9 月 17 日的证言证明：他和王某甲是朋友关系，双方认识有五年了。2021 年 3 月底左右，他曾和王某甲共同出去给别人送过东西。那天中午王某甲约他和张某甲、赵某戊去蟹岛钓鱼。当时他坐在副驾驶的后面，中途王某甲打了一个电话，说去找打电话那人。他就去了一个地方，具体是哪里不知道，好像是个挺出名的酒店。到了之后王某甲给对方打电话，过了几分钟对方过来了。王某甲下车后从副驾驶手扣里拿出一个白色或是黄色的牛皮纸袋信封。信封比平时写信用的信封大一些，没有封口。他看到里面是钱，大概有两三万。王某甲下车后把信封给了那个男子，两人在车边上说了几句话。然后王某甲就上车了，上车时是空着手的，没拿信封。王某甲下车到上车整个过程也就三五分钟，没有什么异常情况发生。

4. 证人赵某乙在 2022 年 9 月 17 日的证言证明：他认识王某甲，两人是朋友关系。2021 年 3 月底左右时，他曾和王某甲共同出去给别人送过东西。那天他和王某甲、张某甲、二哥一起去广渠门附近一个大厦，因为那边有房子要卖。当时是张某甲开车，他坐在后面。王某甲是接了或者打了一个电话，半道就拐到一个地方。他们的车走错了，停车等了一会儿，一个男子从胡同里走出来。王某甲自己下车，从副驾驶手扣里面拿出信封。信封挺厚的，不知道里面是什么。王某甲下车后把信封递给了那个男子，而那个男子接过信封后也没看就装起来了。这两人在边上说了几句话后，王某甲就上车了。从王某甲下车到上车，整个过程很快，也就一分多钟。

5. 证人赵某丁在 2022 年 11 月 1 日的证言证明：他不认识关某，但认识欧阳某某和王某甲，其中欧阳某某的身份证名字叫于某。

王某甲说"达达"让王某甲和赵某甲办银行卡，"达达"还给了王某甲几千块钱。王某甲出事被抓后，他问过"东北"（赵某丙）。"东北"说银行卡注销了，其和王某甲一起把卡里的钱给人送去了，到底多少钱没有查，但就是正常信封，充其量也就是两三万元。当时"东北"说得大概两万多，信封里放

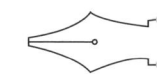

的大概这个厚度的钱，根据大家的生活常识来判断。

6. 证人于某在 2022 年 10 月 31 日的证言证明：他平时也叫欧阳某某。他先认识王某甲，经王某甲介绍认识陈某。关某是陈某的朋友，他也认识。关某的微信叫"捡贝壳的小孩"。当时关某问他认不认识王某甲，于是他就把王某甲的电话给了关某，但关某没说找王某甲干什么。

王某甲给他打电话说陈某出事了，而其和赵某甲都给陈某办卡了。他告诉王某甲不要动卡里的钱，但后来王某甲说因为不放心就去销卡了。王某甲说其和赵某甲都有两张卡，去银行把钱取出来了，其中一张卡里有两万块钱，说要把钱给别人送去。他的另外一个朋友赵某丁跟王某甲关系也很好，在跟他聊天时说王某甲给人送了大概两万多块钱。而他记得王某甲跟他说的是卡里有两万块钱，就疑惑怎么能是给关某两万呢？

他在 2021 年 4 月 19 日和关某的微信聊天中称，"咱们不能多拿人家的，跟我提了一句说给你的肯定是少了，他跟我说的那个取钱的数额跟给你的完全不一样，我担心的就是这个，给你打电话问一下"。当时的情况是王某甲已经出事了，他猜是不是取钱的原因，于是就问了关某。他认识跟王某甲一起去给关某送钱的"小东北"。赵某丁转述"小东北"的话说当时有一个信封装着，充其量不超过两万块钱。他担心的是王某甲取钱的数额高于给关某的钱，因为这个事情王某甲才进去的，于是他就问了关某。

关某当时认可王某甲给其送钱了，但没有说具体收了多少钱。关某说其跟王某甲联系就是要这个钱，具体钱是多少其也不知道，其就是着急要用这个钱。他跟关某说取的钱不止两万，关某说少不少的，就这么着了。他还在电话中问关某王某甲给了多少钱，关某说是两万还是两万几。他说王某甲取钱的数额不止这些，但关某说自己也不知道卡里有多少钱，王某甲给这个钱其就认了，其着急要用这个钱。

他曾经问过"小东北"王某甲给了关某多少钱。"小东北"说就一个银行的信封，也没有多大，顶多是两万块钱。根据他掌握的信息，以及"小东北"和王某甲跟他说的，都是一个信封装着，不可能是几百一千的小钱。一开始他不知道王某甲把钱给了关某，但他回忆了一下过程，因为关某问过他王某甲的联系方式，而王某甲电话跟他说取了钱，于是他就问关某王某甲怎么给其钱的。关某说得特别模糊，卡里多少钱其也不清楚，但关某从来没跟他说过没有拿钱。

检辩双方对一审庭审出示的证据均无异议，但辩护人对二审庭审出示的证据提出异议。其主要质证意见是：检察机关在一审宣判后补充调查的笔录内容真实性较低，应以侦查阶段电话录音内容为准；赵某丁和于某的证言内容相互

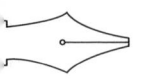

矛盾且与在案其他证据相矛盾，不应予以采信。

对于北京市昌平区人民检察院的抗诉意见、北京市人民检察院第一分院的支持抗诉意见和原审被告人关某的辩解、辩护人的质证意见及辩护意见，合议庭综合评判如下：

一、关于对一、二审当庭出示证据的认证问题

对于一、二审当庭出示的上述证据，辩护人的质证意见及一审法院的认证意见，合议庭经评议认为：

第一，检察机关在一审宣判后向赵某甲、张某甲、赵某丙、赵某乙补充调查形成的笔录程序合法，与指控事实密切相关，且在内容上不仅与公安机关出具的电话录音指向一致，且与王某甲的稳定供述及新调取的赵某丁和于某的证言基本一致，并符合常理。

第二，赵某丁与于某虽然没有陪同王某甲销卡取钱及向关某转移钱款，但赵某丁转述其与王某甲及赵某丙的对话内容与王某甲、赵某丙接受公安司法机关的询问笔录内容一致；于某在案发前向关某提供了王某甲的联系方式，案发后就王某甲是否给关某数万元现金情况同时询问过关某本人及赵某丙，其转述的与关某及赵某丙的对话内容同王某甲的稳定供述及赵某丙的证言基本一致，未见与其他证据存在矛盾。

第三，关某虽然主动前往公安机关，但在到案后的多次讯问中，始终不供见过王某甲且从王某甲处收钱的事实；在2021年8月13日民警专门核实此事时，其依然明确否认认识王某甲及从王某甲处收取过钱款；在检察机关起诉书明确指控其从王某甲处收取钱款后，其才在一审庭审中承认见过王某甲并收取了钱款，但辩称仅收取一千元劳务费。与关某的这种"随证随供"状况相比，王某甲的供述始终稳定且与在案其他证据能够相互吻合。在检察机关二审当庭出示赵某甲、张某甲、赵某丙、赵某乙、赵某丁及于某的证言后，关某有关其仅收取王某甲一千元所谓劳务费的辩解不能成立。相比而言王某甲所作关于其将两张银行卡内取出的钱款交给关某的证言内容能得到在案其他证据佐证，更为可信。

综上，辩护人的质证意见不能成立，合议庭不予支持；检察机关二审当庭出示赵某甲、张某甲、赵某丙、赵某乙、赵某丁、于某的证言，及一审当庭出示的王某甲证言中关于将两张银行卡内取出的钱款交给关某的内容客观可信；一、二审当庭出示的全部证据均可确认为定案根据。

二、关于关某是否收到王某甲从两张银行卡内取出的钱款问题

对此问题，合议庭经评议认为，虽然关某与王某甲的言词证据内容相反，但综合全案证据可以判断，王某甲的证言与在案诸多间接证据能够相互印证，

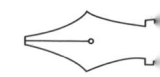

且能排除关某所提仅收到王某甲支付的一千元辛苦费辩解的合理性，可以认定王某甲将注销两张银行卡后取出的现金交给了关某。

第一，关某主动联系王某甲及随后与王某甲相约在赛特大厦见面的唯一目的就是收取王某甲注销两张银行卡后提取的钱款。关某本不认识王某甲，但在陈某被羁押且王某甲刚刚注销两张银行卡并提取钱款后，即通过于某获取王某甲的联系方式，并以陈某朋友的身份主动联系王某甲，明确要求王某甲向其转移所提取的钱款。关某和王某甲于3月31日通过微信多次联系确定在赛特大厦见面，其唯一目的就是收取该笔钱款，而在这次见面后关某未再联系王某甲收取该笔钱款。

第二，王某甲所作其在这次见面时将两张银行卡内取出的钱款均交给关某的证言内容得到在案诸多间接证据的佐证。检察机关在二审当庭出示的赵某甲、张某甲、赵某丙、赵某乙、赵某丁及于某的证言与王某甲的证言能够相互吻合，从现场目击交付现金的厚度、现金的包装、双方的沟通及于某事后与关某、赵某丙、王某甲的联系对话等不同角度共同指向王某甲将从两张银行卡中提取的钱款交给了关某，且交付的数额远超一千元。

第三，关某所提仅收到王某甲支付的一千元辛苦费的辩解缺乏证据支持且与常理明显不符。在整个诉讼过程中，关某直到一审庭审才承认与王某甲见面，但始终辩称仅收到一千元辛苦费。对此，其无法解释在明知王某甲刚在银行注销银行卡并提取三万余元现金后即主动联系王某甲索要该笔钱款，且与王某甲相约在赛特大厦见面的唯一目的就是收取该笔钱款的情况下，其如果当时没有拿到该笔钱款却为何随后未再联系王某甲索要该笔钱款？其无法解释如果仅为拿到所谓的一千元劳务费，其为何要驱车数十公里前往位于北京市中心城区的赛特大厦与并不相识的王某甲见面？其还无法解释其在声称受闫某委托向王某甲收取该笔钱款的情况下，为何王某甲要向其支付所谓的劳务费？关某不仅无法为其辩解提供相关证据或者证据线索予以支持，且辩解内容不符合常理、无法得到合理解释，并与于某等多人的证言内容相互冲突。

综上，综合一、二审当庭出示的全部证据可以认定，关某收到了王某甲从两张银行卡内取出的钱款。因此，北京市昌平区人民检察院及北京市人民检察院第一分院所提关某收到王某甲通过注销银行卡取出的3万余元现金并予以转移的抗诉意见及支持抗诉意见成立，合议庭予以支持。关某的相应辩解及其辩护人的相应辩护意见不能成立，合议庭不予支持。

三、关于赵某甲及王某甲注销银行卡后提取的钱款能否被认定为掩饰、隐瞒犯罪所得犯罪中的犯罪所得问题

对此问题，合议庭经评议认为，《最高人民法院关于审理掩饰、隐瞒犯罪

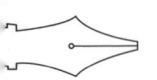

所得、犯罪所得收益刑事案件适用法律若干问题的解释》第八条规定，认定掩饰、隐瞒犯罪所得、犯罪所得收益罪，以上游犯罪事实成立为前提。上游犯罪尚未依法裁判，但查证属实的，不影响掩饰、隐瞒犯罪所得、犯罪所得收益罪的认定。据此，认定掩饰隐瞒的犯罪数额应以"上游犯罪查证属实"为前提，且在本案中应根据有上游犯罪被害人报案材料、相应转账记录及公安机关出具的立案决定书等证据材料加以认定。赵某甲在 2021 年 3 月 30 日注销尾号为 2323 的中国建设银行卡时取款 39 997.29 元，同时现有证据可以证明在同年 3 月 28 日，有电信诈骗案件被害人龚某向该账户先后转账 58 800 元；王某甲在 2021 年 3 月 30 日注销尾号为 1071 的中国农业银行卡时取款 7865.85 元，同时现有证据可以证明在同年 3 月 27 日，有电信诈骗案件被害人戈某向该账户转入 28 000 元。王某甲虽在 2021 年 3 月 30 日注销尾号为 6849 的中国建设银行卡并取款 26 929.8 元，但在案未见相关电信诈骗案件被害人的报案材料、相应转账记录及公安机关出具的立案决定书等证据材料，难以证明有被害人向该账户转账汇款，因而不能证明该账户内钱款系上游犯罪的犯罪所得。

综上，根据现有证据可以认定赵某甲注销其尾号为 2323 的中国建设银行卡后提取的 39 997.29 元及王某甲注销其尾号为 1071 的中国农业银行卡后提取的 7865.85 元系关某掩饰、隐瞒犯罪所得的犯罪数额，但不能认定王某甲注销其尾号为 6849 的中国建设银行卡后提取的 26 929.8 元为关某掩饰、隐瞒犯罪所得的犯罪数额。因此，北京市昌平区人民检察院所提王某甲注销尾号为 6849 的中国建设银行卡后提取的 26 929.8 元应认定为关某掩饰、隐瞒犯罪所得的犯罪数额的抗诉意见不能成立，合议庭不予支持。但对于该院所提王某甲注销其尾号为 1071 的中国农业银行卡后提取的 7865.85 元系本案犯罪数额的抗诉意见成立，合议庭予以支持。北京市人民检察院第一分院的相应支持抗诉意见及辩护人的相应辩护意见成立，合议庭予以支持。

四、关于关某是否明知赵某甲注销银行卡后提取的钱款及王某甲注销尾号为 1071 的中国农业银行卡后提取的钱款系他人犯罪所得的问题

对此，合议庭经评议认为，第一，关某的供述及其与陈某的微信聊天记录可以证实，关某明知陈某收购银行卡系用于网络赌博、电信诈骗等犯罪活动，且其本人亦向陈某出售四张银行卡用于犯罪活动并收取过陈某非法支付的使用费用。

第二，微信聊天记录显示，关某在陈某被公安机关采取强制措施后曾先后联系过席某、贺某等多人，不仅明确知道陈某系因非法收购银行卡被公安机关羁押，且知道陈某涉嫌触犯的罪名为帮助信息网络犯罪活动罪。

第三，微信聊天记录及王某甲的证言等证据可以证实，关某联系王某甲及赵某甲索要二人注销银行卡提取的账户余额之前，已明确知道该二人的银行卡均系非法提供给陈某使用。

综上，关某在陈某被公安机关采取强制措施后联系王某甲及赵某甲收取二人注销银行卡后提取的钱款时，当然对涉案钱款系他人犯罪所得存在明确的认识。因此，北京市昌平区人民检察院的相应抗诉意见及北京市人民检察院第一分院的相应支持抗诉意见成立，合议庭予以支持。关某所提其不明知赵某甲闪送给其的三万余元现金系他人犯罪所得的辩解，及其辩护人所提关某不明知赵某甲及王某甲注销的银行卡中钱款属于犯罪所得的辩护意见均不能成立，合议庭不予支持。

本院认为，原审被告人关某明知他人利用信息网络实施犯罪，为其犯罪提供支付结算等帮助，情节严重，其行为已构成帮助信息网络犯罪活动罪；关某还明知是犯罪所得而予以转移，情节严重，其行为还构成掩饰、隐瞒犯罪所得罪，依法均应予以惩处，并实行数罪并罚。关某曾因故意犯罪被判处有期徒刑，刑满释放后五年内再犯应当判处有期徒刑以上刑罚之罪，系累犯，依法予以从重处罚。考虑到关某自动投案且对于所犯帮助信息网络犯罪活动罪自愿认罪，据此可对其酌予从轻处罚。原审人民法院根据关某犯罪的事实、犯罪的性质、情节以及对于社会的危害程度所作出的判决，定罪正确，审判程序合法。鉴于二审审理期间出现新的证据，本院在查清事实后依法予以改判。北京市人民检察院第一分院的支持抗诉意见成立，本院予以采纳。据此，根据原审被告人关某犯罪的事实、犯罪的性质、情节和对于社会的危害程度，依照《中华人民共和国刑事诉讼法》第二百三十六条第一款第（三）项及《中华人民共和国刑法》第二百八十七条之二第一款、第三百一十二条第一款、第六十五条第一款、第五十二条、第五十三条、第六十九条第一款及第三款、第六十四条、第六十一条之规定，判决如下：

一、维持北京市昌平区人民法院（2021）京0114刑初1184号刑事判决主文的第二、三项，即"二、追缴被告人关某的违法所得人民币六千元，依法予以没收；三、随案移送作案工具手机一部，依法予以没收"。

二、撤销北京市昌平区人民法院（2021）京0114刑初1184号刑事判决主文的第一项，即"一、被告人关某犯帮助信息网络犯罪活动罪，判处有期徒刑一年，罚金人民币一万元；犯掩饰、隐瞒犯罪所得罪，判处有期徒刑一年三个月，罚金人民币一万元；决定执行有期徒刑二年，罚金人民币二万元"。

三、原审被告人关某犯帮助信息网络犯罪活动罪，判处有期徒刑一年，罚金人民币一万元；犯掩饰、隐瞒犯罪所得罪，判处有期徒刑一年六个月，罚金人民币一万五千元；决定执行有期徒刑二年三个月，罚金人民币二万五千元。

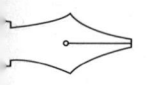

（刑期从判决执行之日起计算。判决执行以前先行羁押的，羁押一日折抵刑期一日，即自2021年5月8日起至2023年8月7日止。罚金限判决生效后十日内缴纳。）

本判决为终审判决。

审　判　长　周维平
审　判　员　刘宇红
审　判　员　张乾雷

二〇二三年二月八日

法官助理　张婷婷
书　记　员　张　莹

徐进
北京市海淀区人民法院

  北京市海淀区人民法院审判委员会委员、刑事审判庭（未成年人案件审判庭）庭长、审判员、三级高级法官、机关党委委员。毕业于中国政法大学。先后在北京市海淀区人民法院刑事审判第一庭、刑事审判第二庭、刑事审判庭（未成年人案件审判庭）和研究室等多个部门工作，因工作成绩突出，三次荣立三等功，先后荣获海淀区第五届"政法青年十杰"、全国"扫黄打非"先进个人、全国法院刑事审判工作先进个人等多项荣誉称号，并被推荐入选北京市政法系统"十百千"人才库和全国法院"司法人才库"。

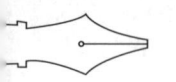

北京市海淀区人民法院
刑事判决书

（2020）京 0108 刑初 1919 号

公诉机关：北京市海淀区人民检察院。

被告人：刘某某，男，1985 年 8 月 24 日出生，汉族，高中文化，务工，户籍所在地河北省保定市。曾因犯职务侵占罪，于 2007 年 8 月被判处有期徒刑一年六个月，2008 年 10 月 9 日刑满释放。现因涉嫌犯诈骗罪，于 2019 年 2 月 15 日被羁押，同年 3 月 19 日被逮捕，现羁押于北京市海淀区看守所。

辩护人：苗运平，北京市常鸿律师事务所律师。

北京市海淀区人民检察院以京海检二部科技刑诉〔2019〕218 号起诉书指控被告人刘某某犯诈骗罪，于 2019 年 11 月 4 日向本院提起公诉。本院于 2019 年 12 月 31 日作出（2019）京 0108 刑初 2263 号刑事判决书，以被告人刘某某犯诈骗罪，判处有期徒刑十一年六个月，剥夺政治权利二年，罚金人民币十二万元；责令被告人刘某某退赔被害人曹某某人民币十万元、退赔被害人刘某人民币十五万元、退赔被害人左某某人民币六十二万五千元；在案扣押的印章一枚依法予以没收。判决宣告后，被告人刘某某不服，提出上诉。北京市第一中级人民法院经审理于 2020 年 9 月 30 日作出（2020）京 01 刑终 247 号刑事裁定书，撤销本院（2019）京 0108 刑初 2263 号刑事判决，将本案发回重审。本院另行组成合议庭，依法公开开庭审理了本案。北京市海淀区人民检察院指派检察员黄海、代理检察员李涛出庭支持公诉，被害人曹某某、左某某，被告人刘某某及其辩护人苗运平，证人孟某、邓某某到庭参加了诉讼。现已审理终结。

北京市海淀区人民检察院指控，2018 年 3 月至 2019 年 1 月，被告人刘某某在本市海淀区，虚构可以投资本市海淀区万柳地区停车场的事实，先后骗取左某某等 4 名被害人钱款共计人民币 2 526 450 元。具体事实如下：

1. 2018 年 3 月，被告人刘某某谎称可以投资本市海淀区万柳华联路侧和国税局门前路侧地区停车场，骗取被害人曹某某（男，30 岁）人民币 10 万元。

2. 2018 年 6 月至 7 月，被告人刘某某谎称可以投资本市海淀区万柳华联路侧和国税局门前路侧地区停车场，骗取被害人刘某（男，39 岁）人民币 15

万元。

3. 2018年6月至12月，被告人刘某某谎称可以投资本市海淀区万柳地区停车场，骗取被害人曲某某（女，38岁）人民币651 450元。

4. 2018年12月至2019年1月，被告人刘某某谎称可以投资本市海淀区万柳泉宗路、海淀公园、巴沟地铁站等地区停车场，骗取被害人左某某（男，39岁）人民币162.5万元。

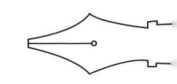

综上，被告人刘某某骗取4名被害人共计人民币2 526 450元。案发后，刘某某的朋友代为赔偿被害人左某某人民币100万元，其余赃款未起获。刘某某于2019年2月15日被民警抓获归案，后拒不供述犯罪事实。

针对以上事实，公诉机关向本院提交了相关的证据材料，认为被告人刘某某的行为触犯了《中华人民共和国刑法》第二百六十六条之规定，已构成诈骗罪，数额特别巨大，提请本院依法对其定罪处罚。

被告人刘某某对公诉机关指控的事实提出异议，辩称其和曹某某、刘某是合作关系，其对相应地段停车场具有承包经营权，不存在诈骗；其和曲某某是朋友借贷关系、和左某某是民间借贷关系，而非诈骗；其将部分资金转账给邓某某等人用于投资期货。其辩护人发表的辩护意见为：刘某某拥有万柳华府、国税局门前、万柳华联停车场的实际经营权，以合作经营方式与曹某某共同出资经营不构成犯罪；刘某某与刘某签订的个人合作协议中约定的停车场位置虽与曹某某的停车场有部分重合，但合作期间不同，且刘某提供的刘某某给其的停车场合作协议没有原件、不能作为定案依据，因此公诉机关指控刘某某诈骗刘某的事实不能成立；曲某某向刘某某汇款都是自愿行为，公诉机关没有提供任何客观证据证明刘某某对曲某某实施了诈骗行为，同时公诉机关指控的涉案金额中有386 812元不能证明已支付给刘某某本人；刘某某与左某某之间是民间借贷关系，刘某某虽有虚构事实，但其目的仅仅是为了借款，而不是非法占有他人财产，刘某某将借款部分用于期货交易而不能按期偿还借款完全是意志以外的因素，左某某借款给刘某某的行为在先，刘某某伪造合同的行为在后，左某某发现刘某某没有偿还能力后迫使刘某某提供伪造的合同，其目的是想通过刑事手段达到索要民事借款的目的，左某某出借款项与刘某某伪造合同的行为之间不存在刑法上的因果关系。此外，刘某某被羁押后，其亲属积极代为退赔，获得了被害人左某某的谅解，应当作为从轻量刑的依据。

经审理查明，2018年3月至2019年1月，被告人刘某某虚构合作经营停车场的事实，在本市海淀区骗取多人的钱款，具体事实如下：

1. 2018年3月，被告人刘某某虚构与被害人曹某某合作经营本市海淀区万柳华联路侧、国税局门前路侧停车场的事实，骗取曹某某向其支付投资款人

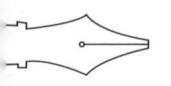

民币20万元，案发前已归还人民币12万元，现尚有人民币8万元未退赔。

2. 2018年6月至7月，被告人刘某某虚构与被害人刘某合作经营本市海淀区国税局门前路侧、万柳华联后通道、万柳华府北街路侧停车场的事实，骗取刘某向其支付投资款人民币15万元。

3. 2018年12月至2019年1月，被告人刘某某虚构与被害人左某某合作经营本市海淀区万柳地区占道停车场、海淀公园及海淀公园路占道停车场、肖家河华联停车场、颐和园6号、7号停车场的事实，以向领导支付好处费、支付经营保证金和委托经营费等为由，分多次骗取左某某共计人民币162.5万元。

经被害人左某某报案，被告人刘某某于2019年2月15日被公安机关抓获归案。综上，刘某某共计诈骗人民币185.5元。案发后，刘某某的亲友代为偿还被害人左某某人民币100万元，其余赃款未退赔。

庭审过程中，公诉人当庭宣读、出示了如下证据材料：

1. 被告人刘某某的供述和辩解证明：万柳华联路侧和国税局门前路侧停车位是张某某从北京某停车管理有限责任公司（以下简称某停车管理公司）承包后，田某某2和董某某从张某某手里承包，其又从田某某2和董某某手里承包过来的，其干了四年多，没有签订过承包合同，每个月停车场支出费用总共是5.4万元，每月固定上交2.6万元给董某某，雇人管理、发工资等开销2.8万元。2018年3月，其和曹某某签订过一份合作协议书，内容是二人合作经营上述停车位，每人出资20万元，合作期是2018年3月9日至2019年3月9日。其承诺每年给曹某某一部分固定盈利，每月再返还他一部分金额。曹某某通过银行卡向其转账20万元。曹某某知道其没有承包合同，表示只要其实际经营就可以。2018年冬天，其通过支付宝给曹某某一次转过10万元，还分了几次给他约3万元。其和刘某于2017年底或2018年初认识，双方是合作关系，其从刘某手里拿过15万元合作上述停车位，这些钱均用于停车场的日常运营。2018年四五月份其认识了曲某某成为朋友，其在外地时电话跟曲某某说需要钱买东西，曲某某直接通过微信转账给其1万元，其用于购买特产和机票。2018年6月以后其以资金周转为由向曲某某借钱，曲某某通过办理贷款、信用卡透支和向小贷公司贷款等方式一共给其四五十万元，其将这些钱用于交停车场任务和日常消费了。2018年底，曲某某一直联系其要钱，其没有钱，答复她以后有了钱再还。2018年12月，左某某找其想承包某停车管理公司的停车场。后来其伪造了两份其和某停车管理公司的承包合同，一份是万柳巴沟地铁站停车场的，一份是肖家河华联超市停车场的。合同上其和某停车管理公司负责人王某某的签字都是其自己签的，停车场的地理位置与其之前承包某停车管理公司的停车地点不重合，都是其自己编的，后其把伪造的合同交给了左

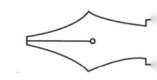

某某，左某某从头到尾给了其大概有 160 万元。当时其伪造的承包合同有效期是从 2019 年 2 月开始的，其就在电脑上把其与某停车管理公司签订的合同有效期改成了 2019 年 2 月 26 日至 2020 年 2 月 25 日，合同内容没有变。某停车管理公司的印章是其在电脑上修改后弄的，字体、大小和名字与真章都不一样。关于颐和园 6 号、7 号停车场，当时左某某问其能不能承包，其知道承包这个停车场要 70 多万，就跟他说先凑钱其再去问。左某某分三次给了其 74.9 万元，现金 20 万元、微信转账 9000 元和现金 54 万元。其拿到钱后没去问这事，把钱自己留下了。后来其退给左某某 10 万元，剩下的钱都被其挥霍了。

2. 被害人曹某某的陈述证明：2018 年 2 月刘某某提出与其合伙承租停车场，由其出资 20 万元、刘某某出资 16 万元共同经营华联路侧、国家税务局门前的停车位，刘某某还领着其到现场看过，其看完后觉得可以干。2018 年 3 月其和刘某某签订了合作协议书，刘某某许诺给其连本带息 30 万元、合作期限一年。其通过微信转账给了刘某某 20 万元。刘某某一共通过微信返还给其 10 万元。被害人曹某某当庭确认刘某某一共向其还款 12 万元，其中 10 万元是本金、2 万元是盈利。

3. 被害人刘某的陈述和辨认笔录证明：2018 年 6 月刘某某以交纳停车场押金为由向其借款 4 万元，说 7 月 1 日之前归还。7 月 1 日刘某某提出与其合作经营万柳停车场，双方各出资 15 万元，承诺其半年纯利润 8 万元。刘某某说他已经干了好几年，停车场旱涝保收，其认为是一个投资机会就同意了。7 月 14 日其通过微信转账给刘某某 10 万元，通过支付宝转账给刘某某 1 万元，加上之前的 4 万元一共是 15 万元。7 月 16 日刘某某开车到丰台区找其，在车上给其看了他与某停车管理公司签订的停车场合作协议复印件，说原件在公司不方便带出来，其信以为真就和刘某某签订了个人合作协议，内容为双方共同出资经营万柳地区万泉庄路国税局门前路侧、万柳华联后通道及万柳华府北街路侧停车场，盈利分配为每周一回。后来 11 月初刘某某总是说停车场经营资金紧张让其帮忙想办法，其说帮不了两人就吵起来。2019 年 2 月其得知刘某某被公安机关抓获，才知道他一直在骗钱就报警了。经辨认，刘某从 12 张男子免冠照片中指认出刘某某。

4. 被害人曲某某的陈述证明：2018 年 5 月其认识刘某某并成为朋友。2018 年 6 月刘某某打电话说需要用钱，其通过微信转给他 1 万元，他给其写了借条。此后，刘某某多次以做生意需要、扩大停车场项目等理由让其办理贷款、信用卡透支后把钱借给他，之后其再联系他时，他就说没钱了没办法还给其。其损失主要有贷款 577 700 元、自己的钱 91 600 元、贷款利息 20 多万元，还有部分逾期违约费用。其光大银行、上海银行、工商银行、中国银行的银行

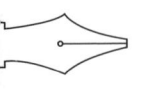

卡都在刘某某手里，所以他能直接从银行卡里套现。刘某某大概还过不到10万元贷款。

5. 被害人左某某的陈述证明：2018年12月刘某某说他从某停车管理公司拿到了万柳地区停车场的经营权，想让其承包知泉路道路两侧、泉宗南路（东段）道路两侧、泉宗路（东段）道路两侧的停车场，其表示同意并交给刘某某8万元现金，其中送礼5万元、押金3万元，与刘某某共同经营。没过几天，刘某某又联系其说他拿到了海淀公园地区停车场经营权，问其想不想合作，其与刘某某签订了海淀公园东门停车场、西门院内及道路两侧停车场的合作经营协议书，并向刘某某转账30万元。2019年1月5日刘某某拿着他与某停车管理公司签订的委托经营合同以及与其签订的合作经营协议书到其办公室，其中没有海淀公园地区停车场的委托经营合同，其问他怎么回事，他说还没有跟公司签合同，需要等钱交完以后才能拿到合同。万柳地区的停车场一直由刘某某管理经营，2019年1月的收入大概8.5万元全被刘某某收走，月底分钱的时候他说都消费了并提出将2月的全部收入给其。2019年1月初刘某某又说他拿到了华联后通道、巴沟地区停车场及华联肖家河停车场三个项目想承包给其，1月10日其与刘某某签订了华联后通道、巴沟地铁站停车场的承包协议，由其一人出资34.6万元承包；当天下午其又给刘某某转账25万元用于承包华联肖家河分店停车场，1月11日双方在其公司签订承包合同。签订合同时，刘某某拿着他与某停车管理公司签订的委托经营合同，其复印后还给了他。1月10日晚上刘某某电话联系其说颐和园6号、7号停车场也可以承包给其，但需要给某停车管理公司总经理王某某20万元好处费，1月11日上午其拿着20万元现金到某停车管理公司员工宿舍找刘某某，刘某某将装有现金的箱子放在了宿舍值班室门岗并跟守卫说转给王总。1月14日刘某某给其打电话说王总收到了，让其准备55万元现金就可以签合同了。其先通过微信转给刘某某9000元，又取出54万元现金送到某停车管理公司员工宿舍交给刘某某，刘某某让其回去等信。1月28日其找到刘某某让他写了个75万元的收条，并告诉他如果签不了合同其就不干了，他当时退给其10万元。1月31日其又催刘某某，他说过完年才能签合同并将他与田某某1的聊天记录截屏发给其。2月13日刘某某联系其协商停车场项目的问题，说停车场不包给他了，但钱都已经交给公司了3个月之后才返还，提出由他干爹陆某某和母亲李某某作担保签订了担保协议。2月15日某停车管理公司总经理王某某主动约其见面，其才知道刘某某只承包了万柳地区知泉路道路两侧、泉宗南路（东段）道路两侧、泉宗路（东段）道路两侧的停车场半年，只交给公司3万元保证金。根据王某某的建议，其就报警了。2019年3月4日刘某某的干爹陆某某与其签

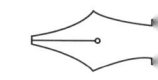

了一份谅解协议，承诺替刘某某偿还 160 万元，现已给了其 100 万元，其余 60 万还没给。被害人左某某当庭陈述其给刘某某的 160 多万元全部是被诈骗的钱款，其为了让刘某某及其亲属还钱才签署的谅解协议。

6. 证人王某某（某停车管理公司法定代表人）的证言证明：刘某某是某停车管理公司的临时工。2019 年 2 月 15 日下午左某某将他与刘某某签订的各种合同、协议及刘某某伪造的某停车管理公司委托经营合同拿给其看，其告诉左某某合同都是伪造的，与某停车管理公司无关。某停车管理公司和刘某某签署过承包合同，承包的是万柳地区知泉路道路两侧、泉宗南路（东段）道路两侧、泉宗路（东段）道路两侧的停车场，承包日期是 2019 年 1 月 1 日至 6 月 30 日，刘某某交了 3 万元押金，合同约定刘某某不可以再与他人签订合作协议。刘某某没有给过其好处费，都是正常交接。万泉庄路国税局北门、万柳华府北街东段道路两侧和万柳华联西侧通道停车场承包给了张某某，合同约定不得外包，但其不清楚张某某是否外包过。

7. 证人毕某某（某停车管理公司副总经理）的证言证明：刘某某自 2019 年 1 月开始接手海淀分局道路、光大花园道路和泉宗路三条路的停车管理经营。承包人先和某停车管理公司签订停车场承包合同，之后自行负责所承包停车场的人员管理以及收停车费。刘某某没有万柳巴沟地铁停车场和肖家河安河桥北华联停车场的管理经营权，某停车管理公司也没有和刘某某签订任何关于这两个停车场的承包合同。刘某某没有找公司说过替别人办理承包停车场的事，也没有给公司高管提供过大量资金。

8. 证人田某某 1（某停车管理公司副总经理）的证言证明：刘某某不是某停车管理公司员工，与公司是承包关系。他从 2019 年 1 月 1 日开始承包海淀分局北门、光大北门和泉宗路上的停车场，合同上明确规定不能分包给其他人。某停车管理公司的公章由其管理，从未外借和丢失过。刘某某从来没有在微信上与其聊过签合同的事情。

9. 证人田某某 2 的证言证明：2012 年前后其与刘某某相识，后来其让刘某某到其管理的万柳华府北街停车场帮忙，主要负责收费、代管这条街的停车位。万柳华府北街停车位产权属于某停车管理公司，其妻子董某某的舅舅张某某与某停车管理公司签订了合同，其和董某某代为管理，每月经营所得扣除任务剩下的就是其二人收入。2014 年前后刘某某开始接手万柳华府北街路侧车位，国税局路侧和华联胡同的停车位是张某某与刘某某谈的，没有合同都是口头协议。刘某某每个月交任务 2.6 万元给董某某，都是通过微信转账。

10. 证人董某某的证言证明：其与刘某某是 2015 年左右认识的。其舅舅张某某与某停车管理公司合作，2012 年底至 2015 年 6 月前后其和丈夫田某某

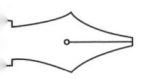

2 负责万柳华府北街车位收费，后来由刘某某负责。刘某某每个月向其交 2.6 万元，是万柳华府、华联胡同、国税局门前停车位的任务，都是通过微信或转账，2018 年开始刘某某以各种借口不交任务、拖欠。

11. 证人张某某的证言证明：2014 年前后其与刘某某相识，2015 年前后刘某某到万柳华府地段的停车场上班，这个车场之前是董某某和田某某 2 负责。刘某某还负责国税局门前和万柳华联胡同的车场，三个停车场每个月的任务一共是 2.6 万元。车场主要是其本人负责，刘某某代管车场都是口头协议没有纸质合同。

12. 证人邓某某的证言证明：其不认识刘某某，2018 年未到过北京，其名下尾号为 9978 的农行卡实际使用人不是其本人，由于自己创业欠钱，其将上述银行卡交由三明市日月茶庄的"阿明"办理贷款，直至公安机关联系其说明情况，其才去银行申请重新办理了一张新卡，新卡尾号为 6672。

13. 刘某某与曹某某签订的合作协议书证明：2018 年 3 月 9 日刘某某与曹某某签订合作协议，项目名称及主要经营地为华联路侧、国税局门前，合作期限自 2018 年 3 月 9 日至 2019 年 3 月 9 日，刘某某出资 16 万元、曹某某出资 20 万元。

14. 刘某某与刘某签订的个人合作协议及刘某某向刘某提供的停车场合作协议等证明：2018 年 7 月 14 日刘某某与刘某签订个人合作协议，合作经营项目和范围为万泉庄路国税局门前路侧、万柳华联后通道、万柳华府北街路侧停车场，期限自 2018 年 7 月 16 日至 2019 年 1 月 15 日，二人各出资 15 万元，盈利按投资比例分配，每周盈利金额刘某某一次交给刘某。刘某某提供的与某停车管理公司签订的停车场合作协议，期限自 2018 年 3 月 15 日至 2019 年 3 月 14 日，签订日期为 2018 年 3 月 15 日。

15. 刘某某与左某某签订的合作经营协议书、万柳地区固定停车场委托经营合同、承包停车场明细、刘某某手写的收条及刘某某向左某某提供的停车场委托经营合同等证明：2019 年 1 月 5 日刘某某与左某某就万柳地区占道停车场和海淀公园及海淀公园路占道停车场分别签订合作经营协议书，万柳地区占道停车场位置为泉宗路（东段）道路两侧、泉宗南路（东段）道路两侧和知泉路道路两侧，地面停车位共计 250 个，合作期限自 2019 年 1 月 1 日至 12 月 31 日，左某某出资 8 万元，其中送礼 5 万元、押金 3 万元，刘某某提供的与某停车管理公司签订的停车场委托经营合同，期限自 2019 年 2 月 26 日至 2020 年 2 月 25 日，签订日期为 2019 年 1 月 9 日；海淀公园及海淀公园路占道停车场位置为海淀公园停车场（东门和西门）、海淀公园路道路两侧，地面停车位共计 150 个，合作期限自 2019 年 1 月 1 日至 12 月 31 日，左某某出资现金 30 万元。

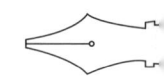

2019年1月10日刘某某与左某某签订万柳地区固定停车场委托经营合同，地点为万柳华联西通道、巴沟地铁地面，地面非机械式停车位230个，期限自2019年2月26日至2020年2月25日，左某某向刘某某支付押金7万元和承包费27.6万元、共计34.6万元，刘某某提供的与某停车管理公司签订的停车场委托经营合同，期限自2019年2月26日至2020年2月25日，签订日期为2019年1月9日。2019年1月11日刘某某与左某某签订万柳地区固定停车场委托经营合同，地点为本市海淀区龙背村路99号华联商厦，地面非机械式停车位50个、地下226个，期限自2019年2月26日至2020年2月25日，左某某向刘某某支付保证金5万元和委托经营费20万元共计25万元，刘某某提供的与某停车管理公司签订的停车场委托经营合同，期限自2019年2月26日至2020年2月25日，签订日期为2019年1月10日。2019年1月28日刘某某给左某某出具收条内容为收到颐和园停车场6号、7号车场承包金75万元。

16. 某停车管理公司提供的万柳地区部分道路占道停车场委托经营合同、北京华联万柳购物中心西侧通道停车场委托经营合同、万柳地区路侧占道停车场委托经营合同等证明：2018年12月某停车管理公司与刘某某签订委托经营合同，将万柳地区泉宗路（东段）道路两侧、泉宗南路（东段）道路两侧和知泉路道路两侧的地面非机械式停车位250个委托给刘某某经营，期限自2019年1月1日至12月31日，延用原合同服务保证金3万元，刘某某每月向某停车管理公司交纳委托经营费1000元。2018年12月，某停车管理公司与北京万泉通顺停车管理有限公司（法定代表人张某某，以下简称万泉通顺停车管理公司）签订委托经营合同，将北京华联万柳购物中心西侧通道的地面非机械停车位68个委托给万泉通顺停车管理公司经营，期限自2019年1月1日至12月31日，延用原合同服务保证金5000元，万泉通顺停车管理公司每月向某停车管理公司交纳委托经营费5000元。2017年10月某停车管理公司与张某某签订委托经营合同，将万柳地区泉宗路北路、泉宗路、圣化寺路、万泉庄路国税局北门、万柳华府北街东段道路两侧、文化宫西门道路一侧等占道停车场的267个停车位委托给张某某经营，期限自2017年11月1日至海淀区占道停车场特许经营前，张某某向某停车管理公司交纳服务保证金55 000元，每月交纳委托经营费3500元。

17. 银行账户交易流水、微信转账记录截图等证明：刘某某与曹某某、刘某、曲某某、左某某的资金往来情况及刘某某银行账户的存款信息及资金去向情况。

18. 邓某某的出行记录证明：2017年11月至2019年11月邓某某未到过北京。

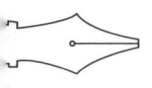

19. 谅解协议书、谅解书、收条、转账汇款业务回单等证明：2019 年 3 月 4 日陆某某向左某某转账 50 万元，并承诺于 3 月 25 日前和 6 月 25 日前分两次偿还剩余 114 万元，左某某对刘某某的行为表示谅解。

20. 受案登记表、到案经过、搜查笔录及扣押手续证明：2019 年 2 月 15 日，经被害人左某某报案，公安机关将被告人刘某某抓获，公安机关同时在刘某某的暂住地起获一枚伪造的公章并依法予以扣押。

21. 刑事判决书、释放证明书等证明：2007 年 8 月 28 日，被告人刘某某因犯职务侵占罪被河北省容城县人民法院判处有期徒刑一年六个月，2008 年 10 月 9 日刑满释放。

22. 身份证明材料证明刘某某的基本身份信息。

经当庭质证，被告人刘某某对其本人的供述提出异议，辩称其在被抓获后脑子有点蒙，所述的承认诈骗的内容与事实不符；对被害人刘某、曲某某、左某某的陈述提出异议，辩称其没有实施诈骗，刘某提供的停车场合作协议不是其给他的，曲某某的贷款是她自愿办理的，其与左某某是正常借款；对证人张某某、董某某、田某某 2 等人的证言提出异议，辩称三人证言的内容不实，因停车场的效益好其还主动多交承包费用；对证人王某某、毕某某、田某某 1 的证言提出异议，辩称其确实找他们说过承包停车场的事情，王某某也承诺时机成熟的时候会给其；对证人邓某某的证言提出异议，辩称其不认识出庭作证的邓某某，其与自称邓某某的人见面时也没有核实对方的身份。被告人刘某某的辩护人对刘某提供的停车场合作协议的真实性提出异议，认为不是原件，不能作为定案依据；对证人张某某、董某某、田某某 2 等人的证言提出异议，认为三人的多次证言前后矛盾，部分内容不实；对证人王某某、毕某某、田某某 1 等人的证言提出异议，认为王某某证明的合同期限与委托经营合同的内容不符，三名证人关于停车场不得转包的内容在合同中也没有体现；对谅解协议书的真实性提出异议，认为因左某某承诺还款后刘某某就可以取保候审，刘某某的亲友才迫不得已承认没有偿还的部分属于诈骗；对邓某某的出行记录提出异议，认为该证据不是在侦查阶段调取，属于非法证据。

经查，公诉人当庭出示的上述证据均系公安机关、检察机关依法调取，形式及来源合法，内容客观、真实，对其证明效力，本院予以确认。被告人刘某某的供述与多名被害人的陈述内容一致，且有在案的多份书证予以佐证，其当庭虽予以否认但并未作出合理解释；刘某提供的停车场合作协议虽系复印件，但相关内容与刘某某和刘某二人签订的个人合作协议一致，结合二人在停车场承包过程中的地位和关系，刘某不具有获取停车场合作协议内容的途径和伪造停车场合作协议的动机；证人张某某、董某某、田某某 2、王某某、毕某某、田某某1等人的证言内容从不同侧面确认了刘某某对部分涉案停车场具有实际经营权,虽然在个别细节上存在偏差,但不影响相关证言对主要案件事实的证明效力;左某某与刘某某亲友签署的谅解协议书仅证明案发后双方当事人为妥善解决问题而做出过努力,并不影响其他在案证据的证明效力,对刘某某行为性质的认定也起不到决定性作用;证人邓某某的出行记录系公安机关在案件审理阶段根据庭审需要而补充调取,内容客观、程序合法,并不违反法律规定,结合证人邓某某的当庭证言再次证实刘某某相关辩解的可信度不高。综上,对于被告人刘某某及其辩护人的上述质证意见,本院均不予采信。

庭审过程中,被告人刘某某的辩护人向法庭出示了下列证据材料:

1. 借款协议书、借条等证明:2019年1月11日和14日刘某某给左某某手写了多张借条,借款金额共计75万元,并承诺2019年1月20日之前还款;2019年2月13日刘某某与左某某签订借款协议确认向左某某借款160万元,承诺2019年3月19日全部归还,陆某某和李某某为连带责任保证人。

2. 证人张某某、陈某、孟某的书面证词证明:刘某某对万柳华联路侧、国税局门前停车场具有实际经营权。

3. 被害人左某某的陈述证明:左某某将钱款借予刘某某,停车场承包业务对左某某而言只是收回钱款的一种双保险。

经辩护人申请,本院依法通知证人孟某到庭作证证明:其与刘某某是2014年左右认识的,刘某某负责万柳华联西侧、国税局门前等三四个停车场,因为资金紧张,刘某某曾找其帮忙给董某某转过钱,2015年至2016年共转过十多次、每次3万元左右。这些钱刘某某还了一部分,还差10多万元未归还。刘某某没有给其打过欠条。

经当庭质证,公诉人对借款协议和借条提出异议,认为相关证据并不是被害人左某某的真实意思表示,应以左某某的当庭陈述为准;被害人左某某当庭补充陈述,表示借款协议是刘某某的亲友在不让其报警的情况下补签,其之所以先让刘某某写了借条是因为没有见到委托经营合同,刘某某也承诺如果办不下来会把钱还给其。经查,刘某某手写的借条与左某某的陈述能够相互印证,共同证实了左某某在投资过程中尽量规避风险的主观心态,刘某某为了达到骗取被害人钱款的目的,一方面虚构了自己已获得相关停车场经营权的事实引诱被害人进行投资,另一方面作出虚假担保和承诺打消被害人顾虑自愿支付钱款,相关行为具有密切联系不可分割;借款协议书系刘某某诈骗行为完成后为拖延左某某追究而采取的应对措施,证人张某某、陈某二人的书面证词和证人孟某的证言内容与公诉机关提供的相关证据并不矛盾。因此,被告人刘某某的辩护人当庭出示的上述证据虽具有客观性和关联性,但无法实现辩护人的证明

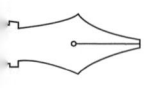

目的。

本院认为，被告人刘某某以非法占有为目的，虚构事实骗取他人财物，数额特别巨大，其行为已构成诈骗罪，应予惩处。北京市海淀区人民检察院指控被告人刘某某犯诈骗罪的事实清楚，证据确实、充分，指控罪名成立，但指控刘某某诈骗被害人曲某某的证据不足、诈骗被害人曹某某的金额有误，本院依法予以纠正。

针对被告人刘某某诈骗被害人曲某某的事实，公诉机关提供了被告人刘某某的供述、被害人曲某某的陈述及微信转账记录、银行交易流水等证据材料，上述证据虽然能够证明二人相识后刘某某分多次向曲某某借款数十万元，但借款的事由不明、用途不详，且部分涉案资金的流向除曲某某陈述外，无其他客观证据证明系被刘某某占有使用，因此公诉机关指控刘某某诈骗曲某某的事实不清、证据不足，本院不予支持。被告人刘某某的辩护人的相关辩护意见，本院予以采纳。

关于被告人刘某某诈骗被害人曹某某、刘某、左某某的犯罪事实，经查，第一，根据证人张某某、董某某、田某某2等人的证言及相关书证材料，刘某某在案发前确实取得了部分涉案停车场的实际经营权，但涉案停车场委托经营合同和相关证人证言亦证实承包经营停车场并不需要高额的前期投入，刘某某故意隐瞒上述情况向被害人夸大经营成本，并让被害人向其支付远高于实际需要的投资款，其主观上明显具有非法占有钱款的不良动机；第二，对比刘某某与曹某某、刘某二人分别签订的合作协议不难发现，约定合作经营的停车场无论在空间上还是时间上都出现了部分重合，如实际履行必然会产生冲突，而刘某某作为停车场的实际经营者和协议的提供者却并未向曹某某、刘某二人披露，可见刘某某与二人签订合作协议时并不在意能否实际履行，其主要目的就是获取被害人向其支付投资款；第三，根据被害人的陈述，刘某某在合作协议签订前后的表现也存在着巨大反差，签订前极力向被害人鼓吹经营停车场的丰厚利润，甚至在合作协议中明确写明返利数额和支付周期，投资后则不通报停车场的实际经营状况，不兑现合作协议中的约定，在被害人催问时还以各种理由予以推脱，致使被害人不但无法拿到此前承诺的利润，连前期投入也无法全部取回，最终实现了占有被害人钱财的目的；第四，为了尽可能多地骗取被害人钱款，刘某某还谎称已获得海淀公园、肖家河华联、颐和园等多处停车场经营权，采用伪造某停车管理公司委托经营合同的手段，以向领导支付好处费、支付经营保证金和委托经营费等名义多次骗取左某某钱款，其主观上非法占有他人财物的目的明显，客观上实施虚构事实骗取他人财物的行为，与普通的民间借贷具有本质区别，其向左某某出具借条的行为只是骗取左某某信任、掩饰真实犯罪意图的手段,不影响行为性质的认定;第五,根据被告人刘某某的供述、证人邓某某的证言以及相应的银行账户交易流水,刘某某在没有进行实质考察,甚至不了解对方真实身份的情况下即将骗取的大部分赃款用于所谓的期货投资,其主观上对钱款的处置持随意和放任态度,客观上造成了大量财产无法挽回的结果,明显具有任意挥霍赃款的行为,从另一个侧面印证了其具有非法占有的主观故意。综上,刘某某的行为符合诈骗罪的犯罪构成,其辩护人所提出的其与曹某某、刘某系合作经营关系、与左某某属民间借贷关系的意见混淆了民事行为与刑事犯罪的界限,与在案证据证明的事实不符;其辩护人关于左某某逼迫刘某某伪造合同意图通过刑事手段索要民事借款的主观臆断,不但缺乏基本的证据支持,更有违正常的思维逻辑。因此,被告人刘某某的无罪辩解及其辩护人的无罪辩护意见,本院均不予采纳。

鉴于被告人刘某某在亲属帮助下退赔了被害人左某某的部分经济损失,本院对其酌予从轻处罚。其辩护人的相关辩护意见本院予以采纳。综上,依照《中华人民共和国刑法》第二百六十六条、第五十五条第一款、第五十六条第一款、第五十三条第一款、第六十四条之规定,判决如下:

一、被告人刘某某犯诈骗罪,判处有期徒刑十一年六个月,剥夺政治权利一年,罚金人民币十一万元。

(刑期从本判决执行之日起计算;判决执行以前先行羁押的,羁押一日折抵刑期一日,即自 2019 年 2 月 15 日起至 2030 年 8 月 14 日止。罚金限本判决生效后十日内缴纳。)

二、责令被告人刘某某退赔被害人曹某某人民币八万元,退赔被害人刘某人民币十五万元,退赔被害人左某某人民币六十二万五千元。

三、在案扣押的印章一枚依法予以没收。

如不服本判决,可在接到判决书的第二日起十日内,通过本院或者直接向北京市第一中级人民法院提出上诉。书面上诉的,应提交上诉状正本一份,副本一份。

审 判 长 徐 进
人民陪审员 李秋生
人民陪审员 梁文庆

二〇二二年一月十三日

书 记 员 周春秋

朱卉灵

北京市海淀区人民法院

北京市海淀区人民法院执行局四级高级法官，中国政法大学法学硕士。

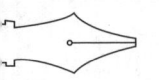

北京市海淀区人民法院
执行裁定书

（2022）京 0108 执异 780 号

异议人（被执行人）：某中心。

申请执行人：某物业有限责任公司。

本院在执行某物业有限责任公司（以下简称某公司）与某中心（以下简称某中心）房屋租赁合同纠纷一案［执行依据：（2018）京 0108 民初 26431 号民事判决；执行案号：（2020）京 0108 执 13462 号］中，某中心向本院提出书面异议。本院受理后，依法组成合议庭进行了审查，现已审查终结。

异议人某中心述称，请求停止本案相关执行措施；将执行中扣划的异议人账户 679 万元返还给异议人，不应将该款项支付给申请执行人。事实和理由如下：异议人于 2022 年 6 月 9 日发现单位某银行账户被法院扣划 679 万元，异议人认为某公司与某中心已经执行和解，某公司不应申请贵院强制异议人支付款项，法院不应当将某中心款项进行扣划。（1）异议人与某公司之间签有《和解协议》，异议人已经按照《和解协议》履行相应义务，某公司不应再申请执行，某公司申请执行的相关权利已经丧失。贵院作出（2018）京 0108 民初 26431 号民事判决后，双方在 2018 年 10 月 16 日达成《和解协议》。《和解协议》约定如果双方签订的《房地产租赁停偿委托管理项目整治协议》（以下简称《整治协议》）经过上级审批后，异议人放弃申请执行某公司腾退某大厦相关房产，某公司放弃执行 540 万元赔偿。2019 年 1 月 3 日双方签订的《整治协议》得到某后勤部的审批同意。《整治协议》第三条约定整治后租赁期间为 2018 年 7 月 1 日至 2020 年 6 月 30 日，某公司在该期间实际一直租赁使用某大厦，异议人也未要求某公司腾退，因此根据《和解协议》约定不应再申请执行 540 万元的赔偿。该判决书确定权利已经在该期间的租赁使用而抵消，某公司在该判决的权利已经丧失。（2）双方在判决作出后签订《军队房地产租赁合同解除协议》（以下简称《解除协议》），该协议是解决某中心与某公司之间争议的一揽子协议，明确约定某公司不向部队提出任何赔偿或补偿要求，因此某公司不应再申请执行该判决。2019 年 11 月 15 日，某中心与某公司签订

《解除协议》，该协议就租赁期间签订的合同解除、租金核算、解除后安排处理、赔偿补偿等进行了明确约定，是双方经协商一致就房屋租赁事宜解决达成的整体方案。在《解除协议》签订时，本案判决以及对应的二审判决均已作出，即便某公司存在该项权利，某公司在签订《解除协议》时明确承诺不向部队提出任何补偿或赔偿。因此，某公司不应再申请执行本案判决。（3）异议人名下并无自身可以支配的自由财产，相关财产均需专款专用，是用来保障老干部生活的军费，不宜予以查控执行。异议人属于部队单位，设立职责是保障军队退休（或离休）老干部生活，异议人名下并无自身可以支配的自由财产，相关财产均需专款专用，使用来保障老干部生活的军费。如因查控措施导致老干部生活无法保障，易导致更大纠纷和矛盾，因此不宜予以查控执行。

申请执行人某公司辩称，（1）异议人与某公司所签订的《和解协议》被法院裁定"与法相悖"，且某大厦符合军队停偿政策纳入委托管理范围，与某公司和某中心之间诉讼案件无关。①某公司与某中心因房屋租赁合同纠纷一案，贵院于2018年8月17日作出判决。一审判决后，某公司、某中心均提出上诉。其间，某中心多次联系某公司，要求私下和解，并请求某公司撤回诉讼请求。在此情况下，双方达成和解协议，并提交北京市第一中级人民法院（以下简称一中院）。后某公司向一中院提交撤回上诉申请，但一中院经审查认为，某公司与某中心拟定的《和解协议》明显与法律规定相悖，故于2018年10月29日作出（2018）京01民终8320号民事裁定书，对某公司撤回上诉的请求，不予准许。2018年10月29日，一中院作出（2018）京01民终8320号民事判决，驳回上诉，维持原判。综上，某公司与某中心在二审期间达成的《和解协议》因违反法律规定未被二审法院采信，故作出上述生效判决，维持了一审判决结果。由此可见，某公司并未丧失申请强制执行的权利，某公司与某中心之间，不存在某中心所述限制或取消某公司申请强制执行权利的情况，且某中心未按生效法律文书所确定的内容向某公司履行支付款项的义务。②根据军队停偿工作相关指导意见规定，已融入驻地城市发展规划，直接影响社会经济发展和民生稳定，房地产有潜在军事利用价值，确实难以关停收回的项目主要包括："位于城市商业金融带，核心商业圈，以及利用整座落空余房地产开办大型商场、物流基地、工业园区等已形成较大规模的项目；租期在2018年12月31日以后，原则上出租房屋面积3000平方米以上，或者场地面积10 000平方米以上，或者认定补偿金额500万元以上的项目，应该采取委托管理方式，逐步实现停偿政策"。某公司所承租北京市海淀区花园东路×号综合服务楼内七处房产项目中涵盖北京大学某医院，三大银行（某银行、某银行、某银行）及多家海淀区知名企业，且某公司投资引进的某大厦8203电话模块

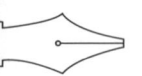

局承担着某老干局、某大院及周边方圆一公里内的老百姓和大厦内的电话、网络通信连接交换工作，因此该项目符合纳入委托管理的条件。本案二审审理期间获悉，军队停偿办致函，某大厦七处房产项目已经完全纳入委托管理范围。因此，双方签订《整治协议》，租赁用途为自主经营写字楼，而非基于《和解协议》签订。某公司与某中心诉讼案是基于双方房屋租赁、合作建房、房屋买卖、委托物业管理等多种法律问题而产生，各种法律关系之间存在一定的因果关系。按照一审判决查认定事实可知，某公司、某中心在签订房屋租赁协议后，在合同期内某中心委托某公司物业管理房屋，委托期限自2015年10月19日至2025年10月18日止。某公司基于预期收益，同时为更好地管理、经营某大厦，对其进行基础建设、配套装修、维护、添加各类设施，投入了大量资金，但因军队停偿政策的出台，双方租赁关系无法存续，故某中心理应对某公司在合理期限内的投入及因此产生的损失予以赔偿。故某中心给付某公司540万元的事实基础和法律依据是清楚和明确的。③某公司能继续承租某大厦至2020年6月，是因为某大厦项目符合军队停偿政策，由军委统一审批并纳入委托管理范围，所以某公司继续承租经营某大厦非某中心为冲抵生效判决所确定的赔偿义务。依据《民事诉讼法》第二百三十一条、第二百四十九条的规定，某中心拒不履行生效法律文书确定的义务，某公司依照前述法律规定申请执行，贵院执行局对某中心名下银行账户采取强制执行措施符合法律规定，某中心所提执行异议缺乏事实与法律依据，贵院应予驳回。（2）《解除协议》及《整治协议》，与执行案件无关。某大厦由军委统一审批纳入委托管理项目，因此2018年10月26日，某公司与某中心签订《整治协议》，该协议约定某中心向某公司出租北京市海淀区花园东路×号房产，用于自主经营写字楼，建筑面积19 273.92平方米，租期两年，自2018年7月1日起至2020年6月30日止，年租金为23 501 296元。而原合同租赁面积为15 006平方米，年租金为10 683 740元。《整治协议》在租赁面积、年租金金额、权利义务等主要合同要素与原合同不同。故《整治协议》是一份独立的新合同，是某公司获得了新的租赁权利，与某中心所称"放弃申请执行房屋腾退"的理由无任何关联。根据军队停偿工作要求，所有军队名下不动产要移交国有资产公司管理，某中心名下不动产应移交某（北京）有限责任公司（以下简称某公司）管理。因此，2019年11月15日，某公司与某中心签订《解除协议》，同日与某公司签订《房地产租赁合同》，该合同约定，某公司将位于北京市海淀区花园东路×号房产出租给某公司，用于自主经营写字楼，建筑面积19 273.92平方米，租期自2019年9月1日起至2020年6月30日止。某公司认为，《解除协议》是基于《整治协议》而签订，《解除协议》中所约定的条款仅针对《整治协议》，与执行案件无关。（3）某中心不属于限制强制执行单位，法院可以依法对其采取强制措施。根据《军队银行账户和存款管理规定》第六条，《中国人民银行、最高人民法院、最高人民检察院、公安部关于查询、冻结、扣划企业事业单位、机关、团体银行存款的通知》第五条的规定，涉军账户中只有一类保密单位开设的"特种预算存款"、"特种其他存款"和连队账户的存款，原则上不采取冻结或扣划等项诉讼保证措施。"特种预算存款"科目，用于核算军队单位当年的预算经费存款；"特种其他存款"科目，用于核算国家或地方政府拨付军队单位代管的专项工程、民兵装备购置、民兵事业等项经费存款。但军队、武警部队的其余存款可以冻结和扣划。本案中，某中心作为某管理局下设服务中心不属于一类保密单位，也不具备开设"特种预算存款""特种其他存款"科目账户的条件。所以其名下开设的银行账户，不属于限制人民法院采取强制措施的涉军账户，贵院对某中心名下银行账户进行扣划符合法律规定。某公司多年来与某中心合作，为某中心带来可观的经济效益，为某中心服务老干部做出了贡献。某中心作为解放军下属服务中心，拒不履行生效文书确定的义务，对法律的严肃性、权威性造成了不良的社会影响，亦给某公司带来难以弥补的损失。综上，某公司认为某中心所提异议于法无据，请求予以驳回。

异议审查中，某公司提交《补充意见》，内容如下：（1）某公司已取得生效法律文书，享有合法执行依据，《和解协议》不能取代生效判决。某公司与某中心房屋租赁合同纠纷一案，贵院于2018年8月17日作出（2018）京0108民初26431号民事判决，判决某中心于判决生效之日起七日内向某公司支付540万元，并加倍支付迟延履行期间的债务利息，以及鉴定费7万元，案件受理费1.4万元。2018年10月29日，一中院作出（2018）京01民终8320号民事判决书，驳回双方上诉请求，维持原判。二审期间，某中心庭外提出和解，并要求某公司撤回起诉。在此情况下，某公司向一中院提交了撤回起诉申请。但经法院审查，认为某公司与某中心拟定的《和解协议》约定明显与法律规定相悖，故于2018年10月29日作出（2018）京01民终8320号民事裁定书，对某公司撤回起诉的请求，不予准许。上述事实证明，未被法院准许的撤回起诉请求未生效，人民法院就查明的事实作出认定和判决，其结果具有既判力，具有依法执行的效力。依据军委关于停偿政策及某公司纳入委托管理新的法律事实，2018年10月26日某公司与某中心签订了《整治协议》，基于某公司对某大厦基础投资建设、配套装修、维护、添附等，某中心提高租金并实际获得了某公司投资所带来的高额收益2600万/2年（《整治协议》中每年租金2350万元，比原租赁合同每年租金1068万元增加了1.2倍）。而某中心不履行生效

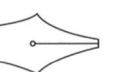

判决确定的 540 万元赔偿义务，未及时兑现民营企业的合法权益，给某公司造成严重的财产损害，引发了多重司法诉累。双方签订的《整治协议》明确约定其效力追溯至 2018 年 7 月 1 日；2018 年 8 月 29 日人民法院作出的（2018）京 01 民终 6940 号等 7 份民事判决，要求某公司向某中心支付占有使用费、腾退房屋。事实上某公司已经履行了支付占有使用费的义务，腾退房屋的义务已被 2018 年 7 月 1 日生效的《整治协议》相关内容所替代（即某公司已取得某中心主张腾退房屋的合法使用权）。因此，某公司依据二审判决申请强制执行具有合法依据。（2）某中心赔偿某公司 540 万元的事实依据。海淀法院对某中心采取强制执行措施具有合法依据。一审判决对于赔偿金额的酌定进行了详细的论述。（3）海淀法院依法强制执行的银行账户不属于限制强制执行对象。根据《军队银行账户和存款管理规定》第六条和《中国人民银行、最高人民法院、最高人民检察院、公安部关于查询、冻结、扣划企业事业单位、机关、团体银行存款的通知》第五条的规定，某中心不属于一类保密单位，不具备开设"特种预算存款"科目、"特种其他存款"科目账户的条件，海淀法院扣划的某中心名下的银行账户，不属于限制人民法院采取强制措施的涉军账户，其依法强制扣划措施符合法律规定。依据军队停偿政策，涉及经济补偿通过司法程序确定的，所需经费按审批权限报上一级单位审批后，从本单位或上级单位机动财力中解决。可见，军委对停偿项目设有专项补偿经费。某中心按照生效判决可以逐级申请、专项报批，不存在其所述的法院强执扣划将会影响离退老干部的基本生活。综上，根据最高人民法院司法解释中的相关规定，法院生效判决认定的事实可以作为案件审理的事实依据。本案中的执行行为具有生效法律依据，符合法定程序和法律规定。某中心所提异议于法无据，故请求法院予以驳回。同时，恳请法院依法公平、公正地审理此案，保护当事人的合法权益。

经审查查明，本院于 2018 年 8 月 17 日就原告某公司与被告某中心房屋租赁合同纠纷一案作出（2018）京 0108 民初 26431 号民事判决，判决如下：（1）某中心于本判决生效后七日内赔偿某物业有限责任公司五百四十万元；（2）驳回某物业有限责任公司的其他诉讼请求。在该判决"本院认为"部分载明以下内容："双方签订房屋租赁合同后，在合同的履行期内服务保障中心签署协议委托某公司管理上述房屋的物业，委托期限自 2015 年 10 月 19 日起至 2025 年 10 月 18 日止。虽然该委托未明确将上述房屋交由某公司继续承租，但结合正在履行的租赁合同，某公司有理由相信其对该房屋享有到 2025 年 10 月 18 日之前的承租权。某公司基于上述预期为某大厦所支付的基础建设、房屋装修和附属设施价值扣除银行的装饰安装费共计为 26 173 891 元。服务保障中心因相关政策的变化而不能继续维持与某公司的租赁关系，虽然对此不可归责于任何一方，但因此造成的经济损失依法应当由双方分担，故服务保障中心对某公司因此产生相关损失理应予以适当补偿。现某公司所要求的基础投资建设所形成的添附费用过高，具体的赔偿数额由本院依法判定。"双方均不服一审判决，向一中院提起上诉。

二审审理期间，某公司于2018年10月16日向一中院提交了其与某中心共同拟定的《和解协议》，主要内容为：（1）某公司与某中心就房屋委托管理事宜按照上级审批的《房地产租赁停偿委托管理项目整改意向协议》或相关的房地产租赁停偿委托管理项目整改协议履行。（2）若某公司与某中心达成上述第一项所指各项协议，且经上级审批，某中心放弃申请执行（2018）京01民终6940、6949、6950、6951、6934、6937、6938号民事判决中腾退的判项，某公司按上述民事判决交纳房屋占有使用费；若某公司与某中心未达成上述第一项中所指各项协议或上级未审批，某中心有权申请执行上述民事判决（2018京01民终6940、6949、6950、6951、6934、6937、6938号）。（3）若某公司与某中心达成上述第一项所指各项协议，且经上级审批，某公司放弃本案（2018京0108民初26431号）一审诉讼请求。若某公司与某中心未达成上述第一项中所指各项协议或上级未审批，某公司有权再次起诉。

同日，某公司向一中院提交《撤回诉讼请求申请》，主要内容为：某公司因某大厦项目已列入军队停止有偿服务委托管理范围，并已进入整改期，决定撤回（2018）京0108民初26431号民事判决一审诉讼请求。2018年10月29日，一中院作出（2018）京01民终8320号民事裁定，不准许某物业有限责任公司撤回起诉。理由是：《和解协议》第三条约定："若某公司与四中心达成上述第一项所指各项协议，且经上级审批，某公司放弃本案（2018京0108民初26431号）一审诉讼请求。若某公司于四中心未达成上述第一项中所指各项协议或上级未批准，某公司有权再次起诉。"一中院认为，该约定明显与法律规定相悖。同日，一中院作出（2018）京01民终8320号民事判决：驳回上诉，维持原判。某公司于2020年6月15日向本院提交强制执行申请书，请求强制某中心支付赔偿款540万元及迟延履行利息等费用。本院于2020年8月6日立案，执行案号为（2020）京0108执13462号。

执行过程中，本院于2022年6月8日作出（2020）京0108执13462号执行裁定，裁定如下：划拨被执行人某中心的银行存款人民币6 790 000元。次日，向某银行新街口支行送达协助划拨存款通知书。同日，银行出具回执，已将被执行人银行内存款6 790 000元划拨至法院指定账户。

另查，本院于2018年6月28日就原告某中心与被告某公司物权保护纠纷

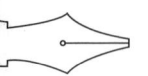

一案作出（2018）京 0108 民初 19626、19627、19628、19629、19630、19638、19639 号民事判决，某公司不服一审判决，向一中院提起上诉。一中院于 2018 年 8 月 29 日分别作出（2018）京 01 民终 6940、6949、6950、6951、6934、6937、6938 号民事判决，驳回上诉，维持原判。上述生效判决判定的主要内容为：某公司于本判决生效后三十日内将位于北京市海淀区花园东路×号某大厦的×段 5-7 层 2950 平方米的房屋腾空交还某中心，并按每日 5295.45 元向某中心支付自 2018 年 1 月 1 日起至房屋腾退之日止的房屋占有使用费；某公司于本判决生效后三十日内将位于北京市海淀区花园东路×号某大厦的×段 6-8 层 1344 平方米房屋腾空交还某中心，并按每日 2783.74 元向某中心支付自 2018 年 1 月 1 日起至房屋腾退之日止的房屋占有使用费；某公司于本判决生效后三十日内将位于北京市海淀区花园东路×号某大厦的×段 1-5 层 2190 平方米房屋腾空交还某中心，并按每日 5832 元向某中心支付自 2018 年 1 月 1 日起至房屋腾退之日止的房屋占有使用费；某公司于本判决生效后三十日内将位于北京市海淀区花园东路×号某大厦的×段 11-12 层 627 平方米房屋腾空交还某中心，并按每日 1187.28 元向某中心支付自 2018 年 1 月 4 日起至房屋腾退之日止的房屋占有使用费；某公司于本判决生效后三十日内将位于北京市海淀区花园东路×号某大厦的×段 4-7 层 2504 平方米房屋腾空交还某中心，并按每日 4494.85 元向某中心支付自 2018 年 1 月 3 日起至房屋腾退之日止的房屋占有使用费；某公司于本判决生效后三十日内将位于北京市海淀区花园东路×号某大厦的×段 8-10 层 2504 平方米房屋腾空交还某中心，并按每日 4494.85 元向某中心支付自 2018 年 1 月 2 日起至房屋腾退之日止的房屋占有使用费；某公司于本判决生效后三十日内将位于北京市海淀区花园东路×号某大厦的×段 8 层及×段地-3 层 2887 平方米的房屋腾空交还某中心，并按每日 5182.36 元向某中心支付自 2018 年 1 月 5 日起至房屋腾退之日止的房屋占有使用费。

再查，2018 年 10 月 26 日，某中心（甲方）与某公司（乙方）签订《整治协议》，主要内容为："根据军队全面停止有偿服务政策和国家有关法律规定，为确保房地产租赁停偿委托管理项目顺利实施，甲乙双方本着平等、协商、自愿的原则，就房地产租赁停偿项目整治相关事宜达成如下协议：某大厦原 7 个合同合计出租面积 15 006 平方米，年租金 10 683 740 元。原合同租赁用途：自主经营写字楼。实测出租面积：房屋建筑面积 19 273.92 平方米。整治后租赁期限调整为：租期 2 年，自 2018 年 7 月 1 日至 2020 年 6 月 30 日。经评估机构评估和甲乙双方协商，整治后租金调整为：年租金 23 501 296 元，总租金 47 002 592 元。整治后租赁用途：自主经营写字楼。乙方新建或添建的房屋，所有权归第四综合服务保障中心，合同期满无偿交还第四综合服务保障中心，乙方不得提出补偿要求。项目实施委托管理时，应以本协议明确的实际出租面积、整治租期、租金、租赁用途为准。此前签订的合同协议，与本协议不一致的内容，以本协议为准。原合同已到期，按原合同第八条（三）款约定：乙方对房屋所做的改造、装修或者增扩的固定设施、添建各种建筑物、构筑物权属归现第四综合服务保障中心所有，现一并出租给乙方使用，协议期满无条件完好无偿移交给第四综合服务保障中心。"2019年1月3日，某后勤部盖章批准。

根据某中心制作的记账凭证显示，2018年12月28日，某中心收到某公司支付的截至2018年6月30日的房屋占有使用费5 297 693元。

2019年11月15日，某中心（甲方）与某公司（乙方）签订《解除协议》，主要内容为："乙方承租甲方管理的北京市海淀区花园东路×号的房地产，于2018年10月26日签订的租赁合同（房屋建筑面积19 273.92平方米）自本协议生效之日起解除；双方承诺乙方与某公司签订租赁合同和安全管理协议，租期按原租赁合同（整治协议）剩余租期确定，租赁面积、租金、用途与原租赁合同（整治协议）保持一致，乙方不得提出违反国家法律法规和损害军队利益的要求；乙方投资建设的建（构）物，所有权归军队，在乙方与某公司签订的新租赁合同期满后无偿交还，乙方不得提出任何补偿赔偿要求；乙方租金已交至2018年12月31日。2019年1月1日至2019年8月31日，乙方欠缴的租金人民币15 667 531元，由乙方向某公司缴纳。"

同日，某公司（出租方、甲方）与某公司（承租方、乙方）签订《房地产租赁合同》，主要内容为："甲方将位于北京市海淀区花园东路×号房地产，房屋建筑面积19 273.92平方米，出租给乙方使用。乙方对该房地产现状及周边经营环境已做充分了解，愿意承租该房地产。租赁用途：自主经营写字楼。租赁期限自2019年9月1日起至2020年6月30日止。租金总额（不含水、电、气、暖、设备、物业等费用）为人民币19 584 413.33元。年租金为人民币23 501 296元。每期租金如下：2019年9月1日–2019年12月31日7 833 765.33元；2020年1月1日–2020年6月30日11 750 648元。租金按季结算，乙方于每季的前十日内交付甲方。乙方交付租金到账后，甲方向乙方开具收款凭证。（第六条）履约保证金：自本合同签订后十日内，乙方按年租金的百分之十向甲方支付房地产租赁保证金人民币2 350 129.6元。甲方收取房地产租赁保证金后向乙方开具收款凭证。乙方履行合同约定义务的，甲方应在租赁期满时将房地产租赁保证金无息退还给乙方；乙方未履行合同约定义务的，甲方不退还房地产租赁保证金，同时甲方有权要求乙方另行支付违约金；甲方未履行合同约定义务的，应当退还乙方房地产租赁保证金，并加付银行同

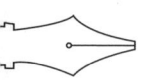

期存款利息。租赁房地产权属：乙方认可本合同签订时承租场地内所有建筑物、构筑物，包括乙方新建、添建部分，权属全部归军队所有。租赁期限届满，乙方应将承租场地内所有建筑物、构筑物无偿交还甲方，甲方不负任何补偿赔偿责任。（第八条）甲方义务：租赁期内，甲方应当履行下列义务：（一）保证出租的房地产符合军队房地产委托经营条件；（二）保证出租的房地产权属清楚；（三）负责协调与出租房地产权属有关的纠纷；（四）负责向承租方提供加盖甲方公章的《军队房地产使用许可证》复印件；（五）乙方办理与经营活动相关证照时，需要甲方配合的，甲方应予以支持。（第九条）乙方义务：租赁期内，乙方应当履行下列义务：（一）负责所承租的房地产及附属设施设备的看管维护，因管理使用不当或者其他人为原因造成房屋或设施设备损坏丢失的，必须予以修复或者赔偿；（二）负责所承租房地产的环境卫生、防火、住用人员登记管理以及安全等工作；（三）不得对所承租的房屋进行影响使用安全的改造、装修或者增扩固定设施。在不影响使用安全的前提下，确需进行改造、装修或者增扩固定设施的，必须征得甲方书面同意，费用自理，权属归军队所有，租赁期满后或者解除合同时，必须完好地无偿移交给甲方。不得擅自在承租的场地上新建和添建各种建筑物、构筑物，确需新建和添建的，必须向甲方提供建设方案，由甲方出具书面同意书后实施，费用由乙方自理，权属归军队所有，租赁期满后或解除合同时，必须完好地无偿移交给甲方；（第十条）合同解除：（一）甲方因军事需要提前解除合同的，应由军委机关职能部门出具通知文书。乙方应当自接到甲方书面通知之日起，三十日内无条件地将所承租的房地产及按本合同约定权属归军队的全部财产交还给甲方，甲方按乙方实际使用时间计收租金，无息退还房屋租赁保证金，其他互不补偿；（二）乙方需要提前解除合同的，应当提前三个月书面通知甲方，将所承租的房地产及按本合同约定权属归军队的全部财产完好地无条件交还甲方。乙方补偿甲方两个月租金，甲方不退还乙方房屋租赁保证金；（三）因不可抗力原因以及国家和军队政策法规重大调整等造成合同无法履行的，甲乙双方均不承担责任；（四）租赁期满，合同解除。（第十一条）甲方违约责任：甲方有违反本合同第八条约定行为的，乙方有权解除合同，同时甲方应当向乙方支付三个月租金人民币5 875 324元作为违约金。（第十二条）乙方违约责任：（一）乙方有违反本合同第九条约定行为的，甲方有权解除合同，同时，乙方应当向甲方支付三个月租金人民币5 875 324元作为违约金。乙方逾期交付房地产租金及有关费用，每逾期一日，甲方按滞交经费总额的千分之三向乙方加收违约金；逾期三十日，甲方有权解除本合同并收回按本合同约定属于军队的全部财产，属于乙方的财产在没有结清租金和其他费用之前，乙方不得转移；逾期六

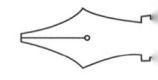

十日，视为乙方放弃其在甲方处财产，同时甲方有权向乙方收取所欠租金及滞纳金。"

2021年12月20日，本院就原告（反诉被告）某公司与被告（反诉原告）某公司房屋租赁合同纠纷一案作出（2021）京0108民初1333号民事判决，判决如下：（1）于本判决生效后七日内，某物业有限责任公司将北京市海淀区花园东路×号建筑面积19 273.92平方米的房屋腾退交还某（北京）有限责任公司；（2）于本判决生效后七日内，某物业有限责任公司支付某（北京）有限责任公司2019年1月1日至2019年8月31日期间租金15 667 531元；（3）于本判决生效后七日内，某物业有限责任公司支付某（北京）有限责任公司2020年1月1日至2020年6月30日期间租金62 755.23元；（4）于本判决生效后七日内，某物业有限责任公司支付某（北京）有限责任公司自2020年7月1日起至涉案房屋腾退之日止的占有使用费（参照租赁合同约定的日租金3.34元/平方米/日标准计算）；（5）于本判决生效后七日内，某物业有限责任公司支付某（北京）有限责任公司逾期缴纳租金的违约金3 179 937.16元；（6）于本判决生效后七日内，某物业有限责任公司支付某（北京）有限责任公司拖欠租金违约金（以2021年5月13日时拖欠租金总额62 755.23元为基数，按每日千分之三计算自2021年5月14日起至实际缴清之日止）；（7）驳回某（北京）有限责任公司的其他诉讼请求；（8）驳回某物业有限责任公司的反诉请求。双方当事人均不服一审判决，向一中院提起上诉。一中院于2022年4月24日作出（2022）京01民终1628号民事判决，驳回上诉，维持原判。由于某公司未履行上述判决确定的义务，某公司向本院申请执行，本院以（2022）京0108执9768号立案执行。目前，该案已于2022年8月15日以"强制执行"方式执行完毕。

本院认为，《最高人民法院关于执行和解若干问题的规定》第十九条规定："执行过程中，被执行人根据当事人自行达成但未提交人民法院的和解协议，或者一方当事人提交人民法院但其他当事人不予认可的和解协议，依照民事诉讼法第二百二十五条规定提出异议的，人民法院按照下列情形，分别处理：（一）和解协议履行完毕的，裁定终结原生效法律文书的执行；（二）和解协议约定的履行期限尚未届至或者履行条件尚未成就的，裁定中止执行，但符合民法典第五百七十八条规定情形的除外；（三）被执行人一方正在按照和解协议约定履行义务的，裁定中止执行；（四）被执行人不履行和解协议的，裁定驳回异议；（五）和解协议不成立、未生效或者无效的，裁定驳回异议。"本案中，被执行人某中心以二审期间双方达成和解协议并已履行完毕为由提出异议，请求阻却一审判决的执行。根据当事人举证、质证的情况，主要争议焦

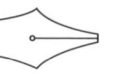

点在于：(1)《和解协议》部分条款内容违反法律规定，《和解协议》是否有效；(2)《和解协议》是否已经履行完毕，(2018) 京 0108 民初 26431 号民事判决是否应予终结执行。

关于《和解协议》部分条款违反法律规定，《和解协议》是否有效的问题。某公司在异议审查程序中辩称上述协议已被一中院认定"与法相悖"，故和解协议整体无效。对此，本院认为，根据一中院(2018) 京 01 民终 8320 号民事判决"在第二审程序中，原审原告在第二审程序中撤回起诉后重复起诉的，人民法院不予受理，故《和解协议》第三条中'……若某公司与四中心未达成上述第一项中所指各项协议或上级未审批，某公司有权再次起诉'的约定明显与法律规定相悖，故对于某公司撤回起诉的申请不予准许"的内容可见，一中院认为协议中关于再次起诉的约定违反法律规定，并非认定《和解协议》整体违反法律规定。《民法典》第一百五十六条规定："民事法律行为部分无效，不影响其他部分效力的，其他部分仍然有效。"故《和解协议》第三条中部分内容无效，不影响该协议其他部分的效力。故对于某公司的上述抗辩理由，本院不予采信。

关于《和解协议》是否已经履行完毕，(2018) 京 0108 民初 26431 号民事判决是否应予终结执行的问题。根据本案查明的内容，某中心因中央军委下发《关于军队和武警部队全面停止有偿服务活动》的通知，不能继续维持与某公司的租赁关系，进而导致某中心起诉某公司腾退房屋并支付占有使用费以及某公司起诉某中心要求赔偿的诉讼。经审理后，(2018) 京 01 民终 6940、6949、6950、6951、6934、6937、6938 号民事判决确定某公司应腾退租赁房屋并支付占有使用费；(2018) 京 0108 民初 26431 号民事判决确定某中心应赔偿某公司 540 万元。在 (2018) 京 0108 民初 26431 号案件的二审期间，由于中央军委将某大厦项目纳入军队停止有偿服务委托管理的范围，某公司与某中心于 2018 年 10 月 16 日达成《和解协议》，协议内容实际是针对上述八个案件涉及的因承租某大厦项目所产生纠纷的一揽子解决方案。之后，双方当事人于 2018 年 10 月 26 日签订《整治协议》。2019 年 1 月 3 日，上述《整治协议》经中国人民解放军某后勤部盖章批准。2018 年 12 月 28 日，某中心收到某公司支付的 (2018) 京 01 民终 6940、6949、6950、6951、6934、6937、6938 号民事判决确定的房屋占有使用费 5 297 693 元。因军队停偿工作的进一步要求，某中心于 2019 年 11 月 15 日与某公司签订《解除协议》。同日，某公司与某公司签订《房地产租赁合同》，该租赁合同约定的内容与《整治协议》保持一致。从上述双方后续的行为来看，某公司、某中心已按照《和解协议》的约定签订了《整治协议》并经上级审批，某中心未申请执行 (2018) 京 01 民终 6940、

6949、6950、6951、6934、6937、6938 号民事判决中腾退的判项，某公司按照上述判决支付了占有使用费。虽然《整治协议》因后续政策变化，出租主体由某中心变更为某公司，且在履行中产生了新的纠纷，但已经生效判决明确了权利义务，并通过强制执行的方式执行完毕。故双方当事人达成的《和解协议》已经履行完毕，故依据《最高人民法院关于执行和解若干问题的规定》第十九条第一款第（一）项的规定，某中心提出的异议成立，某公司依据（2018）京 0108 民初 26431 号民事判决申请强制执行的案件应予终结执行，本院应解除对某中心采取的执行措施。综上，按照《中华人民共和国民事诉讼法》第一百五十七条第一款第（十一）项、《最高人民法院关于执行和解若干问题的规定》第十九条第一款第（一）项的规定，裁定如下：

一、某中心提出的异议成立；

二、终结（2018）京 0108 民初 26431 号民事判决的执行。

如不服本裁定，可在裁定书送达之日起十日内，向本院递交复议申请书，并按其他当事人的人数提出副本，向北京市第一中级人民法院申请复议。

审　判　长　马克力
审　判　员　朱卉灵
审　判　员　孟军红

二〇二二年十二月二十三日

书　记　员　崔佳辰

马冬梅
北京市门头沟区人民法院

  北京市门头沟区人民法院行政审判庭（综合审判庭）副庭长，中国政法大学硕士研究生。2010年入职北京市门头沟区人民法院，先后在办公室、刑事审判庭、行政审判庭工作，多次获得优秀公务员、优秀共产党员等称号，并荣立三等功；曾被评为北京法院行政审判工作先进个人。马冬梅审判团队曾获得第二届"北京市法院模范审判团队"称号。撰写的案例曾发表于《人民司法》杂志，并入选中国法院年度案例；连续三年在北京法院优秀裁判文书评比中获得奖项。

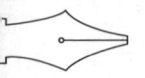

北京市门头沟区人民法院
行政判决书

（2022）京 0109 行初 1 号

原告：北京市门头沟区某小区业主委员会。
被告：北京市门头沟区人民政府大峪街道办事处。
被告：北京市门头沟区人民政府。
第三人：北京市门头沟区某小区居民委员会。
第三人：北京某物业管理有限公司。

原告北京市门头沟区某小区业主委员会（以下简称某小区业委会）诉被告北京市门头沟区人民政府大峪街道办事处（以下简称大峪街道办）、北京市门头沟区人民政府（以下简称门头沟区政府）撤销业主大会决议决定及行政复议决定一案，本院于 2022 年 1 月 11 日立案受理。因北京市门头沟区某小区居民委员会（以下简称某小区居委会）、北京某物业管理有限公司（以下简称某物业公司）与本案被诉行为有利害关系，本院依法通知其作为第三人参加诉讼。本院依法组成合议庭，于 2022 年 3 月 9 日公开开庭审理了本案。原告某小区业委会的负责人耿某、委托代理人刘某、药某，被告大峪街道办的委托代理人谭某、袁某，被告门头沟区政府的委托代理人王某甲，第三人某小区居委会的法定代表人王某乙出庭参加诉讼，第三人某物业公司表示不出庭参加诉讼，向本院提交了书面的答辩意见。本案现已审理终结。

2021 年 9 月 13 日，大峪街道办作出《关于撤销某小区业主大会决议的决定书》（门峪办发〔2021〕24 号）（以下简称被诉决定书），主要内容为：2021 年 9 月 2 日，某小区业主大会作出会议决议，在业主大会召开过程中，业委会没有坚持党建引领，拒绝接受街道办和居委会的指导、监督。经调查发现，业委会在组织业主大会作出决议过程中存在如下违规行为：（1）临时业主大会召开程序不合法。2021 年 7 月 8 日，业委会向居委会提交《关于北京市门头沟区某小区业主大会第一次临时大会会议的情况说明》，告知居委会某小区召开业主大会第一次临时会议，但临时会议的召开未经百分之二十以上业主提议，该行为违反了《北京市物业管理条例》第三十五条第一款的规定。

（2）业主大会会议议题设置不合法。①某物业公司系前期物业，物业服务期限届满后，其按照原合同继续提供服务。业主大会应对是否不再接受事实服务或是否终止合同进行决议，而非对是否续聘进行决议。业主大会"是否同意续聘北京某物业管理有限公司服务"的议题，违反了《北京市物业管理条例》第三十四条第一款第（四）项、第七十五条第二款的规定。②业主大会有权选聘物业服务人，但不能将该权利委托给业主委员会。业主大会"如果不同意续聘，您是否同意授权业主委员会以公开招标方式选聘新的物业服务企业"的议题，违反了《北京市物业管理条例》第四十四条第二款的规定。根据《北京市物业管理条例》第八条、第五十一条的规定，大峪街道办决定撤销2021年9月2日某小区业主大会会议决议。门头沟区政府于2021年12月22日作出《行政复议决定书》（门政复字〔2021〕27号），维持大峪街道办作出的被诉决定书。

原告某小区业委会诉称，2020年10月16日，原告依法成立。2021年9月2日，原告就小区是否同意续聘某物业公司服务，如果不同意续聘，是否同意授权业主委员会以公开招标方式选聘新的物业服务企业的事宜召开业主大会，形成《某小区业主大会会议决议》。该业主大会会议决议第二项：授权业主委员会以公开招标的方式选聘新的物业服务企业，选聘物业服务企业的方案见附件一。被告一在未查清事实的情况下，将业主大会认定为临时业主大会，并以临时业主大会召开程序不合法，业主大会议题设置不合法为由，于2021年9月13日作出被诉决定书。2021年7月8日，原告向被告一提交《关于某小区业主委员会会议告知函》，2021年7月30日原告召开业主委员会会议，确定了业主大会的会议议题，并将会议记录送达某小区居委会。2021年8月6日，原告向某小区居委会送达了《北京市门头沟区某小区召开2021年第一次业主大会的通知》，请居委会对本次业主大会的议题等事项进行指导和监督。2021年8月30日，原告向某小区居委会送达了《告知函》，邀请居委会于2021年9月1日上午9点在某小区业主委员会办公室进行唱票工作。2021年9月2日原告向居委会送达了《某小区业主大会会议决议》并在小区内公示七天。2021年9月4日，原告向全体业主公示了《北京市门头沟某小区选聘方案征求意见》。上述事实证明原告一直坚持党建引领，开展的各项工作都是在某小区居委会的指导、监督下进行。被告一作出的被诉决定书中遗漏了上述事实和证据，作出撤销业主大会决议的错误行政行为。根据《中华人民共和国行政复议法》的相关规定，原告向被告二提出复议。2021年12月22日，原告收到了被告二作出的《行政复议决定书》（门政复字〔2021〕27号），维持了被告一作出的被诉决定书。原告不服，根据《行政诉讼法》第41条之规

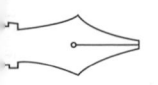

定，特诉至法院。诉讼请求：（1）请求依法撤销大峪街道办于 2021 年 9 月 13 日作出的被诉决定书；（2）请求依法撤销门头沟区政府作出的《行政复议决定书》（门政复字〔2021〕27 号）；（3）本案诉讼费由被告承担。

经庭前证据交换及质证，原告某小区业委会出示了如下证据以证实其主张：

1. 被诉决定书，证明决定书作出的主体、时间及内容。

2. 2021 年 7 月 8 日《关于某小区业主委员会会议告知函》，证明被告遗漏了该证据，认定事实不清，解聘某物业经过业主代表讨论；原告主动向居委会报告工作进展，接受居委会的指导和监督。

3. 2021 年 7 月 30 日《某小区业主委员会会议记录》，证明决定书所撤销的业主大会的决议为定期业主大会作出的决议，被告认定为临时业主大会认定事实错误；被告对本次会议的议题认可，会议议题不存在违法、违规情形；原告主动向居委会报告工作进展，接受居委会的指导和监督。

4. 2021 年 8 月 6 日《北京市门头沟某小区召开 2021 年第一次业主大会的通知》，证明原告主动向居委会报告工作进展，接受居委会的指导和监督；被告对本次会议的议题认可，会议议题不存在违法、违规情形。

5. 2021 年 8 月 30 日《告知函》，证明原告主动向居委会报告工作进展，接受居委会的指导和监督。

6. 2021 年 9 月 2 日《某小区业主大会会议决议》，证明原告主动向居委会报告工作进展，接受居委会的指导和监督；被告对本次会议的议题认可，会议议题不存在违法、违规情形，被告认定事实错误；该决议已经公示。

7. 2021 年 9 月 4 日《北京市门头沟区某小区选聘方案征求意见》，证明原告主动向居委会报告工作进展，接受居委会的指导、监督，决定书认定事实错误。

8. 《北京市门头沟区人民政府行政复议决定书》，证明复议决定书认定事实错误。

9. 门头沟区住宅小区物业服务满意度调查问卷，证明某小区更换物业的原因。

10. 就是否续聘某物业投票结果及封箱视频，证明更换物业的合规性。

11. 2021 年 9 月 3 日关于告知某物业某小区业主大会决议的函，证明原告明确告知不再续聘某物业，并要求其做好物业交接准备，更换物业程序合法。

12. 2021 年 9 月 11 日招聘物业服务企业的公告，证明选聘物业的公开公平公正的原则性。

13. 2021 年 9 月 18 日的通知，证明通知全体业主 9 月 18 日至 24 日，有 7

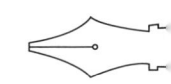

家物业公司进场宣传，竞聘某小区物业，公平竞标的合规性。

14. 会议记录，证明 2021 年 9 月 24 日召开业委会会议，商议选聘新物业公司 7 进 3 表决，并通知居委会派人参加会议，会议议程的合规性。

15. 2021 年 9 月 24 日告知函，证明告知居委会、党委会参加会议，体现了业委会寻求组织帮助和指导的合理性。

16. 2021 年 9 月 25 日业主委员会会议记录，招聘物业公司 7 进 3 举手表决会议记录，选聘物业的合规性。

17. 2021 年 9 月 27 日致业主的一封信，证明选聘物业的公开公正、公示告知。

18. 2021 年 9 月 27 日召开业主大会的通知，证明告知业主召开业主大会的时间、地点和投票方式。

19. 2021 年 9 月 30 日竞聘须知，证明三家候选物业公司签订了竞聘须知，严禁拉票贿选，体现了公平公正公开。

20. 2021 年 10 月 13 日业委会会议记录，证明安排布置投票、唱票工作，程序规范。

21. 告知函，证明 2021 年 10 月 25 日的告知函居委会未接收，快递被退回。

22. 业主大会决议，证明 2021 年 10 月 26 日，经过业主投票选举，形成业主大会会议决议，选定北京某某物业有限公司为某小区物业服务企业。

23. 选票整理及封箱视频，证明在公开及业主监督下完成封箱。

24. 签约仪式视频，证明 2021 年 11 月 5 日业委会代表业主大会与北京某某物业有限公司签订物业服务管理合同。

25. 2021 年 8 月 11 日与居委会主任的通话录音，证明业委会一直与居委会有沟通。

庭审中，原告某小区业委会又当庭出示了如下证据：

1. 特快专递退回单及快递查询记录（2021 年 10 月 27 日）。

2. 特快专递退回单及快递查询记录（2021 年 11 月 5 日）。证据 1、证据 2 证明居委会因受到街道办指示，拒绝接受原告材料；被告拒绝履行相关的指导、监督职责，构成不作为。

3. 物业服务质量调查问卷开箱验查结果、验票箱，证明 2021 年 4 月 16 日对物业服务的调查显示，绝大部分业主对于物业公司服务不满意，原告就是否更换物业公司召开业主大会是代表广大业主履行职责；被告一正常的职责应当是指导监督业委会召开业主大会，对于是否更换物业公司进行程序性指导，而不是设置障碍。

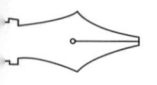

4. 2021年8月6日业主委员会委员微信聊天记录，证明被告一证据2拍照不完整，2021年8月6日业委会张贴了附件一。

5. 召开业主大会的通知，证明2021年3月15日，居委会、业委会共同组织了对某物业公司服务质量的满意度调查，业委会积极与居委会沟通且工作合法合理，社区居民对某物业公司的服务工作不满意。

被告大峪街道办辩称：

1. 被告具有作出被诉决定书的法定职权。

2. 被诉决定书事实认定清楚、适用法律正确。某小区业委会及业主大会召开过程中，没有坚持党建引领，拒绝接受居委会、街道办事处的指导和监督，程序及议题设置严重违法。

（1）业主大会召开程序不合法。2021年7月8日，某小区业委会向居委会提交了《关于北京市门头沟区某小区业主大会第一次临时会议的情况说明》。居委会收到该情况说明后，明确告知业委会临时业主大会的召开需要专有部分占建筑总面积20%以上业主或者占总人数20%以上的业主提议，或者出现管理规约中约定的需要召开业主大会临时会议的其他情形，如果不具备相应条件，无法启动临时业主大会。某小区业委会仅提交了一份情况说明，未提交符合召开临时业主大会条件的任何依据。《北京市物业管理条例》第三十五条第一款、第二款规定："业主大会会议分为定期会议和临时会议。业主大会定期会议应当按照业主大会议事规则的规定召开，每年至少召开一次。经百分之二十以上业主提议，业主委员会应当组织召开业主大会临时会议。"《北京市住宅区业主大会和业主委员会指导规则》第三十四条规定："发生下列情形之一的，业主委员会应当自业主提议和情形发生之日起45日内组织召开业主大会临时会议：（一）专有部分占建筑物总面积20%以上的业主或者占总人数20%以上的业主向业主委员会提议召开业主大会临时会议的；（二）出现管理规约中约定的需要召开业主大会临时会议的其他情形。"《某小区业主大会议事规则》第三条、第四条分别规定了业主大会定期会议和临时会议的召开条件。某小区业委会未提交任何材料证明召开临时业主大会的条件已经成就，也没有按照定期会议的内容、程序召开定期业主大会，因此，本次业主大会召开程序不合法。

（2）召开业主委员会会议未通知居委会。《北京市物业管理条例》第四十五条第三款规定，"业主委员会应当在会议召开五日前将会议议题告知物业所在地的居民委员会、村民委员会，并听取意见和建议。居民委员会、村民委员会可以根据情况派代表参加"。某小区业委会未在会议召开五日前将会议议题告知居委会，也没有听取意见和建议。居委会从未收到过某小区业委会申请材

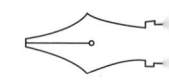

料中的 2021 年 7 月 8 日《关于某小区业主委员会会议告知函》和 2021 年 7 月 30 日《某小区业主委员会会议记录》。

（3）召开业主大会未将会议议题及具体内容等报居委会。《北京市物业管理条例》第三十五条第四款规定："召开业主大会会议的，业主委员会应当于会议召开十五日前通知全体业主，将会议议题及其具体内容、时间、地点、方式等在物业管理区域内显著位置公示，并报物业所在地的居民委员会、村民委员会。居民委员会、村民委员会应当派代表列席会议。"某小区业委会未在会议召开前十五日将会议议题及其具体内容、时间、地点等报居委会。事实上，居委会工作人员在社区公告栏中看到业委会张贴的《北京市门头沟区某小区召开 2021 年第一次业主大会的通知》后才知晓该小区即将召开业主大会，居委会将此情况及时告知大峪街道办。大峪街道办于 2021 年 8 月 10 日组织业委会委员、居委会工作人员、物业企业工作人员、部分居民等召开会议，明确告知业委会的行为违反了法定程序，责令其改正，并立即停止召开业主大会。当天，某小区业委会表示按照大峪街道办的要求办理，但事后依然违法召开业主大会，完全无视居委会、街道办事处对其的监督和指导，其行为严重违反法律法规的规定。

（4）某小区业委会提交的证据材料中业主大会通知的附件一并未与通知一并张贴在公告栏中，而是大峪街道办在 2021 年 8 月 10 日组织某小区业委会、居委会、物业企业工作人员、部分居民等召开会议后，某小区业委会才张贴的。其公示的时间距离召开业主大会不足十五日，违反了《北京市物业管理条例》第三十五条第四款应当提前十五日通知全体业主的规定。

（5）业主大会会议议题设置不合法。首先，"是否同意续聘北京某物业管理有限公司服务"的议题设置不合法。《北京市物业管理条例》第三十四条第一款规定："业主大会依照法律法规的规定召开，决定下列事项：……（四）选聘、解聘物业服务人或者不再接受事实服务；……"第七十五条第二款规定："物业服务合同期限届满、业主没有共同作出续聘或者另聘物业服务人决定，物业服务人按照原合同继续提供服务的，原合同权利义务延续。在合同权利义务延续期间，任何一方提出终止合同的，应当提前六十日书面告知对方。"某物业公司系前期物业，物业服务期限届满后，其按照原合同继续提供事实服务。业主大会应对是否不再接受事实服务或是否终止合同进行决议，而非对是否续聘进行决议。其议题设置不符合法律法规的规定。其次，"如果不同意续聘，您是否同意授权业主委员会以公开招标方式选聘新的物业服务企业"的议题设置不合法。《北京市物业管理条例》第四十四条第二款规定："业主委员会不得擅自决定本条例第三十四条第一款规定事项；业主大会不得授权业主

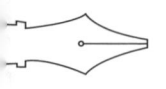

委员会决定本条例第三十四条第一款规定事项。"《北京市物业管理条例》第三十四条第一款第四项"选聘、解聘物业服务人或者不再接受事实服务"应当由业主大会决定，不能授权业委会决定。某小区业委会"如果不同意续聘，您是否同意授权业主委员会以公开招标方式选聘新的物业服务企业"的议题设置违反了上述法律法规的规定。

（6）收到某小区业委会复议申请后，居委会接到居民举报，称业委会在入户征求业主对业主大会议题意见、填写选票时，采用诱导、欺骗方式骗取选票，部分选票并非业主真实意思，严重影响业主大会最终决议结果。综合以上几点，某小区业主大会的召开程序、议题设置等严重违反法律法规的规定，大峪街道办作出被诉决定书事实认定清楚、适用法律正确，应当予以维持。大峪街道办作出被诉决定书程序合法。2021年7月8日，居委会收到《关于北京市门头沟区某小区业主大会第一次临时会议的情况说明》即明确告知某小区业委会不具备相应条件，无法启动临时业主大会。2021年8月10日，大峪街道办明确告知业委会的行为违反了法定程序，责令其改正，并立即停止召开业主大会，当天某小区业委会表示按照大峪街道办的要求办理。大峪街道办及居委会在某小区业委会及业主大会召开过程中，多次与业委会进行沟通，对其进行指导，制止其违法行为，听取其意见，保障了其陈述、申辩的权利。大峪街道办根据《北京市物业管理条例》第五十一条的规定，于2021年9月13日作出被诉决定书，该决定书中明确列明了某小区业委会存在的违法事实、违法依据及作出撤销决定的依据，并告知其诉权。9月16日，向某小区业委会进行送达，后将该决定书向全体业主通报。因此，大峪街道办作出被诉决定书的程序合法。综上，请求依法驳回原告的诉讼请求。

被告大峪街道办在法定期限内提交并当庭出示了以下证据：

1. 2021年7月8日某小区业委会向居委会提交的《关于北京市门头沟区某小区业主大会第一次临时会议的情况说明》，证明某小区召开的是临时业主大会，因其未提及符合召开临时业主大会条件的任何依据，因此无权组织召开临时业主大会。

2.《北京市门头沟区某小区召开2021年第一次业主大会的通知》照片，证明2021年8月6日，某小区业委会并未张贴附件一。

3. 照片及会议记录，证明2021年8月10日，街道办组织居委会、业委会、物业和居民召开会议，明确告知业委会的行为违反了法定程序，责令其改正，并立即停止召开业主大会。

4.《某小区业主大会会议议事规则》，证明某小区召开业主大会不符合该议事规则的规定。

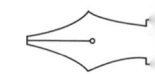

5. 撤销决定书送达视频，证明撤销决定已经送达某小区业委会。

6. 撤销决定书张贴照片，证明撤销决定书向全体业主通报。

被告门头沟区政府辩称，被告于2021年9月26日收到原告提交的行政复议申请书及相关材料后，经审查，于2021年9月27日依法予以受理。受理后，按照《行政复议法》第二十三条的规定，向大峪街道办送达了行政复议答复通知书。大峪街道办在法定期限内作出了书面答复，并提交了作出具体行政行为的证据、依据和其他有关材料。被告收到上述材料后，认为本案情况复杂，不能在规定期限内作出行政复议决定。根据《行政复议法》第三十一条第一款的规定，决定延长案件审理期限30日，并在法定期限内作出行政复议延期审理通知书，依法送达原告和大峪街道办。期间经过书面审查认为，大峪街道办作出的被诉决定事实清楚，证据确凿，程序合法，适用依据正确，内容适当。根据《行政复议法》第二十八条第一款第（一）项的规定，被告在法定期限内作出行政复议决定并依法送达原告和被告大峪街道办。综上所述，被告作出的门政复字〔2021〕27号行政复议决定的事实清楚，证据充分，依据正确，程序合法，请求人民法院判决驳回原告的诉讼请求。

被告门头沟区政府在法定期限内提交并当庭出示了以下证据：

1. 行政复议申请书及相关材料、门政复字〔2021〕27号行政复议申请受理通知书及送达回证，证明区政府对原告的复议申请依法予以立案受理。

2. 行政复议答复通知书及送达回证，证明区政府在立案受理原告行政复议申请后在法定期限内向大峪街道办送达行政复议答复通知书、行政复议申请书副本。

3. 行政复议答复书及证据材料（光盘），证明大峪街道办在法定期限内提交书面答复及证据材料。

4. 门政复字〔2021〕27号行政复议延期审理通知书及送达回证、门政复字〔2021〕27号行政复议决定书及送达回证，证明区政府在法定期限内审结行政复议案件并依法送达原告和大峪街道办。

第三人某小区居委会述称，2021年7月8日的告知函居委会收到，但是没有参会；在召开业主大会之前大峪街道办组织召开协调会，大峪街道办指出原告召开业主大会程序有问题，后居委会就不再接收原告提交的任何函件了。

第三人某小区居委会未向法庭提交证据。

第三人某物业公司提交的书面意见为，某小区业委会的产生和成员的选出程序不符合法律规定，设立和选举程序违反《民法典》和《北京市物业管理条例》的规定；某小区业委会于2021年10月26日操纵相关物业公司和业主作出的选聘物业公司的业主大会决议违反《民法典》第二百七十八条的规定；

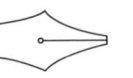

由于某小区业委会向小区业主散布针对第三人的虚假和诋毁信息，违法进行业主大会选举，导致部分业主拒交物业费和其他费用，严重损害了第三人的名誉和合法权益，也直接影响了全体业主享有优质物业服务的权利。请法院驳回原告的全部诉讼请求。

第三人某物业公司未向法庭提交证据。

依照《最高人民法院关于行政诉讼证据若干问题的规定》第五十四条的规定，结合各方当事人的质辩意见，合议庭对上述证据进行了评议，本院作出如下认定：

原告庭前提交的证据1、证据8系被诉行政行为，不属证据范畴，本院在此不予评价；庭前提交的证据12-证据24、当庭提交的证据1-证据2的真实性予以认可，但该证据与本案被诉的行政行为不具有关联性，本院不予采纳；原告提交的其他证据本院均予以采纳，可以证明案件的事实情况。

被告大峪街道办提交证据5中的撤销决定书系被诉行政行为，不属证据范畴，本院在此不予评价；提交的证据1-证据4真实性本院予以认可，但达不到其证明目的；提交的其他证据本院均予以认可；可以证明大峪街道办送达被诉决定书及进行公告的情况。

被告门头沟区政府提交证据4中的行政复议决定书系被诉行政行为，不属证据范畴，本院在此不予评价；其他证据能够证明门头沟区政府在受理原告的复议申请后，作出被诉复议决定并送达的过程，本院予以采纳；但不能证明被告门头沟区政府的作出的被诉复议决定合法。

经审理查明，2021年3月15日，原告发布《关于召开业主大会的通知》，拟于2021年3月30日至4月15日，采用书面征求意见的方式召开业主大会，议题为，评议某物业公司服务质量。后经与某小区居委会协商，未召开业主大会，而是由居委会和业委会共同作为调查单位，制作《门头沟区住宅小区物业服务满意度调查问卷》，于2021年4月10日至15日采取入户调查的方式对某物业公司的服务满意度进行调查。2021年4月16日，经过对调查问卷进行开箱查验，有效票1269张，不满意票数为1193张，不满意率为94%。2021年4月21日，某小区居委会、业委会、某物业公司召开会议，业委会向物业公司通报了此次服务满意度调查的情况。2021年7月8日，业委会向居委会作出《关于某小区业主委员会会议告知函》，告知居委会将于2021年7月30日召开业主委员会会议和业主代表会，讨论某物业公司解聘和续聘问题及小区公共收益归属问题。同日，原告作出《关于北京市门头沟区某小区业主大会第一次临时大会会议的情况说明》，主要内容为：业委会基于物业现状调查报告，绝大多数业主希望解除前期物业合同，支持本届业委会负责召开某小区全体业主大会；本次临时业主大会拟采用书面方式召开，会场地点设定在某小区居委会；业主大会将进行投票表决是否续聘现物业公司、选聘其他物业公司。2021年7月30日，业委会召开业主委员会会议，五名委员参会，会议决定召开某小区2021年第一次业主大会，并确定会议议题为：（1）是否同意续聘北京某物业管理有限公司服务；（2）如果不同意，您是否同意授权业主委员会以公开招标方式选聘新的物业服务企业（附件一：选聘物业服务企业的方案）。2021年8月6日，原告作出《北京市门头沟区某小区召开2021年第一次业主大会的通知》，主要内容为：经某小区业委会研究决定，2021年8月21日至31日，采用书面征求意见方式召开业主大会。本次会议议题：（1）是否同意续聘北京某物业管理有限公司服务；（2）如果不同意续聘，您是否同意授权业主委员会以公开招标方式选聘新的物业服务企业。附件一：选聘物业服务企业的方案。方案主要内容为：由业委会发布招标公告，接收物业服务企业报名，经过公示及组织报名企业进小区宣传后，由业委会评选出3家企业并在小区进行公告；再召开业主大会，在3家候选企业中选出一家确定为新的物业服务企业。业委会将该通知及附件一在小区公示栏进行张贴。2021年8月10日，大峪街道办、居委会、业委会、某物业公司、业主代表在某小区会议室针对物业管理问题召开协调会。会上，业委会负责人耿某表示，业主对物业服务公司满意度不高，物业公司对整改要求不予回应，所以业委会决定召开正式业主大会。大峪街道办参会领导表示，召开正式业主大会议题需要按照业委会议事规程，议事规程不包含的内容，需要召开临时大会，需要20%的业主联名自发申请。耿某表示，需要20%业主联合签名签不了，没有那么多业主给签名，业委会还是希望召开正式业主大会。2021年8月30日，原告向居委会作出《告知函》，主要内容为：2021年8月31日，某小区业主委员会组织召开了业主大会，现业主大会投票工作接近尾声，业主委员会定于2021年9月1日上午在某小区业主委员会办公室进行唱票工作，为体现党建引领和公开、公平、公正的原则，特邀请某小区居委会现场监督指导唱票工作。2021年9月2日，某小区业委会作出《某小区业主大会会议决议》，主要内容为：2021年8月21日至31日，本业委会采取书面征求意见方式组织召开业主大会，全体业主就有关事项进行了表决，以1319票，占业主人数的64.47%，占建筑物总面积的65.35%所形成的表决意见，业主大会会议决定：（1）不再续聘北京某物业管理有限公司为物业服务企业；（2）授权本届业主委员会以公开招标方式选聘新的物业服务企业（附件一：选聘物业服务企业的方案）。

  大峪街道办于2021年9月13日作出被诉决定书。原告不服，于2021年9月26日提起行政复议。门头沟区政府于2021年9月27日予以受理后，向大

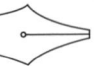

峪街道办送达了行政复议答复通知书。大峪街道办在于 2021 年 9 月 30 日作出书面答复并提交了证据、依据和其他有关材料。2021 年 11 月 19 日，门头沟区政府依法延长审理期限 30 日。2021 年 12 月 22 日，门头沟区政府作出门政复字〔2021〕27 号《行政复议决定书》，维持大峪街道办作出的被诉决定书。原告不服，提起本案诉讼。

庭审中，各方无异议的事实为：某小区业委会于 2020 年 10 月成立。某物业公司为前期物业公司，服务期限届满后，因当时并未成立业主委员会，故仍由某物业公司继续进行事实服务。因业主大会决议被大峪街道办撤销，现在新选聘的物业公司无法进驻，仍由某物业公司提供物业服务。原告称，2021 年 7 月 8 日，原告拟召开临时业主大会，故出具了《关于北京市门头沟区某小区业主大会第一次临时大会会议的情况说明》。但 2021 年 7 月 30 日召开业主委员会会议，决定召开正式的业主大会。因此，本次召开的是正式的业主大会，并非大峪街道办所称的临时业主大会。关于议题，虽然表述为"续聘"，实际上就是对是否不再接受事实服务进行表决，如果继续接受，就会与某物业公司签订合同，如果不再接受，就另聘物业公司，所以表述为"是否同意续聘"。关于授权业委会选聘新的物业服务企业，只是授权业委会以公开招标的方式选取物业服务企业，最终进行服务的物业服务企业还是要召开业主大会进行表决；授权的只是前期工作，并非物业服务企业的最终决定权，召开业主大会通知的附件一：选聘物业服务企业的方案，能够证明这一点。

本院认为，根据《物业管理条例》第十九条第二款的规定，业主大会、业主委员会作出的决定违反法律、法规的，物业所在地的区、县人民政府房地产行政主管部门或者街道办事处、乡镇人民政府，应当责令限期改正或者撤销其决定，并通告全体业主。《北京市物业管理条例》第八条第一款规定，街道办事处、乡镇人民政府组织、协调、指导本辖区内业主大会成立和业主委员会选举换届、物业管理委员会组建，并办理相关备案手续；指导、监督业主大会、业主委员会、物业管理委员会依法履行职责，有权撤销其作出的违反法律法规和规章的决定；参加物业承接查验，指导监督辖区内物业管理项目的移交和接管，指导、协调物业服务人依法履行义务，调处物业管理纠纷，统筹协调、监督管理辖区内物业管理活动。根据上述规定，大峪街道办对其辖区内的某小区业主大会作出的决定，具有予以撤销的法定职权。根据《中华人民共和国行政复议法》第十三条第一款的规定，对地方各级人民政府的具体行政行为不服的，向上一级地方人民政府申请行政复议。门头沟区政府作为大峪街道办的上一级人民政府，具有接受原告申请并开展行政复议工作的法定职责。

大峪街道办在答辩状及庭审中辩称，原告在组织召开业主大会过程中程序及议题设置严重违法,并列出 6 点理由。但其中的第 2、3、4、6 点理由,大峪街道办在作出被诉决定书时,并未予以指出,并未作为撤销业主大会决议的理由,故上述理由不能成为其撤销业主大会决议的正当理由,本院不予采纳。本案诉争的焦点在于,大峪街道办作出撤销业主大会决议的第 1、5 点理由能否成立。

第一,关于大峪街道办认定的"临时业主大会召开程序不合法"能否成立。大峪街道办以某小区业委会出具的《关于北京市门头沟区某小区业主大会第一次临时大会会议的情况说明》为依据,认为 2021 年 8 月 21 日至 8 月 31 日召开的业主大会为临时业主大会,该临时会议未经 20% 以上业主提议,违反《北京市物业管理条例》第三十五条第一款的规定。而原告述称,此次召开的是正式的业主大会。对此,本院结合在案证据,分析评判如下:

首先,此次业主大会的属性。《北京市物业管理条例》第三十五条第一款、第二款规定,业主大会会议分为定期会议和临时会议。业主大会定期会议应当按照业主大会议事规则的规定召开,每年至少召开一次。经百分之二十以上业主提议,业主委员会应当组织召开业主大会临时会议。本案中,原告对于其出具的《关于北京市门头沟区某小区业主大会第一次临时大会会议的情况说明》进行了合理的解释说明。根据原告提交的 2021 年 7 月 30 日《某小区业主委员会会议记录》、2021 年 8 月 6 日《北京市门头沟区某小区召开 2021 年第一次业主大会的通知》,大峪街道办提交的 2021 年 8 月 10 日《大峪街道某小区社区会议记录》,可以证实,此次会议属于正式会议,即定期会议。

其次,此次定期业主大会的召开是否符合召开条件。被告认为,2021 年 4 月的调查问卷没有明确调查目的,不能作为召开定期业主大会的前置程序,在不符合召开定期业主大会条件的情况下,应视为召开的临时业主大会。而临时业主大会的召开,不符合《北京市住宅区业主大会和业主委员会指导规则》第三十四条、《某小区业主大会议事规则》第四条关于召开临时会议的情形。《北京市住宅区业主大会和业主委员会指导规则》第三十三条规定:"业主大会定期会议由业主委员会根据业主大会议事规则组织召开,每年至少召开一次。业主大会定期会议召开前,业主委员会应当向业主公告以下内容:(一)上一年度物业管理情况报告;(二)上一年度业主委员会工作情况报告;(三)上一年度业主大会收支情况报告;(四)物业管理的其他有关事项。业主大会定期会议应当讨论并决议以下内容:(一)审查业主委员会和物业服务企业或者其他管理人的年度工作计划;(二)选举需要补选或者定期改选的业主委员会委员;(三)决议下一年度物业管理有关事项;(四)决议下一年度业主大会收支预算;(五)决议物业管理其他的有关事项。"《某小区业主大会议事规

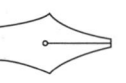

则》第三条规定，业主委员会在业主大会定期会议召开60日前，应当就有关物业管理工作征询业主意见，并对业主提出的意见、建议等，由业主委员会会议审议，形成议案提交业主大会会议决定。本案中，在召开业主大会之前，某小区业委会联合居委会对业主发放了调查问卷，针对物业服务的调查结果，业委会向物业公司进行了通报。在物业公司没有明确回复的情况下，业委会召开业主委员会，并形成议案，提交业主大会决定。从程序上看，符合上述规定。

第二，关于大峪街道办认定的"业主大会会议议题设置不合法"能否成立。

首先，关于"是否同意续聘北京某物业管理有限公司服务"的合法性问题。《北京市物业管理条例》第三十四条第一款第四项规定："业主大会依照法律法规的规定召开，决定下列事项：（四）选聘、解聘物业服务人或者不再接受事实服务。"仅从字面意义上看，确实不存在续聘。但本案应结合实际情况，认定"续聘"的真正含义，而不能仅从字面意义理解，对于议题的设置，不能"抠字眼"。本案的实际情况是，某物业公司系前期物业，物业服务期限届满后，其按照原合同继续提供事实服务。此次业主大会，实际上是对是否继续接受某物业公司作为物业服务公司进行表决，如果接受，业委会将与某物业公司签订合同，如果不接受，将另外选聘物业服务公司。换言之，业主大会实际上是对是否不再接受某物业公司的事实服务进行的表决。因此，上述议题只是表述不同，在设置上并未违反上述规定。

其次，关于"如果不同意续聘，您是否同意授权业主委员会以公开招标方式选聘新的物业服务企业"的合法性问题。《北京市物业管理条例》第四十四条第二款规定："业主委员会不得擅自决定本条例第三十四条第一款规定事项；业主大会不得授权业主委员会决定本条例第三十四条第一款规定事项。"被告认为，原告在张贴召开业主大会通知时并未一并将附件《选聘物业服务企业的方案》张贴，认为附件是后来才张贴的。但原告不予认可，同时提交了微信截图照片，证明当时在小区里的几个告知栏中均同时张贴了通知和附件。如仅从上述议题的表述上看，确实存在疑问。但结合通知的附件《选聘物业服务企业的方案》整体来看，实际上只是授权业委会用公开招标的方式进行前期工作，最终物业服务人的确定还是要经过业主大会的表决。从这个层面看，不属于将选聘物业服务人的决定权授权给业委会的情形。

综合以上分析，本院认为，大峪街道办仅依据某小区业委会出具的一份情况说明认定某小区召开的业主大会属于临时会议，应属证据不足，进而认定的临时业主大会召开程序不合法，应属认定事实不清。业主大会议题的设置虽然在表述上不够严谨，但实际上并未达到违反《北京市物业管理条例》有关规

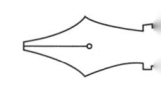

定的违法程度。此外，关于议题的设置，大峪街道办没有给予指导，在作出本案被诉撤销决定之前，也没有听取某小区业委会的意见。应当指出，业委会、业主大会属于自治性组织，作为属地的居委会、街道办应更多地给予指导和帮助，在帮助和指导不到位的情况下，不应过于苛责。

综上，大峪街道办作出的被诉决定书，认定事实不清、证据不足，应予撤销。门头沟区政府作出的复议决定，应一并予以撤销。原告某小区业委会提出的本案诉讼请求，具有相应的依据，本院予以支持。依照《中华人民共和国行政诉讼法》第七十条第（一）款、第七十九条之规定，判决如下：

一、撤销被告北京市门头沟区人民政府大峪街道办事处于 2021 年 9 月 13 日作出的门峪办发〔2021〕24 号《关于撤销某小区业主大会决议的决定书》；

二、撤销北京市门头沟区人民政府于 2021 年 12 月 22 日作出的门政复字〔2021〕27 号《行政复议决定书》。

案件受理费五十元，由被告北京市门头沟区人民政府大峪街道办事处负担（于本判决生效后七日内交纳）。

如不服本判决，某小区业委会、大峪街道办、门头沟区政府、某物业公司可在判决书送达之日起十五日内向本院递交上诉状，并按对方当事人的人数提供副本，上诉于北京市第一中级人民法院。

审 判 长　马冬梅
审 判 员　马钢锤
人民陪审员　陈雪松

二〇二二年六月十四日

法官助理　韩明生
书　记　员　刘秉深

蒲延红

北京市房山区人民法院

  北京市房山区人民法院审判委员会委员，三级高级法官。毕业于北京大学。曾在刑事审判庭、新闻宣传办公室、综合审判庭等部门工作，经过多岗位的历练，培养了过硬的司法业务水平和综合能力素质。曾被北京市高级人民法院评为"北京市先进法官"，被最高人民法院评为全国"两会"期间涉诉信访工作先进个人，两次荣立个人三等功；撰写的裁判文书在北京市高级人民法院优秀裁判文书评选中多次获得二等奖、三等奖、优秀奖，其中一篇被评为北京法院第一届再审案件十大优秀裁判文书，撰写的案例分析两次被最高人民法院采用；撰写的论文、调研报告两次在北京市高级人民法院组织的评比中获奖。

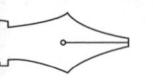

北京市房山区人民法院
民事判决书

（2020）京 0111 民初 2877 号

原告（反诉被告）：余某。
委托诉讼代理人：李某甲。
被告（反诉原告）：齐某。
被告（反诉原告）：彭某。
被告：北京某公司。
委托诉讼代理人：张某。

原告（反诉被告）余某与被告（反诉原告）齐某、彭某及被告北京某公司房屋买卖合同纠纷一案，本院于 2018 年 12 月 6 日作出（2018）京 0111 民初 192 号民事判决，余某不服提出上诉，北京市第二中级人民法院于 2019 年 4 月 28 日作出（2019）京 02 民终 4716 号民事判决，驳回上诉、维持原判。余某不服申请再审，北京市高级人民法院于 2019 年 12 月 25 日作出（2019）京民申 3512 号民事裁定提审本案。2020 年 6 月 24 日，北京市高级人民法院作出（2020）京民再 71 号民事裁定，撤销（2019）京 02 民终 4716 号及（2018）京 0111 民初 192 号民事判决，将本案发回本院重审。重审中，本院依据（2020）京民再 71 号民事裁定将本案案由变更为房屋买卖合同、中介合同纠纷，依法另行组成合议庭，公开开庭审理了本案。余某之委托诉讼代理人李某甲，齐某、彭某及北京某公司之委托诉讼代理人张某到庭参加了诉讼，本案现已审理终结。

余某原一审向本院提出诉讼请求：（1）请求判决齐某、彭某履行《房屋买卖合同》义务，将北京市房山区×号商务办公用房过户给余某；（2）请求判决齐某、彭某赔偿余某逾期办理房屋过户的违约金 20 万元；（3）请求判决退还居间费，赔偿损失并完成居间服务。

重审中，余某放弃请求判决齐某、彭某履行房屋买卖合同义务、北京某公司完成居间服务的请求，明确和增加诉讼请求为：（1）请求判令齐某、彭某及北京某公司共同赔偿逾期办理房屋手续的违约金 20 万元；（2）请求判令齐

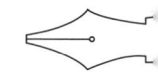

某退还 3 倍定金共 15 万元；（3）请求判令北京某公司退还 3 倍居间服务费共 48 840 元；（4）请求判令齐某、彭某及北京某公司共同赔偿余某其他损失 14.8 万元；（5）诉讼费由被告承担。

事实和理由：经北京某公司刘某介绍，余某与齐某、彭某于 2017 年 8 月 6 日签订了北京市房山某号的房屋买卖合同，合同规定齐某、彭某应协助余某办理过户及一切买房的手续。当日，余某在刘某的告知下支付了定金 5 万元、中介费 16 280 元。合同第二条"房屋权属状况"写明出卖人没有将该房屋出租、该房屋内无户口，办理手续期间，余某得知该房屋内实际有一公司户口且已出租。齐某、彭某蓄意隐瞒上述事实，对余某实施欺诈，不办理退租手续，余某要求将房屋内公司户口迁出，齐某、彭某一直不配合。由于工商局规定同一地址不能办理设立多个公司业务，致使余某公司无法注册。此后，齐某、彭某不再和北京某公司及余某联系，致使无法继续办理房屋过户手续，有刘某转给余某手机截图为证。涉案房屋为商务办公用房，没有入户权，余某购买也只能用于注册公司办公使用。齐某、彭某蓄意欺诈和违约，不执行合同、不和北京某公司及余某配合，蓄意失踪，造成余某 74 万元 6 个月没做投资使用，减少收入 4.2 万元，有中鸿财富投资单为证。齐某、彭某给余某造成巨大经济损失，应当按照消费者权益保护法第 55 条的规定返还定金 5 万元并 3 倍赔偿 15 万元、按照合同第八条违约责任的约定赔偿总房价 74 万元的 20% 共 14.8 万元。房屋买卖合同签订前北京某公司工作人员未对购买商务办公房的资质问题进行充分提示和告知，未对余某购房资质进行核查，并告知余某个人名义和公司名义都可以购买该商务办公房，最终误导余某签订合同，造成合同无法履行的后果。为维护自身合法权益，特提起诉讼。

齐某、彭某辩称：第一，合同没有约定户口，户口可随时办理，我们没有隐瞒任何事，不存在蓄意欺诈。第二，房屋处于可过户状态，无法办理过户是余某最开始没有购房资格。我们不同意余某的诉讼请求。

北京某公司辩称：第一，我公司促成余某与彭某、齐某签署的买卖合同合法有效。经我公司核验，涉案房屋符合上市交易条件，余某购房资格 2017 年 8 月 22 日审核结果为不通过，均可证实我公司完成了居间服务合同约定的居间义务，有权收取居间报酬。第二，《房屋买卖合同》"签约提示"第 1 条与附件四《买方购房承诺书》内容均可证实我公司尽到了告知义务和合理的居间义务。对于签约前应考量自身是否具有购房资质，我公司已向余某多次书面提示和告知。第三，房屋买卖合同无法履行的原因在于余某没有购房资格，构成根本违约。我公司无过错和违约行为，不应退还居间费和承担赔偿责任。余某的诉讼请求没有事实和法律依据，应予驳回。

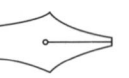

齐某、彭某原一审及重审向本院提出反诉请求：（1）合同主体是自然人余某，并非公司，其拒绝支付房款，构成违约，无权要求返还定金，违约金为房屋总价的20%计15万元，去除已支付的定金5万元，另需支付10万元，念及余某年纪较大，可减少1万元，要求支付违约金9万元；（2）赔偿房屋空置期租金损失和驱赶租户的违约金损失共6000元；（3）房屋买卖合同因余某违约自动解除；（4）反诉费由余某负担。事实和理由：齐某、彭某与余某于2017年8月6日签订涉案房屋买卖合同，余某支付定金5万元。北京某公司核验结果为涉案房屋处于可过户状态、余某处于没有购买资质状态，后北京某公司通知齐某、彭某等待余某注册公司，大概半个月时间，因不懂注册公司是怎么一回事，齐某、彭某未同意但没有办法，结果却变成了长期等待。此后，余某以其没有购房指标为由拒付房款，强行以公司名义购买涉案房屋。屡次通过北京某公司要求齐某、彭某用涉案房屋协助其注册公司，以不协助就构成违约为由对齐某、彭某进行威胁。对此，齐某、彭某予以拒绝。齐某、彭某认为，余某在合同签订后根据北京市房地产价格继续下探的事实不想再购买此房屋，得知自己没有购房资质后恶意推卸责任，以注册公司为名强加齐某、彭某责任，消极拖延时间，余某真实意愿为无意继续履行买房义务。本案核心问题在于余某无购房资质，未按合同规定提供有效核验资料，构成违约，应支付违约金。余某无购房资质后故意拖延时间，导致齐某、彭某错失良机，无法将涉案房屋卖给其他客户，后续再也没有客户愿意买房。为还原事实真相、维护合法权益，特提起反诉。

余某辩称：齐某、彭某的反诉没有事实依据，不同意其反诉请求。

当事人围绕其诉辩主张依法提交了证据，本院组织当事人进行了质证，现对当事人提交的证据及事实认定如下：

一、当事人无争议的证据及事实

重审中，余某提供了《不动产权证书》、《存量房屋买卖合同（经纪成交版）》、《存量房屋买卖居间合同（经纪成交版）》、《自动提款机客户通知书》、《收据》、《工商登记注册基本信息》、"北京某咨询有限公司"名称预先核准查询单及营业执照、微信聊天记录，北京某公司提供了《存量房房源核验信息表》《存量房交易服务平台核验结果》，结合当事人原一审及重审陈述，本院对上述证据予以确认并认定事实如下：

2017年3月1日，齐某、彭某夫妇取得房山区×号房屋（以下简称涉案房屋）不动产权。该房屋为二人共有，用途为商务办公，建筑面积为36.96平方米。2016年至2019年，"北京某科技有限公司"一直使用该房屋地址作为其登记住所地。

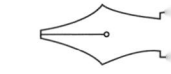

余某一直在内蒙古工作至退休,未在北京缴纳过社会保险和个人所得税,户籍于 2016 年迁至北京。

2017 年 3 月 26 日,北京市住房和城乡建设委员会等 5 部门联合发布并实施京建发〔2017〕第 112 号《关于进一步加强商业、办公类项目管理的公告》(以下简称 3·26 限购政策)。公告第五条规定:本公告执行之前,已销售的商办类项目再次上市出售时,可出售给企事业单位、社会组织,也可出售给个人,个人购买应当符合下列条件:(1)名下在京无住房和商办类房产记录的。(2)自申请购买之日起,在京已连续 5 年缴纳社会保险或者连续 5 年缴纳个人所得税。

2017 年 8 月 6 日,出卖人齐某、彭某与买受人余某在北京某公司居间下签订《存量房屋买卖合同(经纪成交版)》(以下简称本案房屋买卖合同),双方约定:出卖人以总价 74 万元将涉案房屋出售给买受人。买受人于签订合同当日向出卖人支付购房定金 5 万元,由出卖人保管用于冲抵房屋款;买受人于房屋过户之前一次性向出卖人交纳购房款 74 万元;出卖人没有将该房屋出租;该房屋未设定抵押,房屋内无户口;经买卖双方协商一致,网签成立后且客户付清全部房款后 10 个工作日内双方共同向房屋权属登记部门申请办理房屋权属转移登记手续;出卖人应在拿到最后房款后 3 个工作日内将该房屋交付给买受人。关于违约责任,双方在合同第八条约定:自本合同签订之日,买受人未按照本合同约定期限付款、迟延不配合办理贷款手续构成违约;出卖人逾期交付房屋、迟延不配合办理过户、迟延不配合办理贷款手续构成违约;合同签订后,因买受人拒绝履行合同或根本违约导致买卖合同无法履行,出卖人有权解除合同,买受人按总房价款的 20% 向出卖人支付违约金;因出卖人拒绝履行合同或根本违约导致买卖合同无法履行,买受人有权解除合同,出卖人按房价款的 20% 向买受人支付违约金。

本案房屋买卖合同第五条为"购房资格审核及房屋核验的约定",内容为:"(一)买受人应于签订本合同后 5 个工作日内向居间方提供完整、真实、合法有效的全部购房资格审核资料。1. 如买受人迟延提交购房资格审核资料,则构成违约,买受人应按日万分之五的标准向出卖人支付违约金;2. 买受人逾期提交超过 15 日,则出卖人有权解除合同,出卖人解除合同的,买受人应按总房价款的 20% 向出卖人支付违约金;3. 合同签订后,因买受人拒绝提交资料导致合同无法履行(解除或终止),买受人应按总房价款的 20% 向出卖人支付违约金;4. 合同签订前,买受人有义务按现行政策考量自己的最终购房资格,合同签订后,如因最终购房资格审核未通过导致根本违约,则买受人应承担违约责任,按总房价款的 20% 向出卖人支付违约金。(二)出卖人应于签

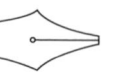

订本合同5个工作日内向居间方提供真实有效的存量房房源核验资料。1.如出卖人迟延不提交房源核验资料，则构成违约，出卖人应按日万分之五的标准向买受人支付违约金；2.出卖人逾期提交超过15日，则买受人有权解除合同，出卖人应按总房价款的20%向买受人支付违约金，出卖人应在收到解除合同通知之日起5个工作日内将买受人的已付款项（不计利息）及违约金支付给买受人，期间产生的所有费用由出卖人承担；3.合同签订后，因出卖人拒绝提交房源核验资料导致合同无法履行（解除或终止），出卖人应按总房价款的20%向买受人支付违约金；4.出卖人保证所提供的资料真实、合法、有效，出卖人对所售房屋权属合法性、真实性及有效性负责，出卖人有义务保证出售房屋物权方面无任何权利瑕疵，包括但不限于被查封、房屋抵押、曾与第三人签订过该房屋的买卖合同等，因物权瑕疵导致合同无法履行而解除或终止合同，出卖人应按总房价款的20%向买受人支付违约金。"

签订本案房屋买卖合同当日，甲方彭某及齐某、乙方余某、丙方北京某公司还签订了《存量房屋买卖居间合同（经纪成交版）》（以下简称本案居间合同），约定：甲方委托丙方出售、乙方委托丙方购买涉案房屋。在签订本居间合同前丙方已经多次向甲乙双方提供居间服务。甲乙双方就购房事宜已经达成一致意见，并在丙方服务的情况下签订了《存量房屋买卖合同》，乙方应向丙方支付居间服务费16 280元。甲乙双方应按《存量房屋买卖合同》各项约定提供房屋买卖所需之完整、真实、合法、有效的资料和文件，对真实性、合法性、有效性负责，并应按丙方要求的时间、地点、进程和具体要求无条件配合丙方的居间服务事项。丙方权利义务为：提供房地产信息、房地产交易咨询服务和交易机会；提供甲乙双方实地看房服务；转达甲乙双方的立约意向等有关事项；提供订约媒介服务，代拟房屋买卖合同；负责并见证甲乙双方签订《存量房屋买卖合同》；保存《存量房屋买卖合同》壹份，负责对合同条款进行解释；受托代为保管乙方所付定金及相关费用；受托代为保管甲方房屋产权证及原购房协议等资料和文件，除非政府部门需要，丙方只收取甲乙双方提交的复印件，因客观需要必须留存甲乙双方的原件时，丙方向提交方出具盖有公司印章的相应凭证；按本合同约定收取居间服务费；丙方为甲方、乙方拟算的税费金额仅供参考，最终以地税、建委收取的金额为准，丙方对此不承担任何责任。该合同第五条中"违约责任"的约定为：《存量房屋买卖合同》一经签订，丙方既已促成合同成立，当事人必须按本合同约定支付居间服务费；逾期支付居间服务费，按居间服务费的日1%支付违约金。因未支付居间服务费被起诉，必须赔偿丙方经济损失（包括但不限于律师费、诉讼费、执行费、人工费、通讯费、交通费等）；《存量房屋买卖合同》签订后，甲乙双方因任何原因协议解除《存量房屋买卖合同》的不影响本合同之法律效力，当事人仍需按本合同约定支付居间服务费，并承担违约责任；因甲乙任何一方未按约定期限提供资料、文件或不配合等导致丙方无法在约定的期限内办完工作，丙方不构成违约，违约责任由相应的责任方承担；因甲乙任何一方违约导致仲裁或诉讼时，不影响本合同法律效力，当事人仍需按本合同约定支付居间服务费，并承担违约责任。守约方可以就自己所受损失（居间服务费和违约金）向违约方主张权利。

签订合同当日，余某向齐某、彭某支付购房定金5万元，向北京某公司支付居间服务费16 280元。余某、齐某、彭某提供核验资料后，北京某公司向主管部门核验涉案房屋房源及余某购房资格。2017年8月17日，涉案房屋房源核验结果为通过；2017年8月22日，余某购房资格核验结果为未通过，社保反馈为身份证号码在社会保险库中不存在，纳税反馈为身份信息有误。

明确知晓其个人无购房资格后，余某欲以公司名义购买涉案房屋。以涉案房屋地址设立新公司过程中，余某发现同一地址不能同时办理多个设立业务，即通过北京某公司要求齐某将"北京某科技有限公司"住所从涉案房屋迁出。因余某拒绝齐某继续付款要求，齐某亦予以拒绝，三方为此发生争议，上述两份合同未再继续履行。

2017年10月30日，余某诉至本院要求继续履行合同。诉讼中，齐某、彭某提出反诉，主张"房屋买卖合同因余某违约自动解除"，《民事反诉状》于2018年1月24日送达余某本人。2018年2月9日，余某以其他地址注册成立"北京某咨询有限公司"。重审中，余某表示本案房屋买卖合同已不能继续履行，不再要求继续履行。

二、当事人争议事项的证据及事实

（一）3·26限购政策提示、告知争议的证据及认定

余某主张北京某公司未履行此项义务，并提供了其子李某乙与北京某公司工作人员刘某的微信聊天记录照片打印件予以证明。北京某公司对上述微信聊天记录真实性及证明目的均不予认可，主张本案房屋买卖合同"签约提示"第1条与附件四《买方购房承诺书》内容均可证实其尽到了告知义务和合理的居间义务。经查，余某提供的微信聊天记录照片形成于原一审2018年3月6日当晚，与原一审卷宗《起诉书补充举证》内容相关联，结合原审庭审笔录，本院对微信聊天记录的真实性予以确认并认定事实如下：

本案房屋买卖合同签订前，北京某公司工作人员告知余某既可以个人名义也可以公司名义购买涉案房屋，余某进一步询问其个人是否可以购买时，北京某公司工作人员未予明确答复。2017年8月7日晚，北京某公司工作人员刘某

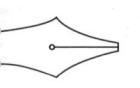

向余某之子李某乙询问余某是否连续5年缴纳社保,李某乙回复余某在老家缴纳社保并向刘某询问北京户籍全款购买商住房是否必须在京连续5年缴纳社保。次日晨,李某乙称经咨询住建委朋友,京户个人购房不需要5年社保和纳税,刘某称先提交余某材料进行审核。2017年8月14日,李某乙询问5年纳税证明详细情况,经刘某解释,李某乙表示只能设立公司,再以公司名义购买涉案房屋。

本案房屋买卖合同"签约提示"第1条内容为"买受人应认真阅读《购房承诺书》并保证自己符合北京市有关住房限购政策的规定"。余某于2017年8月6日签字的《买方购房承诺书》内容为:"本人已详细阅读并清楚知晓《国务院办公厅关于进一步做好房地产市场调控工作有关问题的通知》(国办发〔2011〕1号)、《北京市人民政府办公厅关于贯彻落实国务院办公厅文件精神进一步加强本市房地产市场调控工作的通知》(京政办发〔2011〕8号)、《北京市住房和城乡建设委员会关于落实本市住房限购政策有关问题的通知》(京建发〔2011〕65号)等国家和本市相关文件中关于住房限购政策的规定。本人承诺遵守国家和本市住房限购相关政策规定。"北京某公司提供的上述《买方购房承诺书》中无3·26限购政策相关内容。

(二)涉案房屋使用情况告知争议的证据及认定

针对余某关于齐某、彭某蓄意隐瞒涉案房屋实际有一公司户口且已实际出租,对其实施欺诈的主张,齐某、彭某不予认可,称出售前已告知余某涉案房屋上有公司,过户时会注销掉。北京某公司提供了《购房/租房委托协议》《看房确认单》《房屋状况编制说明书》,主张北京某公司确带领余某查看了涉案房屋,将涉案房屋使用情况对余某进行了说明,北京某公司履行了义务。齐某、彭某对上述证据未提出异议,余某对上述证据不予认可,主张北京某公司只将其带到4楼上看了看,未让其查看涉案房屋,其在《看房确认单》和《房屋状况编制说明书》上签字时上面内容为空白,内容系后填。结合当事人陈述,本院认定事实如下:

本案房屋买卖合同签订前,涉案房屋处于出租状态。2017年8月6日,余某与北京某公司签订《购房/租房委托协议》,约定北京某公司为余某提供购房房源信息。当日,北京某公司工作人员安排余某查看了涉案房屋,余某、齐某、彭某签署了《看房确认单》。北京某公司工作人员在余某、齐某、彭某签字的《房屋状况编制说明书》上记载涉案房屋内无户口、出租中。

本院认为:本案争议在于本案房屋买卖合同效力、各方当事人是否存在违约行为及应承担的法律责任。

一、本案房屋买卖合同效力及其状态

第一,根据查明的事实,余某显非明知自己无购房资格而签订本案房屋买

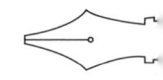

卖合同,而是在错误认为北京户籍个人购买商办房不受3·26限购政策第五条限制且未得到北京某公司明确交易咨询服务的情况下签订了该合同,产生了对自己购房资格的错误认知,错误认知直接导致其合同目的不能实现。依据《合同法》第五十四条、第五十五条,余某并未在2017年8月22日知晓撤销事由后一年内向法院主张撤销该合同,导致撤销权消灭。本案房屋买卖合同亦不存在《合同法》第五十二条规定的合同无效情形,因而合同有效。

第二,得知自己无购房资格后,余某欲以涉案房屋地址新设公司并以公司名义购买涉案房屋,系欲将其房屋买卖合同主体变更为新公司,但未与齐某、彭某协商一致,故双方当事人的权利义务仍受本案房屋买卖合同拘束。

第三,《合同法》第九十三条第二款规定:当事人可以约定一方解除合同的条件,解除合同的条件成就时,解除权人可以解除合同。第九十六条规定,"当事人一方依照本法第九十三条第二款、第九十四条的规定主张解除合同的,应当通知对方,合同自通知到达对方时解除"。本案房屋买卖合同第五条约定:"合同签订后,如因最终购房资格审核未通过导致根本违约,则买受人应承担违约责任";第八条约定:"合同签订后,因买受人拒绝履行合同或根本违约导致买卖合同无法履行,出卖人有权解除合同"。本案中,齐某、彭某在《民事反诉状》反诉请求第三项中主张"房屋买卖合同因余某违约自动解除",行使单方解除权符合上述法律规定。因而,本案房屋买卖合同于2018年1月24日《民事反诉状》送达时解除。

二、齐某、彭某及余某是否存在违约行为

(一)齐某、彭某是否存在违约行为

第一,关于余某所诉"合同规定齐某、彭某应协助余某办理过户及一切买房的手续"问题。应该指出的是,本案房屋买卖合同中并无此约定,齐某、彭某的义务仅在于保证出售的房产无物权瑕疵、在收到余某支付的全部房款后办理所有权转移登记并交付房屋。另,因合同约定余某应先履行付清全部房款义务,依据《合同法》第六十七条的规定,在余某未付清全部房款前,齐某、彭某有权拒绝履行,不存在违约行为。

第二,关于余某所诉齐某、彭某隐瞒涉案房屋出租问题。北京某公司提供的《房屋状况编制说明书》中已载明涉案房屋处于出租中,本案房屋买卖合同中选择填写"出卖人没有将该房屋出租"系合同拟定人北京某公司行为所致,齐某、彭某对此无过错,不存在隐瞒出租事项情况,不存在违约行为。

第三,关于余某所诉齐某、彭某隐瞒涉案房屋地址作为住所注册"北京某科技有限公司",齐某、彭某不配合将该公司户口迁出,致使其无法使用涉案房屋地址注册公司问题。首先,"北京某科技有限公司"使用涉案房屋地址

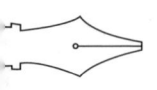

作为住所构成对涉案房屋使用权的妨碍，在取得涉案房屋所有权前余某对涉案房屋无使用权，其欲以该地址注册公司首先应取得齐某、彭某同意，上述内容在合同上并无约定，故不构成违约。其次，"北京某科技有限公司"使用涉案房屋地址作为住所对余某合同债权并无妨碍，在其取得涉案房屋所有权前不影响其取得涉案房屋所有权的合同目的，因而亦不构成违约。

（二）余某是否存在违约行为

第一，本案房屋买卖合同第五条约定："合同签订前，买受人有义务按现行政策考量自己的最终购房资格，合同签订后，如因最终购房资格审核未通过导致根本违约，则买受人应承担违约责任，按总房价款的20%向出卖人支付违约金"。依此约定和本案事实，余某构成违约，应承担违约责任。《合同法》第一百一十五条及第一百一十六条规定：当事人可以依照担保法约定一方向对方给付定金作为债权的担保。债务人履行债务后，定金应当抵作价款或者收回。给付定金的一方不履行约定的债务的，无权要求返还定金；收受定金的一方不履行约定的债务的，应当双倍返还定金。当事人既约定违约金又约定定金的，一方违约时，对方可以选择适用违约金或者定金条款。本案中，齐某、彭某向余某主张违约金又主张余某无权要求返还定金，不符合上述法律规定。余某应依照合同约定及齐某、彭某诉请支付违约金。

第二，齐某、彭某反诉请求余某赔偿房屋空置期租金损失和驱赶租户违约金损失，未提供相应证据，本院不予支持。

三、北京某公司是否存在违反法定、约定义务的行为

《合同法》第四百二十五条规定："居间人应当就有关订立合同的事项向委托人如实报告。居间人故意隐瞒与订立合同有关的重要事实或者提供虚假情况，损害委托人利益的，不得要求支付报酬并应当承担损害赔偿责任。"居间人如实报告义务是居间人的法定义务，强调的是居间人的"诚实信用"。"订立合同的事项"是指居间人知悉的与订立合同有关的所有事项。根据查明的事实，本院认为北京某公司在为余某、齐某、彭某提供居间服务期间存在如下违反法定、约定义务的行为：

第一，3·26限购政策公布次日，北京市住建委相关负责人就该限购政策答记者问，明确答复个人购买二手商办类房产必须名下在京无房产记录且需在京已连续5年缴纳社会保险或者连续5年缴纳个人所得税。该新闻稿在首都之窗及各大门户网站予以刊发，北京某公司作为专业中介机构，应当知悉上述规定，负有更高的注意义务。本案居间合同约定北京某公司有提供房地产交易咨询服务的合同义务，对于余某关于限购政策的咨询，北京某公司应作出明确、准确的答复。然而在本案房屋买卖合同签订前余某咨询其购房资格时，北京某

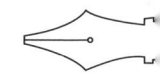

公司却没有予以明确、准确的答复，致使本案房屋买卖合同自始履行不能。

第二，2011年2月16日《北京市住房和城乡建设委员会关于落实本市住房限购政策有关问题的通知》要求主管部门、房地产经纪机构等单位加强对居民家庭购房资格的审查。该通知第三条规定："居民家庭在购买住房前，应当向房地产开发企业、经纪机构或存量房网签服务窗口，提交下列材料：（一）本市户籍居民家庭提交家庭成员身份证、婚姻证明、户籍证明的原件和复印件，拟购房人签字的《家庭购房申请表》、《购房承诺书》"；第四条规定："房地产开发企业、经纪机构和存量房网签服务窗口对上述材料进行初步核查。对符合条件的，在北京市房地产交易系统中填报认购核验信息，并留存购房家庭提交的《家庭购房申请表》、《购房承诺书》原件及其他材料复印件。对不符合条件的，不予办理购房手续。"根据上述通知要求，在限购政策下，北京某公司有对购房人购房资格进行初步核查的义务。显然，北京某公司并未履行该义务：首先，《买方购房承诺书》中仅有2011年限购政策内容，无3·26限购政策内容，由此可知北京某公司并未向余某明释3·26限购政策；其次，3·26限购政策第五条明确而简单，仅涉及在北京市有无住房及连续5年社保或纳税，如北京某公司在本案房屋买卖合同签订前进行询问，也会发现余某根本无购房资格；最后，本案房屋买卖合同亦证明北京某公司未履行初步核查义务。本案房屋买卖合同第五条内容为"（一）买受人应于签订本合同后5个工作日内向居间方提供完整、真实、合法有效的全部购房资格审核资料。（二）出卖人应于签订本合同5个工作日内向居间方提供真实有效的存量房房源核验资料。"根据上述通知要求，在限购政策下，北京某公司应要求买受人、出卖人在房屋买卖合同签订前提供，而非在房屋买卖合同签订后提供。如在房屋买卖合同签订前对余某提供的材料进行初步核查，就会发现余某户籍于2016年才迁至北京，且年逾60岁，不可能在北京缴纳社保和税款。

第三，2011年4月1日实施的《房地产经纪管理办法》第二十二条规定："房地产经纪机构与委托人签订房屋出售、出租经纪服务合同，应当查看委托出售、出租的房屋及房屋权属证书，委托人的身份证明等有关资料，并应当编制房屋状况说明书。经委托人书面同意后，方可以对外发布相应的房源信息。"根据上述规定，涉案房屋使用状况是北京某公司在发布房源信息前应调查的内容，本案中，对于出租情况，《房屋状况编制说明书》与本案房屋买卖合同内容相抵触；对于涉案房屋地址用作公司住所应予核查而未核查，显然，北京某公司亦未履行该项义务，导致在合同变更协商过程中双方争执和冲突。

第四，北京某公司拟定的本案居间合同有规避居间人如实报告义务的故意。本案中，北京某公司在其提供的格式居间合同将"违约责任"拟定为：

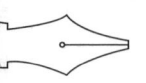

"《存量房屋买卖合同》一经签订，丙方既已促成合同成立，当事人必须按本合同约定支付居间服务费；《存量房屋买卖合同》签订后，甲乙双方因任何原因协议解除《存量房屋买卖合同》的不影响本合同之法律效力，当事人仍需按本合同约定支付居间服务费，并承担违约责任；因甲乙任何一方违约导致仲裁或诉讼时，不影响本合同法律效力，当事人仍需按本合同约定支付居间服务费，并承担违约责任。"上述格式条款排除了居间人应如实报告的义务，不仅违反了《合同法》第四百二十五条规定，亦与《房地产经纪管理办法》第十九条"房地产经纪机构未完成房地产经纪服务合同约定事项，或者服务未达到房地产经纪服务合同约定标准的，不得收取佣金。"的规定相悖。《合同法》第四十条规定：格式条款具有本法第五十二条和第五十三条规定情形的，或者提供格式条款一方免除其责任、加重对方责任、排除对方主要权利的，该条款无效。北京某公司提供的上述格式条款是免除其责任、排除对方主要权利的条款，该条款无效。

四、余某、齐某及彭某、北京某公司应承担的法律责任

综上所述，余某与齐某、彭某签订的《存量房屋买卖合同（经纪成交版）》合法有效，齐某、彭某主张本案房屋买卖合同解除符合合同约定及《合同法》第九十三条第二款的规定，本院予以支持。本案房屋买卖合同自始履行不能，居间合同亦无再履行必要。因余某无购房资格，合同自始履行不能，且齐某、彭某无违约行为，故其请求判令齐某、彭某及北京某公司共同赔偿逾期办理房屋手续违约金20万元、请求判令齐某、彭某赔偿14.8万元的诉讼请求，无事实及法律依据，本院不予支持。余某最终购房资格审核未通过构成违约，依合同约定及齐某、彭某诉请应承担13.8万元违约金的违约责任；齐某、彭某应将5万元定金返还余某；齐某、彭某请求余某赔偿房屋空置期租金损失和驱赶租户的违约金损失6000元，因未提供证据证明，本院不予支持。

北京某公司在本案房屋买卖合同签订前，明知3·26限购政策内容却不告知委托人余某购房资格等相关规定，违反规定对余某购房资格不予初步核查，严重违反居间人如实报告义务，造成余某13.8万元违约金等损失，依法应承担退还16 280元居间服务费及赔偿余某13.8万元违约金损失的违约责任；余某在购房前应尽基本的审慎义务，故对13.8万元违约金损失以外的其他损失自行承担责任；商品房买卖领域并非消费者权益保护法的调整范围，齐某、彭某并非消费者权益保护法第二条规定的经营者，故余某依据该法请求齐某退还3倍定金、北京某公司退还3倍居间服务费的诉讼请求无法律依据，本院不予支持。

为便于履行和执行，本院对余某与齐某、彭某，北京某公司之间应支付的

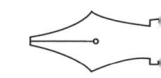

款项相互折抵，北京某公司应将赔偿余某的13.8万元中的5万元直接支付给余某，将其余8.8万元直接支付给齐某及彭某。

本案经本院审判委员会讨论决定，依照《最高人民法院关于适用〈中华人民共和国民法典〉时间效力的若干规定》第一条第二款、第五条，《中华人民共和国合同法》第四十条、第九十三条第二款、第九十六条、第一百一十四条、第一百一十五条、第一百一十六条、第四百二十五条之规定，判决如下：

一、确认原告（反诉被告）余某与被告（反诉原告）齐某、彭某签订的《存量房屋买卖合同（经纪成交版）》于2018年1月24日解除；

二、被告北京某公司于本判决生效之日起7日内退还原告（反诉被告）余某居间服务费16 280元；

三、被告北京某公司于本判决生效之日起7日内支付原告（反诉被告）余某50 000元；

四、被告北京某公司于本判决生效之日起7日内支付被告（反诉原告）齐某、彭某88 000元；

五、驳回原告（反诉被告）余某其他诉讼请求；

六、驳回被告（反诉原告）齐某、彭某其他反诉请求。

如果未按本判决指定的期间履行金钱给付义务，应当依照《中华人民共和国民事诉讼法》第二百五十三条之规定，加倍支付迟延履行期间的债务利息。

本诉案件受理费2525元及反诉案件受理费1100元，均由被告北京某公司负担（于本判决生效之日起7日内交纳）。

如不服本判决，可以在判决书送达之日起十五日内，向本院递交上诉状，并按对方当事人的人数提出副本，上诉于北京市第二中级人民法院。

审 判 长　蒲延红
审 判 员　陈永富
审 判 员　沈　征

二〇二一年六月二十二日

书 记 员　杨叶菁
书 记 员　毛晓霞

李晓彤
北京市东城区人民法院

　　北京市东城区人民法院监察组组长，2009年7月入职北京市东城区人民法院，先后在监察室、民事审判二庭、民事审判一庭等多部门工作。工作中，坚定政治信仰，恪尽职守、攻坚克难，廉洁奉公，深耕审判一线十余年，审理案件近3000件，在2021年的全国政法队伍教育整顿工作中，被北京市东城区政法委授予"政法楷模"荣誉称号。多次获得嘉奖，获评优秀公务员、优秀共产党员称号，并荣立三等功。

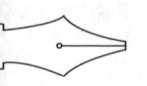

北京市东城区人民法院
民事判决书

（2021）京 0101 民初 10969 号

原告：蔡某甲。

被告：蔡某乙。

原告蔡某甲与被告蔡某乙房屋买卖合同纠纷一案，本院立案受理后，依法适用普通程序独任制，公开开庭进行了审理。原告蔡某甲的法定代理人及委托诉讼代理人，被告蔡某乙及其委托诉讼代理人到庭参加了诉讼。本案现已审理终结。

原告蔡某甲向本院提出诉讼请求：（1）判令解除原、被告于 2012 年 6 月 20 日签订的存量房屋买卖合同；（2）判令被告返还位于北京市东城区东后河沿×号院×号楼×层×单元×号房屋。事实和理由：原告蔡某甲原系北京市东城区东后河沿×号院×号楼×层×单元×号房屋（以下简称涉案房屋）的所有权人。2012 年 6 月 20 日，原、被告签订《存量房屋买卖合同》，原告将涉案房屋以 289.6 万元的价格出售予被告。房屋买卖合同签订后，原告依约将涉案房屋交付被告，并办理了房屋过户手续，但被告一直未按合同约定支付购房款。按照涉案合同约定，被告逾期付款超过 15 日后，原告有权解除合同。为维护原告合法权益，故成此诉。

被告蔡某乙辩称：不同意原告诉讼请求。（1）请求解除合同的时间应当自解除权人知道或应当知道解除事由之日起一年内行使。原、被告于 2012 年 6 月 20 日签订涉案合同，约定被告逾期付款超过 15 日，原告即享有解除权。而原告取得解除权后并未立即解除合同，也未向被告发出催告，直至提起本案诉讼，原告行使解除权的时间已经超过除斥期间，解除权消灭，原告无权解除。（2）原、被告之间就涉案房屋的法律关系名为买卖，实为赠与。涉案合同仅约定了房屋总价款、对房款支付方式、交房时间等合同重要条款，均未约定，不符合房屋买卖合同惯例。2011 年 3 月、8 月，原告及其亡妻曾订立遗嘱表示涉案房屋赠与被告。原告的真实意思系通过房屋买卖形式将涉案房屋赠与被告。（3）鉴于原、被告之间系赠与合同关系，原告已将涉案房屋实际交付并办理产权过户登记，原告不享有任意撤销权。且被告作为受赠人既未侵害原告

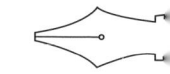

及其近亲属的合法权益，亦不存在对赠与人有抚养义务或其他赠与合同约定义务不履行的情形。原告也不享有法定撤销权。综上，请求法院驳回原告诉讼请求。

当事人围绕诉讼请求依法提交了证据，经审理，本院认定事实如下：

蔡某甲与王某某系夫妻关系，蔡某乙系蔡某甲之孙女，蔡某之女。坐落于北京市东城区东后河沿×号院×号楼×层×单元×号房屋，原登记在原告蔡某甲名下。2012年6月20日，原告（出卖人）与被告（买受人）签订《存量房屋买卖合同》，约定原告将涉案房屋出售予被告。房屋成交价格289.6万元。付款方式为自行交割。买受人逾期付款超过15日后，出卖人有权解除合同。涉案合同对付款时间、房屋交付时间、过户时间等均未作出明确约定。同日，双方签订《存量房交易结算资金自行划转声明》，载明原、被告协商决定自行划转交易结算资金，由本人亲自办理转移登记手续。

2012年6月21日，涉案房屋变更登记至被告名下。被告未曾支付购房款。

2015年6月5日，蔡某甲之妻王某某去世。

2020年11月24日，经蔡某申请，本院作出（2020）京0101民特×××号民事判决书，宣告原告为无民事行为能力人。2021年2月24日，经蔡某申请，本院作出（2021）京0101民特×××号民事判决书，确定蔡某、蔡某丙共同作为蔡某甲监护人。2021年4月，蔡某、蔡某丙作为蔡某甲法定代理人代蔡某甲提起本案诉讼。

关于蔡某乙所称原、被告之间为赠与合同关系一节，蔡某乙提交：（1）2011年3月12日蔡某甲夫妇签名的打印遗嘱，主要内容为两子蔡某、蔡某丙已长大成人，各自有多套住房，收入较为优厚，作为父母已尽到所有义务和责任，因二人年老多病，行动不便，其子蔡某、蔡某丙很少探望、问候，致使父母非常寒心，故立遗嘱：……蔡某、蔡某丙不得继承任何遗产，蔡某已立字据表示放弃一切继承权利。蔡某丙也表示不要继承任何遗产。涉案房屋及蔡某甲名下部分银行存款由孙女蔡某乙继承，任何人不得干涉和侵占……该遗嘱正文为打印，签字页没有正文内容，有蔡某甲夫妇手书签字，见证人签字。经质证，原告对签名真实性认可，遗嘱内容不予认可。（2）2011年8月4日补充遗嘱，主要内容为蔡某甲之妻王某某于2011年5月确诊为骨髓瘤，当即告知蔡某、蔡某丙，二人表示不管，并趁老人有病在身之危，提出给他们房子再来照顾两位老人，故蔡某甲夫妇经商量，涉案房屋仍按原遗嘱方案由蔡某乙继承，其他人不得干预。另一套三居室房屋蔡某甲夫妇决定适时卖掉换取现金看病、养老自用，其他人不得干涉。特立补充遗嘱。该遗嘱亦为打印遗嘱，落款在正文下方由蔡某甲夫妇手书签名。经质证原告对其真实性不予认可，并申请对该补充遗嘱王某某签字的真实性进行笔迹鉴定。因原告未提交有效比对样

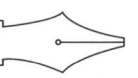

本，且原告的申请与本案不具备直接关联性，本院未予准许。（3）蔡某书写声明，载明由于蔡某与闫某某婚后感情不和，于2007年8月8日协议离婚，造成很大家庭矛盾，为打消父亲对财产的疑虑及认为其爱财的偏见，决定放弃继承，但依然会负有赡养义务。经质证原告不予认可。（4）蔡某甲与蔡某乙的微信聊天记录，主要内容除二人平常聊天，互相问候等内容外，还有蔡某甲称"你很好放心了。我今天不太好。蔡某这个坏蛋他们欺负我，我狠狠骂了他们。他们的目的是想让我早死。现在你是我唯一的亲人。我希望你能保护我"，"你自己也要好好保护自己，保持良好的身体，爷爷年纪大了，我们互相关心"，"谢谢你，还是我孙女关心我，我一要好好活着，其他人都希望我早点死。我为了你也要好好活着，气死他们"，"谢谢你，蛋糕收到了，照的精神。今天很多人发微信祝贺我生日快乐，我也特别高兴，唯独二个只讲钱的人，什么也不表示"等内容。被告以此证明原、被告祖孙关系非常亲密，经常联系，原告对被告在国外工作生活甚是关心，聊天中多次透漏出原告对蔡某、蔡某丙极其不满。经质证，原告对其真实性认可，证明目的不予认可。

原告另提交其医药费票据、养老院收费发票、蔡某、蔡某丙夫妇照顾原告照片、病情告知单、护工费支付凭据等证据证明蔡某、蔡某丙自2020年7月原告病重开始照顾原告，被告伪造遗嘱的内容与事实不符。经质证，被告对其证明目的不予认可，表示蔡某、蔡某丙是在诉讼后才对原告进行照顾，并非常年如此。

庭审中，原告、被告均表示，涉案房屋过户至被告名下后，仍由原告居住使用，被告于2012年出国，居住于国外。原告表示曾多次口头催要购房款，但未提交证据予以佐证。

本院认为，本案的争议焦点为原告、被告就涉案房产成立买卖合同关系还是赠与合同关系。根据已查明事实，原告、被告虽签订了房屋买卖合同，但该合同对于购房款的支付期限、房屋交付、产权过户等房屋买卖合同重要条款均未作出明确约定，该情形与一般的房屋买卖合同明显不同。且双方于2012年签订涉案合同，合同签订次日，在被告未支付购房款的情况下，原告即将涉案房屋过户予被告，直至本案原告监护人作为其法定代理人代原告提起本案诉讼之前，原告在其具备完全民事行为能力之时，已近十年，未有相关证据显示原告向被告催要过购房款或其配偶生前曾催要购房款。另从被告提交的原告、被告微信聊天记录可以看出，原告、被告祖孙关系融洽，常有来往，其具备催要购房款的条件，但亦并未主张，故本院认定，原告、被告签订涉案合同，虽具备买卖合同之外形，但不符合买卖合同的实质要件，系以房屋买卖之虚假意思表示隐藏其真实的赠与合同关系。根据法律规定，行为人与相对人以虚假的意

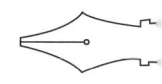

思表示实施的民事法律行为无效,故涉案房屋买卖合同当属无效。无效的合同,自始不发生法律效力,原告要求解除房屋买卖合同的诉讼请求,本院不予支持。以虚假的意思表示隐藏的民事法律行为的效力,依照有关法律规定处理。本案中,虚假买卖合同隐藏的真实民事法律行为为赠与行为,根据相关法律规定,赠与人在赠与财产的权利转移之前可以撤销赠与。受赠人有下列情形之一的,赠与人可以撤销赠与:(1)严重侵害赠与人或者赠与人近亲属的合法权益;(2)对赠与人有扶养义务而不履行;(3)不履行赠与合同约定的义务。鉴于涉案赠与合同系原、被告双方当事人真实意思表示,不违反法律、行政法规强制性规定,且涉案房屋已经完成产权变更登记,发生物权变动的实际效果,亦不存在撤销赠与的法定情形,合法有效。依照赠与合同,原告应将涉案房屋交付被告,现原告要求被告返还涉案房屋,缺乏事实和法律依据,本院不予支持。

另需指出,敬老、养老、助老是中华民族的传统美德。本案中,原告监护人及被告均系原告近亲属。无论原告监护人还是被告,作为原告的晚辈,在原告年老失智,丧失民事行为能力的情况下,均应当对老人进行照抚,提供经济上的供养、生活上的照料和精神上的慰藉。根据已查明事实,原告签订涉案合同的真实意愿系将涉案房屋赠与被告。现原告监护人代原告提起本案诉讼,即使是出于保护原告财产考虑,但作为成年人的监护人履行监护职责,更应当最大程度地尊重被监护人的真实意愿,使其不仅老有所养,老有所依,更能如愿以偿。综上所述,依照《中华人民共和国民法典》第一百四十六条、第五百零九条、第六百五十八条、第六百六十三条之规定,判决如下:

驳回原告蔡某甲的全部诉讼请求。

案件受理费 29 968 元,保全费 5000 元,由原告蔡某甲负担(已交纳)。

如不服本判决,原告可在判决书送达之日起十五日内,向本院递交上诉状,被告可在判决书送达之日起三十日内,向本院递交上诉状,并按对方当事人的人数提出副本,交纳上诉案件受理费,上诉于北京市第二中级人民法院。上诉期满后七日内未交纳上诉案件受理费的,按自动撤回上诉处理。

审　判　员　李晓彤

二〇二二年六月二十四日

法官助理　杨　闻
书　记　员　陈丽娟

宋颖
北京市石景山区人民法院

　　北京市石景山区人民法院民事审判二庭员额法官，北京邮电大学民商法学硕士研究生。政治素质过硬，工作业绩突出，年均结案数位于庭室前列。曾两次荣立三等功，并曾获北京市模范法官称号，连续多年获得优秀嘉奖，获评办案标兵、优秀共产党员。撰写的多篇文章在《中国法院年度案例》《法庭内外》《人民法院报》《北京日报》等刊物上发表。

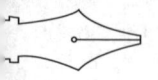

北京市石景山区人民法院
民事判决书

（2021）京 0107 民初 15302 号

原告：某集团有限公司。

被告：北京某体育文化有限公司。

原告某集团有限公司（以下简称某集团）与被告北京某体育文化有限公司（以下简称被告公司）股东知情权纠纷一案，本院受理后，依法适用普通程序，公开开庭进行了审理。原告某集团之委托诉讼代理人，被告公司之委托诉讼代理人到庭参加了诉讼。本案现已审理终结。

原告某集团向本院提出诉讼请求：（1）判令被告公司提供自 2017 年 8 月 15 日起至实际提供之日之间的公司章程（含修正案）、尽调报告及评估报告、2017 年溢价十倍转让股权的依据、股东会会议记录及决议、董事会会议决议、监事会会议决议、财务会计报告、公司所有投资协议、结算协议等供某集团查阅、复制；（2）判令被告公司提供自 2017 年 8 月 15 日至 2020 年 12 月 31 日全年度财务报告及原始财务凭证、2021 年 1 月 1 日至 6 月 30 日的财务报告及原始财务凭证（财务报告包括财务报表、资产负债表、损益表、现金收支明细、会计报表详细附注和说明），供某集团及其委托的专业会计人员查阅；（3）本案诉讼费由被告公司承担。事实与理由：被告公司 2017 年 8 月 15 日成立，2017 年底某集团通过签订《股权转让协议及增资协议》，成为被告公司股东，占股比例 5%。某集团投资金额为 508 万元，其中 222.22 万元用于购买股份，22.88 万元用于公司增资，243.9 万元用于公司的资本公积。《中华人民共和国公司法》第三十三条规定："股东有权查阅、复制公司章程、股东会会议记录、董事会会议决议、监事会会议决议和财务会计报告。股东可以要求查阅公司会计账簿。股东要求查阅公司会计账簿的，应当向公司提出书面请求，说明目的。"依据以上相关规定，某集团曾于 2021 年 7 月 15 日向被告公司书面告知行使股东知情权。2021 年 7 月 19 日被告公司回函，但并未应某集团要求提供相关材料。自某集团成为股东至今，被告公司从未按照《中华人民共和国公司法》规定向股东提供过一次财务会计报告等材料。现被告公司运营出现问题，某集团需要了解和查实相关情况，以维护股东自身权益，特诉至贵院，望判如所请。

被告公司答辩称：不同意某集团的全部诉讼请求。（1）被告公司已经保障了某集团行使股东知情权，但其自行放弃了行使股东知情权。被告公司收到某集团送达的股东知情权告知函后，按照公司法、公司章程相关规定，在合理的范围内，向某集团提供了公司章程以及第三方审计机构出具的被告公司2017年至2020年年度审计报告，每一份年度审计报告中均包括公司的财务报告等内容，完全足以使股东了解公司的财务状况；并于2021年7月19日回函某集团，被告公司将严格按照《中华人民共和国公司法》以及相关法律法规、章程的规定予以配合，并告知某集团，对于法律法规、章程尚未规定应当提供的材料，被告公司结合自身合法利益予以考量，如有可查阅但无法复制的，请指派人员查阅。在被告公司向其送达函件以及公司章程、年度审计报告后，某集团一直未指派人员前往被告公司进行查阅，由此可知，某集团自行放弃了行使股东知情权。而某集团直接提起诉讼的行为，不符合公司法的相关规定。（2）某集团要求行使股东知情权超过了法定的范围。①某集团无权要求被告公司提供尽调报告及评估报告、2017年溢价十倍转让股权的依据、公司所有的投资协议、结算协议等供其查阅、复制。根据《中华人民共和国公司法》第九十七条规定："股东有权查阅公司章程、股东名册、公司债券存根、股东大会会议记录、董事会会议决议、监事会会议决议、财务会计报告，对公司的经营提出建议或者质询。"由此可知，相关的尽调报告及评估报告、2017年溢价十倍转让股权的依据、公司所有的投资协议、结算协议并不在股东查阅复制的范围之内。因此，某集团的该项诉讼请求没有充分的法律依据和理由，不在公司法明确保护股东知情权的范围内，被告公司章程亦未相关规定。②被告公司未设监事会，不存在监事会决议。某集团要求查阅复制监事会决议的诉讼请求不能实现。③某集团无权查阅原始财务凭证。对于某集团要求查阅原始财务凭证的诉讼请求，根据公司法第三十三条第二款规定，股东只能查阅会计账簿。而根据《中华人民共和国会计法》第十四条、第十五条的规定，会计账簿包括总账、明细账、日记账和其他辅助性账簿；会计凭证包括原始凭证和记账凭证。据此，会计凭证并不在会计账簿包含的范围内，某集团要求查阅会计凭证的诉求，没有充分的依据和理由，不在公司法明确保护股东知情权的范围内，被告公司章程也没有规定股东有权查阅会计凭证的内容。（3）某集团要求查阅、复制被告公司章程（含修正案）、股东会会议记录及决议、董事会会议决议的诉讼请求不能成立。某集团于2018年2月9日成为被告公司股东之一，自其成为股东后，所有股东会议（包括章程、审议董事会决议等）均会

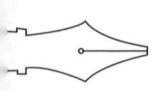

参加，并且对每次股东会决议均会进行盖章确认。因此，基于其股东身份，完全有理由相信某集团知晓每一次股东会决议并留存相关内容。（4）某集团行使股东知情权具有"不正当目的"，被告公司有权拒绝。某集团2021年7月15日致函被告公司行使股东知情权以及在本案诉讼请求中均要求查阅、复制其入股被告公司之前的被告公司相关尽调报告及评估报告、2017年溢价十倍转让股权的依据、财务报告以及原始财务凭证、公司所有投资协议、结算协议，被告公司有理由认为某集团行使股东知情权具有不正当目的。综上所述，某集团在没有履行公司法规定的股东知情权前置行为的情况下，仅依据一份被告公司的回函提起诉讼的行为，无法律依据，恳请法院依法驳回其全部诉讼请求。

当事人围绕诉讼请求依法提交了证据，本院组织当事人进行了证据交换和质证。对当事人无异议的证据，本院予以确认并在卷佐证。对有争议的证据和事实，本院认定如下：被告公司于2016年8月26日设立，公司类型为有限责任公司，法定代表人为侯林，公司注册地址为北京市石景山区苹果园南路23号1幢3层364。市场监管局登记信息显示，被告公司的注册资金为1121.95122万元，股东为启迪冰雪科技集团有限公司（原名称为北京启迪冰雪资产运营有限公司）、侯林、北京宏奥体育文化发展有限公司、某集团、北京中嘉君豪投资管理有限公司；其中，某集团于2018年2月9日成为被告公司股东。

被告公司之公司章程记载，某集团应认缴货币出资56.097561万元；公司设董事会，成员5人；公司设监事一人，由股东会选举产生。公司章程另对股东会的职权及股东会会议召开方式、表决方式等其他事项作出了规定。

经询，某集团对公司章程载明的出资额存有异议，称其应被告公司的要求持续入资，实际入资金额已接近500万元，并提交相应转账记录。银行交易记录显示，某集团于2017年12月29日，向被告公司转账2 777 777.78元，并附言"投资款"；向同为被告公司股东的北京启迪冰雪资产运营有限公司转账1 333 333.33元，向侯林转账共计500 000，均附言"投资款"。2017年12月30日，某集团向侯林转账共计228 977.78元，并附言"投资款"。对此，被告公司认为某集团仅有一笔款项转至了被告公司，是否完全出资到位尚需核实。

2021年7月15日，某集团向被告公司发出《股东知情权告知函》，载明："我司自2017年成为被告公司股东后，至今一直未参与公司的经营管理，对公司经营现状一无所知，也从未享受过公司的任何分红。我司为了解公司的实际运营状况，现根据《中华人民共和国公司法》第三十三条之规定，依法行使股东对公司的知情权。请贵司在2021年7月22日前向我司提供如下材料以便

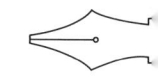

查阅或复制：1. 公司2017年股权转让前的章程、尽调报告及评估报告；2. 公司2017年股权转让后的章程及章程修正案、尽调报告及评估报告；3. 公司2017年溢价十倍转让股权的依据；4. 2017年至2020年全年财务报告、2021年上半年财务报告（包括财务报表、资产负债表、损益表、现金收支明细表、会计报表详细附注和说明）及原始财务凭证；5. 公司所有投资协议、结算协议；6. 公司2017年股权转让后全部的股东会决议。"

2021年7月19日，被告公司针对某集团的告知函邮寄回函，称："对于贵司依法行使股东知情权，我司将严格按照《公司法》及相关法律法规、公司章程的规定予以配合。贵司在告知函中所提到的要求我司提供的材料，我司将严格按照上述规定予以提供。对于法律法规、公司章程尚未规定应当提供的材料，我司将结合自身合法利益予以考量，如有可查阅但无法复制的，请贵司指派人员予以查阅，如有无法查阅和复制的，我司有权予以拒绝。贵司作为我司股东，请依法行使股东知情权，维护我司合法利益。"

随上述回函，被告公司一并向某集团邮寄了被告公司2017年度、2018年度、2019年度、2020年度的财务审计报告。被告公司认为，上述报告中均附有公司财务会计报告等内容，足以使某集团知晓公司财务状况，被告公司已经部分履行了对某集团股东知情权的配合义务；且某集团收到回函后，并未前来查阅或复制相关材料，系其自行放弃了行使股东知情权，本次其直接提起诉讼，不符合公司法有关股东知情权前置程序的规定。

某集团认可收到回函及四份年度审计报告，但认为被告公司的回函中，并未说明查阅、复制的时间、地点及联系人，某集团实际上无从行使相关权利，且财务审计报告不等同于财务会计报告，故被告公司并未履行任何配合义务。

关于某集团要求查阅或复制被告公司的尽调报告、评估报告、2017年溢价十倍转让股权的依据、投资协议、结算协议以及原始财务凭证的原因，某集团主张系因本案有特殊性：即被告公司及法定代表人侯林，通过溢价出售股权的方式，获取了某集团的入资，但此后被告公司的财务支出及收入均不透明，导致入资款到账后，公司瞬间亏损，某集团无法判断这是否是正常的商业风险，故作为公司小股东，确需了解公司的相关经营状况，故依据《中华人民共和国公司法》第四条之规定，要求查阅或复制上述材料。被告公司则认为，某集团的上述要求均超出了公司法规定的股东知情权行使的合理范围，且股东仅有权查阅公司会计账簿，会计账簿并不等同于原始财务凭证。结合某集团提出的股东知情权的要求和原因，被告公司主张某集团的各项查询理由均明显缺乏合理性，其存在不正当目的，故不同意某集团的上述要求。

另查，被告公司的经营范围与某集团的经营范围不存在重合之处。某集团

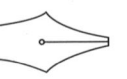

于 2021 年 7 月 15 日发出《股东知情权告知函》的行为，系某集团第一次向被告公司提出查阅会计账簿的请求。

再查，被告公司在本案第一次庭审中陈述，该公司未在实际经营，公司法定代表人侯林因被告公司经营问题，被有关部门羁押。但截至法庭辩论终结前，被告公司陈述，公司已在经营，侯林已被取保候审，其被羁押的原因与被告公司无关。

本院认为，《中华人民共和国公司法》第三十三条规定："股东有权查阅、复制公司章程、股东会会议记录、董事会会议决议、监事会会议决议和财务会计报告。股东可以要求查阅公司会计账簿。股东要求查阅公司会计账簿的，应当向公司提出书面请求，说明目的。公司有合理根据认为股东查阅会计账簿有不正当目的，可能损害公司合法利益的，可以拒绝提供查阅，并应当自股东提出书面请求之日起十五日内书面答复股东并说明理由。公司拒绝提供查阅的，股东可以请求人民法院要求公司提供查阅。"根据该规定，股东知情权是股东的一项固有权利和基础性权利，是保障股东行使其他权利的前提。但同时，为了体现公司的自治精神，法律也对股东知情权的诉讼设置了前置程序，并出于对公司商业秘密及运营效率等的保护，对股东知情权的行使加以了一定的范围限制和目的限制。某集团作为被告公司的股东，亦当然地应当在法律规定的范围内合理行使相应的股东知情权。本案中，根据某集团的诉讼主张和被告公司的答辩意见，本院总结双方的争议焦点有四：第一，某集团本次所提之诉讼是否符合股东知情权诉讼的必要前置程序；第二，被告公司向某集团寄送 2017 年度至 2020 年度财务审计报告的行为，能否视为其已经履行了查阅、复制财务会计报告的配合义务；第三，某集团本次要求行使股东知情权是否具有不正当目的；第四，某集团行使股东知情权的范围是否符合法律规定。对此，本院将结合某集团之诉讼请求，将分别予以阐述。某集团的诉讼请求，总体可分为两个部分，一是要求查阅、复制公司章程、财务会计报告、股东会会议记录、会议决议、投资协议、结算协议等文件性资料；二是要求查阅财务报告、原始财务凭证等财务会计资料。针对本案争议焦点，本院认为：

第一，某集团本次所提之诉讼是否符合股东知情权诉讼的必要前置程序。

对股东知情权上述的前置程序，主要设置于对股东要求查阅公司会计账簿等财务会计资料的过程中。查阅公司会计账簿，是股东了解公司经营、财务状况的重要途径，但不受约束地查阅公司财务会计资料，可能会给公司带来一定程度的负担，也可能引发股东权利的滥用。因此，法律上对于股东知情权的行使设立了一定的程序限制。但具体到本案中：

首先，根据《中华人民共和国公司法》第三十三条之规定，法律并未对股东行使查阅、复制公司章程、股东会会议记录、财务会计报告等的股东知情权设置前置限制性条件，且上述文件性资料本身亦应在公司内部公开并备案，属于应当向股东提供的材料范围。

其次，某集团要求查阅财务会计资料的要求，暂且不论其主张查阅范围之合理性，某集团已于2021年7月15日向被告公司提出了书面请求，并说明了目的。被告公司的回函虽并未明确拒绝其查阅要求，但在回函中，被告公司也未明确说明可查阅的财务会计资料的范围，亦未明确查阅的时间、地点及方式、联系人，加之考虑到被告公司彼时未在实际经营的实际情况，某集团在客观上无法行使其相关的查阅权利。事实上某集团也未能查阅到相关财务会计资料。鉴于此，本院认为被告公司实系拒绝了某集团要求查阅原始会计凭证等资料的请求，故某集团具有请求人民法院要求被告公司提供相应查阅、复制资料的权利。

第二，被告公司向某集团寄送2017年度至2020年度财务审计报告的行为，能否视为其已经履行了查阅、复制财务会计报告的配合义务。

根据《中华人民共和国会计法》的相关规定，财务会计报告由会计报表、会计报表附注和财务情况说明书组成，是反映企业某一特定时期的财务状况、经营成果和现金流量等会计信息的文件，并应由单位负责人和主管会计工作的负责人签名盖章。而财务审计报告，由具有审计资格的会计师事务所出具，是对企业财务收支、内控制度和经济活动进行全面审查后的客观评价。财务审计报告虽包含有财务报表等内容，但其性质与财务会计报告有明显区别，故被告公司向某集团寄送年度财务审计报告的行为，显然不能视为其已经配合某集团履行了查阅、复制财务会计报告的义务。某集团仍有权要求被告公司提供相应财务会计报告供其查阅、复制。

第三，某集团本次要求行使股东知情权是否具有不正当目的。

股东知情权制度的重要价值，在于保护股东、特别是中小股东的利益，但是任何权利都应当有一定的边界。公司作为具有独立法律人格的主体，亦拥有自己的独立的经济利益。因此，股东知情权的行使，必须具有正当的查阅目的，这种查阅目的应当是特定的，并且与股东利益保护密切相关。对于如何判断股东要求查阅公司会计账簿的目的是否具有不正当性，《最高人民法院关于适用〈中华人民共和国公司法〉若干问题的规定（四）》第八条，采取了列举式的规定。根据该规定，当股东为了确定公司的财务状况、经营状况而查阅会计账簿等会计资料时，可以推定其具有正当目的。某集团在《告知函》中明确，其为了解公司实际运营状况而行使股东知情权，在诉讼中亦表示对其入资款的流向及用途存在怀疑，在此情况下，被告公司未提供证据证明某集团存在

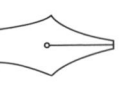

《最高人民法院关于适用〈中华人民共和国公司法〉若干问题的规定（四）》第八条中列明的具有非正当目的之情形，因此对于被告公司关于某集团具有不正当目的的答辩意见，本院不予采信。

第四，某集团行使股东知情权的范围是否符合法律规定。

如前所述，某集团对股东知情权的行使主要集中在两个部分，文件性资料及财务会计资料。首先，对于文件性资料：

1. 文件性资料的信息范围。根据《中华人民共和国公司法》第三十三条之规定，被告公司的公司章程、股东会会议记录、董事会会议决议、财务会计报告是法律规范项下理应向某集团提供的信息。而某集团提出的股东会会议决议、公司投资协议、结算协议、2017年溢价十倍转让股权的依据等文件，均超越了法律规定的知情权范畴；此外，监事会决议因被告公司未设立监事会而不具备存在的可能，故针对某集团主张的资料的范围一节，本院仅对其诉讼请求的合理部分予以支持。

2. 文件性资料的时间范围。公司法并未限制股东查阅公司相关文件资料的时间范围，且公司运营是一个持续性的过程，如果拒绝股东查阅其加入公司前的公司信息，可能导致其获取的信息不全，并减损股东知情权的制度价值。故某集团虽显示自2018年2月9日成为被告公司的股东，但其要求查阅、复制自2017年8月15日起的相关文件，亦应被许可。

其次，关于财务会计资料：

1. 某集团要求查阅的"财务报表、资产负债表、损益表、现金收支明细、会计报表详细附注和说明"是否符合法律规定。根据《中华人民共和国会计法》和《企业财务会计报告条例》的相关规定，会计账簿包括总账、明细账、日记账和其他辅助性账簿。财务会计报告应当包括会计报表、会计报表附注、财务情况说明书；其中，会计报表应当包括资产负债表、利润表、现金流量表及相关附表。某集团要求查阅的"财务报表、资产负债表、损益表、现金收支明细、会计报表详细附注和说明"，明显属于财务会计报告的范畴，而非会计账簿。对于财务会计报告，公司法允许股东及其允许的辅助人员进行查阅、复制。故对于某集团的该项诉讼请求，本院予以支持。

2. 某集团是否有权要求直接查阅原始财务凭证。公司必须依法设置会计账簿，并根据实际发生的经济业务事项进行会计核算，填制会计凭证，登记会计账簿，编制财务会计报告；会计凭证包括原始凭证和记账凭证。记账凭证应当根据经过审核的原始凭证及有关资料编制；会计账簿登记，必须以经过审核的会计凭证为依据，并符合有关法律、行政法规和国家统一的会计制度的规定。故会计账簿是根据会计凭证登记的会计资料，可以说，公司的具体经营活

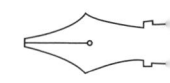

动只有通过查阅原始凭证才能知晓。但同时，公司原始财务凭证极有可能反映出公司的源头采购、客户名单、销售渠道等重要的商业秘密，一旦泄露必将对公司经营产生不利影响。

对于股东能否查阅公司原始财务凭证，实务界的观点并不完全一致。本院亦针对此类案件以2019年至2021年为区间进行了类案检索，确实存在裁判观点的分歧。究其原因，恐在于对于股东知情权的保护与公司商业秘密的保护之间的冲突。

对于上述问题，本院认为，一方面，商业秘密，是指不为公众知悉，能为权利人带来经济利益，具有实用性并经权利人采取保密措施的技术信息和经营信息。其中，技术信息系技术层面的专有知识，应当被严格地保护，即使股东也无权查阅；而经营信息，对于依靠公司谋利的股东来说，则不应被严格禁止。会计账簿及其据以做出的原始凭证，正属于经营信息，故对于股东要求查阅原始财务凭证的要求，并不应当一概否定。另一方面，若股东任意查阅公司原始会计凭证，确实有泄露公司商业秘密的风险，存在损害公司利益的可能，因此也必须对股东查阅原始财务凭证做出限制。而判断股东能够查阅原始财务凭证的关键，就在于判断股东查阅公司财务会计报告后，能否满足其知情权。如无法满足，则股东应当有权查阅其持股期间内的公司会计账簿，及有关原始财务凭证。

具体到本案中，根据公司章程，某集团的入资额应为56.097561万元，但其仅向被告公司转款的金额即为270余万元，其受让股权的价格已明显超出其入资金额，而在某集团入股后，被告公司从未进行盈余分配，还曾出现了法定代表人被羁押、公司无法开展正常经营活动的情况，综合考量上述情况，本院认为，仅通过查阅、复制财务会计报告，某集团无从全面知晓被告公司的经营状况与财务情况，无法满足其股东知情权的要求，故对于某集团要求查阅被告公司原始财务凭证的诉讼请求，本院不予否定，但应以某集团的持股期间为限。对于某集团本项诉讼主张，本院对合理部分予以支持。

综上所述，依据《中华人民共和国公司法》第三十三条、《最高人民法院关于适用〈中华人民共和国公司法〉若干问题的规定（四）》第八条之规定，判决如下：

一、被告北京某体育文化有限公司于本判决生效后十日内将2017年8月15日起至实际提供之日之间的公司章程、股东会会议记录、董事会会议决议、财务会计报告置备于主要办事机构所在地，供原告某集团有限公司查阅、复制，查阅、复制期间自查阅之日起不得超过十个工作日；

二、被告北京某体育文化有限公司于本判决生效后十日内将2018年2月9

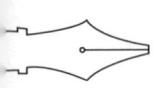

日起至 2021 年 6 月 30 日期间的原始财务凭证置备于主要办事机构所在地，供原告某集团有限公司查阅，查阅期间自查阅之日起不得超过十个工作日；

三、驳回原告某集团有限公司的其他诉讼请求。

案件受理费 150 元（原告某集团有限公司已预交），由被告北京某体育文化有限公司负担（于本判决生效后七日内交纳）。

如不服本判决，可在判决书送达之日起十五日内，向本院递交上诉状，并按对方当事人的人数提出副本，同时交纳上诉案件受理费，上诉于北京市第一中级人民法院。

审 判 员　宋　颖

二〇二二年七月二十一日

法 官 助 理　张乃伦
书 记 员　王晓蒙

赵世奎

北京市高级人民法院

  北京市高级人民法院行政审判庭三级高级法官。多次获得三等功、嘉奖等荣誉。荣获北京市审判业务专家、北京法院行政审判工作先进个人等称号，入选北京市政法系统"十百千"人才名单。撰写的论文曾获得"第五届全国法院百篇优秀裁判文书"奖项，曾获得全国法院论文比赛三等奖、北京法院论文比赛二等奖等奖项。在《中国审判案例要览》《人民法院案例选》《行政执法与行政审判》等书籍刊物上发表文章、案例分析50余篇。

北京市高级人民法院
行政判决书

（2022）京行终 3215 号

上诉人（一审原告）：邱某某。

被上诉人（一审被告）：中国证券监督管理委员会。

邱某某因诉中国证券监督管理委员会（以下简称证监会）没收违法所得、罚款及行政复议一案，不服北京金融法院（以下简称一审法院）作出的（2021）京 74 行初 71 号行政判决（以下简称一审判决），向本院提起上诉。本院受理后，依法组成合议庭公开开庭审理了本案。邱某某及其委托代理人，证监会委托代理人到庭参加了诉讼。本案现已审理终结。

证监会于 2021 年 6 月 15 日对邱某某作出《行政处罚决定书》（〔2021〕××号，以下简称被诉处罚决定），主要内容为，经查明，邱某某存在以下违法事实：

一、某某传媒公司重组某某影视公司内幕信息形成过程及知悉人员等情况

2011 年 11 月，某某传媒公司向包括某某金融公司在内的中介机构发出邀请函，选聘公司资本项目运作中介。2012 年 2 月某某金融公司中标，被确定为某某传媒公司的财务顾问。2012 年 6 月某某金融公司与某某影视公司进行接触。2012 年 7 月，某某金融公司项目组对行业中优质的影视公司进行了筛选并确定 4 家潜在并购对象，包括某某影视公司。2012 年 9 月某某金融公司对某某影视公司进行了尽职调查。

2012 年 12 月 13 日，某某传媒公司向其实际控制人汇报资本运作的思路及收购目标，会议中提到的收购目标包括某某影视公司等三家公司，会议研究决定原则同意方案建议。

2013 年 1 月 5 日，某某传媒公司召开总经理办公会决定成立融资工作小组。

2013 年 1 月 14 日，某某传媒公司召开开标会，选聘资产重组的律师事务所、审计机构、评估机构。

2013 年 1 月 23 日，某某传媒公司召开资本运作项目会议，由某某传媒公

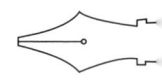

司总会计师全某等人和某某金融公司人员进行资本运作项目方案汇报，某某金融公司项目团队详细介绍了此次资本运作项目方案的具体内容，推荐选择某某影视公司为收购目标，并建议采用换股或现金两种收购方式。

2013年1月24日，某某传媒公司召开资本运作项目工作会议，讨论关于资本运作项目的下一步推进工作，就立项程序、停牌时间、成立项目工作组等问题进行了会议讨论。

2013年2月8日，实际控制人审计室主任孙某某听取了某某传媒公司及某某金融公司有关人员就某某传媒公司资本运作项目的方案汇报。会议中某某传媒公司总经理王某介绍了项目的前期工作，并宣布将成立项目领导小组、项目工作小组等；某某金融公司详细介绍了此次资本运作项目的意义、方案的核心和目标及方案具体内容。孙某某等人分别就候选收购目标公司的业务情况、选择依据以及项目操作程序等相关问题进行了提问。

2013年3月6日，某某传媒公司与某某影视公司总经理滕某进行了会谈，主要内容为全某根据王某的要求与滕某沟通了重组的主要方式，双方关注的要点为采取股权互换方式收购或是采取部分现金方式收购。

2013年3月11日，某某传媒公司融资项目小组与滕某就项目收购方案召开第二次会议，就某某影视公司大股东股权及债务问题、现金收购等问题进行了商讨。

2013年4月18日，某某传媒公司与某某金融公司召开会议，就某某金融公司与某某影视公司谈判条款问题进行讨论，涉及的问题包括保证某某影视公司未来盈利水平安排、锁定期等内容。

2013年4月22日，某某传媒公司与滕某、某某金融公司召开会议，讨论对某某影视公司收购方案的关键事项。内容包括某某影视公司未来业绩水平的保证、收购后对某某影视公司公司管理层持有股份的锁定和解锁机制、关于交易的估值问题等。

2013年5月28日，某某金融公司向某某传媒公司汇报完善后的交易方案，提出申请停牌的建议。

2013年5月29日上午，某某传媒公司实际控制人听取某某传媒公司资本运作第二次方案汇报后表示同意停牌，指出立即推进相关实质性工作。孙某某参加会议。

2013年5月29日下午闭市后，某某传媒公司发布"重大资产重组停牌公告"，宣布公司股票自2013年5月30日开市时起停牌。

2013年6月26日，某某传媒公司发布公告：公司以发行股份加支付现金方式购买某某影视公司全体股东持有的某某影视公司股份；公司同时向不超过

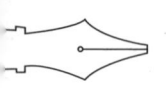

10名特定投资者非公开发行股份募集配套资金，募集资金总额不超过总交易金额的25%。

某某传媒公司发布的重组方案符合2005年修订的《中华人民共和国证券法》（以下简称证券法）第七十五条第二款第一项及第六十七条第二款第二项"公司的重大投资行为和重大的购置资产的决定"的规定，在信息公开前属于内幕信息。内幕信息敏感期为2012年12月13日至2013年6月26日，知情人员包括孙某某等人。

二、邱某某内幕交易某某传媒公司股票

邱某某操作北京创业证券账户、"邱某某"证券账户在敏感期内买入某某传媒公司股票。具体情况如下：

"北京创业"证券账户2008年10月9日开立于华西证券股份有限公司北京营业部，资金账号290×××999，联系人为邱某某，电话137××××319。"邱某某"证券账户普通账户1999年2月6日开立于中信建投证券股份有限公司北京东直门南大街营业部，资金账号21×××76，信用账户2011年12月16日开立，资金账号99××62，联系人为邱某某，电话137××××319。

"北京创业""邱某某"证券账户均由邱某某本人控制。邱某某在内幕信息敏感期内使用"北京创业""邱某某"证券账户交易某某传媒公司股票，合计买入916 971股，成交金额为11 509 336.20元，获利3 678 854.73元。"北京创业"证券账户于2013年2月18日至5月29日累计买入某某传媒公司股票816 971股。"邱某某"证券账户于2013年5月29日买入某某传媒公司股票100 000股，2014年1月27日至2015年1月23日卖出100 000股，卖出金额1 736 236元。"北京创业"证券账户和"邱某某"证券账户使用过相同的MAC地址下单。

"北京创业"证券账户自2013年以来，于2013年2月19日存入280万元，2013年3月4日存入320万元，累计存入600万元。"邱某某"证券账户仅于2013年1月4日通过银证转入76万元。"北京创业""邱某某"两证券账户存在关联关系，"北京创业"证券账户内资金均为公司往来资金，"邱某某"证券账户资金多为邱某某本人资金。

"北京创业"证券账户于2013年2月18日，在春节假期后的第一个交易日开始买入某某传媒公司股票，至3月15日买入量达到最大，后于2013年5月6日至22日集中售出该股；2013年5月29日中午12：02开始，该账户再次买入某某传媒公司股票，累计买入150 000股。同时，当天14：54，"邱某某"证券账户在卖出账户内持有的其他股票后也买入了某某传媒公司股票。

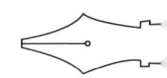

综上，邱某某控制的账户具有首次买入、卖出其他股票买入某某传媒公司股票、集中大量买入等异常特征。

邱某某与孙某某为同班同学，北京创业与孙某某任职单位于 2000 年开始业务合作，往来比较频繁。敏感期内，孙某某手机与邱某某手机存在频繁通话情况，其中，2013 年 2 月通话及短信 24 次、3 月 7 次、4 月 11 次、5 月 12 次、6 月 9 次。

2013 年 2 月 8 日某某传媒公司相关人员及某某金融公司人员向孙某某专项汇报了某某传媒公司资本运作项目的方案，孙某某于当日获悉了某某传媒公司重组的信息。"北京创业"证券账户首次交易某某传媒公司股票之前，邱某某与孙某某存在多次联系，在孙某某听取了专项汇报、详细知悉内幕信息之后，邱某某开始交易某某传媒公司股票。2013 年 5 月 29 日孙某某于 11：38 呼叫邱某某，随后，"北京创业""邱某某"证券账户当日下午下单买入某某传媒公司股票，交易存在异常。

上述事实，有证券账户资料、交易情况、银证转账记录、银行账户资料、通讯记录、询问笔录等证据为证，足以认定。

邱某某的上述行为违反了证券法第七十三条、第七十六条第一款的规定，构成证券法第二百零二条所述的内幕交易行为。

邱某某在其陈述申辩材料以及听证过程中提出如下申辩意见：其一，内幕信息知情人孙某某未参与 2013 年 5 月 29 日停牌会议，故当日无法告知邱某某停牌等内幕信息。其二，基础事实错误，对于资金账户、获利数据、资金来源、特殊节点买入量、联络情况、交易习惯均存在明显错误。其三，邱某某事先不知道孙某某为内幕信息知情人，与其联络的电话次数和时间均无法证实，存在联系有正当理由且符合实际情况和日常生活经验法则。其四，邱某某证券交易与北京创业的证券交易行为应当分开处理。其五，邱某某证券交易与内幕信息形成及变化不存在高度吻合。其六，违法所得计算错误。其七，调查明显超期，调查程序违法。其八，买入股票具有正当的价值投资和技术分析的理由。综上，邱某某请求不予处罚。

经复核，证监会认为，其一，孙某某本人确认及会议纪要显其参加 2013 年 5 月 29 日会议。其二，经对邱某某提出的交易记录等事项进行核实，邱某某陈述的违法所得等基础性事实错误不存在。其三，孙某某为本案内幕信息知情人，邱某某内幕交易违法行为的认定与其是否知悉对方身份没有直接关系，邱某某与孙某某的通讯记录能够证实二人在敏感期内的接触联系。其四，北京创业法定代表人和实际控制人为邱某某，"北京创业"证券账户由邱某某本人控制，证券账户密码仅邱某某本人知悉且"北京创业"证券账户由邱某某本

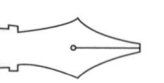

人进行交易决策。根据邱某某本人提供的下单电脑截屏等相关证据，证明邱某某通过个人电脑对"北京创业"证券账户下单。"北京创业"证券账户交易股票非公司正常的业务，没有证据证明账户交易系公司交易意志的安排，交易利益归属与邱某某利益一致，应视为个人行为。其五，邱某某控制的账户具有首次买入、卖出其他股票买入某某传媒公司股票、集中大量买入、关键节点买入等异常特征，与内幕信息知情人的通话时间与账户交易时间匹配情况较高。其六，关于邱某某所述的调查程序和取证程序存在巨大瑕疵的观点，没有事实依据，不予采纳。其七，邱某某陈述的交易背景、交易原因和交易技术分析不足以推翻前述交易的异常性。综上，证监会对邱某某上述申辩意见不予采纳。对邱某某积极配合查处等情节，证监会予以认可。

证监会根据邱某某违法行为的事实、性质、情节与社会危害程度，依据证券法第二百零二条的规定，决定：没收邱某某违法所得3 678 854.73元，并处以7 357 709.46元的罚款。

邱某某不服被诉处罚决定，向证监会申请行政复议。证监会经审查，于2021年9月18日作出《行政复议决定书》（〔2021〕135号，以下简称被诉复议决定），依据《中华人民共和国行政复议法》（以下简称行政复议法）第二十八条第一款第一项的规定，决定维持被诉处罚决定。邱某某仍不服，向一审法院提起行政诉讼，请求撤销被诉处罚决定、被诉复议决定或确认其违法。

一审法院经审理查明，2020年1月14日，证监会向邱某某送达《行政处罚事先告知书》。邱某某提交了陈述、申辩意见并要求听证。2020年7月17日，证监会向邱某某送达《听证通知书》。2020年7月27日，证监会召开听证会。听证会后，证监会对邱某某的陈述、申辩意见充分复核。2021年6月15日，证监会作出被诉处罚决定，并于2021年6月18日委托中国证券监督管理委员会北京监管局送达。2021年6月24日，邱某某签收被诉处罚决定。

2021年7月8日，证监会负责法制工作的机构收到邱某某的行政复议申请后予以受理。于2021年7月15日通知答复并收到行政复议答复意见书。因该案情况复杂，2021年9月6日，证监会依法通知邱某某延期至2021年10月8日前作出本案行政复议决定。2021年9月18日，证监会作出被诉复议决定，维持被诉处罚决定并于2021年9月24日向邱某某邮寄送达。邱某某不服，向一审法院提起行政诉讼。

一审法院对被诉处罚决定中查明的事实予以确认。

一审法院认为，根据证券法第一百七十九条第一款第七项之规定，国务院证券监督管理机构依法对违反证券市场监督管理法律、行政法规的行为进行查处；根据证券法第二百零二条及行政复议法第十四条之规定，证监会对于内幕

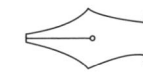

交易行为具有查处并予以行政处罚以及进行行政复议的法定职权。

根据双方当事人的诉辩主张，一审法院认为本案的争议焦点在于：（1）邱某某的案涉交易行为是否构成内幕交易；（2）被诉处罚决定对违法所得的认定是否正确；（3）被诉处罚决定处罚程序是否合法。一审法院重点围绕争议焦点问题，从以下几个方面进行论述：

一、邱某某的案涉交易行为构成内幕交易

证券法第二百零二条规定，证券交易内幕信息的知情人或者非法获取内幕信息的人，在涉及证券的发行、交易或者其他对证券的价格有重大影响的信息公开前，买卖该证券，或者泄露该信息，或者建议他人买卖该证券的，责令依法处理非法持有的证券，没收违法所得，并处以违法所得一倍以上五倍以下的罚款。从本条规定的立法精神来看，法律之所以要禁止证券内幕交易行为，系因这种交易行为违反了市场经济证券交易的公开竞争规则，是对上市公司以及其他投资者的一种欺诈行为，具有明显的非公开性和不正当性。

证券法第七十三条规定，禁止证券交易内幕信息的知情人和非法获取内幕信息的人利用内幕信息从事证券交易活动。《最高人民法院关于审理证券行政处罚案件证据若干问题的座谈会纪要》（以下简称《证券处罚座谈会纪要》）第一部分"关于证券行政处罚案件的举证问题"和第五部分"关于内幕交易行为的认定问题"规定，人民法院在审理证券内幕交易行政处罚案件时，应当考虑到该类案件违法行为的特殊性，由监管机构承担主要违法事实证明责任，通过推定的方式适当向原告转移部分特定事实的证明责任。在原告并非内幕信息知情人，又无直接证据证明原告非法获取了内幕信息并实施内幕交易的情况下，证券监管机构认定原告存在内幕交易行为的，应当对原告与内幕信息知情人具有密切关系，其证券交易活动与该内幕信息基本吻合这一事实承担证明责任。原告应当对其与内幕信息知情人员的关系以及在内幕信息敏感期内相关证券交易活动与内幕信息基本吻合问题，承担合理说明以及提供证据排除其存在利用内幕信息从事相关证券交易活动的责任。这就是说，如果在内幕信息敏感期内，原告与内幕信息知情人员具有密切关系，其证券交易活动与内幕信息的形成、变化基本吻合，相关交易行为明显异常，需要原告作出合理说明或者提供证据排除其存在利用内幕信息从事相关交易活动。如果原告对该明显异常的交易活动不能作出合理说明，或者不能提供证据排除其存在利用内幕信息从事相关交易活动的，可以认定监管机构认定的内幕交易行为成立。

本案中，证监会在综合分析邱某某与内幕信息知情人孙某某联络情况、案涉账户实际控制情况及邱某某交易行为特征基础上，认定邱某某交易"某某传媒公司"的行为构成内幕交易并无不当。首先，邱某某操作"北京创业"

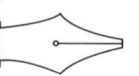

证券账户、"邱某某"证券账户在敏感期内买入了某某传媒公司股票。其次，邱某某与内幕信息知情人孙某某在内幕信息敏感期内存在通话联系、接触。再次，邱某某的交易行为存在明显异常。具体体现在邱某某控制的账户具有首次买入、卖出其他股票买入某某传媒公司股票、集中大量买入、关键节点买入等异常特征，其通话时间与账户交易时间匹配度较高。最后，邱某某对在敏感期内买入某某传媒公司股票不能作出合理说明。邱某某主张，一是孙某某没有参加会议，但孙某某本人确认参与2013年5月29日会议，且2013年5月29日会议纪要中写明参会人员包含孙某某，现有证据足以认定孙某某本人参会并联络邱某某。二是"北京创业"账户的交易行为系单位行为，由于北京创业的法定代表人和实际控制人为邱某某，其证券账户、密码由邱某某控制、交易决策，而北京创业证券账户交易股票非公司正常的业务，没有证据证明该交易由公司决策、体现了公司意志或者以公司名义实施，其交易利益归属与邱某某利益一致，故认定邱某某实施内幕交易并无不当。三是邱某某有关买入"某某传媒公司"股票符合其交易习惯的主张，不足以说明其交易行为的合理性。在上述前提下，邱某某提供的证据不足以对其买入"某某传媒公司"作出合理解释。

二、被诉处罚决定违法得所计算正确

证监会根据证券交易所提供的客观交易数据按照统一的计算标准和方法，计算出的邱某某盈利数额并无不当。邱某某对该问题的主要异议是认为本案是典型的处罚前股票已全部完成交易，应采取实际所得法计算邱某某的收益，本案获利金额为2 824 538.16元，而不是3 670 000元。一审法院认为，邱某某在内幕信息敏感期内的买入行为系案涉账户盈利的根本原因，证监会将基于买入行为获得的盈利均计入违法所得并无不当。证监会对邱某某交易"某某传媒公司"股票违法所得计算采取实际所得法符合其一贯执法标准，并无不当。对邱某某的该项主张，法院不予支持。

三、被诉处罚决定及被诉复议决定程序符合法律规定

第一，邱某某主张被诉处罚决定及被诉复议决定违反法定程序。其核心证据《通讯记录》取证程序不符合《证券处罚座谈会纪要》关于电子数据证据的取证要求。一审法院认为，证监会提交的孙某某手机通讯记录电子证据，并非由证监会制作，取证程序符合法律规定。

第二，《中华人民共和国行政处罚法》（2017年修正，以下简称行政处罚法）第四十一条对于行政处罚决定作出之前，行政机关及执法人员应当向当事人告知给予行政处罚的事实、理由和依据，听取当事人的陈述、申辩等程序予以了明确规定。本案中，证监会在作出被诉处罚决定之前已经履行了上述程

序，并无违法之处。另外，关于邱某某主张本案调查时间过长，超过了1年调查周期的问题。一审法院认为，行政处罚法对于行政机关作出处罚决定的程序区分为简易程序和一般程序，行政机关通过简易程序进行处罚的，可以当场作出处罚决定，除此情形外，行政处罚法未对行政机关作出处罚决定的期限作出限定。基于行政执法的公正性、效率性，行政秩序的安定性以及当事人权利保障等因素考量，行政机关应当及时作出决定，但行政机关作出决定应当是在依法履行调查义务、调查终结后根据不同情况作出。经审查，证监会在立案后，开展了相应调查取证工作，并在调查终结后作出被诉处罚决定，并不违反行政处罚法的规定，亦不存在明显怠于履行职责之情形。邱某某认为调查周期过长的主张没有法律依据，法院不予支持。

同时，证监会针对邱某某的行政复议申请所作的被诉复议决定认定事实清楚，适用法律正确，符合法定程序。

综上，被诉处罚决定及被诉复议决定均系合法行政行为，依法应予支持。邱某某要求撤销被诉处罚决定及被诉复议决定的诉讼请求缺乏事实根据和法律依据，依法应予驳回。一审法院依照《中华人民共和国行政诉讼法》第六十九条、第七十九条之规定，判决驳回邱某某的诉讼请求。

邱某某不服一审判决，向本院提起上诉，请求撤销一审判决，并依法改判。其主要上诉理由为：一审判决认定事实不清，适用法律、法规错误。第一，一审判决认定邱某某构成内幕交易行为属于事实认定错误。（1）证监会仅调取2013年2月1日至7月30日之间邱某某与孙某某的通讯记录，而认定邱某某与孙某某在内幕信息敏感期内具有密切关系，实属断章取义。（2）通过分析邱某某账户交易情况，邱某某交易某某传媒公司股票并不存在明显异常的情况。（3）邱某某并不知道孙某某是内幕人，根据证监会颁布的《证券市场内幕交易行为认定指引》第二十条第四项之规定，邱某某不构成内幕交易行为。第二，一审判决认定邱某某在内幕信息敏感期内的买入行为系案涉账户盈利的根本原因有误。第三，证监会作出的被诉处罚决定，不符合合理行政原则。

证监会答辩认为，第一，一审判决认定事实清楚，证据确凿，适用法律正确，说理清楚准确，应予维持。第二，邱某某所提出的上诉理由缺乏事实和法律依据，不能成立。（1）一审判决就邱某某构成内幕交易行为事实认定清楚，适用法律正确。①证监会调查取证并无不当。证监会通过调取邱某某在内幕信息敏感期内与内幕信息知情人的通讯记录证据，证实了邱某某同内幕信息知情人孙某某存在联络、接触，且邱某某控制账户交易某某传媒公司股票时间和其同内幕信息知情人的通话时间高度吻合。邱某某在其他期间与内幕信息知情人

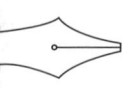

联络通讯情况与本案事实认定无关。②认定邱某某内幕信息敏感期内交易某某传媒公司股票异常并无不当。本案中邱某某控制的账户具有首次买入、卖出其他股票买入某某传媒公司股票、集中大量买入、关键节点买入等异常特征，与内幕信息知情人的通话时间与账户交易时间匹配情况较高。与此同时，邱某某陈述的交易背景、交易原因和交易技术分析不足以推翻前述交易的异常性。本案认定已达到明显优势的证明标准，邱某某的相关辩解不足以构成合理解释。③认定邱某某内幕交易行为成立并无不当。根据《证券行政处罚案件座谈会纪要》第五部分的规定，只要邱某某同内幕信息知情人孙某某存在联络、接触，且其交易与内幕信息达到相应的吻合程度，邱某某又不能作出合理说明或者提供证据排除的，则可认定其内幕交易行为成立。《最高人民法院、最高人民检察院关于办理内幕交易、泄露内幕信息刑事案件具体应用法律若干问题的解释》（法释〔2012〕6号）作为适用于内幕交易刑事案件的规则，亦作了类似规定，举重以明轻，内幕交易行政处罚采用类似规则并无不妥。根据前文所述，本案中，邱某某与孙某某存在联络、接触，且其交易异常。与此同时，邱某某提出的辩解事由和证据，难以解释其在敏感期内异常交易的行为。故此，一审判决认定邱某某内幕交易行为成立并无不当。（2）一审判决就邱某某违法所得认定并无不当。证监会采用卖出金额减去买入金额并扣除相关税费（印花税、过户费、交易佣金等）的方式计算违法所得，违法所得计算公式为：盈利＝卖出金额－买入金额－印花税－过户费－交易佣金＋分红，合计金额为3 678 854.73元，本案中违法所得计算均为实际获利，违法所得认定并无不当。

一审证据材料均已随案移送本院。本院经审理认为，一审法院的认证意见正确，本院予以确认。本院经审理查明的事实与一审判决认定的事实一致，对此亦予以确认。

本院认为，结合双方当事人的诉辩意见，本案二审阶段的主要争议焦点是：（1）邱某某的涉案交易行为是否明显异常。（2）邱某某的涉案交易行为是否具有正当理由或正当信息来源。（3）被诉处罚决定确定的没收违法所得的数额，是否具有法律依据和事实根据。

关于邱某某的涉案交易行为是否明显异常。本案中，根据证监会提供的交易流水、通讯记录等证据，邱某某所控制的"北京创业"证券账户首次交易某某传媒公司股票之前，邱某某与孙某某存在多次联系，在孙某某听取了专项汇报、详细知悉内幕信息之后，邱某某开始交易某某传媒公司股票。"北京创业"证券账户于2013年2月18日，在春节假期后的第一个交易日开始买入某某传媒公司股票，至3月15日买入量达到最大，后于2013年5月6日至22日

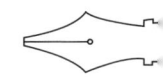

集中售出该股；2013年5月29日孙某某于11：38呼叫邱某某，中午12：02开始，该账户再次买入某某传媒公司股票，累计买入150 000股。同时，当天14：54分，"邱某某"证券账户在卖出账户内持有的其他股票后也买入了某某传媒公司股票。综上，邱某某控制的账户具有首次买入、卖出其他股票买入某某传媒公司股票、集中大量买入等异常特征，与内幕信息知情人的通话时间与账户交易时间匹配情况较高。上述交易情况明显异常。邱某某提供的相关证据材料不足以证明其交易不存在异常性。邱某某认为其涉案交易行为不具有明显异常性的相关主张，本院不予支持。

关于邱某某的涉案交易行为是否具有正当理由或正当信息来源。本案中，邱某某提出了其基于交易习惯、投资策略等正当理由而购买某某传媒公司股票，亦提交了相关材料，但据此不能排除其交易行为存在的与内幕信息形成、发展过程以及与内幕信息知情人孙某某通话联系时间高度吻合等明显异常性，无法认定上述主张及相关材料属于正当理由或正当信息来源。邱某某认为其涉案交易行为具有正当理由或正当信息来源的相关主张，本院不予支持。

关于被诉处罚决定确定的没收违法所得的数额，是否具有法律依据和事实根据。证券法及其他有关法律、法规、规章中并未明确规定，涉及内幕交易的违法行为中应当如何具体认定违法所得。证券法所规定的"违法所得"，应当是指通过内幕交易行为所获利益或者避免的损失。本案中，证监会以其提交的证券账户交易资料、银行账户资料、上海证券交易所关于账户违法所得计算数据等证据，作为计算本案违法所得的事实根据。其中，证监会按实际卖出金额计算违法所得的计算方法，具有一定合理性。邱某某质疑证监会对违法所得的认定，但并未提供有效的事实根据和法律依据，对其质疑本院不予支持。

本院认为，证券的交易活动，必须实行公开、公平、公正的原则。证券交易的买卖双方应平等获得信息，这样才能维护证券市场的交易公平。如果内幕信息知情人或非法获取证券交易内幕信息的人员在知悉内幕信息后，在内幕信息公开前，通过证券市场与不知道该内幕信息的一般投资人进行对等交易，该行为本身就已破坏了证券市场交易制度的公平性，足以影响一般投资人对证券市场的公正性、健全性的信赖，所以，必须要对内幕信息交易行为予以法律上的惩处。证券法第二百零二条中规定，非法获取内幕信息的人，在涉及证券的发行、交易或者其他对证券的价格有重大影响的信息公开前，买卖该证券，没收违法所得，并处以违法所得一倍以上五倍以下的罚款。考虑到内幕交易行为属于特殊类型的证券违法行为，具有隐蔽性、调查取证困难等特点，原则上，由证券监管机构承担主要违法事实的证明责任，通过推定的方式适当向被处罚人转移部分特定事实的证明责任。其中，监管机构提供的证据能够证明内幕信

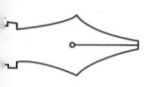

息公开前与内幕信息知情人联络、接触，其证券交易活动与内幕信息高度吻合，或者相关交易行为明显异常，且被处罚人不能作出合理说明或者提供证据排除其存在利用内幕信息从事相关证券交易活动的，或者无正当理由、无正当信息来源的，人民法院可以确认被诉处罚决定认定的内幕交易行为成立。本案中，证监会提供的证据能够证明邱某某在涉案内幕信息公开前与内幕信息知情人联络、接触，在内幕交易敏感期内进行了某某传媒公司股票的证券交易活动。证监会亦提供了相关证据，用以说明邱某某的交易行为明显异常等情况，而邱某某提供的证据不能排除其存在利用内幕信息交易某某传媒公司股票的行为，其所做的其交易行为符合其交易习惯和交易策略等说明，不具有充分合理性。邱某某的上述交易行为违反了证券法所规定的非法获取内幕信息的人在内幕信息公开前不得买卖该公司证券的行政法上的义务。证监会依据相关法律及事实，认定邱某某存在内幕交易行为并对此予以处罚，一审法院对此予以支持，本院应予确认。

综上，邱某某作为非法获取涉案内幕信息的人员，在内幕交易敏感期内进行了某某传媒公司股票的证券交易活动，不存在阻却违法或豁免的事由，构成了证券法所规定的内幕交易的行为。证监会通过作出被诉处罚决定，对邱某某没收违法所得并处罚款，认定事实清楚，适用法律正确，处罚程序合法，处罚幅度亦无不当。经审查，证监会作出的被诉复议决定并无不当。邱某某要求撤销被诉处罚决定及被诉复议决定没有正当理由，一审法院判决驳回其诉讼请求，本院应予维持。邱某某的上诉请求和理由没有相应事实根据和法律依据，本院不予支持。依照《中华人民共和国行政诉讼法》第八十九条第一款第一项的规定，判决如下：

驳回上诉，维持一审判决。

二审案件受理费人民币50元，由上诉人邱某某负担（已交纳）。

本判决为终审判决。

审 判 长 赵世奎
审 判 员 刘井玉
审 判 员 贾宇军

二〇二二年九月十六日

法官助理 毕婷婷
书 记 员 李 晴

杨林
北京市高级人民法院

北京市高级人民法院执行局执行二庭三级高级员额法官，法律硕士学位。工作30多年来，岗位涉及审判、执行业务部门及调研、监察综合部门。四次荣立个人三等功并获评北京市法院先进工作者称号一次。

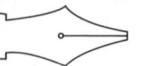

北京市高级人民法院
执行裁定书

（2022）京执复194号

复议申请人（异议人、利害关系人）：某甲证券公司。
申请执行人：某乙证券股份公司。
被执行人：某丙证券股份公司。

复议申请人某甲证券公司不服北京市第一中级人民法院（以下简称北京一中院）（2022）京01执异134号执行裁定，向本院申请复议。本院受理后，依法组成合议庭进行审查，现已审查终结。

北京一中院在执行某乙证券股份公司与某丙证券股份公司仲裁纠纷一案［执行依据：上海国际经济贸易仲裁委员会（2020）沪贸仲裁字第1054号裁决书；执行案号：（2021）京01执49号］过程中，异议人某甲证券公司向该院提出书面异议，请求：（1）撤销对（2021）京01执49号案件中法院向某乙证券股份公司发放的某丙证券股份公司所管理的"开源证券睿盈2号计划定向资产管理计划"（以下简称睿盈2号计划）名下现金17 324 258元的执行行为。（2）法院裁定"开源证券睿盈2号定向资产管理计划"名下现金17 324 258元中301.422497万元归某甲证券公司所有。该院作出（2021）京01执异379号执行裁定，裁定驳回某甲证券公司的执行异议。某甲证券公司不服该裁定，向本院申请复议。本院经审理认为该案认定基本事实不清，于2021年12月29日作出（2021）京执复312号执行裁定，裁定撤销（2021）京01执异379号执行裁定，发回北京一中院重新审查。2022年4月，该院以（2022）京01执异134号立案审查。

某甲证券公司异议请求：（1）撤销（2021）京01执49号案件中北京一中院向某乙证券股份公司发放睿盈2号计划名下现金17 324 258元的执行行为。（2）法院裁定"开源证券睿盈2号定向资产管理计划"名下现金17 324 258.00元中301.422497万元归某甲证券公司所有。

事实及理由如下：（1）某甲证券公司在2021年2月曾经针对本案提出执行异议，主张优先受偿权及参与分配的权利为由，请求中止案件的执行，法院以不属于执行异议案件的审查范围为由予以驳回。（2）2021年7月13日，某甲证券公司和其他几家债权人一起参加了执行实施法官组织的执行会谈，某甲证券公司提出了对执行款项的依法享有分配权，并请求参与分配，2021年8月13日，法院未作出任何财产分配方案，直接将17 324 258元全部划转至某乙证券股份公司账户。本案中，在债务人的财产不足以清偿全部债务时，普通债权人享有按照债权数额按比例受偿的权利。法院发还案款的行为违反了《最高人民法院关于人民法院办理执行异议和复议案件若干问题的规定》第五条第一款规定，认为人民法院的执行行为违法，妨碍其轮候查封、扣押、冻结的债权受偿的；第七条第二款规定，执行的期间、顺序等应当遵守的法定程序。睿盈2号计划资产已经资不抵债，债权人均为普通债权人。资不抵债时，应适用《最高人民法院关于适用〈中华人民共和国民事诉讼法〉的解释》（以下简称《民诉法解释》）第五百零八条、第五百一十条、第五百一十三条的规定，即债务人的财产不足以清偿全部债务时，普通债权人享有按照债权数额比例受偿的权利。

某乙证券股份公司辩称，某甲证券公司的请求没有事实和依据，应予驳回。事实与理由：（1）涉案的17 324 258元现金不存在任何形式的"担保物权"，北京一中院作为首先采取执行措施的法院，某乙证券股份公司有权全额优先受偿。（2）本案不符合《民诉法解释》第五百零八条第一款、第二款的情形，某甲证券公司无法证明睿盈2号计划资产无法清偿全部债务，被执行人某丙证券股份公司为公司，不属于被执行人为自然人或其他组织的情形。睿盈2号计划不符合上述司法解释规定的其他组织。（3）法院将17 324 258元的执行款发放给某乙证券股份公司的执行行为不存在执行错误。某甲证券公司没有权利申请参与分配，已经超过参与分配时间。（4）本案不存在适用执行回转的事实和法律依据。

某丙证券股份公司述称，对某甲证券公司申请分配数额有异议。

北京一中院异议审查认为，《最高人民法院关于人民法院办理执行异议和复议案件若干问题的规定》第五条规定："有下列情形之一的，当事人以外的自然人、法人和非法人组织，可以作为利害关系人提出执行行为异议：（一）认为人民法院的执行行为违法，妨碍其轮候查封、扣押、冻结的债权受偿的；（二）认为人民法院的拍卖措施违法，妨碍其参与公平竞价的；（三）认为人民法院的拍卖、变卖或者以物抵债措施违法，侵害其对执行标的的优先购买权的；（四）认为人民法院要求协助执行的事项超出其协助范围或者违反法律规定的；（五）认为其他合法权益受到人民法院违法执行行为侵害的。"该案中，某甲证券公司认为其合法权益受到法院向某乙证券股份公司发还案款的执行行

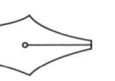

为的侵害，其有权作为利害关系人提出执行行为异议。

《中华人民共和国民事诉讼法》第二百三十二条规定，当事人、利害关系人认为执行行为违反法律规定的，可以向负责执行的人民法院提出书面异议。第二百四十四条规定，对依法设立的仲裁机构的裁决，一方当事人不履行的，对方当事人可以向有管辖权的人民法院申请执行。受申请的人民法院应当执行。第二百四十九条规定，被执行人未按执行通知履行法律文书确定的义务，人民法院有权向有关单位查询被执行人的存款、债券、股票、基金份额等财产情况。人民法院有权根据不同情形扣押、冻结、划拨、变价被执行人的财产。该案中，执行依据的（2020）沪贸仲裁字第1054号裁决书中明确某丙证券股份公司以其所管理的臻意7号计划、睿盈2号计划资产向某乙证券股份公司偿还协议回购款以及回购利息。因被执行人某丙证券股份公司未履行裁决书确定的义务，法院采取执行措施扣划睿盈2号计划对应账户内存款并发还申请执行人的执行行为并未违反法律及司法解释的规定。

《民诉法解释》第五百零六条规定，被执行人为公民或者其他组织，在执行程序开始后，被执行人的其他已经取得执行依据的债权人发现被执行人的财产不能清偿所有债权的，可以向人民法院申请参与分配。关于某甲证券公司所提睿盈2号计划资不抵债应适用《民诉法解释》第五百零八条的规定普通债权人应按照债权数额比例受偿而不应将案款全额发放某乙证券股份公司的异议理由。对此，该案执行依据已明确某丙证券股份公司以其管理的臻意7号计划、睿盈2号计划资产向某乙证券股份公司偿还债务，该执行内容不同于普通金钱给付义务的执行，执行标的是确定的。另外，该案被执行人为某丙证券股份公司而非睿盈2号计划，某甲证券公司以睿盈2号计划资不抵债应适用参与分配程序中普通债权人按债权比例受偿原则，不符合上述法律规定。因此，某甲证券公司所提异议理由，缺乏事实及法律依据，该院不予支持。综上，依照《中华人民共和国民事诉讼法》第二百三十二条之规定，该院于2022年5月24日作出（2022）京01执异134号执行裁定，裁定驳回某甲证券公司的异议请求。

某甲证券公司向本院申请复议称，（1）请求依法撤销（2022）京01执异134号执行裁定书；（2）请求依法裁定撤销（2021）京01执49号案件中向某乙证券股份公司发放某丙证券股份公司所管理的睿盈2号计划名下现金17 324 258元的执行行为。事实和理由：

（2022）京01执异134号执行裁定书认定事实不清，法律适用错误。

1. 本案的被执行人为某丙证券股份公司所管理的睿盈2号计划，而非某丙证券股份公司。首先，根据（2020）沪贸仲裁字第1054号裁决书可以看出，履行义务的主体为开源证券睿盈2号定向资产管理计划，而不是某丙证券股份公司；其次，据《开源证券睿盈2号定向资产管理计划资产管理合同》第九条约定，以及《关于规范金融机构资产管理业务的指导意见》第八条规定，某丙证券股份公司作为资管计划的管理人，有权代表委托人利益行使诉讼权利或进行仲裁。由于司法实践中资管产品无法作为被执行人主体，予以单独列明，因此都是由其管理人代为行使或履行相应法律行为，但是不能简单地、粗暴地认为管理人就是被执行人，这与法律的精神严重违背，也不符合实际情况，而且如此认定，资本市场岂非一片混乱，以后再也没有金融机构愿意做产品的管理人，因为，该裁定的认定突破了管理人与管理的产品资产相互隔离不能混淆的原则，将产品的债务延伸至管理人本身。反之，如果被执行人为某丙证券股份公司，那么为何执行法院不对某丙证券股份公司名下的其他财产进行强制执行呢？毕竟某丙证券股份公司有大量的资产存在。事实上，正是因为被执行人为某丙证券股份公司管理的睿盈2号计划，所以执行法院只能单独执行该资管计划的财产，而某丙证券股份公司所管理的睿盈2号计划的债权人有我方、招商证券资产管理有限公司（以下简称招商证券公司）、某乙证券股份公司，根据某丙证券股份公司在本案执行程序中提供的材料文件显示，三家债权人的债权远远大于睿盈2号计划的资产，仅仅我方、招商证券公司、某乙证券股份公司对睿盈2号计划的债权本金就为2.28亿元左右，睿盈2号计划已经严重资不抵债。

2. 在睿盈2号计划已经严重资不抵债情形之下，我方与某乙证券股份公司以及招商证券公司对睿盈2号计划而言，都是普通债权人，对于某丙证券股份公司而言，我方、某乙证券股份公司、招商证券公司都享有执行的权利，且执行标的都是确定的，执行内容也都是睿盈2号计划，某乙证券股份公司不属于担保物权人，不存在优先受偿权利，其只是对该笔资金进行首封冻结，但北京一中院就依照最高人民法院《关于人民法院执行工作若干问题的规定（试行）》（以下简称《执行工作规定》）第55条规定："多份生效法律文书确定金钱给付内容的多个债权人分别对同一被执行人申请执行，各债权人对执行标的物均无担保物权的，按照执行法院采取执行措施的先后顺序受偿。"对某乙证券股份公司进行优先分配，属于法律适用错误，本条适用的前提应该是债务人财产可以足额清偿债权人资产，明显本案不符合该情形。

3. 本案睿盈2号计划为某丙证券股份公司设立的资管产品，对于资管产品在资不抵债的情形，如何处理，是适用参与分配制度还是破产制度，目前法律或者司法解释并无明文规定，但是由于破产制度适用的对象为企业，因此资管产品应类比其他组织适用参与分配程序，更能体现民法典的公平原则。此

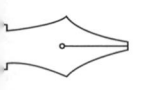

外，在 2021 年 4 月 6 日，最高人民法院发布的《关于对〈民事诉讼法〉司法解释疑问的回复》指出《执行工作规定》第 55 条规定系为执行程序中的一般规则，而非适用于被执行人资不抵债、申请执行人参与分配或执行转破产的情形，同时指出被执行人的财产不足以清偿全部债务时，应当适用《民诉法解释》第五百零八条、第五百一十条、第五百一十三条规定，并强调分配的基本原则为平等主义原则。因此，仅此一点，北京一中院向某乙证券股份公司发放案款 17 324 258 元的执行行为，就已经违反了法律及司法解释的规定。然而（2022）京 01 执异 134 号执行裁定书却认定（2021）京 01 执 49 号案件中向某乙证券股份公司发放款项不违反法律或者司法解释的规定，明显与事实不符。

北京一中院发放案款行为违反了《最高人民法院关于人民法院办理执行异议和复议案件若干问题的规定》第五条第一款以及第七条第二款的规定。

首先，我方对某丙证券股份公司所管理的睿盈 2 号计划已经进入执行程序，执行案号为（2021）京 74 执 68 号，执行法院为北京金融法院，并且我方也参加了由北京一中院牵头的多家申请执行人参与执行被执行人管理的资产的执行听证会，我方明确表明了对该笔款项具有分配的权益，事实上我方也享有轮候冻结的权益，但由于北京一中院向某乙证券股份公司发放案款 17 324 258 元，导致我方作为轮候冻结的债权人无法受偿该款项；其次，北京一中院在召开执行听证后，没有按照执行分配的方式进行分配，而是优先清偿某乙证券股份公司的债权，属于违反了应当遵守的法定程序。

某乙证券股份公司复议中辩称，我方认为北京一中院在（2021）京 01 执 49 号案中将 17 324 258 元的执行款发放给我方的执行行为完全符合法律、司法解释等规定，我方也有权获得上述执行款。北京一中院（2022）京 01 执异 134 号执行裁定事实认定清楚，适用法律正确。某甲证券公司的复议请求没有事实和法律依据，应当予以驳回。理由如下：

本案不符合《民诉法解释》第五百零八条第一款及第二款的情形，某甲证券公司无权申请参与分配。其一，本案被执行人为某丙证券股份公司，执行依据〔2020〕沪贸仲裁字第 1054 号裁决书明确了被申请人开源证券以臻意 7 号计划、睿盈 2 号计划的资产向我方偿还债务，即某丙证券股份公司用以偿还债务的资产范围以及法院用以执行的"财产标的"虽是确定的，但该财产范围的限制并没有改变某丙证券股份公司作为被执行人的法律地位。既然本案已进入执行程序，仲裁争议案件的实体问题并已不再是本案审查的范围。其二，《民诉法解释》第五十二条明确了"民事诉讼法第五十一条规定的其他组织是指合法成立、有一定的组织机构和财产，但又不具备法人资格的组织，包括：（一）依法登记领取营业执照的个人独资企业；（二）依法登记领取营业执照

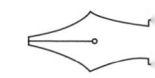

的合伙企业;(三)依法登记领取我国营业执照的中外合作经营企业、外资企业;(四)依法成立的社会团体的分支机构、代表机构;(五)依法设立并领取营业执照的法人的分支机构;(六)依法设立并领取营业执照的商业银行、政策性银行和非银行金融机构的分支机构;(七)经依法登记领取营业执照的乡镇企业、街道企业;(八)其他符合本条规定条件的组织。"从上述第(一)至(七)项中可见,符合规定的"其他组织"均是依法成立的具有独立法律地位的主体,领有营业执照或相关的登记证书。而臻意7号计划、睿盈2号计划是通过合同形式设立的资产管理计划,不存在组织机构,不具有独立的法律主体地位,不符合上述法律框架下的任何组织形式。法院也不应随意作扩大解释。其三,某甲证券公司没有证据证明臻意7号计划、睿盈2号计划的资产已无法清偿各债权人的债权,且即便其名下资产确实无法足以清偿各债权人的债权也与本案的审理范围无关。

  案涉的17 324 258元现金不存在任何形式的"担保物权",北京一中院作为首先采取执行措施的法院,我方有权全额优先受偿。某甲证券公司享有优先权的"庞大债券"因庞大集团破产,已经由某丙证券股份公司向庞大集团申报为破产债权。而本案涉的17 324 258元现金并非庞大集团破产重整兑付款,此款在2019年12月9日庞大集团被河北省唐山市中级人民法院裁定批准破产重整计划前就已经存在于睿盈2号计划资金账户内。庞大集团破产重整,是由某丙证券股份公司以自身名义作为债权人向庞大集团申报的破产债权,破产重整兑付的全部财产是由某丙证券股份公司以自身名义领受,其现金部分划入某丙证券股份公司名下账户,而非睿盈2号计划资金账户。因此,某甲证券公司在案涉的17 324 258元现金上没有任何优先权。《执行工作规定》第55条明确规定了:"多份生效法律文书确定金钱给付内容的多个债权人分别对同一被执行人申请执行,各债权人对执行标的物均无担保物权的,按照执行法院采取执行措施的先后顺序受偿。"最高人民法院《关于对〈民事诉讼法〉司法解释疑问的回复》也再次明确了"多个债权人均具有金钱给付内容的债权,且对执行标的物均无担保物权的,按照执行法院采取执行措施的先后顺序受偿,即适用优先主义原则。"北京一中院作为首先采取执行措施的法院,我方有权对睿盈2号计划资金账户内首封的17 324 258元现金全额优先受偿。综上可知,本案不属于《民诉法解释》第五百零八条规定的被执行人为"公民或其他组织",且某甲证券公司并非"对人民法院查封、扣押、冻结的财产有优先权、担保物权的债权人",某甲证券公司对案涉现金资产没有优先受偿权,无权参与分配。

  北京一中院将17 324 258元的执行款发放给我方的执行行为不存在任何执

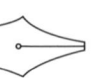

行错误。某甲证券公司除没有上述参与分配的权利外，其也没有按照法律规定的程序对 17 324 258 元的执行款提出参与分配。《民诉法解释》第五百零九条第一款"申请参与分配，申请人应当提交申请书。申请书应当写明参与分配和被执行人不能清偿所有债权的事实、理由，并附有执行依据。"以及《执行工作规定》第 92 条"债权人申请参与分配的，应当向其原申请执行法院提交参与分配申请书，写明参与分配的理由，并附有执行依据。该执行法院应将参与分配申请书转交给主持分配的法院，并说明执行情况。"另外，就目前实践中各地法院对货币类财产的参与分配截止日的认定，尤其是北京市高级人民法院《关于案款分配及参与分配若干问题的意见》，认为"若执行标的为货币类财产，以案款到达主持分配法院的账户之日作为申请参与分配的截止日"。上述法律规定以及法院实践情况可见申请参与分配应由申请人按法律条文规定的程序主动提起。某甲证券公司在第一次提出执行异议时尚未取得执行依据，无权申请参与分配，并且其提出的执行异议请求仅为"中止执行"。在其取得执行依据后，其也未按法律规定的程序提出参与分配的申请，而且，对于案涉的 17 324 258 元现金已经超过了可以申请参与分配的截止日。因此，北京一中院发放执行款的行为不存在执行错误。

本案不存在适用"执行回转"法律规定的情形。按照法律规定，执行回转是以新的生效法律文书改变原执行依据为条件的。本案中，我方的执行依据没有发生改变，因此，某甲证券公司请求"执行回转"没有事实和法律依据。

某丙证券股份公司复议中述称，我公司管理的睿盈 2 号计划与某甲证券公司管理的申银万国天天增 1 号集合资产管理计划在上海证券交易所开展了债券质押式协议回购业务，后正回购方睿盈 2 号计划未依约履行还款义务。某甲证券公司向上海国际仲裁中心申请仲裁。同样，睿盈 2 号计划也与某乙证券股份公司管理的广州证券红棉安心回报年年盈集合资产管理计划开展了债券质押式协议回购业务，并同样因睿盈 2 号计划未依约履行还款义务，在上海国际仲裁中心进行仲裁。某乙证券股份公司申请仲裁时间较早，因此早于某甲证券公司作出仲裁裁决，某乙证券股份公司依据该生效裁决向北京一中院申请强制执行睿盈 2 号计划（已实际扣划睿盈 2 号账户现金 17 324 258 元至该院账户），现某甲证券公司基于同种法律关系，主张对睿盈 2 号计划账户的现金按比例分配，向北京一中院提出执行异议，被驳回。我公司认为执行法院应当公平对待债权人，按比例公平分配执行财产并充分保障优先受偿权，而不应当将资金全部划给某乙证券股份公司。

本院复议中查明，2019 年 10 月，某乙证券股份公司因债券质押式回购协议纠纷以某丙证券股份公司为被申请人向上海国际经济贸易仲裁委员会申请仲裁。2020年9月，北京一中院依据某乙证券股份公司的申请，作出（2020）京01财保177号民事裁定：查封、扣押或冻结被申请人某丙证券股份公司价值一亿三千一百三十万元的财产。同月，该院立（2020）京01执保425号案，依据前述财产保全裁定冻结某丙证券股份公司在宁波银行北京分行的下列托管账户：（1）户名开源证券睿盈2号定向资产管理计划，账号×××，实际冻结金额17 324 258.76元，冻结期限自2020年9月7日至2021年9月6日；（2）户名开源证券臻意7号定向资产管理计划，账号×××，实际冻结金额24 750.08元，冻结期限自2020年9月7日至2021年9月6日。

2020年11月20日，上海国际经济贸易仲裁委员会就某乙证券股份公司与某丙证券股份公司上述仲裁案件，作出（2020）沪贸仲裁字第1054号裁决：（1）某丙证券股份公司以其所管理的臻意7号计划、睿盈2号计划资产向某乙证券股份公司偿还协议回购款本金人民币131 300 000元；（2）某丙证券股份公司以其所管理的臻意7号计划、睿盈2号计划资产向某乙证券股份公司支付协议回购利息1 037 566.85元（以协议回购成交金额131 300 000元为基数，按6.3%/年的回购利率自协议回购成交日起计至协议回购到期结算日）；（3）某丙证券股份公司以其所管理的臻意7号计划、睿盈2号计划资产向某乙证券股份公司支付协议回购补息（以协议回购成交金额人民币131 300 000元为基数，按6.3%/年的回购利率自协议回购到期结算日起计至实际偿还之日止）；（4）某丙证券股份公司以其所管理的臻意7号计划、睿盈2号计划资产向某乙证券股份公司支付协议回购罚息（以逾期未付的协议回购款本金人民币131 300 000元为基数，按0.02%/天的标准，自协议回购到期结算日起计至实际偿还之日止）；（5）某乙证券股份公司对某丙证券股份公司提供质押的面值人民币3700万元的H庞大01债券（质押券代码135250）、面值人民币10 000万元的H庞大03债券（质押券代码145135）拍卖、变卖款或上述债券灭失后的赔偿金有优先受偿权；（6）某丙证券股份公司以其所管理的臻意7号计划、睿盈2号计划资产承担某乙证券股份公司因本案而支出的律师费人民币430 000元；（7）本案仲裁费人民币1 045 586元，由某丙证券股份公司以其所管理的臻意7号计划、睿盈2号计划资产承担，鉴于某乙证券股份公司已全额预缴上述费用，故某丙证券股份公司应以其所管理的臻意7号计划、睿盈2号计划资产向某乙证券股份公司支付其承担的仲裁费1 045 586元；（8）对某乙证券股份公司的其他仲裁请求不予支持。后因某丙证券股份公司未履行生效裁决确定的义务，某乙证券股份公司向北京一中院申请执行。该院于2021年1月立案，案号为（2021）京01执49号；上述保全冻结措施自动转为执行中的冻结措施。

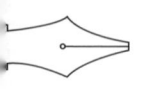

2021年2月，北京一中院向宁波银行股份有限公司北京分行送达（2021）京01执49号协助扣划存款通知书，扣划上述×××账户中的存款17 324 258元、上述×××账户中的存款24 750元。同月，某甲证券公司向该院提出执行异议，请求中止（2021）京01执49号案件的执行睿盈2号计划名下现金、股票、债权资产的执行程序，解除对上述涉案资产的查封措施。理由包括某甲证券公司享有对睿盈2号计划相关资产参与分配的权利。2021年3月，该院作出（2021）京01执异82号执行裁定，以某甲证券公司所提异议不属于执行异议案件审查范围为由，驳回该公司的异议申请。

2020年4月，某甲证券公司基于与某乙证券股份公司类似的事由，以某丙证券股份公司为被申请人向上海国际经济贸易仲裁委员会申请仲裁。2021年4月6日，上海国际经济贸易仲裁委员会就该仲裁案件，作出（2021）沪贸仲裁字第0268号裁决：（1）某丙证券股份公司应以其管理的睿盈2号计划资产向某甲证券公司管理的申银万国天天增1号集合资产管理计划支付本金人民币40 000 000元；（2）某丙证券股份公司应以其管理的睿盈2号计划资产向某甲证券公司管理的申银万国天天增1号集合资产管理计划支付利息人民币34 520.55元；（3）某丙证券股份公司应以其管理的睿盈2号计划资产，以本金人民币40 000 000元为基数，以4.5%/365日为利率，向某甲证券公司管理的申银万国天天增1号集合资产管理计划支付自2020年1月6日起至实际支付之日为止的补息；（4）某丙证券股份公司应以其管理的睿盈2号计划资产，以本金人民币40 000 000元为基数，以0.2‰为日利率，向某甲证券公司管理的申银万国天天增1号集合资产管理计划支付自2020年1月6日起至实际支付之日为止的罚息；（5）某甲证券公司有权对登记在睿盈2号计划名下的券面总额为2750万元的"16庞大01"（债券代码sh135250）和券面总额为5000万元的"16庞大03"（债券代码145135）根据债券发行人破产重整中所对应的资产、权益在上述第1至4项裁决所确定的应付款项范围内按照质押登记顺序享有优先受偿权；（6）某丙证券股份公司应以其管理的睿盈2号计划资产向某甲证券公司管理的申银万国天天增1号集合资产管理计划支付律师费人民币10万元；（7）对某甲证券公司的其他仲裁请求不予支持；（8）本案仲裁费人民币390 146元，由某甲证券公司负担30%，即人民币117 043.80元，由某丙证券股份公司管理的睿盈2号计划资产承担70%，即人民币273 102.20元，鉴于某甲证券公司已全额预缴本案仲裁费，某丙证券股份公司应以其所管理的睿盈2号计划资产向某甲证券公司支付仲裁费273 102.20元。因某丙证券股份公司未履行该裁决书确定的义务，某甲证券公司向北京金融法院申请强制执行，执行标的额总计人民币47 038 276.07元，该院于2021年6月21日以

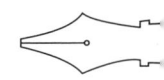

（2021）京 74 执 68 号立案执行。执行中，该院向某丙证券股份公司发出了执行通知书和报告财产令，但某丙证券股份公司没有履行裁决义务。

2021 年 7 月 13 日，北京一中院和北京金融法院执行实施案件承办人共同召集各自执行案件的当事人某乙证券股份公司、某丙证券股份公司、某甲证券公司等进行谈话。其间，某甲证券公司就北京一中院在先冻结的睿盈 2 号计划资产提出了按比例进行分配的主张，该院谈话笔录予以记载。

2021 年 8 月 13 日，北京一中院将扣划自开源证券睿盈 2 号计划名下×××账户的存款人民币 17 324 258 元向某乙证券股份公司发还。随后，某甲证券公司提出本案执行异议。

2021 年 11 月 22 日，北京金融法院依某甲证券公司申请，向北京一中院发出《参与分配函》，请求后者依法协助扣留案款。后因某丙证券股份公司管理的睿盈 2 号计划暂无其他财产可供执行，执行标的额 47 038 276.07 元及其迟延履行期间的债务利息未能执行，该院于 2022 年 3 月 17 日裁定终结本次执行程序。

本院认为，资管计划的财产及其债务依法具有独立性。在某乙证券股份公司提起的（2020）沪贸仲裁字第 1054 号仲裁案件、某甲证券公司提起的（2021）沪贸仲裁字第 0268 号仲裁案件中，被申请人虽均为某丙证券股份公司，但该公司系以相关资管计划管理人的身份代表投资者利益参加仲裁，两案裁决确定的金钱给付义务最终仍以相关资管计划本身的财产作为责任财产。（2022）京 01 执异 134 号执行裁定认定某丙证券股份公司为（2021）京 01 执 49 号案件的实际被执行人，还认为该案执行内容并非普通金钱给付义务而是指向确定标的，并以此为由否定某甲证券公司对睿盈 2 号计划名下财产参与分配的权利，未能正确把握资管计划财产及其债务的特殊性，在认定事实和适用法律上均属不当。

在资管计划的财产不足以清偿自身全部债务的情况下，其多个债权人是按照采取执行措施的先后顺序受偿，还是按照比例原则平等受偿，现行法律和司法解释未作规定。在此情况下，人民法院应当参照最相类似的规定以及其中体现的法律原则，尽力探究立法本意，进而对个案纠纷作出公平合理的解决。依据现行规定，被执行人无论是法人还是公民或者其他组织，其多个债权人（享有担保物权或者其他法定优先权的除外，下同）在通常情形下按照执行法院采取执行措施的先后顺序受偿，即适用优先主义原则；而在被执行人财产不足以清偿全部债务的情形下，则其多个债权人对于法人通过破产程序、对于公民或者其他组织通过执行中的参与分配程序，按照各自债权的数额比例受偿，即适用平等主义原则。前述规则的法理依据在于民法上的"债权平等原则"。

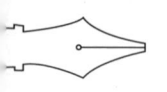

债权债务关系仅存在于特定主体之间，通常不具有公示性，因而法律不以权利成立先后、发生原因、标的类型、金额大小等因素区分优劣，而是赋予各债权人以平等地位，以此督促其积极寻求保障、尽快实现自身权利，从而提高社会经济活动的效率；但与此同时，债权毕竟属于一种民事权利，同样受到民法平等原则的调整，如果一概实行"先到先得"的优先主义原则，则会在特殊情形下发生部分债权人获得完全清偿而其他债权人完全不能获得清偿的不公平现象。因此，为了兼顾效率与公平，"债权平等原则"的内容既包含通常情形下的顺序优先受偿原则，也包含特殊情形下的比例平等受偿原则。资管计划在我国尚属一种新型的经济现象，相关法律制度不可避免地具有滞后性，现行法律虽然确立了资管计划财产及其债务的独立性，但并未就资管计划财产不足以清偿其全部债务的情形做出应对。考虑在责任财产不足的类似情形下，现行法律为了实现公平，就法人制定了破产程序，就公民或者其他组织制定了执行中的参与分配程序，故并无充足理由认定对资管计划财产即应一概适用顺序优先清偿原则，而不能适用比例平等受偿原则。本案中，睿盈2号计划名下财产明显不足以清偿其全部债务，北京一中院仅以法无明文规定为由驳回某甲证券公司的参与分配请求，未能体现上述法律原则，尤其剥夺了该公司通过诉讼程序澄清法律争议、维护自身权益的机会，有欠妥当。

某甲证券公司自2021年2月起即以多种方式向北京一中院提出参与分配的请求，尤其是在2021年7月13日（当时案涉款项尚未发还、某甲证券公司已经取得执行依据）的谈话过程中，该公司明确主张各债权人按比例分配北京一中院在先冻结的睿盈2号计划资产，该院笔录也已明确记载，故不应认定该公司的参与分配申请违反程序要件。在此情况下，北京一中院应当制作、送达分配方案，并赋予各方当事人对分配方案提出异议及分配方案异议之诉的权利；至于案涉财产具体如何分配则应由审判部门最终作出专业权威的判断（本院在上段所持意见仅针对此次执行异议复议事项，不妨碍审判部门在后续诉讼中作出相反认定）。某甲证券公司请求裁定上述款项中的301.422497万元归其所有，因不属于执行异议复议程序审查范围，本院难以支持。

依据《民诉法解释》第五百零六条至第五百一十条（特别是第五百一十条第三款）规定，在分配方案最终生效之前，执行法院不应当发放与争议债权数额相应的款项，而是应当予以提存。北京一中院直接向某乙证券股份公司发放案涉全部款项，不符合前述规定精神，可能造成某甲证券公司权益无法实现的风险，应当及时纠正。

综上，北京一中院（2022）京01执异134号执行裁定认定事实存在错误、适用法律有所不当，应当予以撤销；某甲证券公司的部分复议请求成立，本院予以支持。依照《最高人民法院关于人民法院办理执行异议和复议案件若干问题的规定》第二十三条第一款第二项的规定，裁定如下：

一、撤销北京市第一中级人民法院（2022）京01执异134号执行裁定；

二、由北京市第一中级人民法院对某甲证券公司提出的参与分配申请依法审查并作出分配方案；

三、撤销（2021）京01执49号案件中向某乙证券股份公司发放"开源证券睿盈2号定向资产管理计划"名下现金的执行行为中超出无争议债权数额的部分，由北京市第一中级人民法院向某乙证券股份公司追回与争议债权数额相应的款项；

四、驳回某甲证券公司的其他异议（复议）请求。

本裁定为终审裁定。

审 判 长　史德海
审 判 员　杨　林
审 判 员　公　涛

二〇二二年九月二十八日

法官助理　崔　霖
书 记 员　闫　玥

尚晓茜
北京市第三中级人民法院

北京市第三中级人民法院民事审判第六庭副庭长,中国法学会审判理论研究会理事,法学硕士。曾获评第六届北京市"审判业务专家",第三届北京市法院"模范法官",第五届、第六届北京市高级人民法院"商事审判业务标兵"称号。从事民商事案件工作逾15年,审结民商事案件5000余件。合著参与编著法学书籍15本,执笔省部级以上课题5项,在《法律适用》《人民司法·应用》等多部法学刊物上发表文章20余篇,并被《人大复印报刊资料·法学文摘》摘编转载,撰写的学术论文及案例分析曾获得全国法院学术论文讨论会及优秀案例分析奖项,获评全国法院百篇优秀判文书,并获北京法院秀判文书一等奖两次、二等奖一次、三等奖两次。

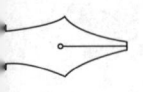

北京市第三中级人民法院
民事判决书

（2022）京03民终8448号

上诉人（原审原告、反诉被告）：某投资管理公司。

上诉人（原审被告、反诉原告）：某轨道交通公司。

上诉人某投资管理公司因与上诉人某轨道交通公司合同纠纷一案，均不服北京市朝阳区人民法院（2020）京0105民初14525号民事判决，向本院提起上诉。本院立案后，依法组成合议庭，公开开庭对本案进行了审理。上诉人某投资管理公司之委托诉讼代理人蒋某、柳某与上诉人某轨道交通公司之委托诉讼代理人高某、孟某均到庭参加诉讼。本案现已审理终结。

某投资管理公司上诉请求：（1）维持一审判决第一项、第二项、第三项、第四项、第五项、第七项，撤销一审判决第六项，改判某轨道交通公司向某投资管理公司返还经营许可费360万元；（2）本案诉讼费由某轨道交通公司承担。事实与理由：

本案系某轨道交通公司违约导致《北京地铁6号线、8号线二期、9号线、10号线二期站前广场餐饮项目许可协议书》（以下简称《许可协议书》）解除，应当退还某投资管理公司支付的全部许可费用。某投资管理公司向某轨道交通公司支付2013年许可费用360万元是为取得2013年4月1日至2013年12月31日在指定位置经营的权利，但某投资管理公司支付费后没能实现正常经营。一审法院已查明某轨道交通公司违约导致《许可协议书》无法履行且已解除，故在某轨道交通公司未履行义务且某投资管理公司未取得相应经营权利情况下，某轨道交通公司应退还收取的全部费用。

某轨道交通公司在签订《许可协议书》时已明知审批手续无法办理仍收取许可费。从与某餐饮公司诉讼可见，某轨道交通公司对行政审批难度早已知情，其与某投资管理公司签订《许可协议书》时已明知审批无法办理仍恶意收取360万元许可费，该笔费用应当退还，某投资管理公司支付的360万元不属于自愿承担商业风险，不应由某投资管理公司承担。

某轨道交通公司没有履行义务，无权收取许可费。某投资管理公司支付许可费是为取得在指定位置的经营权利。一审法院已查明某投资管理公司无法办理营业执照、无法在指定站前广场开展餐饮经营。某轨道交通公司未能履行义务，未能协助某投资管理公司开展经营，其义务是否按约履行应以是否达成合同目的为标准，故某轨道交通公司未能协助实现行政审批，某投资管理公司的合同目的无法实现，某轨道交通公司无权收取对价。综上，《许可协议书》因某轨道交通公司违约而解除，某投资管理公司有权要求某轨道交通公司退还已付许可费，某轨道交通公司未履行义务，无权收取许可费。

某轨道交通公司辩称，不同意某投资管理公司的上诉请求及理由。具体答辩意见为：

1. 某轨道交通公司并非违约方，某投资管理公司系违约方，其在事实上已进行长期实际经营，其在《许可协议书》约定的筹备期满后自愿向某轨道交通公司支付了2013年许可费360万元。

2. 一审法院已认定某轨道交通公司为案涉项目的审批提供多项协助，但某轨道交通公司并非仅尽到一定协助义务，事实上已履行《许可协议书》约定的全部协助义务。

3. 某投资管理公司不仅在2013年进行了实际经营，在之后数年中也一直从事实际经营，其已支付的360万元远少于应交纳的历年许可费。

某轨道交通公司上诉请求：（1）维持一审判决第五项，撤销一审判决第一项、第二项、第三项、第四项、第六项、第七项，改判驳回某投资管理公司的全部诉讼请求并支持某轨道交通公司的全部反诉请求；（2）本案诉讼费由某投资管理公司承担。事实与理由：

1. 一审法院对某轨道交通公司协助配合义务的认定错误。地铁6号线、8号线二期、9号线、10号线二期站前广场产权分别归属于某投公司全资或控股的地铁六号线公司、地铁八号线公司、地铁九号线公司、地铁十号线公司等线路公司。经北京市政府同意及某投公司对其下属公司职能划分，线路公司授权某轨道交通公司对站前广场经营管理，产权清晰且经营管理权明确。因此，涉案站前广场产权单位分别是地铁六号线公司、地铁八号线公司、地铁九号线公司和地铁十号线公司，经营管理单位是某轨道交通公司。由于历史和政策原因且相关法规尚不明确，站前广场至今不能办理产权权属证书，但产权单位及经营管理权人清楚明确。《许可协议书》所述由某轨道交通公司出具有关文件的文义是指由某轨道交通公司自己签发文件，比如确认书或说明等，不是指由某轨道交通公司提供由行政监管审批部门签发的文件，比如产权证或权属证书。某投资管理公司参与投标、谈判并签署《许可协议书》期间自始明确知晓某轨道交通公司作为经营管理方只拥有经营管理权而非所有权且站前广场未取得

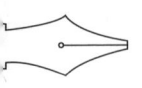

产权证或权属证书。某投资管理公司系行政审批手续发起人和责任方，某轨道交通公司的义务是从属性协助和配合，某轨道交通公司无义务提供超出其能力范围的协助，亦无义务提供客观上并不存在的产权证或权属证书，更无义务保障某投资管理公司取得相关监管部门的批准并开展业务。在某餐饮公司案件中，某餐饮公司请求某轨道交通公司协助在申请文件上加盖地铁线路公司公章，某轨道交通公司联系线路公司加盖了公章，某餐饮公司凭加盖线路公司公章的申请文件取得经营许可，但在其余站点，虽然申请文件也加盖线路公司公章，某餐饮公司仍未取得经营许可。因此，行政审批能否成功本身不确定，取决于被许可人能力、努力程度及行政审批机关态度。如果某投资管理公司需要某轨道交通公司协调线路公司盖章或提供相关文件应提出明确用印申请或需求，但其从未提出具体协助需求，某轨道交通公司无法提供必要协助。某餐饮公司办理审批手续时，行政机关并非基于站前广场任何所谓权属证明而批准。因此，一审法院将配合协助义务错误认定为保障某投资管理公司成功办理行政审批并开展业务的义务，违反法律规定和《许可协议书》约定，属于事实认定错误，对某轨道交通公司不公平。

2. 一审法院对某投资管理公司办理许可义务的认定错误。某投资管理公司是否及何时向行政机关提出企业设立及食品经营申请是重要事实，事关违约方认定，在其未向行政机提出申请的情况下，不能证明其未取得经营许可是因为没能提供站前广场权属证明或产权文件，也不能证明某轨道交通公司未配合协助。提出申请的举证责任在于某投资管理公司，应根据证据予以判定，不能推测或凭常理。付款及承担审批不能风险是某投资管理公司《许可协议书》项下义务，即便不另行特别确认，该项义务也不免除，一审法院不应以某投资管理公司未出具过自愿承担以上义务承诺为由就否定其本应承担的义务。某投资管理公司是审批申请及办理义务人，某轨道交通公司是从属协助义务人，双方有主次之分，协助义务人只有在申请及办理义务人提出具体协助要求时才知晓应提供何种协助，但某投资管理公司从未提出过提供权属证明或权利文件请求。

3. 某投资管理公司应在筹备期内取得行政审批。《许可协议书》约定某投资管理公司有义务在筹备期内取得行政审批。《许可协议书》签订第二天，某轨道交通公司出具《合同证明》，直至筹备期满时，某投资管理公司从未表示其未能取得许可，在筹备期满后还支付了 2013 年许可费 360 万元并提供 400 万元履约担保。某投资管理公司前述表现和行为使某轨道交通公司合理认为其已取得行政审批。因此，某轨道交通公司才将 100 万元保证金返还，其后按期索付许可费。因此，不存在某轨道交通公司没提供行政审批协助的问题。此

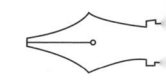

外，某轨道交通公司事后得知某投资管理公司当时并未将精力放在审批上，而是集中于股权转让运作，即便其确未取得审批，也是自己怠于履行义务，并非因某轨道交通公司不提供协助。

4.《许可协议书》项下收入用于贴补地铁线及站前广场政策性经营亏损。某投公司下属各地铁经营公司因政策性原因长期亏损，亏损部分一直由某投公司及下属公司通过各种筹资途径补贴。为减少补贴压力，在政策允许前提下某轨道交通公司在其经营管理权限内将站前广场许可第三人使用进行经营，收入用来贴补地铁线及站前广场经营部分亏损，保证地铁线正常运营，同时方便乘客，丰富市民生活。因此，站前广场占地许可经营并非单纯商业盈利，其能否顺利进行取决于被许可方努力，也与政策及主管行政机关态度密切相关。

5. 北京市主管部门规定自2015年5月1日禁止将站前广场转由第三方使用，也禁止在其上擅自从事经营活动。2015年5月1日，北京市交通委员会运输管理局颁布《北京市轨道交通站前广场管理规范（试行）》（以下简称《管理规范（试行）》）实施。第十一条规定站前广场严禁下列行为："（二）以任何方式转让给第三方或交由第三方使用；（三）擅自从事经营活动。"由于某投资管理公司迟迟不申请行政审批，也不提出协助要求，导致2015年5月1日后不能再获取行政审批，后果应由某投资管理公司自己负责，即便将提供权属证明视作某轨道交通公司义务，前述规定也构成情势变更，某轨道交通公司不构成违约。

6. 一审法院关于《许可协议书》解除时间的认定错误。一审中某轨道交通公司提供了邮寄解除《许可协议书》的通知快递单并于2015年5月20日切断供电，双方亦均认可某轨道交通公司于2016年5月兑付了某投资管理公司提供的400万元《履约保函》。同时，某投资管理公司未提交证据证明在2016年5月至2019年12月，其起诉之前曾向某轨道交通公司发送过继续履行协议的催告或通知，一审法院未考虑某轨道交通公司对某投资管理公司解除权形成时间、返还许可费及履约保证金请求的诉讼时效抗辩，属于事实认定错误和适用法律错误。

7. 某投资管理公司事实上一直实际占用《许可协议书》项下站前广场。虽然某投资管理公司称其未取得经营许可，但自《许可协议书》签订后至本案起诉前一直实际占用站前广场，其所谓没取得某轨道交通公司在行政审批方面的协助，只为转嫁违约后果。

8. 一审法院关于某投资管理公司直接损失的认定错误。一审中，某投资管理公司仅提交合同和付款凭证证明损失，既未提供无动力可拖移的多功能房车（以下简称餐车）及物品、设备已交付的证据，也未告知餐车和物品、设

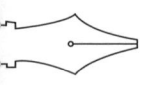

备存放地点以供核查和残值评估，一审法院亦未组织到存放现场核查。以金额占比最高的餐车购置开支为例，某投资管理公司主张购买80辆，但某轨道交通公司证据显示实际购置不超过35辆。此外，一审法院关于损失认定的错误还包括但不限于某投资管理公司分批次采购餐车和物品、设备，在无法办妥审批时，应停止进一步采购，不会也不应产生大量采购支出；某投资管理公司在明知已无力办妥审批时仍继续采购，属于自行扩大损失，应由其自行承担；如果采购的餐车及物品、设备灭失或被处置，某投资管理公司应对灭失和处置部分自行负责。综上所述，本案作为合同纠纷，一审法院认定事实错误且适用法律错误。

某投资管理公司辩称，不同意某轨道交通公司的上诉请求及理由。具体答辩意见为：

1.《许可协议书》合法有效，某轨道交通公司作为许可方负有协助、配合、支持被许可方办理审批义务。某轨道交通公司承诺该等义务且收取经营许可费，是某投资管理公司开展本案投资经营之决策基础。协助的意思是帮助、辅助。配合的意思是各方面相互协作完成共同的任务；支持的意思是给予鼓励或援助。某轨道交通公司只提及协助、配合，忽视支持且都混同为协助，有悖于约定本意，也不符合通常文义。正因为有某轨道交通公司承诺的20年许可经营，有协议写明的支持、配合、协助，其才有权收取许可费。经营必须要有经营场地和审批。某轨道交通公司收取的许可费金额与网点数量、某投资管理公司营业收入挂钩，某轨道交通公司权利基础就是协助某投资管理公司开展经营，行政审批是其中先行且最重要一环。根据公平原则，某轨道交通公司保证某投资管理公司取得行政审批是其核心义务，也是收取许可费的对价。某投资管理公司已证明在申请注册登记时必须要提供登记机关认可的产权单位权属证明，站前广场为公共交通用地且某轨道交通公司自认其非产权单位，地铁线路公司也无权属证明，故某投资管理公司无法通过取得权属证明直接向行政机关申请审批，需要某轨道交通公司协调才能保证得到行政机关审批。某轨道交通公司自述某投公司内部存在职能分配，某投资管理公司对此并不知情，说明没有某轨道交通公司支持、配合及协助，某投资管理公司无法自行完成审批。某轨道交通公司已协助某餐饮公司取得营业执照，其对审批非常了解。某轨道交通公司退还开业保证金100万元，其明知未能审批原因不在某投资管理公司。某投资管理公司一直努力申请审批，包括某轨道交通公司所称名称预先核准事宜，但因行政机关不认可某轨道交通公司管理权，导致最终没能办理营业执照。某轨道交通公司从未披露站前广场的权属问题。某轨道交通公司清楚审批的复杂性，知道提供的文件不足以完成审批。某轨道交通公司在2015年多次

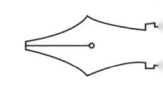

发函要求某投资管理公司支付许可费并规范经营，实际是向某投资管理公司表达《许可协议书》可继续履行，现其主张2015年出现情势变更，不能成立，且《管理规范（试行）》并非对公众公开，某轨道交通公司亦未告知或与某投资管理公司商议。

2. 某轨道交通公司违约导致合同目的不能实现，某投资管理公司有权起诉要求解除合同。某轨道交通公司严重违约，不享有单方解除权，无权单方解除合同，其也从未主张过解除。某投资管理公司从未收到过解约通知。从双方沟通情况看，双方一直在对协议履行进行协商，某轨道交通公司也在2015年5月之后多次发函沟通项目事宜，双方未达成解约。

3. 某轨道交通公司违约，应当承担违约赔偿责任。某轨道交通公司无对外许可权利基础，某投资管理公司未能实现经营，许可事项从未实现，故已付360万元许可费应退回。某轨道交通公司在2016年即已知无法经营原因不在某投资管理公司且同意不兑付400万元《履约保函》，但执意要将责任推给某投资管理公司，在某投资管理公司拒绝的情况下，某轨道交通公司拒绝接收某投资管理公司的函件并直接兑付了《履约保函》，但许可事项在客观上无法达成，故相应款项应予退回。某投资管理公司按计划购置大量物资，包括餐车等设备、设施并雇佣员工开展审批及餐车布设工作，因未能取得行政审批，城管部门要求清退，餐车虽在现场却无法实际经营，某轨道交通公司关于某投资管理公司未实际投入且实际占用场地的主张相互矛盾。另外，某投资管理公司系专为本案项目设立，所主张主要支出亦发生于2013年及2014年，关于损失的证据均为项目具体支出，一审法院已对某投资管理公司的损失核减，某轨道交通公司的上诉请求不应支持。

4. 在某投资管理公司本案起诉前，双方一直就《许可协议书》协商，故本案未超诉讼时效。某轨道交通公司协助、配合及支持义务是持续性义务，不存在诉讼时效问题。本案项目运营期限是20年，某投资管理公司一直与某轨道交通公司沟通并主张权利，某投资管理公司于2019年12月提起本案诉讼未超过诉讼时效。

某投资管理公司向一审法院起诉请求：（1）解除某投资管理公司与某轨道交通公司签订的《许可协议书》；（2）某轨道交通公司向某投资管理公司返还履约保证金400万元；（3）某轨道交通公司向某投资管理公司返还运营许可费360万元；（4）某轨道交通公司向某投资管理公司赔偿直接经济损失19 875 074.19元；（5）某轨道交通公司赔偿某投资管理公司经营利益损失19 210 060元；（6）某轨道交通公司赔偿本案保全保险费27 295.76元；（7）某轨道交通公司承担本案案件受理费、保全费。

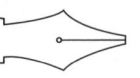

某轨道交通公司向一审法院反诉请求：（1）某投资管理公司立即停止在涉案站前广场的一切经营活动并撤出其在涉案站前广场的所有经营设施设备，并恢复涉案站前广场原状；（2）某投资管理公司承担某轨道交通公司因本案支出的律师费9.5万元；（3）某投资管理公司承担本案诉讼费。

一审法院认定事实：2012年11月30日，甲方某轨道交通公司与乙方某投资管理公司签署《许可协议书》，约定：鉴于甲方为案涉全部站前广场的实际经营管理方，根据本合同约定特许乙方占用甲方所管理的站前广场相应区域经营餐饮及食品、饮料等零售业务，以及经甲方书面认可的其他项目；许可经营的场地为：在案涉全部站前广场（集散广场）上甲方具有管理权且经甲方认可的区域（见附件1）范围内，乙方获得相关部门批准的场地；许可经营的形式为通过乙方设置无动力可拖移的多功能房车从事经营活动；场地许可使用期自2012年12月1日起至2032年11月30日止，共计20年。其中，自2012年12月1日起至2013年3月31日止为筹备期，由乙方进行项目的相关准备（含办理审批程序及试营业等），自2013年4月1日起至2032年11月30日为运营期。2013年4月1日前，乙方保证不低于80个网点的开业经营。若乙方每期未能实现不低于80个网点的开业经营，乙方仍需按照80个网点的许可费金额按期向甲方支付许可费；本协议项下的筹备期内，乙方无须承担许可费；运营期内的许可费（含保底金和收益附加费），由乙方按照以下方式向甲方支付：（1）保底金：乙方无论经营状况如何，均须按下表支付标准向甲方支付。若乙方实际摆放车辆超出80个网点的，超出网点收费标准按照上车当期的单车单月费用核算。具体明细载为：筹备期2012年12月1日－2013年3月31日，总费用，第1期，2013年4月1日－2013年12月31日，单车每年费用4.5万元，合作点数80，总费用360万元；第2期，2014年1月1日－2014年12月31日，单车每年费用6万元，合作点数80，总费用480万元；第3期，……；（2）收益附加费：乙方同意，自第4期起，除保底金外，按照乙方每年每车营业收入的1%向甲方支付各点全部车辆的收益附加费；（3）支付方式：乙方需将每期的保底金于当期的首月首日前汇至甲方指定的银行账户；在乙方办理行政审批的过程中，如依照法律法规规定需甲方配合出具有关文件，甲方应提供必要的协助与配合；在2013年4月1日前，乙方负责办妥在本协议约定的场地设置经营设施（网点）、从事经营活动的相关部门的审批手续；乙方负责本项目项下所有网点的经营和管理工作，在本项目运营期间，涉及需由工商、市政等政府部门的审批、监管及网点设置的审批等协调事宜的，由乙方负责办理，甲方提供支持和配合；乙方公司承诺乙方公司只为运营本项目而设立，所有经营活动均属于本项目，即乙方公司财务状况即为本项目财务状

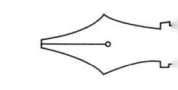

况；本协议签订之日起十个工作日内，乙方向甲方支付金额为100万元的开业保证金；如乙方在2013年4月1日前办妥相关审批手续，并在2013年4月1日前实现不少于80个网点开业经营。甲方应在乙方提供本条第二项约定的履约担保函之日起十个工作日内，将此笔开业保证金无息退还乙方。否则，其一，如果届时因乙方原因致使2013年4月1日前未实现不少于80个网点的开业经营，或未办妥相关审批手续，甲方将全额扣除100万元开业保证金，退还所收取的乙方其他费用，终止本协议的继续执行；其二，如果乙方在筹备期内书面通知甲方不再继续执行本合同，甲方将根据合同签订之日至收到乙方书面通知的天数每天扣除乙方开业保证金2万元直至100万元封顶，退还所收取的乙方其他费用，本协议终止执行；在本协议中约定的2013年3月10日前，乙方负责向甲方提供由银行开具的、金额不少于400万元的履约保函。此保函应满足甲方无条件见索即付的担保要求。如此银行保函的有效期不能覆盖运营期，乙方应保证在该保函有效期届满期十个工作日前提供同等金额和担保条件的续期保函，否则甲方将在原银行保函到期前直接兑付，作为履行保证金留置甲方；乙方不按照合同约定按时足额向甲方支付许可费的，每延迟一天需支付违约金2万元，直到款项付清时止；延迟超过30日，甲方有权解除合同，乙方应补足欠付的许可费，甲方还有权通过兑付银行保函获取累计金额不超过400万元的违约金；本协议约定的经营网点开业经营后，如因行政机关政策性因素导致已开业的网点不能持续经营，并导致本协议无法继续履行，甲方和乙方均不承担违约责任。甲方应按实际经营期限按比例收取许可经营费用，其他预收费用及保证金应自本协议终止履行之日起5个工作日内无息退还乙方。该《许可协议书》附件一载明了相应的被许可的站前广场统计表。

一审诉讼中，双方争议焦点主要包括以下方面：第一，《许可协议书》未能正常履行的原因及谁是违约方；第二，《许可协议书》的实际履行情况及解除情况；第三，某投资管理公司主张的各项实际损失及预期利益损失。双方针对上述争议焦点进行了举证质证，具体情况一审法院分述如下：

1. 关于《许可协议书》未能正常履行的原因及谁是违约方的争议焦点。一审诉讼中，某投资管理公司主张"经营场所权属证明"系其办理相应《企业营业执照》及《食品流通许可证》等审批手续的必要文件，因某轨道交通公司未能提供相应证明，亦未能提供必要协助，导致相应手续无法办理，相应餐车被要求清理，并最终导致《许可协议书》无法履行，某轨道交通公司存在违约。某投资管理公司对该主张提交了以下证据予以证明：

（1）经某投资管理公司申请政府信息公开，由北京市市场监督管理局向其公开提供的《〈企业设立登记申请书〉（2012年第一版）》以及其自行提供

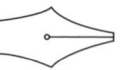

的《食品流通许可申请书》模板。其中《〈企业设立登记申请书〉（2012年第一版）》第14页内容为《企业住所（经营场所）证明》，当中要求填写拟设立企业名称、住所（营业场所），由产权人在产权人证明内签字、盖章，并要求粘贴房产证复印件，填表说明中明确说明了在各种以未取得房产证的房屋、以特殊房产等无法提交相应房产证复印件的房产作为企业住所（营业场所）的情形下，应如何提交相应证明文件。如"使用宾馆、饭店（酒店）作为住所（经营场所）的，提交加盖公章的宾馆、饭店（酒店）的营业执照复印件作为住所（经营场所）使用证明；申请从事报刊零售经营的，《企业住所（经营场所）证明》页中'产权人证明'栏应由市邮政管理局盖章，并提交市或区县市政市容委出具的备案证明复印件"。同时，《食品流通许可申请书》中也载明办理相应许可证，需要提交经营场所的使用证明。某投资管理公司据此主张，按照上述申请书的要求，某投资管理公司要想办理相应营业执照及食品流通许可证，并在案涉站前广场经营，就需要某轨道交通公司提供相应的"经营场所权属证明"，但因某轨道交通公司未能提供，导致其无法实际经营。某轨道交通公司认可《〈企业设立登记申请书〉（2012年第一版）》的真实性，对关联性和证明目的不予认可，对《食品流通许可申请书》的真实性不予认可。某轨道交通公司同时认为，上述申请书的表格均为空白表格，某投资管理公司未能举证证明其按照相关规定的要求向行政主管部门填写并提交了相应文件，亦无法证明相关行政主管部门向某投资管理公司一次性告知了需要补充提交的文件或证件。同时，通过上述文件可以证明，某投资管理公司在签署《许可协议书》时即知晓某轨道交通公司对涉案站前广场不具有所有权，仅有经营管理权，某投资管理公司自愿承担相应风险。一审诉讼中，某投资管理公司提交了一段本案诉讼发生后，某投资管理公司代理人柳某与北京市市场监督管理局工作人员的通话录音，当中柳某询问市场监督管理局工作人员，"如果我缺材料，是会给我回执吗，还是直接就不受理了？"市场监督管理局工作人回复："没有回执，会给您退回，告诉您原因是什么。缺材料，业务也提不上去。您得把所有材料都准备好了，业务才能提上去……"，某投资管理公司据此主张，其当时实际向监管部门提交了申请，但是因为缺乏材料，故监管部门未接收材料，亦未出具任何证明。某轨道交通公司对上述录音的真实性不予认可，且认为即使真实，也是某投资管理公司2021年咨询工商登记管理机关的答复意见，不能证明2012年时工商登记办理的要求，也不能证明某投资管理公司向某轨道交通公司主张过相关材料。

（2）2012年12月1日，某轨道交通公司出具的一份《合同证明》，载明：甲方某轨道交通公司，乙方某投资管理公司；为便于乙方根据甲乙双方于

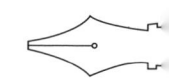

2012年11月30日所签订的《许可协议书》开展相关活动，特此开立本证明；本证明的依据为甲乙双方于2012年11月30日所签订的关于乙方占用甲方具有管理权且经甲方认可的案涉站前广场开展早、中、晚餐及食品、饮料等零售业务，车体广告的经营项目的合同；本证明仅限于乙方用于申办与本项目开展相关的管理部门注册、登记、许可手续。某投资管理公司据此证据证明某轨道交通公司仅于2012年12月1日出具了上述《合同证明》，用于某投资管理公司办理相应注册手续，但因该证明对外不具有效力，无法证明某轨道交通公司是案涉站前广场的经营管理方，审批机关不认可该证明内容，不能代替权属证明的效力，故仅有该文件不能办理餐饮便利车的开业登记。故某轨道交通公司无法提供权属证明，没有尽到应尽的协助义务。某轨道交通公司认可上述《合同证明》的真实性、合法性及关联性，但不认可证明目的，并认为该证据恰恰证明，某轨道交通公司已经按照《许可协议书》第五条第一款之约定，配合某投资管理公司出具了证明文件，用于某投资管理公司"申办与本项目开展相关的管理部门注册、登记、许可手续"。

（3）某投资管理公司通过申请政府信息公开获得的《北京市规划委员会建设用地规划许可证附件》，证明地铁站附近土地的用地性质均为"公共交通用地"，建设单位应当按照规划进行建设，不得擅自进行商业活动。因此，某轨道交通公司无权将案涉站前广场许可他人开展经营活动。某轨道交通公司认可该证据的真实性、合法性，但对关联性和证明目的不予认可，并称某投资管理公司提交的该组证据显示其制作日期为2011~2012年，由此可见某投资管理公司自签署案涉协议时就知道且应当知道地铁站前广场用地规划用途，其签署案涉协议系其根据当时的法律法规，监管环境等因素综合判断后的投资经营行为，自愿承担相关风险。

（4）北京市海淀区人民政府甘家口街道办事处于2021年4月22日出具的《责令改正通知书》、北京市丰台区城乡环境建设管理委员会办公室出具的《关于清理地铁站前广场便利餐车的通知》、北京市丰台区城市管理综合行政执法监察局于2017年出具的《责令改正通知书》、丰台街道安全科及丰台街道综治办等4部门联合出具的要求清理便利车的《告知书》，当中均要求某投资管理公司将相应餐车进行清理，某投资管理公司据此证明某轨道交通公司没有涉案站前广场的经营管理权，无权许可某投资管理公司占用站前广场进行餐饮便利车经营。某轨道交通公司对上述证据的真实性无法核实，并称某投资管理公司自始因其自身原因未能办理经营餐车的营业执照等经营手续，是相关餐饮便利车被主管部门清理的主要原因，而且某轨道交通公司已经于2015年5月14日发函告知某投资管理公司涉案《许可协议书》于2015年5月20日解除,上述清理通知等文件均产生于《许可协议书》解除后,某投资管理公司不再基于《许可协议书》享有场地许可使用权。

针对该争议焦点,某轨道交通公司提交了如下证据:

(1)某餐饮公司下属企业某餐饮公司第一房车食品便利店、第三十房车食品便利店、第六十房车食品便利店的企业信用信息公示报告,证明某餐饮公司与某轨道交通公司的关联方某资产公司所涉的三份《许可协议书》,在内容、合作模式上均与本案所涉《许可协议书》类似,某餐饮公司成功办理了包括上述房车食品便利店在内的188个房车食品便利店的营业执照,并展开了实际经营,故某投资管理公司主张因某轨道交通公司未能提供"经营场所权属证明",从而导致审批手续未能办理的主张不能成立。某投资管理公司认可上述证据的真实性,但对关联性及证明目的不认可,某投资管理公司称,某轨道交通公司与某餐饮公司于2009年7月签订北京地铁5号线、10号线一期《许可协议书》,于2010年5月签订北京地铁4号线全部站前广场《许可协议书》,于2011年7月8日签订北京地铁昌平线、亦庄线、15号线一期、房山线、大兴线全部站前广场经营餐饮的《许可协议书》,其中仅有2009年、2010年签订的两份协议办理了部分工商营业执照。2011年《许可协议书》项下的101个便利车至今未能办理相应审批手续。而2009年、2010年《许可协议书》项下的审批手续之所以能办理,是因为某轨道交通公司在此过程中,提供了如下协助:①提供《关于地铁五号线车站广场及桥下空间管理等问题的批复》;②协调产权单位出具证明,例如在某餐饮公司办理八十八房车时,某轨道交通公司协调了北京地铁十号线投资有限责任公司在企业住所证明上盖章;③盖章授权站前广场用地授权书,用于应对城管人员的询问;④全面配合某餐饮公司合理使用站前广场区域,自行车棚、简易商亭、围挡围栏等设施;⑤向市工商行政管理局发函,请求其为《24小时多功能餐车》项目设立登记方面给予指导意见。而在2011年《许可协议书》项下,某轨道交通公司在协议中要求某餐饮公司"自行"办理审批手续,没有对某餐饮公司提供充分的协助,导致2011年《许可协议书》项下的餐车均未完成审批。某投资管理公司同时主张,依据某轨道交通公司在与某餐饮公司的合作中提供的协助可知,相应审批手续的办理很困难,完全依赖于某轨道交通公司的协助,且最终2011年的审批手续均未能办理,亦可见在签署本案涉案《许可协议书》时,某轨道交通公司已经明知地铁餐饮便利项目不能进行正常经营,仍对外招标并签署相应协议,存在恶意。针对某轨道交通公司在某餐饮公司办理营业执照过程中给予的各类协助,某投资管理公司提交了某餐饮公司与某资产公司相关诉讼中由某餐饮公司提交的以下证据的复印件予以证明:①某资产公司与某餐饮公司于2010年2

月4日召开会议的会议备忘,当中记载如下:某餐饮公司刘某董事长:"在项目合法资质方面某餐饮公司已经分别与市商委、市工商、市城管等各政府部门进行多次沟通并开过现场办公会,基本已获得各部门对本项目的认可,但由于以上部门对某投资产是否拥有地铁5号线、10号线(一期)站前广场的所属权及占地经营管理权未提供有说服力的资质文件,项目审批遇到困难。因此,急需某投资产提供某餐饮公司关于上述站前广场所属权的授权证明";某餐饮公司李总:"'地铁便利'房车在地铁各站口摆放过程中,各区、街道等城管执法人员对房车使用站前广场区域的权利有质疑,妨碍摆车工作";某资产公司高总:"由某餐饮公司草拟站前广场用地授权书,经某投资产领导审阅后,正式盖章授权文件给到某餐饮公司,便于应对城管人员的询问";某资产公司杨某经理:"全面配合某餐饮公司合理使用站前广场区域,自行车棚、简易商亭、围挡围栏等设施可全力协调配合"。②某资产公司与某餐饮公司于2010年3月4日召开会议的会议备忘,当中记载:某资产公司与某餐饮公司达成以下共识:北京市工商局已经于3月3日正式发函给交通等有关部门,请某轨道交通公司全力配合某餐饮公司办理"地铁房产便利店"登记注册事宜,提供工商局要求的五号线、十号线(一期)站前广场相关文件。③一份由某资产公司及某餐饮公司共同向市工商行政管理局发出的《关于地铁5号线、10号线(一期)站前广场设立〈24小时多功能餐车〉项目登记注册报告》,当中阐述了涉案站前广场多功能车餐饮项目的五个优势,并提出:"鉴于该项目属于国内新型服务业,在5号线和10号线(一期)地铁沿线分局(海淀、朝阳、丰台、东城、崇文、昌平)无法进行登记注册,恳请贵局在《24小时多功能餐车》项目设立登记方面给予指导意见"。某轨道交通公司对某投资管理公司提交的上述三份证据的真实性不予认可,但认可某资产公司在与某餐饮公司的合作中,确实提供了上述某投资管理公司主张的第①②项协助,但对于第③④⑤项协助,某轨道交通公司称未查询到相关记录。同时,某轨道交通公司主张在与某投资管理公司的合作过程中,某投资管理公司从未要求过某轨道交通公司提供相应的协助。同时,某轨道交通公司确认某餐饮公司在2011年《许可协议书》项下的营业执照均至今未能成功办理。

(2)北京市第二中级人民法院作出的(2018)京02民终7146号、(2018)京02民终7147号、(2018)京02民终7151号民事判决书。某轨道交通公司据此证明,在该三个案件中,某餐饮公司亦曾经提出因某资产公司未提供占地权属证明文件,致使某餐饮公司不能办理营业执照,不能解决电力接入问题,无法正常经营的抗辩意见,但北京市第二中级人民法院均未采信某餐饮公司的相应意见,且作出了如下认定意见:"某餐饮公司上诉提出,因某投公

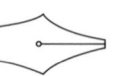

司（该判决书中将某资产公司均简称为某投公司）未提供占地权属证明文件，致使某餐饮公司不能办理营业执照，不能解决电力接入问题，无法正常经营，故某餐饮公司不应支付保底金，更不应支付违约金。本院注意到，某餐饮公司认可其所述某投公司不能提供相关证明文件的问题自《许可协议》签订后一直存在，《许可协议》对于某投公司应否提供占地权属证明文件未作明确约定，仅约定为'在乙方（即某餐饮公司）办理行政审批事项的过程中，如依照法律法规需甲方（即某投公司）'配合出具有关文件，甲方应提供必要的协助与配合、'乙方应自行完备本协议项下水、电等配套条件，甲方负责提供必要的证明文件'，在涉案《许可协议》的实际履行过程中，不仅没有证据证明某餐饮公司曾向某投公司明确提出过该等要求，而是某餐饮公司在多个年度反复多次以书面申请、《还款协议》等形式向某投公司承诺缴付保底金，却未兑付。因此，某餐饮公司的该项上诉主张不能成立，本院对此不予支持。"此后，某餐饮公司针对（2018）京02民终7146号案件申请了再审，北京市高级人民法院于2019年5月20日裁定驳回了某餐饮公司的再审申请。某投资管理公司认可上述证据的真实性，但认为某餐饮公司案件与本案存在诸多区别，主要如下：①某餐饮公司案件中，争议焦点为某餐饮公司与某投资产公司签署的《站前广场地铁便利餐车项目债务确认及还款协议》（以下简称《还款协议》）的效力，而本案的争议焦点为是否因某轨道交通公司未能提供权属证明导致合同目的无法实现；②某餐饮公司案件中，法院是基于认可《还款协议》的效力作出了判决，但是本案中某投资管理公司与某轨道交通公司之间不存在类似的商议及承诺，相反地，某投资管理公司一直在向某轨道交通公司主张自己的权利；③某餐饮公司在就2009年、2010年协议办理营业执照和食品流通许可证时遇到场地产权证明阻碍，最终在某轨道交通公司的协助下完成了两份协议项下的项目审批。可见某餐饮公司在签署2011年协议时，已经明知办理审批需要某轨道交通公司提供协助，对合同目的的实现难度有明确判断，但是某餐饮公司并未在第三份协议中就某轨道交通公司的义务进行约定，属于对自身权利的自行处分。但是本案中，某投资管理公司与某轨道交通公司此前没有合作基础，基于对某餐饮公司经营餐车的观察，某投资管理公司误以为站前广场餐车项目已经成熟，对合同目的的实现难度没有准确预期；④某轨道交通公司在与某餐饮公司的合作中，对于哪些需要审批以及如何办理，都在摸索阶段。但2012年某轨道交通公司与某投资管理公司签署协议时，已经明知某餐饮公司无法就2011年协议办理审批手续，但仍未将情况如实告知，且在协议履行中又拒绝提供应尽的协助义务，导致合同目的的无法实现；⑤在某餐饮公司的2009年、2010年协议中，某餐饮公司曾经成功办理了188个营业执照，在此过程中，某轨道交通公司提供了诸多协助，但在2011年协议项下，某轨道交通公司未提供充分协助，导致该协议项下的餐车未能完成审批。而在本案协议项下，某轨道交通公司没有提供如某餐饮公司2009年、2010年协议项下同等的协助，仅在2012年12月1日向某投资管理公司出具了一份《合同证明》，不具有任何对外效力；⑥某餐饮公司曾基于2009年、2010年协议在某轨道交通公司协助下办理了188个营业执照，因此即使某餐饮公司始终未能办理2011年项下的审批手续，仍希望与某轨道交通公司协商继续履行合同、支付款项。但某投资管理公司在涉案协议履行过程中，始终在积极主张权利，要求某轨道交通公司提供协助，因某轨道交通公司未能提供，导致合同目的无法实现。

（3）由某投公司向市工商局出具的《关于办理地铁便利项目工商注册登记手续的函》、向市食品药品监督管理局出具的《关于办理地铁便利项目食品流通许可证的函》、向市烟草专卖局出具的《关于办理地铁便利项目烟草专卖许可证的函》共计三个函件的复印件，以及某投资管理公司于2013年12月13日收到上述函件的《接收单》的原件。上述三个函件中均有如下表述："目前我公司已与某投资管理公司签订合作合同，某投资管理公司成为地铁6、8、9和10号线二期四条线路站前广场地铁便利项目的合作单位。但由于地铁便利项目是以非房屋范畴的餐车为载体开展的连锁餐饮经营，某投资管理公司在工商营业执照的办理（食品流通许可证/烟草专卖许可证）的办理过程中存在一定困难。为使上述便民服务能够实现服务于首都轨道交通的广大乘客，实现国有资产保值增值的目标，希望贵局能对此项目予以大力支持。"某轨道交通公司依据上述证据主张其协调某投公司为某投资管理公司出具了相关函件，为某投资管理公司办理相关行政审批手续进行了大量协调工作，且某投资管理公司收到了上述函件。某投资管理公司不认可上述三份函件及《接收单》的真实性及证明目的，但明确表示对《接收单》不申请鉴定，具体由法庭认定。同时某投资管理公司认为，某轨道交通公司提供的上述函件，不符合设立公司的法定申请要求，导致相应手续未能办理。同时，某投资管理公司主张通过函件载明的内容也可以证明，案涉项目因未能办理行政审批手续导致无法正常经营，系客观事实，是双方均认可的。

2. 针对《许可协议书》的实际履行情况及解除情况的问题，某投资管理公司提交了如下证据：

（1）某资产公司分别于2015年3月3日、3月27日向某投资管理公司发送的《某资产公司关于地铁便利项目合作事宜的函》及6月10日向某投资管理公司发送的《某资产公司关于地铁便利项目日常管理问题的函》。其中3月27日函件中，某资产公司主张某投资管理公司按照约定应当于2013年4月1

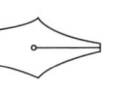

日前办妥相关审批手续，但某投资管理公司至今仍未完成相关审批手续的办理工作，故要求某投资管理公司于 2015 年 4 月 3 日前向某资产公司递交地铁便利项目经营手续办理计划，明确完成手续办理的最终时间。6 月 10 日的函件中，某资产公司要求某投资管理公司对地铁便利车存在的车体被张贴广告、车底堆放垃圾等问题进行汇报、整改。某投资管理公司据此证明 2015 年双方还针对涉案项目的履行在进行持续沟通，《许可协议书》并未解除，某投资管理公司提起本案诉讼未超出诉讼时效。某轨道交通公司认可上述证据的真实性，但对证明目的不认可，并认为该证据恰恰证明某轨道交通公司在主张解除合同前，已经多次函告某投资管理公司存在大量违约行为。关于 6 月 10 日的函件，某轨道交通公司称发函主体是其关联公司，且内容也并非要求继续履行合同，而是要求某投资管理公司清理问题车辆，是某轨道交通公司在《许可协议书》解除后对地铁站前广场进行管理的行为。

（2）2016 年 5 月 4 日，某投资管理公司以 EMS 方式向某轨道交通公司邮寄发送的《关于履行〈许可协议书〉相关事宜的函》。当中某投资管理公司称因某轨道交通公司未能提供相关部门要求的经营场所的权属证明，导致某投资管理公司的《食品经营许可证》等审批手续一直未能成功办理，某投资管理公司至今未能投入运营，并申请某轨道交通公司在《履约保函》的有效期内不予兑付，在《履约保函》到期后无需另行提供任何担保，并要求某轨道交通公司在收到本函后 5 日内，返还某投资管理公司已经支付的 360 万元保底金。该快递因未签收而退回，某投资管理公司对该函件的快递过程进行了公证。某投资管理公司据此证明其于 2016 年仍积极与某轨道交通公司就手续办理进行沟通，但某轨道交通公司始终未能履行合同义务。某轨道交通公司认可上述邮件公证书的真实性，但不认可证明目的，且称从未收到过该函件。

（3）2016 年 5 月 4 日，某投资管理公司法定代表人张某与某轨道交通公司李某甲的微信聊天记录。当中张某发送语音，大致为以下内容："李总啊，还得麻烦你，上午跟李什么果，刚才又跟你们的丁总沟通，非不让写原因，只写没经营，我说我可以沟通同意把这个事儿去掉，但是我一定需要把为什么没有经营写一下，不同意的话就愿意怎么着就怎么着，……你说你这法务过不去，这边也不行啊，因为我现在写一个东西我就需要有东西，不能说我没有原因，我为什么要延期呢"；李总："张总，抱歉，刚刚看到您发来的信息，公司那也发来了很多信息，他们也给我发了您那发的延期申请，是这样的吧？"张某："李总，我下午跟丁总沟通得也是非常不好，当时都说意思是我们不管了，不行就执行了，我说你凭什么执行啊，事实上本身我也没多写，我只写就是我为什么延期的原因，那你这原因都不让我写，你非要照你的写话，那对

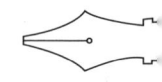

我也不利啊你考虑公司利益,我也得考虑公司利益啊";李某甲:"张总,这两天休假在外我一直思考,还真想在站前广场做一些商业经营,咱们见面以来,我有一些想法,想休假以后和您甚至和您弟弟见个面聊聊经营以及你们站前广场项目经营的一些想法,我是个想干事的人,我想通过调整方案有可能转变现状,包括我想和京投这边董事长把我的想法方案沟通,我们一起努力。……我非常理解你们前期由于收购价格巨高,还有无法经营的困境,我想通过我们的合作扭转无法经营的现状。现在先把延期的事情办一下,先不要在文件里写那些条件,后续我想如果能解决经营问题咱们不是有了转机吗,如果后续努力还是转变不了现状,到时我也会非常支持您打官司搞个究竟"。2016年5月3日,张某与京投李某乙的微信聊天记录中有如下内容:当日,张某向李某乙发送了一份延期说明及一份关于保函修改的补充协议,张某:"签名那个就是按照我们谈的意见写的这么一个东西,后面就是给银行的那个模板,你看一下。我觉得你们真的是有点太呛人了,本来就是沟通就这么说的,那就这么写,你们非要这么写";李某乙:"张总啊,您听我一句劝,不要做改动啦,我肯定跟您过不去,我没有办法能过得去"。某投资管理公司同时提交了该微信中提及的某投资管理公司发送给某轨道交通公司的《延期说明》,当中有"在我司办理相关审批手续的过程中,由于贵司一直未能提供相关部门要求的上述经营场所的权属证明,导致我司的《食品经营许可证》等审批手续一直未能成功办理。时至今日,我司因此仍未能投入运营"的表述内容。某投资管理公司同时提交了另一份《延期说明》,当中删除了上述表述内容,仅表述为"由于本项目至今未能投入运营,但为表示我司积极沟通、协商解决的诚意"。另,2017年1月17日的微信有如下内容:李某乙:"张总,您好,我是某轨道交通公司李某乙,按照公司会议要求,主要想和您关于合同解除的事宜进行商讨";张某:"你语音说吧,我嗓子疼";李某乙:"张总,主要是关于咱们项目上的事儿,节前公司的总经理开了一个专题汇报会,考虑到咱们这个项目一直没有经营,就准备两家启动一下解约的事,所以就是想关于解约的事听听您的想法";张某:"没经营你们是知道原因的";李某乙:"具体的原因咱们大家都知道,所以就是说关于这个解约这个事儿,就是想跟您沟通一下,看看商量一下这个约咱们怎么解";张某:"你们的意见呢";2017年4月6日,李某乙:"张总:北京市市政市容管理委员会发现草房站、黄渠站、丰台站咱们公司的便利餐车贴满广告,要求清理车身小广告,请您安排人员抓紧处理。"2017年10月17日,李某乙:"张总:麻烦您安排那工配合一下地铁便利部关于十九大安保工作安排";2020年1月28日,李某乙:"张总,过年好,鉴于目前的情况,如果餐车有营业的情况,建议立即停止营业,做好防护工作,防

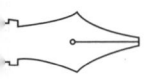

止疾病发生。"李某乙同时向张某发送了《合作单位员工离京情况统计表》等文件。某投资管理公司依据上述证据，共同证明2016年5月至2020年1月，某轨道交通公司人员一直在与某投资管理公司人员沟通项目运营事宜，故涉案协议并未解除。且某轨道交通公司项目负责人认可涉案项目"无法经营"。一审庭审中，某投资管理公司当庭出示了上述微信聊天记录原件。某轨道交通公司称无法核实上述聊天内容的真实性，故对真实性无法认可，并称即使上述聊天记录是真实的，也是在此前某轨道交通公司已经发出解约通知的基础上，双方对涉案协议解除后善后事宜的沟通，不存在重新协商合同履行或解除的意思表示。

针对该争议焦点，某轨道交通公司提交了如下证据：

（1）某资产公司于2014年8月18日出具的《关于缴纳地铁便利项目合同款的函》。当中某资产公司称截止到2014年8月15日，某投资管理公司仍未支付2014年许可费480万元，并要求某投资管理公司于2014年8月30日前支付相应款项。某轨道交通公司据此证明某投资管理公司自2014年起欠付某轨道交通公司许可费。某投资管理公司认可该函件的真实性，但不认可证明目的，并主张某投资管理公司与某资产公司不存在合同关系，因某轨道交通公司履行《许可协议书》存在违约行为，某投资管理公司有权拒绝支付许可费。

（2）某资产公司于2015年3月27日出具的《某资产公司关于地铁便利项目合作事宜的函》及于2015年4月9日出具的《关于地铁便利项目违规经营等事宜的函》。其中2015年3月27日的函中，某资产公司要求某投资管理公司在2015年4月3日前向某资产公司递交地铁便利项目经营手续办理计划，明确完成手续办理的最终时间，并称某投资管理公司未按合同支付2014年、2015年许可费，要求某投资管理公司加强合同管理，严格按期履约。2015年4月9日的函中，某资产公司称某投资管理公司放置于六里桥C口及六里桥D口的便利车在未向公司报备的情况下违规营业，要求某投资管理公司将六里桥C口站的便利车移除，并禁止在便利车未取得营业手续的情况下开展对外经营工作。某轨道交通公司据此证明某投资管理公司在欠付许可费的情况下，不仅已经有餐车实际投入运营，且存在大量不规范经营的行为。某投资管理公司对上述证据证明目的不予认可，并认为其不存在违规经营行为，因某轨道交通公司未能提供场地权属证明，导致某投资管理公司无法办理相应营业执照。

（3）某轨道交通公司于2015年5月14日出具的《关于解除地铁便利项目相关协议的函》。当中某轨道交通公司称因某投资管理公司未支付2014年及2015年固定保底金960万元，告知如下：①从2015年5月20日起，《许可协议书》正式解除；②某轨道交通公司将于2015年5月20日起中断所有地铁便

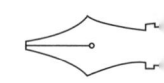

利项目的供电；③某投资管理公司应于 2015 年 5 月 20 日之前停止所有地铁便利餐车一切经营活动；④某轨道交通公司将按协议约定扣除 400 万元履约保证金并保留法律诉讼的权利。某轨道交通公司据此主张涉案《许可协议书》自 2015 年 5 月 20 日已经解除。某投资管理公司不认可该证据的真实性及证明目的，并称其从未收到该解除通知。同时，某投资管理公司主张依据其已经提交的微信聊天记录可知，2017 年 1 月 17 日，某轨道交通公司李某乙还在与某投资管理公司法定代表人张某沟通合同解除事宜，故合同不可能在 2015 年 5 月解除。

（4）某轨道交通公司自行制作的《对部分餐车运营情况的现场踏勘报告》，当中某轨道交通公司现场踏勘并拍摄了部分地铁口站前广场的照片，当中某轨道交通公司主张部分餐车情况如下：六里桥站 A 口、C 口、D 口、朝阳门站 F 口、青年路 C 口、D 口为某投资管理公司已投放餐车且根据某轨道交通公司备案表及地铁口的电表读数情况，现场某投资管理公司餐车曾通电运营，且截至 2020 年七八月份，六里桥站 A 口、D 口、朝阳门站 F 口的相应餐车主体仍未撤走，六里桥站 C 口、青年路 C 口、D 的相应餐车主体已经被撤走；白石桥南站 A 口、裙褶坡 B 口已投放餐车并安装电箱，但是根据某轨道交通公司备案表显示未营业，其中截至 2020 年 8 月，白石桥南站 A 口餐车主体仍未撤走，裙褶坡站 B 口餐车主体位置被移动且正在投入使用；南锣鼓巷站 B 口、裙褶坡站 C 口已安装电箱未投放餐车；平安里站 F 口已投放餐车，但未安装电箱，截至 2020 年 8 月 20 日，餐车主体仍未撤走。某轨道交通公司据此证明某投资管理公司实际投入了运营餐车，且部分餐车通过电箱用电情况可以推断存在相当长时间的运营。某投资管理公司对上述报告的真实性、合法性、关联性、证明目的均不认可，并主张因某轨道交通公司违约行为，导致某投资管理公司无法办理相应手续，无法正常经营。

3. 针对某投资管理公司主张的各项实际损失及预期利益损失的争议焦点，某投资管理公司针对其实际损失提交了如下与案外公司签署的合同及相应付款凭证等作为证据：

（1）某投资管理公司作为甲方与某车辆公司作为乙方于 2013 年 4 月 1 日签署的《2013 款移动售货车订货合同》，当中约定甲方向乙方购买 80 台 2013 款移动售货车，其中 6 米规格移动售货车单价 104 000 元/台，8 米规格移动售货车单价 125 000 元/台，货款总额 9 580 000 元。甲方在本合同签订之日起三个工作日以现金方式付款 10 台 8 米规格货车的车款 1 250 000 元，于合同签订之日起 10 个工作日内以六个月期限银行承兑汇票形式支付剩余 70 台车的货款。2013 年 4 月 24 日，上述双方签署了补充协议，约定后续 70 台车辆的全款

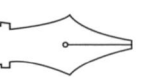

8 330 000 元以现金方式支付。一审诉讼中,某投资管理公司称某车辆公司完成了 80 台餐车的交付,故其已经全额付款。某投资管理公司对此提交了其于 2013 年 4 月 3 日向某车辆公司付款 125 万元的支票存根、某车辆公司盖章确认收到 125 万元的收据以及某投资管理公司于 2013 年 4 月 27 日向某车辆公司付款 8 330 000 元的电汇凭证。

(2)购买、安装及维修保养餐车线束设备的合同,合同约定总价款 106 820 元,某投资管理公司称其已支付了 50% 的价款即 53 410 元,剩余款项因餐车项目无法开展,尚未支付。某投资管理公司对此提交转账金额为 53 410 元的银行流水及相应收据。

(3)购买 11 台收款机及其配件的一份合同,合同约定总价款为 75 900 元,某投资管理公司称其实际签署了两份合同,共计购买了 21 台收款机及其配件,但另一份合同无法找到,两份合同共计应付金额 141 555 元。其中第一份合同按照实际发生金额支付了 76 005 元,某投资管理公司对此提交了付款 76 005 元的银行流水及对应发票,剩余款项 65 550 元某投资管理公司称系以餐卡进行了冲抵,并提交了一张会员卡业务汇总单予以证明。

(4)购买蒸柜、烤箱、微波炉等厨房设备的合同,合同约定金额为 390 000 元,某投资管理公司称其在该合同项下共计付款金额为 376 920 元,某投资管理公司对此提交了付款共计 357 420 元的银行流水、转账凭证、相应收据及发票,并称另有 19 500 元货款系以海参冲抵,某投资管理公司提交了相应案外公司开具的证明及收到 19 500 元货款的收据。

(5)完成涉案站前广场用电配电工程签署的两份协议书及针对相应维保服务签署的《工作备忘录》,协议书及备忘录约定合同金额分别为 2 152 860 元、1 810 480 元、1 749 000 元,某投资管理公司称其已经支付了第一份协议项下的全部工程款 2 152 860 元、第二份协议项下 50% 的工程款 905 240 元及《工作备忘录》项下的 185 500 元,并称因后续项目无法开展,故剩余费用尚未支付。某投资管理公司对此提交了支付共计金额 3 243 600 元的转账凭证、银行流水及相应发票。

(6)完成某投资管理公司办公室装修的合同,合同总价款 266 000 元,某投资管理公司主张其实际支付了 95% 的价款 252 700 元,尚余 5% 的质保金未付。某投资管理公司对此提交了两张支付金额共计为 252 700 元的转账支票存根及相应发票。

(7)购买 20 台餐车厨具设备的合同,合同总价款为 294 000 元,某投资管理公司称其实际支付了 50% 价款即 147 000 元,剩余价款未付。某投资管理公司对此提交了支付 147 000 元的银行流水及收据。

（8）购买和安装 50 台餐车线束设备的两份合同，合同约定总价款分别为 93 670 元、374 680 元，某投资管理公司称其针对第一份合同共计支付了 65% 的价款即 60 885.5 元，针对第二份合同共计支付了 80% 的价款即 299 744 元，剩余款项均未支付。某投资管理公司对此提交了两份合同共计支付 360 629.5 元的银行流水、收据及部分发票。

（9）购买 75 台空调的合同，合同约定总价款为 157 500 元，某投资管理公司对此提交了支付 157 500 元的转账凭证及收据。

（10）购买及安装餐车监控设备的合同，合同约定价款暂估分别为 165 800 元、88 000 元，某投资管理公司主张在第一份合同项下共计支付了 80% 的价款即 132 640 元，在第二份合同项下共计支付了 95% 的价款即 83 600 元，某投资管理公司对此提交了相应的银行流水及收据。

（11）购买餐车不锈钢产品的三份合同，合同约定金额分别为 265 000 元、315 560 元、1 060 000 元，某投资管理公司称三份合同项下的已付款比例分别为 30%、97%、95%，剩余款项未付。某投资管理公司对此提交了共计支付 1 392 593.2 元的转账凭证、银行流水、收据及相应发票。

（12）购买 LED 显示屏、滚动灯箱、广告字设备的三份合同，合同约定金额分别为 75 000 元、122 000 元、488 000 元，某投资管理公司称三份合同的已付款比例分别为 50%、80%、50%，剩余款项未付。某投资管理公司对此提交了共计支付 400 608 元的付款回单、银行流水、收据及相应发票。

（13）租赁办公用房签署的合同，合同约定租金为 1 500 000 元/年，某投资管理公司称其实际租用了 10 个月，并提交了支付 125 万元房租的转账凭证。

（14）购买系统软件、系统实施及软件维保服务的合同，合同约定金额为 550 000 元，某投资管理公司称其已付款比例为 90%，剩余款项未付。某投资管理公司对此提交了共计支付 495 000 元的转账凭证、收据及相应发票。

（15）为完成餐车自动消防报警系统签署的施工合同，合同约定金额为 5 万元，某投资管理公司对此提交了 5 万元的转账凭证及发票。

（16）用于办公用房租赁及有线电视使用的合同，合同中未明确载明合同金额，某投资管理公司对此提交了支付 33 216 元的支票存根。

（17）购买在线销售系统软件 1 套的合同，合同约定金额为 140 000 元，某投资管理公司称该合同项下的已付款比例为 70%，剩余款项未付。某投资管理公司对此提交了支付 98 000 元的银行流水、转账凭证及收据。

（18）购买流动餐饮 V8 系统与 EAS 接口开发的合同，合同约定金额为 15 000 元，某投资管理公司对此提交了支付 15 000 元的银行流水及发票。

（19）购买四口千兆以太网服务及配套服务器的合同，合同约定金额为

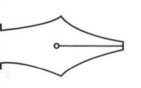

30 300 元，某投资管理公司对此提交了支付 30 300 元的转账支票存根、收据及相应发票。

（20）专线接入互联网的合同，合同约定金额为 36 400 元，某投资管理公司对此提交了支付 36 400 元的转账凭证及发票。

（21）除上述证据以外，某投资管理公司还提供了其他付款凭证及发票等证据，某投资管理公司主张相关费用分别包括：涉案项目餐车设计费 200 000 元、员工住宿费 15 504 元、线上运营及线上运营推广费 500 000 元、购买一套服务器的费用 89 000 元、装修餐车费 19 000 元，但某投资管理公司针对上述费用未能提供合同。经一审法院核算，上述涉及金额共计 823 504 元。

（22）除上述支出外，某投资管理公司还提交了工资明细表、工资支付银行凭证等证据，证明自 2013 年 3－11 月，某投资管理公司因涉案项目共计支出工资 720 898.49 元。

上述 22 项共同构成某投资管理公司在本案中主张的全部损失金额 19 875 074.19 元。一审诉讼中，某轨道交通公司对上述证据的原件均予以核对后，对相应合同及付款凭证等证据的总体质证意见为：某轨道交通公司未参与相应合同的签署，故对相应证据的真实性均不予认可，且部分合同项下的设备缺少到货凭证及实际投入证明，同时部分合同及付款凭证、发票等缺少关联性证明，同时，某投资管理公司并未采取措施降低相应损失，且损失均未考虑相关资产及设备的残值情况，故均不予认可；对工资明细及工资付款凭证亦不予认可。

针对预期利益损失，某投资管理公司提供了其自行制作的 80 辆车的年度盈利测算表及单车日盈利测算表，载明年度税后净利润合计 9 605 030 元，各类车的单车税后日净利润情况分别为 A 类 495 元、B 类 262 元、C 类 47 元、D 类 -31 元。某投资管理公司在本案中主张某轨道交通公司赔偿 2013 年至 2014 年的经营盈利损失共计 19 210 060 元。同时，某投资管理公司还提交了某餐饮公司部分餐车的收银报表及收入明细表。某轨道交通公司认为上述证据系某投资管理公司自行制作，对证据真实性不予认可，并认为在某投资管理公司已有餐车实际运营的情况下，上述证据恰恰证明相关餐车的盈利情况，某投资管理公司的损失不可能达到其主张的金额，且某投资管理公司主张的经营利益损失已接近其理论上两年的税后净利润，但某投资管理公司仅向某轨道交通公司支付了一年的许可费，故某投资管理公司的索赔请求明显不合理。

针对某轨道交通公司提出的反诉请求，某轨道交通公司提供了如下证据：

（1）某轨道交通公司自行制作的某投资管理公司滞留站前广场餐车照片及统计明细表，证明涉案地铁线路仍有部分站前广场滞留了大量餐车。某投资

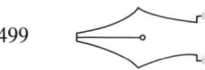

管理公司对某轨道交通公司该项证据的真实性不认可。一审诉讼中，某投资管理公司确认其购置的80台餐车均完成生产并全部投入运营，但因审批手续未能完成，无法实际开展经营活动，且因占道经营，80台餐车陆续被城管及有关部门清退。某投资管理公司称截至2021年6月21日，尚有四个地铁站前广场上停放了由某投资管理公司布设的餐车，分别为海淀五路居D口、朝阳门B口、火器营西北A口、长春桥西北A口，某投资管理公司称本案中，因某轨道交通公司违约，导致餐车无法投入运营，同时因餐车均属定制，体积庞大，无法投入到其他经营活动中再利用，且需要大量的停放场地，现无力再承担餐车的移动、安置费用，故本案中要求某轨道交通公司自行负责餐车撤离并承担一切费用。一审诉讼中，双方对于目前具体哪个地铁站前广场尚有某投资管理公司摆放的餐车，未能达成一致意见，双方亦未能提交进一步的证据证明。

（2）甲方某资产公司、乙方某律师事务所、丙方某轨道交通公司于2020年7月26日签署的《委托代理协议》，当中甲方委托乙方就本案，作为丙方的代理人为甲方、丙方提供法律服务，并约定案件代理费为固定代理服务费19万元，风险代理费为甲方以原告请求数额减去最终判决甲方承担数额之间的整数差额（以下简称诉减额）的一定比例向乙方支付风险代理费，具体如下：原告要求赔偿损失部分风险代理费（含税）为诉减额的4.5%，原告要求退还款项部分风险代理费（含税）为诉减额的6%。其中，固定代理服务费的支付方式为协议签订起五个工作日内甲方向乙方支付9.5万元，案件判决或调解、和解等方式结案后5个工作日内，向乙方支付剩余固定代理服务费9.5万元。2020年8月17日，某资产公司向某律师事务所支付9.5万元。某投资管理公司主张上述费用无合同依据，且并非必要的支出。

一审另查一，2012年12月12日，某投资管理公司向某轨道交通公司转账100万元开业保证金。一审庭审中，双方确认按照约定，某投资管理公司需在2013年4月1日之前办理完毕涉案餐车经营的相应审批手续，如因某投资管理公司原因致使2013年4月1日前未实现不少于80个网点的开业经营，或未办妥相关审批手续，某轨道交通公司将全额扣除100万元开业保证金，并终止本协议的继续执行。本案中，某投资管理公司主张之所以审批手续没有办妥，但某轨道交通公司仍退还了100万元开业保证金，就是因为未能办理的原因不是某投资管理公司，而是某轨道交通公司。某轨道交通公司对此不予认可，并主张按照《许可协议书》的约定，如果未能办妥审批手续，某投资管理公司可以在筹备期内书面通知某轨道交通公司不再继续执行合同，某轨道交通公司将根据合同签订之日至收到书面通知的天数每天扣除开业保证金2万元直至100万元封顶，退还所收取的其他费用，但本案中，某投资管理公司并未提出不再

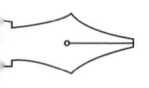

继续履行合同的请求。同时，某轨道交通公司称其之所以退还 100 万元保证金，是因为 2013 年 5 月 3 日，某投资管理公司向某轨道交通公司支付了第一年的许可费 360 万元，主动履行了合同，某轨道交通公司才在 2013 年 5 月 24 日退还了 100 万元保证金。某投资管理公司确认于 2013 年 5 月 3 日向某轨道交通公司支付了 360 万元许可费及某轨道交通公司于 2013 年 5 月 24 日退还了 100 万元保证金，但某投资管理公司称当时系某轨道交通公司称可以继续配合办理手续，且某投资管理公司前期已经投入了大量费用，希望能够办理证照继续进行经营，故缴纳了许可费，某投资管理公司支付许可费不能证明某轨道交通公司不存在违约，也不能免除某轨道交通公司的合同义务。

一审另查二，2016 年 5 月 9 日，某轨道交通公司依据某投资管理公司提供的 400 万元《履约保函》向银行申请兑付，入账 400 万元，转账原因载明为：索偿款项。

一审另查三，一审诉讼中，某轨道交通公司确认其对涉案争议站前广场均不具有所有权，但称其均具有管理权。某投资管理公司认可某轨道交通公司具有管理权，但认为只是安全和设施的维护等管理权，而非《许可协议书》项下承诺的许可占地经营权。某投资管理公司称其基于对某轨道交通公司的信任，与某轨道交通公司签署了《许可协议书》，投入了大量资金进行筹备，但在协议履行过程中，由于城管、工商等各级部门的异议，导致某投资管理公司无法正常运营，某投资管理公司才知道某轨道交通公司不具备许可占地经营权。某轨道交通公司则主张其与某餐饮公司的合作在先，在与某餐饮公司的合作中，某轨道交通公司也没有提供权属证明，因此某投资管理公司在签署涉案协议时，应当是明确知晓某轨道交通公司无法提供权属证明的，且某投资管理公司在签署大额合同时，应当进行相应调研，并知晓设立登记时所需的材料，即使后续无法办理登记，也应当自行承担相应的商业风险。一审庭审中，针对法庭询问某轨道交通公司是否有证据能够证明某投资管理公司在签署涉案《许可协议书》时，已经知晓某轨道交通公司无法提供相应的权属证明一事，某轨道交通公司称除前述已经提交的某餐饮公司相关判决书以外，无其他证据证明。

针对法庭询问的在涉案《许可协议书》履行过程中，某轨道交通公司为某投资管理公司办理涉案审批业务提供过何种协助一事，某轨道交通公司确认称提供了如下协助：（1）2012 年 12 月 1 日，为某投资管理公司出具了《合同证明》；（2）协调某投公司出具了《关于办理地铁便利项目工商注册登记手续的函》《关于办理地铁便利项目食品流通许可证的函》《关于办理地铁便利项目烟草专卖许可证的函》。

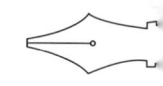

一审另查四，某轨道交通公司及某资产公司均系某投公司的全资子公司。一审诉讼中，某轨道交通公司称某投公司同时控股北京地铁5号线、6号线、8号线、9号线、10号线等北京地铁相关线路的投资建设公司。同时，某轨道交通公司称与某餐饮公司的合作协议原本亦系某轨道交通公司与某餐饮公司签署。2014年1月，根据某投公司的集团内部安排，某资产公司接手了某轨道交通公司对于地铁站前广场的管理权，某资产公司与某餐饮公司签署了《补充协议》，将某轨道交通公司与某餐饮公司相关协议项下的权利义务转让给了某资产公司。

另，本案一审审理过程中，某投资管理公司向一审法院提出了财产保全申请，并因此支出诉讼保全担保保险费27 295.76元。

另，一审法院受理本案后，通过EMS快递方式向某轨道交通公司送达了本案起诉状副本及证据材料，某轨道交通公司于2020年6月16日签收了相应快递。

一审法院认为，关于本案法律适用问题，依据《最高人民法院关于适用〈中华人民共和国民法典〉时间效力的若干规定》（以下简称《最高院关于适用〈民法典〉时间效力的规定》）第一条第二款之规定："民法典施行前的法律事实引起的民事纠纷案件，适用当时的法律、司法解释的规定，但是法律、司法解释另有规定的除外"，本案法律事实发生于《中华人民共和国民法典》（以下简称《民法典》）施行前，故本案应当适用当时施行的法律、司法解释的规定。

本案中，某投资管理公司与某轨道交通公司签订的《许可协议书》系双方当事人真实意思表示，内容不违反国家法律、行政法规的强制性规定，应属合法有效，双方均应依约履行。结合本案双方的诉辩意见及举证质证情况，一审法院认为本案主要存在以下争议焦点：第一，对《许可协议书》未能履行的违约责任认定；第二，对《许可协议书》解除情况的认定；第三，对某投资管理公司主张返还的各项费用、实际损失及预期利益损失的认定。针对上述争议焦点，一审法院分别认定如下：

关于争议焦点一，即对《许可协议书》未能履行的违约责任认定。一审法院认为，依据《中华人民共和国合同法》（以下简称《合同法》）第六十条之规定，当事人应当按照约定全面履行自己的义务。本案中，某投资管理公司与某轨道交通公司签署《许可协议书》，目的在于利用涉案站前广场进行餐车经营，在此过程中，办理相应工商登记手续及食品流通许可手续，是涉案项目能够成功开展的必要前提。从本案查明事实来看，涉案项目最终因无法办理审批手续，导致某投资管理公司未能在涉案站前广场持续经营，在此情况下，对

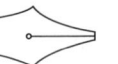

审批手续未能完成的原因及责任认定，直接决定了《许可协议书》项下的违约主体。对此一审法院认为，首先，地铁站前广场系城市重要公共场所，对该场所的管理与利用，直接关系到城市的治安、环境及城市整体形象。因此，对该场所的开发与利用过程，必然需要接受相关部门的严格审批与监管，并在一定程度上受到政策因素的影响。本案中，在某轨道交通公司仅作为涉案站前广场的被授权经营管理方，而非所有权人的情况下，其是否能够对外许可其他公司利用涉案站前广场开展涉案经营活动，以及涉案移动餐车项目能否完成经营审批并持续经营，均在极大程度上依赖于某轨道交通公司与相应场地的产权方、行政审批及监管部门的协调，也有赖于相关部门及相关政策对该项目的认可与支持程度。某轨道交通公司作为涉案站前广场的实际经营管理方及《许可协议书》项下的权利许可方，对此应当知悉，并负有必要的保障被许可项目在正常情况下能够得到监管部门的批准以及正常开展经营活动的义务。否则，某轨道交通公司则缺乏对外许可的事实依据及权利基础。其次，依据《许可协议书》的约定，在某投资管理公司办理涉案项目的行政审批的过程中，如依照法律法规规定需某轨道交通公司配合出具有关文件，某轨道交通公司应当提供必要的协助与配合。虽然该条款中对某轨道交通公司的协助、配合义务的约定较为原则、笼统，但一审法院认为，一方面，涉案《许可协议书》签署于2012年11月30日，在此之前，某轨道交通公司与某餐饮公司之间已经进行了多年的合作，且通过某轨道交通公司的协调，已经帮助某餐饮公司完成了相当数量餐车的行政审批手续，且2011年协议项下的餐车审批手续已经出现了推进困难的情形。据此，一审法院认为，通过与某餐饮公司2009年、2010年及2011年相应协议的履行，某轨道交通公司在签署涉案《许可协议书》时，对于涉案类似项目开展过程中，其本身所需提供的协助与配合义务内容，以及相应审批手续的办理流程及难度，乃至在此过程中可能面临的无法完成审批手续的风险，均应有充分的了解。另一方面，不论《许可协议书》中的相关约定如何笼统、原则，但从该约定的文义及目的解释来看，某轨道交通公司的该项协助、配合义务至少应当达到以下标准——不能因某轨道交通公司缺少法律法规规定的必要文件，而导致涉案项目的行政审批手续无法办理。而本案中，某投资管理公司提供了经申请政府信息公开，由北京市市场监督管理局向其公开提供的《〈企业设立登记申请书〉（2012年第一版）》，当中明确载明了经营场所的权属证明系办理企业设立登记手续的必要文件。在此情况下，某轨道交通公司为落实其协助、配合义务，实际可选择的路径只有两条，一是直接提供相应的经营场所的权属证明供某投资管理公司办理企业设立登记手续，二是在确实无法提供相应权属证明的情况下，可通过某轨道交通公司、某资产公司或某投公司的协调，获得相应监管及审批部门对涉案项目的理解与支持，并同意为某投资管理公司办理相应的企业设立登记手续。很显然，通过本案查明的事实可知，在与某餐饮公司的历年合作当中，某轨道交通公司均采取了第二条路径，并为某餐饮公司成功办理了2009年、2010年协议项下的餐车审批手续。而在本案与某投资管理公司的合作中，某轨道交通公司实际也尝试采取了第二条路径，诸如出具《合同证明》或协调某投公司向市工商局、市食品药品监督管理局、市烟草专卖局出具相关函件的方式，试图获得上述部门对涉案项目的理解与支持。但遗憾的是，虽然某轨道交通公司为此作出了相应努力，但涉案项目的行政审批手续最终仍未能成功办理。在此情况下，回到一审法院前述对何为达到了必要协调及配合义务的认定标准来看，不论某轨道交通公司在第二条路径上作出了多大的努力，在相应行政审批手续最终未能成功办理的情况下，某轨道交通公司仍不能免除其在《许可协议书》项下，因其未能提供行政审批所需的必要文件，而导致涉案项目行政审批手续无法办理及项目无法正常经营所应承担的违约责任。

关于某轨道交通公司在答辩状及代理意见中针对该争议焦点提出的其他抗辩意见，一审法院分别认定如下：首先，关于某轨道交通公司抗辩称某投资管理公司在本案中针对企业设立登记时需要提交的文件内容，仅提交了空白申请文件，不能证明某投资管理公司曾经向工商行政管理机关提交过相应申请的抗辩意见。一审法院认为，一方面，本案中，某投资管理公司提交了经申请政府信息公开，由北京市市场监督管理局向其公开提供的《〈企业设立登记申请书〉（2012年第一版）》，该证据真实有效，且当中明确载明了在进行企业设立登记申请时，需要提供经营场所的权属证明，该客观事实不因某投资管理公司是否曾经提出申请而产生变化；另一方面，从本案查明的事实来看，某投资管理公司为涉案项目的开展做了大量准备工作，在此情况下，即使依常理考虑，某投资管理公司亦不可能怠于向行政管理机关提出企业设立申请，故一审法院对某轨道交通公司的该项抗辩意见不予采信。其次，关于某轨道交通公司抗辩称按照《许可协议书》的约定，如果某投资管理公司在筹备期内书面通知某轨道交通公司不再继续执行本合同，则协议终止执行，但是某投资管理公司实际并未终止合同，而是于2013年5月3日向某轨道交通公司支付了360万元许可费，并提供了金额400万元的履约保函，故某投资管理公司无权主张某轨道交通公司违约的意见。一审法院认为，从涉案《许可协议书》的实际履行情况来看，一方面，虽然涉案项目的审批手续在2013年4月1日前未能办理，但某轨道交通公司亦未按照《许可协议书》的约定，全额扣除100万元开业保证金，而是退还了相应保证金；另一方面，从后续履行情况来看，直到

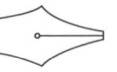

2013年12月，某轨道交通公司仍在协调办理涉案审批手续。由此可见，双方在协议履行过程中，对于审批手续的办理节点及影响进行了调整，同时考虑到当时某投资管理公司为涉案项目的开展，已经进行了大量的筹备工作，并产生了大量的支出，为尽可能促成协议的继续履行，减少损失的发生，实现双方合同目的，某投资管理公司在尚未完成审批手续的情况下向某轨道交通公司支付第一年的许可费的行为，具有一定的合理性，且不能仅据此认定某投资管理公司认可了某轨道交通公司在涉案协议履行过程中不存在违约。最后，关于某轨道交通公司依据某餐饮公司案件的生效判决书，主张其不存在违约的意见。一审法院认为，某餐饮公司案件与本案在当事人主体地位、争议协议签署背景及履行情况、案件争议焦点及法院认定的主要依据等方面均存在明显的不同，且本案中某轨道交通公司未能举证证明某投资管理公司在签署涉案《许可协议书》前，已经明确知晓某轨道交通公司不能提供相关证明文件，而某投资管理公司亦从未向某轨道交通公司出具过诸如《还款协议》等承诺付款或作出自愿承担审批不能办理的风险的意思表示，故一审法院对某轨道交通公司的相应抗辩意见亦不予采信。综上，一审法院对某轨道交通公司的相应抗辩意见均不予采信，并据此认定某轨道交通公司在涉案《许可协议书》的履行过程中，因未能就行政审批手续提供符合要求的必要协助而存在违约，某轨道交通公司据此应当承担相应的违约责任。

关于争议焦点二，即对《许可协议书》解除情况的认定。一审法院认为，首先，本案中，虽然某轨道交通公司主张其于2015年5月14日向某投资管理公司发送了《关于解除地铁便利项目相关协议的函》，并据此主张《许可协议书》于2015年5月20日解除，但因某投资管理公司对此函件不予认可，且某轨道交通公司未能提交相应证据证明其向某投资管理公司实际发送了该函件，故一审法院对某轨道交通公司的该项主张不予采信。其次，关于涉案协议的解除时间认定，某投资管理公司提供了其公司法定代表人与某轨道交通公司人员李某乙的聊天记录，虽然某轨道交通公司对该微信聊天记录的真实性不予确认，但因某投资管理公司已经提供了相应聊天记录的原件，故一审法院对该聊天记录的真实性予以确认。从该聊天记录的内容来看，截至2017年1月17日，双方仍在沟通协议解除事宜，且此后双方未就协议的解除达成一致意见，据此一审法院可以认定涉案《许可协议书》在本案诉讼发生前，仍未解除。依据《合同法》第九十四条第四项之规定，当事人一方迟延履行债务或者有其他违约行为致使不能实现合同目的，当事人可以解除合同。本案中，因某轨道交通公司截至本案诉讼发生前，仍未能就涉案项目餐车行政审批手续的办理提供符合要求的必要协助，且考虑到涉案《许可协议书》实际已经不存在继

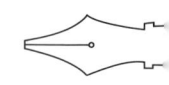

续履行的可能，故一审法院对某投资管理公司在本案中要求解除涉案《许可协议书》的诉讼请求予以支持。对于解除时间，一审法院予以认定为自某轨道交通公司于2020年6月16日签收本案起诉书副本之日起解除。

关于争议焦点三，即对某投资管理公司主张返还的各项费用及要求赔偿的实际损失及预期利益损失的认定。一审法院分别认定如下：

关于许可费，一审法院认为，首先，本案中，某投资管理公司向某轨道交通公司支付第一年许可费360万元时，涉案项目餐车的行政审批手续仍在办理当中，在此情况下，某投资管理公司自愿缴纳相应的许可费，实际系基于自身商业利益的考量作出的选择，且从城管等相关部门出具的函件的内容及时间以及全案证据来看，某投资管理公司在部分站前广场亦进行了实际经营行为，某投资管理公司对此应当支付相应的许可费；其次，通过本案查明事实可知，2013年许可运营期间，某轨道交通公司为了涉案项目的审批亦确实提供了多项协助，尽到了一定的协助义务，且在该期间内，涉案项目后续是否能够继续开展仍具有较大的不确定性，故在某投资管理公司已经实际经营，且自愿缴纳相应运营期间许可费的情况下，一审法院认为某投资管理公司在本案中要求某轨道交通公司退还相应许可费的诉讼请求无事实及合同依据，一审法院不予支持。

关于履约保证金，一审法院认为，首先，从本案查明事实来看，涉案餐车的审批手续截至2016年一直未能办理，在此情况下，某投资管理公司于2016年5月4日向某轨道交通公司发送了相应函件，当中要求某轨道交通公司不予兑付《履约保函》，虽然某轨道交通公司不认可收到了该函件，但因某投资管理公司对该函件的发出过程进行了公证，由此一审法院对该函件的真实性予以认可，并由此可见当时某投资管理公司已经对履约保证金的兑付及审批手续的办理提出了异议；其次，某轨道交通公司依据《履约保函》向银行申请兑付400万元保证金的时间为2016年5月9日，截至该时间点，涉案协议项下的审批手续仍未办理，且某投资管理公司未能按照《许可协议书》的约定在相应站前广场进行持续的经营。在此情况下，某投资管理公司未按照《许可协议书》的约定向某轨道交通公司支付后续许可费不存在违约，某轨道交通公司亦无权通过兑付《履约保函》的方式主张违约金，现某轨道交通公司不当兑付了相应保证金，应予退还，故一审法院对于某投资管理公司要求某轨道交通公司退还400万元履约保证金的诉讼请求予以支持。

关于某投资管理公司主张的实际支出损失，一审法院认为，依据《合同法》第九十七条之规定，合同解除后，尚未履行的，终止履行；已经履行的，根据履行情况和合同性质，当事人可以要求恢复原状、采取其他补救措施，并

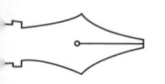

有权要求赔偿损失。本案中，某投资管理公司签署《许可协议书》后，基于对涉案项目能够正常开展的信赖，进行了必要的筹备工作，并支出了相应费用，现因某轨道交通公司的后续违约行为，导致协议目的无法实现，某轨道交通公司据此应当对某投资管理公司的实际损失承担赔偿责任。本案中，某投资管理公司对于相关主要费用均已经提交了与案外人的相应合同及付款凭证等作为证据，经一审法院核对，相应合同、付款凭证以及相对应的发票、收据等证据能够形成完整的证据链条，且从相关合同的签署时间、所涉的内容、付款时间来看，亦能确认与本案所涉项目存在关联性，故一审法院对于相应费用应予支持。但关于具体最终赔偿金额，一审法院依据相应证据及全案查明事实，依法对某投资管理公司主张的费用及某轨道交通公司对部分费用提出的抗辩意见作出如下认定：（1）针对某投资管理公司主张的第（3）项费用，即关于某投资管理公司主张的另外 11 台收款机的 65 550 元支出，因某投资管理公司未能提供相应合同及付款凭证，且其提交的会员卡业务汇总单无法看出与本案存在的关联性，故一审法院对该部分费用予以扣除；（2）针对一审法院事实查明部分的第（21）项的项下费用 823 504 元，因某投资管理公司均未能提供相应合同予以证明，一审法院无法确认相应金额发生的合理性及具体明细，亦无法确认与本案存在的关联性，该部分费用一审法院亦予以扣除；（3）针对某投资管理公司主张的人员工资费用，一审法院认为，虽然某投资管理公司对相关费用并未提交相应的合同，但是从项目实际运营情况来看，相关人员工资的支出属于必然发生的费用，且某投资管理公司在本案中主张的工资总额亦属合理，一审法院予以支持，对某轨道交通公司的相应意见不予采信。综上，一审法院认定某投资管理公司主张的全部实际损失中，应予扣除费用共计为 889 054 元，扣除后，某投资管理公司的损失应为 18 986 020.19 元。同时，对于上述被认定的损失金额，一审法院认为，在某投资管理公司主张的上述损失中，尚未考虑部分餐车已经实际投入使用，并由此产生的经营利润应予折抵，亦未考虑到相应设备的残值应予折抵，据此，综合全案查明事实及各项证据，一审法院对某投资管理公司主张的实际损失酌定支持70%，即 13 290 214.13 元，超出部分一审法院不予支持。

关于某投资管理公司主张的预期利益损失，一审法院认为，一方面，本案中，某投资管理公司针对其主张的预期利益损失未能提供充分的证据予以证明，且某轨道交通公司对某投资管理公司提供的相应盈利测算表的真实性及某餐饮公司部分餐车的收银报表及收入明细的真实性均不予认可，且某投资管理公司亦未能提供进一步的证据予以证明；另一方面，涉案协议的签署时间与某餐饮公司相应协议的签署时间不同，所涉站前广场的位置亦不相同，相应项目

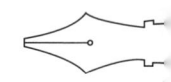

即使能够持续运营，其是否能够盈利以及是否能够参照某餐饮公司的餐车运行情况获得相应的利润，均存在极大的不确定性，现某投资管理公司对其相应主张未能提供进一步的证据证明，故一审法院对某投资管理公司主张的预期利益损失均不予支持。

综上，某轨道交通公司应当向某投资管理公司返还履约保证金400万元，并赔偿因涉案《许可协议书》项下的违约行为，给某投资管理公司造成的损失13 290 214.13元，某投资管理公司主张的其他超出部分，一审法院均不予支持。

关于诉讼保全担保保险费，因某轨道交通公司的违约行为，导致本案诉讼发生，某投资管理公司因此向一审法院提出财产保全申请，并为此向保险公司交纳了诉讼保全担保保险费，该费用系某投资管理公司因保全事项支出的合理必要费用，属某投资管理公司的损失部分，某轨道交通公司应予赔偿。但对于具体的赔偿金额，一审法院按照本案中某轨道交通公司应当承担的主债务赔偿范围，按比例分担，核算后某轨道交通公司应承担金额为10 109.2元，某投资管理公司主张的超出部分一审法院不予支持。

关于某轨道交通公司的反诉请求，一审法院认定意见如下：

首先，关于某轨道交通公司要求某投资管理公司立即停止在涉案站前广场的一切经营活动并撤出其在涉案站前广场的所有经营设备，恢复站前广场原状的反诉请求。一审法院认为，现涉案《许可协议书》已经被判决解除，某投资管理公司继续占用涉案站前广场无事实及法律依据，应予撤出，但本案中，因双方对于目前具体哪个站前广场仍摆放有某投资管理公司的餐车存在巨大争议，且双方对此均未能提供明确有效的证据予以证明，故一审法院依据涉案《许可协议书》附件1中相应地铁线路的《站前广场统计表》进行判决，某投资管理公司应当在一审法院限定的时间内停止在涉案站前广场的所有经营活动，并将相应站前广场中尚有的餐车全部撤走，逾期未能撤走，则视为某投资管理公司放弃对相应餐车的所有权，某轨道交通公司有权自行处理或申请强制执行，由此造成的损失或产生的执行费用，均需由某投资管理公司自行承担。对于某投资管理公司要求某轨道交通公司自行负责餐车撤离并承担一切费用的意见，无合同及法律依据，一审法院不予支持。

其次，关于某轨道交通公司反诉主张的律师费，因某轨道交通公司的该项主张无事实及合同依据，且本案中某轨道交通公司系违约方，其无权要求某投资管理公司赔偿相应费用，故一审法院对某轨道交通公司的相应反诉请求不予支持。

综上，依照《合同法》第六十条、第九十七条、第一百零七条，《最高院

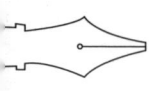

关于适用〈民法典〉时间效力的规定》第一条第二款之规定，一审法院判决：（1）某投资管理公司与某轨道交通公司于 2012 年 11 月 30 日签署的《许可协议书》于 2020 年 6 月 16 日解除；（2）某轨道交通公司于判决生效之日起十日内向某投资管理公司返还履约保证金 400 万元；（3）某轨道交通公司于判决生效之日起十日内向某投资管理公司赔偿直接经济损失 13 290 214.13 元；（4）某轨道交通公司于判决生效之日起十日内向某投资管理公司赔偿诉讼保全担保保险费 10 109.2 元；（5）某投资管理公司于判决生效之日，如仍有任何无动力可拖移的多功能房车停留在判决书附件中所载明的地铁线路的站前广场，则某投资管理公司均应于判决生效之日起三十日内自行撤走，逾期未撤走，则视为某投资管理公司放弃对相应房车的所有权，且某轨道交通公司有权自行处理或申请强制执行予以处理，由此造成的损失或产生的执行费用，均由某投资管理公司承担；（6）驳回某投资管理公司的其他诉讼请求；（7）驳回某轨道交通公司的其他反诉请求。如果未按判决指定的期间履行给付金钱义务，应当依照《中华人民共和国民事诉讼法》第二百五十三条之规定，加倍支付迟延履行期间的债务利息。

本院二审期间，当事人围绕上诉请求依法提供了证据。

某投资管理公司二审过程中提交以下证据：

证据 1. 某投资管理公司法定代表人张某与某轨道交通公司李某甲的微信聊天记录，证明某轨道交通公司认可无法经营原因在于某轨道交通公司并认可存在"某投不配合办手续"事实，某投资管理公司曾多次找某轨道交通公司要求解决此事。

证据 2. 某投资管理公司人员与某轨道交通公司李某乙的微信聊天记录，证明某投资管理公司人员与某轨道交通公司李某乙于 2019 年 7 月 25 日见面，某投资管理公司向某轨道交通公司提出"如何妥善解决该项目的事情"。

某轨道交通公司二审过程中提交以下证据：

证据 1.《管理规范（试行）》，其中第十一条规定，站前广场严禁下列行为：（2）以任何方式转让给第三方或交由第三方使用；（3）擅自从事经营活动。证明某投资管理公司迟迟不申请行政审批，也不向某轨道交通公司提出协助要求，导致 2015 年 5 月 1 日以后不能再获取行政审批，后果应由某投资管理公司自负。

证据 2. 某投资管理公司汇报 PPT《6、8、9、10 号线二期车辆位置展示》。证明某投资管理公司实际布设餐车不足 40 辆，一审法院关于损失的认定错误。

证据 3. 北京市规划委员会、北京市发展和改革委员会《关于地铁 6 号线

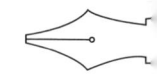

一期工程初步设计的批复》（市规函〔2012〕959号）第七条：应补充完善以下内容，（6）站前广场设计尚需进一步完善；（7）车站广场及公交换乘工程应与本工程同步实施。证明地铁六号线公司是地铁6号线站前广场产权单位。

证据4. 北京市发展和改革委员会转发《国家发展改革委关于北京市地铁6号线工程可行性研究报告的批复》（发改基础〔2009〕2821号）文件的通知及附件（京发改〔2009〕2494号），要求：抓紧研究长期稳定的运营补亏政策与措施，落实运营期资金补偿方案，提高项目财务可持续能力。证明某投公司是北京地铁6号线及站前广场实际投资人。

证据5. 北京市发展和改革委员会《关于北京地铁八号线二期工程初步设计概算的批复》（京发改〔2012〕1796号），附件《北京地铁8号线二期工程初步设计概算核定表》第一部分第一节第（二）项第一点载明自行车停车场及站前广场属于车站工程中的车站附属。证明地铁八号线公司是地铁8号线站前广场产权单位。

证据6. 北京市规划委员会、北京市发展和改革委员会《关于北京地铁八号线二期工程初步设计的批复》（市规函〔2011〕1880号）第七条：应补充完善和修改以下内容：（5）根据城市规划和交通发展要求，全线各站均应根据交通接驳需求进一步完善站前广场、自行车停车场地、P＋R、公交停靠站等设计。证明地铁八号线公司是地铁8号线站前广场产权单位。

证据7. 北京市交通委员会《关于研究地铁8号线二期南段工程交通接驳方案的会议纪要》及附件，纪要第二条：原则同意地铁8号线二期南段工程交通接驳规划方案，全线6座车站交通接驳设施包括集散广场、自行车停车场、公交中途停靠站、出租车停靠站等；站前广场总规划用地约2076平方米；附件列明8号线二期工程部分车站的集散广场面积。证明地铁八号线公司是地铁8号线站前广场产权单位。

证据8. 北京市规划委员会、北京市发展和改革委员会《关于北京地铁9号线工程初步设计的批复》（市规函〔2009〕1445号）第七条：应补充完善和修改以下内容：（7）站前广场设计尚需进一步完善；（8）车站广场及公交换乘工程应与本工程同步实施。证明地铁九号线公司是地铁9号线站前广场产权单位。

证据9. 国家发展和改革委员会《关于北京市地铁9号线过程可行性研究报告的批复》（发改投资〔2008〕1401号）第五条：对工程运营亏损问题，要研究落实运营补贴方案。证明地铁站前广场开发经营旨在落实国家发改委批复的地铁运营补亏措施、提高项目财务可持续能力。

证据10. 北京市规划委员会、北京市发展和改革委员会《关于北京地铁

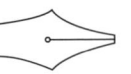

10号线二期工程补充初步设计的批复》（市规函〔2012〕2032号）第五点：应补充完善和修改以下内容：（3）进一步完善站前广场方案，并应与本工程同步实施。证明地铁十号线公司是地铁10号线站前广场产权单位。

证据11－证据14，北京地铁六号线工程、北京地铁八号线工程、北京地铁九号线工程、北京地铁十号线二期工程《委托建设管理合同》，地铁六号线公司、地铁八号线公司、地铁九号线公司、地铁十号线公司分别与北京市轨道交通建设管理有限公司签订了《委托建设管理合同》，合同鉴于条款第1条载明，作为委托方的四家地铁线投资有限责任公司分别是各地铁线工程的业主单位及资产所有者，具有投资、建设、运营地铁线工程的权利；合同第七条第十五款、第十六款载明，受托方配合委托方对地铁线路项目进行市场化运作及对沿线资源进行商业开发，按照委托方的要求负责组织实施站前广场工程并确保与线路主体工程一并投入运营。证明地铁六号线公司、地铁八号线公司、地铁九号线公司、地铁十号线公司分别是涉案线路站前广场产权单位且案涉线路站前广场在地铁项目开始建设施工前就已经进行规划安排，其功能包括商业开发和经营。

证据15. 某投公司《关于落实轨道交通站前广场综合整治工作意见有关情况的报告》（京投资字〔2012〕366号）第一条：理顺产权关系和管理责任情况。作为北京轨道交通的投资主体，我公司依法对各条轨道交通线路沿线的站前广场履行产权人责任，我公司已决定将各条既有线路和今后新开通线路的站前广场、桥下空间统一交由所属的某资产公司实施整体管理，由某资产公司代表我公司行使产权人权利并协调属地政府和相关政府部门对各轨道交通线路的站前广场、桥下空间进行功能优化、环境美化及开发利用；第三条：站前广场"三大系统"优化试点情况。相关市领导要求对车站站前广场交通系统、公共卫生系统、商务系统进行整体优化设计，并表示已就4个试点车站的站前广场整体优化设计方案的步行系统、车辆接驳系统、配套商业服务系统及其他方面进行了专业论证并得到了相关政府部门的初步认可。证明案涉各地铁线及站前广场投资主体、产权人、实际控制人是某投公司，某投公司有权对站前广场进行商业开发和经营，某投公司已将各条既有线路和新开通线路包括本案4条地铁线路站前广场统一交由某轨道交通公司整体管理，某轨道交通公司对站前广场有经营管理权。

证据16－证据19，地铁六号线公司、地铁八号线公司、地铁九号线公司、地铁十号线公司出具的《情况说明》。证明某轨道交通公司根据地铁线路产权单位委托经营管理站前广场并与某投资管理公司签订《许可协议书》，某轨道交通公司对站前广场具有经营管理权，自2013年底、2014年初，根据某投公

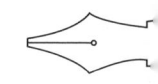

司内部业务整合，各地铁线产权单位同意由某资产公司代表某轨道交通公司办理《许可协议书》履行事宜，某资产公司因此代表某轨道交通公司与某投资管理公司进行沟通联系并处理后续事宜。

证据20. 某资产公司出具的《情况说明》。证明自2013年底、2014年初，根据某投公司内部业务整合，地铁线产权单位同意由某资产公司代表某轨道交通公司办理《许可协议书》履行事宜，某资产公司代表某轨道交通公司与某投资管理公司进行沟通联系并处理后续事宜。

证据21. 某投公司出具的《情况说明》。证明某投公司是某资产公司、某轨道交通公司全资母公司及相关地铁线路公司控股母公司，根据政府部门决定及某投公司责任划分，各地铁线路公司委托某轨道交通公司与某投资管理公司签订《许可协议书》，某轨道交通公司对站前广场具有经营管理权，自2013年底、2014年初，根据某投公司内部业务整合，某资产公司代表某轨道交通公司与某投资管理公司联系。

证据22. 北京市人民政府国有资产监督管理委员会《关于北京地铁集团有限责任公司管理体制改革相关问题的通知》（京国资改发字〔2004〕26号）。证明某投公司是案涉4条地铁线路公司及某轨道交通公司上级母公司，站前广场统一由某轨道交通公司整体管理是基于某投公司对下级子公司的业务职能划分。

证据23－证据29.《企业信用信息公示报告》。证明某投公司是相关地铁线路公司控股股东及某轨道交通公司、某资产公司与北京某投投资公司全资股东，某投投资公司是相关地铁线路公司小股东。

证据30. 北京市市场监督管理局《政府信息公开登记回执》（京市监信息公开回字〔2022〕28号）及其附件与北京市市场监督管理局《政府信息公开答复告知书》（京市监信息公开答字〔2022〕44号）及其附件。证明在2021年3月1日前申请设立企业或分支机构应首先申请名称预先核准登记并取得《企业名称核准登记证书》，《政府信息公开答复告知书》（京市监信息公开答字〔2022〕44号）亦可证明在2019年6月之前需要申请企业名称预先核准行政许可。

证据31. 某餐饮公司第一房车食品便利店工商档案中工商注册登记部分。证明即使是注册分公司（分支机构）或站前广场食品便利餐饮车也需要事先进行企业名称预先核准，某餐饮公司注册餐车营业执照时提供的《企业住所（经营场所）证明》未附产权证等权属文件，只有北京市轨道交通建设指挥部《关于地铁五号线车站广场及桥下空间管理等问题的批复》，某轨道交通公司同样将该《批复》提供给了某投资管理公司，某轨道交通公司未对某投资管

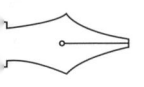

理公司区别对待或怠于提供协助。

证据 32-证据 34. 某投资管理公司 2013 年 1 月 5 日、2013 年 5 月 22 日、2013 年 8 月 12 日的工商变更登记档案。2013 年 1 月 5 日，某投资管理公司股东从"皮某 40%、韩某 60%"变更为"皮某 10%、韩某 45%、某投资甲公司 45%"；2013 年 5 月 22 日，股东变更为"皮某 10%、某投资甲公司 41%、某投资乙公司 39%、某信息技术公司 10%"；2013 年 8 月 12 日，股东变更为"皮某 10%、某投资甲公司 5%、北京某投资乙公司 5%、某食品集团公司 80%"，同时法定代表人从皮某变更为张某，董事从"皮某、刘某甲、马某、韩某、王某"变更为"皮某、张某甲、魏某、张某、张某乙"。证明某投资管理公司在《许可协议书》签订后一直忙于公司股权交易，未腾出时间申请办理经营餐车所需行政许可。

证据 35.《接收单》《关于地铁便利项目接电工作的会议纪要》。2013 年 7 月 31 日，某轨道交通公司向某投资管理公司提供地铁 6 号线、8 号线、9 号线、10 号线二期 2013 年 6 月 20 日至 2013 年 6 月 22 日的进站、出站、进出站量统计表以协助进行地铁便利车布点，某投资管理公司王某甲签收该文件，且王某甲参加了关于地铁便利项目接电工作的会议，王某甲系某投资管理公司人员。证明某投资管理公司一直实际从事餐车经营。

证据 36. 某资产公司《工作联系单》。2014 年 2 月 26 日，因某投资管理公司经营管理工作中存在问题，某资产公司代表某轨道交通公司向某投资管理公司发送《工作联系单》，催促进行整改，某投资管理公司刘某乙签收了该文件。证明某投资管理公司一直实际从事餐车经营。

证据 37. 某资产公司 2015 年 7 月 1 日向某投资管理公司发出《关于地铁便利车清理事宜的函》。某资产公司代表某轨道交通公司发函要求某投资管理公司从相关站前广场移存存在安全隐患的便利餐车，某投资管理公司刘某丙签收该函。证明某投资管理公司一直实际从事餐车经营。

证据 38. 证人证言。证明由于没有站前广场产权登记规定和办法，地铁线路公司至今无法取得站前广场产权证明，本案《许可协议书》签订时某轨道交通公司向某投资管理公司告知站前广场没有产权证，办理餐饮车营业和食品经营许可需要靠某投资管理公司自己努力，某投资管理公司签约时知道某餐饮公司还未取得 2011 年《许可协议书》项下审批。某轨道交通公司在提供协助方面对于某餐饮公司与某投资管理公司一视同仁，某投资管理公司从未索要过站前广场权属证明，也未提出过具体协助要求，是因其原股东与某食品集团谈判股权交易及解决转让股权纠纷才长期未顾及办理行政审批。

证据 39. 证人证言。证明某投资管理公司从未向某轨道交通公司、某资产公司提出过其在办理餐饮车营业及食品经营许可方面存在任何困难或问题，也从未要求提供任何具体协助，因其原股东与某食品集团股权转让谈判及解决新老股东之间争议，导致其一直忙于解决股东之间的事宜，未能申请办理餐饮车营业和食品经营许可。

证据40.《关于北京地铁6号线、8号线二期、9号线、10号线二期站前广场餐饮项目电源安全承诺书》。证明截至2014年4月25日某投资管理公司的餐车实际布设及实际经营情况。

二审中，某投资管理公司向本院提交《调查取证申请书》，申请向北京市东城区政务服务局查询某投资管理公司办理分支机构名称核准的记录。经审查，本院依法向某投资管理公司开具《调查令》，由其持令调取前述证据。后某投资管理公司就调取证据情况向本院提交《关于某投资管理公司为餐车申请名称预先核准的情况说明》，其中载明：经北京市东城区政务服务中心6号窗口查询，某投资管理公司曾于2013年11月21日申请办理过8个分支机构的名称预先核准。现场工作人员告知，目前系统能查询的有8个，信息并不完整，可能存在数量更多的情况，但该信息仅能通过市场监督管理局内部电脑系统查询，无法提供纸质资料。某投资管理公司随后按其指示赶到北京市政务服务中心，工作人员查询到同样可以看到8个分支机构的名称预先核准信息，但信息在内部系统中，无法对外提供，2013年申请时还是以现场提交纸质材料为主，因已过多年，其间经过政府机构调整、企业名称预先核准流程被取消等事宜，故名称核准的相关材料已难以查找。

二审中，某轨道交通公司向本院提交《证人出庭申请书》，申请高某、王某乙出庭作证。经审查，本院依法予以准许。

高某出庭作证称，（1）其曾于2008年至2013年任某轨道交通公司副总经理，现任某资产公司常务副总经理，其曾参与本案项目；（2）本案项目于2012年10月招标，某轨道交通公司对于站前广场具有经营管理权，但因登记制度等原因没有产权证或者权属证明，某投资管理公司参与招商时对此知情，其中标并签订《许可协议书》之后至2013年4月筹备期满支付了2013年4月1日至2013年年底的许可费360万元并交付了400万元的《履约保函》，某轨道交通公司即认为其相关行政审批已经办好，直到2013年12月初离开某轨道交通公司，从未知晓本案项目曾出现问题；（3）某轨道交通公司之所以退还100万元开业保证金，是因为某投资管理公司支付了360万元许可费并交付了400万元《履约保函》，某轨道交通公司即认为其手续已经办完且项目已成功运营；（4）关于某投资管理公司一审中提交的《北京市规划委员会建设用地规划许可证附件》，高某称据其了解规划图范围并不涵盖站前广场，只是包括

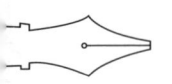

地铁线路主体设施，站前广场是附属设施，规划文件用地性质"公共交通用地"也不代表该范围的土地只能用于公共交通，也可用于商业开发，有些地铁站内、地下空间用地性质也是公共交通用地，但实际系用于商业开发，站前广场土地性质在事实上包括绿地、市政用地以及交通接驳用地等，利用站前广场从事经营活动不需要额外办理与占地相关的手续，但其不了解站前广场范围及权属具体能否在其他文件中予以确认；（5）关于某投资管理公司股权纠纷，高某称大概是在2014年通过某投资管理公司原股东皮某了解得知；（6）关于是否知晓某餐饮公司部分网点营业手续亦未办理成功，高某称其当时并不清楚，某餐饮公司也未告知，某轨道交通公司一方不知道，并认为某投资管理公司应当做尽职调查，可以通过各种渠道知道相关信息。另外，高某称本案招投标之前需要向投标单位作情况解释，是由其与相关经办人员当面向皮某等人进行解释说明，招投标文件载明的也是某轨道交通公司具有经营管理权。

王某乙出庭作证称，（1）其曾于2013年底至2015年9月任某资产公司副总经理，李某甲时任某资产公司总经理，是王某乙的领导，李某乙任部门经理，李某乙隶属某投公司，于2015年任职某资产公司由王某乙分管的部门；（2）某投资管理公司在其任职期间从未向其提出过相关许可手续的问题，其曾见过一次某投资管理公司法定代表人张某，并不认识某投资管理公司其他人员，但其知道按照程序向某投资管理公司发送催款函事宜且某投资管理公司一直未付款，故向某投资管理公司发送了解除通知；（3）关于由某轨道交通公司签订《许可协议书》后续又由某资产公司发送相关函件，王某乙称系因某投公司基于发展进行机构变革和调整，故地铁站前广场项目于2013年年底即由某资产公司负责。

本院依法组织双方当事人进行了证据交换及质证。

针对某投资管理公司提交的证据，某轨道交通公司发表质证意见称：经核实原始载体显示内容与某投资管理公司提交的微信聊天记录内容一致，但因某轨道交通公司一方两名人员的手机已更换，故无法确认其真实性，且无法确认某投资管理公司提供的原始载体即为其法定代表人张某所有，故不认可其证明目的。

针对某轨道交通公司提交的证据，某投资管理公司发表质证意见称：

1.《管理规范（试行）》显示下发日期为2015年3月16日，真实性无法确认，证明目的不认可。通过公开渠道未能查询到该《管理规范（试行）》及相应通知，某投资管理公司在本案二审庭审前对该文件完全不知情，某轨道交通公司从未向某投资管理公司披露过该文件。该文件显示于2015年3月16日下发至某轨道交通公司，但从某轨道交通公司自己提交证据可见其于2015年3

月 27 日发送《关于地铁便利项目后续合作事宜的函》、于 2015 年 5 月 14 日发送《关于缴纳地铁便利项目合同款的函》、于 2015 年 6 月 10 日发送《关于地铁便利项目日常管理问题的函》。某投资管理公司在本案一审也提交了双方工作人员微信聊天记录。前述材料中，某轨道交通公司两次索要 2015 年度许可费且其始终与某投资管理公司商议如何开展运营，可见某轨道交通公司自身认可站前广场许可经营项目不受该文件影响。如依某轨道交通公司逻辑，其收到这份通知就无权经营，那么其在明知情况下一直向某投资管理公司隐瞒无权许可经营的事实，无视某投资管理公司在注册登记机关、城管等部门遇到的阻碍，使得某投资管理公司一直为项目投入，其应承担违约赔偿责任。另外，从《管理规范（试行）》内容看，系禁止擅自经营而非禁止经营，也未禁止许可经营。该文件说明某轨道交通公司收取许可费就是要避免被许可方被认定为擅自经营，唯一方式就是协助被许可方成功办理行政审批。另外，该文件明确规定严禁擅自改变站前广场用途，结合某投资管理公司一审中提交的《北京市规划委员会建设用地规划许可证附件》站前广场用地性质为公共交通用地，既然禁止擅自改变站前广场用途，某轨道交通公司又主张其享有产权和经营权，其拟证明事项自相矛盾。

2. 某投资管理公司汇报 PPT《6、8、9、10 号线二期车辆位置展示》的真实性不认可，证明目的不认可。某投资管理公司在一审中已提交与某车辆公司签订的《2013 款移送售货车订货合同》及补充协议，且某投资管理公司已全额支付 80 台餐车的价款 958 万元。

3. 北京市规划委员会、北京市发展和改革委员会《关于地铁 6 号线一期工程初步设计的批复》，真实性由法院确认，关联性不认可，证明目的不认可。该文件不能证明地铁六号线公司是产权单位，站前广场产权属于不动产权属认定，需有明确的权属证明文件，且第七条写明应对全线各站均应考虑设置自行车停车场地，站前广场设计尚需进一步完善，故站前广场用地功能仅包括自行车停车场。

4. 北京市发展和改革委员会转发《国家发展和改革委员会关于北京市地铁 6 号线工程可行性研究报告批复文件的通知》及附件，真实性由法院确认，关联性不认可，证明目的不认可。该文件是关于地铁六号线的批复，与本案无关，更未允许站前广场商业经营，亦未对产权情况进行认定。

5. 北京市发展和改革委员会《关于北京地铁八号线二期工程初步设计概算的批复》及附件，真实性由法院确认，关联性不认可，证明目的不认可。该文件不能证明地铁八号线公司是产权单位，也与某轨道交通公司无关，站前广场仅包括自行车停车场功能。

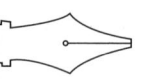

6. 北京市规划委员会、北京市发展和改革委员会《关于北京地铁八号线二期工程初步设计的批复》，真实性由法院确认，关联性不认可，证明目的不认可。该文件不能证明地铁八号线公司是产权单位，与某轨道交通公司无关，用地功能仅包括列举的自行车停车场地、P+R以及公交停靠站等，均属于交通用途。

7. 北京市交通委员会《关于研究地铁8号线二期南段工程交通接驳方案的会议纪要》及附件，真实性由法院确认，关联性不认可，证明目的不认可，且从正文看，该纪要不含附件，故附件的真实性不认可。该文件不能证明地铁八号线公司是产权单位，与某轨道交通公司无关。站前广场表述为步行接驳及道路接驳系统，通过建设人行集散广场、人行步道、优化路口渠化等交通工程，满足符合步行者心理需求的安全、舒适的步行接驳系统，故站前广场仅显示为交通集散使用。

8. 北京市规划委员会、北京市发展和改革委员会《关于北京地铁9号线工程初步设计的批复》，真实性由法院确认，关联性不认可，证明目的不认可。该文件不能证明地铁九号线公司是产权单位，也与某轨道交通公司无关。

9. 国家发展和改革委员会《关于北京市地铁9号线工程可行性研究报告的批复》，真实性由法院确认，关联性不认可，证明目的不认可。某轨道交通公司证明事项与该文件内容无关，没有任何部门或文件允许在站前广场进行商业经营，某轨道交通公司更没有许可他人经营的权利。

10. 北京市规划委员会、北京市发展和改革委员会《关于北京地铁10号线二期工程补充初步设计的批复》，真实性由法院确认，关联性不认可，证明目的不认可。该文件载明根据城市规划和交通发展要求地铁10号线二期工程车站均应设置自行车停车场，应注意解决停车场用地权属问题，根据城市规划，站前广场为公共交通用地，不能开展商业经营，站前广场仅用于自行车停车场。该文件于2012年12月作出，当时还未解决站前广场用地权属问题，地铁九号线公司也不是产权单位，本案《许可协议书》于2012年11月30日签订，故在权属问题还未落实、某轨道交通公司不具备任何权利且不能开展商业经营的情况下，某轨道交通公司擅自签订《许可协议书》，其已知晓协议不具备履行条件。

11.《委托建设管理合同》真实性无法确认，关联性不认可，证明目的不认可。根据鉴于条款第1条，委托方仅具有投资、建设、运营地铁线工程权利，未对站前广场有产权。从前述《关于北京地铁10号线二期工程补充初步设计的批复》也可看出站前广场产权问题未解决，站前广场作为公共交通用地不属于有权商业经营区域，且《委托建设管理合同》签署主体均为某投公

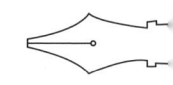

司子公司，内部合同不能证明产权归属，某投公司内部自称要做市场化开发，不代表客观事实，不能证明某轨道交通公司具有站前广场经营管理权。

12. 某投公司《关于落实轨道交通站前广场综合整治工作意见有关情况的报告》，真实性由法院确认，关联性不认可，证明目的不认可。该报告提及的《关于轨道交通站前广场环境秩序综合整治工作的意见》是某投资管理公司于一审中提交的文件，某轨道交通公司于一审中否认其真实性。该文件由某投公司自行出具，在产权、管理权等问题上没有证明力，且该文件于2012年11月16日作出，只是对4号线、5号线、13号线与昌平线的4个站点试点，结合某轨道交通公司提交前述证据可知，直至2012年12月，10号线站前广场的权属问题还未落实。

13. 地铁线路公司出具的《情况说明》，真实性不认可，关联性不认可，证明目的不认可。地铁六号线公司、地铁八号线公司、地铁九号线公司与地铁十号线公司自认一直无法取得站前广场产权证明或权属证明，无法证明其享有产权，不存在委托某轨道交通公司管理的权利，且前述《委托建设管理合同》显示地铁线路公司享有的资产包括土建工程、机电设备、地铁车辆等以及与之相关的技术资料、设计图纸、设备材料的质量合格证明材料、竣工报告等全部竣工资料，未含站前广场。直至2012年12月，10号线站前广场产权问题尚未明晰，不可能存在自2009年起委托某轨道交通公司负责地铁十号线站前广场经营管理。

14. 某资产公司与某投公司出具的《情况说明》，真实性无法确认，证明目的不认可。某资产公司出具的《情况说明》已认可某投资管理公司一直与其沟通处理协议项下工作及后续事宜。某轨道交通公司提交的证据3至证据21均是内部文件，无法从公开渠道查询，某投资管理公司对此均不知情，某轨道交通公司以内部文件证明其具有经营管理权的主张不能成立，经营管理权应表现在外部，某轨道交通公司作为经营许可方，应使被许可方获得监管部门批准以进行正常经营活动并按约定配合出具各项行政审批所需文件，以协助某投资管理公司办理经营手续，但某轨道交通公司至今未出具经营场地权属证明，导致某投资管理公司无法办理行政审批，应当承担违约赔偿责任。

15. 北京市人民政府国有资产监督管理委员会《关于北京地铁集团有限责任公司管理体制改革相关问题的通知》以及《企业信用信息公示报告》，真实性认可，关联性与证明目的不认可。按照某轨道交通公司主张，既然其与所谓产权单位有关联关系，就应当能够协调出具经营场地权属证明，但其至今未能出具，只能说明某轨道交通公司违反约定。从某轨道交通公司主张可以看出，站前广场产权及管理问题在京投公司内部经过多次调整，各方始终未取得权属

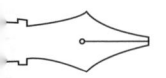

证明，故办理注册登记事项绝非某投资管理公司单方可解决，必须依靠某轨道交通公司提供协助。

16. 北京市市场监督管理局《政府信息公开登记回执》及其附件与《政府信息公开答复告知书》及其附件，真实性认可。《政府信息公开答复告知书》及其附件中可以看出名称预先核准有效期仅为 6 个月。某轨道交通公司始终无法解决审批问题，某投资管理公司企业名称已核准完毕，行政机关要求每个站点都须有产权证明，正是因为某轨道交通公司无法提供站点经营场地产权证明才导致无法办理证照，名称核准不影响证照办理，某轨道交通公司在双方多年交流中从未指出该问题。

17. 某餐饮公司第一房车食品便利店工商注册登记部分文件。某餐饮公司申请第一号房车使用的是 2008 年第一版《内资企业设立（变更）登记（备案）审核表》，至 2012 年已不再适用，某餐饮公司申请第二百四十九号房车时已开始使用 2012 年第一版《企业设立登记申请书》，已不包含名称预先核准要求。

18. 某投资管理公司工商变更登记档案，真实性认可，关联性与证明目的不认可。某投资管理公司内部股权结构调整不影响《许可协议书》履行，不影响公司正常运营。根据《许可协议书》约定，某轨道交通公司对某投资管理公司后续股权结构调整应属知情。另外，某轨道交通公司系直接与张某沟通相关事宜，张某即某投资管理公司变更后的法定代表人。

19. 《接收单》《关于地铁便利项目接电工作的会议纪要》未有某投资管理公司公章，故真实性不认可，且《接收单》可以说明某投资管理公司已按约定布设餐车并做好经营准备。

20. 《工作联系单》无某投资管理公司公章，无法确认签收人身份，故真实性与证明目的不认可。

21. 2015 年 7 月 1 日《关于地铁便利车清理事宜的函》，证明目的不认可。某投资管理公司按照某轨道交通公司指定位置摆放餐车，但某轨道交通公司称存在消防隐患，而且并非要求移动到合适位置，反而直接要求移除餐车，其系有意找借口要求清退餐车。

22. 《证人证言》以及两名证人出庭所作证言的真实性、合法性均不认可。两名证人均系某投公司内部人员，与本案有利害关系，其证人证言明显偏袒某轨道交通公司且所述内容系主观臆想，并无证据支撑。

23. 《关于北京地铁 6 号线、8 号线二期、9 号线、10 号线二期站前广场餐饮项目电源安全承诺书》，真实性与证明目的不认可，某投资管理公司未查询到曾出具过该承诺书。因始终未能办理行政审批，故本案项目始终处于不稳

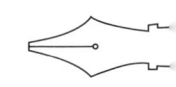

定状态，餐车布设情况也是动态变化的，某一时间节点的情况无法证明完整事实。

经庭审质证，本院对双方提交证据认定如下：

1. 因某投资管理公司提交的微信聊天记录有原始载体且某轨道交通公司亦已就原始载体显示内容进行核实；同时某轨道交通公司提交的证据1系北京市交通委员会运输管理局规范性文件且某轨道交通公司出示原件并就来源作出了相应说明；某轨道交通公司提交的证据3至证据10均为批复文件或者会议纪要且某轨道交通公司已出示原件，其提交的证据11至证据22、证据31、证据37亦出示原件且某投资管理公司认可证据22至证据30、证据32至证据34的真实性；某投资管理公司虽对证据40的真实性不予认可，但因该证据显示有某投资管理公司签章且其明确表示不就此申请鉴定。综上所述，本院对双方提交前述证据的形式真实性予以确认，对其前述证据以及某轨道交通公司证据38、证据39的证明目的将在本院认为部分结合其他查明案件事实予以综合评述。

2. 因某轨道交通公司提交的证据2系PPT文件，某轨道交通公司并未就其来源、形成过程及原始载体情况作出充分合理说明或提交其他证据予以佐证，同时某投资管理公司不认可某轨道交通公司提供的证据35与证据36的真实性且某轨道交通公司未就签收人员身份充分举证证明，故本院对某轨道交通公司提交的该部分证据依法不予采信。

本院二审围绕双方主要争议依法补充查明以下事实：

第一，《许可协议书》未能依约履行的问题。

1. 关于《许可协议书》鉴于部分"实际经营管理方"的理解。某投资管理公司主张系某轨道交通公司承诺其享有实际经营管理权且能许可某投资管理公司占地使用经营；某轨道交通公司主张该内容为笼统描述，不涉及实际经营管理具体内容，也不等于本案审批所涉相关许可事宜也在其经营管理范畴之内，而应是取决于行政机关。同时，某投资管理公司称其实现经营的前提是获得监管部门批准，监管部门批准的前提是办理营业执照，而办理营业执照的基础必备材料是经营场所权属证明，故某轨道交通公司应当提供该权属证明，否则其无法兑现在《许可协议书》中的相关承诺。

2. 关于双方在相关审批事项中对"负责办理"及各自履约顺序的理解。某投资管理公司认可其作为被许可方，相关审批手续应当由其办理，但主张某轨道交通公司亦应依约提供必要协助和配合，故负责办理并不是指某投资管理公司单方、单独办理，某轨道交通公司明知其应当履行的协助、配合及支持义务内容。某轨道交通公司则认为，办理主体应当是实际经营方，且只有在其实

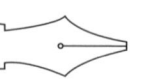

际申请并提出明确协助、配合请求后，某轨道交通公司方能进行相应协助、配合，故某投资管理公司属于先履行义务人，某轨道交通公司属于后履行义务人。二审经询，双方均表示未就《许可协议书》签订之时是否就相关审批手续事宜进行过磋商留存证据。

3. 关于企业名称预先核准。某轨道交通公司称：（1）某投资管理公司一审提交某餐饮公司第二百四十九房车食品便利店《企业名称预先核准通知书》，说明申请食品便利店房车的营业执照应事先取得主管部门对企业名称的预先核准，但某投资管理公司并未为其食品便利店房车取得企业名称预先核准。某投资管理公司一审提交《食品流通许可申请书》的填报说明要求名称应与《名称预先核准通知书》核准名称或者营业执照上注明名称一致，说明申请食品便利店房车营业执照和《食品流通许可证书》，应事先取得主管部门对企业名称预先核准。某投资管理公司一审提交《企业设立申请书》《某餐饮公司第二百四十九房车食品便利店登记申请文件》《一次性告知记录》附页1、附页2中要求"您提交的文件、证件还需要进一步修改或补充，请您按照第×号《一次性告知单》中应提交文件、证件部分的第×项内容准备相应文件。此外，还应提交下列文件"；《企业设立申请书》第37页敬告第2项要求"在申办登记过程中，申请人应认真阅读本申请书后附的一次性告知记录"；某餐饮公司第二百四十九房车食品便利店《企业设立申请书》也有同样敬告、一次性告知记录附页1及附页2。说明某投资管理公司所谓其只收到主管部门要求提供产权证明口头告知而未收到书面告知的说法不属实。因此，一审法院关于即便依常理考虑，某投资管理公司亦不可能怠于向行政机关提出企业设立申请的认定错误。（2）某资产公司分别于2014年8月18日、2015年3月3日、2015年3月27日、2015年4月9日、2015年6月10日向某投资管理公司发出的《关于缴纳地铁便利项目合同款的函》《关于地铁便利项目合作事宜的函》《关于地铁便利项目后续合作事宜的函》《关于地铁便利项目违规经营等事宜的函》《关于地铁便利项目日常管理问题的函》以及某轨道交通公司于2015年5月14日向某投资管理公司发出的《关于缴纳地铁便利项目合同款的函》，说明某投资管理公司直至2015年3月底仍未向主管部门申请办理食品便利店餐车经营审批手续，某资产公司在此期间催促其支付2014年的许可费并催促其就相关违规经营问题进行纠正整改，某投资管理公司一直在实际从事餐车经营。

对此，某投资管理公司不予认可，同时表示：（1）申请食品流通许可证可提供《名称预先核准通知书》，也可提交营业执照，名称预先核准非必备要件，申请主体可自行选择在完成企业注册登记后再申请食品流通许可证，某投

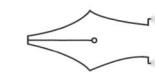

资管理公司在本案中已不具备注册登记条件，某轨道交通公司的主张说明其认可在登记备案时需提供住所产权证明，某餐饮公司就是在某轨道交通公司支持和协助下才完成部分注册登记工作，其中包含协助相关线路公司盖章确认。某投公司内部各有分工，但某投资管理公司无法自行和其他单位取得联系，如果没有某轨道交通公司支持，就无法完成注册登记，本案项目亦无法开展。此外，某餐饮公司并未办理成功第二百四十九号房车营业执照，行政机关亦未向其出具一次性告知单。经营场地权属证明是必备文件，在缺乏必备文件情况下，行政机关不收取材料和不出具回执是合理的。某投资管理公司签订《许可协议书》后支付了 100 万元开业保证金、许可费 360 万元以及履约保证金 400 万元并陆续投入成本以购置餐车、安装设施，基于商业投资利益考虑，某投资管理公司没有任何理由不重视、不积极办理经营手续。实际上，某投资管理公司始终在与某轨道交通公司沟通。(2) 关于 2015 年 3 月 27 日《关于地铁便利项目后续合作事宜的函》，该函表述内容为仍未完成审批手续办理工作，说明审批手续已开始办理，系因场地权属证明问题才仍未完成，并非某轨道交通公司所称未申请，某轨道交通公司对某投资管理公司遇到的审批阻碍知情，故向某投资管理公司返还了 100 万元开业保证金且未终止《许可协议书》。同时，该函可以说明某投资管理公司已按约定布设餐车，但并不代表某投资管理公司已能实际经营。

针对某投资管理公司二审中提交的《关于某投资管理公司为餐车申请名称预先核准的情况说明》，某轨道交通公司称该说明表明某投资管理公司只申请了 8 台餐车的名称预核准，申请时间也非《许可协议书》约定的筹备期内，且申请名称预核准事项与其本案所称的经营场所权属问题无关。

经查，自 2016 年 2 月 15 日起，北京市在中关村示范区海淀园选择科技和文化行业的内资公司开展名称自主预查制度试点；2017 年 4 月 26 日，试点范围由海淀区拓展到全市中关村示范区（科学城）内的科技、文化类内（外）资公司；2018 年 3 月 24 日，试点范围进一步扩大到全市范围内的科技、文化、商务服务、体育类内（外）资公司，符合试点条件的企业不再使用《名称预先核准申请书》（2015 年版）与相应历史时期《企业名称预先核准通知书》《已核准名称信息调整申请表》《企业名称变更核准通知书》。2019 年 4 月 17 日起，取消企业名称预先核准行政许可事项，停止使用前述文件。

4. 关于某投资管理公司增资及股权变更情况。根据《许可协议书》第六条第八款、第九条第九款的约定，某投资管理公司应在合同签订后三十日内，将其注册资本金增至 2000 万元；某投资管理公司未在签订合同后三十个工作日内将注册资本金增至 2000 万元，每延期一天，某轨道交通公司将从某投资管理公司的开业保证金中扣除 2 万元作为违约金，直至全部扣除，届时某轨道交通公司有权解除合同。

根据某投资管理公司工商变更登记资料记载，2013 年 1 月 5 日，某投资管理公司注册资本由 500 万元增至 2000 万元，股东情况由皮某占股 40%、韩某占股 60% 变更为皮某占股 10%、韩某占股 45%、某投资甲公司占股 45%；2013 年 5 月 22 日，某投资管理公司股东情况变更为皮某占股 10%、某投资甲公司占股 41%、某投资乙公司占股 39%、某信息技术公司占股 10%；2013 年 8 月 12 日，某投资管理公司股东情况变更为皮某占股 10%、某投资甲公司占股 5%、北京某投资乙公司占股 5%、某食品集团公司占股 80%，法定代表人由皮某变更为张某。

5. 关于站前广场未办理产权证书等权属证明的情况。某轨道交通公司认可地铁站前广场至今未办理产权证书，但称地铁站前广场的产权单位明确清晰，系因历史和政策原因且相关法律法规尚不明确，故无法办理产权证书等权属证明。某轨道交通公司就此进一步解释称，地铁站前广场位置繁多且历史权属关系复杂，故办理权属证明的条件存在障碍；同时，按照产权登记相关规定，地铁站前广场并不属于地上建筑，仅是地面硬化，故在登记类型中不存在该类型，但整体而言对于权属问题事实上并无争议，相关地铁线路公司实际也依法对地铁站前广场行使经营管理权。另外，某轨道交通公司主张《许可协议书》系针对场地使用权予以许可，而非经营权许可，故某轨道交通公司没有义务保障某投资管理公司可获得行政机关关于经营的行政审批。

此外，某轨道交通公司与某餐饮公司 2009 年 7 月签订的《许可协议书》约定，如果由于某轨道交通公司站前广场使用权争议影响某餐饮公司正常经营时，某轨道交通公司应负责具体协调工作，某餐饮公司给予配合。

第二，《许可协议书》相关解除事项的问题。

某投资管理公司一审提交某资产公司于 2015 年 3 月 27 日出具的《关于地铁便利项目后续合作事宜的函》，某轨道交通公司认可其真实性。该函载明："2014 年公司业务整合后，我公司多次与贵公司沟通协议主体变更事宜，但截至今日，我公司仍未得到贵公司的明确答复。为维护双方的权益，请贵公司于 2015 年 4 月 1 日前就合同主体变更事宜向我公司作出明确答复。"

2015 年 7 月 1 日，某资产公司向某投资管理公司发出《关于地铁便利车清理事宜的函》。载明："2015 年 6 月 30 日，市交通委召开了公共空间设施治理工作协调会，会议审定了轨道交通公共空间设施治理清单，其中贵公司布放在白石桥南、丰台东大街的便利车距离出入口过近（存在消防隐患），需要配合清理。鉴于此，为了保证站前广场安全维稳和利于疏散，请贵公司高度重视，并将上述站点的地铁便利车于 2015 年 7 月 5 日前从广场移除，同时请做好用电保护和广场恢复工作。"

2016 年 5 月 4 日，某轨道交通公司李某甲与某投资管理公司法定代表人张某之间的微信聊天记录有如下内容：李某甲："张总，在延期文件上没有必要较真，真要较真的是以后能不能经营，不能经营能不能打赢官司。我看您昨天发给我的那个文件和丁总她们沟通了吗？张总先缓一下，然后我们抓紧调整，如果不行我们再发力好吗？"张某："现在的立场就是说他们不让写什么原因，但我必须要写原因，不写原因肯定不行。下午和丁总沟通得很不好，我听说明天要执行，你这边有没有给你汇报？李总，我们这次这个申请是一定要把原因写清楚的，如果写不清楚，对我们以后也会麻烦。"李某甲："他们把情况通过微信都跟我说了。您这边律师是不是这次又太谨慎了？"张某："李总，其实一样都是要较真，实际原因暂时不让写，那不都是在考虑这个问题？"李某甲："不写原因没有什么风险。"张某："律师说有。"李某甲："我感觉这次又太谨慎了，只是一个延期，好多事都要在延期期间做呢！您单独给我们发律师函呗，可以写得比这个延期函更重的内容。不必要在延期函里写那么多原因，单独再发几个函都没问题。甚至起诉某投都可以，但真没必要在一个延期函里写那么多，一个延期函能解决那么多问题吗？能解决某投不配合办手续的责任吗？其实这些都要单独发函甚至是起诉来解决问题的，您应该先保全这 400 万元，这 400 万元是你们的，赶快保全下来。然后再考虑，要么你某投配合我办手续经营，要么某投如果不配合，我们要起诉赔偿问题，你某投要反过来有责任的。"李某甲："您在看吗？没有消息？"张某："不是这样的，李总。这个函和未来的事都是联络在一起的，我们不能说这个函上就什么不提。某投一直让我们不提，不提这些问题也是有原因的，你不想写也不行。我不是说指望在这个函上解决这个问题，只是说要把原因写进去。"

某投资管理公司一审提交其向某轨道交通公司发出的《关于要求贵司退还相关款项的函》及 2016 年 6 月 21 日快递底单，某轨道交通公司不认可该函真实性。经查，该函快递底单所载收件人、电话、公司名称及地址信息与经公证的《关于履行〈许可协议书〉相关事宜的函》快递底单信息一致，某轨道交通公司认可公证书的真实性。《关于要求贵司退还相关款项的函》落款时间为 2016 年 6 月 20 日，其中载明："为确保《许可协议书》的履行，我司于 2013 年 5 月 10 日向贵司交付了由上海浦东发展银行股份有限公司北京中关村支行开具的金额为 400 万元的《履约保函》，该履约保函已经被贵司兑付。在我司办理相关审批手续的过程中，由于贵司一直未能配合提供场地权属证明等相关材料，导致我司无法办理经营所需要的文件，包括但不限于营业执照、食

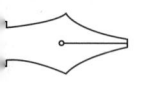

品经营许可证等。时至今日，我司仍未能投入运营。在此情况下，贵司兑付履约保函缺乏依据。因此，我司特向贵司通知如下：请贵司于收到本函后5日内，确认是否可与我司沟通、调整合作方式，同时，退还贵司已兑付的400万元保证金。"

2016年8月18日，某轨道交通公司李某甲与某投资管理公司法定代表人张某之间的微信聊天记录有如下内容：张某："李总，在吗？好久没联系啦。李总在忙？"李某甲："前天我跟田总还说起你们的事儿，还说看看怎么弄，我也是挺忙，所以就没跟您联系。您看有没有时间再联系，咱们再见个面什么的。"张某："你看哪一天方便，我这两天都行，你定一下。正好我们有个分管老总，我也给你介绍一下，咱得做事啊。"李某甲："张总，我向来都没想跟你们生气，我就觉得真得好好弄一下，不弄太可惜了，真得弄弄。"张某："你没生气，我生气了，那400万你扣到手我能不生气吗？什么时间咱俩聊一聊吧，事儿还得干呢。"李某甲："行。"张某："咱就定下周一中午或者什么时间好不好？"李某甲："初定吧。"张某："好的。"

2019年7月25日，某轨道交通公司李某乙与某投资管理公司魏某之间的微信聊天记录有如下内容：魏某："李总好，今天幸会，魏某136××××××× ，常联系，多支持。"李某乙："刚看到，幸会，有事联系。"魏某："您电话？下周找个时间，请您一块儿吃个饭，请教一些事情，看如何妥善解决该项目的事情。"李某乙："185×××××××，有事电话就好。"

某轨道交通公司称李某甲、李某乙系某资产公司人员，但认可二人当时同时也是某轨道交通公司工作人员。

某投资管理公司一审提交某投公司出具的《关于报送占道经营便利餐车相关信息的函》（京投经函〔2020〕311号），某轨道交通公司认可其真实性。该函载明：经不完全统计，涉嫌违规占道经营便利餐车如下：……。某资产公司与某投资管理公司合作项目，目前尚在站前广场布放11辆餐车，均未办理营业执照，也未在各区政府、相关行业主管部门许可备案。

某投资管理公司本案《民事起诉状》落款时间为2019年12月12日。

另经本院询问，某轨道交通公司表示据其了解，某资产公司与某餐饮公司的类似合同关系均已解除。

第三，费用返还及损失赔偿的问题。

1. 关于餐车的情况

某投资管理公司称其在本案项下共向某车辆公司购置餐车80辆。关于餐车目前情况，某投资管理公司提交《关于餐车现状的情况说明》，其中载明：（1）因布设餐车受到监管部门执法影响，40台餐车被运回餐车生产厂商某车

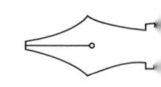

辆公司处存放，某车辆公司曾向某投资管理公司要求餐车存放费用；该公司已于 2021 年 5 月 28 日注销，目前存放情况已不知晓，已无退货退款可能。（2）由行政部门清退 12 台，一审提交的《关于清理地铁站前广场便利餐车的通知》《责令改正通知书》《告知书》可以佐证部分腾退情况，具体包括：丰台城管移走 1 台置于停车场、甘家口执法队移走 1 台置于停车场、新村街道移走 4 台置于停车场、卢沟桥城管移走 2 台置于停车场、花乡政府移走 1 台置于停车场、什刹海城管移走 1 台去向不明、大红门街道移走 1 台置于停车场、莲花池城管移走 1 台置于莲花池公园，已损坏。前述餐车产生高额处置费用，某投资管理公司无法取回。（3）某投资管理公司自行清退 18 台，由有闲置场地的其他单位帮助存放，存放地位于亦庄、蟹岛、高各庄、霍营等地，亦会产生停车费。（4）仍停放在地铁站前广场 4 台，另外 6 台去向不明。某投资管理公司实际支付 80 台餐车的全款，且餐车系专门设计、定制，只能用于本案项目，不具备任何其他用途，故目前已不具备任何价值。

2014 年 4 月 25 日，某投资管理公司出具《关于北京地铁 6 号线、8 号线二期、9 号线、10 号线二期站前广场餐饮项目电源安全承诺书》。载明：我公司在地铁 6 号线、8 号线二期、9 号线、10 号线二期 83 个站口布车，83 个站口电源情况如下：（1）6 号线，站口总数 33 个，已布车站口 14 个，已接电站口 13 个，已送电站口 10 个，已营业站口 1 个；（2）8 号线，站口总数 6 个，已布车站口 1 个，已接电站口 0 个，已送电站口 0 个，已营业站口 0 个；（3）9 号线，站口总数 18 个，已布车站口 13 个，已接电站口 10 个，已送电站口 10 个，已营业站口 3 个；（4）10 号线，站口总数 26 个，已布车站口 9 个，已接电站口 8 个，已送电站口 5 个，已营业站口 0 个。对此，某轨道交通公司表示，某投资管理公司并未实际布设 80 辆餐车；某投资管理公司不予认可，认为餐车布控属动态事实，上述承诺书不能全面体现布控情况。

2. 关于实际损失情况

关于某投资管理公司主张的部分实际损失，其提交书面说明称：

（1）一审判决损失查明部分载明的第 2 项"线束设备"为某投资管理公司与某车辆公司签订的《餐车线束买卖安装合同》标的物，合同第 1.3 条约定"本合同所采购的产品均视为用于某投资管理公司餐车项目而订立"，共计采购 10 台餐车配套设施，合同附件注明了每一台餐车的具体采购项目及数量、单价。第 8 项"线束设备"为某投资管理公司与某系统工程公司签订的《餐车线束安装合同》《地铁第二批 40 台餐车线束安装合同》标的物，合同第 1.3 条约定"本合同所采购的产品均视为用于某投资管理公司餐车项目而订立"，共计采购 50 台餐车的配套设施，合同附件注明了每一台餐车的具体采购项目、

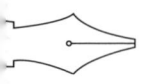

数量及单价。因文件保管问题，某投资管理公司本案中仅就可找到的合同索赔，实际上购置餐车需要完善各方面配套设备设施才能满足实际使用需求，故前述配套设施都是必要的。

（2）一审判决损失查明部分载明的第12项"LED显示屏、滚动灯箱、广告字设备"。《许可协议书》约定的许可经营业务范围包括车体广告，故某投资管理公司也为餐车购置了车体包装及广告设备。该项涵盖了某投资管理公司与某装饰工程公司签订的3份合同，《设备买卖合同》第1.2条约定了采购内容，《餐车LED显示屏、灯箱、广告字买卖安装合同》附件一、附件二记载了采购内容，《第二批40台餐车车体亮化系统买卖安装合同》与《餐车LED显示屏、灯箱、广告字买卖安装合同》中每台餐车采购内容相同，只是增加采购了40台餐车的配套设施。

（3）一审判决损失查明部分载明的第14项"系统软件"为某投资管理公司与某软件公司签订的《零售动力V8系统软件采购、系统实施、维保服务合同》，采购项目包括合同项目清单列明的管理、配送、通讯、收银等内容。第17项"销售系统软件"为某投资管理公司与某科技有限公司签订的《在线销售系统软件开发项目合同》，采购项目主要是为支持线上销售，合同附件有相应说明。

（4）其他必要支出。某投资管理公司是针对本案项目专门设立的项目公司，全部支出均用于本案项目。为了达到20年经营目的，某投资管理公司做好了长期投入经营的准备，不仅要有具体经营的餐车，还要有长期办公场所及管理人员负责运营。一审判决损失查明部分载明的第13项"租赁办公用房"为某投资管理公司与某科技发展公司签订的《东直门航空服务楼租赁协议》，某投资管理公司租赁写字楼用于办公。第6项"办公室装修"为某投资管理公司与某装饰设计有限公司签订的《装修工程施工合同》，是对承租的前述办公室进行装修。第22项"工资"为某投资管理公司向员工支付的工资，公司运转需要人员处理申请审批、布设餐车等事务，某投资管理公司本案主张的是2013年3月至11月的工资投入。第16项"办公用房租赁及有线电视"为某投资管理公司为员工提供住宿的支出，与某企业管理公司签订了《北京市房屋租赁合同》，每月租金5500元，某投资管理公司本案主张的是2013年3月至9月共计半年的租金33 000元，另外216元是租赁房屋时附带产生的有线电视费用。

本院对一审查明的其他事实予以确认。

本院认为，根据《最高院关于适用〈民法典〉时间效力的规定》第一条第二款之规定，民法典施行前的法律事实引起的民事纠纷案件，适用当时的法

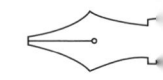

律、司法解释的规定，但是法律、司法解释另有规定的除外。本案系《民法典》施行前的法律事实引起的民事纠纷案件，在法律、司法解释无另外规定的情况下，应当适用当时的法律、司法解释的规定。

根据《合同法》第八条之规定：依法成立的合同，对当事人具有法律约束力。当事人应当按照约定履行自己的义务，不得擅自变更或者解除合同。依法成立的合同，受法律保护。本案中，某投资管理公司与某轨道交通公司签订的《许可协议书》系双方真实意思表示且协议内容未违反法律及行政法规的强制性规定，应属合法有效，双方均应按照协议约定全面履行各自义务。

根据双方当事人二审诉辩意见，本案双方均未就一审判决第五项提出上诉，某投资管理公司亦未就其一审中提出的经营利益损失、部分未获支持的直接经济利益损失以及部分诉讼保全担保保险费提出上诉，故上述内容不再作为本案二审的争议事项予以认定。结合当事人的诉辩主张和查明的事实，本案二审的争议焦点可归纳为四个方面：（1）《许可协议书》未能依约履行的责任认定问题；（2）《许可协议书》相关解除事项的认定问题；（3）某投资管理公司关于返还履约保证金、经营许可费、赔偿直接经济损失、保全担保费以及某轨道交通公司关于赔偿律师费的主张能否成立；（4）某轨道交通公司关于本案诉讼时效的抗辩能否成立。

一、《许可协议书》未能依约履行的责任认定问题

根据《合同法》第六十条之规定，当事人应当按照约定全面履行自己的义务。依据查明案件事实及当事人陈述，《许可协议书》未能依约履行，究其原因，某投资管理公司主张"经营场所权属证明"是其办理《许可协议书》项下有关站前广场经营项目《营业执照》《食品流通许可证》审批手续的必要文件，但因某轨道交通公司未能提供相应证明文件亦未提供必要协助配合，导致前述审批手续无法办理并最终导致《许可协议书》无法履行，故《许可协议书》未能依约履行的原因在于某轨道交通公司违约，相应责任应由某轨道交通公司承担；某轨道交通公司对此不予认可，主张某投资管理公司在《许可协议书》签订后作出的相应履行行为以及某轨道交通公司提供的有关配合协助义务可以证明《许可协议书》未能依约履行的原因并非某轨道交通公司违约，且某投资管理公司在签订《许可协议书》时即已知晓站前广场权属情况，亦从未向某轨道交通公司提出过具体协助配合请求。

因双方当事人该项争议集中于《许可协议书》关于相关审批项下各自义务的约定内容理解以及审批手续未能成功办理的原因，故本院结合在案证据及双方当事人主张分别评析如下：

（一）《许可协议书》关于审批项下所约各自义务的理解

根据《许可协议书》第五条第一款、第六条第三款的约定，在某投资管

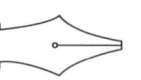

理公司办理行政审批的过程中，如依照法律法规规定需某轨道交通公司配合出具有关文件，某轨道交通公司应提供必要的协助与配合；某投资管理公司负责本项目下所有网点的经营和管理工作，在本项目运营期间，涉及需由工商、市政等政府部门的审批、监管及网点设置的审批等协调事宜的，由某投资管理公司负责办理，某轨道交通公司提供支持和配合。因《许可协议书》前述约定指向的某轨道交通公司义务表述为"配合出具有关文件""必要的协助与配合""支持和配合"，而未明确约定某轨道交通公司应予协助、配合以及支持的具体内容，亦未就某轨道交通公司履行相关义务的标准作出明确约定，故在双方就此存有争议的情况下，应就合同条款约定内容的理解依法作出认定。

关于某轨道交通公司应予协助、配合以及支持的具体内容。根据《合同法》第一百二十五条第一款之规定，当事人对合同条款的理解有争议的，应当按照合同所使用的词句、合同的有关条款、合同的目的、交易习惯以及诚实信用原则，确定该条款的真实意思。具体到本案，首先，从文义及体系解释看，根据《许可协议书》词句及有关条款内容，需要由某轨道交通公司履行协助、配合以及支持义务的事项均指向某投资管理公司办理本案项下项目经营的相关审批事项；其次，从目的解释而言，结合《许可协议书》鉴于条款、许可占地经营范围、许可经营业务范围等约定内容可知，某投资管理公司本案项下的合同目的即在于在案涉站前广场相应区域合法开展经营活动；最后，从历史解释而言，某轨道交通公司在与某餐饮公司开展类似业务过程中亦形成了有关履行协助、配合以及支持义务的客观事实。因此本院认为，某轨道交通公司在本案项下应予协助、配合以及支持的具体内容应当系指与某投资管理公司办理相关审批监管手续有关的文件或者行为。

关于某轨道交通公司履行前述义务的标准。根据《合同法》第六十一条、第六十二条第（一）项与第（五）项之规定，合同生效后，当事人就质量、价款或者报酬、履行地点等内容没有约定或者约定不明确的，可以协议补充；不能达成补充协议的，按照合同有关条款或者交易习惯确定。当事人就有关合同内容约定不明确，依照《合同法》第六十一条的规定仍不能确定的，适用下列规定：（1）质量要求不明确的，按照国家标准、行业标准履行；没有国家标准、行业标准的，按照通常标准或者符合合同目的的特定标准履行。（2）履行方式不明确的，按照有利于实现合同目的的方式履行。本案中，《许可协议书》生效后，双方未就某轨道交通公司履行相关义务的标准达成补充协议。根据《许可协议书》约定，某轨道交通公司系将其具有经营管理权的站前广场相应区域许可给某投资管理公司用以开展经营活动，故某轨道交通公司应当确保其就站前广场相应区域具有经营管理权且可将该区域许可给某投资

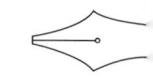

管理公司使用。因此，结合前述关于某投资管理公司就本案合同目的的分析，本院认为，某轨道交通公司履行相关义务的标准可以自必要性及充分性两方面进行判定。其履行义务的必要性认定应当以法律法规在某投资管理公司办理相关审批手续时对办理条件有所要求且该等要求无法由某投资管理公司单方完成为标准；而其履行义务的充分性认定则应当以某投资管理公司在其提供相关协助、配合及支持后能够成功办理有关审批手续为标准。

（二）《许可协议书》未能依约履行的原因

某投资管理公司主张相关审批手续未能成功办理的原因在于某轨道交通公司未能向其提供相应证明文件且未提供必要协助配合；某轨道交通公司对此不予认可，其主要理由包括，一是，某投资管理公司在《许可协议书》签订后并未提出异议且自愿向某轨道交通公司支付《许可协议书》约定的开业保证金 100 万元及第一期保底金 360 万元，某轨道交通公司亦在某投资管理公司提供 400 万元《履约保函》后将 100 万元开业保证金予以返还，如果某投资管理公司未能办妥相关审批手续，则其应按约定在筹备期内书面通知某轨道交通公司不再继续执行协议；二是，案涉站前广场权属清晰无争议，某投资管理公司在《许可协议书》签订时即已知晓站前广场权属情况且其从未向某轨道交通公司提出过具体协助及配合请求，而某轨道交通公司在事实上已提供配合协助；三是，《许可协议书》未能依约履行系因某投资管理公司未能全面办理企业名称预先核准登记以及忙于股权交易，未腾出时间申请办理经营餐车所需审批所致。

对此本院认为，首先，《许可协议书》虽约定 2012 年 12 月 1 日至 2013 年 3 月 31 日为筹备期，由某投资管理公司办理审批程序及试营业等项目相关准备工作，但结合相关审批手续在客观上确实未能成功办理的事实以及《许可协议书》关于保底金支付时间的约定，某轨道交通公司对于某投资管理公司晚于约定时间支付第一期保底金 360 万元亦未提出异议，故某投资管理公司是否在《许可协议书》签订后、筹备期届满前就相关审批事项向某轨道交通公司提出异议，不直接影响审批手续未能成功办理的原因认定。其次，某轨道交通公司虽主张某投资管理公司向其自愿支付第一期保底金 360 万元并提供 400 万元《履约保函》的行为足以使其相信某投资管理公司已办理完成审批手续，但结合某投公司于 2013 年 12 月 13 日向某投资管理公司交付的三份函件可知，某轨道交通公司此后已知晓审批手续未能成功办理的客观事实，故某投资管理公司已作出的履约行为亦未能对相关审批手续不能成功办理的原因认定构成直接考量因素。再次，某轨道交通公司虽主张某投资管理公司在《许可协议书》签订时即已知晓站前广场权属情况，但结合某轨道交通公司于本案诉讼过程中为证明或者解释说明这一问题所举证据及所作陈述而言，案涉站前广场权能权属情况在客观上较为复杂，且现有证据亦未能充分指向某轨道交通公司上述主张，故其关于某投资管理公司在《许可协议书》签订时即已知晓站前广场权属情况的意见难以直接印证；同时，其以站前广场权属明确因此无需亦无基础办理权属证明为由提出《许可协议书》未能依约履行与权属证明无关的意见，亦缺乏充分依据。最后，某轨道交通公司虽提出某投资管理公司未全面办理企业名称预先核准登记以及忙于股权交易以致影响申请餐车审批手续导致《许可协议书》未能依约履行，但根据已查明事实，某投资管理公司已申请部分企业名称预先核准登记，而该登记事项与最终能否完成相关审批之间并未构成必然因果关系；此外，完成增资扩股系《许可协议书》项下某投资管理公司应负之合同义务，现有证据亦未能显示其履行合同义务及进行股权转让的行为导致无法办理审批手续，因此，某轨道交通公司上述意见，本院均难以采纳。

而就某轨道交通公司履行义务之必要性及充分性问题，据查明事实，某轨道交通公司于2012年12月1日出具《合同证明》，某投公司亦于2013年12月13日向某投资管理公司出具《关于办理地铁便利项目工商注册登记手续的函》《关于办理地铁便利项目食品流通许可证的函》《关于办理地铁便利项目烟草专卖许可证的函》，《合同证明》载明"本证明仅限某投资管理公司用于申办与本项目开展相关的管理部门注册、登记、许可手续"，前述函件亦载有"某投资管理公司在工商营业执照/食品流通许可证/烟草专卖许可证的办理过程中存在一定困难，……，希望能对此项目予以大力支持"，故结合以上关于某轨道交通公司应予协助、配合以及支持的具体内容的分析，某轨道交通公司出具《合同证明》的行为以及协调某投公司向某投资管理公司交付前述函件的行为，均可指向系为某投资管理公司提供《许可协议书》项下关于相关审批的协助、配合及支持。对此本院认为，某轨道交通公司在事实上履行了相应协助、配合及支持义务。质言之，双方围绕《许可协议书》未能依约履行的争议实系对某轨道交通公司履行该等义务标准问题的争议。如前所述，某轨道交通公司履行义务的必要性认定，应当以法律法规在某投资管理公司办理相关审批手续时对办理条件有所要求且该等要求无法由某投资管理公司单方完成为标准，故某轨道交通公司已履行的前述协助、配合及支持义务符合必要性标准的认定。相应而言，某轨道交通公司履行义务的充分性认定应当以某投资管理公司在其提供协助、配合及支持后能够成功办理相关审批手续为标准。因此，在某投资管理公司最终未能成功办理审批手续的情况下，尽管某轨道交通公司履行了相关协助、配合及支持义务，但更为重要的是，未符合有关全面充分性

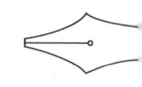

标准的认定条件。据此本院认为，某投资管理公司未能成功办理相关审批手续的原因在于某轨道交通公司未能全面履行符合《许可协议书》约定的协助、配合及支持义务，亦即由其违约行为所致，《许可协议书》未能依约履行的责任亦应由某轨道交通公司承担。

二、《许可协议书》解除相关事项的认定问题

根据查明事实，某投资管理公司与某轨道交通公司均认可《许可协议书》应予解除。但就有关解除事项存有争议：关于解除事由，某投资管理公司主张系因某轨道交通公司未依约提供办理审批手续所需相关证明文件的违约行为导致其合同目的不能实现而解除，某投资管理公司系行使法定解除权；某轨道交通公司则主张系因某投资管理公司未依约支付合同款项的违约行为所致，某轨道交通公司系行使约定解除权。关于解除时间，某投资管理公司主张应为某轨道交通公司签收本案《民事起诉状》副本的时间；某轨道交通公司则主张应以其向某投资管理公司发送《关于解除地铁便利项目相关协议的函》所载2015年5月20日作为合同解除时间。对此，本院作如下论述：

（一）《许可协议书》的解除事由及解除权利主体

根据《合同法》第九十四条第（四）项之规定，当事人一方迟延履行债务或者有其他违约行为致使不能实现合同目的，当事人可以解除合同。就本案而言，如前所述，某投资管理公司在《许可协议书》项下的合同目的在于在案涉站前广场相应区域合法开展经营活动，若因某轨道交通公司原因致使某投资管理公司未能实现该合同目的，则某投资管理公司有权请求解除《许可协议书》；同时，某轨道交通公司在本案《许可协议书》项下的主要合同目的在于收取许可费用，《许可协议书》亦载有某投资管理公司未依约履行付款义务时某轨道交通公司的约定解除权。因此，双方关于《许可协议书》解除事由的争议实质上是关于何方享有解除权的争议。

1. 某投资管理公司是否有权解除合同

《最高院关于适用〈民法典〉时间效力的规定》第十一条规定："民法典施行前成立的合同，当事人一方不履行非金钱债务或者履行非金钱债务不符合约定，对方可以请求履行，但是有民法典第五百八十条第一款第一项、第二项、第三项除外情形之一，致使不能实现合同目的，当事人请求终止合同权利义务关系的，适用民法典第五百八十条第二款的规定。"同时根据《民法典》第五百八十条之规定："当事人一方不履行非金钱债务或者履行非金钱债务不符合约定的，对方可以请求履行，但是有下列情形之一的除外：（一）法律上或者事实上不能履行；（二）债务的标的不适于强制履行或者履行费用过高；（三）债权人在合理期限内未请求履行。有前款规定的除外情形之一，致使不

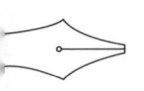

能实现合同目的的，人民法院或者仲裁机构可以根据当事人的请求终止合同权利义务关系，但是不影响违约责任的承担。"

根据上述《最高院关于适用〈民法典〉时间效力的规定》，本案《许可协议书》系《民法典》施行前成立的合同且某轨道交通公司在《许可协议书》项下的协助、配合及支持义务属于非金钱债务，而某投资管理公司现以合同目的不能实现为由起诉请求解除《许可协议书》，因此本案关于该公司的法定解除权应适用《民法典》第五百八十条第二款的规定。根据查明案件事实及当事人陈述，本案因某轨道交通公司未能全面充分履行《许可协议书》约定的协助、配合及支持义务，《许可协议书》在事实上已不能履行，某投资管理公司在《许可协议书》项下关于在案涉站前广场相应区域合法开展经营活动的合同目的亦已难以实现，故某投资管理公司有权请求因此而解除《许可协议书》以终止合同权利义务关系。

2. 某轨道交通公司是否有权解除合同

本院认为，该公司不享有《许可协议书》之解除权。具体原因分述如下：

首先关于某轨道交通公司的合同目的实现问题，根据《许可协议书》约定，许可费产生于协议约定的运营期内，属于某轨道交通公司将案涉站前广场相应区域许可予某投资管理公司合法开展经营活动的对价，故在某轨道交通公司违约导致某投资管理公司无法合法开展经营活动的情况下，某轨道交通公司未能实现主要合同目的的结果不可直接归因于某投资管理公司。

与此同时，关于发出解除通知一方的解除权问题，应当认定只有享有法定或者约定解除权的当事人才能以通知方式解除合同。人民法院在审理案件时，应当审查发出解除通知的一方是否享有约定或者法定的解除权来决定合同应否解除，不能仅以受通知一方在约定或者法定的异议期限届满内未起诉这一事实就认定合同已经解除，亦即违约方原则上不享有合同解除权。但同时，在一些长期性合同履行过程中，双方形成合同僵局，一概不允许违约方通过起诉的方式解除合同，有时对双方都不利。在此前提下，符合下列条件，违约方起诉请求解除合同的人民法院依法予以支持：第一，违约方不存在恶意违约的情形；第二，违约方继续履行合同，对其显失公平；第三，守约方拒绝解除合同，违反诚实信用原则。具体到本案，某轨道交通公司作为违约方本不享有解除权，但根据上述评述，在《许可协议书》约定履行期间为20年但事实上已不能履行且在符合特定条件情形下，某轨道交通公司可以起诉方式行使解除权，而其本案以所称的通知方式主张解除合同，且在某投资管理公司并不认可通知已送达的情况下，其主张缺乏充分依据。因此，某轨道交通公司关于其已发出解除通知且《许可协议书》系因某投资管理公司未依约支付合同款项的违约行为

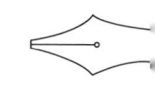

而解除的主张不能成立，本院不予支持。

（二）《许可协议书》的解除时间认定

《最高院关于适用〈民法典〉时间效力的规定》第十条规定："民法典施行前，当事人一方未通知对方而直接以提起诉讼方式依法主张解除合同的，适用民法典第五百六十五条第二款的规定。"同时，根据《民法典》第五百六十五条第二款之规定，当事人一方未通知对方，直接以提起诉讼或者申请仲裁的方式依法主张解除合同，人民法院或者仲裁机构确认该主张的，合同自起诉状副本或者仲裁申请书副本送达对方时解除。本案中，某投资管理公司并未通知某轨道交通公司而直接于2019年12月12日起诉主张解除《许可协议书》，根据上述规定，一审法院认定《许可协议书》自《民事起诉状》副本送达某轨道交通公司时即2020年6月16日解除，具备事实及法律依据，本院予以确认。

某轨道交通公司主张《许可协议书》应于2015年5月20日解除且认为即便提供经营场所权属证明的义务归属于某轨道交通公司，北京市交通委员会运输管理局于2015年5月1日实施的《管理规范（试行）》有关禁止性规定亦构成情势变更。对此本院认为，首先，某轨道交通公司于2015年5月14日出具《关于解除地铁便利项目相关协议的函》，载有《许可协议书》从2015年5月20日起正式解除且某轨道交通公司将扣除400万元履约保证金等事项，但在某投资管理公司否认收到该函，且某轨道交通公司未进一步举证证明已向某投资管理公司送达该函的情况下，某轨道交通公司该项理由难以成立。其次，就某轨道交通公司与某资产公司的后续行为来看，某轨道交通公司于2015年5月14日出具《关于缴纳地铁便利项目合同款的函》称"为了地铁便利项目持续健康发展，本着双方携手合作共赢原则"要求某投资管理公司支付2014年及2015年许可费，此后又数次出具有关项目日常管理工作的函件，并于2016年5月9日兑付了某投资管理公司提供的400万元《履约保函》，某轨道交通公司工作人员直至2017年1月17日仍在微信中表示要就合同解除事宜与某投资管理公司商讨并称需要沟通如何解约，至某投资管理公司提起本案诉讼后，某轨道交通公司工作人员仍亦就本案项目所涉相关问题向其发送工作信息及文件。故在案证据难以指向某轨道交通公司所称2015年5月20日系其解除《许可协议书》的时间。再次，就某投资管理公司的后续行为而言，其公司工作人员直至2019年7月25日仍与某轨道交通公司就如何妥善解决项目事宜进行沟通，某轨道交通公司虽称该等沟通系指《许可协议书》已经解除后的善后事宜，但从具体沟通内容而言，双方并未就《许可协议书》已经解除一节达成一致意见，故在某投资管理公司对此不予认可且《许可协议书》事实上尚未

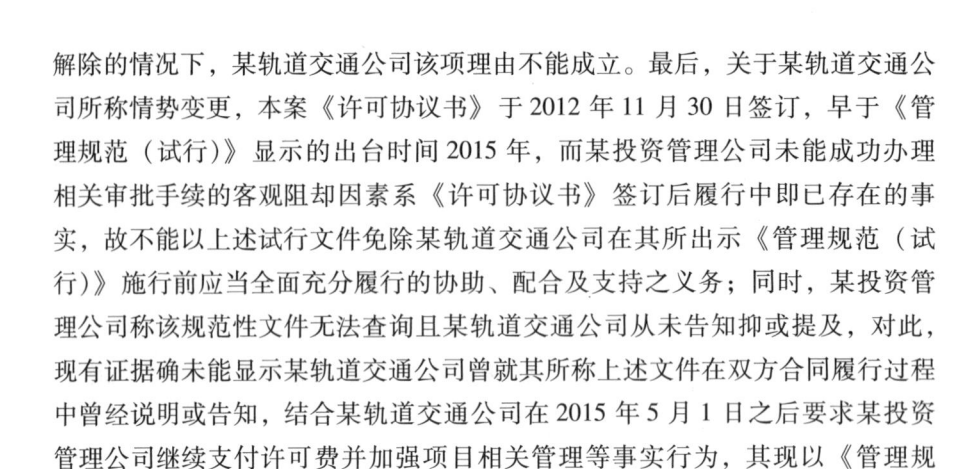

解除的情况下，某轨道交通公司该项理由不能成立。最后，关于某轨道交通公司所称情势变更，本案《许可协议书》于2012年11月30日签订，早于《管理规范（试行）》显示的出台时间2015年，而某投资管理公司未能成功办理相关审批手续的客观阻却因素系《许可协议书》签订后履行中即已存在的事实，故不能以上述试行文件免除某轨道交通公司在其所出示《管理规范（试行）》施行前应当全面充分履行的协助、配合及支持之义务；同时，某投资管理公司称该规范性文件无法查询且某轨道交通公司从未告知抑或提及，对此，现有证据确未能显示某轨道交通公司曾就其所称上述文件在双方合同履行过程中曾经说明或告知，结合某轨道交通公司在2015年5月1日之后要求某投资管理公司继续支付许可费并加强项目相关管理等事实行为，其现以《管理规范（试行）》主张情势变更，缺乏充分事实及法律依据，本院难以支持。

除此之外，有关某轨道交通公司主张某投资管理公司的解除权形成时间的问题，《最高院关于适用〈民法典〉时间效力的规定》第二十五条规定："民法典施行前成立的合同，当时的法律、司法解释没有规定且当事人没有约定解除权行使期限，对方当事人也未催告的，解除权人在民法典施行前知道或者应当知道解除事由，自民法典施行之日起一年内不行使的，人民法院应当依法认定该解除权消灭。"具体到本案，《许可协议书》系《民法典》施行前成立的合同，相关法律、司法解释未规定解除权行使期限且双方当事人亦未约定解除权行使期限，在某轨道交通公司未予催告的情况下，某投资管理公司作为解除权人，系在《民法典》施行前提起本案诉讼请求解除《许可协议书》，故其解除权在提起本案起诉时亦尚未消灭。

三、某投资管理公司关于返还履约保证金、经营许可费、赔偿直接经济损失、保全担保费以及某轨道交通公司关于赔偿律师费的主张能否成立

根据《合同法》第九十七条之规定，合同解除后，尚未履行的，终止履行；已经履行的，根据履行情况和合同性质，当事人可以要求恢复原状、采取其他补救措施，并有权要求赔偿损失。本案中，某投资管理公司在《许可协议书》签订后于2013年5月3日向某轨道交通公司支付第一期保底金360万元，同时与某车辆公司等案外人签订相关合同并支付款项，某轨道交通公司于2016年5月9日兑付某投资管理公司提供的400万元《履约保函》。故本案二审中，某投资管理公司基于《许可协议书》解除，主张某轨道交通公司应向其返还保底金360万元、履约保证金400万元并赔偿直接经济损失及保全担保费；某轨道交通公司则要求某投资管理公司支付其律师费损失9.5万元。对此本院认为，本案二审双方关于金钱给付义务的争议，可划分为三个部分，一是已经履行部分的返还问题，二是直接经济损失的赔偿问题，三是因诉讼产生支

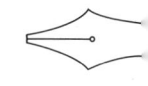

出的承担问题。本院分别评析如下：

（一）已经履行部分的返还问题

关于合同解除的法律效果，本院认为，合同解除在一般情形下具有溯及既往的法律效果，当事人的财产可以恢复到合同订立之前的状态，但应否恢复原状，应当根据履行情况及合同性质予以认定。有关已经履行部分的返还问题包括两个方面：

一是，第一期保底金360万元的返还问题。根据《许可协议书》约定，某投资管理公司无论经营状况如何均须按约定标准向某轨道交通公司支付保底金。因此，某投资管理公司若在相应期间存在事实经营行为，则其具备向某轨道交通公司支付《许可协议书》项下保底金的事实基础。根据本案查明事实及当事人陈述，在案证据可以指向某投资管理公司开展过经营行为，且如前所述，某轨道交通公司在《许可协议书》签订后亦实际履行了部分协助、配合及支持义务，故结合某投资管理公司支付第一期保底金360万元的时间以及《许可协议书》约定内容以及全案整体履行情况，本院认为该笔款项以履行完毕认定为宜，一审法院认定该笔款项不应予以返还，并无不当，本院予以维持；某投资管理公司关于该笔款项应予返还的上诉主张，缺乏充分事实及法律依据，本院不予支持。

二是，履约保证金400万元的返还问题。根据《许可协议书》约定，某轨道交通公司有权兑付《履约保函》的情形包括某投资管理公司存在以下行为：（1）未按时足额支付许可费；（2）超约定范围经营对某轨道交通公司造成损失；（3）擅自退出经营；（4）发生责任事故；（5）违法经营导致某轨道交通公司被处罚或担责；（6）不当使用某轨道交通公司品牌。同时，《许可协议书》另约定某轨道交通公司在一定条件下可兑付《履约保函》并作为履约保证金予以留置。因此，在某轨道交通公司事实上已将《履约保函》予以兑付的情况下，其应当就合法持有相应款项承担举证证明责任。而根据本案查明事实，本案《许可协议书》后续仍未能依约履行，因《履约保函》兑付凭证显示转账原因为索偿款项，故某轨道交通公司应就其索偿事项承担举证证明责任。然在某轨道交通公司未能全面履行相关义务之情况下，在案证据难以证明某投资管理公司相关行为已触发《许可协议书》约定的《履约保函》兑付条件，且在某轨道交通公司兑付之前，某投资管理公司亦已明确就相关审批手续及兑付事宜提出异议，故某轨道交通公司未能就其合法持有相应款项充分举证证明，其已兑付的400万元履约保证金应予退还。某轨道交通公司关于不予返还该笔款项的上诉请求及理由依据不足，本院不予采纳；一审法院认定正确，本院予以维持。

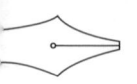

（二）直接经济损失的赔偿问题

如前论述，本案《许可协议书》系因某轨道交通公司违约致使某投资管理公司不能实现合同目的而解除，故某投资管理公司有权要求某轨道交通公司赔偿其直接经济损失。关于直接经济损失的认定范围，本院认为，应以某投资管理公司为履行《许可协议书》的实际支出为基础，结合支出的客观性、相关性以及实际收益情况、残值保有情况等因素综合予以考量，即损失客观存在且与履行《许可协议书》相关的支出部分应予支持，存在实际收益及残值则应予以扣除；同时，亦应结合《许可协议书》具体约定进行认定。具体而言，某投资管理公司主张的直接经济损失包括两部分，一是购车款、设备款、材料款等针对有体财产的支出；二是装修款、工程款、施工费、制作费、软件开发款、网络服务费、房租、工资等针对行为和服务的支出。为证明前述支出的客观性与相关性，某投资管理公司于一审中提交了与案外人签订的合同、付款凭证以及发票、收据等证据，一审法院根据有无合同、付款凭证以及合同签订时间、交易标的、付款时间等因素，认定某投资管理公司本案实际支出金额为18 986 020.19元，具备事实依据，本院予以确认。

就某轨道交通公司针对损失的相关上诉意见，本院认为，首先，其虽称某投资管理公司主张的损失存在夸大情形，但在某投资管理公司已提交合同、付款凭证等证据的情况下，某轨道交通公司未就其该项主张举证证明或者作出充分合理说明，结合相关合同的签订时间、事项、金额、与履行本案《许可协议书》的关联程度以及《许可协议书》关于某投资管理公司只为运营本项目而设立，所有经营活动均属于本项目的约定内容，某轨道交通公司该项主张难以成立，本院不予支持。其次，某轨道交通公司虽提交其现场踏勘情况报告、某投资管理公司承诺书等证据欲证明某投资管理公司实际布设餐车数量及其已经实际长期经营的情况，但上述证据均不足以全面显示某轨道交通公司有关车辆数量的证明事项；同时，用电情况亦仅集中于某轨道交通公司踏勘的部分餐车，故结合某投资管理公司提交的餐车购置证据以及本案合同关系存续情况，本院认为，某轨道交通公司的证据证明效力尚不足以印证其主张，本院对该主张不予采纳。再次，关于某轨道交通公司提出的某投资管理公司自行扩大损失的主张，现有证据显示，某投资管理公司上述费用产生具备与本案协议履行相应的相关联性、及时性及合理性，故本院难以采纳某轨道交通公司该项意见。最后，关于实际收益情况与残值保有情况，因本案项目自始未能取得相关审批手续且在案证据难以证明某轨道交通公司所称的某投资管理公司长期从事餐车经营的情况，加之某投资管理公司本案针对长期经营的预期实际支出存在针对餐车等设施、设备的购置部分，故在某投资管理公司于二审中就餐车现状及损

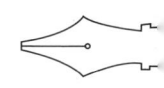

失事项进一步作出相应说明的情况下，本院认为，一审法院综合本案情况，基于全案现有证据，在考虑双方收益及残值基础上认定某轨道交通公司按照某投资管理公司本案实际损失金额的70%赔偿13 290 214.13元，具有相应依据，本院予以维持。

（三）因诉讼产生支出的承担问题

根据查明案件事实，某投资管理公司申请本案财产保全并支付了保全担保费27 295.76元，故在因某轨道交通公司违约导致本案诉讼发生的情况下，某投资管理公司支付的保全担保费应属其合理必要支出，一审法院结合某轨道交通公司在本案主债务项下应当承担的赔偿责任比例，认定其应向某投资管理公司赔偿保全担保费10 109.2元，亦无不当，本院予以维持。

关于某轨道交通公司主张的律师费，因《许可协议书》就此未有明确约定且本案诉讼系因某轨道交通公司违约所致，故其关于律师费的主张不能成立，本院不予支持。

四、某轨道交通公司关于本案诉讼时效的抗辩能否成立

根据《中华人民共和国民法总则》第一百八十八条之规定，向人民法院请求保护民事权利的诉讼时效期间为三年。诉讼时效期间自权利人知道或者应当知道权利受到损害以及义务人之日起计算。本案中，某轨道交通公司主张某投资管理公司关于返还款项及赔偿损失的诉讼请求超过诉讼时效。对此本院认为，首先，某投资管理公司关于返还款项并赔偿损失的主张系基于解除《许可协议书》的请求而提出，在本院依法认定《许可协议书》应于2020年6月16日解除的情况下，某投资管理公司于2019年12月提起诉讼以及关于返还款项并赔偿损失的请求并未超过诉讼时效。其次，结合《许可协议书》关于许可占地经营期限为20年的约定内容以及前述关于某轨道交通公司在《许可协议书》项下应当全面履行协助、配合及支持义务的分析，某投资管理公司基于《许可协议书》应当享有的权利在《许可协议书》解除前处于持续状态。再次，根据查明案件事实，某投资管理公司直至2019年7月25日仍与某轨道交通公司就如何妥善解决项目事宜进行沟通且某轨道交通公司直至某投资管理公司起诉后仍就本案项目涉及事项向其发送工作信息及文件。因此，某轨道交通公司关于本案诉讼时效的抗辩不能成立，本院不予采纳。

综上所述，某投资管理公司与某轨道交通公司的上诉请求均不能成立，应予驳回。一审判决认定事实清楚，适用法律正确，应予维持。依照《中华人民共和国民事诉讼法》第一百七十七条第一款第（一）项之规定，判决如下：

驳回上诉，维持原判。

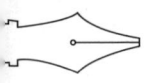

二审案件受理费 312 038 元，由某投资管理公司负担 35 600 元（已交纳），由某轨道交通公司负担 276 438 元（已交纳）。

本判决为终审判决。

审　判　长　尚晓茜

审　判　员　姜　君

审　判　员　刘　栋

二〇二二年七月十八日

法官助理　刘　衍

法官助理　甘义军

姚媛

北京市石景山区人民法院

  北京市石景山区人民法院立案庭（诉讼服务中心）副庭长。在审判岗位工作逾17年以来，坚持以习近平新时代中国特色社会主义思想为指导，认真贯彻落实习近平法治思想，始终不忘初心，以高度的责任心、使命感和勤奋敬业的工作作风，不打折扣地完成各项工作，切实将"如我在诉"的司法理念落到实处。曾荣获第三届、第六届北京法院司法业务技能标兵、全国法院系统2022年度优秀案例优秀奖，多次荣立三等功。

北京市石景山区人民法院
民事判决书

（2021）京0107民初15397号

原告：王某。

原告：庞某。

被告：李某。

原告王某、庞某与被告李某机动车交通事故责任纠纷一案，本院于2021年8月30日立案受理后，依法适用普通程序，采取独任制，公开开庭进行了审理。原告王某、庞某之委托诉讼代理人，被告李某之委托诉讼代理人到庭参加诉讼。本案现已审理终结。

原告王某、庞某共同向本院提出诉讼请求：（1）判令被告赔偿医疗费189 974.46元、住院伙食补助费18 100元（181天×100元/天）、营养费23 850元（50元/天×477天）、护理费132 280元（520天×120元/天×2人+7480元）、误工费87 531.4元、鉴定费6550元、死亡赔偿金1 512 040元（75 602元/年×20年）、被抚养人生活费834 520元（父亲41 726元/年×20年/2、母亲41 726元/年×20年/2）、丧葬费59 460元（9910元/月×6个月）、精神损害抚慰金50 000元、残疾辅助器具费17 940.6元、住宿费17 614元、交通费3000元、财产损失（苹果牌手机丢失）4000元、复印费144元，共计2 957 004.46元（二原告的份额不需要法院析出）；（2）本案诉讼费用由被告承担。事实与理由：2017年12月23日14时许，被告李某驾驶车牌号为京×××××小型轿车，行驶至保定市清苑区保衡路22公里处，发生交通事故，造成二原告女儿庞某甲受伤。事故经保定市清苑区公安交通警察大队认定：被告李某负本次事故的全部责任，庞某甲无责任。事故发生后，庞某甲先后多次住院治疗，经诊断为特重度内开放性颅脑损伤、脑疝、弥漫性轴索损伤、蛛网膜下腔出血、硬膜下血肿、鼻漏耳漏、下颌骨牙槽骨粉碎性骨折伴散发积气、右侧前臂及腕部骨折、左侧基底节区缺血性脑梗死、右侧髋臼左侧耻骨上下支骶尾骨多发骨折等。后庞某甲经医院救治无效于2019年5月27日死亡。庞某甲在本次事故之前身体健康，高校毕业后顺利参加工作。二原告含辛茹苦将庞某甲抚养成人，眼见着庞某甲可以孝敬父母、贡献家庭，结果发生如此之大的变故。庞某甲受伤后经历了多次手术，二原告为护理庞某甲承受了难以想象的痛苦。此次事件给二原告造成了难以磨灭的精神损害。二原告为保障其合法权益，特诉诸贵院，望判如所请。

被告李某辩称，本案属于"好意同乘"，应当按照"民法典"的相关规定，减轻被告的赔偿责任。对二原告主张的具体赔偿数额意见为：关于医疗费，被告只认可正规医院出具的正规发票载明的金额。关于护理费，应减去40天雇佣护工护理的费用，且被告只认可1人护理。关于死亡赔偿金，庞某甲是在事故发生后一年五个月后死亡，由法院裁判应赔偿死亡赔偿金还是残疾赔偿金。如果法院支持死亡赔偿金，被告认为也应该以上次诉讼中原告主张的130万元的死亡赔偿金为准（即按照2019年北京城镇居民人均可支配收入计算）。关于被扶养人生活费，被告认为应该并入死亡赔偿金中，不应该重复计算。如果法院支持此项，恳请法院酌情减少一半，毕竟二原告均未年满60岁且二原告所患疾病均为老年病或已经治愈的疾病，不影响工作和生活。关于残疾辅助器具费、复印费，以正规发票为准，由法院予以核对。关于住院伙食补助费、营养费、误工费、鉴定费、丧葬费，以法院裁判为准。关于精神损害抚慰金，李某已经受到刑事处罚，故不同意支付。关于交通费、住宿费、苹果牌手机损失，被告均不予认可。

原告王某、庞某提交证据并经对方质证：

证据一：户籍证明信、户口本复印件。证明内容：二原告系本案适格原告。被告对此无异议。

证据二：（2018）京0107民初17360号民事判决书、（2018）京0107民初17360号民事裁定书、（2019）京01民终743号民事裁定书。证明内容：本次交通事故发生的时间、地点、责任比例、已诉医疗费及住院伙食补助费数额。被告对此无异议。

证据三：病历、诊断证明书、费用清单、医疗费票据、辅助器具费发票及收据。证明内容：庞某甲伤情、住院天数、医疗费及辅助器具费数额。被告对病历、诊断证明书、费用清单、医疗费票据、辅助器具费发票真实性无异议，但不认可名称为王某的发票，亦不认可辅助器具费收据。对名为庞某甲的医疗费票据、辅助器具费发票本院予以确认，对名为王某的发票，无法确认关联性，本院不予认定。对辅助器具费收据，其记载的明细并非残疾辅助器具且并非正规票据，本院不予认定。

证据四：工资表及《证明》。证明内容：被告应支付庞某甲误工费的数额。被告上述证据的真实性予以认可，但认为误工费不应包含奖金及绩效工

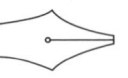

资。鉴于奖金、绩效工资亦属于工资的组成部分，本院对《证明》的真实性及关联性予以确认。

证据五：护理费发票（40天）、鉴定意见书、鉴定费发票。证明内容：庞某甲死亡前，存在完全护理依赖，护理人数建议1-2人，被告应按2人标准支付庞某甲死亡前的护理费。被告对上述证据的真实性及关联性不持异议，仅同意支付有发票的护理费。

证据六：死亡证明、火化证、户口本复印件、村委会证明、诊断证明及CT检查报告单。证明内容：（1）庞某甲已死亡，被告应按城镇居民人均可支配收入支付死亡赔偿金；（2）二原告无劳动能力，无其他收入来源，被告应支付被扶养人生活费。被告对死亡证明、火化证、户口本复印件真实性及关联性予以认可，村委会证明、诊断证明及CT检查报告单要求法院核实；对二原告的证明目的发表以下意见：（1）庞某甲系定残后死亡，应赔偿残疾赔偿金还是死亡赔偿金由法院认定；（2）二原告在本次诉讼前已经提起诉讼，后撤诉，要求按照上次起诉时的标准计算死亡赔偿金（即按照2019年城镇居民人均可支配收入计算）；（3）二原告不满60周岁且现有证据不能证明其无劳动能力，故不同意支付被扶养人生活费；（4）如果法院认定应赔偿死亡赔偿金，则死亡赔偿金已经包含被扶养人生活费，二原告不能重复主张。经核实，本院对村委会证明、诊断证明及CT检查报告单的真实性及关联性予以确认。

证据七：住宿费票据、复印费票据及交通费票据。证明内容：二原告因此次交通事故支出的住宿费、复印费及交通费，被告应予以赔偿。被告对上述证据的真实性均不予认可，主张无法证明与本次交通事故有直接关系。对住宿费发票真实性及关联性，本院予以确认。对住宿费收据，鉴于其并非正规票据且绝大部分未加盖公章，本院不予认定。对复印费发票的真实性，本院予以认定，但其中一张发票并未载明系复印费，本院对其关联性不予确认，对其余复印费发票的关联性本院予以确认。对复印费收据，虽非正规票据，但加盖了庞某甲就医医院的公章，故本院对其真实性与关联性予以确认。对交通费票据的真实性，本院予以确认，结合交通费票据中载明的时间、地点等，本院对其关联性亦予以确认。

被告李某提交证据并经对方质证：

证据一：微信截图及（2018）冀0608刑初197号刑事判决书。证明内容：本案属于"好意同乘"，应减轻被告的赔偿责任。二原告对上述证据的真实性予以认可，但不认可系"好意同乘"。二原告同时主张即使系"好意同乘"，"民法典"关于"好意同乘"的规定，明显减损了当事人合法权益，不应当适用。

综合在案证据,对于本案事实,本院认定如下:

王某与庞某系夫妻关系,婚后育有一女庞某甲(未婚)、一子庞某乙。李某与闫某系夫妻,庞某甲与闫某系同学。

2017年12月22日,李某驾驶车牌号为京×××××号的小型轿车,载闫某、庞某甲、任某从北京市到河北省保定市安国市参加周某的婚礼。2017年12月23日中午参加完周某的婚礼后,李某驾车载闫某(副驾驶座位)、庞某甲(后排左侧)、任某(后排右侧)返回北京市。14时许,在沿保定市清苑区保衡公路由南向北行驶到22公里处时,因李某未按照操作规范安全驾驶、文明驾驶,未保持安全车速,车辆撞在公路东侧的大树上,造成任某颅脑损伤死亡,庞某甲重伤,闫某受伤的交通事故。保定市清苑区公安交通警察大队清公交认字(2018)第026号道路交通事故认定书载明:李某负事故的全部责任,闫某、庞某甲、任某无责任。

2018年7月27日,李某因交通肇事罪被保定市清苑区公安局移送保定市清苑区人民检察院审查起诉。2018年12月29日,河北省保定市清苑区人民法院作出(2018)冀0608刑初197号刑事判决书,其中载明:经审理查明……(1)被告人李某的供述:我不认识庞某甲和任某,闫某是我妻子,她认识庞某甲,不认识任某,庞某甲认识任某……事故发生前我在黄线东侧正常行驶,没有和其他车辆发生碰撞,没有其他车辆对我进行追赶或碰撞。事故发生后我清醒过来,发现我身上有血,车顶到了路东的一棵树上,围观群众把我和闫某、庞某甲从车上抬了下来,听群众说任某当场就不行了。群众帮忙报警,我和闫某、庞某甲坐救护车到清苑医院。(2)被害人闫某的陈述:我和李某系夫妻关系,和庞某甲、周某是研究生室友,庞某甲和任某、周某是本科同学,我不认识任某,也没有矛盾。周某在2017年12月9日微信通知我参加她的婚礼,庞某甲在2017年12月20日上午11时20分微信联系我,说搭车去参加周某的婚礼,还说有个同学一起去……(12)河北冀通司法鉴定中心司法鉴定意见书及照片,证实经鉴定,京×××××号车事发时行驶速度大于81km/h……(14)保定市清苑区公安局交通警察大队道路交通事故认定书及办案说明、保定市公安局交通警察支队道路交通事故复核结论,证实保定市清苑区公安局交通警察大队于2018年3月8日作出事故认定,李某驾驶机动车违反《中华人民共和国道路交通安全法》第二十二条第一款:机动车驾驶人应当遵守道路交通安全法律、法规的规定,按照操作规范安全驾驶、文明驾驶。第四十二条第一款:机动车上道路行驶,不得超过限度标志标明的最高时速。在没有限速标志的路段,应当保持安全车速。闫某、庞某甲、任某无违法行为。认定李某负事故的全部责任,闫某、庞某甲、任某无责任。事故路段小

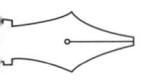

型汽车（包括轿车）限速70km/h……本院认为，被告人李某违反交通运输管理法规驾驶机动车辆，因而发生重大事故，致一人死亡；一人重伤一级一处、轻伤一级一处、轻伤二级二处，且负事故的全部责任，其行为已构成交通肇事罪……被告人李某于2013年7月取得机动车驾驶证事故发生前无既往癫痫病史，事故发生时经鉴定车速大于81km/h，其虽于2018年8月经诊断为癫痫，但不能认定事故系被告人李某癫痫发作导致，对被告人李某及其辩护人提出事故系被告人李某癫痫发作造成的意见，本院不予采纳……依照《中华人民共和国刑法》第一百三十三条、第六十七条第三款的规定，判决如下：被告人李某犯交通肇事罪，判处有期徒刑二年六个月。现该判决已发生法律效力。

2018年7月4日，庞某甲起诉李某、北京某医药技术开发有限公司，要求赔偿医疗费648 363.71元、住院伙食补助费21 500元。本院于2018年11月16日作出（2018）京0107民初17360号民事判决书，判决：（1）李某立即赔偿庞某甲医疗费648 363.71元、住院伙食补助费21 500元；（2）驳回庞某甲其他诉讼请求。现该判决已发生法律效力。

2019年4月15日，北京中衡司法鉴定所作出中衡司法鉴定所〔2019〕临床鉴字第0983号鉴定意见书，鉴定意见为：被鉴定人庞某甲所受损伤属于一级伤残（赔偿指数100%），被鉴定人庞某甲存在完全护理依赖，护理人数建议1-2人。

2019年5月27日，庞某甲死亡。

2021年11月2日，李家堡乡某村委会出具《证明》，其上载明："现证明庞某与王某为夫妻，二人共生育两个儿女：女儿庞某甲于2019年5月27日已故，儿子庞某乙。庞某与王某均为我村村民，有5亩承包地，现由别人耕种。二人常年体弱，庞某患有慢性支气管炎，陈旧性结核、双肺结节（见诊断书），王某患有腔隙性脑梗死、双侧颈动脉硬化（见诊断书），需要长期吃药维持。自2017年12月23日女儿庞某甲发生交通事故受伤以来，二人精神上遭受了巨大的打击。在2017年12月23日至2019年5月27日，夫妻俩寸步不离照顾女儿。长期操劳加上心理上的沉重打击导致二人病情加重，无法再从事劳动，没有经济收入，只能靠儿子赡养维持生活。"张家口市宣化区李家堡乡人民政府、宣化区李家堡乡民政所在上述《证明》上盖章确认。

2022年3月2日，北京某汽车股份有限公司出具《证明》，载明："因庞某甲在2017年12月23日发生交通事故受伤，共计向单位请假349天（工作日），请假期间按请假标准共计发放60 047.18元工资，如正常出勤该期间工资应发147 578.58元，请假工资较正常出勤工资减少87 531.4元。某股份公司的发薪方式为下发薪制。"本院与北京某汽车股份有限公司核实，上述《证明》确系其出具，经询问，该公司表示截至2019年4月14日，共扣发庞某甲工资75 653.85元。

另查，庞某甲户口为北京市非农业集体户。2020年北京市城镇居民人均可支配收入为75 602元，2020年北京市城镇居民人均消费性支出为41 726元。

再查，二原告本次主张的医疗费、住院伙食补助费均未经（2018）京0107民初17360号案件处理。

本院认为，侵害他人造成人身损害的，应当赔偿医疗费、护理费、交通费、营养费、住院伙食补助费等为治疗和康复支出的合理费用，以及因误工减少的收入。造成残疾的，还应当赔偿辅助器具费和残疾赔偿金；造成死亡的，还应当赔偿丧葬费和死亡赔偿金。本案中，综合当事人的诉辩意见及查明的事实，本案争议焦点问题有四：一是本案是否属于"好意同乘"；二是本案法律适用依据；三是应否减轻被告的赔偿责任；四是如何确定二原告主张的损失。对此，本院分析如下：

一、关于本案是否系"好意同乘"

所谓"好意同乘"，通常是指非运营机动车驾驶人基于友情帮助或善意而允许他人无偿搭乘的行为，通常是非运营车辆驾驶人基于亲情、友情或者善意搭载他人，比如顺路捎带朋友、同事、应陌生人请求搭载陌生人等。构成"好意同乘"一般应符合以下几个要件：（1）主体的特定性。"好意同乘"中一方主体为对车辆有直接控制力的、非从事营运活动的机动车保有人，另一方为同乘者，即无偿搭乘者。（2）对搭乘车辆属性的限定。"好意同乘"中的车辆是非从事交通运营活动的机动车。如果系从事交通运输客运活动的主体与其许可搭乘乘客或免费乘客之间，则属于客运合同关系，而非"好意同乘"。（3）好意性与无偿性。即"好意人"在同乘中的动机是出于情谊上的帮助或出于善意。"好意"包括了施惠、无对价的特点，具体表现为搭乘机动车的无偿性，如果"同乘"是其他目的的实现手段，则不构成"好意同乘"。如中介为了促成销售，为客户提供免费的车接车送服务。

具体到本案，根据已查明的事实，李某驾驶的车辆为非运营车辆，符合"好意同乘"中对搭乘工具的限定。李某开车载闫某、庞某甲、任某从北京至河北保定的目的是参加周某的婚礼，闫某与庞某甲系同学，闫某与李某系夫妻，闫某在刑事案件中自述庞某甲请求搭车去参加周某的婚礼。在二原告未提供证据证明此次搭乘为营利性的情况下，结合庞某甲、闫某之间的关系及闫某在刑事案件中的自述，本院认为此次搭乘为无偿搭乘具有高度盖然性。根据二原告及被告所述，依据现有证据，被告搭乘庞某甲并不具有其他目的的，故本院认定本次搭乘符合"好意同乘"的构成要件。

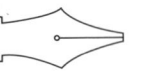

二、关于本案法律适用问题

二原告主张《中华人民共和国民法典》（以下简称《民法典》）第一千二百一十七条中关于"好意同乘"的规定，明显减损了其合法权益，按照《最高人民法院关于适用〈中华人民共和国民法典〉时间效力的若干规定》（以下简称《效力规定》）第三条的规定，本案不应适用《民法典》的相关规定。对此，本院分析如下：

1.《效力规定》第二条、第三条、第十八条规定，民法典实施前的法律事实引起的民事纠纷案件，当时的法律、司法解释有规定，适用当时的法律、司法解释的规定，但是适用《民法典》的规定更有利于保护民事主体合法权益，更有利于维护社会和经济秩序，更有利于弘扬社会主义核心价值观的除外。民法典施行前的法律事实引起的民事纠纷案件，当时的法律、司法解释没有规定而民法典有规定的，可以适用《民法典》的规定，但是明显减损当事人合法权益、增加当事人法定义务或者背离当事人合理预期的除外。民法典施行前，因非营运机动车发生交通事故造成无偿搭乘人损害引起的民事纠纷案件，适用《民法典》第一千二百一十七条的规定。上述规定第二条、第三条系一般规则，第十八条系特殊规则，在有特殊规则的情况下，应直接适用特殊规则。

2."好意同乘"属于人们日常交往中的互惠互助行为，对于维持人际关系的和谐、倡导助人为乐的社会风尚、减少交通拥堵、倡导绿色出行都具有积极意义。《民法典》规定"好意同乘"，让帮助者减责，积极倡导和鼓励人们助人为乐，引领形成向上向善的良好社会风气，这正是弘扬社会主义核心价值观的体现。因此"好意同乘"不仅属于《效力规定》第三条规定的"当时的法律、司法解释没有规定而民法典有规定的，可以适用民法典的规定"，又属于典型的符合《效力规定》第二条规定的"适用民法典的规定，更有利于弘扬社会主义核心价值观"的情形。也就是说，即使当时的法律、法规对"好意同乘"有规定，因《民法典》关于"好意同乘"的规定更有利于弘扬社会主义核心价值观，也应适用《民法典》的相关规定，更何况当时的法律、司法解释并没有"好意同乘"的相关规定。

3.《效力规定》第三条中"明显减损当事人的合法权益"中的"合法权益"应指的是当事人基于当时的规定产生的合理预期。事故发生时，法律、法规关于"好意同乘"并无规定。如何认定"好意同乘"的归责原则，在《民法典》出台前，无论法学理论还是司法实践都存在较大争议。此种情况下，二原告以一般过错责任原则计算的合法权益并非其基于当时的规定产生的合理预期，故本案即使适用《民法典》的相关规定，也不存在"明显减损当事人合

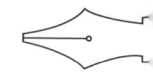

法权益"的情形。综上，本案应适用《民法典》的有关规定处理。

三、本案应否减轻被告的赔偿责任

《民法典》第一千二百一十七条规定：非营运机动车发生交通事故造成无偿搭乘人损害，属于该机动车一方责任的，应当减轻其赔偿责任，但是机动车使用人有故意或者重大过失的除外。"好意同乘"是人与人之间互帮互助建立和谐人际关系的表现，如果发生在"好意同乘"中的侵权责任必须全面赔偿，则不符合我国社会伦理价值观，也不利于鼓励他人助人为乐。故对于"好意同乘"的侵权责任应当减轻侵权人的赔偿责任。但无偿施惠让他人免费搭乘机动车并不意味着他人甘愿冒一切风险，亦不意味着无偿施惠人无需承担任何事故赔偿责任。作为机动车驾驶员，在驾驶车辆时对"好意同乘"负有安全注意义务，该种注意义务并不因为有偿和无偿加以区别，即其应按照道路交通安全法律、法规的规定，合理安全地操作车辆，以保障自身和同乘人的人身、财产安全。即使在无偿搭乘的过程中，也不能减轻驾驶者对他人生命安全的注意义务。在驾驶员具有一般过错的情况下，应当减轻其赔偿责任，但在其具有重大过失或故意的情况下，则不能减轻其赔偿责任。公安交通管理部门认定驾驶人负全责或主要责任是认定驾驶人具有重大过失或故意的必要条件。在公安交通管理部门认定驾驶人负全责或主要责任的情况下，依据驾驶人的过错程度来判断其是否具有重大过失或故意。比如驾驶人为躲避突然冲出马路的小动物，撞到马路上的护栏上，此种情况下，驾驶人就不具有重大过失；而驾驶人不具备驾驶资格或醉酒驾驶就是重大过。但在此需要指出的是，即使机动车使用人有故意或者重大过失，如果被侵权人存在《民法典》第一千一百七十三条和第一千一百七十四条规定的行为，则也可以减轻或免除机动车使用人的责任。比如搭乘者明知机动车驾驶人醉酒仍搭乘其车辆，此种情况下，受害人的行为存在重大过错，应由其对酒后驾驶行为引发的损害后果适当承担责任，减轻机动车使用人的赔偿责任。

具体到本案，李某自述，发生交通事故时其在黄线东侧正常行驶，没有和其他车辆发生碰撞，没有其他车辆对其进行追赶或碰撞，即本次事故的发生并不存在外在因素的干扰。李某主张其发生癫痫导致发生交通事故，但其未能提交证据证明，且河北省保定市清苑区人民法院作出（2018）冀0608刑初197号刑事判决书认定"不能认定事故系被告人李某癫痫发作导致"，故本院对其主张不予采信。结合李某超速行驶、负本次事故全部责任的事实，本院认定李某对本次交通事故的发生具有重大过失。此外，李某未主张庞某甲在此次事故中有过错且公安交通管理部门认定庞某甲无违法行为，故本院认定本案不能减轻李某的赔偿责任。

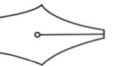

四、关于二原告所主张各项费用的认定

关于医疗费,根据医疗机构出具的医药费、住院费等收款凭证,本院结合病历和诊断证明等相关证据确定为 189 974.46 元。关于住院伙食补助费,本院参照当地国家机关一般工作人员的出差伙食补助标准予以确认。依据庞某甲住院天数,本院确认为 18 100 元(181 天 × 100 元/天)。关于营养费,二原告主张 23 850 元(50 元/天 × 477 天),数额合理,本院予以确认。关于误工费,北京某汽车股份有限公司出具的《证明》符合法定形式,本院予以确认,但依据"受害人因伤致残持续误工的,误工时间应计算至定残日前一天"的规定,本院确认误工费为 75 653.85 元。关于辅助器具费,依据二原告提交的票据,本院认定为 15 616 元。关于复印病历费及鉴定费,确系二原告因本次事故产生的合理费用,依据二原告提交的票据,本院确认复印费为 128.2 元、鉴定费为 6550 元。关于交通费,结合庞某甲的就医时间、次数、地点等,二原告主张 3000 元的交通费数额合理,证据充足,本院予以确认。关于护理费,二原告要求被告按照 2 人标准支付,被告不同意,结合庞某甲的伤情及住院情况,在二原告未提供证据证明必需 2 人护理的情况下,本院认定无 2 人护理之必要,故仅支持 1 人护理费 65 080 元〔(520 天 – 40 天)× 120 元/天 + 7480 元〕。关于财产损失,虽然二原告未能提供证据证明庞某甲丢失了苹果牌手机,但日常带手机属于高度盖然性事实,故本院认定此应属庞某甲合理损失,但二原告主张数额过高,本院酌定为 1000 元。关于二原告主张的庞某甲住院期间陪护人员实际发生的住宿费,依据二原告提交的票据及庞某甲实际就医情况,本院酌定为 10 000 元。关于丧葬费,二原告计算的数额有误,本院依法确认为 56 443 元。鉴于被告已经受到刑事处罚,本院对二原告要求被告支付精神损害抚慰金的诉讼请求,不予支持。

庞某甲因交通事故受伤,定残后死亡。依据现有证据,庞某甲死亡系交通事故侵权行为所致,并无其他原因介入,故本院对原告要求被告支付死亡赔偿金的诉讼请求,予以支持。依据二原告提供现有证据,结合二原告的年龄及身体状况,本院认定二原告无劳动能力又无其他生活来源,故对二原告要求被告支付被扶养人生活费的诉讼请求,本院予以支持。根据相关司法解释规定,死亡赔偿金按照受诉法院所在地上一年度城镇居民人均可支配收入标准,按二十年计算。"上一年度",是指一审法庭辩论终结时的上一统计年度。因此,被告要求按照 2019 年度的城镇居民人均可支配收入计算死亡赔偿金的主张,本院不予支持。现二原告依据 2020 年城镇居民标准主张死亡赔偿金(包括被扶养人生活费)为 2 346 560 元,其计算标准和方式符合法律规定,且有事实依据,本院予以确认。

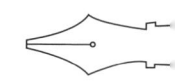

综上所述，本院依据《最高人民法院关于适用〈中华人民共和国民法典〉时间效力的若干规定》第二条、第三条、第十八条，《中华人民共和国民法典》第一千二百一十七条，《最高人民法院关于审理人身损害赔偿案件适用法律若干问题的解释（2020年修正）》第六条至第十一条、第十三条至第十七条之规定，判决如下：

一、李某于本判决生效之日起15日内给付庞某、王某医疗费189 974.46元、住院伙食补助费18 100元、营养费23 850元、护理费65 080元、误工费75 653.85元、辅助器具费15 616元、死亡赔偿金（含被抚养人生活费）2 346 560元、丧葬费56 443元、交通费3000元、复印费128.2元、鉴定费6550元、住宿费10 000元、财产损失1000元，合计2 811 955.51元；

二、驳回庞某、王某的其他诉讼请求。

如果未按本判决指定的期间履行给付金钱义务，应当依照《中华人民共和国民事诉讼法》第二百六十条之规定，加倍支付迟延履行期间的债务利息。

案件受理费30 456.04元，由庞某、王某负担1160.4元（已交纳）；由李某负担29 295.64元（于本判决生效之日起7日内交纳）。

如不服本判决，可以在判决书送达之日起十五日内，向本院递交上诉状，并按对方当事人的人数提出副本，上诉于北京市第一中级人民法院。在上诉期限内，提出上诉却拒不交纳或逾期交纳上诉案件受理费的，按未提出上诉处理。

审 判 员　姚　媛

二〇二二年四月二十九日

书 记 员　刘峥峥

孙盈
北京市第二中级人民法院

现任北京市高级人民法院民事审判第二庭三级高级法官。在北京法院工作逾19年，先后从事过民事、审判监督、商事领域的审判工作，被评为北京市审判业务专家、商事审判业务标兵，入选北京市政法系统"十百千"人才名单，荣立个人三等功3次。撰写的裁判文书4次被评为北京法院优秀裁判文书，撰写的论文5次获得全国法院学术讨论会二等奖，曾获全国法院优秀案例分析一等奖。

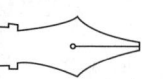

北京市第二中级人民法院
民事判决书

(2021)京02民初101号

原告（反诉被告）：某房地产公司甲。

原告（反诉被告）：张某甲。

被告（反诉原告）：张某乙。

被告（反诉原告）：冯某某。

被告：张某丙。

被告：彭某某。

第三人：某房地产公司乙。

原告（反诉被告）某房地产公司甲、张某甲与被告（反诉原告）张某乙、冯某某、被告张某丙、彭某某、第三人某房地产公司乙股权转让纠纷一案，本院立案后，依法适用普通程序，公开开庭进行了审理。原告（反诉被告）某房地产公司甲、原告（反诉被告）张某甲，被告（反诉原告）张某乙、冯某某与被告张某丙、彭某某，第三人某房地产公司乙到庭参加诉讼。本案现已审理终结。

某房地产公司甲、张某甲向本院提出诉讼请求：（1）请求判令张某乙、冯某某、张某丙、彭某某继续办理2013年5月27日签署的《股权转让及债权债务重组协议》项下坐落于某商业中心B座和D座之间的某商业中心C座物业的不动产权证书至某房地产公司乙名下。（2）请求判令张某乙、冯某某、张某丙、彭某某连带向某房地产公司甲、张某甲支付因未按约办理C座不动产权证书而产生的自2015年12月31日至2020年10月25日的滞纳金300 000 000元（滞纳金以1 643 000 000元为基数，自2015年12月31日至2020年10月25日止每日按万分之三计算为867 996 900元，某房地产公司甲、张某甲仅主张其中的300 000 000元）。（3）请求判令张某乙、冯某某、张某丙、彭某某连带向某房地产公司甲、张某甲赔偿因迟延办理税收汇算清缴和申报而导致某房地产公司甲、张某甲额外多支出的利息损失56 652 728.42元。（4）请求判令张某乙、冯某某、张某丙、彭某某向某房地产公司甲、张某甲履行应缴未

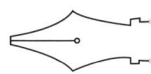

缴税款而发生的税款保证金 34 174 484.42 元的支付义务。(5) 本案的诉讼费全部由张某乙、冯某某、张某丙、彭某某承担。

事实和理由：

1. 张某乙、冯某某、张某丙、彭某某迟延办理 C 座的不动产权证书构成严重违约。2013 年 3 月 25 日，某房地产经纪公司、冯某某、张某乙与某房地产公司甲就某房地产经纪公司、冯某某、张某乙持有的某房地产公司乙的 100% 股权和享有某房地产公司乙的全部债权转让给某房地产公司甲事宜签署《项目收购框架协议》。该协议主要约定：某房地产公司甲受让某房地产公司乙的 100% 股权对应的资产仅包括某商业中心项目 C、E、F 座及地下 1-3 层，除此之外某房地产公司乙的资产仍由某房地产经纪公司、冯某某、张某乙享有，由某房地产经纪公司、冯某某、张某乙负责剥离出某房地产公司乙；此次转让价格为 1 650 000 000 元。

2013 年 5 月 27 日，张某乙、冯某某、张某丙、彭某某及某装饰工程中心与某房地产公司甲、张某甲以及某房地产经纪公司、某房地产公司乙就某商业中心项目的股权及资产收购事宜正式签署《股权转让及债权债务重组协议》，对股权交易价款及付款方式、股权交割、剥离物、债权债务承担原则、税务承担以及违约救济等事项进行详细约定。该协议约定：张某乙、冯某某、张某丙、彭某某应在 2014 年 6 月 30 日前完成办理 C 座的不动产权证书，否则某房地产公司甲、张某甲有权要求张某乙、冯某某、张某丙、彭某某承担违约责任，每逾期一日，按交易价款的万分之三计算支付滞纳金。

2013 年 5 月 28 日，《股权转让及债权债务重组协议》各签约主体及某商业管理公司签署《股权转让及债权债务重组协议的补充协议》，就转让某商业管理公司股权事宜作出约定，将《股权转让及债权债务重组协议》的交易价款由 1 650 000 000 元变更为 1 643 000 000 元。

因张某乙、冯某某、张某丙、彭某某未于 2014 年 6 月 30 日前完成办理 C 座的不动产权证书，《股权转让及债权债务重组协议》各签约主体以及某商业管理公司于 2015 年 4 月 13 日签署《协议书》，就某房地产公司甲、张某甲支付交易价款的时间进度，张某乙、冯某某、张某丙、彭某某办理完毕 C 座的不动产权证书的时间等事项重新约定。其中约定，张某乙、冯某某、张某丙、彭某某应于 2015 年 12 月 30 日前办理完毕 C 座的不动产权证书，C 座的不动产权证书办理完毕后 1 个月内，某房地产公司甲、张某甲付清剩余的应付款项 180 000 000 元；同时约定，履行过程中发生争议而支付的诉讼费、保全费、鉴定费、评估费、公告费、律师费及其他实现债权费用均由败诉方承担。此后，各方签署的补充协议继续重申张某乙、冯某某、张某丙、彭某某应尽快办

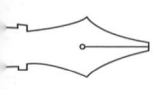

理 C 座的不动产权证书的义务。

上述协议签订后，某房地产公司甲、张某甲合计已向张某乙、冯某某、张某丙、彭某某支付交易价款 1 466 000 000 元，尚有 177 000 000 元未支付，但该笔剩余交易价款应在张某乙、冯某某、张某丙、彭某某办理完成 C 座的不动产权证书后再支付。并且，某房地产公司甲、张某甲已经履行完毕《股权转让及债权债务重组协议》及相关补充协议约定的其他义务，然而截至目前，张某乙、冯某某、张某丙、彭某某仍未履行办理 C 座不动产权证书的义务。虽经某房地产公司甲、张某甲多次催告并提供各方面协调配合之便利，张某乙、冯某某、张某丙、彭某某至今仍未取得 C 座的不动产权证书。

依据《股权转让及债权债务重组协议》和相关补充协议约定，张某乙、冯某某、张某丙、彭某某应承担违约责任，即应继续履行完毕办理 C 座的不动产权证书的义务，并从 2015 年 12 月 31 日开始每日按交易价款的万分之三支付逾期办理 C 座的不动产权证书的滞纳金，暂计至 2020 年 10 月 25 日，共计 1761 日，滞纳金为 867 996 900 元。由于该滞纳金数额巨大，考虑张某乙、冯某某、张某丙、彭某某的资金压力和履约能力等实际情况，某房地产公司甲、张某甲本次以 300 000 000 元提出滞纳金诉讼请求。

2. 张某乙、冯某某、张某丙、彭某某迟延办理税收汇算清缴和申报构成违约。依据《股权转让及债权债务重组协议》和相关补充协议约定，张某乙、冯某某、张某丙、彭某某、某装饰工程中心应当积极履行土地增值税、企业所得税等相关税收的汇算清缴和申报义务，应当积极尽快办理完成相关税收的汇算清缴和申报工作，不得影响某房地产公司甲、张某甲对某房地产公司乙的再次交易，否则应承担某房地产公司甲、张某甲因此遭受的损失。在某房地产公司甲、张某甲再次转让某商业中心项目的股权过程中，由于张某乙、冯某某、张某丙、彭某某怠于履行某房地产公司乙的土地增值税、企业所得税等相关税收的汇算清缴和申报义务，使某房地产公司甲、张某甲再次转让某房地产公司乙股权的转让协议达成的先决条件严重滞后，导致某房地产公司甲、张某甲从第三方获得还贷资金的期限从 2018 年 6 月 4 日延后至 2018 年 10 月 24 日，因此遭受贷款利息损失 56 652 728.42 元，依约张某乙、冯某某、张某丙、彭某某应向某房地产公司甲、张某甲赔偿该损失。

3. 张某乙、冯某某、张某丙、彭某某未缴纳应由其承担的税款及滞纳金构成违约。《股权转让及债权债务重组协议》第 7.1 条约定，某房地产公司乙发生的应付税项包括但不限于营业税及相关附加税、预提所得税等其他应付款项均由张某乙、冯某某、张某丙、彭某某、某装饰工程中心承担清偿责任，以及第 5.6 条约定，无论本协议签署日前或本协议签署日后发生的，所有与剥离物相关的全部债权债务均由张某乙、冯某某、张某丙、彭某某、某装饰工程中心承担。因上述剥离而发生的全部税费、损失及风险（包含而不限于张某乙、冯某某、张某丙、彭某某、某装饰工程中心、某房地产公司乙直接或间接承担的）均由张某乙、冯某某、张某丙、彭某某、某装饰工程中心承担，因剥离物发生的包括企业所得税在内的全部税收都应当由张某乙、冯某某、张某丙、彭某某、某装饰工程中心承担。

2018年8月27日，某税务师事务所作出《某房地产公司乙某商业中心项目期间2008－2018年6月企业所得税汇算清缴报告书》（〔2018〕鉴字〔3－001〕）。根据该汇算清缴报告书确认，某房地产公司乙2008年1月至2018年6月"应补所得税额"为34 174 484.42元。由于该"应补所得税额"均系2013年5月27日前发生或2013年5月27日后因剥离物而发生，按照《股权转让及债权债务重组协议》相关约定，缴清该税款的义务应当由转让方承担。由于北京市大兴区相关税务部门新旧系统未完成数据联通，税务部门未受理某房地产公司乙的纳税申报。基于某房地产公司乙未完税事项，为厘清各方清缴税款的义务和责任，转让方、受让方与某房地产公司乙三方于2018年10月口头达成一致约定：由转让方将34 174 484.42元存入三方约定的共管账户，用于担保某房地产公司乙可能发生的纳税义务；如果某房地产公司乙实际应缴税款和滞纳金等超出上述金额，由转让方补足；如果实际缴纳税款少于上述金额，则超额存入的款项退还给转让方。后因转让方未按上述约定履行，受让方不得已按某房地产公司乙要求代转让方将专用税款资金34 174 484.42元存入三方约定的共管账户。由于税款清缴义务应由转让方履行，故受让方某房地产公司甲、张某甲在本案中提出请求，要求张某乙、冯某某、张某丙、彭某某向某房地产公司甲、张某甲履行应缴未缴税款而发生的税款保证金34 174 484.42元的支付义务。

4. 依据《股权转让及债权债务重组协议》，作为转让方之一的某装饰工程中心已于2019年2月26日注销。某房地产公司甲、张某甲依据《股权转让及债权债务重组协议》和相关补充协议之约定，仅对张某乙、冯某某、张某丙、彭某某提起诉讼。

综上，张某乙、冯某某、张某丙、彭某某至今未履行办理C座的不动产权证书义务，已构成严重违约；因张某乙、冯某某、张某丙、彭某某迟延办理税收汇算清缴和申报，直接导致某房地产公司甲、张某甲额外承担贷款利息；直至本案起诉之日，由于张某乙、冯某某、张某丙、彭某某未补缴某房地产公司乙2008年至2018年6月期间的企业所得税，给某房地产公司乙持续稳定经营带来巨大的法律风险，并直接导致某房地产公司甲、张某甲34 174 484.42

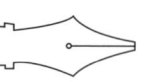

元资金被扣留,该笔资金应由转让方支付。根据《中华人民共和国合同法》(以下简称合同法)的规定以及本案合同的相关约定,张某乙、冯某某、张某丙、彭某某应向某房地产公司甲、张某甲承担继续履行及赔偿损失等违约责任。

张某乙、冯某某、张某丙、彭某某辩称:

1. 某房地产公司甲、张某甲要求判令张某乙、冯某某、张某丙、彭某某继续办理 C 座物业房屋产权证至某房地产公司乙名下,无法实现,该项诉讼请求不能成立。(1) 协议约定张某乙、冯某某、张某丙、彭某某负责办理 C 座产权证,张某乙、冯某某、张某丙、彭某某仅负有协助义务。《股权转让及债权债务重组协议》约定在 2014 年 6 月 30 日前,转让方、目标公司尚未获得政府相关部门正式颁发的 C 座物业的房屋所有权证视为违约。后续相关协议又约定了张某乙、冯某某、张某丙、彭某某负责办理 C 座物业不动产登记证书的义务。《股权转让及债权债务重组协议》签订以后,张某乙、冯某某、张某丙、彭某某已将目标公司某房地产公司乙的股权变更登记至某房地产公司甲、张某甲指定方名下,且由某房地产公司甲、张某甲直接控制目标公司。某商业中心 C 座物业是某房地产公司乙开发的某商业中心项目中的一部分。即便办理 C 座物业不动产登记证书,也应以某房地产公司乙的名义办理,张某乙、冯某某、张某丙、彭某某无法直接办理,实际上张某乙、冯某某、张某丙、彭某某也只是协助义务。(2) C 座所在的某商业中心项目是北京市大兴区的棚户区改造项目,某房地产公司乙从第三方公司承接该项目,仅为该项目的开发单位。项目范围内的相关单位属于被拆迁安置对象,整体项目占地范围约 70 亩土地。C 座物业所在地点原属于某银行支行家属宿舍楼的占地范围,在办理 C 座物业房产证时才发现该范围内有约 3000 平方米划拨土地,占总体开发面积的 1/14,且未办理国有土地出让手续。因大兴区规划分局在办理该项目规划审批手续时将该地块遗漏,区政府未将该地块进行收储,区国土局在将该地块交付项目公司开发使用时未办理该地块出让手续,造成该地块未批先建。又因行政执法对象问题,大兴区政府与市国土局经多次协调会商,始终未能协调一致、形成最终处理意见,致使该土地转为国有出让土地的手续至今未能办理,故无法办理 C 座不动产登记证书。所以,未能取得 C 座不动产登记证书并非张某乙、冯某某、张某丙、彭某某不积极协助办理或过错所致,是因历史遗留问题造成。股权转让时,张某乙、冯某某、张某丙、彭某某就已明确向某房地产公司甲、张某甲告知了未能办理 C 座不动产登记证书的原因。因此,才存在张某乙、冯某某、张某丙、彭某某办理 C 座不动产登记证书的协议约定。即便判决张某乙、冯某某、张某丙、彭某某继续协助办理,也无法实

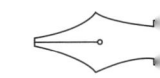

现，将导致法院判决无法执行。（3）2013年5月27日《股权转让及债权债务重组协议》签订后，张某乙、冯某某、张某丙、彭某某就已将C座物业交付给某房地产公司甲、张某甲。该协议约定，办理完毕C座产权证后某房地产公司甲、张某甲向张某乙、冯某某、张某丙、彭某某支付180 000 000元转让款。某房地产公司甲、张某甲就C座使用收益至今，但张某乙、冯某某、张某丙、彭某某至今未能取得180 000 000元转让款。不存在张某乙、冯某某、张某丙、彭某某能办理却不积极办理的情形。根据双方2015年4月13日签订的《协议书》第1.2条约定，某房地产公司甲、张某甲在办理C座物业的房屋产权证后1个月内付给张某乙、冯某某、张某丙、彭某某180 000 000元转让款。因历史遗留问题的原因导致未能办理C座物业的房屋产权证，致使张某乙、冯某某、张某丙、彭某某至今未能收到该180 000 000元转让款。转让方亦希望尽快办理C座物业产权证，否则无从获得180 000 000元转让款，其损失更大。C座物业一直由某房地产公司甲、张某甲控制、经营使用并获取收益，而张某乙、冯某某、张某丙、彭某某不仅未收到180 000 000元转让款，且未获取任何利益。不能办理C座房屋产权证，某房地产公司甲、张某甲仍可获得重大利益且无需支付对价，是受益者；而张某乙、冯某某、张某丙、彭某某是承受损失的一方。如判决张某乙、冯某某、张某丙、彭某某继续协助办理产权证，或将成为某房地产公司甲、张某甲继续拖欠180 000 000元的理由，导致某房地产公司甲、张某甲应付给张某乙、冯某某、张某丙、彭某某的180 000 000元无法实现。（4）因某房地产公司甲、张某甲未按照《股权转让及债权债务重组协议》约定付款，构成严重付款违约，加之历史遗留问题等原因，C座不动产登记证书何时能够办理不能确定。双方于2015年4月13日签订《协议书》，对此前协议予以变更及补充。《协议书》第1.2.2条约定：2015年12月30日前，转让方不能办理完毕C座物业的房屋产权证时，如转让方确定无法办理且受让方不同意转让方继续办理C座物业的房屋产权证时，协议双方共同确认以如下两种方案解决，受让方具有优先选择权。方案一，该C座物业由受让方继续经营，受让方继续支付剩余款项180 000 000元。方案二，以总转让价款和总转让面积为基数，计算得出单价面积，扣除C座物业的相应面积得出的金额，余款支付给转让方，受让方无条件配合将已经接手经营的C座物业实体及经营手续、法律手续返还给转让方。为彻底解决办理C座物业不动产登记证书所涉及的双方纠纷问题，张某乙、冯某某、张某丙、彭某某请求法院按照2015年4月13日签订的《协议书》第1.2.2条约定的两种方案之一进行判决。

2. 张某乙、冯某某、张某丙、彭某某不应承担未能办理C座物业不动产

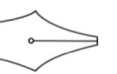

登记证书的违约责任，某房地产公司甲、张某甲要求支付违约金300 000 000元的诉讼请求及理由，均不能成立。（1）张某乙、冯某某、张某丙、彭某某对办理C座物业不动产登记证书只承担协助义务。至今未能办理某商业中心C座物业不动产登记证书并非张某乙、冯某某、张某丙、彭某某的责任，非因其恶意违约、不积极办理等过错所致，而是历史遗留问题及政府等不可抗力原因所致，张某乙、冯某某、张某丙、彭某某不应承担任何责任。（2）2013年5月27日签订《股权转让及债权债务重组协议》后，张某乙、冯某某、张某丙、彭某某就已将C座交付给某房地产公司甲、张某甲。该协议约定，C座物业房屋产权证办理完毕后，某房地产公司甲、张某甲向张某乙、冯某某、张某丙、彭某某支付180 000 000元转让款。某房地产公司甲、张某甲就C座物业使用收益至今，但张某乙、冯某某、张某丙、彭某某至今未获得180 000 000元转让款。不存在张某乙、冯某某、张某丙、彭某某能办理却不积极办理的情形。（3）根据约定，张某乙、冯某某、张某丙、彭某某不应承担未能办理C座物业房屋产权证的违约责任。①2013年5月27日签订的《股权转让及债权债务重组协议》约定在2014年6月30日前，转让方、目标公司尚未获得政府相关部门正式颁发的C座物业的房屋所有权证视为违约。但是，《股权转让及债权债务重组协议》未约定张某乙、冯某某、张某丙、彭某某应履行的义务，其不存在未履行合同义务的情形，故不构成违约。②2015年4月13日签订的《协议书》第1.2条约定，剩余应付款项180 000 000元，按下述约定进行支付：第1.2.1条：转让方应当在2015年12月30日前办理完毕C座物业产权证书，转让方办理完毕C座物业的房屋产权证后1个月内付清。第1.2.2条：2015年12月30日前，转让方不能办理完毕C座物业的房屋产权证时，如转让方确定无法办理且受让方不同意转让方继续办理C座物业的房屋产权证时，协议双方共同确认以如下两种方案解决，受让方具有优先选择权。方案一，该C座物业由受让方继续经营，受让方继续支付剩余款项180 000 000元。方案二，以总转让价款和总转让面积为基数，计算得出单价面积，扣除C座物业的相应面积得出的金额，余款支付给转让方，受让方无条件配合将已经接手经营的C座物业实体及经营手续、法律手续返还给转让方。无论选择何种方案，双方互不承担由于办理C座物业房屋产权证所产生的违约责任。因此，即便张某乙、冯某某、张某丙、彭某某在2015年12月30日前不能办理完毕C座物业的房屋产权证，双方也应协商办理，并未约定张某乙、冯某某、张某丙、彭某某应当承担违约责任。《协议书》第6条约定：本协议签订后，除本协议约定外，本协议任何一方均不再追究对方在履行本协议签订之前的任何违约及损失赔偿责任。任何一方违反本协议约定，未按本协议约定履行；守约方有权

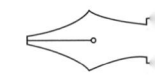

按原协议及原补充协议追究违约方的违约责任及相关法律责任。因此，张某乙、冯某某、张某丙、彭某某不存在违约情形，不应承担违约责任。③双方在2016年签订的《补充协议书》第10条约定，乙方（某房地产公司甲、张某甲）未能履行本协议第8条、第9条约定义务及承诺，甲方（张某乙、冯某某、张某丙、彭某某）为乙方办理C座房屋产权证的义务消灭，不再履行；乙方应立即向甲方支付"原协议"约定的全部未付款项，并按"原协议"约定承担违约责任。该第8条约定的股东变更义务以及第9条约定的付款义务，某房地产公司甲、张某甲均未按约定履行。根据上述约定，张某乙、冯某某、张某丙、彭某某办理C座物业房屋产权证的义务至此已经消灭，无需再进行办理。至此，张某乙、冯某某、张某丙、彭某某也就不再承担未办理C座物业房屋产权证的任何法律责任。

3. 双方并未约定清缴税费的具体时间，故不存在逾期办理应承担责任的问题，且未能进行清缴税费责任不在张某乙、冯某某、张某丙、彭某某。（1）双方签订的合同、协议等并未约定相关税收的汇算清缴和申报时间，张某乙、冯某某、张某丙、彭某某不存在承担违约责任的情形。（2）税款应向税务机关交纳。未按时清缴税费等应由税务机关追究纳税人的责任，而非某房地产公司甲、张某甲向张某乙、冯某某、张某丙、彭某某主张。税费清缴需税务机关通知才能进行，纳税人无法主动清缴。张某乙、冯某某、张某丙、彭某某不承担未能清缴的责任，也不存在其不积极办理税费清缴的情形。在某房地产公司乙未自行缴纳税款前，未造成损失。因此，某房地产公司甲、张某甲无权向张某乙、冯某某、张某丙、彭某某主张权利，其请求承担税款34 174 484.42元的理由不成立。（3）某房地产公司甲、张某甲在某房地产公司乙股权再次转让时已知道税费未清缴的情况，某房地产公司甲、张某甲控制的某房地产公司乙是税费清缴主体，某房地产公司甲、张某甲可自行清缴后向张某乙、冯某某、张某丙、彭某某追偿。某房地产公司甲、张某甲应当根据项目的实际情况与第三方洽谈交易，而非在知道存在应清缴税费而未清缴的情况下与第三方签订转让协议进行交易。如需清缴税款，某房地产公司甲、张某甲也应先行缴纳，而不应任由损失扩大。因此，造成的损失应由某房地产公司甲、张某甲承担。某房地产公司甲、张某甲的损失不是张某乙、冯某某、张某丙、彭某某违约所致，张某乙、冯某某、张某丙、彭某某不应承担任何责任。故其要求张某乙、冯某某、张某丙、彭某某支付贷款利息损失56 652 728.42元的诉讼请求及事实理由不能成立。且该贷款利息是某房地产公司甲、张某甲为自身经营需要贷款应当支付的利息，并非张某乙、冯某某、张某丙、彭某某的违约行为造成的损失。

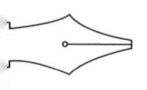

综上所述，张某乙、冯某某、张某丙、彭某某不存在违约及过错，某房地产公司甲、张某甲的全部诉讼请求缺乏事实及法律依据，均不能成立，请求法院依法驳回其全部诉讼请求。

某房地产公司乙述称：（1）针对某房地产公司甲、张某甲关于判令张某乙、冯某某、张某丙、彭某某继续办理某商业中心项目商业中心C座的不动产权证书的诉讼请求，某房地产公司乙无异议。针对《股权转让及债权债务重组协议》及其补充协议、《协议书》，某房地产公司乙认为上述协议应属合法有效，具有法律约束力。某房地产公司甲、张某甲基于上述合同约定要求张某乙、冯某某、张某丙、彭某某继续办理项目C座的不动产权证书，某房地产公司乙无异议。某房地产公司乙同意实际操作执行层面办理该产权登记手续时以某房地产公司乙作为该物业的不动产权人，即对办理坐落于某商业中心C座物业的不动产权证书，某房地产公司乙同意将来办理该产权登记手续时以某房地产公司乙作为某商业中心C座物业的不动产权人。（2）针对某房地产公司甲、张某甲请求判令张某乙、冯某某、张某丙、彭某某连带支付因未按约办理C座的不动产权证书而产生的滞纳金300 000 000元，与某房地产公司乙无关，某房地产公司乙不发表意见。（3）针对某房地产公司甲、张某甲请求判令张某乙、冯某某、张某丙、彭某某连带赔偿因迟延办理税收汇算清缴和申报而导致某房地产公司甲、张某甲额外多支出的利息56 652 728.42元，与某房地产公司乙无关，某房地产公司乙不发表意见。（4）针对某房地产公司甲、张某甲请求判令张某乙、冯某某、张某丙、彭某某依约支付应由其承担的税款34 174 484.42元，某房地产公司乙对于张某乙、冯某某、张某丙、彭某某承担上述税费无异议，但某房地产公司乙要求张某乙、冯某某、张某丙、彭某某将上述税款直接支付至某房地产公司乙指定账户。根据《股权转让及债权债务重组协议》第7.1条约定，在本协议签署之日前，目标公司（含某房地产公司乙）发生的应付税项均由张某乙、冯某某、张某丙、彭某某承担清偿责任。某房地产公司乙上述欠缴税款发生在2011年度，即《股权转让及债权债务重组协议》签署之日前，故某房地产公司甲、张某甲要求张某乙、冯某某、张某丙、彭某某承担上述税费符合合同约定，某房地产公司乙无异议，但上述税费应以某房地产公司乙名义进行缴纳。因此，某房地产公司乙要求张某乙、冯某某、张某丙、彭某某将上述税款直接支付至某房地产公司乙指定账户，以便某房地产公司乙补缴税款。（5）本案的诉讼费由张某乙、冯某某、张某丙、彭某某承担，应由法院依法判决，某房地产公司乙无异议。

张某乙、冯某某向本院提出反诉请求：某房地产公司甲、张某甲向张某乙、冯某某支付逾期付款违约金629 926 200元；反诉费由某房地产公司甲、

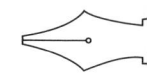

张某甲承担。

事实和理由：根据《股权转让及债权债务重组协议》及《股权转让及债权债务重组协议的补充协议》约定，本次交易价款总额为1 643 000 000元，某房地产公司甲、张某甲应在2013年6月15日前支付700 000 000元，在2013年7月10日前支付200 000 000元，在2013年9月30日前支付50 000 000元，在2013年12月31日前支付100 000 000元，在2014年3月31日前支付200 000 000元，在2014年6月30日前支付100 000 000元，在2014年9月30日前支付100 000 000元，在2014年12月31日前支付193 000 000元，如某房地产公司甲、张某甲违约应按交易价款的日万分之三支付违约金。因某房地产公司甲、张某甲未按约定支付交易价款，双方于2015年4月13日签订《协议书》，约定：某房地产公司甲、张某甲应于2015年6月30日前向冯某某、张某乙等支付300 000 000元，并向双方开立的共管账户存入78 000 000元，否则某房地产公司甲、张某甲应按原协议约定的应付时间及违约计算办法承担逾期付款违约责任。协议签订后，某房地产公司甲、张某甲并未按照《协议书》的约定付款，故应按原协议约定时间及违约计算办法承担逾期付款违约责任。

根据《股权转让及债权债务重组协议》约定，如某房地产公司甲、张某甲违约，应按交易价款1 643 000 000元的日万分之三向冯某某、张某乙等支付违约金。自某房地产公司甲、张某甲违约付款之日2013年6月15日起至某房地产公司甲、张某甲支付最后一笔款之日2016年12月13日止，为1278天，某房地产公司甲、张某甲应承担的违约金数额为629 926 200元。

张某乙、冯某某在开庭时就其反诉的事实和理由补充称：某房地产公司甲、张某甲支付最后一笔款之日为2016年12月23日，反诉状中所称的"某房地产公司甲、张某甲支付最后一笔款之日2016年12月13日"有误。张某乙、冯某某反诉主张的是某房地产公司甲、张某甲自2013年6月15日至2016年12月23日期间的全部逾期付款违约金，但反诉请求的违约金金额不变，为629 926 200元。

某房地产公司甲、张某甲针对反诉辩称，张某乙、冯某某的反诉请求不应予以支持，理由如下：

1. 某房地产公司甲、张某甲不存在张某乙、冯某某所称的自第一笔应付款时间起每笔均未能按时支付的付款违约行为；且因张某乙、冯某某违约在先，付款的先决条件不成就、付款义务尚未产生，某房地产公司甲、张某甲有权拒绝张某乙、冯某某的付款请求，该行为不构成不履行或迟延履行。结合合同约定和实际履行，与某房地产公司甲、张某甲付款相关的事实如下：

第一笔款项支付情况：《股权转让及债权债务重组协议》第3.1条约定，

张某乙、冯某某须在2013年6月15日前完成将相关不动产抵押给某信托公司甲的抵押登记工作；第3.2条约定，只有在张某乙、冯某某抵押登记工作完成且《股权转让及债权债务重组协议》签署后且在2013年6月15日前，某房地产公司甲、张某甲才支付第一笔款项700 000 000元。事实上，张某乙、冯某某未在约定期日前完成抵押登记工作，直到2013年7月22日才完成该项工作，而某房地产公司甲、张某甲在抵押登记工作完成后已立即将款项向指定收款方支付，履行完毕约定义务。

第二笔款项支付情况：《股权转让及债权债务重组协议》第3.4条约定，自第3.3条所述工作完成后15个工作日内支付第二笔款项；第3.3条约定的工作包括解除《信托贷款合同》项下的抵押手续和完成股权交割Ⅰ。事实上，直到2013年9月12日张某乙、冯某某才完成股权交割，使某房地产公司甲、张某甲收到某房地产经纪公司的有效营业执照，某房地产公司甲、张某甲已在15个工作日届满时即2013年9月30日向张某乙、冯某某付清该笔款项200 000 000元（含170 000 000元现金和30 000 000元分账抵销）。

第三笔、第四笔款项支付情况：因张某乙、冯某某前序履行迟延超过一个月，导致某房地产公司甲、张某甲筹措后续资金相应迟延。第三笔款原定于2013年9月30日前支付、第四笔款原定于2013年12月31日前支付，在前序迟延的情况下，某房地产公司甲、张某甲已经于2013年10月23日、2014年3月31日分别将第三笔、第四笔款项筹措到位并向张某乙、冯某某履行完毕。

上述四笔款项的实际支付时间迟于约定时间，系张某乙、冯某某导致，某房地产公司甲、张某甲按约付款并未构成付款逾期。从张某乙、冯某某2014年3月10日、5月7日、6月19日、8月12日、11月20日《付款通知函》和2015年1月7日《催款通知函》也可见，其均未就上述四笔付款提出任何异议，上述付款迟延非某房地产公司甲、张某甲责任。

第五笔、第六笔款项支付情况：根据《股权转让及债权债务重组协议》，张某乙、冯某某须在2014年6月30日前办理完毕C座物业的抵押登记工作，某房地产公司甲、张某甲才向张某乙、冯某某支付款项；但是自2013年下半年起直至2014上半年，张某乙、冯某某均无任何办证进展，即张某乙、冯某某已经存在预期违约的行为；根据当时有效的合同法第一百零八条规定，当事人一方明确表示或者以自己的行为表示不履行合同义务的，对方可以在履行期限届满之前要求其承担违约责任。某房地产公司甲、张某甲有权援引《股权转让及债权债务重组协议》第9.2条第（1）项以暂停履行义务的方式救济。因此，在张某乙、冯某某以其行为表明不履行办证义务且直到付款期限届满也未完成办证、更未按约办理抵押登记的情况下，某房地产公司甲、张某甲拒绝

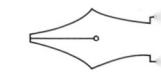

向张某乙、冯某某支付第五笔、第六笔款项有充分的合同和法律依据,不构成付款违约。

此后,由于张某乙、冯某某未办证直接阻碍原合同继续履行,双方重新协商C座物业的办证和第五笔、第六笔、第七笔、第八笔和第九笔款项支付事宜,并在2015年4月13日签署《协议书》,变更了办证截止期日和剩余款项的支付方式。

后续付款情况:(1)根据变更后的付款期限,至2015年6月2日,某房地产公司甲、张某甲已向张某乙、冯某某付款105 000 000元。因2015年6月张某乙、冯某某办证仍然无任何实质进展,且张某乙、冯某某未按期办证已经导致某房地产公司甲、张某甲融资渠道受阻、资金周转紧张,导致某房地产公司甲、张某甲难以于2015年6月30日前付清300 000 000元;某房地产公司甲、张某甲仍然努力筹措资金以向张某乙、冯某某付款,自2015年4月13日至2015年12月30日,某房地产公司甲、张某甲合计已付款246 000 000元,但是张某乙、冯某某仍未办理取得C座物业不动产权证书。(2)在某房地产公司甲、张某甲已经履行绝大部分合同义务的前提下,张某乙、冯某某到2015年12月30日仍未办理完毕C座房产证,构成再次违约。故某房地产公司甲、张某甲援引违约责任条款,暂停履行义务。(3)虽然张某乙、冯某某未履行合同主要义务是严重违约一方,但是在某房地产公司甲、张某甲敦促其积极履行办证及其他合同义务时,张某乙、冯某某仍以办证为由要求某房地产公司甲、张某甲继续付款。为了使张某乙、冯某某继续履行办证义务,某房地产公司甲、张某甲只得继续付款。至今,某房地产公司甲、张某甲已向张某乙、冯某某付清全部应付款并超额付款3 000 000元,但张某乙、冯某某仍未完成C座办证义务。由此可见,张某乙、冯某某主张某房地产公司甲、张某甲自第一笔应付款时间起即存在违约缺乏事实依据。

2. 因协议约定款项分若干期支付,且单笔应付款项支付时间各有不同,即便存在逾期,也仅为部分款项迟延支付,张某乙、冯某某以1 643 000 000元笼统作为计算基数、以1278天作为逾期付款天数的计算方式存在严重错误。

3. 张某乙、冯某某要求某房地产公司甲、张某甲支付逾期付款违约金的诉讼请求已经超过诉讼时效,依法不应予以支持。本案协议中关于某房地产公司甲、张某甲付款约定的是分期付款,每一期付款如果存在迟延支付,相应的违约金应当单独计算,每一笔逾期付款违约金的诉讼时效也应当单独计算。就单笔款项而言,无论是合同约定的付款时间还是实际付款的时间,至今均已逾七八年,单笔款项的逾期付款违约金请求权之诉讼时效已经届满。即便将各期付款义务作为一个整体,仅按最后一笔款的付款时间来看,截至张某乙、冯某

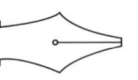

某提起本案反诉的2021年5月，时间已4年有余，该违约金的诉讼时效已届满。根据《中华人民共和国民法典》（以下简称民法典）相关规定，某房地产公司甲、张某甲提出不予履行之抗辩，法院应予支持。综上，张某乙、冯某某的反诉请求无事实和法律依据，请求驳回其全部反诉请求。

张某丙、彭某某针对反诉辩称，同意张某乙、冯某某的意见。

某房地产公司乙针对反诉述称，张某乙、冯某某的反诉请求与某房地产公司乙无关，某房地产公司乙不发表意见。

当事人围绕诉讼请求依法提交了证据，本院组织当事人进行了证据交换和质证。

关于某房地产公司甲、张某甲提交的《项目收购框架协议》《股权转让及债权债务重组协议》《股权转让及债权债务重组协议的补充协议》《协议书》《补充协议书》《关于〈股权转让及债权债务重组协议〉的补充协议》，汇款凭证及收据、《某房地产公司乙支付原管理方资金明细表》、《分账说明（一）》、《公司原新管理方往来统计汇总表》，2018年3月9日、2018年6月8日和2018年6月13日的《律师函》及邮寄凭单、物流信息，《北京市国有土地使用权出让合同》及附件、《土地估价报告》、某装饰工程中心企业信用信息公示报告、某房地产公司乙企业信用信息公示报告、某房地产经纪公司企业信用信息公示报告、《三方协议》及转账凭证、账户开户协议及银行印鉴照片、某商业中心项目土地证记事信息、某房地产经纪公司工商内档（部分）等证据，以及张某乙、冯某某、张某丙、彭某某针对本诉提交的《安民心工程实施方案》等附件9份，各方当事人对真实性均无异议，本院予以确认并在卷佐证。对有争议的证据，本院认定如下：

关于某房地产公司甲、张某甲提交的以下证据：

1.《人民币委托贷款合同》及付款凭证，用以证明因张某乙、冯某某、张某丙、彭某某迟延办理税收汇算清缴和申报，直接导致某房地产公司甲、张某甲获得代偿资金迟延。某房地产公司甲、张某甲额外承担了从2018年6月4日起计算至2018年10月24日的贷款利息，该部分利息金额为56 652 728.42元，应当由张某乙、冯某某、张某丙、彭某某承担。张某乙、冯某某、张某丙、彭某某对该证据的真实性、关联性、证明内容及证明事项均不认可。某房地产公司乙对该证据的真实性、合法性、关联性认可，对证明内容、证明目的无异议。

本院经审查认为，本案各方当事人均确认真实性的2016年《补充协议书》第8条约定"乙方及目标公司于2016年与某投资中心……及其指定的委托贷款人签订《人民币委托贷款合同》"，该证据与上述约定内容相吻合，张

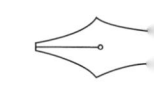

某乙、冯某某、张某丙、彭某某虽不认可该证据的真实性，但未提供反驳证据，故本院对该证据的真实性予以确认。对该证据的证明力问题，本院在判决理由部分进一步论述。

2.《某房地产公司乙某商业中心项目期间2008－2018年6月企业所得税汇算清缴报告书》和《关于〈某商业中心项目之合作协议〉之补充协议三》，用以证明由于张某乙、冯某某、张某丙、彭某某未履行企业所得税清缴义务，在再次转让某商业中心项目股权和资产过程中，直接导致某房地产公司甲、张某甲被收购方扣留34 174 484.42元，该款项应当由张某乙、冯某某、张某丙、彭某某支付。张某乙、冯某某、张某丙、彭某某的质证意见为：对该证据的真实性、关联性、证明内容、证明事项均不认可，汇算清缴报告书是由某房地产公司甲、张某甲控制的目标公司委托的税务师事务所出具，并非出自税务机关，税务清缴应依税务机关的缴税通知书才能进行缴纳，张某乙、冯某某、张某丙、彭某某无法主动清缴，故不应承担未能清缴的责任；未按时清缴税费应由税务机关追究责任，而非向某房地产公司甲、张某甲承担责任；某房地产公司乙由某房地产公司甲、张某甲控制，在某房地产公司乙未支付税款之前无权向张某乙、冯某某、张某丙、彭某某主张权利；未能及时清缴税费，某房地产公司甲、张某甲是知晓的，其可在履行清缴税款后再向张某乙、冯某某、张某丙、彭某某追偿，某房地产公司甲、张某甲在明知存在未清缴税款的情况下仍与相对方签订股权转让协议，由此造成的后果应由其自行承担。某房地产公司乙的质证意见为：对该证据的真实性、合法性、关联性认可，对部分证明内容和证明目的不认可，某房地产公司乙对某房地产公司甲、张某甲所主张的应补所得税额34 174 484.42元均系2013年5月27日前发生且应由张某乙、冯某某、张某丙、彭某某承担无异议，但该税费应以某房地产公司乙名义补缴，应支付至某房地产公司乙指定账户。

本院经审查认为，《某房地产公司乙某商业中心项目期间2008－2018年6月企业所得税汇算清缴报告书》载明系受某房地产公司乙的委托出具，某房地产公司乙亦系《关于〈某商业中心项目之合作协议〉之补充协议三》约定的项目公司，现某房地产公司乙对上述证据的真实性予以确认，在此情形下本院对该证据在形式上的真实性不持异议，但对该证据在内容上的真实性及证明力问题，本院在判决理由部分进一步论述。

3. 某信托公司甲贷款合同、财务顾问协议及付款凭证，某信托公司乙贷款合同及付款凭证，某信托公司丙贷款合同及付款凭证，廊坊某银行借款合同及付款凭证，以及《人民币委托贷款合同》的其他付款凭证，用以证明因转让方未完成办理C座不动产权证书，直接导致受让方无法将收购的某商业中

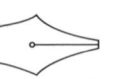

心项目用于上市、并购或参与其他商业合作，使受让方商业运作搁浅，遭受经济损失巨大，仅该期间已产生的利息费用高达856 367 619元。张某乙、冯某某、张某丙、彭某某的质证意见为：对该证据的真实性、关联性、证明事项均不认可；该证据不能证明未能取得C座不动产权证书影响了受让方上市，且该证据涉及多笔贷款，说明受让方在利用受让项目运作资金、进行经营，受让方并非因未能取得C座不动产权证书而遭受损失；某房地产公司甲、张某甲受让某房地产公司乙股权时已经明知C座未办理房屋产权登记，其应根据项目的实际情况进行运作经营，否则则属于其自行扩大损失，应由其自行承担；未能办理C座房屋产权登记是因政府等不可抗力原因所致，而非张某乙、冯某某、张某丙、彭某某违约导致，故张某乙、冯某某、张某丙、彭某某不应为此承担法律责任；并且，双方签订的《协议书》及《补充协议书》已对《股权转让及债权债务重组协议》进行变更及补充，张某乙、冯某某、张某丙、彭某某办理C座产权证的义务已经消灭，不再承担任何法律责任。某房地产公司乙的质证意见为：对该证据的真实性、合法性、关联性、证明内容及证明目的均无异议。

本院经审查认为，上述证据不能反映出与C座物业未取得不动产权证书之间的关联性，也不能反映出某房地产公司甲、张某甲所称的受让方无法将某商业中心项目用于商业运作的主张，并且该证据载明的借款人和付款人为某房地产公司乙，某房地产公司乙与某房地产公司甲、张某甲是不同的独立法律主体，该证据不能反映出与某房地产公司甲、张某甲的关联性，故本院对该证据的关联性及证明力不予确认。

关于张某乙、冯某某、张某丙、彭某某针对本诉提交的《关于请求解决大兴区某商业中心项目C座有关用地审批手续问题的申请》，该证据用以证明为尽快解决C座物业的产权证问题，2020年5月28日其以某房地产公司乙名义向北京市规划和自然资源委员会发函，请求尽快办理相关手续；未能办理C座物业房屋产权证，不是因张某乙、冯某某、张某丙、彭某某的原因造成，不存在不积极办理的情况。某房地产公司甲、张某甲的质证意见为：对该证据的真实性、合法性、关联性和证明目的均不认可；该申请系以某房地产公司乙名义所作的单方陈述，无寄送凭证或回执文件表明该文件已送交北京市规划和自然资源委员会，且该申请无法证明张某乙、冯某某、张某丙、彭某某多次请求办理；相反，该申请反映出张某乙、冯某某、张某丙、彭某某未积极按约履行办证义务，其怠于履行办理C座产权证的义务，致使C座产权证的办理工作一直处于停滞状态，其应当依约承担违约责任；张某乙、冯某某、张某丙、彭某某在明知项目背景和地块争议的情况下自愿与某房地产公司甲、张某甲签署

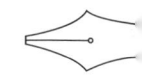

协议,承诺在固定期日前完成办证、否则承担违约责任,应当自担风险并受此约束;受让方始终积极协助并配合转让方办证,不存在转让方无法履行办证义务的情形。某房地产公司乙质证认为,对该证据的真实性认可,对合法性、关联性及证明事项均不认可;该证据及其附件是过程性文件,不能证明C座物业办理不动产权证存在实质障碍,不能因此免除张某乙、冯某某、张某丙、彭某某的合同义务,其应继续履行合同义务;某房地产公司乙配合其出具上述文件,也说明某房地产公司乙对其继续办理C座产权证情况知晓,并同意办理至某房地产公司乙名下。

本院经审查认为,该证据上加盖有某房地产公司乙印章,而某房地产公司乙对该证据的真实性认可,故本院对某房地产公司乙盖章出具该申请的真实性不持异议,但该证据本身并未反映出张某乙、冯某某、张某丙、彭某某向有关行政机关递交申请的实际过程及后续情况,张某乙、冯某某、张某丙、彭某某亦未提供其他证据佐证,故本院对张某乙、冯某某、张某丙、彭某某的证明主张不予确认。

关于张某乙、冯某某针对反诉提交的以下证据:

1.催款通知、邮寄凭单及律师函,用以证明张某乙、冯某某向某房地产公司甲、张某甲催缴欠款及违约金,某房地产公司甲、张某甲自第一笔应付款之日起,每笔均未能按时支付,均构成付款违约。某房地产公司甲、张某甲的质证意见为:认可2014年5月7日、2014年6月19日、2014年8月12日和2014年11月20日《付款通知函》的真实性、合法性,但对关联性和证明目的不认可;对2014年3月10日《付款通知函》、2015年1月7日《催款通知函》和2018年2月23日《律师函》的真实性、合法性、关联性和证明目的均不认可,未收到上述三份函件,且无妥投证明,根据快递凭证单号也无法从公开网络查询到妥投结果;并且转让方要求受让方支付逾期付款违约金的诉讼请求已超过诉讼时效。某房地产公司乙的质证意见为:对该证据的真实性无法确认,证明事项不认可。张某丙、彭某某的意见与张某乙、冯某某一致。

本院经审查认为,首先,对于2014年5月7日、2014年6月19日、2014年8月12日和2014年11月20日《付款通知函》,因某房地产公司甲、张某甲认可真实性,故本院对其真实性予以确认。

其次,对于2018年2月23日《律师函》,某房地产公司甲、张某甲否认收到该函,但某房地产公司甲、张某甲提供的2018年3月9日其委托某律师事务所甲向张某乙、冯某某、张某丙、彭某某等出具的《律师函》中载明"贵方委托某律师事务所乙于2018年2月23日出具的《律师函》已收悉"。某房地产公司甲、张某甲虽称其收到的2018年2月23日《律师函》与本案中张

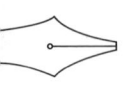

某乙、冯某某提供的上述证据不是同一份文件，但经本院询问，某房地产公司甲、张某甲表示其无法出示其收到的2018年2月23日《律师函》。《最高人民法院关于民事诉讼证据的若干规定》第四十八条第一款规定：控制书证的当事人无正当理由拒不提交书证的，人民法院可以认定对方当事人所主张的书证内容为真实。据此，本院对张某乙、冯某某提供的2018年2月23日《律师函》的真实性予以确认。

最后，对于2014年3月10日《付款通知函》、2015年1月7日《催款通知函》，某房地产公司甲、张某甲否认收到，而张某乙、冯某某提交的邮寄凭证并未显示邮件被签收，故张某乙、冯某某不能证明某房地产公司甲、张某甲实际收到过该两份函件，本院对其真实性不予确认。

2.《项目合作框架协议》、《项目委托建设经营协议》、某投资管理公司工商信息查询单、《固定资产贷款合同》、《补充协议》、银行回单、贷款转存凭证、业务付款发票、客户专用回单、借款协议及收据、某商业管理公司工商信息查询单、借款合同、支付借款凭证、贷款利息单、某物业管理公司工商信息查询单、业务通用凭条、个人借款付息凭证等，用以证明张某乙、冯某某向某房地产公司甲、张某甲转让某房地产公司乙股权的主要目的是解决由张某乙、冯某某为股东的某投资管理公司投资建设的某商业中心项目建设所需资金，以及所经营的相关企业所需资金；因某房地产公司甲、张某甲自第一笔应付款之日起，每笔均未能按时支付，构成付款违约，致使张某乙、冯某某资金不足，严重影响了某商业中心项目建设进度，导致建设周期延长，对材料商、建筑商构成付款违约，而对外借款及支付利息，给张某乙、冯某某造成重大经济损失。某房地产公司甲、张某甲对上述证据的真实性、合法性、关联性和证明目的均不认可，并表示其中部分证据不是与本案当事人签署，无法确认是否与案外第三方真实发生；绝大部分借款协议、借据以及付息行为均没有银行转账凭证予以支持，无法证明实际发生；且上述证据内容均与本案无关，故不认可关联性和证明目的。某房地产公司乙对上述证据的真实性无法确认，认为与本案不具有关联性，对证明事项不认可。张某丙、彭某某的意见与张某乙、冯某某一致。

本院经审查认为，上述证据不能体现出与本案存在关联性，既不能反映出张某乙、冯某某所称的转让某房地产公司乙股权的主要目的是为解决该证据中借款主体的所需资金，也不能反映出其所称的借款、付款行为与某房地产公司甲、张某甲逾期付款有关；并且，某投资管理公司等公司与张某乙、冯某某系不同的独立法律主体，某投资管理公司等公司的行为也不能体现出张某乙、冯某某存在损失。故本院对上述证据的关联性及证明力不予确认。

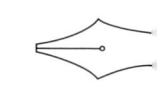

3. 邮件跟踪系统查询单截屏图片,用以证明2018年2月23日向某房地产公司甲、张某甲发送的《律师函》,某房地产公司甲、张某甲已签收。某房地产公司甲、张某甲质证认为,对该证据的真实性、合法性、关联性及证明目的均不认可,无法核实该证据的真实来源,图片内容无据可查,无邮局印戳或说明,无法印该截屏图片系来源于邮局。某房地产公司乙质证认为,对该证据的真实性无法确认,证明事项不认可。张某丙、彭某某的意见与张某乙、冯某某一致。

本院经审查认为,该证据的图片内容不清晰,且不能体现证据来源,张某乙、冯某某虽称系从邮局取得,但未提供其他证据佐证,故本院对其真实性不予确认。但是,该证据不具有真实性并不影响本院对2018年2月23日《律师函》真实性的认定,理由前已论述,此处不再赘述。

4. 某房地产经纪公司交接清单,用以证明2013年7月18日,张某乙、冯某某等已按合同约定向某房地产公司甲、张某甲实际交付某房地产经纪公司证照,进而证明应从2013年8月9日计算逾期付款违约金。某房地产公司甲、张某甲质证认为,对该证据的真实性、合法性无异议,对关联性及证明目的不认可;该证据无法证明第二笔股权转让价款在2013年8月9日时满足付款条件,且张某乙、冯某某无权追究某房地产公司甲、张某甲在2015年4月13日之前的违约责任,因此股权交割Ⅰ的完成时间对于计算逾期付款违约金没有实际意义。某房地产公司乙质证认为,对该证据的真实性无法确认,对证明事项不认可。张某丙、彭某某的意见与张某乙、冯某某一致。

本院经审查认为,因某房地产公司甲、张某甲对该证据的真实性认可,本院对其真实性予以确认。

根据当事人陈述和经审查确认的证据,本院认定事实如下:

一、涉案股权转让协议的签订情况

自2013年至2016年,本案当事人及案外人就涉案股权转让相关事宜签订有以下6份协议:

(一)《项目收购框架协议》

2013年3月25日,转让方为"某房地产经纪公司、冯某某、张某乙"、受让方为"某房地产公司甲"签订《项目收购框架协议》,内容为:目标公司为某房地产公司乙。鉴于目标公司目前的股东结构为某房地产经纪公司出资比例90.9%,出资额291 000 000元;冯某某出资比例5.0%,出资额16 000 000元;张某乙出资比例4.1%,出资额13 000 000元,实缴出资总额320 000 000元。目标公司开发建设的某商业中心项目位于北京市大兴区某商业区。某商业中心项目占地面积45 122.29平方米,共有A、B、C、D、E、F座及地下,于

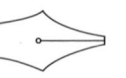

2010年10月完成建设并投入使用，实测建筑面积225 639.82平方米（包括C座16 502.65平方米），转让方和受让方就股权和债权转让达成意向协议如下：（1）转让方同意将其持有的目标公司100%股权和享有目标公司的全部债权转让给受让方。（2）受让方受让目标公司100%股权对应的资产仅包括某商业中心项目C、E、F座及地下1-3层，总建筑面积166 725.09平方米，其中E、F座及地下1-2层均办理了房屋所有权证，建筑面积128 949.25平方米（包括：地上76 495.76平方米，地下52 453.49平方米）。C座和地下3层未办理房屋所有权证，建筑面积37 775.84平方米（包括：C座地上9636.06平方米，C座地下6866.59平方米，地下3层21 273.19平方米）。除此之外目标公司名下A、B、D座未销售有房屋所有权证的资产，建筑面积约4794.36平方米（具体的面积以最终剥离时为准）仍由转让方享有，由转让方负责剥离出目标公司。（3）转让价格为1650 000 000元。……（6）本协议签署后3日内，受让方向转让方支付5 000 000元作为定金。如因受让方原因恶意放弃本次收购，转让方已收取的定金不予退还。如因转让方原因恶意放弃本次转让，转让方应双倍退还已收取受让方的定金。……（9）法律和财务尽职调查完成后7日内，双方应当签署《转让协议》，各期转让款的支付及有关股权变更和债权的转移手续在《转让协议》里详细约定。在该协议尾部，转让方处有某房地产经纪公司盖章、冯某某签字。受让方处有某房地产公司甲盖章、张某甲签字。

（二）《股权转让及债权债务重组协议》

2013年5月27日，冯某某、张某乙、张某丙、彭某某、某装饰工程中心、某房地产经纪公司、某房地产公司乙、张某甲、某房地产公司甲共同签订《股权转让及债权债务重组协议》，内容包括："张某甲以下简称'受让自然人'，某房地产公司甲以下简称'受让公司'。

"鉴于：张某乙作为某装饰工程中心的投资人；彭某某持有某房地产经纪公司约6.7%的股权；张某丙持有某房地产经纪公司约1.7%的股权；冯某某持有某房地产公司25%的股权；张某乙持有某房地产公司24.0625%的股权。张某乙同意将其持有的某装饰工程中心整体出售给受让自然人；某装饰工程中心同意将其持有的某房地产经纪公司的36.6%股权出售给受让公司；彭某某同意将其持有的某房地产经纪公司的6.7%股权出售给受让公司；张某丙同意将其持有的某房地产经纪公司的1.7%股权出售给受让公司；冯某某同意将其持有的某房地产公司乙的5%股权出售给受让公司；张某乙同意将其持有的某房地产公司乙的4.0625%股权出售给受让公司。

"第一条定义及解释。1.1定义。转让方指冯某某、张某乙、张某丙、彭某某、某装饰工程中心的合称。目标公司指某装饰工程中心、某房地产经纪公司、某房地产公司乙的合称。受让方指受让自然人和受让公司的合称。标的股权Ⅰ指某装饰工程中心持有的某房地产经纪公司36.6%的股权、彭某某持有的某房地产经纪公司6.7%的股权和张某丙持有的某房地产经纪公司1.7%的股权。标的股权Ⅱ指张某乙持有的整体某装饰工程中心、冯某某持有的某房地产公司25%的股权和张某乙持有的某房地产公司24.0625%的股权。标的股权指标的股权Ⅰ和标的股权Ⅱ的合称。股权交割Ⅰ指本协议项下目标股权Ⅰ转让的交割。股权交割Ⅱ指本协议项下目标股权Ⅱ转让的交割。股权交割指股权交割Ⅰ和股权交割Ⅱ的合称。交易价款指本协议第二条所述内容。项目用地指北京市大兴区某老街危改C区。C座物业指目标项目用地现场标示为C座的建筑物（坐落于B座物业和D座物业之间，目前尚未获得房屋所有权证）。B座物业指北京市大兴区某号院5号楼。D座物业指北京市大兴区某号院3号楼。地下物业指北京市大兴区某号院7幢。

"第二条交易价款。2.1经本协议各方协商，交易价款总额为1650000000元，仅指以下部分：2.1.1股权转让款：即进行股权交割Ⅰ和股权交割Ⅱ时目标公司的注册资本金及投资额的总和，该款项金额为326100000元。2.1.2替某房地产公司乙支付的融资贷款：指《信托贷款合同》项下，某房地产公司乙向某信托公司丁贷款的贷款本金650000000元及其对应于截至实际还款日应付利息。2.1.3替某房地产公司乙支付的建设工程欠款、替某房地产公司乙支付的其股东借款及其他：该笔款项金额为1650000000元减去第2.1.1条所述的股权转让款326100000元，再减去第2.1.2条所述的替某房地产公司乙支付的融资贷款（即650000000元及其对应于截至实际还款日应付利息）后的余额。2.2各方同意：除上述款项和约定的税费之外，受让方无须向转让方、目标公司或其他任何一方另行支付其他任何费用或款项。

"第三条付款。3.1转让方同意在2013年6月15日前完成将项目用地、E座物业、F座物业和地下物业（其中包含人防工程和地下不分摊及其他）抵押给某信托公司甲的抵押登记工作（某信托公司甲作为第二顺位抵押权人）。3.2自上述第3.1条所述工作完成且本协议签署后且在2013年6月15日前，受让方向转让方支付第一笔款项700000000元，该款项中的部分将由受让方直接支付给某信托公司丁，该款项数额为上述第2.1.2条所述金额，剩余部分将由受让方支付给转让方。受让方支付上述第一笔款项前至少1个工作日，转让方和目标公司须负责协调某信托公司丁书面通知受让方《信托贷款合同》项下的全部贷款本金650000000元整及其对应于截止实际还款日应付利息的具体金额。3.3自上述第3.2条所述工作完成后10个工作日内，转让方和目标公司应完成《信托贷款合同》项下的抵押解除手续和股权交割Ⅰ的相关工作，完

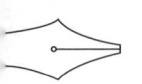

成股权交割Ⅰ工作的标志是：受让方收到某房地产经纪公司的有效营业执照原件及章程，该营业执照原件显示：某房地产经纪公司为中国境内合法有效存续的有限责任公司、受让公司的指定方为法定代表人，其余内容不变；该章程原件显示：某房地产经纪公司为中国境内合法有效存续的有限责任公司、受让公司的指定方为法定代表人、受让公司占某房地产经纪公司45%的股权、某装饰工程中心占某房地产经纪公司55%的股权，其余内容不变。3.4 自上述第3.3条所述工作完成后15个工作日内，受让方应支付交易价款中的第二笔款项，该款项金额为200000000元。3.5 在2013年9月30日前，受让方应支付交易价款中的第三笔款项，该款项金额为50000000元。3.6 在2013年12月31日前，受让方应支付交易价款中的第四笔款项，该款项金额为100000000元。3.7 在2014年3月31日前，受让方应支付交易价款中的第五笔款项，该款项金额为200000000元。3.8 在转让方办理完毕C座物业抵押登记工作后（某信托公司甲作为第一抵押权人）且在2014年6月30日前，受让方应支付交易价款中的第六笔款项，该款项金额为100000000元。3.9 在2014年9月30日前，受让方应支付交易价款中的第七笔款项，该款项金额为100000000元。3.10 在2014年12月31日前受让方应支付交易价款中的第八笔款项，该款项金额为200000000元。3.11 在上述第3.10条所述工作完成前，转让方和目标公司应完成本协议项下的股权交割Ⅱ事宜，完成股权交割Ⅱ工作的标志是：受让方收到某装饰工程中心有效营业执照原件，且该原件显示：某装饰工程中心为中华人民共和国合法有效的个人独资企业、受让自然人为其唯一投资人，其余内容不变；受让方收到某房地产公司乙有效营业执照原件和章程，该营业执照原件应当显示：某房地产公司乙为中华人民共和国合法有效的企业法人、法定代表人为受让公司指定方，其余内容不变；章程原件应当显示：受让公司和某房地产经纪公司为各持有其9.0625%股权和90.9375%股权的股东，注册资本金为320000000元、法定代表人、（执行）董事和监事为受让公司指定方，其余内容不变。

"第四条 股权交割。4.1 转让方和目标公司同意：按照本协议约定的条款和条件向受让方转让其持有的标的股权，受让方同意受让标的股权。受让方受让标的股权后，受让自然人将成为某装饰工程中心的唯一投资人、受让公司将成为持有某房地产经纪公司45%股权的股东、持有某房地产公司乙9.0625%股权的股东。4.4 受让方承诺对其受让的C座物业、E座物业、F座物业、地下物业、人防工程和地下不可分摊及其他的土地的增值税进行汇算清缴，由受让方缴纳与转让方无关；除此以外的土地增值税由转让方承担，与受让方无关。除土地增值税外其他与本次转让相关的转让方应缴纳的所有税、费总额在

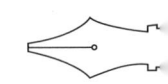

5000000元以下（含5000000元），由受让方承担，税、费总额超过5000000元的差额部分由转让方和受让方各自承担一半。

"第五条剥离。5.1自本协议签署之日起至2014年12月31日止，冯某某、张某乙和某房地产公司乙应当完成对其以下资产和负债的剥离（以下简称"剥离物"）。5.2剥离物范围包括：A座物业、B座物业、D座物业中全部由某房地产公司乙所持的房屋所有权、相应土地；某商业中心项目；某二期土地项目（原邮局）；以及其他受让方认为应当剥离的。5.6无论本协议签署日前或本协议签署日后发生的，所有与剥离物相关的全部债权债务均由转让方承担。因上述剥离而发生的全部税费、损失及风险（包含而不限于转让方、目标公司直接或间接承担的）均由转让方承担。

"第七条税务承担。7.1转让方承诺在本协议签署之日前（不含当日），目标公司发生的应付税项包括但不限于营业税及相关附加税，预提所得税、预扣预缴之个人收入所得税等其他应付款项，和目标公司因任何违反法律、地方法规及政策规定而遭致的罚税、罚款等均由转让方承担清偿责任，且在承担责任后放弃对目标公司的追偿权。7.2自本协议签署之日后（含当日），目标公司发生的应付税项包括但不限于土地增值税、营业税及相关附加税，企业所得税、房产税、土地使用税、印花税、车船税、代扣代缴的个人所得税等其他应付款项；和目标公司因任何违反法律、地方法规及政策规定而遭致的罚税、罚款等均由目标公司和受让方自行承担（因剥离产生的税费除外），转让方不再承担任何清偿责任。

"第九条违约行为与救济。9.1如下情形发生，视为转让方、目标公司违约：（2）转让方、目标公司未履行本协议项下义务，并且在受让方发出要求履行义务的通知后10个工作日内仍未履行；（5）在2014年6月30日前，转让方、目标公司尚未获得政府相关部门正式颁发的C座物业的房屋所有权证。9.2若转让方、目标公司违约，则受让方有权采取如下一种或多种救济措施以维护其权利：（1）暂时停止履行义务，待转让方、目标公司的违约情形消除后恢复履行；根据此款约定而暂停履行义务不构成受让方不履行或迟延履行义务；（2）要求转让方、目标公司实际履行义务；（3）依法要求转让方、目标公司承担赔偿责任；其中由于转让方、目标公司原因导致其约定迟延履行本协议项下义务的，每逾期一日，转让方、目标公司（仅其中任何一方）应按交易价款的万分之三向受让方（仅其中任何一方）支付滞纳金；（4）按照本协议的第十条约定解除本协议。9.3若发生如下情形的，视为受让方违约：（1）受让方不履行本协议项下义务，并且在转让方、目标公司发出要求履行义务的通知后10个工作日内仍未履行；（2）受让方未履行或迟延履行支付交

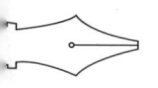

易价款的义务。9.4 若受让方违约，则转让方、目标公司有权采取如下一种或多种救济措施以维护其权利：（1）暂时停止履行义务，待受让方违约情形消除后恢复履行；根据此款规定暂停履行义务不构成转让方、目标公司不履行或迟延履行义务；（2）要求受让方实际履行义务；（3）依法要求受让方承担赔偿责任；其中，受让方违反本协议项下义务的，每逾期一日的，受让方（仅其中任何一方）应按交易价款的万分之三向转让方（仅其中任何一方）支付滞纳金；（4）按照本协议第十条的约定解除本协议。……9.6 本协议守约方对违约方的违约行为的弃权须以书面形式作出方为有效。本协议任何一方未行使或迟延行使其在本协议项下的任何权利或救济不构成弃权；部分行使权利或救济亦不阻碍其行使其他权利或救济。"

该协议的附件 3 权属证明及情况清单显示，C 座物业截至本协议签署日，尚未获得相关产权证明文件，坐落待定（大致位于 B 座物业和 D 座物业之间）。

关于该协议第 9.2 条约定的"向受让方（仅其中任何一方）支付滞纳金"和第 9.4 条约定的"向转让方（仅其中任何一方）支付滞纳金"，其中"（仅其中任何一方）"的理解，某房地产公司甲、张某甲与张某乙、冯某某、张某丙、彭某某均称如此约定系明确一个违约行为仅产生一个违约责任、避免守约方重复主张滞纳金。本案各方当事人均表示同意由某房地产公司甲、张某甲作为迟延办证滞纳金的共同本诉原告以及由张某乙、冯某某作为逾期付款违约金的共同反诉原告。

（三）《股权转让及债权债务重组协议的补充协议》

2013 年 5 月 28 日，冯某某、张某乙、张某丙、彭某某、某装饰工程中心、某房地产经纪公司、某房地产公司乙、张某甲（受让自然人）、某房地产公司甲（受让公司）、某商业管理公司签订《股权转让及债权债务重组协议的补充协议》，内容为：

"鉴于：转让方、目标公司和受让方于 2013 年 5 月 27 日签署了《股权转让和债权债务重组协议》（以下简称为'原协议'），现各方经协商同意就上述原协议进行变更并达成本补充协议。彭某某、张某丙和张某乙同意按照本协议的相关约定，将其持有的某商业管理公司的 3.3%、13.3% 和 83.4% 股权转让给受让公司，受让公司同意受让该股权。

"二、本协议各方同意对原协议作如下变更：2.1 将原协议中的第 2.1 条变更为：经本协议各方协商，交易价款总额为 1643000000 元整。2.3 将原协议中的第 3.10 条变更为：在 2014 年 12 月 31 日前，受让方应支付交易价款中的第八笔款项，该款项金额为 193000000 元整。

"三、其他。3.2本补充协议为原协议的补充协议,本补充协议未约定的,以原协议的约定为准;本补充协议与原协议约定不一致的,以本补充协议为准。"

(四)《协议书》

2015年4月13日,转让方为"冯某某、张某乙、张某丙、彭某某、某装饰工程中心、某房地产经纪公司、某房地产公司乙、某商业管理公司"、受让方为"张某甲、某房地产公司甲"、目标公司为"某装饰工程中心、某房地产经纪公司、某房地产公司乙、某商业管理公司"签订《协议书》,内容包括:

"鉴于上述转让方、受让方于2013年5月27日签订了《股权转让及债权债务重组协议》(以下简称原协议),2013年5月28日签订了《股权转让及债权债务重组协议的补充协议》(以下简称原补充协议),就有关付款及C座物业房屋产权证办理及归属事宜,经协商,达成如下协议:

"1. 原协议和原补充协议约定,受让方应于2014年3月31日前支付200000000元,但受让方于2015年2月向转让方只支付了35000000元,其余款至今未付;转让方未在2014年6月办理完毕C座的物业产权手续;原协议和原补充协议同时约定,在转让方按照原协议约定办理完毕C座物业抵押登记工作后且在2014年6月30日前支付100000000元,2014年9月30日前支付100000000元,2014年12月31日前支付193000000元,至此受让方尚有应付款项为558000000元。就上述款项的支付时间及办法事宜,经协商确定,受让方按下列时间向转让方冯某某、张某乙支付:

"1.1 受让方于2015年6月30日前向转让方冯某某、张某乙支付300000000元,并向双方开立的共管账户存入78000000元,待转让方协助受让方办理完毕股权工商变更登记手续当日解除共管,共管账户内的78000000元于解除共管账户之日起归转让方张某乙、冯某某所有。

"1.2 剩余应付款项180000000元,按下述约定进行支付:

"1.2.1 转让方应当在2015年12月30日前办理完毕C座物业产权证书,转让方办理完毕C座物业的房屋产权证后1个月内付清。

"1.2.2 2015年12月30日前,转让方不能办理完毕C座物业的房屋产权证时,如转让方确定无法办理且受让方不同意转让方继续办理C座物业的房屋产权证时,协议双方共同确认以如下两种方案解决,受让方具有优先选择权。方案一,该C座物业由受让方继续经营,受让方继续支付剩余款项180000000元。方案二,以总转让价款和总转让面积为基数,计算得出单价面积,扣除C座物业的相应面积得出的金额,余款支付给转让方,受让方无条件配合将已经接手经营的C座物业实体及经营手续、法律手续返还给转让方。

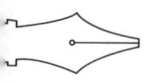

无论选择何种方案,双方互不承担由于办理C座所产生的违约责任。

"2. 由转让方继续负责办理C座物业的房屋的产权证事宜,受让方及目标公司予以积极协助办理,并根据转让方的要求出具办理C座物业的房屋的产权证事宜时转让方认为所需的、合理的全部相关手续。

"4. 原协议和原补充协议约定与本协议约定有不同之处,按本协议约定执行。

"6. 本协议签订后,除本协议约定外,本协议任何一方均不再追究对方在履行本协议签订之前的任何违约及损失赔偿责任。任何一方违反本协议约定,未按本协议约定履行;守约方有权按原协议及原补充协议追究违约方的违约责任及相关法律责任。"

在《协议书》尾部,转让方有某装饰工程中心、某房地产经纪公司、某房地产公司乙、某商业管理公司盖章及冯某某签字。受让方有某房地产公司甲盖章及张某甲签字。目标公司有某装饰工程中心、某房地产经纪公司、某房地产公司乙、某商业管理公司盖章。

在本院审理过程中,某房地产公司甲、张某甲与张某乙、冯某某、张某丙、彭某某就《协议书》条款理解产生分歧。某房地产公司甲、张某甲认为,《协议书》第1.2.1条约定转让方应当在2015年12月30日前办理完毕C座物业产权证书,而张某乙、冯某某、张某丙、彭某某未在该期限内办理完毕C座物业产权证书,故应依据《协议书》第6条的约定,承担《股权转让及债权债务重组协议》第9.2条约定的迟延履行滞纳金。张某乙、冯某某、张某丙、彭某某则认为,《协议书》第1.2.2条约定无论选择何种方案,双方互不承担由于办理C座所产生的违约责任,此系针对2015年12月30日前转让方不能办理完毕C座物业的房屋产权证时约定的兜底条款,且《协议书》第6条约定本协议任何一方均不再追究对方在履行本协议签订之前的任何违约及损失赔偿责任,故张某乙、冯某某、张某丙、彭某某不再因C座物业办证问题承担《股权转让及债权债务重组协议》第9.2条约定的迟延履行滞纳金。

(五)《补充协议书》

2016年,甲方为"冯某某、张某乙、张某丙、彭某某、某装饰工程中心、某房地产经纪公司",乙方为"张某甲、某房地产公司甲",目标公司为"某装饰工程中心、某房地产经纪公司、某房地产公司乙"签订《补充协议书》,约定:"鉴于上述甲方、乙方、目标公司于2013年5月27日签订了《股权转让及债权债务重组协议》、于2013年5月28日签订了《股权转让及债权债务重组协议的补充协议》、于2015年4月13日签订了《协议书》(以下统称'原协议')。为明确股权转让款及相关权利的归属,经协议各方协议人协商,达成如下协议：

"1. 甲方冯某某、张某乙、张某丙、彭某某、某装饰工程中心、某房地产经纪公司与乙方张某甲、某房地产公司甲及目标公司某装饰工程中心、某房地产经纪公司、某房地产公司乙签署的'原协议'中所约定的全部转让款及转让方所享有的全部权利，实际均为冯某某、张某乙投资形成，故此该全部权利均归冯某某、张某乙所享有；'原协议'中的除冯某某、张某乙外的其他转让方（即张某丙、彭某某、某装饰工程中心、某房地产经纪公司等）不享有转让款及转让方所享有的任何权利，乙方张某甲、某房地产公司甲应直接向转让方冯某某、张某乙支付转让款及相关权益；在乙方张某甲、某房地产公司甲未按'原协议'约定履行转让款给付义务时，转让方冯某某、张某乙有权向受让方张某甲及某房地产公司甲追偿或直接提起诉讼，目标公司（即某房地产经纪公司、某房地产公司乙）对张某甲及某房地产公司甲应履行'原协议'义务承担连带保证责任。

"2. '原协议'中的转让方除冯某某、张某乙外，其他转让方张某丙、彭某某、某装饰工程中心、某房地产经纪公司等均变更为第三人；除冯某某、张某乙外的其他转让方（张某丙、彭某某、某装饰工程中心、某房地产经纪公司等）不再享有转让方的任何权利，但仍应履行'原协议'中的有关义务。

"3. 就股权转让、财产处置、转让款支付及相关等有关事宜，冯某某、张某乙有权直接与乙方张某甲及某房地产公司甲直接签署相关协议及法律文件等，而无需经除冯某某、张某乙外的其他转让方（张某丙、彭某某、某装饰工程中心、某房地产经纪公司等）及目标公司认可或签署，但其他转让方（张某丙、彭某某、某装饰工程中心、某房地产经纪公司等）仍应履行冯某某、张某乙与乙方张某甲及某房地产公司甲直接签署相关协议及法律文件等所约定的协助义务。

"7. 乙方及目标公司承诺未付清甲方'原协议'约定的款项时，某商业中心项目C座产权归甲方所有。甲方在办理C座房屋产权证后，乙方及目标公司承诺15日内支付剩余全部款项。甲方办理C座房屋产权证当日有权先行将C座办理抵押至甲方指定的名下，直至乙方及目标公司支付完毕'原协议'约定的款项；乙方及目标公司应无条件配合将C座办理抵押至甲方指定的名下手续，若不配合办理，需支付剩余应付款项日息万分之五的违约金；乙方及目标公司支付完'原协议'约定的款项时，甲方需15日内无条件办理C座解押手续，不办理的需支付剩余应付款项日息万分之五的违约金。

"8. 鉴于乙方及目标公司于2016年月日与某投资中心、某房地产公司乙（以下简称目标公司）、某商业管理公司签订《某投资中心与某房地产公司乙、

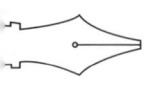

张某甲、某商业管理公司之合作协议》(《明股实债协议》)及某投资中心及其指定的委托贷款人签订《人民币委托贷款合同》,某投资中心以明股实债方式向目标公司提供贷款2000000000元。故此,乙方及目标公司承诺:目标公司偿还《明股实债协议》或某投资中心及其指定的委托贷款人签订《人民币委托贷款合同》项下的款项后,乙方及目标公司负责将目标公司(即某房地产公司乙)的股权恢复至原股东冯某某、张某乙及某房地产经纪公司名下;如需支付回购股权转让款由乙方承担,甲方不承担任何款项。若乙方及目标公司支付完毕应付甲方的全部剩余款项,甲方无条件同意把相关股份转至乙方指定机构或个人名下。

"9. 乙方或目标公司在收到《明股实债协议》及某投资中心与其指定的委托贷款人签订《人民币委托贷款合同》项下的款项后应于当日,由乙方或目标公司负责向甲方冯某某账户支付16000000元,向甲方张某乙账户支付13000000元,并向甲方指定账户支付101000000元,用于偿还'原协议'约定乙方应付款项。该笔还款视为某房地产公司甲对建设银行签署的《中国建设银行应收账款质押通知书》(以下简称《通知书》)确认的310000000元欠款中130000000元部分,该笔还款由甲方付至《通知书》约定的账户,至此,乙方在《通知书》中承担130000000元的还款承诺由甲方负责清偿,与乙方无关。

"10. 乙方未能履行本协议第8条、第9条约定义务及承诺,甲方为乙方办理C座房屋产权证的义务消灭,不再履行;乙方应立即向甲方支付'原协议'约定的全部未付款项,并按'原协议'约定承担违约责任。但本次贷款因为金融机构原因未予发放的除外。"

在该协议尾部,甲方有冯某某、张某乙、张某丙、彭某某签字及某装饰工程中心、某房地产经纪公司盖章,乙方有某房地产公司甲盖章,目标公司有某装饰工程中心、某房地产经纪公司、某房地产公司乙盖章。

(六)《关于〈股权转让及债权债务重组协议〉的补充协议》

2016年12月23日,甲方为"冯某某、张某乙"、乙方为"某房地产公司甲、张某甲"、目标公司为"某房地产公司乙"签订《关于〈股权转让及债权债务重组协议〉的补充协议》,就甲乙双方及目标公司在履行《股权转让及债权债务重组协议》过程中有关事宜的处理办法进一步明确如下:

"⑥某商业中心A、B、D的土增税清算事宜:该笔费用根据所签订的《股权转让及债权债务重组协议》约定办理,该清算事宜由甲方全权负责,乙方全力配合,甲方应积极推进该项事宜,该土增税清算产生的包括税款在内的全部责任和费用均由甲方承担,若因甲方不积极办理土增税清算并给乙方及目

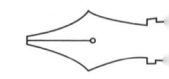

标公司造成损失由甲方负责，不影响乙方对目标公司的再次交易，乙方再次交易时，甲方上述责任对后续受让方依然有效。

"⑦某商业中心C座产权证办理事宜：甲方全权负责该事宜的办理工作，乙方应全力配合，甲方应积极加快推进该项事宜，C座产权证办理所产生的责任和费用均由甲方承担，若因甲方不积极办理C座产权证并给乙方及目标公司造成损失由甲方负责。甲方办理完毕C座产权证之日起30日内乙方应付清剩余款180000000元。甲方办理完毕C座产权证之日，乙方及目标公司应配合办理C座房屋抵押登记手续，将C座房屋抵押给甲方或甲方指定人选。如乙方及目标公司需要利用C座进行融资，用以支付所欠甲方合同款项，甲方在不损害其利益的情况下予以积极配合。在乙方付清剩余款180000000元之日，甲方将C座产权证交付乙方或目标公司。

"⑧某装饰工程中心持有的某房地产经纪公司股权需过户给乙方指定的第三方事宜：乙方及张某甲付清本次130000000元款项之日起10内，由甲方协助乙方办理某装饰工程中心持有的某房地产经纪公司股权需过户给乙方指定的第三方事宜。

"⑩本补充协议自乙方按照甲、乙方及目标公司签订的《款项支付协议》约定向甲方支付130000000元合同款项之日起生效。因履行《股权转让及债权债务重组协议》及相关补充协议约定，以及本补充协议约定发生争议协商解决不成时，由有管辖权的人民法院依法裁决。"

在该协议尾部，甲方有冯某某、张某乙签字，乙方有某房地产公司甲盖章，目标公司有某房地产公司乙盖章。在审理过程中，某房地产公司甲、张某甲与张某乙、冯某某、张某丙、彭某某均称因该协议第10条约定的130 000 000元合同款项已支付，该协议已生效。

（七）其他

虽然在上述6份协议中，有部分协议存在当事人签字不全的情况，但经本院询问，某房地产公司甲、张某甲与张某乙、冯某某、张某丙、彭某某及某房地产公司乙均确认上述6份协议对本案当事人具有拘束力。

二、某商业中心项目商业中心C座物业的相关情况

为证明某商业中心项目商业中心C座物业的相关情况，张某乙、冯某某、张某丙、彭某某提交附件9份，某房地产公司甲、张某甲及某房地产公司乙均认可真实性，上述附件记载以下内容：

2007年1月9日，北京市大兴区人民政府国有资产监督管理委员会《关于某住房开发公司转让大兴"某商业中心项目土地"请示的批复》载明：某住房开发公司，你单位上报的《关于转让大兴"某商业中心项目土地"的请

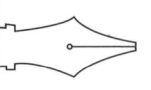

示》已收悉，经国资委主任办公会研究，原则同意你单位依据区政府会议纪要（京兴政会纪〔2006〕28号）精神，将"某商业中心项目土地"以120 000 000元的价格转让给某房地产公司乙，请按照相关政策进一步完善与该公司的转让协议，并做好后期工作。

2007年2月12日，北京市土地整理储备中心大兴区分中心《证明》的内容为：2002年大兴区政府委托某住房开发公司对C区进行危旧房拆迁改造开发，现根据区政府2006年8月10日区长办公会会议精神，改为由某房地产公司乙对该地块进行开发。

2007年4月9日，北京市大兴区人民政府《关于变更黄村老街危改C区土地使用权面积的函》（京兴政函〔2007〕22号）的内容为：北京市国土资源局：黄村老街危改C区，原规划为住宅，由于该地块具有很大的商业发展潜力，经区政府研究决定对该地块进行统一的商业开发，并委托某房地产公司乙进行开发建设。目前，该地块土地性质已由住宅用途调整为商业用途，并办理了出让手续和土地证（京兴国用×××出第×××号）。但是，在该项目东南侧有约3134平方米（某银行支行所属）的地块，由于历史原因，未纳入老街危改C区土地证办理的范围。为保证该地区商业开发的整体性，某房地产公司乙拟将某银行支行所属约3134平方米的土地使用权变更为某房地产公司乙所有，与黄村老街危改C区一并开发。某房地产公司乙已与该地块地上物权属单位某银行支行达成协议。该地块先按照原住宅地价执行，待市规划委批复后，再按照规划条件评审的地价补交地价款。特恳请贵局变更黄村老街危改C区土地使用权面积。妥否，请函复。

2008年3月6日印发的北京市大兴区人民政府《关于某商业中心项目建设问题的办公会议纪要》（京兴政会纪〔2008〕8号）载明：四、区规划分局负责将某银行支行家属宿舍楼地块纳入某商业中心项目统一规划，某房地产公司乙负责该宿舍楼住户的拆迁工作。拆迁工作完成后，该地块由区政府进行收购，并由区国土分局负责将该地块按法定程序上市交易。

2009年5月7日，某房地产公司乙向北京市大兴区人民政府提出《关于终止土地出让合同及保证某商业中心项目整体规划的请示》，内容为：我公司开发建设的某商业中心项目属于老街危改C区工程，是大兴区重点工程，现该项目所有手续已办理齐全，已开工建设。但紧邻某商业中心项目东侧，为15号楼，该楼土地使用权属于某银行支行，具体情况如下：15号楼所占用地总面积为3079平方米，该楼院内所占用地面积为1127平方米，土地用途为住宅，使用期限为永久［证号：大兴国用（籍）字第×××号］，属划拨用地；15号楼基座所占用地面积为1952平方米，土地用途为商住，地上建筑面积约

10 500平方米，其中住宅面积约7000平方米，底商建筑面积约3500平方米，使用期限为1998年至2068年〔证号：大兴国用（出）字第×××号〕，属出让用地。为了贯彻大兴区政府关于老街C区需统一规划的精神，我们已将地上建筑住宅面积约7000平方米统一完成动迁工作，进行了合理的安置；底商约3500平方米也已完成动迁工作，并与某银行支行签订《拆迁补偿协议》，该面积在新开发的项目中予以置换。同时，该楼已于2009年4月全部拆除完毕。为了贯彻大兴区政府的精神，加快某商业中心项目的整体规划建设，配合老街C区改造工程，促进大兴新城建设，加快投资落地，保障大兴区整体规划，现我公司恳请大兴区政府帮助协调如下工作：（1）收回土地证号为大兴国用（籍）字第×××号的土地；（2）终止土地证号为大兴国用（出）字第×××号的土地出让合同，并收回该土地；（3）将以上两块共计3079平方米的土地协议出让给我公司，由我公司与现正在建设的项目一同开发建设。

2009年7月27日，某房地产公司乙向北京市大兴区人民政府提出《关于协议出让15号楼所占用地的请示》，内容为：现我公司恳请大兴区政府帮助协调如下工作：（1）将该地块和正在建设的某商业中心项目一同制定规划方案；（2）由于该地块投入资金巨大，如上市很难有其他公司将其摘牌，故将以上地块协议出让给我公司，由我公司与现正在建设的某商业中心项目一同开发建设。

2015年7月6日，北京市规划委员会大兴分局《关于大兴区某商业中心项目相关情况说明的函》（规大函〔2015〕102号）的内容为：区国土分局：我分局接到《关于协调解决大兴区某商业中心项目有关补办土地手续问题的申请》的文件，文件中批示由国土分局会同规划分局研究，推动此项工作，我分局经过认真研究，现将相关情况函告如下：根据《大兴新城0201街区控制性详细规划》（街区深化方案），某商业中心项目（包括C座楼）所在用地的编号为0201－0505，规划用地性质为其他类多功能用地（F3）。经核查，我分局于2007年对某房地产公司乙土地权属范围内符合相关法规要求的规划用地核发了行政许可，即某商业中心项目规划意见书（2007规大意条字0045号）。因位于0201－0505地块东南角位置的原某银行支行家属宿舍楼（现某商业中心项目C座楼）所在用地不在某房地产公司乙土地权属范围内，我分局在进行规划审批过程中未包含此用地。下一步我分局将配合贵局按照相关程序做好工作。以上情况，特此函告。

2016年5月25日，北京市国土资源局《关于大兴区某商业中心项目东侧有关用地问题的函》（京国土用函〔2016〕596号）的内容为：某房地产公司乙：你公司《关于协调解决大兴区某商业中心项目有关补办用地手续问题的

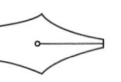

申请》收悉，经研究，现将有关意见函告如下：经了解，你公司所占某商业中心项目东侧土地原为某银行支行和大兴区工商局用地，用地总面积4412.17平方米，其中某银行支行出让商住用地1952平方米、划拨住宅用地1127平方米；大兴区工商局用地133.17平方米。另外经核，该区域规划用地性质为其他类多功能用地（F3）。2009年，你公司在完成某银行支行和大兴区工商局用地拆迁工作后未办理相关手续即开始建设并于2010年9月建成投入使用，存在未批先建的违法用地行为。鉴于该地块所占土地为建设用地，根据《国土资源违法行为查处工作规程》的有关规定，违法占用的土地为建设用地的，责令退还土地，可以并处罚款。对地上新建建筑物和其他设施，由违法当事人与合法的土地所有者或者使用者协商处置。此外，根据《国务院关于深化改革严格土地管理的决定》第（五）项的规定，要加大土地管理执法力度，严肃查处非法批地、占地等违法案件。建立国土资源与监察等部门联合办案和案件移送制度，既查处土地违法行为，又查处违法责任人。鉴于上述情况，该项目属于未批先建项目，在大兴区政府责成相关职能部门依法处理到位并完善规划等有关手续后再按规定补办用地手续。特此函告。

2017年3月6日，某房地产公司乙向北京市大兴区人民政府提出《关于请求解决大兴区某商业中心项目有关用地审批手续问题的申请》，内容为：我公司承担实施"安民心工程"老街C区危旧房改造工程任务，根据大兴区政府要求对老街C区危改项目进行开发建设。……在当时的背景下该项目的建设与相关手续同时进行，某商业中心项目在区政府的指导下自2007年春开始进行拆迁、建设，并于2010年9月全部建设完成，10月交付使用。但因当时办理土地手续过程中发现项目所占用部分土地（即原某银行支行所属住宅楼）权属比较复杂，所占用土地面积的性质为部分出让、部分国拨，致使本项目不能正常办理土地相关手续，出现了用地手续不全，未批先建情形，也导致本项目C座建筑至今无法办理土地、房屋产权登记等手续。现就解决该项目C座建筑用地审批手续问题提出申请，望政府给予批复解决为盼。

在本案审理过程中，张某乙、冯某某、张某丙、彭某某称，其于2020年5月28日以某房地产公司乙的名义向北京市规划和自然资源委员会提交《关于请求解决大兴区某商业中心项目C座有关用地审批手续问题的申请》。某房地产公司乙表示其曾在该申请上盖章，但不清楚提交情况，C座物业尚未取得规划、土地等办理产权登记需要的行政手续。

本案中，某房地产公司甲、张某甲以张某乙、冯某某、张某丙、彭某某未履行办理C座物业不动产权证书的合同义务为由，提出第一项诉讼请求，即请求判令张某乙、冯某某、张某丙、彭某某继续办理C座物业的不动产权证

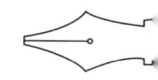

书至某房地产公司乙名下，并提出第二项诉讼请求，即要求张某乙、冯某某、张某丙、彭某某连带支付迟延办证滞纳金。张某乙、冯某某、张某丙、彭某某不同意某房地产公司甲、张某甲的诉讼请求，并提出某房地产公司甲、张某甲主张的违约金标准过高。

三、某房地产公司甲、张某甲提出的其他诉讼请求

关于某房地产公司甲、张某甲提出的第三项诉讼请求，即请求判令张某乙、冯某某、张某丙、彭某某连带赔偿因迟延办理税收汇算清缴和申报而导致某房地产公司甲、张某甲额外多支出的利息损失56 652 728.42元，某房地产公司甲、张某甲提供的证据为委托人某投资中心、贷款人某银行北京分行与借款人某房地产公司乙签订的《人民币委托贷款合同》以及2018年某房地产公司乙支付委托贷款利息的付款凭证。张某乙、冯某某、张某丙、彭某某对某房地产公司甲、张某甲提出的第三项诉讼请求及证据均不认可。

关于某房地产公司甲、张某甲提出的第四项诉讼请求，即请求判令张某乙、冯某某、张某丙、彭某某向某房地产公司甲、张某甲履行应缴未缴税款而发生的税款保证金34 174 484.42元的支付义务，某房地产公司甲、张某甲提交由某税务师事务所出具的《某房地产公司乙某商业中心项目期间2008－2018年6月企业所得税汇算清缴报告书》，称根据该报告书，某房地产公司乙2010年度应补（退）所得税额为－11 480 219.06元，2011年度应补（退）所得税额为45 654 703.48元，所得税额发生了调整，因此需补交税款34 174 484.42元。在审理过程中，某房地产公司甲、张某甲称税务机关尚未通知缴纳上述税款。

某房地产公司甲、张某甲称其已将某房地产公司乙股权转让给案外人，因某房地产公司乙需补缴税款，某房地产公司甲、张某甲被案外人扣留款项34 174 484.42元。对此，某房地产公司甲、张某甲提交2018年11月26日某基金管理公司、某商业管理北京公司、某房地产公司乙、某房地产经纪公司、某兴业置业公司、张某甲共同签订的《关于〈某商业中心项目之合作协议〉之补充协议三》。其中，第2.3.4条约定：基于本协议第2.3.2条的约定，自交割日之日起六十日内（或经同意可延长的其他时点），某房地产经纪公司应通过某房地产经纪公司共管账户二向税款共管账户划转34 174 484.42元的款项，并购基金及项目公司对前述款项的划转予以及时配合。在本案中，某房地产公司甲、张某甲称在上述补充协议三实际履行过程中，因收购方未支付相关款项，故某房地产经纪公司未向税款共管账户划转34 174 484.42元款项。某房地产公司乙称以其名义开立的税款共管账户未收到过该款项。

某房地产公司甲、张某甲称其与张某乙、冯某某、张某丙、彭某某之间曾

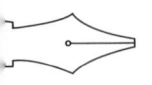

经口头约定由张某乙、冯某某、张某丙、彭某某支付给某房地产公司甲、张某甲税款保证金 34 174 484.42 元。为证明其主张，某房地产公司甲、张某甲提交某房地产公司乙账户开户协议及银行印鉴的照片，照片上显示"彭某某印"。张某乙、冯某某、张某丙、彭某某不认可其与某房地产公司甲、张某甲曾达成过上述口头协议，并认为该照片不能体现其同意支付税款保证金。

四、某房地产公司甲、张某甲的付款情况

在审理过程中，某房地产公司甲、张某甲与张某乙、冯某某、张某丙、彭某某均确认某房地产公司甲、张某甲已支付交易价款总计 1 466 000 000 元，其中包括：张某乙与张某甲签订的《某房地产公司乙支付原管理方资金明细表》中记载的 20 次付款，金额共计 1 436 000 000 元；以及 2017 年某房地产公司乙原管理方人员张某丁与新管理方人员丁某等签署的《分账说明（一）》中记载的转让款扣款 30 000 000 元。

《某房地产公司乙支付原管理方资金明细表》记载的某房地产公司甲、张某甲历次付款顺序及具体情况如下：

第一次付款，包括：2013 年 7 月 22 日，向冯某某、张某乙指定收款方某信托公司丁归还借款、利息 655 497 916.67 元；2013 年 8 月 5 日，向冯某某、张某乙指定收款方某投资管理公司付款 44 502 083.33 元。第一次付款小计 700 000 000 元。当事人称此系支付《股权转让及债权债务重组协议》第 3.2 条约定的第一笔款项 700 000 000 元。

第二次付款，包括：2013 年 9 月 29 日，转入冯某某、张某乙指定收款方北京某房地产公司 97 211 993.36 元；2013 年 9 月 29 日，转入冯某某、张某乙指定收款方某房地产经纪公司 17 682 660 元；2013 年 9 月 29 日，转入冯某某、张某乙指定收款方某技术研究所 3 584 456 元；2013 年 9 月 29 日，转入冯某某、张某乙指定收款方某投资公司 4 000 000 元；2013 年 9 月 29 日，转入冯某某、张某乙指定收款方某房地产公司乙农行自管账户 34 630 890.64 元；2013 年 9 月 30 日，转入冯某某、张某乙指定收款方某房地产公司乙农行自管账户 8 900 000 元；2013 年 9 月 30 日，转入冯某某、张某乙指定收款方某房地产公司乙农行自管账户 990 000 元；2013 年 9 月 29 日，转入冯某某、张某乙指定收款方某投资管理公司 3 000 000 元。第二次付款小计 170 000 000 元。当事人称，加上双方当时协商的转让款扣款 30 000 000 元，《股权转让及债权债务重组协议》第 3.4 条约定的第二笔款项 200 000 000 元于 2013 年 9 月 29 日、9 月 30 日付清。

第三次付款，包括：2013 年 10 月 23 日，向冯某某、张某乙指定收款方蒋某付款 30 000 000 元；2013 年 10 月 23 日向冯某某、张某乙指定收款方冯某

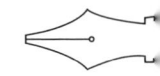

付款13 910 000元；2013年10月23日，向冯某某、张某乙指定收款方北京某房地产公司付款6 090 000元。第三次付款小计50 000 000元。当事人称此系支付《股权转让及债权债务重组协议》第3.5条约定的第三笔款项50 000 000元。

第四次付款：2014年1月23日，向冯某某、张某乙指定收款方某装饰公司付款80 000 000元。

第五次付款：2014年3月31日，向冯某某、张某乙指定收款方某装饰公司付款20 000 000元。当事人称第四次、第五次付款系支付《股权转让及债权债务重组协议》第3.6条约定的第四笔款项100 000 000元。

第六次付款：2015年2月4日，向冯某某、张某乙指定收款方某装饰公司付款30 000 000元。

第七次付款：2015年2月9日，向冯某某、张某乙指定收款方某装饰公司付款5 000 000元。第六次、第七次付款小计35 000 000元，当事人称系用于支付《股权转让及债权债务重组协议》第3.7条约定的第五笔款项200 000 000元；亦系2015年4月13日《协议书》第1条"原协议和原补充协议约定，受让方应于2014年3月31日前支付200 000 000元，但受让方于2015年2月向转让方只支付了35 000 000元，其余款至今未付"中所称的"35 000 000元"。当事人称此后的付款系《协议书》第1.1条约定的应付款。

第八次付款：2015年4月14日，向冯某某、张某乙指定收款方某装饰公司付款5 000 000元。

第九次付款：2015年6月2日，向冯某某、张某乙指定收款方某装饰公司付款100 000 000元。

第十次付款：2015年7月24日，向冯某某、张某乙指定收款方某装饰公司付款5 000 000元。

第十一次付款，包括：2015年8月13日，向冯某某、张某乙指定收款方某装饰公司付款20 000 000元；2015年8月14日，向冯某某、张某乙指定收款方某装饰公司付款5 000 000元；2015年8月21日，向冯某某、张某乙指定收款方某装饰公司付款25 000 000元。第十一次付款小计50 000 000元。

第十二次付款：2015年9月18日，向冯某某、张某乙指定收款方某装饰公司付款20 000 000元。

第十三次付款：2015年11月11日、12日，向冯某某、张某乙指定收款方某装饰公司付款小计50 000 000元。其中，根据银行付款凭证记载，2015年11月11日付款40 000 000元，2015年11月12日付款10 000 000元。

第十四次付款：2015年12月8日，向冯某某、张某乙指定收款方某装饰

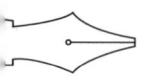

公司付款6 000 000元。

第十五次付款：2015年12月15日，向冯某某、张某乙指定收款方某装饰公司付款10 000 000元。

第十六次付款：2013年3月8日，西集地产转入冯某某、张某乙指定收款方某房地产经纪公司5 000 000元。

第十七次付款：2016年12月23日，向冯某某、张某乙指定收款方某投资管理公司付款100 000 000元。

第十八次付款：2016年12月23日向冯某某、张某乙指定收款方冯某某付款1 000 000元。

第十九次付款：2016年12月13日，某投资中心向冯某某、张某乙指定收款方冯某某付款16 000 000元。

第二十次付款：2016年12月13日，某投资中心向冯某某、张某乙指定收款方张某乙付款13 000 000元。

第十七次至第二十次付款小计130 000 000元，当事人称系支付2016年《补充协议书》第9条约定"乙方或目标公司在收到《明股实债协议》及某投资中心与其指定的委托贷款人签订《人民币委托贷款合同》项下的款项后应于当日，由乙方或目标公司负责向甲方冯某某账户支付16 000 000元，向甲方张某乙账户支付13 000 000元，并向甲方指定账户支付101 000 000元"中的款项。另查，2016年12月23日，甲方冯某某、张某乙、乙方某投资管理公司、丙方某房地产公司甲签订《三方协议》，约定原股东冯某某、张某乙个人股权部分及某房地产公司甲应支付款项中上述130 000 000元的支付方式和指定收款账户。

某房地产公司甲、张某甲称：至第二十次付款，除因未办理完毕C座物业产权证书而剩余款项未付外，某房地产公司甲、张某甲应当支付的款项已全部支付完毕，且超合同约定多支付3 000 000元。

2018年2月23日，某律师事务所乙受冯某某、张某乙等的委托，向某房地产公司甲、张某甲发送《律师函》，载明：就贵方委托某律师事务所甲出具的律师函的有关事宜，以及贵方与冯某某、张某乙等于2013年5月27日签订的《股权转让及债权债务重组协议》、2013年5月28日签署的《债权转让及债务重组协议的补充协议》、2015年4月13日签署的《协议书》的履行事宜等，特致函如下：第一，冯某某、张某乙等转让方并没有承诺过某商业中心项目存在2 200 000 000元的建筑成本并有等额的发票原件，故不存在尚有800 000 000元成本发票未提供的问题。如果涉及税费问题，根据2013年5月27日签订的《股权转让及债权债务重组协议》第4.4条约定，除土地增值税

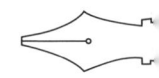

以外其他与本次转让相关的转让方应缴纳的所有税费总额在 5 000 000 元以内（含 5 000 000 元）由贵方承担，税费总额超过 5 000 000 元的差额部分双方各承担一半。第二，根据双方于 2013 年 5 月 27 日签订的《股权转让及债权债务重组协议》及《债权转让及债务重组协议的补充协议》约定，本次交易价款总额为 1 643 000 000 元……贵方并没有按照 2015 年 4 月 13 日签订《协议书》约定付款；故此，应按原协议约定时间及违约计算办法承担逾期付款违约责任。根据双方于 2013 年 5 月 27 日签订的《股权转让及债权债务重组协议》约定，如贵方违约应按交易价款（1 643 000 000 元）的日万分之三向冯某某、张某乙等支付违约金。自贵方违约付款之日起，至贵方支付最后一笔款之日止，经初步计算贵方应承担的违约金数额为 635 841 000 元。请贵方于收到本函之日起 10 日内立即向冯某某、张某乙等支付逾期付款违约金 635 841 000 元，如有异议也请于收到本函之日起 10 日内提出。否则，本律师事务所将依据冯某某、张某乙等的授权采取必要的措施，依法予以处理。

2018 年 3 月 9 日，某律师事务所甲受张某甲、某房地产公司甲的委托，向冯某某、张某乙、张某丙、彭某某和某装饰工程中心发送《律师函》，载明：贵方委托某律师事务所乙于 2018 年 2 月 23 日出具的《律师函》已收悉。但我委托方认为该《律师函》所述内容失实，我方不予认可。鉴于本着友好合作、共谋利益的原则，贵方与我方才开展某商业中心项目交易的合作，我方认为也希望贵方认可，遵守并完成承诺义务、求同存异方可使得某商业中心项目的合作顺利、良好地进行。故此，我们特提醒贵司尽快妥善处理账面成本缺失问题、完成主协议约定的应由贵方在规定时间内完成的 C 座产权证办理、剥离物（特别是 A、B、D 座）的土地增值税清缴工作（具体以《主协议》约定为准），以免对双方造成更大的损失。

2019 年 11 月 7 日，张某乙与张某甲签订《公司原新管理方往来统计汇总表》，内容为："1. 原管理方欠我方统计表。（1）原管理方应支付我方金额 31689.38 元，已签字确认（张某丁、丁某签字版），3000 万余额；（2）超合同已付款 3000000 元，14.63 亿元 – 14.36 亿元 – 0.3 亿元 = – 0.03 亿元。原管理方欠我方合计 3031689.38 元。2. 我方欠原管理方统计表。（1）4 户小业主诉讼（补交税款承担额）45294.24 元，见明细（原管理方已全额支付）；（2）2017 年新管理方分割至原管理方收入 77734.33 元，已签字确认；（3）2018 年 1 – 6 月新管理方分割至原管理方收入 43926.6 元，已签字确认；（4）2018 年 7 – 12 月新管理方分割至原管理方收入 21481.66 元，已确认；（5）2019 年 1 – 3 月 14 日新管理方分割至原管理方收入 12530.97 元；（6）截至 2019 年 7 月 18 日建行硅谷账户余额 143732.13 元。我方欠原管理方合计 344699.94 元。

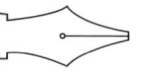

3. 原管理方应支付我方金额 2686989.44 元。"

张某乙、冯某某以某房地产公司甲、张某甲逾期付款为由，提出本案反诉请求。张某乙、冯某某于 2021 年 2 月 19 日通过特快专递向本院邮寄反诉状，本院于 2021 年 2 月 24 日签收。在本案审理过程中，某房地产公司甲、张某甲辩称其不存在逾期付款的违约行为，不同意支付逾期付款违约金，并且提出张某乙、冯某某主张的违约金标准过高，还提出该反诉请求已超过诉讼时效。

五、某房地产公司乙的股权变更登记情况

根据工商登记信息显示，某房地产公司乙原股东为某房地产经纪公司、冯某某、张某乙，于 2016 年 12 月 7 日变更为某投资中心、吉林某股权投资基金公司，于 2017 年 12 月 13 日变更为某投资中心、北京某股权投资基金公司（法人股东名称变更），于 2018 年 12 月 7 日变更为北京某商业管理公司。

本院认为，本案当事人就股权转让签订的《股权转让及债权债务重组协议》等 6 份协议系其真实意思表示，不违反法律、行政法规的强制性规定，应属合法有效，各方均应依约行使权利、履行义务。虽然上述 6 份协议中个别协议存在部分当事人签字不全的情况，但 6 份协议的内容前后印证，能够反映出本案当事人在股权转让过程中的意思表示。并且，在本案审理过程中，各方当事人均表示上述 6 份协议对本案当事人具有拘束力，本院对此不持异议。针对当事人在本案中提出的各项诉讼请求，本院分别论述如下：

一、关于某房地产公司甲、张某甲提出的第一项诉讼请求

某房地产公司甲、张某甲的第一项诉讼请求是请求判令张某乙、冯某某、张某丙、彭某某继续办理某商业中心项目商业中心 C 座物业的不动产权证书至某房地产公司乙名下。

（一）张某乙、冯某某、张某丙、彭某某负有负责办理涉案 C 座物业不动产权证书的合同义务

2013 年 5 月 27 日《股权转让及债权债务重组协议》第 9.1 条约定，在 2014 年 6 月 30 日前，转让方、目标公司尚未获得政府相关部门正式颁发的 C 座物业的房屋所有权证，视为转让方、目标公司违约。根据该约定，张某乙、冯某某、张某丙、彭某某作为该协议约定的转让方负有在 2014 年 6 月 30 日前取得 C 座物业房屋所有权证的义务。因届时 C 座物业未取得房屋所有权证，2015 年 4 月 13 日本案当事人签订《协议书》，第 2 条约定由转让方继续负责办理 C 座物业的房屋产权证事宜。2016 年本案当事人又签订《补充协议书》，第 2 条约定除冯某某、张某乙外的其他转让方包括张某丙、彭某某等不再享有转让方的任何权利，但仍应履行"原协议"中的有关义务。2016 年 12 月 23 日《关于〈股权转让及债权债务重组协议〉的补充协议》第 7 条约定，某商

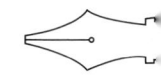

业中心C座产权证办理事宜，甲方冯某某、张某乙全权负责该事宜的办理工作，C座产权证办理所产生的责任和费用均由甲方承担，若因甲方不积极办理C座产权证并给乙方及目标公司造成损失由甲方负责。根据以上合同约定，虽然办理C座物业不动产权证书对外系以某房地产公司乙的名义进行，但在内部新旧股东之间，由转让方负责办理并承担相关责任和费用的约定是明确的。

张某乙、冯某某、张某丙、彭某某在本案中辩称，因某房地产公司甲、张某甲未能履行2016年《补充协议书》第8条、第9条约定义务，故依据《补充协议书》第10条的约定，其为某房地产公司甲、张某甲办理C座房屋产权证的义务消灭。首先，《补充协议书》第8条约定，乙方及目标公司承诺：目标公司偿还《明股实债协议》或《人民币委托贷款合同》项下的款项后，乙方及目标公司负责将目标公司（即某房地产公司乙）的股权恢复至原股东冯某某、张某乙及某房地产经纪公司名下。若乙方及目标公司支付完毕应付甲方的全部剩余款项，甲方无条件同意把相关股份转至乙方指定机构或个人名下。根据某房地产公司甲、张某甲提交的还款凭证，直至2018年《人民币委托贷款合同》项下款项尚在偿还。而在2016年12月23日，某房地产公司甲、张某甲已向冯某某、张某乙支付完毕剩余应付款项。同日，本案当事人签订《关于〈股权转让及债权债务重组协议〉的补充协议》，就过户某房地产经纪公司股权以及某房地产公司甲、张某甲对某房地产公司乙再次交易时冯某某、张某乙的税款清算责任进行约定。同日，本案当事人还签订《三方协议》约定包括原股东冯某某、张某乙个人股权部分等130 000 000元款项的支付方式和指定收款账户。根据上述事实，某房地产公司甲、张某甲与张某乙、冯某某、张某丙、彭某某之间就目标公司的股权交割已经履行，张某乙、冯某某、张某丙、彭某某以某房地产公司乙股权未恢复至冯某某、张某乙及某房地产经纪公司名下为由，主张其办理C座房屋产权证的义务消灭，理由不能成立。其次，《补充协议书》第9条约定：乙方或目标公司在收到《明股实债协议》及《人民币委托贷款合同》项下的款项后应于当日向甲方冯某某账户支付16 000 000元，向甲方张某乙账户支付13 000 000元，并向甲方指定账户支付101 000 000元，用于偿还"原协议"约定乙方应付款项。而根据2016年12月23日签订的《三方协议》，张某乙、冯某某当日才就101 000 000元指定收款账户，故不能认定某房地产公司甲、张某甲于2016年12月23日付清上述款项违反《补充协议书》第9条的约定。张某乙、冯某某、张某丙、彭某某以某房地产公司甲、张某甲未于收到《人民币委托贷款合同》项下款项当日付款为由主张其C座办证义务消灭，理由亦不能成立。

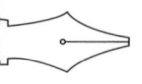

(二) 某房地产公司甲、张某甲要求张某乙、冯某某、张某丙、彭某某承担继续履行的违约责任，该项请求不符合强制履行的条件

《最高人民法院关于适用〈中华人民共和国民法典〉时间效力的若干规定》第一条规定：民法典施行后的法律事实引起的民事纠纷案件，适用民法典的规定。民法典施行前的法律事实引起的民事纠纷案件，适用当时的法律、司法解释的规定，但是法律、司法解释另有规定的除外。民法典施行前的法律事实持续至民法典施行后，该法律事实引起的民事纠纷案件，适用民法典的规定，但是法律、司法解释另有规定的除外。合同法第一百零七条及民法典第五百七十七条均规定，当事人一方不履行合同义务或者履行合同义务不符合约定的，应当承担继续履行、采取补救措施或者赔偿损失等违约责任。根据上述规定，当合同一方违约时，法律规定了继续履行、采取补救措施或者赔偿损失等承担违约责任的形式。根据民法理论，作为违约责任的继续履行与一般的履行合同义务不是同一概念。作为违约责任的继续履行系指强制实际履行，即在合同一方不履行时借助强制力实际履行。鉴于此，法律针对非金钱债务的继续履行违约责任规定了限制条件。合同法第一百一十条规定："当事人一方不履行非金钱债务或者履行非金钱债务不符合约定的，对方可以要求履行，但有下列情形之一的除外：（一）法律上或者事实上不能履行；（二）债务的标的不适于强制履行或者履行费用过高；（三）债权人在合理期限内未要求履行。"民法典第五百八十条规定："当事人一方不履行非金钱债务或者履行非金钱债务不符合约定的，对方可以请求履行，但是有下列情形之一的除外：（一）法律上或者事实上不能履行；（二）债务的标的不适于强制履行或者履行费用过高；（三）债权人在合理期限内未请求履行。有前款规定的除外情形之一，致使不能实现合同目的的，人民法院或者仲裁机构可以根据当事人的请求终止合同权利义务关系，但是不影响违约责任的承担。"

本案中，某房地产公司甲、张某甲请求张某乙、冯某某、张某丙、彭某某承担继续履行违约责任的内容是办理涉案 C 座物业的不动产权证书至某房地产公司乙名下。各方当事人均认可真实性的 2015 年 7 月 6 日北京市规划委员会大兴分局《关于大兴区某商业中心项目相关情况说明的函》中记载："原某银行支行家属宿舍楼（现某商业中心项目 C 座楼）所在用地不在某房地产公司乙土地权属范围内，我分局在进行规划审批过程中未包含此用地。"各方当事人均认可真实性的 2016 年 5 月 25 日北京市国土资源局《关于大兴区某商业中心项目东侧有关用地问题的函》中记载："2009 年，你公司在完成某银行支行和大兴区工商局用地拆迁工作后未办理相关手续即开始建设并于 2010 年 9 月建成投入使用，存在未批先建的违法用地行为。鉴于该地块所占土地为建设用地，根据《国土资源违法行为查处工作规程》的有关规定，违法占用的土地为建设用地的，责令退还土地，可以并处罚款。对地上新建建筑物和其他设施，由违法当事人与合法的土地所有者或者使用者协商处置。此外，根据《国务院关于深化改革严格土地管理的决定》第（五）项的规定，要加大土地管理执法力度，严肃查处非法批地、占地等违法案件。建立国土资源与监察等部门联合办案和案件移送制度，既查处土地违法行为，又查处违法责任人。鉴于上述情况，该项目属于未批先建项目，在大兴区政府责成相关职能部门依法处理到位并完善规划等有关手续后再按规定补办用地手续。"根据《不动产登记暂行条例实施细则》第三十五条的规定："申请国有建设用地使用权及房屋所有权首次登记的，应当提交下列材料：（一）不动产权属证书或者土地权属来源材料；（二）建设工程符合规划的材料；（三）房屋已经竣工的材料；（四）房地产调查或者测绘报告；（五）相关税费缴纳凭证；（六）其他必要材料。"而根据本案当事人所述，涉案C座物业尚不具有规划、土地权属等办理不动产首次登记需要的材料，某房地产公司甲、张某甲及某房地产公司乙亦未举证证明涉案C座物业已取得规划、土地等相关行政许可。在此情况下，某房地产公司甲、张某甲请求办理C座物业的不动产权证书至某房地产公司乙名下，债务标的不适于强制履行，本院在本案中对其提出的第一项诉讼请求不予支持。待涉案C座物业具备办理不动产首次登记按规定应当提交的材料后，当事人可另行主张。

二、关于某房地产公司甲、张某甲提出的第二项诉讼请求

某房地产公司甲、张某甲提出的第二项诉讼请求是请求判令张某乙、冯某某、张某丙、彭某某连带向其支付因未按约办理C座不动产权证书而产生的自2015年12月31日至2020年10月25日的滞纳金300 000 000元。

（一）关于2015年4月13日《协议书》的理解

在本案审理过程中，某房地产公司甲、张某甲与张某乙、冯某某、张某丙、彭某某就《协议书》条款理解产生分歧。某房地产公司甲、张某甲认为，《协议书》第1.2.1条约定转让方应当在2015年12月30日前办理完毕C座物业产权证书，因张某乙、冯某某、张某丙、彭某某未在该期限内办理完毕，故应依据《协议书》第6条及《股权转让及债权债务重组协议》第9.2条的约定承担迟延履行滞纳金。张某乙、冯某某、张某丙、彭某某则认为，《协议书》第1.2.2条约定无论选择何种方案，双方互不承担由于办理C座所产生的违约责任，此系针对2015年12月30日前转让方不能办理完毕C座物业的房屋产权证时约定的兜底条款，故其不再因C座物业办证问题承担迟延履行滞纳金。针对上述争议，因本案股权转让相关协议均签订于民法典施行前，故依

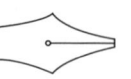

据《最高人民法院关于适用〈中华人民共和国民法典〉时间效力的若干规定》第一条规定，本案的合同解释应适用当时的法律、司法解释的规定。合同法第一百二十五条第一款规定：当事人对合同条款的理解有争议的，应当按照合同所使用的词句、合同的有关条款、合同的目的、交易习惯以及诚实信用原则，确定该条款的真实意思。依据该规定，本院就《协议书》的解释认定如下：

第一，关于《协议书》的框架结构及第6条的理解。《协议书》在鉴于部分约定系就有关付款及C座物业房屋产权证办理及归属事宜达成协议。《协议书》第1条约定"就上述款项的支付时间及办法事宜，经协商确定，受让方按下列时间向转让方冯某某、张某乙支付"。据此理解，第1条的订立目的系明确款项的支付时间及办法。第1条之下有1.1和1.2两条，分别针对2015年6月30日前应支付的378 000 000元和剩余应付款项180 000 000元进行约定。其中第1.2条约定"剩余应付款项180 000 000元，按下述约定进行支付"。据此理解，第1.2条之下的1.2.1和1.2.2两条系针对180 000 000元款项的支付进行约定。在整个第1条之后，第2条系就转让方继续负责办理C座物业的房屋产权证事宜进行约定。此后，第6条约定违反《协议书》的违约责任。从前后条款整体理解，此处"任何一方违反本协议约定，未按本协议约定履行；守约方有权按原协议及原补充协议追究违约方的违约责任及相关法律责任"系指受让方违反第1条的付款义务、转让方违反第2条的继续负责办证义务时的违约责任。

第二，关于《协议书》第1.2.1条"转让方应当在2015年12月30日前办理完毕C座物业产权证书"的理解。如前所述，从《协议书》前后条款的整体理解，第1条的订立目的系明确付款时间及办法，而其中第1.2条旨在针对180 000 000元付款进行明确。据此理解第1.2条之下1.2.1和1.2.2两条之间的逻辑关系，第1.2.1条旨在约定转让方在2015年12月30日前办理完毕C座物业产权证书时受让方的付款时间；第1.2.2条旨在约定2015年12月30日前转让方不能办理完毕C座物业的房屋产权证时，对于"如转让方确定无法办理且受让方不同意转让方继续办理C座物业的房屋产权证时"的受让方付款办法，包括受让方继续支付剩余款项180 000 000元和扣除C座相应面积的金额后支付余款两种方案。

需要注意的是，《协议书》第1.2条包括下属1.2.1和1.2.2两条并未针对2015年12月30日前转让方不能办理完毕C座物业的房屋产权证且受让方同意转让方继续办理时的情况进行约定。但是，《协议书》第2条约定转让方继续负责办理C座物业房屋产权证，且之后2016年签订的《补充协议书》第7条约定"甲方在办理C座房屋产权证后，乙方及目标公司承诺15日内支付剩余全部款项",因此关于 2015 年 12 月 30 日前转让方不能办理完毕 C 座物业的房屋产权证且受让方同意转让方继续办理时剩余款项 180 000 000 元支付及 C 座物业房屋产权证办理事宜,本案当事人应依据上述约定履行。

　　在上述分析的基础上,本院认为,首先,《协议书》第 1 条整体的订立目的系明确付款时间及办法。其次,从 1.2.1 和 1.2.2 两条的约定内容看,本案当事人在签署《协议书》之时对于转让方不能在 2015 年 12 月 30 日前办理完毕 C 座物业房屋产权证具有预期。再次,从第 1.2.2 条约定的权利义务看,当 2015 年 12 月 30 日前转让方不能办理完毕 C 座物业房屋产权证时,在"如转让方确定无法办理且受让方不同意转让方继续办理"的情况下,受让方应按两种方案选择其一继续付款,转让方则不再承担办证义务。而当时,在如受让方同意转让方继续办理的情况下,依据《协议书》第 2 条不仅转让方继续负责办证,而且受让方在转让方办证完毕后才负有剩余款项 180 000 000 元的继续付款义务。两种情况相比较,在前者情况下,第 1.2.2 条约定的受让方义务更重,然而该条仍约定"双方互不承担由于办理 C 座所产生的违约责任",因此举重以明轻,不能得出在后者情况下,双方之间存在当受让方同意转让方继续办证时,转让方因 2015 年 12 月 30 日前未能完成办证而承担迟延办证违约责任的合意。最后,《协议书》第 2 条、2016 年《补充协议书》第 7 条以及 2016 年 12 月 23 日《关于〈股权转让及债权债务重组协议〉的补充协议》第 7 条均未约定转让方办理完毕 C 座物业房屋产权证的截止期限,不能反映出双方针对转让方办理完毕 C 座物业房屋产权证的截止期限达成过明确、一致的意思表示。

　　综上,依据合同法第一百二十五条第一款之规定,本院认为,《协议书》第 1.2.1 条约定"转让方应当在 2015 年 12 月 30 日前办理完毕 C 座物业产权证书"的合同目的系限定剩余应付款项 180 000 000 元在"转让方办理完毕 C 座物业的房屋产权证后 1 个月内付清"的付款时间,而不是针对转让方依据《协议书》第 6 条承担违约责任情形的约定。本院对某房地产公司甲、张某甲提出的因转让方未在该期限内办理完毕产权证、故应按第 6 条承担违约责任的主张不予采纳。

　　第三,关于《协议书》第 1.2.2 条"无论选择何种方案,双方互不承担由于办理 C 座所产生的违约责任"的理解。张某乙、冯某某、张某丙、彭某某主张该约定系免除其因未能办理 C 座产权证而产生的全部违约责任的兜底条款。对此,本院认为,该约定仅出现在第 1.2.2 条,且紧接在方案一、方案二之后,故系针对"2015 年 12 月 30 日前,转让方不能办理完毕 C 座物业的房屋产权证时,如转让方确定无法办理且受让方不同意转让方继续办理 C 座

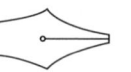

物业的房屋产权证时",受让方优先选择方案一或方案二的情况下双方责任的约定,不能适用于第1.2.2条未约定的情形。故本院对张某乙、冯某某、张某丙、彭某某的上述主张不予采纳。

(二)关于张某乙、冯某某、张某丙、彭某某的迟延履行违约责任

第一,张某乙、冯某某、张某丙、彭某某应当依据《协议书》第6条的约定承担违约责任。本案中,在2015年12月30日前涉案C座物业的产权证书未办理完毕,某房地产公司甲、张某甲并未选择《协议书》第1.2.2条约定的方案,而是同意张某乙、冯某某、张某丙、彭某某继续办理。此时,各方应按《协议书》第2条约定履行,即"由转让方继续负责办理C座物业的房屋的产权证事宜,受让方及目标公司予以积极协助办理,并根据转让方的要求出具办理C座物业的房屋的产权证事宜时转让方认为所需的、合理的全部相关手续"。该条针对办理C座物业房屋产权证事宜,明确约定了转让方的负责办理义务和受让方、目标公司的协助义务。此后签订的2016年《补充协议书》和2016年12月23日《关于〈股权转让及债权债务重组协议〉的补充协议》并未解除转让方的该项义务。2016年12月23日《关于〈股权转让及债权债务重组协议〉的补充协议》第7条进一步约定冯某某、张某乙全权负责C座产权证办理事宜并承担相关责任和费用。上述约定系针对在某房地产公司乙内部,新旧股东之间关于办理C座物业产权证书的责任和费用进行的划分,对本案当事人依法有效,当事人应依约履行各自义务。然而,在本案中,张某乙、冯某某、张某丙、彭某某不同意继续负责办理C座物业的不动产权证书,辩称其仅负有协助义务且其办证义务已经消灭。其行为明显违反上述约定,有悖诚信原则。张某乙、冯某某、张某丙、彭某某亦未提供充分证据证明其积极履行了负责办证的义务或承担了相关责任、费用。因此,张某乙、冯某某、张某丙、彭某某的行为违反2015年4月13日《协议书》第2条的约定,构成违约。

《协议书》第6条约定:本协议签订后,除本协议约定外,本协议任何一方均不再追究对方在履行本协议签订之前的任何违约及损失赔偿责任。任何一方违反本协议约定,未按本协议约定履行;守约方有权按原协议及原补充协议追究违约方的违约责任及相关法律责任。该条系针对违反《协议书》约定义务时违约责任的约定。据此,某房地产公司甲、张某甲有权按原协议及原补充协议约定要求张某乙、冯某某、张某丙、彭某某承担违约责任。2013年5月27日《股权转让及债权债务重组协议》第9.1条约定:在2014年6月30日前,转让方、目标公司尚未获得政府相关部门正式颁发的C座物业的房屋所有权证的情形时,视为转让方、目标公司违约。第9.2条约定:若转让方、目

标公司违约,由于转让方、目标公司原因导致其迟延履行本协议项下义务的,每逾期一日,转让方、目标公司(仅其中任何一方)应按交易价款的万分之三向受让方(仅其中任何一方)支付滞纳金。张某乙、冯某某、张某丙、彭某某系《股权转让及债权债务重组协议》约定的转让方。且2016年《补充协议书》第2条约定:除冯某某、张某乙外的其他转让方包括张某丙、彭某某等不再享有转让方的任何权利,但仍应履行"原协议"中的有关义务。故张某乙、冯某某、张某丙、彭某某应依据上述协议约定承担迟延履行滞纳金。

需要注意的是,虽然《股权转让及债权债务重组协议》第9.2条约定"向受让方(仅其中任何一方)支付滞纳金"和第9.4条约定"向转让方(仅其中任何一方)支付滞纳金",但是在本案审理过程中各方当事人均称上述约定"(仅其中任何一方)"旨在明确一个违约行为仅产生一个违约责任、避免守约方重复主张滞纳金,且均同意由某房地产公司甲、张某甲共同作为本诉原告以及由张某乙、冯某某共同作为反诉原告,本院对此不持异议。故某房地产公司甲、张某甲有权请求张某乙、冯某某、张某丙、彭某某承担约定的迟延履行滞纳金。

第二,张某乙、冯某某、张某丙、彭某某关于其不因C座物业办证问题承担迟延履行滞纳金的抗辩理由不成立。首先,如前所述,其称对办理C座物业不动产权证书仅承担协助义务,违背协议约定。虽然C座物业的规划、土地相关手续问题在本案股权转让交易之前已存在,但张某乙、冯某某、张某丙、彭某某明确与某房地产公司甲、张某甲约定由转让方承担负责办证义务并承担相关责任和费用,此系当事人自愿作出的真实意思表示,依法有效,应予遵守。张某乙、冯某某、张某丙、彭某某关于因历史遗留问题其不应承担任何责任的抗辩理由,明显违反协议约定,不具有法律依据。其次,尽管在股权转让协议履行过程中,张某乙、冯某某、张某丙、彭某某已将C座物业交付受让方实际使用,但双方历次协议均未对张某乙、冯某某、张某丙、彭某某依据2015年4月13日《协议书》约定的负责办证义务及违约责任进行免除。如前所述,《协议书》第1.2.2条不是针对本案情况的约定,不能理解为系免除转让方因未能办理C座产权证而产生的全部违约责任的兜底条款。2016年《补充协议书》第10条虽约定了甲方办理C座房屋产权证义务消灭的两种情形,但该情形并未发生。此后2016年12月23日《关于〈股权转让及债权债务重组协议〉的补充协议》以及2019年11月7日张某乙与张某甲签订的《公司原新管理方往来统计汇总表》均未明确约定免除转让方的违约责任。2013年5月27日《股权转让及债权债务重组协议》第9.6条约定:本协议守约方对违约方的违约行为的弃权须以书面形式作出方为有效。本协议任何一方未行使或

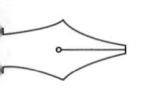

迟延行使其在本协议项下的任何权利或救济不构成弃权；部分行使权利或救济亦不阻碍其行使其他权利或救济。据此，张某乙、冯某某、张某丙、彭某某主张依据约定其不承担未能办理C座产权证的违约责任，缺乏事实及法律依据。

第三，关于某房地产公司甲、张某甲第一项诉讼请求和第二项诉讼请求之间的关系。某房地产公司甲、张某甲的第一项诉讼请求系要求张某乙、冯某某、张某丙、彭某某承担继续履行的违约责任，其第二项诉讼请求系要求张某乙、冯某某、张某丙、彭某某承担迟延履行滞纳金的损害赔偿违约责任。上述两项诉讼请求系针对不同的违约责任形式。合同法第一百一十四条第三款和民法典第五百八十五条第三款均规定：当事人就迟延履行约定违约金的，违约方支付违约金后，还应当履行债务。根据上述规定并结合民法理论，继续履行的违约责任与迟延履行违约金的违约责任在处理上是并行关系，二者分别适用不同的法律规定，二者各自能否成立应当根据各自适用的法律规定分别确定。因此，本院因某房地产公司甲、张某甲主张的继续履行违约责任在现有情况下不适于强制履行，不符合法定条件而判决驳回其第一项诉讼请求，并不影响其依法主张约定的迟延履行滞纳金。

（三）关于张某乙、冯某某、张某丙、彭某某应承担的迟延履行滞纳金数额

第一，关于张某乙、冯某某、张某丙、彭某某应承担的迟延履行滞纳金的起算时间。2015年4月13日《协议书》第6条约定：任何一方违反本协议约定，未按本协议约定履行；守约方有权按原协议及原补充协议追究违约方的违约责任及相关法律责任。2013年5月27日《股权转让及债权债务重组协议》第9.1条、第9.2条约定了转让方履行C座办证义务的期限以及违约金计算方法。但需注意的是，本案中某房地产公司甲、张某甲诉讼请求的是自2015年12月31日至2020年10月25日因未按约办理C座不动产权证书而产生的滞纳金。《股权转让及债权债务重组协议》第9.3条约定，受让方未履行或迟延履行支付交易价款的义务，视为受让方违约。第9.4条约定，若受让方违约，则转让方、目标公司有权暂时停止履行义务，待受让方违约情形消除后恢复履行；根据此款规定暂停履行义务不构成转让方、目标公司不履行或迟延履行义务。在本案中，2015年4月13日《协议书》第1.1条约定：受让方于2015年6月30日前向转让方冯某某、张某乙支付300 000 000元，并向双方开立的共管账户存入78 000 000元。而直至2016年12月23日，某房地产公司甲、张某甲才履行完毕上述付款义务。故依据《股权转让及债权债务重组协议》第9.4条的约定，张某乙、冯某某、张某丙、彭某某有权暂时停止履行义务，且不构成迟延履行义务，待受让方违约情形消除后恢复履行。据此，本案中张某乙、

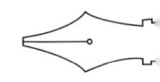

冯某某、张某丙、彭某某应承担2016年12月23日后的迟延履行滞纳金。

第二，关于张某乙、冯某某、张某丙、彭某某应承担的迟延履行滞纳金的计算标准。2013年5月27日《股权转让及债权债务重组协议》第9.2条约定：由于转让方、目标公司原因导致其迟延履行本协议项下义务的，每逾期一日，转让方、目标公司（仅其中任何一方）应按交易价款的万分之三支付滞纳金。关于该条中"交易价款"的含义，《股权转让及债权债务重组协议》第1.1条约定：交易价款指本协议第二条所述内容。该协议第2.1条约定了交易价款总额，下属第2.1.1条、第2.1.2条和第2.1.3条等三条约定了交易价款总额的组成。因第9.2条中的"交易价款"并未限定为某一部分，故某房地产公司甲、张某甲主张第9.2条约定的迟延履行滞纳金计算标准指交易价款总额即1 643 000 000元的每日万分之三，符合合同文义理解。

合同法第一百一十四条第二款规定：约定的违约金低于造成的损失的，当事人可以请求人民法院或者仲裁机构予以增加；约定的违约金过分高于造成的损失的，当事人可以请求人民法院或者仲裁机构予以适当减少。民法典第五百八十五条第二款规定：约定的违约金低于造成的损失的，人民法院或者仲裁机构可以根据当事人的请求予以增加；约定的违约金过分高于造成的损失的，人民法院或者仲裁机构可以根据当事人的请求予以适当减少。关于张某乙、冯某某、张某丙、彭某某提出的某房地产公司甲、张某甲主张的违约金标准过高一节，根据相关规定，人民法院应当以损失为基础，兼顾合同的履行情况、当事人的过错程度等综合因素，根据公平原则和诚信原则予以衡量，并作出裁判。本案中，2013年3月25日《项目收购框架协议》约定，受让方受让目标公司100%股权对应的资产仅包括某商业中心项目C、E、F座及地下1－3层，总建筑面积166 725.09平方米，其中C座为16 502.65平方米，从建筑面积的比例看，C座部分在某房地产公司乙股权对应资产的比例不足10%。在本案股权交易时，某房地产公司乙已就C座以外的部分办理了产权登记，并且C座一直由某房地产公司乙实际使用至今，某房地产公司甲、张某甲也依据约定预留了剩余款项尚未支付。某房地产公司甲、张某甲提供的证据不能证明其所称的损失与张某乙、冯某某、张某丙、彭某某迟延办理C座产权证有关。因此，张某乙、冯某某、张某丙、彭某某认为某房地产公司甲、张某甲主张按交易价款总额计算迟延履行滞纳金标准过高，理由成立。结合2015年4月13日《协议书》第1.2.2条方案二中约定的扣除C座物业交易金额的计算方法，综合考虑本案实际情况，本院酌情将张某乙、冯某某、张某丙、彭某某应承担的迟延履行滞纳金调整为迟延履行部分对应的交易价款的每日万分之三，即依据C座建筑面积在受让股权对应资产的总建筑面积中的比例，确定C座部分在交

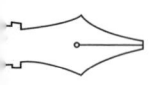

易价款总额中对应的交易价款数额，并按该部分交易价款数额的日万分之三计算 2016 年 12 月 23 日后至 2020 年 10 月 25 日止的迟延履行滞纳金。据此，本院酌定张某乙、冯某某、张某丙、彭某某应共同向某房地产公司甲、张某甲支付因未按约办理 C 座不动产权证书而产生的迟延履行滞纳金 68 400 545 元。

三、关于某房地产公司甲、张某甲提出的第三项诉讼请求

某房地产公司甲、张某甲提出的第三项诉讼请求是请求判令张某乙、冯某某、张某丙、彭某某连带向其赔偿因迟延办理税收汇算清缴和申报而导致某房地产公司甲、张某甲额外多支出的利息损失 56 652 728.42 元。《最高人民法院关于适用〈中华人民共和国民事诉讼法〉的解释》第九十条规定：当事人对自己提出的诉讼请求所依据的事实或者反驳对方诉讼请求所依据的事实，应当提供证据加以证明，但法律另有规定的除外。在作出判决前，当事人未能提供证据或者证据不足以证明其事实主张的，由负有举证证明责任的当事人承担不利的后果。某房地产公司甲、张某甲提交委托人某投资中心、贷款人某银行北京分行与借款人某房地产公司乙签订的《人民币委托贷款合同》以及某房地产公司乙支付委托贷款利息的付款凭证作为证据。但是，某房地产公司甲、张某甲提供的证据既不能证明张某乙、冯某某、张某丙、彭某某存在迟延办理税收汇算清缴和申报的违约行为，也不能证明某房地产公司乙支付委托贷款利息系因张某乙、冯某某、张某丙、彭某某的原因导致，且不能证明某房地产公司甲、张某甲因此受到损失。故某房地产公司甲、张某甲提出的第三项诉讼请求缺乏证据证明，本院不予支持。

四、关于某房地产公司甲、张某甲提出的第四项诉讼请求

某房地产公司甲、张某甲提出的第四项诉讼请求是请求判令张某乙、冯某某、张某丙、彭某某向其履行应缴未缴税款而发生的税款保证金 34 174 484.42 元的支付义务。

第一，涉案股权转让相关协议并未约定张某乙、冯某某、张某丙、彭某某负有支付税款保证金的义务。某房地产公司甲、张某甲主张其与张某乙、冯某某、张某丙、彭某某之间曾就由张某乙、冯某某、张某丙、彭某某支付 34 174 484.42 元税款保证金达成过口头约定，某房地产公司甲、张某甲对此负有举证证明责任。某房地产公司甲、张某甲提交的证据仅显示在办理某房地产公司乙账户开户协议时预留了彭某某的印鉴，但无法证明双方就张某乙、冯某某、张某丙、彭某某支付 34 174 484.42 元税款保证金达成过明确、一致的意思表示。故本院对某房地产公司甲、张某甲的该项事实主张不予采信。

第二，虽然某房地产公司甲、张某甲提交 2018 年 11 月 26 日《关于〈某商业中心项目之合作协议〉之补充协议三》，用以证明在再次转让目标公司股

权的过程中，某房地产经纪公司、张某甲等与案外人约定某房地产经纪公司应通过某房地产经纪公司共管账户二划转 34 174 484.42 元至某房地产公司乙的税款共管账户，但根据合同相对性原则，张某乙、冯某某、张某丙、彭某某不是上述约定的合同主体，上述约定对张某乙、冯某某、张某丙、彭某某不具有合同拘束力。

第三，某房地产公司甲、张某甲虽提交《某房地产公司乙某商业中心项目期间 2008-2018 年 6 月企业所得税汇算清缴报告书》，但在本案审理过程中，某房地产公司甲、张某甲称税务机关尚未通知缴纳上述税款，故某房地产公司甲、张某甲所称的 34 174 484.42 元企业所得税补缴税款尚未实际发生，在此情况下不能证明张某乙、冯某某、张某丙、彭某某负有承担该税款的义务。

综上，某房地产公司甲、张某甲提出的第四项诉讼请求缺乏事实及法律依据，本院不予支持。

五、关于张某乙、冯某某提出的反诉请求

张某乙、冯某某提出的反诉请求是要求某房地产公司甲、张某甲向其支付 2013 年 6 月 15 日至 2016 年 12 月 23 日期间的逾期付款违约金 629 926 200 元。

（一）某房地产公司甲、张某甲是否存在逾期付款的违约行为

2015 年 4 月 13 日《协议书》第 1.1 条约定：受让方于 2015 年 6 月 30 日前向转让方冯某某、张某乙支付 300 000 000 元，并向双方开立的共管账户存入 78 000 000 元。第 6 条约定：本协议签订后，除本协议约定外，本协议任何一方均不再追究对方在履行本协议签订之前的任何违约及损失赔偿责任。任何一方违反本协议约定，未按本协议履行；守约方有权按原协议及原补充协议追究违约方的违约责任及相关法律责任。然而，某房地产公司甲、张某甲于 2016 年 12 月 23 日才实际付清上述款项。根据上述约定，其行为构成违约。

在本案中，某房地产公司甲、张某甲提出因冯某某、张某乙未履行 C 座物业的办证义务，故其有权停止付款。首先，从 2015 年 4 月 13 日《协议书》第 1 条的内容看，双方已就受让方于 2015 年 6 月 30 日前支付 378 000 000 元的付款义务与剩余 180 000 000 元与 C 座产权证办理相关的付款办法作了区分约定。上述约定系当事人的真实意思表示，依法有效，某房地产公司甲、张某甲应当依约履行。现其以转让方未办理完毕 C 座产权证为由，主张其有权停止支付 2015 年 6 月 30 日前的应付款项，与上述协议约定相悖，理由不能成立。其次，从本案当事人均认可真实性的 2015 年 7 月 6 日北京市规划委员会大兴分局《关于大兴区某商业中心项目相关情况说明的函》和 2016 年 5 月 25 日北京市国土资源局向某房地产公司乙作出的《关于大兴区某商业中心项目东侧

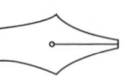

有关用地问题的函》的内容看，当时某房地产公司乙尚在申请补办土地手续，某房地产公司甲、张某甲称其因转让方当时未履行办证义务故停止付款的理由缺乏事实依据。故本院对某房地产公司甲、张某甲的该项抗辩主张不予支持。

某房地产公司甲、张某甲还提出之后的协议变更了《协议书》第1.1条和第6条约定的付款义务和违约责任。首先，虽然2016年《补充协议书》第9条约定乙方或目标公司在收到《明股实债协议》及《人民币委托贷款合同》项下的款项后应于当日支付130 000 000元款项，但该约定系在某房地产公司甲、张某甲已经违约的情况下要求其继续履行付款义务，并未约定系针对《协议书》第1.1条约定的付款期限的变更。其次，2016年12月23日《关于〈股权转让及债权债务重组协议〉的补充协议》亦未约定免除某房地产公司甲、张某甲此前的逾期付款违约责任。再次，虽然2019年11月7日张某乙与张某甲签订《公司原新管理方往来统计汇总表》，针对原管理方与新管理方往来应付款项进行了统计，但从该汇总表的内容看，并未涉及本案当事人在股权交易过程中的违约责任，依据该汇总表不能认定某房地产公司甲、张某甲或张某乙、冯某某作出了放弃主张违约责任的意思表示。最后，2013年5月27日《股权转让及债权债务重组协议》第9.6条约定：本协议守约方对违约方的违约行为的弃权须以书面形式作出方为有效。本协议任何一方未行使或迟延行使其在本协议项下的任何权利或救济不构成弃权；部分行使权利或救济亦不阻碍其行使其他权利或救济。而本案中，并无证据证明张某乙、冯某某作出过放弃主张逾期付款违约责任的书面意思表示。综上，某房地产公司甲、张某甲提出的上述抗辩主张亦不能成立。

（二）张某乙、冯某某的反诉请求是否超过诉讼时效

张某乙、冯某某以某房地产公司甲、张某甲违反2015年4月13日《协议书》第1.1条约定的付款义务为由，依据《协议书》第6条约定，要求某房地产公司甲、张某甲按2013年5月27日《股权转让及债权债务重组协议》第三条约定的付款时间以及第9.4条约定的违约金计算方法承担逾期付款违约金。《股权转让及债权债务重组协议》第9.4条约定：受让方违反本协议项下义务的，每逾期一日的，受让方（仅其中任何一方）应按交易价款的万分之三向转让方（仅其中任何一方）支付滞纳金。在本案审理过程中，某房地产公司甲、张某甲提出张某乙、冯某某的反诉请求超过诉讼时效。

《股权转让及债权债务重组协议》第9.4条约定的系以"日"为单位计算违约金数额。对于约定为按日计付的违约金等继续性债权，以按日形成的每个个别债权分别单独适用诉讼时效。因某房地产公司甲、张某甲已于2016年12月23日付清全部应付款项，故按日形成的每个违约金债权至2016年12月23

日已全部发生。依据《最高人民法院关于适用〈中华人民共和国民法典〉时间效力的若干规定》第一条第二款的规定，民法典施行前的法律事实引起的民事纠纷案件，适用当时的法律、司法解释的规定。《最高人民法院关于适用〈中华人民共和国民法总则〉诉讼时效制度若干问题的解释》（法释〔2018〕12号）第二条规定：民法总则施行之日，诉讼时效期间尚未满民法通则规定的二年或者一年，当事人主张适用民法总则关于三年诉讼时效期间规定的，人民法院应予支持。第三条规定：民法总则施行前，民法通则规定的二年或者一年诉讼时效期间已经届满，当事人主张适用民法总则关于三年诉讼时效期间规定的，人民法院不予支持。

因张某乙、冯某某并未举证证明其在2015年10月1日之前曾向某房地产公司甲、张某甲提出过支付逾期付款违约金的请求，故在民法总则于2017年10月1日施行前，2015年10月1日前的逾期付款违约金的二年诉讼时效期间已经届满，本院对该部分逾期付款违约金不予支持。2015年10月1日后的逾期付款违约金，因在民法总则施行之日尚未满民法通则规定的二年诉讼时效期间，故应适用民法总则关于三年诉讼时效期间的规定。

张某乙、冯某某提交2018年2月23日其委托律师事务所向某房地产公司甲、张某甲发送的《律师函》，证明其向某房地产公司甲、张某甲提出了逾期付款违约金的请求，诉讼时效中断。某房地产公司甲、张某甲虽否认收到该函，但某房地产公司甲、张某甲提供的2018年3月9日其委托律师事务所向张某乙、冯某某、张某丙、彭某某等出具的《律师函》中载明"贵方委托某律师事务所乙于2018年2月23日出具的《律师函》已收悉"。对此，某房地产公司甲、张某甲称其收到的2018年2月23日《律师函》与本案中张某乙、冯某某提供的不是同一份文件，但未提供证据予以证明，本院无法采信。故本院确认2015年10月1日后的逾期付款违约金于2018年2月23日诉讼时效中断。

张某乙、冯某某于2021年2月19日通过特快专递向本院邮寄反诉状，本院于2021年2月24日签收。《最高人民法院关于审理民事案件适用诉讼时效制度若干问题的规定》（法释〔2008〕11号）第十二条以及《最高人民法院关于审理民事案件适用诉讼时效制度若干问题的规定》（2020年修正）第十条均规定：当事人一方向人民法院提交起诉状或者口头起诉的，诉讼时效从提交起诉状或者口头起诉之日起中断。根据上述规定，对于当事人起诉的情形，诉讼时效从当事人提交起诉状之日起中断，而不是从法院受理之日中断。故某房地产公司甲、张某甲在本案中提出其收到反诉状的时间已超过诉讼时效，该项理由不具有法律依据。在《北京法院邮寄立案处理办法》中，第三条内容为：

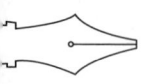

当事人向法院邮寄立案材料的，自信件寄出之日起，视为当事人向法院提起诉讼。信件寄出之日以寄出的邮戳日为准；邮戳日不清晰或者没有邮戳的，以法院实际收到日为准，但是当事人能够提出实际邮戳日证据的除外。通过邮政企业以外的快递企业递交的，以快递企业收寄日为准；收寄日不明确的，以法院实际收到为准，但是当事人能够提出实际收寄日证据的除外。参考上述内容，本院认为张某乙、冯某某于2021年2月19日在诉讼时效届满前通过特快专递向本院邮寄反诉状，该行为并未怠于行使权利，故本院确认其反诉请求中2015年10月1日后的逾期付款违约金部分未超过诉讼时效。

（三）某房地产公司甲、张某甲应承担的逾期付款违约金数额

第一，关于逾期付款违约金的权利主体和责任主体。2013年5月27日《股权转让及债权债务重组协议》第9.4条约定：受让方违反本协议项下义务的，每逾期一日的，受让方（仅其中任何一方）应按交易价款的万分之三向转让方（仅其中任何一方）支付滞纳金。该协议第1.1条约定：受让方指受让自然人张某甲和受让公司某房地产公司甲的合称。转让方指冯某某、张某乙、张某丙、彭某某、某装饰工程中心的合称。虽然《股权转让及债权债务重组协议》第9.4条对"受让方（仅其中任何一方）""转让方（仅其中任何一方）"作了约定，但是2016年《补充协议书》第1条约定："原协议"中所约定的全部转让款及转让方所享有的全部权利均归冯某某、张某乙所享有，除冯某某、张某乙外的其他转让方不享有转让款及转让方所享有的任何权利，乙方张某甲、某房地产公司甲应直接向转让方冯某某、张某乙支付转让款及相关权益。据此，冯某某、张某乙有权请求张某甲、某房地产公司甲支付包括逾期付款违约金在内的转让款相关权益。

第二，关于逾期付款违约金的计算标准。2013年5月27日《股权转让及债权债务重组协议》第9.4条针对逾期付款违约金约定了每逾期一日，按交易价款的万分之三支付的计算标准。在本案中，张某乙、冯某某主张应按交易价款总额即1 643 000 000元的每日万分之三计算逾期付款违约金。关于第9.4条中"交易价款"的含义，如前所述，综观该协议第1条、第2条的文义内容，第9.4条并未对交易价款限定为某一部分，故张某乙、冯某某主张第9.4条约定的逾期付款违约金计算标准指交易价款总额即1 643 000 000元的每日万分之三，符合合同文义理解。

依据逾期付款违约金发生时的法律规定，即合同法第一百一十四条第二款之规定，约定的违约金低于造成的损失的，当事人可以请求人民法院或者仲裁机构予以增加；约定的违约金过分高于造成的损失的，当事人可以请求人民法院或者仲裁机构予以适当减少。关于某房地产公司甲、张某甲提出的张某乙、

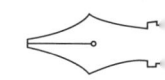

冯某某主张的违约金标准过高一节，根据相关规定，人民法院应当以损失为基础，兼顾合同的履行情况、当事人的过错程度等综合因素，根据公平原则和诚信原则予以衡量，并作出裁判。本案中，某房地产公司甲、张某甲迟延支付的款项均已在2016年12月23日支付完毕。张某乙、冯某某就其所受损失提供的证据不能证明与某房地产公司甲、张某甲逾期付款有关，本院无法采信。故某房地产公司甲、张某甲主张按交易价款总额计算逾期付款违约金标准过高，理由成立。综合考虑本案实际情况，本院酌情将某房地产公司甲、张某甲应承担的逾期付款违约金调整为逾期支付的交易价款的每日万分之三。

张某乙、冯某某还提出逾期付款违约金的计算标准不能低于民间借贷利率上限24%。对此，本院认为，认定约定违约金是否过高，应当以损失为基础进行判断。除借款合同外的双务合同，作为对价的价款或者报酬给付之债，并非借款合同项下的还款义务，不能以受法律保护的民间借贷利率上限作为判断违约金是否过高的标准，而应当兼顾合同履行情况、当事人过错程度以及预期利益等因素综合确定。故本院对张某乙、冯某某提出的该项主张不予采纳。

第三，关于某房地产公司甲、张某甲应承担的逾期付款违约金数额。如前所述，2015年10月1日后的逾期付款违约金未超过诉讼时效，应受法律保护。故本院酌定以2015年10月1日后某房地产公司甲、张某甲的实际付款金额作为本金，按照日万分之三的标准，计算2015年10月1日后至每笔付款实际支付之日的逾期付款违约金。

需要注意的是，关于2017年《分账说明（一）》中记载的转让款扣款30 000 000元，根据当事人所述，该款系用于支付2013年5月27日《股权转让及债权债务重组协议》第3.4条约定的第二笔款项200 000 000元。2015年4月13日《协议书》第1条约定：原协议和原补充协议约定，受让方应于2014年3月31日前支付200 000 000元，但受让方于2015年2月向转让方只支付了35 000 000元，其余款至今未付；原协议和原补充协议同时约定，在转让方按照原协议约定办理完毕C座物业抵押登记工作后且在2014年6月30日前支付100 000 000元，2014年9月30日前支付100 000 000元，2014年12月31日前支付193 000 000元，至此受让方尚有应付款项为558 000 000元。从内容上看，《协议书》第1条确定的受让方尚有应付款项558 000 000元不包括转让款扣款30 000 000元。由此可见，在2015年4月13日《协议书》签订之前，当事人之间已就某房地产公司甲、张某甲以转让款扣款30 000 000元的方式支付2013年5月27日《股权转让及债权债务重组协议》第3.4条约定的第二笔款项200 000 000元达成了一致约定。并且，在审理过程中，本案当事人亦确认第3.4条约定的第二笔款项200 000 000元在2013年9月29日及同月

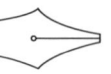

30日某房地产公司甲、张某甲第二次付款170 000 000元时已付清。据此，本院认为，转让款扣款30 000 000元不属于2015年10月1日后某房地产公司甲、张某甲的付款。

另需要注意的是，某房地产公司甲、张某甲超合同约定多支付了3 000 000元。2015年4月13日《协议书》第1条约定受让方尚有应付款项为558 000 000元，其中第1.1条约定受让方于2015年6月30日前支付合计378 000 000元。2016年12月23日《关于〈股权转让及债权债务重组协议〉的补充协议》第7条约定甲方办理完毕C座产权证之日起30日内乙方应付清剩余款180 000 000元。根据上述约定，2015年4月13日《协议书》第1条约定的558 000 000元款项中，仅378 000 000元系某房地产公司甲、张某甲的到期应付款项，剩余180 000 000元履行期限尚未届至。而在2015年4月13日签订《协议书》后，某房地产公司甲、张某甲按《某房地产公司乙支付原管理方资金明细表》中记载的第八次至第二十次付款予以支付，金额共计381 000 000元，超额支付3 000 000元。某房地产公司甲、张某甲自愿多支付的3 000 000元不存在逾期付款的违约责任。某房地产公司甲、张某甲最后付款的时间为2016年12月23日，故本院在其2016年12月23日的付款金额中扣除多支付的3 000 000元，剩余部分作为本金计算逾期付款违约金。

据此，本院以《某房地产公司乙支付原管理方资金明细表》确认的第十三次付款（即2015年11月11日付款40 000 000元，2015年11月12日付款10 000 000元）、第十四次付款（即2015年12月8日付款6 000 000元）、第十五次付款（即2015年12月15日付款10 000 000元）、第十七次付款（即2016年12月23日付款100 000 000元，扣除多支付的3 000 000元，剩余为97 000 000元）、第十八次付款（即2016年12月23日付款1 000 000元）、第十九次付款（即2016年12月13日付款16 000 000元）、第二十次付款（即2016年12月13日付款13 000 000元）作为本金基数，按日万分之三的标准计算2015年10月1日后至每笔付款实际支付之日的逾期付款违约金。据此计算后，本院酌定某房地产公司甲、张某甲应共同向张某乙、冯某某支付逾期付款违约金17 985 300元。

综上，本院对某房地产公司甲、张某甲所提之本诉请求以及张某乙、冯某某所提之反诉请求中合理的部分予以支持，对不合理的部分予以驳回。依照《中华人民共和国民法典》第五百七十七条、第五百八十条、第五百八十五条，《中华人民共和国合同法》第一百零七条、第一百一十条、第一百一十三条、第一百一十四条、第一百二十五条，《最高人民法院关于适用〈中华人民共和国民法典〉时间效力的若干规定》第一条，《最高人民法院关于适用〈中

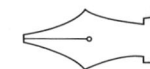

华人民共和国民法总则》诉讼时效制度若干问题的解释》（法释〔2018〕12号）第二条、第三条，《最高人民法院关于审理民事案件适用诉讼时效制度若干问题的规定》（2020年修正）第十条，《中华人民共和国民事诉讼法》第六十四条、第一百四十二条，《最高人民法院关于适用〈中华人民共和国民事诉讼法〉的解释》第九十条规定，判决如下：

一、张某乙、冯某某、张某丙、彭某某于本判决生效后十日内向某房地产公司甲、张某甲支付迟延履行滞纳金68 400 545元。

二、某房地产公司甲、张某甲于本判决生效后十日内向张某乙、冯某某支付逾期付款违约金17 985 300元。

三、驳回某房地产公司甲、张某甲其他诉讼请求。

四、驳回张某乙、冯某某其他反诉请求。

如果未按本判决指定的期间履行给付金钱义务，应当依照《中华人民共和国民事诉讼法》第二百五十三条规定，加倍支付迟延履行期间的债务利息。

本诉案件受理费1 995 936元，由某房地产公司甲、张某甲负担1 646 618元（已交纳）；由张某乙、冯某某、张某丙、彭某某负担349 318元（于本判决生效后7日内交纳）。反诉案件受理费1 595 715.5元，由张某乙、冯某某负担1 550 155.5元（已交纳）；由某房地产公司甲、张某甲负担45 560元（于本判决生效后7日内交纳）。

如不服本判决，可以在判决书送达之日起十五日内，向本院递交上诉状，并按照对方当事人的人数提出副本，同时交纳上诉案件受理费，上诉于北京市高级人民法院。在上诉期满后七日内，仍未交纳上诉案件受理费的，按自动撤回上诉处理。

审　判　长　孙　盈
审　判　员　胡　君
审　判　员　陈　洋
二〇二一年八月二十三日
法　官　助　理　张洁云
书　记　员　赵梓羽
书　记　员　张晓雪

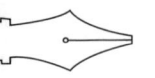

附录

2023 年北京法院优秀裁判文书
网上互评活动获奖名单

组织奖

北京市第一中级人民法院
北京市海淀区人民法院
北京市第三中级人民法院
北京市第二中级人民法院
北京市朝阳区人民法院

一等奖

北京市丰台区人民法院	苏　洁	（2021）京 0106 民初 20280 号
北京市海淀区人民法院	王栖鸾	（2021）京 0108 民初 9148 号
北京市第一中级人民法院	刘海云	（2021）京 01 民初 730 号
北京市第一中级人民法院	徐钟佳	（2022）京 01 行初 119 号
北京市高级人民法院	公　涛	（2022）京执复 104 号
北京市第二中级人民法院	常　燕	（2022）京 02 刑初 60 号
北京市高级人民法院	曹丽萍	（2022）京民再 62 号
北京市顺义区人民法院	宋　颖	（2021）京 0113 行初 551 号
北京市第三中级人民法院	陈晓东	（2022）京 03 民终 4248 号
北京市高级人民法院	周　波	（2022）京民再 94 号

二等奖

北京金融法院	杨晓琼	（2021）	京74行初2号
北京市第一中级人民法院	何　锐	（2022）	京01民终7249号
北京金融法院	丁宇翔	（2022）	京74民终1154号
北京市第四中级人民法院	梅　宇	（2021）	京04民初1226号
北京互联网法院	颜　君	（2021）	京0491民初5094号
北京市高级人民法院	陶　钧	（2022）	京行再1号
北京市高级人民法院	夏林林	（2021）	京民终210号
北京市西城区人民法院	刘茜倩	（2022）	京0102民初8480号
北京市第一中级人民法院	周维平	（2022）	京01刑终282号
北京市海淀区人民法院	徐　进	（2020）	京0108刑初1919号
北京市海淀区人民法院	朱卉灵	（2022）	京0108执异780号
北京市门头沟区人民法院	马冬梅	（2022）	京0109行初1号
北京市房山区人民法院	蒲延红	（2020）	京0111民初2877号
北京市东城区人民法院	李晓彤	（2021）	京0101民初10969号
北京市石景山区人民法院	宋　颖	（2021）	京0107民初15302号
北京市高级人民法院	赵世奎	（2022）	京行终3215号
北京市高级人民法院	杨　林	（2022）	京执复194号
北京市第三中级人民法院	尚晓茜	（2022）	京03民终8448号
北京市石景山区人民法院	姚　媛	（2021）	京0107民初15397号
北京市第二中级人民法院	孙　盈	（2021）	京02民初101号

三等奖

北京市第二中级人民法院	李俊晔	（2022）	京02民终11003号
北京市第一中级人民法院	徐　冰	（2022）	京01民终11333号
北京市大兴区人民法院	王玉红	（2021）	京0115行初651号
北京市第四中级人民法院	胡怀松	（2023）	京04民终39号
北京市西城区人民法院	宋　健	（2021）	京0102民初15639号

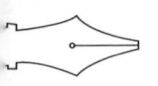

北京市第三中级人民法院	张清波	（2022）	京 03 民终 8130 号
北京金融法院	蒙 瑞	（2022）	京 74 民终 214 号
北京市朝阳区人民法院	周裕财	（2021）	京 0105 民初 65828 号
北京市第四中级人民法院	张勤缘	（2022）	京 04 民终 262 号
北京市海淀区人民法院	王 琰	（2022）	京 0108 民初 13325 号
北京市第二中级人民法院	施 忆	（2022）	京 02 民终 12798 号
北京市第一中级人民法院	何君慧	（2023）	京 01 行终 166 号
北京市海淀区人民法院	董琳雪	（2021）	京 0108 民初 51232 号
北京市平谷区人民法院	王富菊	（2021）	京 0117 行初 347 号
北京市第二中级人民法院	杨子良	（2021）	京 02 刑初 114 号
北京市朝阳区人民法院	朱军巍	（2022）	京 0105 行初 75 号
北京市门头沟区人民法院	马婧怡	（2022）	京 0109 民初 148 号
北京市第二中级人民法院	石 磊	（2022）	京 02 民终 2618 号
北京市朝阳区人民法院	谭雅文	（2021）	京 0105 民初 42457 号
北京市海淀区人民法院	范 君	（2020）	京 0108 民初 15380 号
北京市东城区人民法院	冯 宁	（2021）	京 0101 民初 4866 号
北京市石景山区人民法院	车玉龙	（2022）	京 0107 民初 2083 号
北京市海淀区人民法院	蔡 笑	（2021）	京 0108 民初 18060 号
北京市延庆区人民法院	郝小静	（2022）	京 0119 民初 948 号
北京市朝阳区人民法院	李增辉	（2020）	京 0105 民初 69754 号
北京市高级人民法院	刘井玉	（2022）	京行终 1856 号
北京市顺义区人民法院	王思思	（2022）	京 0113 民初 8549 号
北京市西城区人民法院	苏 畅	（2020）	京 0102 民初 8097 号
北京市高级人民法院	杨绍煜	（2022）	京民终 507 号
北京市第三中级人民法院	巴晶焱	（2022）	京 03 民初 244 号

优秀奖

北京市门头沟区人民法院	耿迎涛	（2022）	京 0109 民初 887 号
北京互联网法院	李文超	（2021）	京 0491 民初 44088 号
北京互联网法院	郭 晟	（2020）	京 0491 民初 14935 号

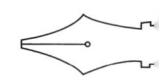

北京市第一中级人民法院	王国庆	（2022）	京 01 民终 4329 号
北京市第三中级人民法院	鲁 南	（2022）	京 03 民终 4311 号
北京市第三中级人民法院	赵 霞	（2021）	京 03 民初 1770 号
北京市怀柔区人民法院	臧振平	（2021）	京 0116 行初 346 号
北京市海淀区人民法院	李莉莎	（2019）	京 0108 民初 35902 号
北京互联网法院	孙铭溪	（2022）	京 0491 民初 2138 号
北京市朝阳区人民法院	商登煜	（2021）	京 0105 刑初 2759 号
北京市西城区人民法院	林 涛	（2021）	京 0102 民初 32127 号
北京市大兴区人民法院	蒋怡琴	（2021）	京 0115 民初 20955 号
北京市第三中级人民法院	邓青菁	（2020）	京 03 民初 504 号
北京市大兴区人民法院	焦 岗	（2021）	京 0115 民初 20094 号
北京市西城区人民法院	田晓昕	（2021）	京 0102 民初 38161 号
北京市通州区人民法院	于素娟	（2022）	京 0112 民初 994 号
北京市通州区人民法院	吴可加	（2021）	京 0112 民初 23946 号
北京市昌平区人民法院	张 焱	（2021）	京 0114 民初 26413 号
北京市高级人民法院	汪 明	（2021）	京民终 417 号
北京市密云区人民法院	李 娜	（2022）	京 0118 民初 5652 号
北京市昌平区人民法院	李国栋	（2021）	京 0114 民初 16201 号
北京市朝阳区人民法院	王丽英	（2021）	京 0105 民初 50450 号
北京市高级人民法院	任 颂	（2022）	京民终 65 号
北京市朝阳区人民法院	温晓汾	（2021）	京 0105 民初 87251 号
北京市东城区人民法院	万红玉	（2022）	京 0101 民初 968 号
北京市平谷区人民法院	王 宏	（2022）	京 0117 民初 661 号
北京知识产权法院	刘义军	（2021）	京 73 民终 4553 号
北京市第四中级人民法院	韩继先	（2022）	京 04 行初 104 号
北京市朝阳区人民法院	李佳丽	（2021）	京 0105 刑初 3701 号
北京知识产权法院	高瞳辉	（2022）	京 73 民终 2161 号
北京市第一中级人民法院	邵 普	（2023）	京 01 民终 199 号
北京市高级人民法院	王 宁	（2021）	京刑终 148 号
北京市第三中级人民法院	陈 静	（2022）	京 03 委赔 4 号
北京市延庆区人民法院	孙世乐	（2021）	京 0119 民初 6428 号

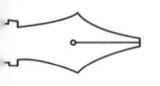

北京市高级人民法院	王士欣	（2022）京民申 6378 号
北京市门头沟区人民法院	周伟男	（2022）京 0109 民初 2678 号
北京市通州区人民法院	赵程宇	（2022）京 0112 刑初 432 号
北京市顺义区人民法院	赵仁洋	（2022）京 0113 刑初 661 号
北京市高级人民法院	王继红	（2022）京民申 3197 号
北京市怀柔区人民法院	李　雨	（2021）京 0116 行初 311 号